Pour paraître prochainement :

HISTOIRE DE L'ACADÉMIE FRANÇAISE.

Imprimé par Béthune et Plon.

# HISTOIRE

## PHILOSOPHIQUE ET LITTÉRAIRE

DU

# THÉATRE FRANÇAIS

DEPUIS

SON ORIGINE JUSQU'A NOS JOURS.

**PAR M. HIPPOLYTE LUCAS.**

Je voudrais bien savoir si la grande règle de toutes les règles n'est pas de plaire, et si une pièce de théâtre qui a attrapé son but n'a pas suivi un bon chemin.

MOLIÈRE.

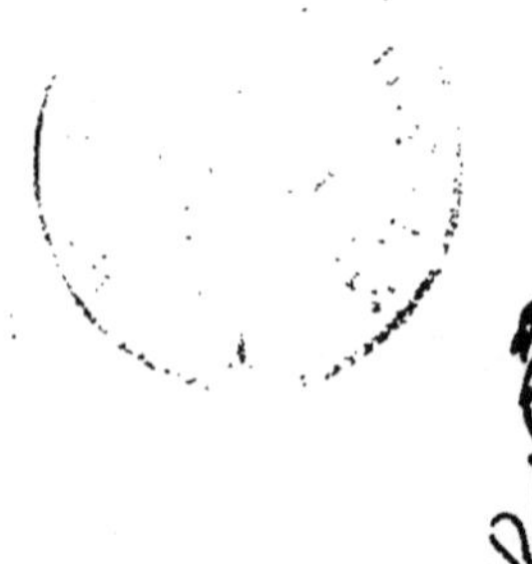

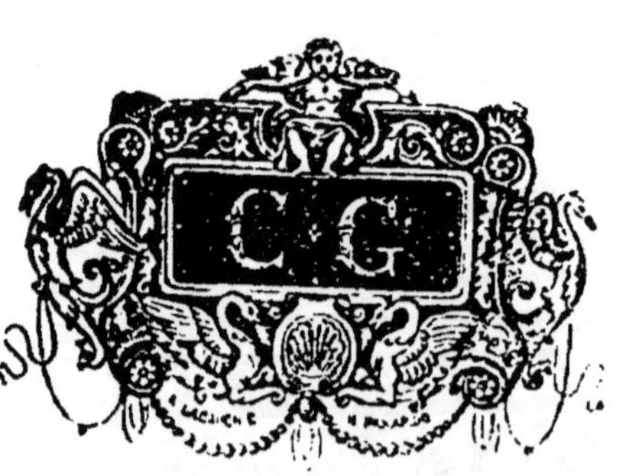


PARIS,

LIBRAIRIE DE CHARLES GOSSELIN,

*ÉDITEUR DE LA BIBLIOTHÈQUE D'ÉLITE,*

30, RUE JACOB.

MDCCCXLIII.

# AVANT-PROPOS.

L'histoire du théâtre français repose sur des documents épars dans un grand nombre de volumes, et qu'il était indispensable de consulter pour composer une œuvre sérieuse. Nous les avons recherchés avec soin, et le présent livre est le résultat de plusieurs années d'études. Mais la représentation des pièces que nous mentionnons, ce vivant et éternel répertoire, voilà surtout la source de nos remarques et de nos jugements. Observant tour à tour l'action des mœurs sur le théâtre et la réaction du théâtre sur les mœurs, nous avons essayé de résumer l'esprit de chaque époque, en montrant les liens secrets qui viennent les rattacher. Il nous a paru curieux de suivre avec une scrupuleuse attention la navette philosophique et littéraire, si nous pouvons nous exprimer ainsi, qui a traversé et serré tous les fils du fin et élégant tissu de notre histoire théâtrale. Plus heureux que nos devanciers, parce que le jour sous lequel nous sommes placé nous a permis un coup d'œil plus vaste, nous avons essayé de nouer entre eux, chemin faisant, les systèmes qui dans ces dernières années se sont violemment séparés, et ont fait de nos salles de spectacle une espèce de champ de bataille; mais, arrivant à des questions toutes palpitantes encore, nous avons cru convenable d'indiquer seulement la valeur des hommes et la tendance des œuvres, sans insister sur la partie analytique. La critique actuelle est accomplie avec trop d'éclat et elle est trop présente à la mémoire de tous pour entreprendre de refaire sitôt son travail hebdomadaire. Ce serait d'ailleurs empiéter sur les droits du temps, ce grand maître qui ne partage pas toujours les enthousiasmes ou les répulsions des contemporains, et qui sait mettre chaque chose à sa place.

# ERRATA.

---

### CHAPITRE TREIZIEME :

Otez du titre : D'ALLAINVAL, PIRON, LACHAUSSÉE.

### CHAPITRE DIX-SEPTIÈME :

Dans le titre, à la place de pièces imprimées, *lisez :* pièces non représentées.

Page 315. Au lieu de : qui ont écrit dans cette période, *lisez :* qui ont écrit avant t pendant cette période.

# HISTOIRE
# PHILOSOPHIQUE ET LITTÉRAIRE
DU
# THÉATRE FRANÇAIS
DEPUIS
## SON ORIGINE JUSQU'A NOS JOURS.

---

## CHAPITRE PREMIER.

### ORIGINE DU THÉATRE FRANÇAIS.

L'histoire du théâtre français (et il n'est pas question ici de l'histoire du génie dramatique, qui, loin de disparaître pendant le moyen-âge, s'était installé dans le jubé des églises), la véritable histoire du théâtre français ne commence guère qu'au moment où des communautés laïques s'emparèrent du drame religieux et le transportèrent du jubé au parvis, et puis sur la place publique, en le traduisant de la langue latine ou de la langue romane dans l'idiome vulgaire. Laissant aussi de côté les cours d'amour, et ces spectacles nommés *Entremets* dont l'histoire des ducs de Bourgogne offre de si magnifiques exemples, rappelons seulement quelques faits généraux qui présentent un tableau exact et complet des premières manifestations scéniques. Après les troubadours et les baladins employés dans les divertissements de Charles V, Charles VI, Charles VII et Louis XI, on vit s'établir des pèlerins revenant des croisades, lesquels, comme on sait, pour exciter la charité du peuple, représentèrent les mystères de la religion, les martyres, les miracles des saints, les aventures les plus remarquables arrivées aux croisés. Quelques bourgeois de Paris choisirent, en 1398, le bourg de Saint-Maur pour y représenter la Passion de notre Seigneur Jésus-Christ. Jusque-là on n'avait point encore joué dans des lieux fermés : ce fut l'établissement du premier théâtre. Le roi Charles VI voulut voir ce spectacle ; il en fut content ; il accorda à ces bourgeois, en 1402, des lettres patentes qui leur permirent de s'établir dans Paris et d'y continuer les représentations de leurs comédies pieuses. Peu de temps après avoir obtenu ces lettres, les confrères cherchèrent un endroit commode pour leurs exercices; ils louèrent des Prémontrés l'hôpital de la Trinité. Ils eurent alors un très-grand succès, et plusieurs églises se virent même dans la nécessité d'avancer le temps des vêpres pour que le peuple pût assister à ces amusements. Le théâtre, tout imprégné d'une essence hiératique et consacré à de saintes représentations, n'était pas encore brouillé avec l'Église.

Bientôt parurent les sociétés connues sous le nom de *Clercs de la Basoche* et d'*Enfants sans souscy*, qui mêlèrent des scènes gaies et burlesques aux pièces en quelque sorte liturgiques, dont le peuple commençait à se lasser. L'histoire du théâtre français comprend celle de ces trois sociétés contemporaines. Les confrères de la Passion possédaient le privilége des mystères ; les clercs de la Basoche inventèrent les moralités, espèces de personnifications des vices et des vertus. Mais cette troupe turbulente ne respecta pas toujours la morale dans ses moralités. Les Basochiens, malgré leur roi et leur juridiction, l'importance, en un mot, qu'on leur avait accordée dans l'État, s'abandonnèrent souvent à l'effervescence de la jeunesse. Ils se livrèrent, ce qui irrita surtout contre eux, à des vivacités tout à fait aristophaniques contre les gens puissants.

Un arrêt du parlement, en 1470, leur défendit de continuer l'exécution de leurs jeux; mais Louis XII, surnommé le *Père du peuple*, rétablit tous les théâtres ; il permit aux acteurs d'exercer leur satire contre toutes les personnes de son royaume, sans s'excepter lui-même. Les Basochiens profitèrent largement de cette liberté : ils osèrent imprimer sur leurs masques les traits des personnes qu'ils attaquaient. Le parlement fut encore obligé d'intervenir. D'un autre côté, le parlement, par un arrêt du 19 octobre 1548, fit défense aux confrères de la Passion de représenter des pièces tirées de l'Écriture sainte, parce que la religion s'y trouvait déjà fréquemment offensée. Les confrères de la Passion, qui avaient acheté l'hôtel de Bourgogne, cédèrent alors cet hôtel à une troupe de comédiens. Voici ce que dit l'abbé d'Aubignac sur ces deux sociétés : « Or, en France, la comédie a commencé par » quelques pratiques de piété, étant jouée dans les temples et

» ne représentant que des histoires saintes; mais elle dégénéra » bientôt en satires autant contraires à l'honnêteté des mœurs qu'à » la pureté de la religion. Elle fut quelque temps ainsi maltraitée » par les Basochiens, qui furent comme les premiers comédiens en » ce royaume; et enfin par les bateleurs publics, parmi lesquels elle » a demeuré, pendant plusieurs années, avec autant de honte que » d'ignorance. »

Les clercs de la Basoche ne jouaient guère que trois ou quatre fois l'an, dans les fêtes et cérémonies. A côté d'eux et des confrères de la Passion, s'étaient établis les *Enfants sans souscy*, jeunes gens oisifs et joyeux, qui se donnaient la mission de reprendre la sottise des hommes et des choses de leur temps, et dont le chef se faisait appeler, avec orgueil, le prince des sots. Charles VII leur avait accordé, à eux aussi, des lettres patentes. Les clercs de la Basoche obtinrent de leur compagnie la permission de représenter des *sotties*, et ils leur octroyèrent en retour celle de jouer des *farces* appelées *poix pilés* et des *moralités*. Enfin les confrères de la Passion, pour soutenir leur spectacle, ne tardèrent pas à faire alliance avec les Enfants sans souscy. Clément Marot fit partie dans sa jeunesse de cette gaie association, et composa une ballade en son honneur :

> De maistre ennuy n'écoutons la leçon.
> . . . . . . . . . . . . . . .
> De froid souscy ne sentons le frisson,

dit-il; et il prétend que tout noble cœur est ami de la joie, et qu'il faut extraire de la fleur de l'âge tout le parfum qu'elle contient.

Nous venons de faire connaître succinctement l'existence de ces trois sociétés; nous allons donner à présent un aperçu des divers genres d'ouvrages dramatiques qui ont précédé la fondation du théâtre français.

Les mystères étaient divisés en journées et extraits du nouveau ou de l'ancien Testament. On y mettait en scène, d'une façon triviale, la vie des prophètes ou les actes des apôtres. Ces simples récits, que l'art de Raphaël élevait sur la toile jusqu'à l'expression la plus idéale et la plus divine, que les vitraux des cathédrales reproduisaient avec tant de grâce et d'éclat, étaient rabaissés par les poètes des mystères au niveau des événements les plus communs de la vie bourgeoise. Dieu et le diable tenaient le langage le plus grossier, et c'était sans doute ce contraste entre la grandeur des personnages et la bassesse des discours qui plaisait aux spectateurs. Pour nous, qui cherchons dans l'origine du théâtre un intérêt philosophique ou littéraire, nous ne trouvons que très-rarement la poésie dans ces sortes de dialogues, et nous sommes confus de voir la littérature française si long-temps réduite à ces informes essais.

Dans le mystère de *la Nativité*, Joseph parle ainsi à Marie :

Suave et odorante rose,
Je sçay bien que je suis indigne
D'épouser vierge tant bénigne,
Nonobstant que soye descendu
De David, bien entendu;
M'amie, je n'ay gueres de biens.

MARIE.

Nous trouverons bien les moyens
De vivre, mais que y mettons peine;
En tixture de soye et laine
Me cognoys.

JOSEPH.

C'est bien dit, m'amye.
Aussi de ma charpenterie
Je gagnerai quelque chosette.

Ce passage est un des plus naïvement réussis; mais il témoigne du peu de progrès qu'avait fait encore la langue poétique aux quatorzième et quinzième siècles.

Plus loin, les pastoureaux Aloris, Riflard, Ysambart et Pélyon s'entretiennent des présents qu'ils ont dessein d'offrir à l'enfant Jésus, et Aloris se promet de lui donner

Un beau calendrier de bois
Pour sçavoir les jours et les mois
Et cognoistre le nouveau temps.

Cependant la comédie du *Désert*, attribuée à Marguerite de Valois, contient de plus heureuses inspirations. La Vierge, accablée de fatigue et de sommeil, se repose au pied d'un arbre; elle s'endort en tenant l'enfant Jésus dans ses bras. Joseph s'éloigne pour tâcher de pourvoir à leur subsistance. Pendant qu'il est absent, Dieu ordonne à ses anges de transformer le désert en un véritable Eden. Les anges s'empressent d'accomplir cette mission. Ils transmettent à la nature, en de poétiques termes, l'ordre du Créateur.

PREMIER ANGE.

Vous, arbres secs, ne soyez plus stériles,
Le Créateur veut que soyez fertiles,
Donnant vos fruits de très-bonne saveur.

DEUXIÈME ANGE.

Apparaissez dans ce désert sans ombre,
Vous, belles fleurs, odorantes, sans nombre,
Pour aujourd'hui recevoir grand' faveur.

TROISIÈME ANGE.

Courez, ruisseaux, près de la Vierge mère,
Présentez-lui eau douce, non amère:
Honneur aurez quand de vous en prendra.

QUATRIÈME ANGE.

O miel très-doux de la subtile mouche,
Viens-toi montrer pour consoler la bouche,
Porte du ciel, dont chacun apprendra.

CINQUIÈME ANGE.

Serpents, dragons et bêtes venimeuses,
Éloignez-vous, et soyez gracieuses,
Sans faire mal à mère ni enfant.

SIXIÈME ANGE.

Tygres, lyons et furieuses bestes,
Baissez ici vos forces et vos testes;
Car résister contre eux Dieu vous défend.

De telles rencontres sont rares; pour quelques simples expressions, on trouve beaucoup de platitudes et de trivialités dans le goût de ces plaintes du roi David lorsqu'il a perdu son fils Absalon révolté contre lui:

DAVID.

Mon fils Absalon,
Absalon, mon fils,
Las! perdu t'avon,
Mon fils Absalon;
Il faut que soyon
En grief deuil confis,
Mon fils Absalon,
Absalon, mon fils!

Cette complainte aurait pu continuer long-temps sur ce rhythme; et l'on ne s'étonne pas de trouver des mystères de sept mille vers: les vers de cette force-là ne devaient pas coûter grande peine à leurs auteurs.

Pour bien se faire une idée de la représentation des mystères, il importe de savoir comment étaient construits les théâtres. Le paradis se voyait en haut, le monde au milieu, l'enfer au-dessous. Empruntons quelques détails à un auteur contemporain: « Pre- » mièrement est paradis ouvert, faict en manière de throsne, au

» milieu duquel est Dieu en une chaire parée, et au costé dextre de lui » est *Paix*, et soubz elle *Miséricorde;* au senestre, *Justice*, et soubz » elle *Vérité*, et tout autour d'elle neuf ordres d'anges les uns sur » les autres. Enfer faict en manière d'une grande gueule se cloant et » ouvrant quand besoing est. Les limbes des pères faicts en ma- » nière de chartre, les places des prophètes et divers lieux hors » les autres. »

Telles furent à peu de chose près nos premières salles de théâtre. Les acteurs, après avoir cessé de parler, allaient s'asseoir sur les côtés de la scène, en attendant que leur tour revînt; le mystère continuait devant eux comme s'ils n'étaient pas là. Ceux qui se taisaient étaient réputés absents. Scaliger, dans sa Poétique, s'élève fort contre cet ancien usage, qui s'est conservé long-temps et qui n'était guère propre, en effet, à favoriser l'illusion.

Les moralités que représentaient les clercs de la Basoche dans leurs solennités particulières et aux entrées des rois se composaient d'allégories morales; c'étaient des préceptes de bonne conduite mis en scène : la Foi, l'Espérance et la Charité, voilà les trois muses qu'on invoquait ordinairement. Les noms des personnages qui figurent dans ces sortes d'ouvrages suffiraient pour en indiquer l'esprit : la moralité du *Bien-advisé et Mal-advisé* a pour acteurs, outre Dieu et ses anges, Satan et ses démons, Franche-Volonté, Raison, Foy, Contrition, Enfermeté, Humilité, Tendresse, Dysance, Rébellion, Folie, Vaine-Gloire, Désespérance, Povreté, Malle-Meschance, Larrecin, Honte, Confession, Pénitence, Prudence, Honneur, Fortune, Malle-Fin. On comprend tout de suite que le débat a lieu entre les vices et les vertus, et qu'il s'agit de bien choisir ses guides et sa route de peur d'arriver à Malle-Fin. *Bien-Advisé* et *Mal-Advisé* sont avertis; ils reçoivent, chemin faisant, des leçons que l'un écoute et suit, mais auxquelles l'autre ferme l'oreille : le premier se sauve, le second se perd. La Fortune instruit curieusement Bien-Advisé de la fragilité de ses biens; elle lui fait voir quatre hommes qui signifient les quatre états du monde, et dont les noms entrent dans ce vers latin :

*Regnabo, regno, regnavi, sum sine regno.*

*Regnavi* et *Sum sine regno* (*j'ai régné* et *je suis sans règne*) ont été précipités de la roue de la Fortune, *Regno* et *Regnabo* (je *règne* et je *régnerai*) sont actuellement les protégés de la déesse; mais le même sort les attend. La roue de la Fortune tourne toujours. Nous vivons en des temps où cette moralité ne manquerait pas d'applications.

On retrouve sur les vieilles tapisseries l'esprit de ces moralités, et la superbe draperie qui ornait la tente de Charles-le-Téméraire représentait un de ces petits drames allégoriques. En voici la description. La scène est pleine d'intérêt et très-ingénieuse : Dîner, Souper et Banquet sont trois mauvais compagnons dont il faut se défier. Il vous engagent souvent plus loin qu'il ne faut, et vous jettent dans les mains d'Apoplexie, de Gravelle, de Fièvre, de Goutte et d'autres personnages de très-mauvaise connaissance. Banquet surtout, Banquet est plus perfide que les autres ; il ne rêve que méchants tours à jouer à ses convives. Lorsqu'il invite à ses fêtes Passe-Temps, Bonne-Compagnie, Je-boy-à-vous, Friandise, Toujours-disposé-à-s'y-rendre, il leur sert des plats à sa façon dont on se repent d'avoir goûté. Comme dans les anciens festins d'Égypte, apparaissent ensuite une foule de squelettes : ce sont la mort et les pâles maladies qui viennent assaillir ceux-là qui se gaudissent trop dans les bombances que le traître a préparées. Alors Passe-Temps, Bonne-Compagnie, Friandise, Je-boy-à-vous s'en vont se plaindre à dame Expérience assise sur son trône le sceptre à la main. Averroès et Galien se tiennent à côté d'elle comme juges. Remède est le greffier de ce tribunal. Dame Expérience se fait amener les trois coupables : Dîner, Souper, Banquet. On condamne unanimement Banquet à être pendu ; quant à Dîner et à Souper, comme ils sont indispensables après tout pour fournir à l'humaine nécessité, on les épargne, mais à condition qu'ils mettront toujours six heures d'intervalle entre eux.

La fameuse *Danse macabre* était aussi une moralité.

La plupart de ces ouvrages annonçaient du reste leur enseignement avec leur titre. Ainsi l'on trouve la *moralité très-singulière et très-bonne des blasphémateurs du nom de Dieu* (les anciens auteurs appelaient toujours leurs pièces *très-joyeuses*, *très-récréatives* ou *très-bonnes*). « Dans cette moralité, ajoute l'auteur, sont contenus » plusieurs exemples et enseignemens à l'encontre des maux qui » procèdent, à cause des grands juremens et blasphèmes qui se » commettent de jour en jour, et aussi que la coutume n'en vault » rien, et qu'ils finissent et finiront très-mal, s'ilz ne s'en abs- » tiennent. »

Voilà le sens de toutes les pièces de ce genre.

Les *sotties* des *Enfants sans souscy* avaient beaucoup de rapport avec les moralités. Les *Enfants sans souscy* représentaient leurs pièces à la Halle ; ils faisaient crier en vers l'annonce de leur spectacle, dont voici la teneur :

Sots lunatiques, sots étourdis, sots sages,
Sots de villes, sots de châteaux, sots de villages,
Sots rassotez, sots nyais, sots subtils,
Sots amoureux, sots privez, sots sauvages,
Sots vieux, nouveaux, et sots de tous âges,
Sots barbares, étranges et gentils,
Sots raisonnables, sots pervers, sots rétifs,
Votre prince, sans nulles intervalles,
Le mardi gras jouera ses jeux aux Halles.

C'était s'exécuter de bonne grâce. De même que les bouffons des princes affectaient la folie pour avoir le droit de la satire contre les courtisans, de même les Enfants sans souscy se disaient les représentants de la sottise afin de critiquer l'imbécillité des autres et de se moquer des défauts du genre humain. Les frères Parfait ont donné l'extrait d'une de ces *sotties* composée de huit personnages qui sont : le Monde, Abuz, Sot-Dissolu, Sot-Glorieux, Sot-Corrompu, Sot-Trompeur, Sot-Ignorant, Sotte-Folle. Le Monde, fatigué de veiller sur les hommes, s'endort, et le seigneur Abuz prend sa place. D'un coup de baguette, il fait sortir des arbres qui l'environnent une troupe de sots; il leur propose de reconstituer, avec leur aide, un autre monde où ils régneront. Mais les sots ne peuvent parvenir à s'entendre; la confusion s'en mêle. L'ancien Monde se réveille; il remet tout en ordre, il chasse les usurpateurs. Cette *sottie* renferme des traits assez vifs contre les gens d'église : la guerre était déjà déclarée. Parmi les auteurs qui travaillèrent en ce genre, on peut citer Pierre Gringore ou Gringoire, auteur et acteur, entrepreneur de mystères, qui fit une *sottie* des plus satiriques, intitulée l'*Homme obstiné,* contre le pape Jules II, servant aussi les intérêts de Louis XII. On sait que Jules II prétendait donner au roi d'Angleterre l'investiture du royaume de France.

Le mélange du sacré et du profane avait révolté les rigoristes, et les comédiens se mirent de plus en plus mal avec le clergé. Le curé de Saint-Eustache leur fit enjoindre l'ordre de ne vaquer à leurs jeux qu'après vêpres. Le curé trouvait que ses voisins enlevaient du monde à ses sermons. Cependant ils payaient 300 livres tournois aux Enfants de la Trinité pour le service divin et l'entretien des pauvres. Ils se croyaient donc aussi bons catholiques que le curé. Néanmoins tous les ordres religieux ne les excommunièrent pas comme le curé de Saint-Eustache. Nous avons dit que le parlement avait interdit les pièces saintes aux Confrères et aux autres troupes. L'Église n'avait plus droit de crier à la profanation, mais elle était blessée dans ses intérêts. Les parlements craignaient que les dogmes de la foi ne souffrissent de la trivialité des mystères, dans cette époque ou la réforme était en pleine vigueur. Le procureur-général du parlement de Paris voyait même « plusieurs » choses au vieux Testament qu'il n'étoit pas expédient de déclarer » au peuple, comme gens ignorants et imbéciles qui pourroient » prendre occasion de judaïsme à faute d'intelligence. »

De toutes les farces ou pièces profanes qui ont survécu au quinzième siècle, la meilleure et la plus connue est celle de *la Farce de Pathelin*. Avec elle se révèle en France le sentiment de la véritable comédie.

La nécessité de jouer des pièces profanes porta bientôt le respect vers l'antiquité. Ronsard avait mis le grec et le latin à la mode. Les poètes de la *Renaissance* parurent. Sénèque était alors en grand honneur, on traduisit et on imita particulièrement Sénèque. Jodelle commença cette étude dramatique et fit revivre le théâtre ancien. Baïf, La Péruse, Grevin, Garnier marchèrent sur ses traces et préparèrent la venue de nos grands écrivains. Grevin, dans le prologue de *la Trésorerie*, s'écrie déjà :

N'attendez donc en ce théâtre
Ni farce ni moralité,
Mais seulement l'antiquité,
Qui d'une face plus hardie
Représente la comédie....

Il s'était élevé, en même temps qu'une foule de poètes, de nombreuses troupes de comédiens qui se mirent à parcourir les provinces, ne pouvant s'établir à Paris à cause du privilége accordé aux confrères de la Passion. Ceux-ci se virent contraints de louer leur hôtel de Bourgogne à une troupe de ces comédiens. Quelques autres troupes de province, profitant des priviléges accordés aux foires, dressèrent des théâtres forains. Dans le temps de la foire Saint-Germain, une troupe plus audacieuse s'établit à Paris, et finit par y rester sous la condition de payer un écu tournoi aux comédiens de l'hôtel de Bourgogne par représentation. Cette troupe avait fait bâtir un théâtre au Marais-du-Temple. Sous Charles VI, on compta le théâtre de Saint-Maur et celui de la Trinité [1398 et 1402]. Sous François Ier, l'hôtel de Flandre et de Bourgogne [1540 et 1548]. Sous Henri III, l'hôtel de Bourgogne et les *Gelosi*, comédiens venus d'Italie en 1571. Sous Henri IV, l'hôtel d'Argent, au Marais, les colléges de Reims et de Boncourt, où furent jouées les premières pièces de Jodelle.

Tous ces éléments dramatiques se divisèrent en deux sources, dont l'une, celle des mystères et des classiques imitations, alla inspirer l'auteur de *Polyeucte* et de *Cinna;* et l'autre, celle des farces et des moralités, alimenta la verve philosophique et joyeuse de l'auteur du *Misanthrope* et du *Médecin malgré lui*. On doit reconnaître, d'après ces traditions nationales, quel caractère éminemment religieux et moral a dû dominer notre théâtre. S'adresser à la raison par l'esprit, faire valoir les leçons de l'expérience ou ses hauts et divers enseignements, tel est le but que nos premiers poëtes se sont proposé. Nous verrons plus tard comment ils l'ont atteint, et comment les productions de leurs devanciers, mêlées à l'esprit de l'antiquité et au goût des littératures étrangères, se sont transformées dans leurs œuvres.

---

## CHAPITRE DEUXIÈME.

### JODELLE, BOUNYM, JEAN DE LA TAILLE, GARNIER, PIERRE DE LA RIVEY, HARDY, MAYRET, RACAN.

Il importe d'ajouter quelques traits au tableau de cette époque appelée la *Renaissance*, alors que son influence se faisait sentir en France, après avoir envahi l'Italie depuis cent cinquante ans. Marot, qu'on peut considérer comme le père de la poésie française, avait conservé dans ses vers la naïve allure des ballades et des fabliaux; mais bientôt apparut Ronsard, qui ressuscita les hymnes et les odes à la façon de Pindare, et se montra aussi mythologique que le poëte de Thèbes. Il s'amusa de plus à combiner, à l'aide du grec et du latin, une langue particulière qui le rendit souvent inintelligible. Cependant un véritable génie perça sous cette écorce exotique, et Ronsard eut beaucoup de crédit sur ses contemporains. Il se forma autour de lui une Pléiade dont il était l'astre principal. Ce retour vers le passé ne pouvait manquer d'entraîner le théâtre dans son mouvement. Ronsard traduisit le *Plutus* d'Aristophane. C'était une époque de traduction. Octavien de Saint-Gelais avait déjà mis en français six comédies de Térence; Baïf, Bonaventure Desperriers s'appliquaient à faire revivre le goût ancien. Jodelle fut le premier qui résolut de bannir de la scène les mystères et les moralités, et de remettre en honneur les formes littéraires grecques et latines. Ronsard ne craignit pas de dire que Sophocle et Ménandre auraient été des écoliers près de lui.

Jodelle, le premier, d'une plainte hardie
Françaisement chanta la grecque tragédie,
Puis, en changeant de ton, chanta devant nos rois
La jeune comédie en langage françois;
Et si bien les rima, que Sophocle et Ménandre,
Tant fussent-ils savants, y eussent pu apprendre.

Jodelle n'a pas suivi exactement une même mesure de vers ni un ordre régulier de rimes masculines et féminines, progrès qui ne faisait que commencer du reste à s'introduire dans la poésie française; son style est tout à fait rebutant : *Cléopâtre captive, Eugène, Didon se sacrifiant*, ouvrages qui se succédèrent rapidement, ne peuvent témoigner que de son zèle et de sa promptitude. Cependant l'enthousiasme de Ronsard ne diminue pas; il veut, dans un de ses dithyrambes, qu'on décerne à son ami un bouc pour prix de la tragédie. Voici de quelle manière il rend sa plaisante idée :

J'entrevoy Baïf et Remy,
Colet, Janvier, et Vergesse, et Leconte,
Paschal, Muret, Ronsard, lequel monte
Dessus le bouc, qui de son gré
Marche, — afin d'être sacré
Aux pieds immortels de Jodelle;
Bouc, le seul prix de sa gloire éternelle,
Pour avoir, d'une voix hardie,
Renouvellé la tragédie,
Et déterré son honneur le plus beau
Qui, vermoulu, gisait sous le tombeau.
Iach, iach, évoé,
Évoé, iach, iach,
Hoh, hoh ! comme cette brigade
Me fait signe d'une gambade
De m'aller mettre sous ton joug
Pour m'aider à pousser le bouc !

Ronsard et son bouc, l'un poussant l'autre, ne menèrent pas Jodelle à la fortune; ce fut un peu sa faute, il dépensa trop légèrement les bienfaits d'Henri II : il mourut de *pauvreté*, comme dit un auteur du temps. Charles IX, malgré le goût que ce sanglant exécuteur de la Saint-Barthélemy manifestait pour la poésie, ne se montra pas généreux. Le dernier soupir de Jodelle s'exhala en un sonnet de reproche adressé à ce prince. Jodelle se compare à Anaxagoras s'enveloppant de son manteau pour mourir et disant à l'oublieux Périclès :

Qui se sert de la lampe au moins de l'huile y met.

L'*Eugène* de Jodelle peint très-vivement les désordres qui, sous le règne d'Henri II, s'étaient glissés dans les mœurs ecclésiastiques.

*La Sultane* de Gabriel Bounym est curieuse en ce que cette pièce a la prétention de mettre des Turcs sur la scène ; ces Turcs jurent par Jupiter et par Vulcain. Les critiques qui ont tant reproché à Racine d'avoir défiguré les mœurs mahométanes dans *Bajazet*, n'ont qu'à lire Bounym pour voir quel progrès avait déjà faits, du temps de Racine, la vérité historique.

Jean de La Taille, dans son monologue des *Corrivaux*, la première comédie en prose que nous ayons eue, donne le coup de grâce aux mystères et moralités. « Il semble, messieurs, dit-il, à » vous voir assemblés en ce lieu, que vous y soyez venus pour » ouïr une comédie. Vraiment, vous ne serez point déçus de votre » intention. Une comédie pour certain vous y verrez, non point » une farce ni une moralité. Nous ne nous amusons point en chose » ni si basse ni si sotte et qui ne montre qu'une pure ignorance » de nos vieux François. Vous y verrez jouer une comédie faite » au patron, à la mode et au portrait des anciens Grecs et Latins ; » une comédie, dis-je, qui vous agréera plus que toutes (je le dis » hardiment) les farces et moralités qui furent onc jouées en » France. Aussi avons-nous grand désir de bannir de ce royaume » telles badineries et sottises qui, comme, amères épiceries, ne font » que corrompre le goût de notre langue. » Ainsi disait, un peu *hardiment* en effet, Jean de La Taille ; quel dommage de promettre tant et de tenir si peu ! *Saül furieux* et les *Gabocrites* du même auteur ne dépassent guère les limites de la médiocrité : on y trouve pourtant quelques traits heureux.

Jacques de La Taille, qui avait à peu près les mêmes dispositions dramatiques que son aîné, se distingue par un singulier procédé de versification. Nous citerons quelques vers curieux de sa tragédie intitulée *Daire*. L'auteur a mis ces paroles dans la bouche de Darius mourant :

O Alexandre ! adieu ; quelque part que tu sois,
Ma mère et mes enfants aye en recommandé....
Il ne put achever, car la mort l'engarda.

Recommanda.... pour recommandation est unique dans son genre ; les deux syllabes (*tion*) qui restent dans la gorge de Darius (*vox faucibus hæsit*) nous semblent constituer une licence un peu forte, on n'est jamais allé plus loin en fait de licences poétiques. Jacques de La Taille mourut du reste à vingt ans, et c'est là son excuse.

Nous arrivons à Garnier, qui surpassa de beaucoup les auteurs dramatiques de son temps. Il donna au théâtre plus de régularité; sa versification est de meilleur aloi que celle de ses prédécesseurs. le premier il régla l'ordre des rimes masculines et féminines. *Porcie*, *Hippolyte*, *Cornélie*, *Marc-Antoine*, *la Troade*, *Antigone*, *Bradamante*, *Sédécie*, *Cléopâtre* firent l'admiration de ses contemporains. Ronsard, qui durant sa carrière écrivit des vers en faveur de toutes les illustrations, ne tarda pas à célébrer Garnier. Nous retrouvons donc ici Ronsard avec son bouc; seulement Ronsard ne pense pas que cet animal, cher à Bacchus, soit un assez digne prix pour Garnier.

Quel son masle et hardy ! quelle bouche héroïque !
Et quels superbes vers entends-je ainsi sonner !
Le lière est trop bas pour ton front couronner,
Et le bouc est trop peu pour ta muse tragique.

Ce bouc nous rappelle que Ronsard et ses amis furent long-temps poursuivis par la clameur publique. On les accusait d'avoir sacrifié réellement un de ces animaux dans une fête renouvelée de l'antiquité.

Garnier, tout en subissant l'influence de Sénèque, et sans sortir de l'antiquité, essaya d'agir plus directement sur ses contemporains. Il procéda par voie d'allusion. Venu dans un temps de guerres civiles, il dépeignit celles de Rome pour faire réfléchir sur le danger de ces luttes terribles. Il le dit lui-même dans la préface de *Porcie*, qu'il appelle une *tragédie françoise avec des chœurs représentant les guerres civiles de Rome, propre à y voir dépeintes les calamités des temps*. C'était un progrès sur Jodelle. Garnier laissait entrevoir l'idée d'un théâtre moderne. On ne tarda pas à aller plus loin que lui. On représenta la mort de Marie Stuart, cette belle reine qui avait inspiré de si doux vers à Ronsard. Guise, Coligny parurent sur la scène ; et, si l'on doit déplorer l'esprit de parti dans lequel la plupart de ces pièces furent faites, elles ont une réelle valeur au point de vue de l'histoire du théâtre. On commençait à traiter des sujets nationaux, et l'art y gagna quelque indépendance, si l'on peut appeler art le vague instinct qui s'éveillait alors.

Pierre de La Rivey composa plusieurs comédies en prose, dont l'une, *les Esprits*, semble avoir fourni des situations à *l'Avare* de Molière et au *Retour imprévu* de Regnard. Pierre de La Rivey est d'avis que la prose convient mieux que les vers à la comédie, « parce que, dit-il, le commun peuple, qui est le principal per-

» sonnage de la scene, ne s'estudie tant à agencer ses paroles » qu'à publier son affection, qu'il a plutôt senti que pensé. » Cette idée n'est pas dépourvue de sens, mais encore faut-il que l'expression soit élégante et pure; puisque le théâtre est toujours une chose de convention, un plaisir d'élite, on n'y saurait admettre l'incorrection du langage ordinaire. La comédie, en un mot, ne peut se passer du style, elle doit être marquée d'un cachet littéraire; ce qu'on oublie trop. La Rivey enseigna peut-être à Molière à fondre plusieurs pièces anciennes et modernes dans un même creuset; mais il ne rencontra pas, comme cet autre puissant alchimiste, la pierre philosophale de la comédie.

Le conseiller Matthieu, auteur d'une *Clytemnestre* et d'une *Esther* parfaitement ridicules, n'est guère connu que par quatre vers de Molière mis dans la bouche de son Gorgibus. Il avait fait les Tablettes de la vie et de la mort, dans le genre des quatrains de Pibrac.

Jean de Beaubreuil, qui composa un *Régulus*, sans observer les règles des unités de temps et de lieu qui commençaient à s'établir, s'éleva dès lors contre ce joug trop rigoureux : « Au demeurant, » dit-il au lecteur, pour causes de longs intervalles de temps qui » sont en l'histoire de Régulus, si, pour te la mieux faire entendre, » j'ai voulu que les cinq actes (qui parfont la tragédie) ne fussent » étroitement compassés à la forme de quelques tragiques trop *su-* » *perstitieux*, qui ont pensé qu'il ne falloit représenter en la tra- » gédie autre chose que ce qui se pouvoit passer en un jour. » Le mot *superstitieux* est charmant. Nous verrons Corneille réclamer lui-même contre cette superstition.

Le théâtre commençait à se livrer aux imbroglios qui se passaient presque toujours la nuit, ce qui ajoutait habituellement une obscurité de plus au sujet. On vit paraître Hardy, le plus fécond de nos auteurs dramatiques; on évalue à huit cents les productions de sa muse tragique. Le lecteur aurait lieu de s'effrayer si notre intention était de passer ce lourd bagage en revue; mais d'abord il ne nous reste que quarante et une pièces de Hardy ; et puis, dans ce nombre, il n'en est vraiment pas qui méritent d'être citées spécialement; elles sont toutes d'une conduite très-défectueuse et d'une versification peu châtiée; leur mérite est d'avoir plus d'intérêt que les autres œuvres dramatiques du temps. Alexandre Hardy, qui ouvre le dix-septième siècle, quoique deux mille vers ne lui coûtassent que vingt-quatre heures, ou peut-être à cause de cette facilité, montre une nature moins poétique que celle des écrivains de la Pléiade, qui étaient des poètes *prime-saultiers*, pour nous servir d'une expression de Montaigne. Jusqu'à Théophile, on n'en retrouve plus; encore Théophile est-il beaucoup plus poëte dans ses odes ou dans ses élégies que dans sa tragédie de *Pyrame et Thisbé*, dont nous parlerons tout à l'heure.

Dans la pièce des *Chastes et loyales amours de Théagène et Chariclée*, tirée du roman d'Héliodore, et qui enchanta la jeunesse de Racine, Hardy offre de curieuses expressions, tout à fait dignes de ses prédécesseurs. Théagène, essayant de vaincre les froideurs de Chariclée, s'écrie :

> Craindre le repentir! Eh! pourquoi donc, mauvaise,
> M'eslis-tu pour époux? Que deviendra ma braise?

La *braise* de Théagène est un échantillon du style ordinaire de Hardy. Il ne s'inquiétait guère des unités non plus. Nous n'oserions citer les vers d'une certaine *Lucresse* de Hardy, dont le second titre était *l'adulterre puni*. Mais les amateurs qui désirent connaître jusqu'à quel point s'élevait dans ce temps la licence du théâtre, peuvent consulter cette pièce et rechercher la tirade qui commence par ce vers et que débite le mari d'une Lucrèce bourgeoise :

> O cieux, ô cieux! la louve à son col se pendant
> . . . . . . . . . . . . . . . .

Dans une pièce de Hardy, une femme apprenant que son amant lui manque de foi l'appelle *athée*... Le mot est expressif, et la passion ne peut guère aller plus loin.

Lassé, sans doute, de faire parcourir le monde à ses héros, un jour il entreprit la *Gigantomachie* ou la guerre des géants contre les dieux; les actes se passaient tour à tour sur la terre et dans le ciel. « Il était venu dans un siècle, dit Guerret, où l'on ne se piquait » pas beaucoup d'entendre la poétique d'Aristote; on ne trouvait » point à redire qu'un même personnage vieillît de quarante ans en » vingt-quatre heures, que sa barbe et ses cheveux blanchissent » dans l'intervalle de deux actes, et pût, entre deux soleils, » passer de Rome à Paris; et c'était faire une comédie que de met» tre une vie de Plutarque en vers. » A cette époque, Shakspeare employait le même procédé; mais il avait une chose de plus que Hardy, le génie. A propos d'Aristote, disons qu'il n'a jamais mentionné l'unité de lieu et qu'il n'a parlé qu'à peine de l'unité de temps.

Théophile composa aussi une tragédie de *Pyrame et Thisbé*; elle eut un grand succès, et, malgré les vers ridicules qu'on peut relever dans cette pièce, et dont Boileau s'est moqué avec raison, on y trouve une grande supériorité sur les poëmes de Hardy. On sait les malheurs de Théophile; accusé d'athéisme, il fut emprisonné pendant deux ans après avoir été brûlé en effigie sur la place de Grève. Banni par arrêt du parlement, il adressa au roi, sur les douleurs de l'exil, une ode éloquente dans laquelle il se compare à Ovide, dont la riante imagination lui convenait mieux que celle de Sénèque ou d'Euripide. Il mourut jeune encore, à trente-six ans. Il a laissé des poésies pleines de grâce. On aurait pu l'appeler comme Remy Belleau, le poète de la nature.

Ce dernier, auteur de la comédie *la Reconnue*, réussit moins, comme Théophile, dans le genre dramatique que dans la poésie légère; Remy Belleau, l'un des poètes de la Pléiade, était doué d'une grâce charmante. On lui doit de jolis vers sur le mois d'avril. Il écrivit encore un livre sur les pierres précieuses, ce qui donna lieu à cette épitaphe :

Ne taillez, mains industrieuses,
Des pierres pour couvrir Belleau :
Lui-même a taillé son tombeau
Dedans ses pierres précieuses.

Baïf traduisit *l'Antigone* de Sophocle, *l'Eunuque* de Térence, et le *Miles gloriosus* de Plaute; mais Baïf, comme les autres poètes de la Pléiade, eut plus de bonheur dans les poésies qu'on appelle fugitives, et qui durent quelquefois plus que les autres : il se distingua également dans les poésies latines. Le cardinal Du Perron se montre un peu sévère lorsqu'il dit : « Baïf, fort bon homme, » mais fort mauvais poète. » Il est à croire que le cardinal Du Perron, qui n'est pas un très-bon poète lui-même, parlait seulement des traductions de Baïf.

Mayret vint, et la gloire de cet auteur fut grande. Sa *Sophonisbe*, dont le succès eut tant d'éclat, et qu'on opposa encore à la vieillesse de Corneille lorsque celui-ci traita à son tour cet inépuisable sujet, est loin d'être un chef-d'œuvre, mais elle renferme des beautés jusqu'alors inconnues. Il y a une certaine énergie dans les caractères, qui n'a pas été sans influence sur l'auteur de *Nicomède* et sur celui de *Mithridate*. Le prince de Pont a quelques traits de Syphax. Le style de Mayret s'essaie à la noblesse, et il atteint quelquefois son but. Cependant Mayret, comme les autres auteurs de son temps, est souvent rempli de pointes et d'antithèses.

Mayret n'observait pas très-scrupuleusement les bienséances; aussi un critique a-t-il reproché à sa Sophonisbe d'être une femme de *médiocre vertu*, et à ses deux confidentes de mériter d'être mises aux Repenties. Mais c'est surtout dans les *Galanteries du duc d'Ossone* que Mayret a donné carrière à ses audaces licencieuses. Que l'on se figure un conte de La Fontaine en action ; celui de *la Courtisane amoureuse*, par exemple. L'auteur, malgré cela, dans son épître dédicatoire, assure que « les plus honnêtes femmes fré- » quentoient cette comédie avec aussi peu de scrupule et de scan- » dale que le jardin du Luxembourg. » Cela ne faisait pas l'éloge du jardin du Luxembourg.

La *Sylvie* de Mayret fit beaucoup de bruit; elle fut suivie de l'*Amaranthe* de Gombaud. Les Bergeries de Racan, l'ami de Malherbe, avaient donné naissance à ces pastorales. Beauchamps, dans ses excellentes recherches sur les commencements de notre théâtre, les divise en trois âges : le premier, d'Étienne Jodelle à Robert Garnier (de 1521 jusqu'à 1573); le second, depuis Robert Garnier jusqu'à Alexandre Hardy (de 1573 jusqu'à 1662); le troisième, depuis Alexandre Hardy jusqu'à Pierre Corneille (de 1662 jusqu'à 1637), période que nous allons actuellement parcourir.

---

## CHAPITRE TROISIÈME.

ROTROU, GEORGES DE SCUDÉRY, DU RYER, BOIS-ROBERT, BENSERADE, DESMARETS, TRISTAN-L'HERMITE, LA CALPRENÈDE, PUJET DE LA SERRE, COLLETET, BOYER, SCARRON, BERGERAC, CLAUDE DE L'ESTOILE.

ORIGINE DES INFLUENCES ESPAGNOLES ET ITALIENNES.

Rotrou mérite d'être étudié avec soin parmi cette foule de poètes prédécesseurs de Corneille, non moins à cause de son talent supérieur que par égard pour son caractère. Rotrou, plus jeune que Corneille de quelques années, l'avait précédé dans la carrière dramatique, et Corneille l'appelait même son père; mais le fils ne tarda pas à laisser le père derrière lui. Rotrou se piqua d'honneur en voyant les succès de son élève, qu'il reconnut bien vite à son tour pour son maître : mais, tout fier d'avoir aidé à développer ce puissant génie, il célébra, même avant *le Cid*, les œuvres de son heureux rival. La jalousie n'entrait pas dans son cœur. Le dévouement qui enleva Rotrou du monde à l'âge de quarante ans, lorsqu'il était dans toute la force de son esprit, prouve l'énergie et la générosité du caractère de ce poète. C'est un trait digne des héros de Plutarque : l'âme de Rotrou s'était trempée aux sources de l'antiquité.

Rotrou était lieutenant particulier et civil, assesseur criminel et commissaire examinateur au comté et bailliage de Dreux ; il remplissait sa charge avec tant d'assiduité et de zèle que l'exercice de cette fonction l'empêcha d'être nommé de l'Académie française, parce qu'il fallait, pour être admis dans cet auguste corps, avoir sa demeure fixe à Paris. Une maladie épidémique d'une grande malignité se déclara soudainement à Dreux : trente personnes mouraient par jour. Les plus notables habitants fuyaient la ville pestiférée. Rotrou avait à Paris un frère qui lui écrivit pour le supplier de quitter Dreux et de venir le rejoindre. Le maire de la ville était mort, le lieutenant-général était absent, le soin de veiller sur les besoins de ses concitoyens était confié au poète ; il ne voulut pas déserter son poste : cette lâcheté n'était pas faite pour lui. Pénétré du sentiment de ses devoirs, il répondit à son frère que sa présence était nécessaire à son pays, et qu'il y resterait tant qu'il serait de quelque utilité. Sa lettre se terminait par ces admirables mots : « Ce n'est pas que le péril où je me trouve ne soit fort grand, puisqu'au moment où je vous écris les cloches sonnent pour la vingt-deuxième personne qui est morte aujourd'hui. Ce sera pour moi quand il plaira à Dieu ! » Les cloches peu de temps après sonnèrent en effet pour lui.

Un tel homme était bien né pour instruire le grand Corneille, la Providence semble l'avoir choisi exprès ; ce devait être entre eux un échange de grandes pensées et de nobles sentiments. Corneille parla toujours de Rotrou avec vénération.

Le premier ouvrage de cet auteur, ayant pour titre *l'Hypocondriaque* ou *le Mort amoureux*, eut un beau succès, malgré sa faiblesse ; Rotrou, qui sentait bien sa défectuosité, alla au-devant des censeurs dans l'argument de sa pièce, lorsqu'il la fit imprimer. *Il y a d'excellents poètes, mais non pas à vingt ans*, dit-il ; Rotrou avait alors dix-neuf ans. Il s'était mis à versifier dès l'âge de quinze ans : ce sont ces dispositions précoces qui lui firent prendre rang au théâtre avant Corneille, son aîné. Rotrou traduisit plusieurs pièces du théâtre espagnol, dont la vogue commençait, et plusieurs pièces du grec et du latin, selon le goût de ses prédécesseurs ; mais ses essais n'ont pas eu une grande valeur, quoique bien au-dessus des œuvres des poètes du temps, par la solidité des vers et par la force des pensées. Nous devons signaler son *Hercule mourant*, où la passion s'exprime avec une véhémence très-dramatique. Une scène nous a paru surtout bien prise dans les mouvements du cœur :

Hercule a porté son inconstance aux pieds de la jeune Iole, et la jalousie exerce ses ravages dans l'âme de Déjanire. Furieuse, elle épie l'infidèle, et prépare sa cruelle vengeance. En ce moment Iole, qui aime Arcas et non Hercule, vient implorer sa rivale elle-même contre l'amour du héros; mais Déjanire est trop irritée pour pouvoir l'entendre de sang-froid; elle l'accueille avec la reconnaissance que mérite une confidence pareille; la vue de sa rivale la transporte de colère; elle ne pense qu'aux funestes charmes qui ont détourné d'elle Hercule; au lieu de remercier Iole, elle l'accable d'injures, elle la traite avec un profond mépris.

Quoique le style de Rotrou soit en général celui de la tragédie, on y trouve des trivialités, et quelquefois on y remarque des vers d'élégie, comme chez les autres poëtes de l'époque. Dans *Hercule mourant*, par exemple, Déjanire abandonnée s'écrie :

> Le temps, qui forme tout, change aussi toutes choses;
> Il flétrit les œillets, il efface les roses,
> Et les fleurs dont jadis mon visage fut peint
> Ne sont plus à tes yeux qu'un triste et pâle teint.

Segrais n'eût pas écrit autrement. La muse de Rotrou se laissait aller trop souvent aussi à la licence du temps, et dans sa *Céliane* il y a des scènes d'une telle privauté que Fontenelle est obligé de les traiter de profanes, tout en voulant justifier quelques écarts de Corneille.

La tragi-comédie de *Laure persécutée* est pleine d'intérêt; l'intrigue en est romanesque, mais spirituelle; l'amour l'échauffe d'une vive ardeur. Cette pièce aurait peut-être encore du succès. Laure, jeune beauté adorée par Oranthée, fils du roi de Hongrie, et qui répond à sa tendresse, n'a pas un rang égal au sien. Le roi s'oppose au mariage de son fils, auquel il veut faire épouser une infante. Pour arriver à son but, il essaie de perdre Laure auprès de son fils, tandis que, sous un autre nom, Laure, qu'il n'a jamais vue, le séduit à son tour. Le roi, qui découvre cette ruse, est plus furieux que jamais; une demoiselle de Laure, toute semblable à sa maîtresse, et un certain Octave, gentilhomme d'Oranthée, amoureux de Laure, se prêtent aux volontés du roi. Lydie, après avoir pris les vêtements de Laure, recevra les hommages d'Octave aux yeux d'Oranthée abusé; moyen que Shakspeare a employé dans *Beaucoup de bruit pour rien*. Octave, quoique l'ami d'Oranthée, accepte ce rôle odieux. Une chose remarquable, c'est que le roi, qui se sert de lui, n'en exprime pas moins avec beaucoup d'énergie le sentiment de mépris que cette bassesse de courtisan lui inspire :

> Voilà de ces flatteurs dont une cour abonde,
> Que l'intérêt gouverne au gré de tout le monde;
> Ennemis du repos, amis du changement,
> Lâches et résolus à tout événement.
> Telles gens toutefois approchent des couronnes,
> On se sert de leur vice, et on hait leurs personnes.

C'est le style de Corneille.

Le prince, toujours épris, malgré la scène d'infidélité dont on l'a rendu témoin, ne peut en croire ses yeux; il désire, en véritable amant, avoir une explication avec sa maîtresse; Octave, qui sait ce que c'est qu'une explication, craint que la fourberie ne se découvre; pour détourner Oranthée de cette idée, il lui trace un tableau très-vrai de la faiblesse des amants. Nous tenons presque inutile d'ajouter que Laure est reconnue princesse; et le roi de Hongrie, déjà touché de ses charmes et de son esprit, l'accepte avec beaucoup de joie pour sa belle-fille, en épousant lui-même, afin de concilier tout, l'infante destinée à son fils.

*Don Bernard de Cabrere* offre encore un sujet heureux dont Rotrou a su tirer un parti avantageux. Don Lope de Lune, brouillé avec la fortune, malgré la rime et aussi malgré la raison, est un vaillant soldat, un des plus fermes soutiens du trône de don Pèdre d'Aragon; mais le malheur veut que toutes ses belles actions ne profitent jamais à leur auteur. Il est né sous une fâcheuse étoile; toujours quelqu'un se trouve placé en travers de ses espérances, et obtient le prix qu'il désire et qu'il mérite; don Bernard de Cabrere, son ami, est doué, au contraire, de la plus heureuse chance; tout lui réussit; en noble compagnon, il essaie de faire partager son bonheur à don Lope de Lune, mais il ne peut conjurer le funeste destin de celui-ci. Lorsque don Bernard fait devant le roi l'éloge du vaillant capitaine son ami, le roi s'endort, et ne se réveille que pour accorder à don Bernard, et non à don Lope, des marques de sa bienveillance. Don Lope n'est pas plus fortuné en amour; il croit avoir touché le cœur de Violante, la fille du roi; et celle qui lui envoie des messages amoureux n'est autre qu'une vieille camériste, dont le portrait est grotesquement tracé par un valet railleur. On n'est pas plus malheureux que ce pauvre don Lope de Lune; son valet Lazarille finit par ne vouloir plus le servir, en voyant une hostilité si déclarée de la part de la fortune. Don Lope de Lune prend le parti de quitter la cour d'Aragon, en la maudissant, pendant que don Bernard de Cabrere parvient à faire pénétrer le nom de son ami dans les oreilles du roi.

*Le véritable Saint-Genest*, tragédie dans laquelle se trouve assez singulièrement placé un éloge de Corneille, n'a pas autant d'originalité que les deux pièces dont nous venons de parler, quoique l'histoire de ce comédien, qui se fit chrétien en jouant un rôle de martyr, présente des situations dramatiques en elles-mêmes. Cette tragédie, où se trouvent du reste de beaux passages, eut beaucoup de succès. *Cosroès, roi de Perse*, se soutient par la vigueur des caractères. *La Bague de l'Oubli*, imitée de Lope de Vega, a fourni à Legrand l'idée de son *Roi de Cocagne*. Toutes ces pièces sont venues après *le Cid*.

*Venceslas* mit le comble à la réputation de Rotrou. Nous passons sous silence toutes ses faibles productions, pour ne parler que de celles qui témoignent de sa supériorité sur les autres émules de Corneille. Lorsque Rotrou donna cette tragédie, Corneille, qui avait marché vite, en était déjà à *Héraclius*. *Venceslas* est, du reste, le seul des ouvrages de Rotrou qui se soit maintenu à la scène, et le seul généralement connu; cette pièce est tirée d'une tragédie espagnole de *Francisco de Roxas*, tragédie qui a pour titre : *On ne peut être père et roi*. L'influence de la littérature espagnole était grande en ce moment.

La tragédie de *Venceslas* a de nombreux défauts; mais ces défauts sont relevés par la vivacité des passions et par l'énergie du style. La mélancolie du vieux roi Venceslas est sublime comme celle d'Auguste, et plus saisissante encore, car il a à lutter contre ses propres enfants. Le principal défaut de cette tragédie consiste dans une de ces méprises obstinées qui tomberaient devant le plus simple mot d'explication, et qui causent à la longue une certaine impatience. C'est ainsi que le fougueux Ladislas persiste à croire que le duc de Courlande est son rival, en lui fermant la bouche toutes les fois qu'il veut nommer l'objet de sa secrète passion. Cette ignorance presque volontaire le pousse à tuer son propre frère au lieu du duc, dans une rencontre nocturne. On a droit de blâmer aussi le roi, qui, oubliant sa fermeté, pose au dénoûment sa couronne sur la tête du coupable dont le peuple demande la grâce. Qu'il accorde cette grâce, il le peut; mais remettre le sceptre en des mains teintes du sang fraternel et si promptes à se servir du poignard, cela passe les mesures de la condescendance. Venceslas aurait pu mieux concilier les droits de père et de roi; il fallait faire entendre raison au peuple de Pologne, et attendre que Ladislas eût expié son crime par un long repentir.

Quoi qu'il en soit, l'impétuosité de Ladislas et les parties vigoureuses du caractère de Venceslas bien nettement accusées, la beauté des sentiments de Cassandre, un peu modelée, du reste, sur la Chimène du *Cid*, ont donné à cette pièce un lustre que le temps n'a pas effacé. Un littérateur du dix-huitième siècle, Marmontel, s'est imposé la tâche d'énerver cette tragédie, sous prétexte de la retoucher; il a cru devoir remplacer par des banalités les détails abrupts échappés à l'originalité de Rotrou. Un autre littérateur de même ordre, Colardeau, prit part à cette profanation. Lekain eut l'idée de faire retoucher son rôle par lui. Un jour qu'on jouait à la cour, pour faire pièce à Mlle Clairon Lekain se mit à répondre du Colardeau au Marmontel; et, bien qu'il donnât des répliques exactes à Mlle Clairon, il la déconcerta. Les *Venceslas* retouchés en éprouvèrent un échec dont ils ne se relevèrent pas. De quoi s'avisaient MM. Marmontel et Colardeau de vouloir rogner les griffes du lion?

Grimm, dans sa Correspondance littéraire, a apprécié comme elle devait l'être cette audace de Marmontel, qui se permit de châtrer Rotrou. « J'aurais voulu, dit-il, qu'on eût laissé la pièce de *Venceslas* telle qu'elle était avec ses infirmités; elle fait époque dans l'histoire du théâtre français, et il est intéressant de conserver à chaque époque ses marques caractéristiques. Je croirai donc volontiers que M. Marmontel nous a rendu un mauvais office, et qu'il a formé une entreprise de mauvais goût en habillant la tragédie de Rotrou à la moderne. Cette remarque ne se peut faire que pour ceux qui ont véritablement du goût; eux seuls peuvent sentir que dans les hommes de génie tout est précieux, jusqu'aux défauts, et que c'est une sottise de vouloir les corriger. » Cette remarque de Grimm est pleine de sagacité : seulement la tragédie de *Venceslas* ne fait pas époque comme il le dit, parce qu'elle est postérieure de douze ans au *Cid*; mais Grimm, littérateur un peu superficiel, partageait l'erreur de bien des gens, qui se figurent que toutes les pièces de Rotrou ont précédé celles de Corneille. Pour le classer dans cette histoire nous avons considéré la date de ses débuts.

Maintenant remontons à la biographie d'un personnage curieux, lequel débuta dans les lettres immédiatement après Rotrou et peu de temps avant Corneille : ce personnage est Georges de Scudéry, véritablement taillé sur le patron des matamores de la comédie espagnole; celui-là écrit avec la pointe de son épée de garde-française. Scudéry ne se contenta pas d'être un assez mauvais auteur; il eut le tort d'attaquer *le Cid* pour plaire au cardinal de Richelieu, qui régna despotiquement sur la littérature de cette époque. La fierté de Scudéry se démentit, assure-t-on, pour obtenir la protection du fondateur de l'Académie. Cette faiblesse fut rachetée du moins par beaucoup de traits de généreux désintéressement. Chevreau en rapporte un qu'on ne saurait trop faire connaître, tant il honore Scudéry. Voici dans quels termes Chevreau conte cette aventure :

« La reine Christine m'a dit cent fois qu'elle réservait à M. de Scudéry, pour la dédicace qu'il lui ferait de son *Alaric*, une chaîne d'or de mille pistoles. Mais comme M. le comte de Lagardie, dont il est parlé fort avantageusement dans ce poème, essuya la disgrâce de la reine, qui souhaitait que le nom du comte fût ôté de cet ouvrage, et que je l'en informai, il me répondit que, quand la chaîne serait aussi grosse et aussi pesante que celle dont il est parlé dans l'Histoire des Incas, il ne détruirait jamais l'autel où il avait sacrifié. Cette fierté héroïque déplut à la reine, qui changea d'avis; et le comte de Lagardie, obligé de reconnaître la générosité de M. de Scudéry, ne lui fit pas même un remercîment. » — Pourquoi le poème d'*Alaric* ne vaut-il pas cette réponse-là? Ce serait un chef-d'œuvre!

La préface de *Lygdamon*, première pièce de Scudéry, le peint tout de suite; il s'adresse au lecteur, comme il était d'usage à cette époque, en le tutoyant. Mais il le traite avec une familiarité extrêmement cavalière : « La poésie me tient lieu de divertissement agréable, dit-il, et non d'occupation sérieuse; si je rime, ce n'est qu'alors que je ne sais que faire; je n'ai pour but en ce travail que le seul désir de me contenter; car, bien loin d'être mercenaire, l'imprimeur et les comédiens témoigneront que je ne leur ai pas vendu ce qu'ils ne pouvoient pas payer. Tu couleras aisément pardessus les fautes que je n'ai point remarquées, si tu daignes apprendre qu'on m'a vu employer la plus grande partie du peu d'âge que j'ai à voir la plus belle et la plus grande cour de l'Europe, et que j'ai passé plus d'années parmi les armes que d'heures dans mon cabinet, et usé beaucoup plus de mèches en arquebuse qu'en chandelles; de sorte que je sais mieux ranger des soldats que les paroles et mieux carrer les bataillons que les périodes. »

Telle était la belliqueuse modestie de Scudéry. Nous le retrouverons tout à l'heure dans la querelle du *Cid;* mais, avant de nous occuper de Corneille, nous demandons au lecteur la permission de passer en revue quelques-uns de ses rivaux, dont l'appréciation nous gênerait lorsque nous examinerons son théâtre. Les grands hommes concentrent sur eux toute la lumière, ce qui les avoisine tombe dans l'obscurité; on dirait les intérieurs de Rembrandt, où un seul point est éclairé. Corneille a fait cette ombre autour de lui. Cependant il importe de promener le flambeau dans ces catacombes, et de rendre la vie à quelques-unes de ces momies dont le nom à peine nous est resté. Corneille a subi l'influence des œuvres et des hommes qui l'entouraient, et, pour le bien comprendre, il faut connaître ses contemporains. Le génie perd à ces études quelque chose de sa divinité; ce n'est plus une sorte de Messie, on semble le rabaisser; mais lorsqu'on considère la différence des productions, on admire les forces de l'esprit humain. C'est du reste un palliatif pour les défauts. On est étonné de la vigueur de nature qu'il a fallu pour qu'un grand écrivain se soit débarrassé du mauvais goût de son temps : on lui pardonne les fautes qu'il a commises en raison de toutes celles qu'il a évitées.

Le premier en date des auteurs qui coururent la même carrière que Corneille est Du Ryer; c'est celui qui, après Rotrou, s'en rapprocha le plus : *Scévole* et *Thémistocle* ont des beautés réelles; les sentiments ne manquent pas de noblesse ni le style d'énergie. Dans *Scévole*, sa meilleure pièce, le combat d'Horatius Coclès,

> Qui remplit tout le pont de sa seule personne,

est retracé avec force; et la réponse de Scévole à Porsenne est terrible, lorsque le roi lui reproche d'avoir pénétré dans son camp pour l'immoler.

La tragédie d'*Alcyonnée* eut beaucoup d'éclat. C'est dans cette tragédie que se trouve le fameux vers appliqué par M. de La Rochefoucauld à madame de Longueville. Pour lui plaire, disait-il avec le héros de Du Ryer,

> J'ai fait la guerre aux rois, je l'eusse faite aux dieux.

Cependant Ménage eut le tort de dire que cette tragédie ne le cédait en rien à celles de Corneille.

Du Ryer était pauvre; il avait de la famille. Il travaillait pour vivre. Mais il ne savait pas se pousser dans le monde. Ses tragédies ne lui rapportaient pas ce que des quatrains rapportaient à Benserade, comme on le verra; il était aux gages du libraire Sommaville, qui lui payait, assure-t-on, ses vers à la centaine : quatre francs le cent les grands, deux francs les petits; il habitait un village auprès de Paris. « Un beau jour d'été, dit un auteur du temps, nous allâmes plusieurs ensemble lui rendre visite. Il nous reçut avec joie, nous parla de ses desseins et nous montra ses ouvrages; mais ce qui nous toucha, c'est que, ne craignant pas de nous laisser voir sa pauvreté, il voulut nous donner la collation. Nous nous rangeâmes dessous un arbre; on étendit une nappe sur l'herbe; sa femme nous apporta du lait, et lui des cerises et de l'eau fraîche et du pain bis. Quoique ce régal nous semblât tres-bon, nous ne pûmes dire adieu à cet excellent homme sans pleurer, de le voir si maltraité de la fortune, surtout dans sa vieillesse, et accablé d'infirmités!... »

Le cœur se serre, en effet, lorsqu'on pense à la misère des gens de lettres de ce temps, qui ne pouvaient demander leur fortune au public, et qui mouraient de faim lorsqu'ils n'adressaient pas leurs dédicaces à la cour ou à la finance. Nous regretterons bientôt de voir Corneille, presque aussi pauvre que Du Ryer, obligé de dédier un chef-d'œuvre au trésorier Montauron, sot parvenu qui se croyait un Mécène. On se prend d'affection pour la simple vie de Du Ryer. Il eut, du reste, un estimable talent. De mâles pensées et de nobles vers se rencontrent fréquemment dans ses tragédies.

On vit paraître alors une singulière figure dans le monde : ce fut celle de Bois-Robert. Il dut son importance à sa position plus qu'à son talent. Le cardinal de Richelieu ambitionnait le titre de protecteur des lettres et même celui de poète. Il dépensa cent mille écus pour faire monter *Mariane*, pièce à laquelle il avait coopéré. On sait qu'il faisait travailler cinq auteurs à des sujets choisis par lui; ces auteurs furent Rotrou, Corneille, Bois-Robert, Colletet et Claude de L'Estoile. Ce Bois-Robert, doué de toutes les qualités nécessaires pour parvenir, devint en quelque sorte premier laquais de Richelieu. C'était un personnage tout différent de Scudéry, beaucoup plus souple et plus adroit que lui. Rampant comme une couleuvre, il se glissait partout; il s'était introduit chez le cardinal presque malgré Son Éminence. Né avec une certaine disposition à la raillerie, il savait se faire pardonner ses insolences par ses plaisanteries. On cite quelques traits fort spirituels de Bois-Robert. Etant tombé malade en Angleterre, il écrivit une élégie dans laquelle il appelait ce pays *climat barbare*. Le comte Holland lui fit la guerre à ce sujet. Bois-Robert s'excusa en disant qu'il tenait pour barbares tous les lieux où il était malade, et qu'il en aurait dit autant du radis terrestre en pareille occasion. « Mais depuis que je me rte bien et que le roi m'a fait la grâce de m'envoyer trois cents acobus, ajoutait-il, je trouve le climat fort radouci. » Une de ses éponses les plus caractéristiques est celle qu'il fit au coadjuteur, epuis cardinal de Retz. Bois-Robert passait pour avoir composé es vers contre les frondeurs : « Monsieur Bois-Robert, vous allez e réciter ces vers, lui dit le coadjuteur en fronçant le sourcil un jour que Bois-Robert allait, comme d'habitude, dîner chez lui. — Ma foi, monsieur, repartit Bois-Robert en s'approchant de la croisée, je n'en ferai rien, votre fenêtre est trop haute. » Il y a autant d'impertinence que de bassesse dans ce mot.

Les pièces de Bois-Robert sont totalement dépourvues de mérite. Son *Inconnue* est une mauvaise imitation de *la Maison à deux portes* de Caldéron. Ce qu'il y a de plus plaisant dans cet ouvrage de Bois-Robert, c'est sa préface adressée au cardinal Mazarin. Bois-Robert y parle de lui sur un ton peu modeste : « Je sais bien, monseigneur, dit-il, que *ceux qui jugent sainement les choses* ont trouvé que j'avais quelque talent dans ce genre d'écrire, qui n'était pas désagréable. Je sais que le roi a pris plaisir à tout ce qui a paru de moi sur le théâtre, et que les plus délicats du siècle y ont découvert des agréments particuliers. » Bois-Robert se trompe étrangement, mais il avait pour cela les raisons de Trissotin : il était auteur. Ceux qui *jugent sainement les choses*, pour nous servir de ces expressions, l'ont toujours considéré comme un fort mauvais poète, malgré l'estime que fit de lui le cardinal de Richelieu.

Nous avons sous les yeux *les Trois Orontes*, une de ses plus fameuses comédies; elle ne vaut absolument rien. L'aventure qui l'a inspirée nous semble beaucoup plus comique que la pièce. C'est l'histoire des trois Racans. Deux amis du marquis de Racan ayant su qu'il avait rendez-vous pour voir la célèbre Mlle de Gournay, récemment arrivée de Gascogne, se présentèrent tour à tour chez elle avant lui et sous son nom; en sorte que lorsque le véritable Racan arriva, Mlle de Gournay, impatientée, prit celui-là surtout pour un imposteur, pour un Racan de contrebande, d'autant plus que le marquis de Racan avait une certaine difficulté à s'exprimer. Elle le chassa honteusement de chez elle, en le chargeant, assure-t-on, dans sa colère, à grands coups de mule. Cette anecdote ne laissait pas que de fournir des situations plaisantes dont Bois-Robert n'a pas su tirer parti.

Bois-Robert a volé à Scarron l'idée des *Généreux Ennemis*, que Thomas Corneille empruntait, du reste, dans le même temps, à la scène espagnole, où Scarron l'avait puisée. L'auteur du *Roman comique*, pour se venger de Bois-Robert, disait de lui : « Quand je pense que je suis assez bien fait pour avoir mérité les hommages des Bois-Robert de mon temps ! » Scarron faisait allusion à un vice odieux qu'on reprochait à Bois-Robert, et qui le rangeait sur la ligne de ce chevalier *d'Assouci* dont Chapelle s'est tant moqué dans son *Voyage*.

Benserade, qui débuta par une *Cléopâtre*, fut un poète de cour;

après avoir composé quelques tragédies dans sa jeunesse, il fit un grand nombre de ballets ; il était né pour ce genre galant fort en vogue alors ; il avait l'art de faire ressortir les qualités et quelquefois les défauts des grands seigneurs qui jouaient des rôles dans ces sortes de fêtes, en confondant les acteurs avec le personnage qu'ils représentaient. C'étaient des éloges spirituels ou d'adroites railleries pour ceux qui se plaisaient à faire bon marché d'eux-mêmes. Benserade allait fort loin dans la louange, surtout lorsqu'il avait affaire au roi, et l'on s'étonne même que le bon goût de Louis XIV n'ait pas repoussé des compliments exagérés ; comment le grand roi a-t-il pu prononcer, par exemple, des vers comme ceux-ci :

*(Pour le roi représentant Apollon.)*

Plus brillant et mieux fait que tous les dieux ensemble,
La terre ni le ciel n'ont rien qui me ressemble ;
De rayons immortels mon front est couronné...?

Benserade a mis en rondeaux les *Métamorphoses d'Ovide.* On connaît la fameuse dispute qui eut lieu au sujet du sonnet de Job et de celui d'Uranie, dispute qui partagea toute la cour. On sait aussi que le poëte courtisan servit de secrétaire aux amours de La Vallière et de Louis XIV. La pointe domine trop dans les vers de Benserade ; elle les ravale souvent à l'insipidité du calembour. Leur plus grand mérite est d'avoir enrichi leur auteur, ce qui arrive rarement aux vers.

Desmarets se fit connaître par une *Aspasie*, mais c'est à ses *Visionnaires* qu'il a dû sa réputation. Il aurait pu, si l'en en croit ses biographes, figurer dans sa comédie. Desmarets avait, sur les auteurs que nous avons cités, une grande supériorité de versification. Dans sa comédie des *Visionnaires*, il trouve moyen de décrire minutieusement le château que Richelieu avait fait bâtir. Lorsqu'il arrive au jardin, il rencontre ces vers ingénieux :

. . . . . . . . Loin de là s'aperçoit
Un jardin que l'on sent plutôt qu'on ne le voit.
Mille grands orangers en égale distance
De fruits mêlés de fleurs jettent une abondance ;
Ils semblent orgueilleux de voir leur beau trésor,
Dont les fleurs sont d'argent et dont le fruit est d'or ;
Et pour se distinguer chacun d'eux s'accompagne
Ou d'un myrte amoureux, ou d'un jasmin d'Espagne.

Il sut encore discuter d'une manière ingénieuse la règle des unités, qui préoccupait tous les esprits d'alors. C'est un morceau curieux à consulter.

Tristan-l'Hermite, dont la tragédie de *Marianne* parut la même année que *le Cid*, attira autant que Corneille la foule, plus sensible souvent au jeu d'un acteur qu'à la valeur réelle d'une pièce. *Marianne* a dû son principal succès au célèbre comédien Mondory, chargé du rôle d'Hérode. Tristan-l'Hermite était ami du sieur de Bergerac, original dont le portrait va figurer aussi dans cette galerie. Voici la façon dont Bergerac parle de Tristan dans son *Voyage de la Lune* : « Je rencontrai un homme, la honte de son pays; car c'est une honte aux grands de reconnoître en lui, sans l'adorer, la vertu dont il est le trône; pour abréger son panégyrique, il est tout esprit, il est tout cœur; il a toutes ces qualités dont une suffisoit jadis à marquer un héros. C'étoit Tristan-l'Hermite; je ne puis rien ajouter à l'éloge de ce grand homme sinon que c'est le seul poète, le seul philosophe et le seul homme libre que vous ayez. » Ce qui avait valu sans doute à Tristan-l'Hermite cette chaude admiration de la part de Cyrano, c'est qu'à l'âge de treize ans il avait été obligé de fuir son pays pour avoir tué en duel un garde du corps. Cyrano était un grand bretteur.

Tristan, dévoré par la passion du jeu, vécut misérablement; il courait les tripots, mal vêtu, et ne sachant trop quelquefois où coucher. Quand on lui reprochait ce genre de vie, il s'en excusait ainsi :

« Laissez vivre les poètes à leur fantaisie; ne savez-vous pas qu'ils n'aiment point la contrainte? Eh! que vous importe qu'ils soient mal vêtus, pourvu que leurs vers soient magnifiques! Plût à Dieu que nos poètes de théâtre n'eussent que ce défaut! Mais, tout au contraire de ceux dont vous parlez, ils sont superbes dans leurs habits, leur mine est relevée de toute sorte d'ajustements, et leurs poèmes sont languissants et destitués de conduite. »

Cette fierté soutenait quelquefois le poète dans ses vers. Tristan aurait dû naître du temps de son aïeul Pierre-l'Hermite. La croisade aurait convenu à sa vie voyageuse et insouciante, toute remplie de fantaisie.

Gaultier de Coste, sieur de La Calprenède, Limousin, tient le milieu entre Scudéry et Bois-Robert. Il est moins connu par ses pièces de théâtre que par ses romans pleins de ces grands coups d'épée que madame de Sévigné aimait tant. Sarrasin disait de lui : qu'il avait donné tant de cœur à ses héros, qu'il ne lui en était point resté. On ne cite guère néanmoins, de la part de La Calprenède, que des traits de vanité qui n'impliquent en rien un manque de courage; il fit cette superbe repartie à une critique du cardinal de Richelieu, qui trouvait lâche le style d'une de ses tragédies :

« *Il n'y a rien de lâche dans la famille des La Calprenède!* » La Calprenède, dans les préfaces de ses œuvres dramatiques, prétend, comme Scudéry, qu'il écrit pour lui-même et non pour le public. Ces messieurs ne comptaient pas, ainsi que Corneille, sur le peuple; ils se glorifiaient de le mépriser parce qu'ils ne pouvaient conquérir son estime. La profession des armes leur paraissait de beaucoup supérieure à celle des lettres. On rapporte qu'une des tragédies de La Calprenède, *la Mort de Mithridate*, fut mise à la scène le jour des Rois, et qu'un plaisant, voyant ce prince porter à sa bouche une coupe empoisonnée, se mit à crier : « *Le roi boit! le roi boit!* » ce qui fit rire aux éclats le parterre au moment le plus pathétique. La Calprenède mourut avant d'avoir vu son Mithridate se transformer sous la plume de Racine. Il aurait certainement crié au plagiat.

La Calprenède a mis le premier sur la scène le sujet du *Comte d'Essex*, et cette œuvre n'est pas sans mérite : d'après des renseignements particuliers il fit usage d'une bague donnée par Élisabeth au duc son amant, et qui devait obtenir d'elle une grâce assurée d'avance quelle qu'elle fût; mais il ne s'est pas servi avec bonheur de cette bague. La Calprenède et Mlle de Scudéry ont opéré en quelque sorte la révolution qui se fit dans la littérature sous Louis XIV. Le ton cavalier, conquérant, hardi des mœurs du temps de Louis XIII se changea en un sentiment tendre, langoureux et pastoral. Racine est né, pour ainsi dire, de cette alliance. La Calprenède conserva long-temps sa réputation. Thomas Corneille traitait encore La Calprenède d'*incomparable* auteur en lui empruntant son *Comte d'Essex*. Pierre Corneille l'estimait beaucoup.

Pujet de La Serre obtint un grand succès en faisant jouer un *Thomas Morus*, tragédie en prose dans laquelle on remarqua une certaine vivacité de style; les portes du théâtre furent enfoncées, tant la foule s'y porta avec violence: quatre portiers furent tués. La Serre en fut tout enorgueilli : « Je le céderai à M. de Corneille, disait-il, quand il aura fait tuer cinq portiers en un jour!... » Quelle supériorité! La Serre avait la repartie vive; il avait fait l'épitaphe du roi de Suède, et on lui dit à ce sujet : « Vous avez écrit qu'il a rendu son âme à Dieu, mais c'était un hérétique que votre roi de Suède. — Je n'ai pas dit ce que Dieu en avait fait, » répondit La Serre. Il a laissé peu de traces. La Serre disait qu'il achetait trois sous une main de papier et qu'il la vendait cent écus. Il écrivit beaucoup. Sa tentative en prose de *Thomas Morus* est d'autant plus estimable qu'un déluge de vers inondait alors le théâtre, et qu'elle est le premier essai de drame.

3.

Colletet est moins célèbre par ses tragédies et par son titre d'académicien et de membre des *cinq auteurs*, que pour avoir épousé successivement trois de ses servantes, et pour avoir voulu que la dernière fût considérée comme un bel esprit. Colletet faisait des vers sous le nom de sa femme. Il poussa même la supercherie jusqu'à laisser une épitaphe que sa veuve signa et fit paraître; c'était en même temps un adieu à la poésie. On se rappelle les vers moqueurs du bon La Fontaine :

Les oracles ont cessé,
Colletet est trépassé.

On rapporte que, Colletet ayant porté au cardinal de Richelieu *le Monologue des Thuilleries*, le cardinal s'arrêta particulièrement sur la description où l'on voit

La cane s'humecter de la bourbe de l'eau,
D'une voix enrouée et d'un battement d'aile
Animer le canard qui languit auprès d'elle.

Il donna de ses propres mains cinquante pistoles au poète pour ces seuls vers, en ajoutant que « *le roy n'était pas assez riche pour payer tout le reste.* » Cela prouverait plus en faveur de la générosité qu'en faveur du goût du cardinal de Richelieu, à moins qu'il n'ait trouvé là un moyen ingénieux de ne donner que cinquante pistoles à Colletet en se moquant de lui.

Boyer fut un auteur extrêmement fécond, mais aucune pièce de lui n'était faite pour rester. Dans une de ses pastorales, il a tracé un caractère d'ingénue d'une manière très-agréable. La jeune Lisimène, grondée par sa mère Climène sur son penchant à l'amour, lui répond avec ingénuité :

LISIMÈNE.

Me faites-vous, ma mère, un crime de l'amour?
On aime innocemment les fleurs, l'astre du jour;
Si j'ai pour mon berger un amour de la sorte,
Si mon ardeur pour lui me semble un peu plus forte,
C'est que les dieux l'ont fait, pour donner de l'amour,
Plus charmant que les fleurs, et plus beau que le jour.
Mais, avec cet amour, ne vouloir que lui plaire,
Le voir et lui parler, est-ce un crime, ma mère?

Heureusement pour Lisimène, son berger n'est qu'une bergère déguisée en homme, et son innocence ne court aucun péril. L'abbé Boyer, au bout de vingt-quatre ans, redonna, avec le titre du *Fils supposé*, une tragédie qu'il avait fait représenter sous le nom de *Tiridate*, tant il était persuadé lui-même que ses pièces tombaient dans le plus profond oubli.

Cet abbé *n'avait pas trouvé de lieu pour prêcher*, dit Furetière, et c'est pour cela sans doute qu'il se mit au théâtre.

Boyer ne fut pas heureux dans sa longue carrière ; il réussit rarement, mais la philosophie lui procurait des consolations. On fit contre lui l'épigramme suivante :

> Quand les pièces représentées
> De Boyer sont peu fréquentées ;
> Dans le chagrin qu'il a d'y voir peu d'assistants,
> Voici comme il tourne la chose :
> Vendredi, la pluie en est cause ;
> Et dimanche, c'est le beau temps.

Boyer fut brouillé avec l'almanach tout le temps de sa vie.

Cependant il eut un beau succès, celui de sa *Judith*, qui lui valut l'épigramme de Racine sur

> . . . . . . . Ce pauvre Holopherne,
> Si méchamment mis à mort par Judith.

On vit à la représentation de cette pièce un spectacle assez étonnant : deux cents dames, tant la foule était grande, étaient assises sur les banquettes du théâtre avec leurs mouchoirs étalés sur leurs genoux, pour essuyer leurs larmes aux endroits pathétiques. Il y avait une scène qu'on appelait la *scène des mouchoirs*.

[illegible] de Boyer a été mandée par Racine à son fils (Jean-Baptiste) d'une façon assez originale : « Pour nouvelles académiques, dit-il, je vous dirai que le pauvre Boyer mourut avant-hier âgé de quatre-vingt-trois ans ou quatre-vingt-quatre ans, à ce qu'on dit. On prétend qu'il a fait plus de cinq cent mille vers en sa vie ; et je le crois, parce qu'il ne faisoit autre chose. Si c'étoit la mode de brûler les morts, comme parmi les Romains, on auroit pu lui faire les mêmes funérailles qu'à ce Cassius Parmensis, à qui il ne fallut d'autre bûcher que ses propres ouvrages, dont on fit un bon feu. »

Scarron débuta au théâtre par les *Boutades du capitan Matamore*, en un acte, et en vers de huit syllabes, sur la seule rime en *ment*. C'est ainsi qu'il commença son grotesque répertoire. Paul Scarron, auquel son *Roman comique* a acquis une grande célébrité, emprunta presque tous ses sujets aux pièces espagnoles. Il mit à profit différents imbroglios qui lui tombèrent entre les mains. Une intrigue romanesque sans suite, mais accompagnée de quelques détails comiques, allait admirablement à Scarron, qui n'était pas fait pour réfléchir sur la philosophie de l'art. Pourvu que Scarron trouvât matière à faire rire, il était satisfait, et encore n'était-il pas scrupuleux sur le choix de ses plaisanteries. Il avait prix pour type le personnage de Jodelet, modelé sur un acteur du temps qui remplissait à merveille les rôles de valets. Il fit *Jodelet maître et valet*, *Jodelet duelliste;* ces pièces le mirent en vogue auprès des comédiens. *Don Japhet d'Arménie* eut aussi du succès. Toutes ces pièces, farcies de grossièretés, ne pourraient plus être représentées; mais, au milieu de leur extravagance, on rencontre quelques traits amusants. Voici une des situations de *Don Japhet d'Arménie.* Les personnes qui entourent ce maître fou lui font accroire qu'il est sourd, en ouvrant la bouche et en faisant semblant de parler. Don Japhet est persuadé qu'il n'entend pas.

Dans *Jodelet maître et valet*, Scarron s'amuse à parodier les stances du *Cid.* Jodelet traite la question du point d'honneur. Il se demande si *cinq doigts mis sur une face* constituent un affront, sous prétexte qu'*un barbier y met bien la main.*

Les infirmités de Scarron sont connues; il s'appelait lui-même un raccourci de la misère humaine, et ressemblait, disait-il, à un Z. On sait aussi que Scarron épousa Mlle d'Aubigné; mais, dans ses plus folles imaginations, il était loin d'avoir prévu le dénoûment de ce mariage; la veuve du cul-de-jatte Scarron entra dans le lit du grand roi; elle devint Mme de Maintenon. Si Scarron était revenu au monde, comme il aurait exercé là-dessus sa verve burlesque! Il n'épargnait pas les siens. Il avait coutume de dire, en parlant de son père, que *c'était le meilleur homme du monde, mais non pas le meilleur père.* Il n'avait pas à s'en louer en effet. Son père, qui avait plus de vingt-cinq mille livres de rente, se remaria, eut d'autres enfants; et Scarron, qui prit mal avec sa belle-mère, se trouva un beau jour déshérité. Il eut un procès qu'il perdit. Scarron, malgré les plus vives souffrances, conserva toujours une inaltérable gaieté.

Claude de L'Estoile, qui fut un des cinq auteurs, *mangea son bien en amourettes*, dit Tallemant des Réaux. Il fut spécialement chargé d'examiner la versification du *Cid.* Ce travail ne lui profita pas.

Nous ne parlerons que pour mémoire de Claveret, de Guérin du Bouscal, de Chevreau, de De Brosse, de Magnon, de Michel Leclerc, de Desfontaines, de Montauban, de Gilbert, qui a fait une tragédie intitulée *Hippolyte, ou le Garçon insensible*. Ces auteurs n'ont pu même atteindre à la médiocrité.

Nous préférons dire ici, et Scarron nous y invite, comment se sont établies les influences italiennes et espagnoles sur notre littérature. Le mariage de Louis XIII avec Anne d'Autriche vint mettre l'espagnol à la mode à la cour de France; mais, en remontant plus loin, on peut dire que les guerres de François Ier avaient servi à répandre cette langue : le roi, captif sans perdre l'honneur, acquit l'espagnol à la France, de même que ses guerres du Milanais propagèrent d'un autre côté l'italien. Le mariage de Henri II avec Catherine, après les guerrres d'Italie, sous trois de nos rois, avait familiarisé complétement la France avec l'idiome de ce pays. Il n'est pas étonnant que nos premiers poëtes comiques aient puisé à ces deux sources. Le mariage de Marie-Thérèse avec Louis XIV accrédita davantage encore l'espagnol; il vint même s'établir une troupe de comédiens de cette nation, ils jouèrent pendant douze ans en concurrence avec les comédiens italiens.

Chapuzeau parle de l'arrivée de cette troupe : « Nous vîmes arriver à Paris une troupe de comédiens espagnols, dit-il, la première année du mariage du roi (Louis XIV). La troupe royale lui prêta son théâtre, comme elle avoit fait avant eux aux Italiens, qui occupèrent depuis le Petit-Bourbon avec Molière, et le suivirent au Palais-Royal. Les comédiens espagnols ont été entretenus depuis par la reine Marie-Thérèse jusqu'en 1672... Ils jouoient, chantoient et dansoient. Leur troupe fut accueillie sans jalousie par les comédiens françois, qui leur donnèrent un magnifique repas. »

D'Italie vinrent les pointes, les concetti, les métaphores burlesques; d'Espagne vinrent les intrigues romanesques, les fanfaronnades, le décousu de l'action; mais des deux côtés, malgré ces défauts, notre théâtre gagna une vivacité comique, et une liberté que l'antiquité ne lui aurait pas donnée. Nous terminerons ce chapitre en marquant l'heure à laquelle les comédiens ouvraient leur porte : c'était à une heure précise, le spectacle commençait à deux; il devait être fini à quatre heures et demie. On avait pris cette mesure à cause de la boue et des filous qui, au dire des historiens, encombraient alors les rues de Paris, fort mal éclairées la nuit.

## CHAPITRE QUATRIÈME.

### PREMIÈRES PIÈCES DE CORNEILLE.

*Mélite ou les Fausses Lettres*, voilà le premier coup d'essai de Corneille; et le poète a porté plus tard un jugement si rigoureux sur sa pièce qu'il y aurait mauvaise grâce à faire ressortir les inexpériences de cette comédie. *Mélite* avait plus de style et même plus de régularité que les pièces de Jodelle, de Grevin, de Garnier, de Hardy, quoique ce dernier ne la nommât qu'une *jolie farce;* ce mérite lui valut son succès à une époque où la raison et le sens commun commençaient à épurer le théâtre, trop rempli, comme le dit Corneille, de parasites, de capitans, de docteurs, de valets bouffons. Le passage suivant, extrait d'une Histoire de la ville de Paris, donnera une idée de la comédie de l'époque : « Les pièces » de nos premiers poètes commençaient à vieillir, et leurs repré- » sentations froides et languissantes, n'ayant plus cet air de nou- » veauté qui ne charme qu'autant qu'il surprend, ne donnaient » plus aucun plaisir. Les comédiens voulurent suppléer à ce dé- » faut par de mauvaises farces, le plus souvent insipides ou rem- » plies d'obscénités. Mais il n'y eut que le bas peuple ou tout au » plus quelques libertins qui s'accommodèrent de ce spectacle ridi- » cule, si indigne du théâtre français. Cette licence était parvenue » à un tel point que le magistrat fut obligé d'y mettre la main; » ainsi la comédie tomba dans un fort grand mépris. Les choses » étaient dans cet état, et le théâtre presque abandonné, lorsque » Pierre Corneille fit paraître sur la scène sa *Mélite.* » On peut juger du reste de cette licence par ce titre *l'Impuissance*, titre d'une comédie d'un sieur Féronneau Blaisois; cette comédie succéda même à *Mélite.*

On trouva donc original de voir la scène comique débarrassée des imitations serviles de l'antiquité, déjà usées comme les moralités. Il était temps de montrer des êtres contemporains, vivant de la vie des spectateurs; en un mot, comme on le disait alors, les honnêtes gens furent flattés de se retrouver dans le miroir de la comédie.

Corneille était complétement inconnu lorsqu'il arriva de Rouen à Paris avec sa *Mélite* sous le bras. Elle eut besoin, pour être goûtée, de quelques représentations, car les premières ne furent pas favorables ; elle ne tarda pas à produire son auteur à la cour. On regarda *Mélite* comme un progrès de l'art dramatique, quoique cette pièce ne fût pas renfermée dans les règles d'Aristote. Corneille les ignorait alors, et plût à Dieu qu'il les eût ignorées toujours ! Il est incontestable que la manière dont elle est écrite, à part quelques traits de mauvais goût, la rend supérieure aux œuvres théâtrales du temps, dont quelques-unes pouvaient l'emporter par l'intrigue. Cette Mélite courtisée par Ergaste, Philandre et Tircis sent bien la pastorale pour un homme qui crayonna ensuite les figures de tant de héros ! De Philandre à Cinna, de Tircis à Pompée, quelle distance ! Au reste Corneille ne se dépouilla jamais entièrement de cette espèce de bergerie, que d'Urfé, Racan et La Calprenède avaient mise à la mode, et dont la vogue n'était pas passée à l'époque où il débuta dans la carrière littéraire, car on y complait par centaines les *pastourelles*, les *fables bocagères;* il n'oublia jamais d'ailleurs qu'il avait dû la révélation de son génie à une passion presque idyllique qui forme le fond de sa première pièce. Comme l'atteste Fontenelle, cette passion avait été inspirée par une demoiselle de Rouen, laquelle reçut elle-même le nom de *Mélite* après le succès de cette comédie, où l'on remarque de charmants vers qui auraient fait les délices d'une cour d'amour.

Le jargon précieux, dont Molière fit justice quelques années plus tard, dépare beaucoup, malgré cela, cette première pièce de Corneille. On y trouve des *cœurs qui se mettent à la fenêtre*, pour mieux voir l'objet dont ils sont épris, et beaucoup de sentiments alambiqués ; mais on peut dire pourtant que *Mélite* ouvrit la route au style simple et concis, genre de style qui passait pour trivial et était tenu alors en grand mépris : la préface de *Mélite* en fournit la preuve. Corneille témoigne la crainte, en publiant sa pièce, que, sa façon d'écrire *étant simple et naturelle*, la lecture ne fasse prendre ses *naïvetés pour des bassesses*. Ronsard avait tellement enflé sa poésie de mots grecs et latins à moitié francisés par lui, que ses successeurs s'étaient presque tous guindés à son exemple. Ronsard et Sénèque, que les auteurs dramatiques choisissaient particulièrement pour modèles, avaient gâté le goût. On n'imitait que leurs défauts.

Corneille était si fier d'avoir été admis dans la haute société, que cet orgueil se trahit dans la dédicace de *Clitandre ou l'Innocence délivrée*, sa seconde pièce ; dédicace adressée à Mgr le duc de Longueville. Il faudrait *n'être pas du monde*, dit Corneille avec l'amour-propre d'un homme qui en est, « pour ignorer que votre condition vous relève encore moins que votre esprit. » Corneille revint bien vite à sa bonhomie. La préface de *Clitandre* fait foi de la candeur de son caractère. Il avoue avec une charmante ingénuité ce que tant de poëtes ont cherché à déguiser depuis, le choix de personnages entièrement imaginaires et d'un pays non moins chimérique. « Ma scène est dans un château d'un roi, proche d'une forêt ; je ne détermine ni la province, ni le royaume : où vous l'aurez une fois placée, elle s'y tiendra. » A la bonne heure ! voilà de la franchise !

La *quantité d'intrigues et de rencontres*, pour nous exprimer comme Corneille, qui se trouvent réunies dans *Clitandre* rendent la lecture de cette *tragi-comédie* fort difficile. La versification n'est pas même à la hauteur de celle de *Mélite*, quoi qu'en dise l'auteur. Corneille s'est moqué lui-même de sa pièce dans les examens de son théâtre qu'il fit sur ses vieux jours ; il l'a même traitée avec beaucoup de mépris. Une chose curieuse, c'est de rapprocher l'examen de *Clitandre* de la dédicace et de la préface ; comme le poëte a changé de ton ! Il cherche même à se donner les honneurs d'avoir fait une parodie, afin de sauver son amour-propre d'auteur. « J'ai voulu, dit-il, faire une pièce régulière (c'est-à-dire dans les vingt-quatre heures), pleine d'incidents et d'un style plus élevé, mais qui ne vaudroit rien du tout ; en quoi j'ai réussi parfaitement. » Corneille n'avait que trop réussi, il est vrai ; jamais imbroglio espagnol n'a été plus décousu, plus invraisemblable, jamais fatras plus romanesque n'a été mis à la scène. Le plus curieux effet consiste dans une aiguille, au moyen de laquelle une fille attaquée dans sa vertu se défend en perçant l'œil de son agresseur. *Clitandre* est de beaucoup au-dessous de *Mélite*. Il est impossible de ne pas reconnaître, du reste, dans les tirades et dans les monologues de ces deux pièces, la verve raisonneuse et le goût des apostrophes que Corneille transporta plus tard dans ses chefs-d'œuvre. La folie d'Ergaste, dans *Mélite*, est empreinte, par exemple, d'une vigueur qui annoncerait un poëte véritablement tragique.

Corneille, dans ses premières dédicaces, fait parler les personnages de ses pièces. Ils sont censés demander eux-mêmes la protection des gens à qui l'auteur en fait hommage : c'était l'esprit du temps, et cette fiction avait assurément l'approbation de Voiture. Singulier retour des choses ! la plupart de ces puissances devant lesquelles le poëte s'humilie, et qu'il place si fort au-dessus de lui, n'ont vécu que grâce à ses phrases pompeuses. Qui connaîtrait, par exemple, s'il ne l'avait nommée, cette M^me^ *de La Maison-Fort* à laquelle il dédie sa comédie de *la Veuve ou le Traître puni?* Les poètes d'alors n'avaient donc pas tort, les Ronsard, les Baïf, les Théophile, lorsque dans leurs odes ils promettaient l'immortalité aux grands pour prix de leurs bienfaits éphémères. Au présent borné ils offraient l'avenir infini et ils tenaient leurs promesses.

La comédie de *la Veuve* est une fantaisie, une suite de scènes détachées en quelque sorte, où l'on trouve de jolis vers. Corneille a voulu mettre en scène deux personnes qui s'aiment sans se le dire, et deux autres personnes qui se parlent d'amour sans s'aimer; ce qui a donné lieu à beaucoup de coquetterie d'action, si nous pouvons nous exprimer ainsi. Cette pièce renferme, du reste, une scène vraiment comique, et qui fait pressentir *le Menteur*, celle où Célidan arrache à la nourrice de Clarisse l'aveu que sa maîtresse a été enlevée. Le style est pareil au style de *Mélite*, mais un peu débarrassé de pointes, comme l'auteur le reconnaît lui-même. Corneille ne s'oublia pas, dans cette troisième comédie qu'il fit représenter. Le grand homme eut la faiblesse de parler de lui; ces quatre vers qu'il met dans la bouche d'Alcidon réclament un souvenir en faveur de *Mélite* :

> Comme, alors qu'au théâtre on nous fait voir *Mélite*,
> Le discours de Chloris, quand Philandre la quitte;
> Ce qu'elle dit de lui, je le dis de ta sœur,
> Et je la veux traiter avec même douceur.

Il y a quelque chose de l'homme chez les demi-dieux.

*La Veuve* valut à Corneille les hommages poétiques de Mayre et de Rotrou. Mayret lui adressa ces vers spirituels :

> O dieux! que ta Clarisse est belle!
> Et que de veuves à Paris
> Souhaiteraient d'être comme elle
> Pour ne pas manquer de maris!

La muse de Rotrou prit un ton plus élevé :

> Pour te rendre justice autant que pour te plaire,
> Je veux parler, Corneille, et ne puis plus me taire.
> Juge de ton mérite, à qui rien n'est égal,
> Par la confession de ton propre rival.
> Pour un même sujet même désir nous presse :
> Nous poursuivons tous deux une même maîtresse.
> Mon espoir toutefois est décru chaque jour
> Depuis que je t'ai vu prétendre à son amour.

La belle âme de Rotrou était au-dessus de la jalousie; quant à Mayret, il changea bientôt de langage. Il croyait sans doute alors que Corneille n'aborderait pas le genre tragique.

La *Galerie du Palais ou l'Amie rivale* est une pièce très-décousue, mais elle contient plusieurs choses originales ; on y voit l'ancien personnage des nourrices se transformer en suivantes ; là se dessine ce caractère dont on a tant abusé depuis, et qui joue un si grand rôle dans les pièces de Marivaux. On y trouve ensuite, très-curieusement tracé, depuis la lingère jusqu'au libraire, le tableau de ce bazar qu'on appelait la Galerie du Palais, rendez-vous des gens de lettres et du beau monde d'alors, comme l'est le Palais-Royal de nos jours. Les sentiments sont peu recherchés ; des conversations galantes et interminables, qui roulent sur des caprices et des rigueurs, ôtent à cette œuvre tout intérêt autre que celui de voir par quels degrés Corneille s'est élevé au faîte de son génie. Les stances, dont il a tiré un si grand lustre plus tard, faisaient déjà partie de sa manière, et il les traitait en écrivain supérieur. Il s'habituait à l'antithèse et s'affermissait la main.

Corneille, dans l'examen de cette comédie, s'occupe de l'unité et de la convenance de lieu, et il critique avec beaucoup de sens les moyens de convention qu'il emploie lui-même, que Molière a employés après lui, et que la comédie latine avait légués, c'est-à-dire les entretiens sur les places publiques et dans la rue. Corneille a toujours été poursuivi par l'idée de ramener à la période exacte de la représentation l'unité de temps à laquelle, dans cette pièce, il accorde encore cinq jours, et de maintenir l'unité de lieu dans l'intérieur d'une maison ou d'un palais ; il y est parvenu.

Corneille s'enfonce de plus en plus dans la métaphysique du cœur ; ses premières pièces sont fondées sur des subtilités galantes et coquettes : ce sont de jeunes dames délicates sur la façon d'aimer et d'être aimées ; ce sont des cavaliers causeurs, non moins que difficultueux, qui se disputent le cœur de ces beautés orgueilleuses ; ils sont prompts à mettre l'épée à la main, bien que Corneille s'élève de temps à autre contre le préjugé du duel. Malgré cette philosophie, il semblait pressentir qu'il devrait au duel les beautés du *Cid*. Toujours feintes et ruses d'amour dans ce monde-là ; jamais personne n'a l'air de croire qu'il y ait dans la vie quelque chose de plus sérieux que de se fuir et de se chercher, et de se quereller sur une insensibilité prétendue ou sur la légèreté de la foi amoureuse. Ces amants qui courent les uns après les autres, et embrouillent à plaisir le fil de leurs intrigues, n'ont rien d'intéressant. On se fatigue à parcourir avec eux le labyrinthe où ils font tant de marches et de contre-marches sans avancer d'un pas.

Les défauts deviennent surtout sensibles dans *la Suivante*, la cinquième comédie de Corneille. On y remarque une scène dont le dialogue consiste dans des répliques d'un seul vers : il avait emprunté à Sénèque et à Euripide cette méthode, qu'il appelle lui-même une affectation dangereuse ; il en a fait sortir, dans ses tragédies, d'admirables effets.

Corneille dans *la Place Royale ou l'Amoureux extravagant* prend les mêmes libertés. Il s'agit d'un amant qui, débarrassé de sa maîtresse, essaie de vivre en liberté ; ce personnage paraissait si extravagant au poëte, qu'il s'est cru obligé, dans sa dédicace, de s'excuser d'avoir choisi un tel héros : il prie les dames de ne pas le confondre avec un pareil homme. Cette comédie se termine, comme celle de *la Suivante*, par un épilogue en stances de quatre vers.

Il est resté une critique d'un certain Claveret, réellement burlesque par le ton de fatuité avec lequel les petits auteurs contemporains de Corneille se permettaient de traiter ce grand homme. « J'entends parler, dit-il, de votre *Place Royale*, que vous eussiez » aussi bien appelé *la Place Dauphine* ou autrement, si vous eus- » siez pu perdre l'envie de me choquer ; pièce que vous résolûtes » de faire dès que vous sûtes que j'y travaillais, ou pour satisfaire » votre passion jalouse, ou pour contenter celle des comédiens que » vous serviez. »

C'était un avant-goût des gentillesses réservées à ses succès.

Corneille a jugé très-sévèrement sa *Place Royale* et il a eu raison. Malgré les pointes qui se trouvent dans *Mélite*, cette première comédie reste préférable à celles qui la suivirent ; elle sut présager *le Menteur*, de même que *Médée* annonce *le Cid*.

Après *la Place Royale* on trouve le nom de Corneille mêlé à une *comédie des Thuileries*, faite en collaboration de Rotrou, de L'Estoile, Bois-Robert et Colletet, pièce qui n'eut aucun succès malgré la magnificence avec laquelle elle fut représentée à la cour par ordre du cardinal de Richelieu.

Enfin la *Médée* apparut, sublime essai où brillent des beautés dont Corneille n'avait pas le modèle.

Quel caractère théâtral que celui de *Médée* ! Considérez cette femme qui a commis tant de crimes pour obtenir l'amour de son époux, et qui se voit ensuite indignement abandonnée par lui ! Euripide a traité ce sujet d'une façon admirable : simplicité d'action, éloquence de discours, les plus belles qualités d'Euripide se rencontrent dans cette tragédie. Avec quelle affreuse vérité Médée est conduite au plus abominable crime qu'une femme puisse commettre, c'est-à-dire au meurtre de ses enfants ! Le raffinement de vengeance qui la pousse à faire périr sa rivale au moyen d'une robe empoisonnée, véritable vengeance de femme, est habilement analysé par le poète grec. La *Médée* de Sénèque est pleine d'énergie ; le grandiose de l'expression s'y fait remarquer presque à chaque vers. On a souvent reproché à Sénèque le ton déclamateur, mais on ne lui a pas tenu compte de la noblesse et de la vigueur des pensées. Ses vers sententieux ont une force et une précision extrêmes, et ils entrent naturellement dans le tissu du dialogue. Sénèque a décrit merveilleusement la violence et la fermeté du caractère de Médée. Sa fière réponse, *Medea superest*, lorsque sa nourrice lui demande sur quel appui elle peut se reposer, ce retour sur elle-même quand elle est trahie de tous côtés, est un des plus beaux effets de la tragédie antique. Médée n'est pas arrêtée par l'image de la mort. Loin de là, quand sa nourrice cherche à l'effrayer par ce dernier argument : *Moriere*, *Tu mourras*, Médée répond : *Cupio*, *Je le désire*. On ne saurait pousser plus loin le désir de la vengeance et la grandeur du désespoir.

C'est la *Médée* de Sénèque qui a particulièrement inspiré celle de Corneille. Le style régulièrement coupé de l'auteur latin et ses longs monologues plaisaient à notre poète. Il traduisit les plus énergiques passages de Sénèque, mais il eut le malheur de ne pas s'en tenir à la même simplicité d'action ; ce qui eût mieux valu encore que de s'embarrasser des personnages d'Égée et de Pollux, qui n'ont absolument rien à faire dans son intrigue. Ce Pollux rappelle celui de Simonide, il vient un peu hors de propos. La figure de la Médée est fortement accusée ; le mâle génie de Corneille se sentait à son aise pour la première fois. Créon et Jason ne sont pas touchés avec autant de vigueur. Créuse, la nouvelle épouse de Jason, se trouve également sacrifiée. Corneille lui prête le désir de posséder la robe de sa rivale, cette robe que Médée avait reçue du Soleil, son père ; la coquetterie de Créuse n'est pas d'un heureux effet.

On a beaucoup agité la question de savoir si *Médée* ne convenait pas mieux à l'opéra qu'à la tragédie ; on a voulu bannir la magie d'un théâtre sérieux et fait pour enseigner de hautes leçons aux hommes. Ce serait se montrer trop rigoureux et restreindre les plaisirs de l'imagination : les sorcières de *Macbeth*, l'ombre d'*Hamlet*, le *Méphistophélès* de *Faust*, ont de sombres attraits qui s'effaceraient dans un monde entièrement fantastique. Il faut l'opposition d'une saisissante réalité pour que l'esprit de l'homme s'effraie en voyant s'ouvrir tout à coup les abîmes du monde invisible, objets de tant de rêves et de systèmes, base de toutes les religions. La *Médée* a d'ailleurs pour elle la convention mythologique, et les vers de Virgile et d'Ovide nous ont familiarisés avec les incantations des magiciennes de la Thessalie.

Corneille était encore sous l'influence de la magie lorsqu'il se mit à composer *l'Illusion comique*; il osa faire paraître un nécromancien sur la scène, en le mêlant à des événements contemporains ! Il appelle cette pièce bizarre et capricieuse ; elle est étrange en effet, mais d'une fantaisie curieuse. Les critiques, en général, et Fontenelle lui-même l'ont traitée avec plus de rigueur que Corneille ; ils l'ont considérée comme une chute après *Médée*. Nous ne sommes pas de cet avis. Il ne faut pas regarder Corneille uniquement comme un auteur tragique ; il n'y a pas plus loin de *l'Illusion* au *Menteur* que de *Médée* au *Cid*. Voici les expressions de Fontenelle : « Il retomba dans la comédie, et, si j'ose dire ce que j'en pense, la chute fut grande. *L'Illusion comique*, dont je parle ici, est une pièce singulière et bizarre et qui n'excuse pas par ses agréments la bizarrerie de son irrégularité. Il y domine un personnage de capitan qui abat d'un souffle le grand sophi de Perse et le grand Mogol, et qui, une fois en sa vie, avait empêché le soleil de se lever à son heure ordinaire ; parce qu'on ne trouvait point l'Aurore, qui était couchée avec le merveilleux brave. Les caractères outrés ont été autrefois fort à la mode, mais que représentaient-ils et à qui en voulait-on ? est-ce qu'il faut outrer nos folies jusqu'à ce point-là pour les rendre plaisantes ? en vérité ce serait nous faire trop d'honneur. » Les réflexions de Fontenelle ne manquent pas de justesse en thèse générale : mais quiconque aura lu la pièce de Corneille conviendra que jamais le personnage du matamore, qui fut long-temps si fort en vogue, n'a été mieux tracé. C'était se préparer comiquement aux mensonges et aux espiègleries de Dorante.

Le personnage du matamore a inspiré aux frères Parfait quelques reflexions assez justes : « Il a été inventé, disent-ils, par les » anciens Grecs et Latins plutôt pour le divertissement du peuple » que pour son instruction. Les Italiens, qui n'ont eu pour but que » l'amusement, ne manquèrent pas d'en faire usage, ainsi que nos » premiers auteurs français, qui ignoraient encore le genre de la » bonne comédie. » A cette observation générale, qui convient également au rôle du parasite, ajoutez la situation des esprits échauffés par la lecture des romans de chevalerie français et espagnols, la licence et le désordre introduits par les guerres civiles, et que les ordonnances les plus sévères eurent beaucoup de peine à réprimer. La France fourmillait de rodomonts, Georges Scudéry, La Calprenède, Cyrano n'avaient-ils pas quelques droit à ce titre ! Il ne fallait rien moins qu'un portrait aussi chargé que celui du matamore pour purger la France de ce ridicule.

*L'Illusion comique* est d'un meilleur style, à notre sens, que toutes les autres pièces de Corneille ; on y trouve une foule de vers charmants, et l'intrigue possède un certain mérite : un père qui, par l'effet d'un enchantement, assiste à la vie d'un fils prodigue et tremble en voyant ses aventures offre un sujet intéressant en soi-même, et que l'auteur a développé avec beaucoup d'adresse et d'esprit. De toutes les premières pièces de Corneille, *l'Illusion comique* est la seule qui pourrait être reprise de nos jours. Elle serait plaisante encore ; elle a été jouée trente ans avec succès. Cette pièce renferme un éloge du théâtre et des comédiens, qui prouve l'importance qu'on commençait à leur accorder. Alcandre, le magicien, après avoir montré au père son fils exerçant la profession d'acteur, rassure le bonhomme, peu satisfait, par cette tirade en faveur des comédiens :

. . . . . . . . . . . . . . A présent le théâtre
Est en un point si haut que chacun l'idolâtre,
Et ce que votre temps voyait avec mépris
Est aujourd'hui l'amour de tous les bons esprits,
L'entretien de Paris, le souhait des provinces,
Le divertissement le plus doux de nos princes,
Les délices du peuple et le plaisir des grands :
Il tient le premier rang parmi leurs passe-temps.
Et ceux dont nous voyons la sagesse profonde
Par ces illustres soins conserver tout le monde,
Trouvent dans les douceurs d'un spectacle si beau
De quoi se délasser d'un si pesant fardeau.
Même notre grand roi, ce foudre de la guerre,
Dont le nom se fait craindre aux deux bouts de la terre,
Le front ceint de laurier, daigne bien quelquefois
Prêter l'œil et l'oreille au Théâtre-François.
C'est là que le Parnasse étale ses merveilles;
Les plus rares esprits lui consacrent leurs veilles,
Et tous ceux qu'Apollon voit d'un meilleur regard
De leurs doctes travaux lui donnent quelque part.
D'ailleurs, si par les biens on prise les personnes,
Le théâtre est un fief dont les rentes sont bonnes,
Et votre fils rencontre en un métier si doux
Plus d'accommodement qu'il n'eût trouvé chez vous.

Ce fut un heureux changement dans la position des comédiens, jusque-là traités comme des saltimbanques, et qui n'étaient pas autre chose en effet que des farceurs de tréteaux. La haute protection que leur accorda Louis XIII, ou plutôt Richelieu, et qui leur fut continuée par Louis XIV, les enfla d'un juste orgueil. Floricour ne croyait pas déroger en se faisant comédien, et l'on sait ce que Baron, renommé pour ses bonnes fortunes, disait aux galantes duchesses qui lui parlaient de leurs aïeux. C'est à ce royal encouragement donné au théâtre que l'on a dû Corneille et Molière. L'auteur de *l'Illusion comique* en a fini désormais avec les œuvres de sa jeunesse, il vient d'atteindre sa trentième année, et le voilà qui s'élance jusqu'aux hauteurs du *Cid*, où il se maintint longtemps par une série de chefs-d'œuvre. Place à la royauté du génie, la plus légitime des royautés, la seule même qui soit de droit divin !

---

## CHAPITRE CINQUIÈME.

### CHEFS-D'ŒUVRE DE CORNEILLE.

Toute la France battit des mains au *Cid*. On admira cette simple grandeur, ces énergiques beautés que venait de rencontrer Corneille. Quelle fortune ! la force de l'intrigue unie à la noblesse des caractères et à la vigueur du style ! Des sentiments héroïques ! Des vers qui semblaient surgir tout armés du cerveau du poète, comme la Minerve antique du cerveau de Jupiter ! Jamais, sauf quelques entrées ou sorties de personnages un peu incohérents, l'art dramatique n'avait été si bien étudié. — Au premier acte, un vieillard, déshonoré par un soufflet, vient demander vengeance à son fils contre le père même de celle que son fils adore ! — Au deuxième acte, le duel a lieu ! L'honneur l'emporte. — Au troisième acte, le meurtrier se réfugie dans la maison même de sa maîtresse ; il lui apporte sa tête coupable ! Après avoir satisfait à son devoir, il veut expier ses torts vis-à-vis de celle qu'il a privée d'un père en vengeant le sien. — Au quatrième acte, la patrie en danger réclame le jeune héros ; il faut faire taire les intérêts privés ! L'État a besoin d'une vie offerte si généreusement à l'amour. Rodrigue va combattre les Maures ; Rodrigue revient vainqueur ! — Au cinquième acte, à peine remis des fatigues d'une bataille dont le récit seul l'a reposé, il entre en lice contre le chevalier accepté par Chimène, et il force, par une nouvelle action d'éclat, la justice du roi et les plaintes de sa maîtresse à garder le silence ! Qu'y a-t-il de plus naturel et de mieux combiné à la fois ! . . . .

Guilhem de Castro, poète de Valence, qui a eu le bonheur

d'inspirer notre Corneille, Guilhem de Castro a emprunté, le premier, aux romanceros de son pays la vie de Rodrigue de Bivar, surnommé le Cid Campéador, c'est-à-dire le *vaillant batailleur*. Ce poëte a composé sur la jeunesse du Cid deux pièces, consacrées, la première aux amours, la seconde aux exploits du héros. Rodrigue y est peint en chrétien. Guilhem de Castro, par exemple, place sur le pas triomphant du Cid un pauvre lépreux. Cet infortuné fait entendre des plaintes lamentables ; depuis deux jours il n'a pas mangé, dit-il, car il est tombé dans une fondrière d'où personne ne veut le retirer. Qui aurait donné la main à un lépreux? Le Cid paraît, son oreille est frappée par le son de cette voix qui sort de la fondrière ; il s'avance ; il se penche sur l'abîme ; il retire le lépreux qui invoquait la pitié au nom du Christ, et il partage avec lui son repas. Le Cid, en soulageant cette misère dégoûtante, s'imagine n'obliger qu'un frère dans la peine ; mais ce lépreux n'est autre que saint Lazare lui-même, qui, par l'ordre de Dieu, vient éprouver ainsi l'humanité du héros. Saint Lazare se révèle à son bienfaiteur. Il se transfigure, et, revêtu d'une robe blanche, il remonte aux cieux en répandant après lui des parfums et des bénédictions. Le double caractère du Cid, religieux et guerrier, se manifeste admirablement dans cette scène.

Cependant, le Cid, témoin de la débauche des grands dignitaires de l'Église de son temps, savait à quoi s'en tenir sur les hommes et les choses ; il n'était pas plus dévot que de raison. Si l'on en croit le romancero, le Cid alla à Rome ; il brisa, dans un mouvement de colère, le siége destiné au roi de France dans l'église de Saint-Pierre ; il donna même un vigoureux *coup de poing* au duc de Savoie. Le pape, apprenant cela, excommunia le Cid. Alors le seigneur de Bivar se prosterna devant le saint-père : « *Absolvez-moi*, lui dit-il, *saint-père, sinon vous ne vous en trouverez pas bien.* »

Corneille a délaissé le côté clérical et fantastique, et n'a pris du Cid que sa jeunesse, sa vaillance et ses amours. *Le Cid* de Corneille remporta sur toutes les pièces contemporaines une éclatante victoire qui éveilla la jalousie littéraire du cardinal de Richelieu. Corneille avait été appelé, comme nous l'avons dit, à la dignité de l'un des cinq auteurs pensionnaires du cardinal, et travaillait sous les ordres de Son Éminence, qui, bien que chargée des intérêts de l'Europe, prenait le loisir d'indiquer à ses poëtes favoris des sujets d'ouvrages dramatiques. Le maître fut fâché de n'être pour rien dans l'immense succès du *Cid*. Mécène disparut, il n'y eut plus qu'un rival. Le cardinal oubliait que les chefs-d'œuvre ne se commandent pas. La faveur publique avait accueilli le *Cid* : *Cela est beau comme le Cid*, répétait-on d'un bout de la France à l'autre toutes les fois que quelque chose élevait l'âme jusqu'à l'admiration. Mais les rivaux de Corneille, ou du moins ceux qui l'avaient été jusque-là, et que *Médée* avait commencé à déconcerter, les Scudéry, les Mayret, les Claveret, enchantés de l'appui qu'ils avaient trouvé dans les dispositions hostiles du ministre tout-puissant, cherchèrent tout naturellement à déprécier celui qui les mettait à l'ombre. Ce fut une misérable question d'amour-propre que chacun débattait pour son compte avec une suffisance merveilleuse.

« *Déplumons cette corneille* ! » s'écria Scudéry dans son langage hyperbolique. Il pensa que c'était à lui de donner l'alarme au camp, de monter le premier sur la brèche, en sa qualité de poète-soldat. Scudéry avait l'habitude de suspendre, pour ainsi dire, l'épée de Damoclès sur la tête de ceux qui n'étaient pas de son avis en littérature.

Sa *Didon*, en tête de laquelle il se compare à Virgile, n'avait pas réussi ; *l'Amour libéral* avait trouvé le public également froid. Alors il se plaignit amèrement des *mauvaises constellations* qui nuisaient à ses pièces. Les mauvaises constellations, c'étaient les pièces de Corneille, astre levant dont les rayons faisaient pâlir l'étoile de Scudéry. Aussitôt que *le Cid* eut paru, Scudéry se crut en droit de l'attaquer. Il s'avisa de publier sur cette pièce des observations adressées à l'Académie française, avec la certitude que l'illustre fondateur de cette institution, le cardinal de Richelieu, dont il savait les sentiments, disposerait les juges en sa faveur. Ce procédé, il faut l'avouer, contraste avec la susceptibilité chevaleresque de Scudéry : les lois du champ-clos n'étaient pas observées ; c'était s'armer de pied en cap pour combattre un homme sans cuirasse ; il n'y avait pas la même mesure de soleil, la même égalité de terrain. Mais Corneille sortait d'un triomphe, comme Rodrigue lorsqu'il va châtier les rodomontades de don Sanche.

« Je prétends prouver contre la pièce du *Cid*, s'écrie Scudéry dans son manifeste, que le projet n'en vaut rien du tout, qu'il choque les principales règles du poème dramatique, qu'il manque de jugement en sa conduite, qu'il a beaucoup de méchants vers, que presque tout ce qu'il a de beautés sont dérobées, et qu'ainsi l'estime qu'on en fait est injuste. » *L'estime qu'on en fait*, voilà ce qui blessait Scudéry, voilà le véritable défaut du *Cid* à ses yeux. Il laissait percer, malgré lui, les motifs de sa colère. Il prétendit terrasser Corneille au moyen du *cousin* Aristote, selon une formule consacrée depuis par Molière. Mais Aristote et Scudéry n'étaient guère cousins au fond : il s'empêtra dans les règles d'une façon déplorable ; il ne put sortir d'Aristote à son avantage ; il n'eut raison que contre quelques méchants vers ; il ne foudroya que le rôle de l'Infante, assez étranger à l'action, qu'on a supprimé depuis, mais qu'on aurait dû conserver par respect pour l'auteur.

Ce fut assez pour que Scudéry se donnât les airs d'un triomphateur romain allant au Capitole. Mais il avait besoin d'un compère, il s'entendit avec Bois-Robert, âme damnée du cardinal. Ils jugèrent à propos de mettre en avant l'Académie, et Bois-Robert écrivit à Corneille, dont la fierté avait dédaigné jusque-là de prendre part aux observations de Scudéry, que le désir du cardinal était de voir l'Académie se mêler de cette affaire.

Corneille répondit à Bois-Robert :

« Messieurs de l'Académie peuvent faire ce qu'il leur plaira ; puisque vous m'écrivez que Monseigneur seroit bien aise d'en voir le jugement, et que *cela doit divertir* Son Éminence, je n'ai rien à dire. »

Comme on sent dans ces paroles toute l'amertume de la grande âme de Corneille ! L'auteur du *Cid* trouve qu'il est réduit, si nous pouvons nous exprimer ainsi, à jouer le rôle de bouffon. *Cela doit divertir le cardinal !*

Il semble que nous pénétrons en ce moment dans la pensée du poëte. Le noble auteur dut se demander s'il ne valait pas mieux préférer l'indépendance de la misère à une telle servitude, s'il ne devait pas jeter aux pieds du cardinal la pension dont il était gratifié. Achètera-t-il le repos au prix de son honneur ? car ce *Cid*, son premier chef-d'œuvre, ne sera pas sa gloire future ? Parce que la fortune ne s'est pas assise à son berceau, laissera-t-il humilier son génie ? Puis, Corneille élevé dans une prudence bourgeoise, lui qui connaissait de près la pauvreté, lui qui allait faire raccommoder sa chaussure dans l'échoppe du cordonnier du coin ; l'homme simple, incapable de vivre en dehors de la poésie, et habitué à se plier aux nécessités de la vie, se mit à réfléchir. On avait blâmé Héliodore d'avoir perdu son évêché pour un livre ; il ne voulut pas agir comme lui : il sacrifia son orgueil, mais seulement vis-à-vis du cardinal. Nul autre n'eut d'autorité sur lui.

Aussi, dans la lettre apologétique qu'il publia en réponse aux observations de Scudéry, voyez avec quel mépris il traite son adversaire ! comme il fait dignement justice de ses fanfaronnades ! car Scudéry, suivant son habitude, était presque allé jusqu'à provoquer son rival en duel; il demandait pour ainsi dire le jugement de Dieu avant celui de l'Académie.

« Je ne doute, répond Corneille, ni de votre noblesse ni de votre vaillance; il n'est pas question de savoir de combien vous êtes plus noble ou plus vaillant que moi pour juger de combien le *Cid* est préférable à *l'Amant libéral* (dernière pièce de Scudéry). Quand vous m'avez reproché mes vanités, vous ne vous êtes pas souvenu que vous avez mis un *à qui lit* au-devant de *Lygdamon* ni des autres chaleurs poétiques et militaires qui font rire le lecteur de vos livres. »

Scudéry touché appela Bois-Robert à son secours et Bois-Robert s'adressa au cardinal. Richelieu ne fit pas défaut. Chapelain reçut l'ordre de formuler l'arrêt de l'Académie. Chapelain, qui entre ici en scène, n'était point auteur dramatique. Il n'avait aucun motif de jalousie contre Corneille; mais il jugea prudent d'obéir au cardinal. Il s'y prit à deux fois avant de contenter Son Éminence. Tantôt le cardinal ne trouvait pas assez de *fleurs* dans cette verge d'épines, ce sont ses expressions; tantôt il en trouvait trop. Corneille, moins tourmenté que lui, écrivait simplement : « Après tout, voici quelle est ma satisfaction : je me promets que le fameux ouvrage auquel tant de beaux esprits travaillent depuis six mois pourra bien être estimé de l'Académie françoise; mais peut-être que *ce ne sera pas le sentiment du reste de Paris.* »

Il y avait pour Corneille d'autres juges que les rois et les grands. Il en appelait noblement aux bourgeois de Paris; et l'un d'eux même, dans une lettre ingénieuse, cassa effectivement le jugement de l'Académie. Le poète prétend relever de la foule, dont il reconnaît la souveraineté. Vous entendrez Corneille, menacé au sujet de son *Horace*, d'une critique injuste comme celle du *Cid*, s'écrier bientôt : « Horace fut condamné par les décemvirs, mais il fut absous par le peuple. »

Voltaire a beaucoup trop loué la modération du manifeste de l'Académie contre Corneille; mais Voltaire, esprit aussi vaste qu'intelligent du reste, auquel notre siècle actuel ne rend pas assez souvent justice, Voltaire, mille faits le prouvent, a subordonné souvent l'expression de sa pensée à des considérations particulières. Voltaire ne faisait pas encore partie de l'Académie lorsqu'il composa son commentaire, et il était trop adroit pour mécontenter la famille dans laquelle il voulait entrer en insultant ses aïeux. Cette méthode n'était pas encore en usage. Le manifeste de Chapelain est lourd, ennuyeux; c'est, de plus, un factum très-perfide, malgré ses apparences de réserve. L'Académie prétend que Chimène est une fille dénaturée ; elle la compare presque à cette Romaine qui foula aux pieds le corps de son père. La tendre amante de Rodrigue est traitée de femme sans âme et sans pudeur : « Nous maintenons, dit Chapelain au nom de la Compagnie, que toutes les vérités ne sont pas bonnes pour le théâtre, et qu'il en est de quelques-unes comme de ces crimes énormes dont les juges font brûler les procès avec les criminels. » Ainsi donc Corneille se trouve condamné au bûcher avec son *Cid !*

Scudéry écrivit une lettre de compliment à l'Académie. Elle avait mérité cet affront.

On pense bien que ce succès ne fit qu'accroître la suffisance de notre capitan Scudéry. Pour réparer l'échec de *l'Amant libéral*, il donna au théâtre *l'Amour tyrannique;* le cardinal, toujours plein de dépit contre le *Cid*, cabala pour son auteur favori. *L'Amour tyrannique* eut toute son approbation. Ce grand Armand, le *dieu tutélaire des lettres*, comme disait Sarrasin, rendit un oracle en faveur de *l'Amour tyrannique;* mais l'oracle n'eut pas assez de vertu pour vaincre l'influence des malignes constellations qui ne manquaient jamais de s'opposer à la réussite des pièces de Scudéry. Corneille ne s'avisa-t-il pas de faire représenter *Horace*. C'était une véritable persécution. *Cinna*, *Polyeucte*, *la Mort de Pompée* se succédèrent rapidement. Scudéry tombait de constellation en constellation; il n'eut pour se consoler que l'estime de Bois-Robert, encore l'eut-il ?

Bois-Robert n'avait pas été le dernier à se déclarer contre le *Cid;* il était trop bon courtisan pour le soutenir. Afin de [illegible] le cardinal, il fit représenter le chef-d'œuvre de Corneille devant Son Eminence par des laquais et des marmitons. L[illegible] Diègue demandait à son fils :

> Rodrigue, as-tu du cœur?

le fils répondait :

> Je n'ai que du carreau.

C'était bien là une parodie de laquais.

Quant à Chapelain, il eut bientôt à se défendre contre un rude adversaire, Boileau.

Telle fut la lutte originale du commencement du dix-septième siècle.

Les hostilités auxquelles Corneille se vit en butte ne l'effrayèrent point. Il répondit à l'Académie par un nouveau chef-d'œuvre. Il est beau de voir ainsi un grand homme, au milieu des clameurs jalouses qui l'entourent, appuyé sur le peuple dont l'instinct le comprend, demeurer debout, les yeux tournés vers la postérité.

*Horace* succéda au *Cid* et vint montrer quel parti, après avoir embrasé sa poésie de la chevaleresque ardeur des romanceros espagnols, Corneille savait tirer des historiens latins, dont le mâle génie convenait si bien au sien. Corneille avait nommé sa pièce *Horace*, ce qui prouve que, au moment de la composition, son sujet possédait à ses yeux une unité à laquelle on lui a reproché d'avoir manqué; critique trop facilement acceptée par lui dans l'examen qu'il a fait de ses tragédies. Corneille a voulu peindre, en effet, la mort de Camille après le triomphe d'Horace, cette mort racontée avec tant d'éloquence par Tite-Live; mais la plume dramatique de l'auteur français a tracé si vigoureusement les divers caractères de sa pièce, qu'on n'a plus su lequel on devait le plus admirer: c'est ainsi que, le vieil Horace paraissant plus sublime que le sauveur de Rome, le sentiment public l'a pris sous sa protection, et le nom des *Horaces* est demeuré à la pièce. On aurait cru faire tort au père en ne lui rendant pas les mêmes honneurs qu'au fils.

Quel magnifique intérieur de famille antique! Père, fils, filles, belles-filles, gendres, tout s'y trouve, et chaque caractère s'y développe dans sa nature et selon les mœurs du temps. Le roi, qui n'apparaît qu'au dénoûment, joue un rôle si secondaire, que La Harpe a cru pouvoir appeler cette pièce républicaine. Le vieil Horace, citoyen romain, et ses enfants, voilà les personnages sur lesquels l'intérêt repose. Comme ce vieillard est le maître dans sa maison! Quel père de famille! Que d'autorité et d'énergie!

Nous conviendrons assurément que les Romains avaient poussé au delà de toutes les bornes le *droit paternel*. Ce droit ne permettait-il pas aux pères de faire battre de verges leurs enfants, de les charger de fers, de les vendre, de leur ôter la vie! Mais la constitution de la société antique se fondait sur bien d'autres injustices. Elle avait pour base d'abord l'esclavage, le plus odieux de tous les priviléges que les hommes se soient arrogés sur leurs semblables. Par l'effet des bizarres contradictions de l'esprit, les plus beaux exemples d'indépendance se sont manifestés auprès d'une permanente oppression. Cassius, le dernier des Romains, désespérant de la liberté de son pays, se faisait percer le cœur par qui? par *son esclave!* Il aurait mieux valu l'affranchir et se conserver pour de nouvelles luttes. On pourrait lui appliquer les vers du vieil Horace :

> N'eût-il que d'un moment retardé sa défaite,
> Rome eût été du moins un peu plus tard sujette!

Cassius, Brutus, Caton d'Utique nous semblent avoir été déçus par une fausse magnanimité. Les hommes de parti ne doivent périr que de la main de leurs adversaires. Lorsqu'ils ne périssent pas sur les champs de bataille, l'infamie de leur mort appartient à leurs bourreaux; mais les anciens Romains voulaient toujours tomber avec grâce, comme leurs gladiateurs.

Les actions de ce peuple sont marquées d'un tel cachet de grandeur, qu'elles étonnent souvent et même surprennent l'admiration. Si l'on trouve chez un autre un père condamnant ses enfants à mort, comme Brutus condamna les siens, on se révolte contre ce crime qui offense la nature. Abraham lui-même ne peut guère être excusé par les commandements de Dieu; la mémoire de Philippe II d'Espagne, meurtrier de don Carlos, est exécrée. Jamais on n'aurait souffert au théâtre qu'Horace plongeât son épée dans le sein de sa sœur, s'il n'avait été Romain. Dans toute autre histoire, il n'y aurait pas de châtiments assez forts, aux yeux du spectateur, pour punir un pareil scélérat; et cependant on serait fâché que l'assassin de Camille fût envoyé au supplice. On respecte pour ainsi dire l'inviolabilité du citoyen romain, car c'était un droit de cité de ne pouvoir être mis à mort par la loi à moins d'avoir accepté sa condamnation. Il était permis de l'éviter en s'exilant.

On ne saurait trop louer la vigueur avec laquelle Corneille a reproduit les mœurs romaines et ce qu'il y a de sublime dans le vieil Horace, doué de tant de sensibilité et de fermeté à la fois, dans son fils, trop impétueux, emporté par la fougue de son patriotisme et l'ivresse de sa victoire; dans Curiace, ce guerrier qui s'honore de conserver encore *quelque chose d'humain*. Mais la critique ne s'est presque jamais arrêtée sur les caractères de femmes qui composent le fond de cette pièce, caractères également admirables! Dans les plaintes de Sabine, dans les cris de Camille, on retrouve le cœur des femmes de tous les temps, étrangères par elles-mêmes aux discordes politiques, tremblant pour la vie de ceux qu'elles aiment, et répandant leur colère sur tout ce qui est opposé à leur tendresse. Sabine, comme sœur, avec son ironie amère; Camille, comme amante, avec ses imprécations, forment le drame véritable.

Nous croyons devoir relever une observation étrange de Voltaire, qui, tout en se livrant, dans son commentaire sur Corneille, à des réflexions souvent très-justes, semble avoir pris à tâche, on est forcé d'en convenir, de rabaisser quelquefois un génie qu'il lui était impossible d'égaler. N'a-t-il pas voulu s'en prendre au fameux *Qu'il mourût* lui-même, en l'attaquant d'une manière détournée comme un traître et honteux adversaire! Voltaire fait là le métier du brigand Cacus qui attirait à rebours dans sa caverne les troupeaux d'Apollon, afin qu'on n'aperçût pas les traces du méfait. Après avoir crié bien haut que le *Qu'il mourût* est un trait du plus haut sublime, auquel nul autre n'est comparable dans toute l'antiquité, il ajoute : « Il est vrai que le vieil Horace, qui était présent quand les Horaces et les Curiaces ont refusé qu'on nommât d'autres champions, a dû être présent à leur combat. Cela *gâte* jusqu'au *Qu'il mourût.* » C'est-à-dire que Voltaire aurait bien voulu le *gâter*, mais qu'il ne l'a pas pu. Il faisait semblant d'oublier qu'Horace fils, craignant que la douleur de sa femme et de sa sœur ne se manifestât en public, de peur qu'on ne soupçonnât de lâcheté lui et ses frères, avait dit au vieillard :

> Mon père, retenez des femmes qui s'emportent ;
> Et, de grâce, empêchez surtout qu'elles ne sortent :
> Leur amour importun viendrait avec éclat
> Par des cris et des pleurs troubler notre combat....

Voltaire passait sous silence la courte et belle réponse du père :

> J'en aurai soin. Allez : vos frères vous attendent.

Fallait-il d'ailleurs que le vieil Horace fût témoin de la mort de ses fils? C'eût été pousser le stoïcisme trop loin. C'était assez de les envoyer au combat. Voltaire est trop cruel.

Le vieil Horace veille autant au salut de sa famille qu'à celui de sa patrie. Faire son devoir et laisser le reste aux dieux, telle est sa philosophie, la plus belle des philosophies, qui a sa règle dans la conscience. Il n'a pas un cœur d'airain ; ses yeux ne sont pas étrangers aux larmes : voyez comme ses filles se taisent devant sa grande douleur. Sont-elles ensemble, elles sont raisonneuses, elles se disputent à qui est la plus malheureuse ; dès qu'il paraît, elles cessent leurs plaintes. Quand ses trois fils sont aux mains, chaque instant est une torture pour le vieillard ; il souffre plus qu'elles. Si Camille s'abandonne plus tard à son désespoir, en apprenant la mort de son cher Curiace, ce n'est pas devant son père que sa fureur éclate ; elle n'aurait osé affronter le blâme sévère du vieillard. Il faut tout l'orgueil du vainqueur, tout l'enivrement féroce de son triomphe, pour qu'elle exhale ses ressentiments, et attire sur elle la pointe d'un glaive encore teint du sang de son amant.

Cet acte sanguinaire est affeux, et le vieil Horace le condamne en termes énergiques. Il dit que son fils a *déshonoré sa main.*

Jamais on ne verra Corneille justifier une action coupable. Horace n'est point absous par le spectateur, bien qu'on ne puisse consentir à le laisser périr. Horace se repent lui-même et se plaint d'avoir trop vécu. Si le besoin des émotions qui tourmente les hommes réunis au théâtre amène sous la plume de Corneille les désordres de la passion, il les corrige par le jugement d'une haute raison. Le roi Tullus, remettant l'âme du spectateur d'accord avec elle-même, flétrit lui-même ces instincts féroces qu'on veut colorer du nom de *premier mouvement*, et qui n'en sont pas moins d'horribles attentats. Corneille a toujours prêché le dévouement, la générosité, le pardon, les plus belles vertus de la terre.

Corneille dégage de plus en plus ce sentiment d'humanité à mesure que son génie grandit ; il va s'élever à la clémence d'Auguste, et de là au martyre de Polyeucte, pour apprendre aux hommes à vaincre leurs passions, ou, ce qui est plus beau encore, à mourir pour leurs convictions. Les pièces de Corneille ne jettent point dans les esprits ni dans les sens des fièvres dangereuses; elles ne légitiment point la vengeance, la colère, les mauvais penchants; elles retrempent les âmes dans le bien; elles fortifient le cœur des hommes sérieux et développent les germes des plus nobles pensées.

La dédicace de *Cinna*, adressée à M. de Montoron, offre un rapprochement bizarre; il compare la générosité de ce traitant à celle d'*Auguste*. Montoron, trésorier de l'épargne, était fastueusement venu en aide à la pauvreté de certaines muses de son temps, Corneille payait la dette commune. On trouve dans cette épître les sentiments généreux qui ont toujours animé la grande âme de Corneille, et, si le poète est obligé de faire un ridicule effort d'esprit pour établir un parallèle entre Auguste et le sieur Montoron, on ne reconnaît que mieux, dans les bizarres raisons qui servent d'appui à son hommage, les habitudes d'un homme accoutumé à vivre éloigné de la flatterie, et peu fait à parler la langue ingénieuse des courtisans, même lorsque la reconnaissance l'anime.

Les contemporains de Corneille se sont évidemment trompés sur la tragédie de Cinna; ils en ont mal compris les personnages. Ceux qu'ils admirèrent le plus (on peut en juger par la lettre du fameux Balzac), furent Émilie et Cinna. Émilie est une *rivale de Caton et de Brutus dans la passion de la liberté*, Cinna est un héros et un *parfait honnête homme*.... A peine a-t-on pris garde à l'empereur Auguste ; cependant la pièce repose sur sa clémence, et la morale en est une superbe leçon donnée aux souverains.

Que l'on considère avec attention Émilie et Cinna, et on verra qu'aucun intérêt ne s'attache à eux.

Émilie est la femme aux pieds de laquelle des courtisans tombent sans cesse à genoux, et qui reçoit les vœux de toute l'Italie; certaine du pouvoir de sa beauté, elle en parle, non pas avec une présomption blâmable, mais avec la franchise d'une personne élevée dans cette atmosphère d'adorations. Lorsque Cinna hésite à accomplir ses volontés, elle lui dit :

Oublie et ta naissance et le prix qui t'attend.

Le prix, c'est sa possession. Lorsque Maxime lui déclare son lâche amour, elle reprend :

. . . . Tu m'oses aimer, et tu n'oses mourir!

Lorsqu'elle dispute à Cinna devant Auguste, scène si douloureuse pour l'empereur, l'honneur d'avoir eu la première pensée d'un attentat contre ses jours, elle s'écrie, plus orgueilleuse que jamais :

Si j'ai séduit Cinna, j'en séduirai bien d'autres.

Elle a presque droit de parler ainsi ; il n'est donc pas étonnant qu'elle se soit emparée de l'esprit de Cinna et qu'elle ait engagé ce jeune Romain dans une conspiration où ni l'un ni l'autre ne songe aux intérêts de la république. On le comprend aisément lorsqu'on voit Auguste lui-même, après avoir rappelé à Cinna le don qu'il lui faisait de la main d'Émilie, ajouter :

En te couronnant roi, je t'aurais donné moins.

Cinna et Émilie couvrent du masque des intérêts publics des sentiments entièrement personnels. Si Émilie a la mort d'un père à venger et paraît animée d'une haine estimable, on s'aperçoit ensuite qu'elle a accepté les bienfaits d'Auguste, qu'elle vit dans sa maison comme sa fille, et l'ingratitude se joignant à l'assassinat qu'elle médite la change réellement en *furie*. Quant à Cinna, uniquement amoureux et aux ordres de sa maîtresse, il ne sait ce qu'il veut ni ce qu'il fait. Il a trop de subtilité d'esprit et trop peu de caractère pour qu'on s'enthousiasme en sa faveur. Personne n'est dupe de ses belles phrases; on sent bien qu'il ne pense guère à Rome, et que la possession d'Émilie est son unique désir.

Voltaire et La Harpe ont prétendu que le rôle de Cinna était essentiellement vicieux. Les irrésolutions de ce Romain leur ont paru étranges, parce qu'ils ont voulu le prendre pour un Brutus. Ce n'est point, encore une fois, la passion de la liberté qui arme le bras de Cinna contre Auguste; c'est l'amour. Cinna veut plaire à Émilie; il la sait inflexible dans sa haine, il essaie d'être aussi barbare qu'elle ; mais les bienfaits d'Auguste le confondent. Corneille l'a fait très-jeune et d'une imagination facile à s'échauffer. Cinna, remarquez-le bien, ne sort jamais des positions embarrassantes où il se met que par des efforts de subtilité d'esprit. Lorsqu'il tombe aux genoux d'Auguste, il lui conseille de retenir l'empire, il a peur que la vengeance n'échappe à Émilie; il songe bien peu à la liberté de Rome ; Maxime n'a pas de peine à le pousser à bout.

MAXIME.

Donc, votre aïeul Pompée au ciel a résisté
Quand il a combattu pour votre liberté.

CINNA.

Si le ciel n'eût voulu que Rome l'eût perdue,
Par les mains de Pompée il l'aurait défendue;
Il a choisi sa mort pour servir dignement
D'une marque éternelle à ce grand changement,
Et devait cette gloire aux mânes d'un grand homme,
D'emporter avec eux la liberté de Rome.

C'est un admirable mouvement poétique, mais est-ce une réponse? Non. Cinna a donc une arrière-pensée, et quand, seul avec Maxime, il explique qu'il a toujours l'intention de tuer Auguste, on sent que les raisons qu'il donne, quelque justes qu'elles paraissent, ne sont pas les véritables. Ne le voit-on pas parfaitement d'ailleurs, car nous croyons devoir insister sur ce point, lorsqu'il s'écrie plus loin, après avoir voulu détourner sa maîtresse de son parricide dessein :

Eh bien ! vous le voulez; il faut vous satisfaire.

Corneille a donc donné à Auguste le beau rôle de sa pièce. Connaissant parfaitement les lois de son art, il s'est bien gardé de mettre sous les yeux cette foule de jeunes Romains, poussés seulement par les intérêts de leur patrie, sur lesquels Cinna appuie sa conspiration ; on aurait trop pris, peut-être, parti avec eux contre l'empereur. Maxime, qui les représente, est bien plus louable que Cinna, jusqu'au moment où une lâche jalousie d'amour lui fait trahir les secrets de ses amis. Cette conjuration, pourtant, forme le fond du tableau. L'auteur l'a laissé entrevoir pour donner plus d'ampleur à sa tragédie et pour qu'Auguste fût amené à de justes réflexions sur la valeur des divers modes de gouvernement et sur les dangers du pouvoir absolu. S'apercevant que la monarchie est contraire à la volonté des Romains et qu'il vit haï de tous, Auguste en vient aisément à comprendre que son salut dépend d'une abdication ou d'une générosité suprême. Après les francs conseils qu'il a reçus de Maxime, il est tout naturel qu'il fasse un retour sur lui-même et que, près de punir, il soit forcé de reconnaître le vice des lois impitoyables; il acquiert la certitude que le fanatisme des partis ne s'éteint pas dans le sang des citoyens, mais qu'il s'allume, au contraire, plus vif et plus ardent par les rigueurs. Ce sont les martyrs, en effet, qui fondent la puissance des religions.

C'est la sagesse des temps qui a enseigné à Corneille ces hautes méditations; et, deux mille ans avant lui, Sénèque le philosophe, dans son admirable récit de la conspiration de Cinna, avait tracé le monologue d'Auguste. N'est-ce pas lui qui fait ressortir, le premier, les avantages de la clémence, et qui met dans la bouche de Livie ces mémorables paroles : *Severitate nihil adhuc profecisti; nunc tenta quomodo tibi cedat clementia* (Tu n'as rien gagné jusqu'ici par la sévérité; essaie maintenant comment te réussira la clémence). Corneille, en empruntant cette scène à Sénèque, l'a si malheureusement encadrée dans sa pièce, qu'on la retranche au théâtre; mais il l'a, du reste, admirablement traduite. Livie parle en reine et en femme.

Il est incontestable que Corneille, qui avait pour ainsi dire du sang romain dans les veines, qui avait lu Tacite, qui savait que cet énergique historien, en rappelant le meurtre de César, a laissé tomber de sa plume ces mots rigoureux : *Recte occisus fuit;* il est incontestable, disons-nous, que Corneille n'a vu qu'un seul moyen de désarmer la fureur des factions et de leur faire honte d'en venir à l'assassinat : ce moyen est la *clémence*. Il importe à ses yeux que les rois qui se sont imposés à des partis rebelles, et qu'un grand nombre de citoyens accusent d'avoir usurpé le pouvoir, rachètent par la modération le tort qu'ils ont d'être les maîtres de l'empire; et, bien plus, il est nécessaire même, s'il y a lieu,

> Qu'ils souffrent des ingrats, après l'avoir été,

comme Auguste se le dit lui-même.

Cette grande pensée nous a valu un chef-d'œuvre; et ce qui, encore une fois, rend notre théâtre si admirable c'est qu'il a fondé ses plus beaux monuments sur des idées de ce genre, idées généreuses et nobles. Le géomètre qui demandait ce que prouvaient nos meilleures tragédies était plus distrait qu'il n'est permis à un géomètre de l'être. La différence de notre théâtre avec celui de l'antiquité est toute dans la moralité que renferment nos pièces. La fatalité, voilà la déesse de l'ancien Olympe tragique; l'*humanité* seule domine notre scène, l'illustration de la grandeur morale est le levier avec lequel nous avons remué le monde des intelligences et des cœurs.

Considérez bien dans Auguste cette lassitude de l'ambition assouvie, cet ennui profond de l'homme qui, parvenu au comble de ses vœux, rencontre l'infini et se sent écrasé du poids de l'hmanité. Jamais le génie ne s'est élevé à de plus hautes pensées. Ce doute absolu sur la valeur de nos destinées, ce découragement d'un grand cœur peignent notre nature prise du point de vue terrestre; mais comme elle se grandit tout à coup! avec quelle force l'âme immortelle se relèvera dans la magnificence du triomphe d'Auguste sur ses passions! Cette perception idéale est comme une lueur merveilleuse jetée dans l'obscurité d'une autre existence soudain illuminée à nos yeux.

*Polyeucte* sortit de cette inspiration; c'est l'empereur Néron, ce monstre couronné, qui a commencé la persécution contre les chrétiens, et c'était un acte digne de lui. Néron, après avoir assisté, revêtu d'un costume de théâtre et la lyre à la main, à l'incendie de Rome, qu'il contemplait du haut d'une tour, accusa les chrétiens de ce désastre, dont l'histoire l'a presque constitué l'auteur : on peut prêter des crimes à Néron. Les premiers chrétiens martyrs remontent à cette époque terrible, si honteuse pour l'humanité. Les dieux vieillis du paganisme tombaient en poussière de toutes parts sur leurs autels déshonorés. Insultés par les poètes mêmes qui en célébraient les métamorphoses, ils avaient perdu leur crédit dans l'opinion publique. Dès qu'on discute les dieux, ils sont perdus. On leur reprochait hautement leurs folies, leurs incestes, leurs adultères; le prestige était détruit. Les chrétiens auxquels on commandait de sacrifier à Apollon, et qui prenaient aux sérieux la mythologie païenne, pouvaient s'écrier comme Acau à Marcien : « Quoi! ce malheureux qui, brûlant d'amour pour une fille, courait follement sans savoir qu'il perdait cette proie si chère, il n'était donc pas divin; il n'était pas dieu, puisqu'une fille le trompa. » C'est la fable de Daphné qu'Acau foudroyait par ce raisonnement scolastique. Pierre, de son côté, répondait au proconsul Optimus, qui voulait le forcer à rendre hommage à la déesse Vénus : « Je m'étonne que vous vouliez me persuader de sacrifier à une femme impudique et infâme, qui a fait des actions dont le seul récit serait honteux. » Les chevalets, les roues, les ongles de fer ne leur arrachaient pas d'autres paroles; la douleur même accroissait l'intensité de leur foi. Leurs juges, qui avaient à peu près les mêmes pensées sur les dieux de l'Olympe, se trouvaient remués tout à coup par l'électricité de la souffrance, et de bourreaux souvent devenaient martyrs.

On a de la peine à se figurer jusqu'à quel point l'ambition du martyre avait gagné les âmes; c'était de la fureur, et cette folie sublime se revêtait parfois des formes de la plus haute poésie. Écoutez saint Ignace, évêque d'Antioche : « J'écris aux Églises et » leur mande à toutes que je meurs volontairement pour Dieu, si » vous ne m'en empêchez. Je vous en conjure, ne m'aimez pas à » contre-temps. Souffrez que je sois la pâture des bêtes qui me » feront jouir de Dieu. Je suis le froment de Dieu, et je serai » moulu par les dents des bêtes pour devenir un pain tout pur de » Jésus-Christ. Flattez plutôt les bêtes, afin qu'elles soient mon » tombeau et qu'elles ne laissent rien de mon corps; de peur » qu'après ma mort je ne sois à charge à quelqu'un. » Est-il rien de plus énergique et de plus beau? *Flattez plutôt les bêtes!* Quel désir de la mort! Le génie de Corneille était bien fait pour comprendre une telle exaltation.

L'admirable caractère de Pauline a été l'objet de plus d'une raillerie inconvenante : il est certain qu'une femme dont le malheur est d'aimer deux hommes en même temps présente d'abord un côté comique à la malignité de l'esprit; mais avec quelle noblesse Corneille s'est tiré de cette position délicate, qui est tout l'intérêt de sa pièce! Les moralistes vous diront que Pauline, en épousant Polyeucte, aurait dû étouffer tout amour pour Sévère. Les moralistes connaissent peu le cœur des femmes; les plus honnêtes ont leurs secrets. On ne peut se dissimuler qu'il serait plus agréable pour Polyeucte que Pauline ne portât pas à Sévère une tendresse si forte; elle a beau s'écrier que

> ... l'on doute d'un cœur qui n'a point combattu,

bien des gens aimeraient mieux que leurs femmes ne fussent pas forcées de combattre. Si Polyeucte en prend son parti, c'est qu'il commence à se détacher des choses d'ici-bas. On se demande quelle est la différence des deux amours de Pauline : Sévère a les vœux du cœur, les sympathies de l'âme, Sévère est le type idéal que presque toutes les femmes ont rêvé; mais, d'un autre côté, les solides attaches de la possession ont déjà enchaîné Pauline à son mari, et, dans sa pudeur de nouvelle épouse, elle n'ose pas soupçonner qu'on puisse jeter un œil de complaisance sur un autre que son époux. Voilà ce qui rend Pauline extrêmement intéressante;

cette réserve adorable la fait estimer, comme elle le dit, plus que s'il n'y avait pas de lutte entre ses sentiments.

Sévère est digne de Pauline, et les bienséances que commandait un pareil sujet ont été exactement observées par Corneille; il n'a pas moins bien traité les fines nuances de passion et de devoir que les vigoureuses saillies de Polyeucte: on se rappelle que l'amour l'a fait poète. Pauline ne le cède à aucune tendre héroïne. Cette pièce de *Polyeucte* témoigne de la part de Corneille, qui vivait si retiré du monde, une savante observation admirablement mêlée aux traits de son génie. Le caractère de Félix, qui déplaisait si fort à Voltaire et à La Harpe, est une beauté de plus dans l'ouvrage. C'est la nature humaine prise sur le fait dans ce qu'elle a de pusillanime et de honteux, comme elle est prise chez Polyeucte dans ce qu'elle a de plus noble et de plus élevé. Il n'est pas d'ambitieux subalterne qui ne rougisse peut-être en entendant Félix. Le développement de ce caractère est prodigieux; on regrette que Pauline ait un père de cette espèce; on est même tenté de lui faire un reproche de l'obéissance absolue qu'elle a pour ce déplorable personnage; mais il faut bien se souvenir qu'on voit rarement son père avec les yeux du public, et qu'on ne doit pas même le voir ainsi.

On a blâmé la double conversion de Pauline et de Félix, la dernière surtout. Si nous l'avons bien expliquée en montrant que le martyrologe est plein de ces conversions subites, et qu'elles étaient d'autant plus agréables aux chrétiens qu'elles venaient de leurs plus acharnés persécuteurs, on comprend pourquoi Corneille n'a pas hésité à jeter la lumière du christianisme dans l'âme ténébreuse de Félix, quelque méprisable que paraisse cet homme. Corneille a du reste préparé de longue main cette conversion, en faisant voir que Félix n'est pas dépourvu de tout bon sentiment, et qu'en général il se laisse aller à la faiblesse de son caractère et aux habitudes d'une vie passée dans la corruption des gouvernements, plutôt qu'à une méchanceté naturelle. Cependant il ne faut pas avoir une confiance illimitée dans la conversion de Félix; il serait homme à se rétracter le lendemain : Félix n'a pas d'ailleurs d'autre parti à prendre. Admettons que la grâce ne lui descende qu'imparfaitement d'en haut : ce ne serait pas un mauvais calcul. Il avait mal jugé Sévère; il a reconnu sa générosité à l'égard des chrétiens; il sait sa fureur à propos du meurtre de Polyeucte; il n'a plus que ce recours pour se sauver. Qui sait? ce vieux courtisan Félix répare peut-être sa maladresse en se faisant chrétien. On serait d'autant plus porté à le croire, qu'il déploie une satisfaction assez intempestive en se sentant rassuré sur son sort.

Sévère a semblé aux yeux de bien des gens, pour un homme qui fait si bon marché de ses dieux, montrer vis-à-vis de Pauline une trop grande délicatesse de cœur. On oublie que les Romains ont eu plus de respect pour les mœurs que pour leurs dieux; ils ont donné de grands exemples de pureté: témoin la continence si vantée de Scipion. La tragédie de *Polyeucte* nous paraît donc inattaquable du côté des caractères; en ce qui concerne le plan et l'enchaînement des idées, c'est la pièce la plus régulière de Corneille, l'intérêt y croît de scène en scène et s'y soutient encore par la sublimité du dialogue, malgré la sévérité des unités qui a privé la pièce de nombreux développements. Corneille était le poète de la difficulté vaincue. Le style, au dire de l'auteur lui-même, est moins fort et moins majestueux que celui de *Cinna* et de *Pompée*; mais, à part quelques expressions triviales, quelques constructions incorrectes, quelques mots vieillis, le style a néanmoins cette plénitude et cette force qui consiste, non dans un placage de vaines sentences, mais dans l'énergie et dans la précision de la pensée.

Corneille voulut enfin aborder l'antiquité romaine par son côté le plus redoutable et le plus imposant; il lui vint à la pensée de mettre en présence la grande figure de César et l'ombre de Pompée. Nourri de la lecture de la *Pharsale*, il entreprit sa tragédie de *la Mort de Pompée*. On a reproché à cette pièce une certaine enflure d'expression; mais le poète, en adoptant presque partout la forme du récit, s'était dit que cet ouvrage ne pouvait se soutenir que par la force épique des vers, par la hauteur des sentiments. Lucain, qui, en parlant de Pompée, le comparait à un vieux chêne chargé de trophées d'armes, et plus beau que les arbres couronnés d'un vert feuillage, invitait Corneille à se laisser aller aux métaphores ambitieuses, vers lesquelles son esprit penchait volontiers.

Le premier acte de *la Mort de Pompée* offre une magnifique exposition; jamais la lâcheté des cours, à l'heure du danger, n'a été burinée avec des traits plus profonds. Photin et ses pareils, ces ministres perfides qui, abusant de la faiblesse du roi Ptolémée, l'engagent à violer l'hospitalité en offrant à César la tête de Pompée, pour se concilier les bonnes grâces du vainqueur; ces vils conseillers qu'on retrouve à toute époque, et qui font tomber les couronnes au lieu de les consolider sur la tête des rois, ont été peints de main de maître.

Sire, je crois tout juste alors qu'un roi l'ordonne,

dit Achillas, ajoutant la flatterie à la ruse, après avoir sollicité le meurtre d'un héros.

Deux admirables caractères de femme, celui de Cléopâtre, sœur de Ptolémée, et celui de Cornélie, veuve de Pompée, luttent de noblesse avec le personnage du grand César. Cléopâtre, modèle achevé de loyauté et d'honneur, montre tout ce qu'une belle âme, livrée à l'amour, doit garder par devers soi d'indépendance et de fierté. Elle aime César, mais ses vœux sont pour le salut de Pompée ; la pusillanimité de son frère Ptolémée attire ses mépris et son indignation. Cornélie soutient avec vigueur le nom qu'elle porte, elle n'est pas accablée sous ce fardeau ; l'âme de Pompée revit en elle ; sa douleur s'exhale magnifiquement : elle seule et Cléopâtre donnent du mouvement à cette tragédie par leurs soudaines apparitions ; car, excepté l'arrivée de César, les autres scènes ne contiennent guère que des conversations ; mais quels superbes entretiens ! ils roulent sur des intérêts immenses ; il s'agit du sort du monde !

César est représenté en généreux ennemi, et pourtant avec toute l'adresse et toute la logique qui caractérisaient ce grand homme. César va au fond de tout ; on ne sait trop si la mort de Pompée ne lui cause pas une secrète joie, mais il fait périr ses assassins, il lui rend les honneurs funèbres, il exprime des regrets éloquents. Il adresse au roi Ptolémée des reproches d'une rare justesse : c'est le César de l'histoire.

Une chose remarquable, c'est que Pompée, dont la mort a lieu dès le deuxième acte, continue à remplir la scène autant que César vivant, et l'urne qui renferme ses cendres vient, par un effort de génie, animer le cinquième acte. Le corps de Pompée a été jeté dans les flots ; mais l'affranchi Philippe a couru le long du rivage pour redemander à la mer les restes de son maître, et la mer lui a rendu cette dépouille mortelle avec les débris d'un vaisseau naufragé. De ces débris, l'affranchi Philippe a formé un bûcher ; il a brûlé le corps de Pompée. Ces poétiques détails, tout à fait inattendus, et cette urne, chère et terrible à la fois, dans laquelle tombent les larmes de Cornélie, produisent des effets qui n'appartiennent qu'au grand Corneille.

Reposons-nous de ces fortes images empruntées à la poésie un peu déclamatoire mais énergique de Lucain. Suivons maintenant le jeune et gai Dorante dans ses fictions joyeuses. Dorante ne fait de mal à personne, les gens qu'il tue se portent fort bien ; il ment pour son plaisir, non pour son intérêt ; il essaie de se faire bienvenir des belles dames, il prétend les adorer au premier coup d'œil. Dorante amuse par son spirituel enjouement ; d'ailleurs, la scène vigoureuse où son père, ce digne et franc gentilhomme, le rappelle à la foi et à l'honneur, cette semonce austère est une assez forte punition de ses inconséquences. Dorante n'a pas encore de bassesses dans le caractère, il n'a que la fougue d'un étudiant nouvellement sorti des universités.

Cette comédie de Corneille est pleine de charmes malgré ses invraisemblances ; il se mêle au bon comique français, qui commence à se faire jour, un air romanesque très-agréable. La riante imagination de Lope de Vega égaie le mâle génie de l'auteur de *Pompée*, de *Polyeucte*, d'*Horace* et du *Cid ;* il s'est rappelé qu'il a dû sa première réputation à la muse de la comédie ; il a voulu faire reverdir les lauriers de *Mélite*. La scène du *Menteur* se passe aux Tuileries ; on s'y promène sous des ombrages parfumés. Une demoiselle pose son pied à faux et se donne une légère entorse, un galant jeune homme lui offre son bras ; la connaissance s'établit ; la belle se montre ensuite à son balcon ; on cause d'amour durant la nuit, on se méprend, on se querelle, on se brouille, et cette série de méprises, de reproches, de colères offre un tableau piquant de ces coquettes intrigues fleurs éphémères qui parfument la belle saison de la jeunesse.

Si l'on s'en rapporte aux anciens, il est permis de mentir en amour ; selon eux, Jupiter se rit des serments des amants : *Perjuria ridet amantûm*. Cependant Horace, peu satisfait d'être trompé par sa maîtresse, aurait voulu qu'à chaque mensonge elle perdît une grâce ! Si le ciel eût exaucé des vœux si imprudents, Horace aurait bien vite demandé le contraire à Jupiter ! Horace chantait trop bien le doux sourire de Lalagé pour s'exposer de gaieté de cœur à le compromettre ainsi ; il eût redemandé à être trahi à son insu. On accuse particulièrement les femmes de dissimulation ; mais, d'après l'autorité dn grand Corneille, les hommes ne le cèdent en rien sur ce point aux femmes, et même ils les surpassent. Il est certain que ce Dorante, qui en conte à deux belles à la fois, afin de toucher le cœur de l'une ou de l'autre, n'est pas un modèle de constance et d'amour.

Malgré la fidélité des personnages de d'Urfé, de La Calprenède et de mademoiselle de Scudéry, dont la *carte du Tendre* avait fait les délices de la cour et de la ville, la galanterie facile et légère régnait, et le bon Corneille n'en était pas exempt lui-même. Une chanson galante composée par lui, « *Si je perds bien des maîtresses,* » trahit un peu librement ses sentiments sur cette matière.

Ne condamnons pas avec trop de sévérité les histoires improvisées par Dorante pour séduire ou Lucrèce ou Clarisse, elles sont filles à se défendre : mais ce qui le rend tout à fait blâmable, c'est qu'il se joue de la crédulité de son père et de celle de ses amis. Dorante devient réellement menteur ; si on le laisse faire, il dira bientôt *oui* pour *non* ou *non* pour *oui*, sous prétexte qu'il n'y a pas plus de lettres dans un mot que dans l'autre, ainsi qu'il est dit dans la nouvelle de Cervantès, *Riconnette* et *Cortadillo*. Dorante possède le germe de ce vice qui dégrade le plus l'homme, en ce qu'il fait servir le bienfait de l'intelligence à de lâches et égoïstes résultats. Les chevaliers du moyen âge n'honoraient rien tant qu'un homme qui savait garder sa parole, et qui marchait avec bonne foi dans le chemin de la vie. Ils avaient raison, et de tout temps la félonie sera regardée comme une tache odieuse que rien ne peut laver. Tromper est toujours un grand mal, même en amour, quoi qu'en dise la chanson du grand Corneille.

Corneille est nommé à bon droit le père de notre théâtre, la première comédie lui doit aussi son premier chef-d'œuvre. Corneille a formé Molière comme Racine. Molière avouait qu'il devait beaucoup au *Menteur ;* en effet, dans cette pièce perce, comme nous venons de le dire, le véritable esprit comique, et l'on voit jusqu'à quelle hauteur peut s'élever ce genre sans se tremper dans les larmes. Molière en créant son Tartuffe, qui est un menteur d'une autre espèce que Dorante, ce Tartuffe qui cherche à déshonorer la femme de l'homme dont il s'intitule l'ami et à le dépouiller de ses biens, Molière, comme nous le verrons, s'est également gardé d'attendrir le spectateur sur le compte d'Orgon : il connaissait trop les lois de son art. Le valet de Dorante se distingue parmi les valets de théâtre ; loin d'aider son maître dans ses mensonges, il s'en montre fort scandalisé. Cliton se permet même quelquefois de le morigéner. Il est un peu plus honnête que les Mascarille et les Frontin. Il se rapproche d'eux, du reste, par son aptitude à extorquer l'argent de son maître. Cliton deviendra plus tard, sous la plume de Molière, le valet raisonneur de don Juan.

Corneille donna une *suite* à son *Menteur*, empruntée au théâtre espagnol. Dans la préface de cette nouvelle comédie en cinq actes et en vers, il cherche à prouver que Dorante s'est corrigé de ses défauts, qu'il est plus honnête homme, et que par conséquent il doit plaire davantage au spectateur. Cette opinion de Corneille est d'abord un peu contestable ; Dorante, au lieu d'épouser Lucrèce, s'est enfui avec la dot qu'on lui avait comptée : ce qui est déjà une tache à son honneur ; jusque-là Dorante n'avait guère commis que des étourderies. Il est vrai que Corneille nous montre Dorante deux ans après, mais Dorante ne nous paraît avoir aucun repentir de son action. Son père, le digne gentilhomme, a cru devoir épouser Lucrèce pour acquitter toutes les dettes de son fils. Il est mort; et Dorante, de retour d'Italie, où il est allé mener joyeuse vie, se fait mettre en prison à Lyon, parce qu'il a aidé à dérober à la justice un cavalier qui venait de tuer en duel un rival dans une affaire d'amour. La sœur de ce cavalier, nommée Mélisse, qui a vu passer sous ses croisées Dorante saisi par les sergents et conduit en prison, s'est éprise soudain du sauveur de son frère ; elle lui envoie une lettre, de l'argent et son portrait : Dorante accepte tout. Elle pénètre même sous un déguisement dans la prison et elle en sort plus amoureuse que jamais. Dorante est rendu à la liberté par un de ses amis, Philiste, amant malheureux de Mélisse, lequel se fait sa caution et finit même par lui céder sa maîtresse. Dorante, mieux enchaîné par Mélisse qu'il ne l'a été par Lucrèce, se marie cette fois. Cette comédie possède des scènes attachantes; mais le romanesque y domine trop, et elle manque de la gaieté du *Menteur*. Les suites ont du malheur au théâtre, elles ne réussissent guère. Il s'en faut beaucoup que celle-là soit sans mérite. Le style en est souvent heureux. On a cité plusieurs fois de jolis vers sur la sympathie. Ces morceaux galants sentaient encore un peu *l'Astrée*; et Lyse, la suivante de Mélisse, en vint même jusqu'à mettre en scène un personnage de ce roman : sa maîtresse s'en étonne, et ce passage est curieux.

MÉLISSE.

Quoi! tu lis des romans?

LYSE.

Je puis lire l'*Astrée*,
Je suis de son village, et j'ai de bons garants
Qu'elle et son Céladon étaient de mes parents.

MÉLISSE.

Quelle preuve en as-tu?

LYSE.

Ce vieux saule, madame,
Où chacun d'eux cachait ses lettres et sa flamme,
Quand le jaloux Sémire en fit un faux témoin.
Du pré de mon grand-père il fait encor le coin.

Ces détails et beaucoup d'autres, spirituels et gracieux, devaient beaucoup plaire dans le temps; mais la pièce, décousue et languissante dans ses derniers actes, n'obtint pas un succès durable. Voltaire prétend que, avec peu de chose, on aurait fait un chef-d'œuvre. Cela est douteux; il n'y a plus de caractère; le menteur a disparu; ce n'est qu'une intrigue qu'on pouvait rendre plus ou moins intéressante. Corneille avait raison de penser qu'il avait nui à Dorante en le dépouillant de ses vices; mais il ne s'ensuit pas, comme la mauvaise humeur que lui donne le peu de succès de cette *suite* le lui fait dire, que la comédie ne doive être qu'un divertissement, et son *Menteur* en offre la preuve. En vain Cliton, le valet de Dorante, s'écrie à la fin de la pièce, en s'adressant aux spectateurs :

> Par un si rare exemple apprenez à mentir;

personne ne voudrait jouer dans le monde le rôle de Dorante, que l'auteur a su rendre méprisable au fond. La belle scène du père, qui commence par ces mots : *Êtes-vous gentilhomme?* en dit plus que toutes les moralités possibles par lesquelles on puisse terminer une pièce. Corneille avouait du reste son penchant à mêler comme Horace *utile dulci*, et l'instinct de son génie ne l'a jamais trompé alors même qu'il cherche à s'abuser. La suite du *Menteur* est imitée d'une pièce de Lope de Vega intitulée *Aimer sans savoir qui*, et la supériorité est restée à l'original.

Corneille revint vite à la tragédie. *Rodogune*, nouveau chef-d'œuvre, montre de nouveau le grand poète tout entier.

Deux reines qui se détestent et comme reines et comme femmes, parce qu'elles ont eu le même époux et qu'elles aspirent au même trône; l'une de ces créatures que la passion emporte, ayant déjà versé le sang de son époux, et dont la main est accoutumée au crime; l'autre disposée à faire ce cruel apprentissage; la première s'écriant :

> Tombe sur moi le ciel, pourvu que je me venge!

la seconde, dont la violence des sentiments est tempérée seulement par la grâce que la jeunesse et l'amour répandent sur sa personne, mais toute prête à armer les enfants contre la mère : voilà le tableau que Corneille a tracé avec une étonnante énergie. La vigueur qu'il a déployée dans ses caractères de femme ne s'est jamais révélée avec plus de force que dans les personnages de Cléopâtre et de Rodogune, dont le voisinage rend un peu pâles les deux princes Séleucus et Antiochus; timides et vertueux jeunes gens que ces deux femmes se renvoient l'une à l'autre avec fureur, et écrasent dans ces terribles chocs. Séleucus et Antiochus sont trop parfaits pour le théâtre. Épris de la même princesse, ils sacrifient leur amour à leur amitié fraternelle. La fougue de Ladislas est plus dramatique dans le *Venceslas* de Rotrou ; mais Corneille a voulu faire ressortir, par cette tranquille entrevue des deux princes, la rage des deux reines. Le dernier acte de *Rodogune*, où le caractère d'Antiochus s'élève à une grande noblesse, est un chef-d'œuvre ; et il y a des beautés de premier ordre dans les quatre autres, que Voltaire et après lui La Harpe ont traités avec trop peu de ménagement. Cependant il règne dans cette tragédie un peu de confusion. Les personnages ne se présentent pas avec assez de netteté. Corneille a évité de prononcer le nom de Cléopâtre, de peur que l'esprit ne se reportât à la reine d'Égypte ; il a eu tort. En la désignant comme reine de Syrie, il eût obvié à cet inconvénient. Cléopâtre est veuve de Nicanor ; elle a épousé le frère de son mari, croyant celui-ci mort. De son côté, Démétrius a épousé Rodogune, princesse des Parthes, en apprenant le mariage de sa femme. Il ne reste plus que Cléopâtre et Rodogune, et deux fils de Nicanor amants de cette Rodogune en qui chacun d'eux, comme dit le poète,

Trouve encor les appas qu'avait trouvés leur père.

Tous ces détails, assez difficiles à expliquer, n'ont pas un degré suffisant de clarté.

La tragédie de *Rodogune* inspirait à Corneille une affection particulière, et il l'a louée avec une effusion qui sort de sa réserve habituelle. « Elle a tout ensemble, dit-il, la beauté du sujet, la » nouveauté des fictions, la force des vers, la facilité de l'expres- » sion, la solidité du raisonnement, la chaleur des passions, la » tendresse de l'amour, et cet heureux assemblage est ménagé » de telle sorte qu'elle s'élève d'acte en acte. Le second passe » le premier, le troisième est au-dessus du second, et le dernier » l'emporte sur tous les autres. L'action y est une, grande, com- » plète. Sa durée ne va point ou fort peu au delà de la représenta- » tion. Le sujet est des plus illustres qu'on puisse imaginer, et l'u- » nité de lieu se rencontre en la manière que je l'indique dans le » troisième de mes discours, et avec l'indulgence que j'ai deman- « dée pour le théâtre. »

Il y a peu de chose à reprendre à ce jugement.

Du temps de Corneille il y avait déjà des auteurs à l'affût des idées des autres, et qui traitaient les sujets dont ils pouvaient avoir connaissance par d'*indiscrets confidents*, comme dit Fontenelle, afin de tâcher d'établir une concurrence. Il arriva qu'un certain Gilbert voulut, sur des récits inexacts, faire une *Rodogune*. Mais il avait été si mal renseigné, qu'il mit sur le compte de Rodogune tout le rôle de Cléopâtre; et ses instructions s'étant arrêtées avant le cinquième acte, il n'eut garde de le trouver : sa pièce finit par un mariage, comme un vaudeville moderne, et tout le monde est content. Corneille dédaigna de se plaindre; il était assez vengé.

Nous passerons sous silence *Théodore, vierge et martyre*, tragédie qui semble n'avoir été créée que pour prouver les vicissitudes de l'espèce humaine. Théodore, princesse d'Antioche, condamnée à la prostitution, offre un tableau révoltant, que Corneille, abandonné de son génie, n'a racheté par aucun genre de beauté. Imitons le fils de Noé : jetons le manteau de l'oubli sur cette triste nudité.

Le sujet d'*Héraclius* est plus hérissé de difficultés encore que celui de *Rodogune*. L'esprit erre dans un labyrinthe de complications, dont on ne sort pas sans fatigue; mais les situations de cette tragédie ont de l'intérêt : vous voyez un tyran qui, après avoir cru détruire toute une famille dont il usurpe la place, apprend qu'il existe un rejeton échappé à sa fureur; mais Phocas, soldat monté sur le trône par la révolte, ne sait qui frapper d'Héraclius ou de Martian (car l'un des deux est son fils). C'est à ce barbare que s'adresse ce vers devenu proverbial :

Devine si tu peux, et choisis si tu l'oses.

Certes une telle invention comportait de grandes beautés de détails, et Corneille ne les a pas omises; mais on doit regretter beaucoup une ambiguïté qu'il a condamnée lui-même en disant que le but de plusieurs scènes ne pouvait être bien aperçu qu'après la représentation de la pièce entière. Le spectateur ne saurait attendre là ainsi pour juger un ouvrage dramatique; il veut être saisi immédiatement, la réflexion n'est pas faite pour lui. On a agité la question de savoir si Corneille avait pris le sujet d'*Héraclius* à Caldéron, ou si Caldéron, qui l'a traité aussi, l'a pris à Corneille; mais il est bien probable que Corneille l'a tiré de l'espagnol, cette mine si curieusement exploitée de son temps et par lui.

Corneille, dans la préface d'*Andromède*, avoue que cette pièce n'a été faite que pour les yeux, et vante beaucoup les machines du sieur Orelli. L'auteur s'explique avec une spirituelle naïveté sur la beauté de son sujet et sur les libertés qu'il s'est permises; il se moque de nouveau agréablement de l'inexactitude locale. « La topographie » de ces contrées-là, dit-il, n'est pas fort connue, et celle des temps » de Céphée (père d'Andromède) encore moins. Je me contenterai » de vous dire qu'il falloit que Céphée régnat en quelque pays

» maritime sur le bord de la mer, et que ses peuples fussent blancs, » quoique Éthiopiens. Ce n'est pas que les Maures les plus noirs » n'aient leur beauté à leur mode; mais il n'est pas vraisemblable » que Persée, qui était Grec et né dans Argos, fût devenu amou- » d'Andromède, si elle eût été de leur teint. J'ai pour moi le con- » sentement de tous les peintres. » (Et à ce sujet, Corneille demande plus haut la permission d'habiller Andromède, que ces messieurs représentent avec la liberté des peintres : *quidlibet audendi.*) « J'ai surtout, continue-t-il, l'autorité du grand Héliodore, » qui ne fonde la blancheur de la divine Chariclée que sur un ta- » bleau d'Andromède. Ma scène donc sera, s'il vous plait, dans la ville » capitale de Céphée, proche la mer; et pour le nom, vous le lui » donnerez tel qu'il vous plaira. » On voit que Corneille aurait volontiers placé, comme Shakspeare, un port de mer en Bohême, s'il en avait eu besoin; et qu'il faisait bon marché, en certaines occasions, de toutes les exigences qui entravent l'essor de l'imagination.

Corneille, dans son examen d'*Andromède*, s'occupe de la nature des vers propres au théâtre, et la raison dicte elle-même ses réflexions. Il donne d'avance un démenti à la pompe des alexandrins, au *vers sonore et creux* qui a envahi le théâtre depuis. Il a même recours à Aristote pour établir sa thèse : « Si nous en croyons Aris- » tote, poursuit-il, il faut se servir au théâtre des vers qui sont les » moins *vers* et qui se mêlent au *langage commun.* » Le génie de Corneille était supérieur aux règles qu'il subissait avec d'autant plus de résistance que le théâtre espagnol n'était arrêté par aucun obstacle.

Cette tragédie-opéra d'*Andromède* eut une grande réussite, et l'auteur de *Cinna* se savait un gré extrême de la magnificence du spectacle auquel elle avait donné lieu. Ainsi Corneille a non-seulement créé la tragédie et la comédie en France, mais encore l'opéra. Après lui, on perfectionna chaque genre dans la voie qu'il avait tracée. Quinault, trop maltraité par Boileau et trop vanté par Voltaire, mais poète d'un vrai mérite, donna, par la grâce et la facilité de son style, un grand charme à l'opéra. On remarque dans *Andromède* beaucoup de sentiments qui, sous la plume de Racine, ont pris, dans *Iphigénie*, un caractère touchant; car il s'agit aussi du sacrifice d'une jeune fille par ses parents pour obéir à un oracle. Cette tragédie-opéra est loin d'atteindre à la hauteur des œuvres précédentes de Corneille, mais on y trouve d'excellents traits.

On s'est généralement indigné contre Voltaire parce que son

commentaire ne garde pas toujours les égards dus au génie de Corneille, malgré les sentiments d'admiration qui s'y manifestent par moments pour ce grand homme. Mais que dire de l'irrévérence des *retouches* comme celle qui a été exercée sur le *Don Sanche d'Aragon*, représenté actuellement au Théâtre-Français? On a mutilé cette pièce avec une insigne maladresse. Tout ce qui était noble et viril a été enlevé. Ce n'est plus Carlos qui se croit le fils d'un pêcheur, et qui, soldat parvenu, s'écrie avec fierté :

Ma valeur est ma race, et mon bras est mon père ;

c'est un prince dégradé qu'occupe une fade intrigue d'amour, qui veut être aimé pour lui-même. Comment se peut-il qu'on ait le courage de retrancher des vers et des sentiments tels que ceux-ci, lorsque don Sanche apostrophe les comtes don Henriquez et don Lope qui, dans l'intérêt prétendu de sa gloire, veulent le forcer à ne pas reconnaître ce qu'ils appellent la bassesse de sa naissance :

. . . . . . . . . . . . . . . . . . . . .
Si ma naissance est basse, elle est du moins sans tache.
Puisque vous le savez, je veux bien qu'on le sache.
Sanche, fils d'un pêcheur, et non d'un imposteur,
De deux comtes jadis fut le libérateur ;
Sanche, fils d'un pêcheur, mettait naguère en peine
Deux illustres rivaux sur le choix d'une reine ;
Sanche, fils d'un pêcheur, tient encor dans la main
De quoi faire bientôt tout l'heur d'un souverain ;
Sanche enfin malgré lui, dedans cette province,
Quoique fils d'un pêcheur, a passé pour un prince :
Voilà ce qu'a pu faire, et qu'a fait à vos yeux,
Un bras que ravalait le nom de ses aïeux.
La gloire qui m'en reste, après cette disgrâce,
Éclate encore assez pour honorer ma race,
Et paraîtra plus grande à qui comprendra bien
Qu'à l'exemple du ciel j'ai fait beaucoup de rien ?

Et la reine lui répond en cherchant à accorder les préjugés de la naissance et les sentiments de la nature :

Je vous tiens malheureux d'être né d'un tel père ;
Mais je vous tiens ensemble heureux au dernier point
D'être né d'un tel père, et de n'en rougir point.

Est-il rien de plus grand? est-il rien de plus beau? Et voilà pourtant ce qu'on a dédaigné. Non content d'avoir ruiné le caractère de don Sanche, on a altéré aussi celui d'Isabelle, l'un des plus délicats qui soient sortis de la plume de Corneille. En retranchant le personnage d'Elvire, Isabelle n'a plus de jalousie ; et son amour, auquel sa majesté de reine cherche à imposer silence, ne se trahit plus par des mouvements pleins de grâce. On a trouvé mauvais que Sanche possédât l'amour de deux reines, comme s'il n'était pas naturel que le plus renommé et le plus vaillant eût une place dans plus d'un cœur de femme. Napoléon n'approuvait-il pas l'amour de l'infante pour Rodrigue, malgré celui de Chimène, et cette double tendresse ne rehausse-t-elle pas, en effet, un héros aux yeux du spectateur? L'amour qu'on inspire est toujours une distinction; et dans les cours, quand il vient de haut, c'est une dignité.

Le seul reproche qu'on ait droit de faire à don Sanche, c'est que son penchant pour la reine n'est pas assez marqué. La femme qui, pour punir l'insolence de ses rivaux, l'a fait tout d'un coup

> . . . . . . . . . marquis de Santillane,
> Comte de Penafiel, gouverneur de Burgos,

ne mérite pas de s'entendre dire qu'on est prêt à mourir pour le service de sa rivale comme pour le sien. Il est peu de scènes plus belles que celles où Isabelle accumule les faveurs royales sur la tête de l'aventurier Carlos, pour le rendre digne de prendre place à son conseil, et le venge ainsi, par un secret orgueil de femme, du mépris des seigneurs de la cour; jamais amour de reine de théâtre ne s'est révélé avec plus de noblesse. Bien que don Sanche soit réellement fils de roi, et que sa haute naissance se découvre, à peu près comme celle d'Œdipe, par l'arrivée d'un vieillard, les vers qui, dans la bouche de don Carlos, attaquent, au nom de la raison humaine, l'injuste privilége de la noblesse héréditaire, n'en conservent pas moins toute leur valeur. Corneille, Molière, Boileau et tous les bons esprits du dix-septième siècle ont commencé à ébranler cet abus, que la philosophie du siècle suivant a déraciné; et cependant la noblesse était alors une puissance. Corneille mettait en doute jusqu'à l'autorité royale; il s'écriait dans cette même pièce de *Don Sanche* :

> Lorsque le déshonneur souille l'obéissance,
> Les rois peuvent douter de leur toute-puissance.

On ne saurait trop admirer le génie de Corneille, génie plus français encore qu'espagnol et romain, car il est soumis à une éternelle logique.

Corneille, dans la préface de *Don Sanche*, dit que « la pitié pourroit être excitée plus fortement en nous par la vue des malheurs arrivés aux personnes de notre condition que par l'image de ceux

» qui font trébucher de leurs trônes les plus grands monarques. » De là naquit ce qu'on appela plus tard la tragédie bourgeoise, le drame. Toute la théorie en est dans ces quelques lignes.

Nous avons vu Corneille poète de Rome antique et poète aussi grand que son sujet. Il était imbu, comme Tacite ou Tite-Live, de la politique des maîtres du monde, et nul n'en a mieux démontré les ressorts. Cette grandeur d'estime que la vieille cité avait pour elle-même, ce regard de mépris jeté sur le reste des villes, cet orgueil démesuré de citoyen romain, ont passé dans les vers de l'auteur d'*Horace* et de *Cinna*, et l'on sent, en effet, que ceux-là sont plus que les autres hommes qui parlent avec tant de hauteur sans être ridicules. Lors même que Corneille a voulu abaisser cette superbe Rome, et c'était là son but dans *Nicomède*, on retrouve dans l'ambassadeur Flaminius le courage et la fierté de sa patrie.

Nicomède, le héros qui donne son nom à la pièce, est aussi beau que le Cid. Vaillance, honneur, esprit, constance d'affection, tout se réunit pour faire de Nicomède un prince accompli. Je ne suis pas étonné des *admirations* de madame de Sévigné pour les héros de Corneille; toute femme de cœur doit se sentir exaltée à l'aspect d'hommes de cette nature. Dans une société nourrie des romans de mademoiselle de Scudéry et de l'esprit belliqueux de la Fronde, quel effet ne devaient-ils pas produire? Est-il étonnant que les premières pièces de Racine aient paru fades à de semblables spectateurs?

Ce qui contribuait sans doute encore à ranger les femmes du côté de Corneille, c'est qu'il a fait à leur sexe une bien noble part dans la distribution de ses grandes pensées. Voyez Chimène, Émilie, Pauline; quelles âmes d'élite! Laodice est leur sœur. La mutuelle confiance qui règne entre Nicomède et sa maîtresse est admirable. Lorsque ce prince surprend avec Laodice l'ambassadeur de Rome, qui cherche à la séduire au profit d'un autre, il est si sûr d'elle qu'il lui adresse ces mots avec un sourire, en prévoyant la réplique :

NICOMÈDE.

Mais, dites-moi, madame, a-t-il eu sa réponse?

LAODICE.

Oui, seigneur.

Laodice n'a besoin que de ces simples mots; il s'en rapporte à elle sur la vigueur de la réponse, et la réponse a été forte en effet.

Voltaire se montra d'une injustice criante envers *Nicomède*, tout en avouant que c'est une des plus fortes preuve du génie de l'auteur; il critique amèrement surtout un vers magnifique d'indignation. Nicomède, dans la scène que nous venons de citer, dit à Laodice, en parlant de l'ambassadeur présent :

> Vous a-t-il conseillé beaucoup de lâchetés,
> Madame?

Toute la pièce est là; tout le caractère de Nicomède se révèle dans ce vers. Voilà la haine et le mépris du disciple d'Annibal pour ceux qui ont assassiné son maître! Voltaire, homme de tant d'esprit et de goût, a osé écrire ceci :

« Voilà des injures aussi grossières que les railleries. Une grande » partie de cette pièce est du style *burlesque;* mais il y a de temps » en temps un air de grandeur qui impose et surtout qui intéresse, » ce qui est un grand point. »

*Nicomède* est une des tragédies dans lesquelles Corneille a mis le plus de grandeur d'âme et d'énergie. Nulle part il n'excite aussi fortement le sentiment de l'admiration, qui fait le fond de toutes ses tragédies; et l'on s'étonne que, après avoir composé plus de quarante mille vers, il en soit parti encore de si vigoureux de sa main. Le frisson pénètre dans les chairs, les larmes mouillent les yeux pendant que l'on écoute cette étonnante poésie. Quelle solidité de touche! et qu'il vaut bien mieux être attendri par la noblesse du caractère que par une vulgaire et romanesque intrigue! L'amour, du reste, est bien traité dans *Nicomède :* le cœur de Laodice, plein de courage et de fierté, peut le disputer à celui de Chimène. Nicomède, ce jeune et ardent héritier des haines d'Annibal, ce héros, vaillant et adroit comme son maître, se voit forcé de lutter contre l'imbécillité de son père, dont la vieillesse est dominée par une marâtre artificieuse. Dans cette position, Nicomède, sans rien perdre du respect qu'il doit à son père, se montre sublime de résistance à la fois et de fidélité. Cependant, quel père que ce Prusias, faible, ingrat, peureux, stupide! C'est lui qui, en parlant des Romains, s'écrie :

> Ah! ne me brouillez pas avec la république;
> Portez plus de respect à de tels alliés.

*Nicomède* est le dernier chef-d'œuvre du grand Corneille, dont l'essor ne se soutient plus à la même hauteur. Cependant il a des élans admirables encore; comme l'aigle que la fatigue de l'âge force à ployer les ailes, il s'arrête, mais sur des sommets.

## CHAPITRE SIXIÈME.

### DERNIÈRES PIÈCES DE CORNEILLE.

« La mauvaise réception que le public a faite à cet ouvrage, dit » Corneille dans l'avis au lecteur qu'il a mis en tête de *Pertharite*, » m'avertit qu'il est temps que je sonne la retraite et que des pré- » ceptes de mon Horace je ne songe plus à pratiquer que celui- » ci :

> ... *Solve senescentem mature sanus equum, ne*
> *Peccet ad extremum ridendus et ilia ducat.* »

Corneille n'avait que quarante-sept ans. Après avoir donné vingt et un poèmes à la scène française, qu'il laissait, ajoutait-il modestement, en meilleur état qu'il ne l'avait trouvée, il semblait vouloir abdiquer, poussé par le dépit que lui causait le peu de réussite de Pertharite, roi des Lombards; il ne croyait pas que l'âge eût affaibli ses facultés, mais il se trouvait trop vieux, après vingt ans de succès, pour *être encore à la mode.*

Quarante mille vers avaient fatigué la main de Corneille. *Pertharite* vint dans ce moment de lassitude, mais le poète ne veut pas en convenir; il trouve les sentiments de cette pièce, qui n'est ni une tragédie ni une comédie, *assez nobles, assez vifs*, et les vers *assez bien tournés*. Le public ne fut pas de l'avis de l'auteur; Pertharite, roi des Lombards, ne fut joué qu'une fois. Le raisonnement, qui défigure toutes les dernières pièces de Corneille, fait un grand tort à celle-ci. On l'avait tant loué du sentiment d'admiration porté si haut par lui, qu'il désirait toujours s'élever de plus en plus; mais, son génie baissant, il faisait de vains efforts; il outrait les caractères sans arriver à la passion; ses héros, ses héroïnes n'avaient plus que des velléités d'amour, ils entraient en accommodement avec leur tendresse. O Rodrigue, ô Chimène, où étiez-vous? On avait persuadé à Corneille, à force de le lui dire, qu'il était un grand politique; il méprisait en conséquence les sujets où il n'aurait pu développer ses prétendues maximes d'État.

Cependant *Œdipe* ranima son génie. Examinons ici les divers *Œdipe* dont Corneille se servit pour composer le sien, et que Voltaire a su mettre à profit plus tard avec plus de bonheur que lui.

La fatalité étant le pivot sur lequel tourne le théâtre grec, le destin, le dieu qui sort de la machine (*deus ex machina*), dénoue toutes les pièces. Un oracle les annonce, un oracle les finit. L'homme n'est que le jouet des événements, et celui qui se croit le plus vertueux est bien près d'être le plus criminel. Cette doctrine, qui n'était pas absolue, apprenait aux hommes à veiller avec soin sur eux-mêmes, afin de changer, par une conduite irréprochable, la mauvaise volonté des dieux à leur égard; mais la philosophie grecque ne voulait pas qu'on tentât les cieux par une vaine curiosité et qu'on essayât de surprendre leurs secrets. Ce fut là la cause des malheurs d'Œdipe, dont l'esprit, après avoir su deviner l'énigme du fameux sphinx de Thèbes, était sans cesse tourmenté par le désir de connaître le sort qui lui était réservé, désir impie dont il fut si sévèrement puni.

Œdipe offre l'exemple le plus frappant de la fatalité, comme l'entendaient les Grecs. Jamais plus effroyable histoire n'est sortie de l'imagination des hommes. Un berger apporte à un autre berger, sur le mont Cithéron, un jeune enfant dont les pieds percés sont réunis par un lien, et de là le nom d'Œdipe (pieds enflés). Cet enfant, qu'un oracle avait destiné à tuer son père et à être le mari de sa mère, ce fils du roi Laïus et de Jocaste, se trouvait condamné à l'exposition des bêtes féroces. Mais le berger eut pitié de son sort; il remit l'enfant à un des gardiens de troupeaux du roi de Corinthe. Le fils de ce roi venait de mourir; on avait besoin d'un enfant supposé pour conserver les droits de la mère : on prit Œdipe. Le jeune enfant grandit et se crut le fils du roi Polype. Les oracles recommencèrent à parler. Œdipe, en apprenant les crimes affreux dont il était menacé, quitte la cour du roi de Corinthe, et va lui-même au-devant de l'arrêt du destin. Il rencontre dans les champs de la Phocide un vieillard impérieux dont l'orgueilleuse préséance veut, dans un chemin étroit, faire reculer le char qui croise le sien. Œdipe était superbe et fougueux; il frappe violemment le héraut par lequel l'ordre de céder le pas lui est signifié. Un combat s'engage; et le vieillard tombe aisément sous les coups du jeune homme : c'était Laïus, son père, qu'il venait d'immoler. On comprend alors qu'Œdipe ayant manqué de sagesse jusqu'à engager une lutte inégale avec un vieillard, l'ordre des cieux va s'exécuter complétement contre lui, et que la rigueur des destins ne se corrigera pas. En effet, il va à Thèbes : un sphinx audacieux ravage le pays. Ce sphinx propose des énigmes aux passants et dévore tous ceux qui ne les devinent pas. Œdipe se présente; il pénètre le sens de l'énigme; il délivre Thèbes de ce monstre; et la reine, pour prix de ce bienfait, le met sur le trône et le reçoit dans son lit. C'était Jocaste, sa mère. Lorsque toutes ces choses se découvrent, Œdipe, qui a accusé les dieux d'aveuglement, est condamné lui-même à perdre la vue, et s'arrachant les yeux d'une main forcenée, il les jette pour ainsi dire en holocauste sur l'autel des divinités inexorables.

Telle est l'histoire que quatre poètes ont jugée tour à tour digne de tout l'intérêt du théâtre : Sophocle, Sénèque, Corneille, Voltaire; mais l'honneur en est resté et en restera toujours probablement au premier qui l'a mise en œuvre, à Sophocle. Sa tragédie est le chef-d'œuvre du théâtre grec, Sophocle a tracé des tableaux d'une simplicité et d'une grandeur que ses successeurs n'ont pu atteindre. Tous les critiques, Voltaire excepté, et il avait ses raisons pour cela, se sont accordés sur ce point. On n'a fait que de légers reproches à Sophocle, et encore on a eu tort.

La pièce de Sophocle fait merveilleusement sentir que les dieux ne sont pas dans leur tort, et qu'ils punissent dans Œdipe l'orgueil, l'ambition et une insatiable curiosité. Puisqu'un oracle, qui menaçait Œdipe de tuer son père et d'épouser sa mère, s'était déclaré contre lui; pourquoi, lui qui était si habile à deviner les énigmes du sphinx, ne prévoyait-il pas quelque mystère dans sa naissance? Qu'il quitte, de peur d'accidents, la cour du roi de Corinthe, à la bonne heure; mais pour les vains honneurs du pas, qu'il était malséant d'ailleurs de disputer à un vieillard, avait il besoin d'entrer en fureur et de tirer le glaive contre Laïus? S'il craignait d'être le mari de sa mère, pourquoi, au lieu d'épouser une jeune et belle vierge, s'en allait-il prendre pour femme une vieille reine qui avait le double de son âge? Œdipe a donc manqué de prudence et de sagesse; et les critiques qui se sont apitoyés sur son sort, en maudissant les dieux, ne nous paraissent pas avoir bien compris la pièce de Sophocle et la religion grecque.

Sénèque est venu ensuite, il a composé une tragédie lyrique pleine de poésie et de vigueur, mais dont l'intrigue n'est pas menée avec l'habileté que nous avons remarquée chez le tragique grec. Cette pièce de Sénèque est néanmoins d'un incontestable mérite. Sénèque est un poète qu'on a beaucoup trop déprécié. Si, comme Lucain, il tombe quelquefois dans l'emphase, il rencontre bien plus fréquemment des traits de force et de grandeur qui touchent au sublime.

Le vieux Corneille a fait choix d'*Œdipe* à son tour, d'après la prière que lui en fit Fouquet; il avait renoncé à la scène depuis six ans; l'intendant des finances n'eut pas de peine à lui faire oublier le mauvais succès de *Perlharite*. Il voulut rentrer dans la carrière par cette pièce, imitée de l'antique ; mais les triomphes de Racine, qui avait fait régner l'amour au théâtre, égarèrent....

. . . . . . . . . la main qui crayonna
L'âme du grand Pompée et celle de Cinna.

Corneille crut devoir mêler au simple plan de sa tragédie grecque un épisode amoureux en trois actes, dans lequel il transforma Thésée en véritable chevalier errant, comme l'avaient déjà fait du reste Shakspeare et Chaucer, et beaucoup d'autres poëtes. Car la vie de Thésée, vie d'aventures et de combats, ressemblait exactement à celle des romanesques héros du moyen âge. Dircé, fille de Jocaste, et Thésée, son amant, sont devenus les principaux personnages de la pièce, et passent leur temps en conversations brillantes, mais déplacées, qui n'ont absolument aucun intérêt. Quoi qu'il en soit, cette pièce témoigne en beaucoup d'endroits de tout le génie de Corneille et renferme de beaux vers.

Corneille fit ensuite *la Toison d'or* pour la fête que M. le marquis de Sourdeac donna, dans son château de Neubourg, au sujet du mariage de Louis XIV avec l'infante Marie-Thérèse. Cette pièce, mêlée de musique et accompagnée de toutes sortes de machines curieuses, eut un grand succès ; mais la pompe du spectacle parut suffisante à Corneille, il ne daigna pas y ajouter celle de son génie. Fontenelle disait : « C'est la plus belle *pièce en machine* que nous ayons. » L'art des machines a fait des progrès depuis Fontenelle, et on ne peut plus accorder même cet éloge à *la Toison d'or*.

Un grand poëte, avant Corneille, a célébré la révolte de Sertorius contre la patrie, en le comparant à Coriolan. C'est Camoens : « Vois ce guerrier, dit-il, voué à l'infamie par sa patrie irritée ; » il se lève avec nous contre Rome ; il a bien choisi ses compagnons ; » avec nous il a conquis une immortelle renommée, avec nous il » abat les étendards qui portent les puissants oiseaux de Jupiter. » Oui, dès ce temps, les plus belliqueuses nations surent qu'elles » pouvaient être vaincues par nous. Vois par quelle ingénieuse sub- » tilité, par quel habile artifice, il sait captiver l'esprit des peuples. » Une biche prophétique lui dévoile l'avenir ; c'est Sertorius, cette » biche est son éternelle compagne. »

Corneille, s'étant tourné depuis *Nicomède* contre cette Rome qu'il avait tant aimée, embrassa le sujet de Sertorius.

Ce qui manque à cette tragédie, c'est la passion : la politique absorbe trop l'amour, qui n'aurait pas dû y paraître, ou qui aurait dû y régner. Telle est la loi de l'amour ; il ne peut être en second nulle part. Sertorius aime la reine Viriarte, mais non pas assez pour refuser de s'intéresser aux espérances d'une autre à qui il est près de sacrifier les siennes. La reine Viriarte ne prétend épouser Sertorius que pour donner un appui à ses États; Porsenna montre sa perfidie, mais non pas sa tendresse. Pompée, le grand Pompée, se trouve avili, en venant réclamer sa femme; tandis que, pour complaire à Sylla, dans ce temps de divorces, il a ravi Emilie à un autre époux; la femme de Pompée, qui, par un esprit de froide vengeance, offre sa main à Sertorius, complique toutes ces situations, que l'incorrection du style contribue encore à rendre singulières. Mais on remarque, dans cette tragédie, la conférence de Pompée et de Sertorius, conférence sublime; et partout la fermeté des caractères lorsqu'il s'agit de politique, et non d'amour.

La reine Viriarte est une reine bien posée, qui ne voit que les intérêts de son royaume, qui ne veut d'indépendance que pour elle; ses raisons sont bien d'une femme orgueilleuse, enivrée du pouvoir suprême :

> La liberté n'est rien quand tout le monde est libre;
> Mais il est beau de l'être, et voir tout l'univers
> Soupirer sous le joug, et gémir dans les fers.

Sertorius se révèle tout entier et peint en même temps son époque de dissentiments civils, lorsqu'il dit avec fierté :

> Rome n'est plus dans Rome, elle est toute où je suis.

Enfin Pompée se relève de son rôle d'époux parjure et mécontent de l'être, en faisant punir le meurtrier de Sertorius et en brûlant sans les lire les lettres qui contiennent les noms de ses ennemis.

Loret, gazetier en vers, a fait, dans sa *Muse historique*, un éloge si pompeux de cette pièce qu'il est curieux de le rapporter. Voici ce qu'il dit :

> Depuis huit jours les beaux esprits
> Ne s'entretiennent dans Paris
> Que de la dernière merveille
> Qu'a produite le grand Corneille,
> Qui, selon le commun *récit*,
> A plus de beautés que son *Cid*,
> A plus de forces et de grâces
> Que *Pompée* et que *les Horaces*,
> A plus de charmes que n'en a
> Son inimitable *Cinna*,
> Que l'*Œdipe*, ni *Rodogune*,
> Dont la gloire est si peu commune,
> Ni même qu'*Héraclius*,
> Savoir : le grand *Sertorius*,

La tragédie de *Sophonisbe* ne réussit qu'à demi; l'épisode de Dircé et de Thésée, dont Corneille s'était tant applaudi dans *Œdipe*, quoique l'idée n'en fût pas heureuse, semblait lui avoir persuadé que l'amour devait servir d'ornement seulement dans une pièce, et non y tenir le premier rang. Il fit sa *Sophonisbe* en conséquence. La tragédie de Mayret, qui n'était pas encore oubliée, lui fit tort. Mayret avait rendu sa Sophonisbe infidèle à Syphax, elle est éprise du jeune vainqueur. Ce caractère plaisait alors plus que celui d'une Sophonisbe constante et dévouée. Corneille voulait lutter contre la passion de l'amour, qui menaçait d'envahir le théâtre et d'y dominer; mais le goût de la nation l'emporta.

Cependant Saint-Evremond défendit noblement la *Sophonisbe* de Corneille et chercha à en relever le caractère. « Il faut considérer » Sophonisbe, dit-il, dont le caractère eût pu être envié » des Romains même. Il faut la voir sacrifier le jeune Massinisse » au vieux Syphax, pour le bien de sa patrie; il faut la voir écouter aussi peu les scrupules du devoir en quittant Syphax, qu'elle » avait fait les sentiments de son amour en se détachant de Massinisse; il faut la voir qui soumet toutes sortes d'attachements, ce » qui nous lie, ce qui nous unit, les plus fortes chaînes, les plus » fortes passions, à son amour pour Carthage, et à sa haine pour » Rome; il faut la voir enfin, quand tout l'abandonne, ne se pas » manquer à elle-même, et, dans l'inutilité des cœurs qu'elle avait » gagnés pour sauver son pays, tirer du sien un dernier secours » pour sauver sa gloire et sa liberté. »

La *Sophonisbe* de Corneille, inférieure à son génie, est de beaucoup supérieure à celle de Mayret. Saint-Evremond a raison. Corneille se releva un peu des disgrâces que sa *Sophonisbe* lui avait values par le succès d'*Othon* : « Il peignit dans cette pièce, dit M. de » Fontenelle, la cour des empereurs du même pinceau dont il avait « peint les vertus de la république. » Il ne faut pas en croire tout à fait M. de Fontenelle en cette circonstance : les forces de Corneille s'étaient bien affaiblies; le goût des dissertations, le désir de se montrer homme d'État, avait fini, comme nous l'avons déjà fait remarquer, par bannir l'intérêt des dernières pièces de l'auteur du *Cid* et d'*Horace*. Aussi Boileau ne se cachait-il pas d'avoir fait allusion à *Othon* dans ces quatre vers :

> Vos froids raisonnements ne feront qu'attiédir
> Un spectateur toujours paresseux d'applaudir,
> Et qui, des vains efforts de votre rhétorique
> Justement fatigué, s'endort et vous critique.

Un bon mot de Boileau, partisan de Racine, et qui prêtait son appui à la réputation naissante du nouveau poëte, a discrédité pour nous *Agésilas* :

> J'ai vu l'*Agésilas*,
> Hélas !

*Agésilas* contient néanmoins des parties remarquables. Cette pièce est écrite en vers libres et croisés. Ce style, quoique bizarre dans une tragédie, ne manque pas de charme; il mêle une certaine douceur à l'héroïsme du sujet. Molière s'est servi de ce genre d'écrire dans son *Amphitryon*.

L'amour continuait à envahir le théâtre; Corneille alla chercher Attila, roi des Huns, pour s'opposer à cette irruption; mais Attila n'y suffit pas. *Attila* fut battu par Racine, malgré de fort belles pensées où se retrouvait encore l'inspiration cornélienne; la faiblesse générale de la versification, et la mauvaise conduite de la pièce, ramenèrent le sarcasme sur les lèvres de Despréaux :

> Après l'*Attila*,
> Holà !

Cette tragédie ne s'en est pas moins soutenue, pendant trente années, au répertoire.

Madame, cette Henriette d'Angleterre dont Bossuet a retracé si éloquemment la mort, voulut mettre en champ-clos Corneille et Racine, le vieux chevalier blanchi sous les années, tout chargé de hauts faits, et son jeune rival dans la vigueur de l'âge et du talent. Corneille fut vaincu comme son don Diègue; sa main défaillante n'eut pas la force de parer l'affront auquel on n'aurait pas dû l'exposer. On le fit tomber dans un piége. Son Tite est loin de ressembler au Titus de Racine; la critique du temps l'a comparé à un *mangeur de petits enfants*. Les vers de *Tite et Bérénice* furent généralement trouvés durs, incorrects, et les caractères outrés.

Nous n'insisterons pas sur l'héroï-comédie de *Pulchérie* et sur la tragédie de *Suréna*, incertains rayons de l'astre à son déclin.

Quant à *Psyché*, cette pièce appartient également à Molière et à Quinault. Apulée est le premier qui ait raconté dans son roman de *l'Ane d'or* la délicieuse fable de *Psyché* et de *Cupidon*, dans laquelle les philosophes ont voulu voir un mystère religieux, et qui n'est qu'une ravissante allégorie des tourments que peut causer la curiosité soupçonneuse, défaut ordinaire des amants. Psyché, qui voit s'envoler son céleste époux, irrité qu'on ait douté de lui; Psyché qui se réhabilite à force de cruelles épreuves, est la plus adorable image que l'antiquité nous ait tracée d'un sentiment indiscret et jaloux. On sait que le vieux Corneille retrouva, dans la déclaration de l'Amour à Psyché, l'éclat et la chaleur qu'il avait au temps où rayonnait le Cid.

---

## CHAPITRE SEPTIÈME.

CORNEILLE DE LISLE (THOMAS), CYRANO DE BERGERAC, QUINAULT, CHAPPUZEAU. *Types comiques, acteurs et actrices célèbres.*

Thomas Corneille, qui se faisait appeler sieur de Lisle, pour se distinguer sans doute de son aîné, prétention dont Molière paraît s'être moqué dans *l'École des Femmes*, a vécu avec son frère dans la plus grande intimité; ils avaient épousé les deux sœurs, ils habitaient la même maison; ils se prêtaient volontiers des rimes; tout était en commun, excepté le génie. Boileau, juge trop rigoureux, disait de Thomas Corneille : « C'est un homme emporté de l'enthousiasme d'autrui, et qui n'a jamais rien pu faire de raisonnable; vous diriez qu'il ne s'est étudié qu'à copier les défauts de son frère... Pauvre Thomas!... tes vers, comparés à ceux de ton frère aîné, font bien voir que tu n'es qu'un cadet de Normandie. » Destouches, meilleur juge en matière de théâtre, disait en parlant de commentaires qu'il avait entrepris sur les auteurs tragiques et comiques, anciens et modernes : « Je suis fort avancé dans mes observations sur les deux Corneille, dont le cadet me paraît infiniment plus estimable qu'on ne se l'imagine ordinairement, surtout par rapport à l'invention et à la disposition des sujets. » Thomas Corneille était, en effet, un homme de mérite, et dans les trente-sept pièces qu'il a données au théâtre il y a des parties vraiment remarquables. Le plan de ses tragédies était assez régulier, trop raisonnable même, quoi qu'en dise Boileau; mais toutes manquent de force, de style, de caractère. Elles eurent néanmoins beaucoup de succès dans leur temps.

Thomas Corneille a surtout réussi dans les pièces qu'il a imitées de l'espagnol : la comédie de *Don Bertrand de Cigarral*, entre autres, nous paraît très-amusante; elle pourrait encore être jouée. Don Bertrand de Cigarral est un certain original qui, pelé et galeux comme un vieux chien, s'est mis dans la tête d'épouser une jeune et belle personne; mais son cousin don Alvar, noble cavalier, la lui enlève et obtient même de lui une pension. Cigarral a peur d'entrer dans la nombreuse confrérie des maris trompés; il cède Isabelle à don Alvar. Cependant, avant d'en venir là, il fait toutes sortes de difficultés. Ces vers, échappés à la colère de don Bertrand, ne sont nullement dépourvus de comique :

Mariez-vous sur l'heure et la prenez pour femme,
C'est par où je prétends me venger de vous deux,
Elle, sans aucun bien; vous, passablement gueux.
Allez, vous connaîtrez plus tôt qu'il ne vous semble
Quel diable de rien c'est que deux riens mis ensemble.
Dans la nécessité, vous n'aurez point de paix;
L'amour finit bientôt, la pauvreté jamais.
Afin que tout vous semble aujourd'hui lis et roses,
J'aurai soin de la noce et paîrai toutes choses;
Mais vous verrez demain qu'on a peu de douceur
A dîner de *ma vie*, à souper de *mon cœur*,
Et qu'on est mal vêtu d'un drap de patience
Doublé de foi partout, et garni de constance.

Ces vers disent, hélas! des vérités éternelles! Le rôle bouffon de don Bertrand de Cigarral, exécuté à la manière de Scarron, est d'un effet sûr.

*L'Amour à la mode* renferme des vers galants assez bien tournés.

Dans *le Geôlier de soi-même,* autre comédie de Thomas Corneille, Jodelet, pris pour un prince, et agissant comme Sancho Pança dans son île, offre des traits plaisants.

*Le Geôlier de soi-même* a été imité de Caldéron ; c'est dans l'original une comédie très-gaie et très-amusante, bien qu'elle commence comme un drame. Frédéric a tué dans un tournoi le neveu même du roi ; il se sauve dans une forêt, il y laisse son armure. La princesse Hélène, la sœur même du mort, recueille Frédéric dans son château ; il s'est présenté à elle comme un marchand dépouillé de toutes ses richesses par les brigands de la forêt, elle a eu pitié de lui. La princesse Hélène devient amoureuse de Frédéric, mais l'infante Marguerite l'avait déjà prévenue; elle était éprise du jeune homme, qui n'est autre que le fils du prince de Sicile. On est donc rassuré sur ses jours; d'autant plus que le roi est un véritable Cassandre, dont sa fille fait à peu près ce qu'elle veut. Ce qui forme le sujet de la comédie, c'est qu'un certain Benito, gracioso de la princesse Hélène, a trouvé l'armure dans la forêt, s'en est affublé, et a été saisi par les hommes d'armes envoyés à la poursuite de Frédéric. On le jette en prison; et on le donne à garder à Frédéric lui-même, que la princesse a nommé gouverneur de son château. L'infante, de concert avec Frédéric, prolonge l'erreur jusqu'à ce qu'ils soient assurés du pardon. Toute cette intrigue est développée avec beaucoup de verve et d'esprit par Caldéron. Thomas Corneille l'a singulièrement affaiblie en y touchant.

Thomas Corneille ne possédait pas l'élévation tragique; il aurait dû se borner à la comédie, mais le voisinage de son frère lui échauffait le cerveau. Il eut, du reste, une réussite prodigieuse en ce genre, et très-capable de le tromper sur sa vocation. Son *Timocrate*, par exemple, fut joué quatre-vingts fois de suite, et les comédiens se virent obligés de venir dire aux spectateurs : « Mes- » sieurs, vous ne vous lassez point d'entendre *Timocrate;* pour nous, » nous sommes las de le jouer : trouvez bon que nous ne le repré- » sentions plus. » Rien de plus bizarre et de plus rebutant que ce *Timocrate;* singulier exemple de ces fortunes qui, selon une juste remarque de La Harpe, accusent le goût d'un siècle et étonnent l'âge suivant.

*Stilicon* n'eut pas moins de succès. L'admiration de la *Gazette historique* de Loret, souvent mieux inspirée, était sans bornes :

> Enfin Corneille le cadet
> A si bien poussé son bidet
> Sur ce sujet extr'ordinaire,
> Qu'on dirait que monsieur son frère
> En vers n'a jamais mieux paru.

Cependant *Stilicon* est d'une étrange barbarie, quoi qu'en dise Loret.

La tragédie de *Camma*, fort défectueuse du côté de la versification, est pourvue d'une intrigue assez forte; Fontenelle en a loué beaucoup le dénoûment, qui se rapproche un peu de celui de *Rodogune*. Camma, pour rester fidèle à son amant, empoisonne l'époux qu'elle est forcée de prendre, et s'empoisonne également en lui présentant la coupe nuptiale. On trouve dans cette tragédie une scène véritablement originale. Pendant que le roi Sinorix, épris de Camma, se livre à de profondes réflexions, la reine de Galatie s'approche de lui, un poignard à la main. Au moment où elle va le frapper, Sostrates, son amant, lui arrête le bras; le poignard tombe. Le roi se retourne, et, dans son premier mouvement, il accuse Sostrates, ancien favori du roi Sinorix, prince de Galatie, dont le trône a été occupé par lui; il croit que c'est la reine qui lui a sauvé la vie. Cette méprise forme un très-beau coup de théâtre.

*Le Baron d'Albikrac*, comédie, ne manque pas de mérite; on y trouve un de ces caractères de vieilles femmes qui ont la manie de se croire aimées; caractère que Molière a si bien reproduit dans *les Femmes savantes*, quelques années plus tard.

*La Mort d'Annibal* tomba. Elle ne causa d'admiration qu'à Robinet, autre gazetier en vers, qui avait succédé à Loret, mais sans avoir hérité de son esprit et de son style.

*La Comtesse d'Orgueil* est une amusante folie, dans le goût du *Baron d'Albikrac*, mais déparée par de grossières plaisanteries.

Enfin Thomas Corneille fit *Ariane*, et ce fut son chef-d'œuvre; quoiqu'il faille presque en revenir à l'avis de madame de Sévigné sur cette tragédie : madame de Sévigné ne se trompait pas toujours; son goût était sûr lorsqu'elle n'était pas envahie par la coterie.

« J'ai vu *Ariane* pour la Champmeslé seule, disait-elle : cette comédie est fade, les comédiens sont maudits; mais cependant, quand la Champmeslé arrive, on entend un murmure, tout le monde est ravi, et l'on pleure de son désespoir. »

Les grandes actrices ont toujours trouvé dans ce rôle des effets à leur convenance et capables de faire oublier la nullité de l'action. Le rôle d'Ariane, en effet, composé de morceaux empruntés à Catulle, à Ovide, à la Didon même de Virgile, et dans lequel se personnifie assez bien le sentiment de ces amantes délaissées que l'antiquité affectionnait; ce rôle a des parties touchantes et fortes, qui font oublier, par leur vérité, les défauts de l'ensemble. La tragédie d'*Ariane* possède aussi quelques vers heureux, que Racine, qui donnait alors *Bajazet*, n'aurait pas désavoués; on y rencontre même une scène de génie entre les deux sœurs, Phèdre et Ariane : scène que l'auteur aurait rendue plus belle encore en tirant un meilleur parti de l'arrivée et de l'embarras de Thésée. La crédulité d'Ariane, sa confiance dans Phèdre au moment où elle est trahie par elle, sont des traits de maître, dont le bon Thomas Corneille n'était pas très-prodigue. Peut-être est-ce son frère Pierre qui, dans l'intimité de travaux où ils vivaient, lui aura soufflé cette scène à travers la célèbre trappe qui donnait de la chambre de l'un dans celle de l'autre, et livrait passage à des hémistiches ou à des rimes rebelles. On dirait que, travaillant déjà à son imitation en vers du *Festin de Pierre*, Thomas Corneille a transformé quelquefois Thésée, sans s'en douter, en don Juan, et Pirithoüs en Sganarelle. L'ingrat Thésée, n'osant apprendre sa trahison à Ariane, s'écrie :

> Adieu, Pirithoüs peut vous dire le reste.

N'est-ce pas ainsi que don Juan agit vis-à-vis d'Elvire quand il la laisse en tête-à-tête avec son valet?

La comédie de *l'Inconnu* est une des plus jolies pièces du trop fécond Thomas Corneille; elle plut beaucoup. Devisé, auteur du *Mercure galant*, prétend y avoir travaillé. A la reprise de cette comédio, on y ajouta une chanson de paysanne qui fit fureur, et qui s'est conservée. Le refrain en était :

> Ne fripez pas mon bavolet,
> C'est aujordy dimanche.

Quant au *Festin de Pierre*, que l'on joue encore souvent, cette pièce serait excellente si la prose de Molière n'existait pas.

*Le Comte d'Essex*, bien que Thomas Corneille ait fait subir à l'Histoire d'Angleterre d'étranges transformations, a été conservé avec *Ariane* parmi les Œuvres choisies de l'auteur. Il ne se servit pas de l'incident de la bague, qu'il aurait pu emprunter à La Calprenède; mais il mit pourtant à profit cette pièce jouée quarante ans auparavant. Il prétend même, dans sa préface, que cette bague est de l'invention de La Calprenède. Inventée ou non, elle était bien trouvée. Thomas Corneille dédaigna de ramasser ce diamant dans le fumier de La Calprenède. L'abbé Boyer, dont nous avons parlé, ne fut pas si fier, et cette aubaine lui réussit : la tragédie de Boyer sur le comte d'Essex, fut le meilleur de ses innombrables ouvrages dramatiques.

*La Devineresse* fut faite en collaboration avec Devisé, journaliste du *Mercure*. Cette pièce a trait au procès de la Voisin. Vers ce temps, le poison qu'on appelait *poudre de succession* était fort employé. Il semblait que la fameuse Locuste eût ressuscité. On s'occupait aussi beaucoup de magie; chacun se faisait tirer la bonne aventure, c'est ce qui donna lieu à *la Devineresse*.

Thomas Corneille, après une carrière toute remplie de succès, après avoir succédé à son frère à l'Académie française, mourut âgé de plus de quatre-vingts ans, aux Andelys.

Cyrano de Bergerac, dont il a été question à propos de Tristan-l'Ermite, débuta au théâtre peu de temps après Thomas Corneille de Lisle, avant l'apparition de Molière; il offre une physionomie toute bizarre, et digne d'être esquissée : au dire d'un auteur du temps, son nez, qu'il avait tout défiguré, fit qu'il tua plus de dix personnes. Il ne pouvait souffrir qu'on le regardât; il fallait, au premier coup d'œil, mettre l'épée à la main. Aussi prompt à aller sur le terrain pour les autres que pour lui, il servit de second plus de cent fois. Le courage comme l'esprit, tout chez lui était extravagant; mais au milieu de ses folles imaginations on rencontrait des choses vraiment plaisantes, et quelquefois d'un ordre supérieur. Il avait une grande indépendance d'opinions. Sa devise était :

*Nullius addictus jurare in verba magistri.*

*La Mort d'Agrippine*, première tragédie de Cyrano de Bergerac, lui valut des reproches d'athéisme, quoiqu'il n'y fût question que des dieux de l'Olympe, et qu'il fit parler ses héros comme les poètes latins parlaient eux-mêmes. Le fameux vers,

Un peu d'encens brûlé rajuste bien des choses,

causa du scandale. Les vers qui précèdent celui-là appartiennent au genre burlesque; on va en juger :

TÉRENTIUS.

Respecte et crains des dieux l'effroyable tonnerre.

SÉJANUS.

Il ne tombe jamais en hiver sur la terre;
J'ai six mois pour le moins à me moquer des dieux.

Séjan passe véritablement les bornes de la plaisanterie. Au milieu de ces traits bizarres, on rencontre quelquefois des idées heureuses. Séjan fait les honneurs de sa perversité d'une manière assez énergique; lorsque Térentius lui dit qu'au bout du compte il se peut qu'il existe des dieux, Séjan répond :

S'il en était, serais-je encore au monde?

*Le Pédant joué* (Bergerac avait les pédants en horreur), quoique hérissé d'un grand nombre de pointes, a fourni à Molière, presque mot pour mot, une des scènes les plus comiques des *Fourberies de Scapin*. Le *Qu'allait-il faire dans cette galère?* appartient à Cyrano de Bergerac. Cet auteur susceptible a écrit plusieurs lettres contre les pilleurs de pensées; que n'aurait-il pas dit s'il avait vécu assez long-temps pour être témoin du larcin de son ancien condisciple Molière! car ils avaient étudié ensemble, sous Gassendi. Molière aurait eu beau répondre qu'il « prenait son bien où il le trouvait; » Bergerac n'était pas homme à se payer de cette monnaie. Le mot de Molière a servi, depuis, d'excuse à beaucoup d'auteurs, mais la plupart devraient se rappeler la fable du corbeau voulant imiter l'aigle :

Mal prend aux volereaux de faire les voleurs.

Quinault, élevé par Tristan-l'Ermite, qui lui apprit l'art des vers, s'y distingua bientôt; il acquit une grande réputation dans le genre lyrique. Il donna *les Rivales*, comédie, dans la même année que Cyrano de Bergerac faisait représenter son *Agrippine;* mais il n'a laissé d'œuvre importante, au Théâtre-Français, que *la Mère coquette*. Cette comédie est conduite avec assez d'habileté, quoique le caractère de la mère coquette n'y soit pas développé aussi largement que le titre de la pièce semble l'annoncer. Acaste aime Isabelle; mais Ismène, mère d'Isabelle, voudrait garder pour elle Acaste, qu'elle trouve aimable. De concert avec une servante qu'elle a mise dans ses intérêts, elle brouille ces amants; elle a beau faire, elle ne peut empêcher une réconciliation à leur premier entretien. Ismène, qui se croyait veuve et qui retrouve son époux, est forcée d'ailleurs de renoncer à ses prétentions.

Le style de cette comédie est remarquable en beaucoup d'endroits; il annonce un poète plein de grâce. Quinault, dans la tragédie d'*Adraste*, avait excité la verve railleuse de Boileau; il se vengea par une œuvre mieux écrite et plus forte, ce qui est la meilleure manière de se venger d'injustes critiques. Peut-être le récit qu'il fait d'Isabelle, surprise au saut du lit par le père d'Acaste, qui en est épris, a-t-il influé sur le récit que Racine a placé dans la bouche de Néron quand ce prince parle de Junie. Voici les vers de Quinault :

Son désordre charmait; un long et doux sourire
Avait rendu son teint plus vif et plus vermeil,
Rallumé ses regards et jeté sur sa bouche
Du plus vif incarnat une nouvelle couche :
Sans art, sans ornements, sans attraits empruntés,
Elle était belle enfin de ses propres beautés.

Nous avons remarqué également, dans cette comédie, ce vers qui la résume :

Une fille à seize ans défait bien une mère.

Devisé se plaignit que Quinault lui avait volé le sujet de *la Mère coquette*. Il en donna une de son côté, mais la comédie de Devisé est tombée dans le plus profond oubli.

Boileau, non content des passages de ses satires où il avait cherché à jeter du ridicule sur Quinault, semble l'avoir poursuivi jusqu'après sa mort. On trouve ce jugement perfide dans ses réflexions critiques sur les tragédies et les comédies de cet auteur : « Je ne » veux point offenser ici, dit-il, la mémoire de M. Quinault, qui, » malgré tous nos démêlés poétiques, est *mort mon ami*. Il avoit, » je l'avoue, beaucoup d'esprit et un talent particulier pour faire » des vers *bons à mettre en chants;* mais, pour les autres pièces de » théâtre qu'il a faites en très-grand nombre, il y a long-temps » qu'on ne les joue plus, et on ne se souvient pas même qu'elles » aient été faites. »

Quinault avait eu bien de la bonté de mourir l'ami de Boileau, qui ne pardonnait jamais sans doute à ceux dont il s'était moqué. Boileau voulait demeurer conséquent avec lui-même. On se rappelle la dispute qu'il eut avec son frère le chanoine, et la réponse qu'il fit à ce sujet quand on voulut les raccommoder : « De tout mon » cœur, parce que je me suis modéré : je ne lui ai dit aucune sottise ; » s'il m'en était échappé une, je ne lui pardonnerais de ma vie. » Il avait dit des sottises à Quinault.

La critique du temps a passé du reste, à l'égard de Quinault, toutes les bornes des convenances littéraires ; voici, par exemple, ce qu'écrivait Saumaise, en parlant de lui, dans son *Dictionnaire des Précieuses* : « C'est un jeune auteur dont je ne dirai pas grand'- » chose ; parce que je ne crois pas qu'il y en ait beaucoup à dire de » lui, tout le monde commençant assez à savoir quel il est : que les » précieuses l'ont mis au monde, et qu , tant qu'il a trouvé jour à » débiter des bagatelles, il a eu une approbation plus générale » qu'elle n'a été de longue durée. Il pille si adroitement les vers et » incidents de ceux qui l'ont devancé, qu'on l'a cru souvent auteur » de ce qu'il s'étoit adapté. Ce n'est pas qu'il n'ait de l'esprit, qu'il » n'invente quelquefois ; mais il lui faut pardonner, cela ne lui ar- » rive pas souvent. Pour son humeur, il se vante d'être d'une com- » plexion fort amoureuse, d'être fort brave auprès des dames ; il » est plus grand que petit ; et si l'on ne savoit parfaitement la mort » du roi d'Éthiopie, on le prendroit aisément pour lui ; car il est » fort noir de visage : il a la main fort grande et fort maigre, la bouche » extraordinairement fendue, les lèvres grosses et de côté, la tête » fort belle, grâce au secours du perruquier, qui lui en fournit la » plus grande partie. Sa conversation est douce, et il ne rompt jamais » la tête à personne, parce qu'il ne parle presque point, que lorsqu'il » récite quelques vers. Ses yeux sont noirs, enfoncés, pétillants ; » au reste il est d'une fort belle encolure, et dans son déshabillé » on le prendrait pour Adonis l'aîné. »

Voltaire a vengé Quinault de toutes ces injures, de toutes ces railleries, en le plaçant dans *le Temple du Goût*.

Chappuzeau, auteur des *Recherches sur les théâtres de France*, a composé plusieurs comédies oubliées et dont quelques-unes, comme presque toutes les comédies du temps, ont été empruntées d'un côté aux poètes latins, de l'autre aux poètes espagnols. Chappuzeau s'excusait ainsi en faisant allusion à Molière :

> De semblables larcins chacun n'est pas capable ;
> Si l'on plaît c'est assez, et l'on n'est pas coupable.

Malheureusement Chappuzeau ne plaisait pas.

Le moment est venu de faire connaître quelques-uns des types étrangers qui ont servi à la comédie de Molière et de Regnard, et d'esquisser la physionomie des premiers acteurs du théâtre français.

La comédie italienne fournit les principaux types comiques.

Le Pantalon avait le masque d'un vieillard; c'était ordinairement un marchand ou un bourgeois de Venise, bonhomme crédule, amoureux et dupe, type des Gérontes de notre comédie, et qui avait beaucoup de rapport avec les vieillards de Térence et de Plaute. Pantalon était né sous une étoile fâcheuse; toutes les petites misères de la vie planaient incessamment sur sa tête. S'il y avait un soufflet dans l'air, c'était sur sa joue qu'il tombait. Sa fille était séduite par un nouveau venu; son fils était empaumé par une égrillarde de hasard; ses valets, d'une rare maladresse, laissaient dérober tout ce qu'il leur donnait à garder. On retrouve presque, sous le manteau de l'Arnolphe de Molière, Pantalon lui-même. Les amours d'Horace et d'Agnès, la niaiserie d'Alain et Georgette, et jusqu'à ce changement de nom d'Arnolphe, qui s'est fait appeler M. de La Souche, viennent de Pantalon; mais combien ce type s'est transformé sous la main du génie!...

Le Docteur était un bavard perpétuel, un académicien de Bologne, qui ne parlait guère que par sentences, et qui hérissait son discours de citations latines. Molière a emprunté à ce caractère le Métaphraste et le Pancrace.

L'Arlequin, d'abord balourd et gourmand, puis fin, délié d'esprit, et même un peu moraliste, descend, selon Louis Riccoboni, des anciens mimes latins qui avaient, comme lui, la tête rasée, et que l'on appelait planipèdes. Arlequin avait un grain de philosophie; c'est lui qui disait : « Si Adam s'était avisé d'acheter une » charge de secrétaire du roi, nous serions tous gentilshommes. » Il disait encore : « Autrefois les gens de qualité savaient tout sans » avoir rien appris; mais à présent ils apprennent tout sans rien » savoir. » Nul type n'a été plus employé que celui-là.

Le Pierrot ne fut inventé que pour jouer les rôles de l'ancien Arlequin : lorsque celui-ci eut acquis la réputation d'un homme d'esprit, c'est au pauvre Pierrot qu'échut l'héritage de la bêtise.

La Colombine était la compagne obligée des valets maîtres-fourbes; c'était la fille alerte et rusée, capable de lutter avec eux d'adresse et d'esprit. Colombine, tour à tour maîtresse ou suivante, amante de Celio l'amoureux ou d'Arlequin serviteur, tient plus du caractère français que les autres types. Colombine est coquette avant tout.

Isabelle, sa cousine, est une fille de bel air qui donne un peu dans le sentiment.

Le Capitan tenait du soldat fanfaron de la comédie latine; son rôle, qui était peu agréable pour l'acteur, consistait à recevoir des coups de bâton supportés très-patiemment après beaucoup de bruit et de rodomontades. Il avait vu le jour ordinairement en Calabre. Plus tard l'Espagne s'en empara : elle en fit les matamores.

Le Polichinelle, assurent quelques auteurs, ressemble aussi beaucoup au Maccus, acteur des atellanes des Latins. Voilà des origines bien respectables. M. Charles Magnin, l'intelligent érudit, a démontré, du reste, que les *fantoccini* de Rome et de Florence sont renouvelés des Grecs. Il est curieux de remonter à l'origine des marionnettes en France. Les *fantoccini* français n'ont été établis qu'en 1677, au Marais. On avait élevé un théâtre d'enfants, surnommé le théâtre des *Bamboches*, titre emprunté au surnom d'un peintre hollandais, nommé Laër, et surnommé *Bamboche*, parce qu'il se bornait à peindre de petites figures. Les bambochades eurent du succès; mais les directeurs, trouvant que leur petite troupe était trop dispendieuse, imaginèrent d'employer de nouveaux acteurs moins coûteux à nourrir, à loger, à vêtir. Ils formèrent alors une troupe d'acteurs de bois, et s'en trouvèrent bien. Ils n'eurent plus à contenter les exigences de chacun. Les jalousies, les rivalités de coulisses furent supprimées. Point de relâche par indisposition; point de rôle refusé : la paix régna dans la maison. Le cadre dramatique fut bientôt trouvé. On dit à Polichinelle : Toi, tu seras invulnérable et toujours triomphant; à Cassandre, Tu seras toujours dupé; à l'aveugle, Tu te laisseras tuer; au commissaire, Tu seras battu; aux archers, Vous serez emportés par le diable. Nul acteur ne murmura. Ce qui fut dit fut fait, et voilà deux cents ans que la pièce se recommence, quatre ou cinq fois le jour, sur toutes les places publiques du monde civilisé.

Le Scapin appartenait au pays d'Arlequin, il était de Bergame; c'était un fourbe de première volée, toujours prêt à servir les amours des jeunes gens, à tirer de l'argent des pères, et ayant eu l'honneur de servir le roi sur ses galères. Ce Scapin est devenu un personnage de la comédie française. Il a engendré les Frontin, les Hector, les Lafleur, et toute cette race de valets fripons et libertins.

Le Mezzetin doublait les Scapins, mais sans le manteau de velours et la dague que les Crispins de Regnard conservèrent; il portait une fraise, une petite veste, une culotte et un manteau d'étoffe rayée de différentes couleurs. Il a donné naissance aux Gros-

René et aux Covielle. Mezzetin était quelquefois aussi un bourgeois à aventures ; il avait une crédulité apparente, mais au fond on ne lui en donnait pas aisément à garder. Il devinait les bourdes auxquelles il faisait semblant d'ajouter foi. Angelo Constantini passe pour avoir inventé ce caractère, et l'on raconte même une aventure singulière arrivée à cet acteur, qui avait pris le surnom de Mezzetin. Auguste, roi de Pologne, le fit son camérier intime, trésorier de ses menus plaisirs, garde des bijoux de sa chambre... Mais parmi ces bijoux se trouvait sa maîtresse, et Angelo osa jeter les yeux sur elle. Il s'émancipa jusqu'à agir avec cette dame illustre comme il le faisait avec Colombine. Le roi Auguste le fit jeter dans un cachot. Il y resta vingt ans. On l'avait cru mort à Paris. Il reparut en 1729 ; il avait alors soixante-quinze ans. On a de lui, sous le nom de Mezzetin, quelques pièces de théâtre, et la *Vie curieuse de Scaramouche*.

Le chapeau rond, la fraise, le justaucorps noir à basques courtes, la ceinture de cuir jaune avec une grande boucle de cuivre, le manteau noir, les moustaches, l'épée et les bottines, voilà le costume de Crispin. Pourquoi celui-là et non un autre ? On a prétendu que c'était celui de déserteurs espagnols qui, après avoir fait une vie de miquelets, s'étaient vus forcés, pour subsister, d'entrer au service des personnes riches qui voulaient avoir des hommes de main comme domestiques. Crispin se vante en effet d'avoir servi : il est certain d'ailleurs que le costume, conservé par la tradition, est d'origine espagnole. Crispin n'est pas plus brave qu'il ne faut ; mais, à l'occasion, il payera de sa personne ; il fera du moins voir sa grande épée ; c'est l'homme qui en imposera aux tuteurs et les fera trembler. Crispin est naturellement fanfaron : il a de l'esprit, il plaît à Marinette par sa bonne mine ; il a toujours l'air de revenir de la guerre, il raconte volontiers les campagnes qu'il n'a pas faites.

Le caractère de ce valet fut inventé, en 1630, par le comédien Raimond Poisson, autrement dit Poisson l'ancien, pour le distinguer de son fils et de son petit-fils François-Arnould, qui, plus tard, continua les traditions de son aïeul et de son père, et surpassa même leur réputation.

Pasquin est intrigant, bel esprit, beau parleur et menteur en diable : aussi est-il rarement cru ; il a mauvaise réputation, et il brouille plus souvent les affaires de son maître qu'il ne les raccommode. S'il faut tendre la main pour recevoir une bourse, oh ! Pasquin est là ; il ne la laissera pas tomber à terre, ne le craignez pas. Mais comme Pantalon, poursuivi par un guignon inévitable, Pasquin mène rarement les choses à bien. Pasquin s'amuse trop à jaser avec les suivantes. Ce sont ses propres intérêts qui l'occupent avant tout. Voulez-vous rendre Pasquin le plus heureux des hommes, placez-le dans *les Jeux de l'Amour et du Hasard*, habillez-le en grand seigneur ; qu'il croie courtiser une belle de condition, qu'il ait l'épée au côté .. Alors Pasquin se déploiera dans toute sa splendeur ! Quelle pirouette, quelle démarche déhanchée ! la belle insolence !...

Scaramouche était Napolitain ; il jouait aussi les rôles des fanfarons poltrons. Scaramouche doublait les Capitans. Il obtint les bonnes grâces de Louis XIV ; pendant plus de trente ans il divertit ce prince. Louis XIV daigna un jour lui verser à boire ; lorsqu'il eut vidé son verre, le roi lui demanda de quel pays il croyait ce vin : « Sire, répondit Scaramouche, le plaisir que j'ai eu en le buvant » m'a empêché d'y réfléchir. » Sa Majesté, et c'était ce que voulait Scaramouche, lui versa un second verre de vin pour connaître son opinion. Mazarin lui dit à ce sujet : « Tu peux te vanter que » le plus grand monarque du monde t'a versé à boire. — Je ne » manquerai pas de le dire à mon boulanger, reprit Scaramouche. » — Eh bien ! reprit Louis XIV, qui était de bonne humeur, tu lui » diras aussi que j'augmente ta pension de dix pistoles. »

Scaramouche, n'ayant mangé un jour qu'une grosse poularde à son dîner, sentit que sa fin était proche... En effet il était mort le lendemain, mais non sans confession ! Il avait le don des grimaces ; il était ce qu'on appelle, en termes de coulisses, bien *facé*. Il se présenta comme un acteur consommé dans une troupe nomade ; il demanda à paraître d'abord dans *le Festin de Pierre*, « qu'il estimait sur toutes les autres comédies, dit Mezzetin, à cause du » repas qu'on y fait. » Il paraît qu'à la seconde représentation le directeur, satisfait de ses talents, lui fit servir un gros poulet d'Inde, deux perdreaux et une tourte de pigeonneaux. Il expédia le tout aux grands applaudissements du public.

La galerie des acteurs du théâtre français nous offre d'abord les noms singuliers de Turlupin, Bruscambille, Gaultier-Garguille, Gros-Guillaume, farceurs, dont la réputation s'est conservée jusqu'à nos jours. Quelques-uns d'entre eux jouaient des rôles de femmes, car la licence du théâtre ne permit pas dans le principe aux femmes de s'y montrer. Si l'on en croit les recueils d'anecdotes, le cardinal de Richelieu ordonna l'admission de Turlupin, de Gros-Guillaume et de Gaultier-Garguille, à l'hôtel de Bourgogne, après leur avoir fait jouer des scènes burlesques dans son propre palais. Bruscambille improvisait des intermèdes dont nous n'oserions citer ici les arguments. Gaultier-Garguille remplissait d'ordinaire les rôles composés d'après le Pantalon de la comédie italienne, dont nous venons de retracer le caractère ; il portait un masque, et s'acquittait convenablement des rôles sérieux. Il avait épousé la fille du célèbre Tabarin qui représentait des parades sur le Pont-Neuf. Gros-Guillaume jouait à visage découvert, ou plutôt avec un masque de farine au moyen duquel, en remuant les lèvres adroitement, il blanchissait ses interlocuteurs.

Guillot Gorju, acteur masqué, remplissait les rôles de médecins ridicules, personnages mis au théâtre avant Molière ; il avait été élevé à l'école d'un opérateur. C'est ce Guillot Gorju dont Molière, au dire d'un zoïle du temps, avait acheté les manuscrits.

Jodelet servit de type à Scarron. Mondory est le premier acteur sérieux qui ait réellement marqué. Mondory avait une déclamation ampoulée. On prétend que le rôle d'Hérode, dans *Marianne*, fut cause de sa mort : il le jouait avec trop de chaleur. Mondory était un homme d'esprit ; il faisait des vers agréables ; il était bon orateur. Il eut la faveur du cardinal de Richelieu.

Bellerose, autre acteur de renom, était, si l'on en croit Tallemant des Réaux, un « comédien fardé, qui regardait où il jetterait » son chapeau, de peur de gâter ses plumes. » Scarron lui fait à peu près le même reproche dans son *Roman comique*. On croit que Bellerose a joué d'original le rôle de Cinna. Tallemant des Réaux lui préférait d'Orgemont. Michel Baron, père du célèbre Baron, acquit aussi une belle réputation.

Floridor, gentilhomme sans fortune, prit le parti du théâtre, et y apporta la grâce et la noblesse du monde. Il gagna l'estime de Louis XIV et celle de Molière. Le roi lui accorda souvent des grâces ; et Molière lui fit la faveur de ne pas l'attaquer dans son *Impromptu de Versailles*, où il passe en revue la troupe rivale de l'hôtel de Bourgogne.

La Baron, la Béjart, la Beauchâteau, la Beaupré, mademoiselle des Urlis, se distinguèrent dans ce temps. On cite entre ces deux dernières un duel à l'épée, qui eut lieu sur le théâtre. Mademoiselle des Urlis fut blessée au cou.

Enfin Molière se fit connaître comme acteur, et voici de quelle façon cavalière Tallemant des Réaux en parle : « Un garçon nommé » Molière quitta les bancs de la Sorbonne pour suivre la Béjart... » Il fait des pièces où il y a de l'esprit. Ce n'est pas un merveilleux » acteur, si ce n'est par le ridicule. Il n'y a que sa troupe qui joue » ses pièces ; elles sont comiques. » Tel est le jugement porté par Tallemant des Réaux sur l'auteur du *Dépit amoureux* et de *l'Étourdi*, les seules pièces que le *garçon* nommé Molière eût alors composées.

---

## CHAPITRE HUITIÈME.

### MOLIÈRE.

C'est la mission des grands esprits de rassembler, à certaines époques, les idées éparses dans le monde, et de leur donner un corps. Ce qu'Homère a fait pour les chants héroïques de la Grèce; Dante, pour les traditions catholiques du moyen âge; Molière l'a fait pour les préceptes universels de la raison : il a saisi de toutes parts les traits qui pouvaient servir à former le tableau complet de la vie humaine. Aucun législateur n'a mieux tracé que lui les devoirs des époux et des femmes, des fils et des pères, ainsi que nous le prouverons dans l'analyse succincte de chacune de ses pièces prises au point de vue de la morale la plus sévère. Molière, en un mot, n'a jamais contredit les lois sur lesquelles doivent reposer l'ordre et le bonheur de la société : c'est à tort qu'il a été accusé de cette tendance par des critiques de mauvaise humeur.

Molière, avant *l'Etourdi*, sa première comédie régulière, composa plusieurs pièces que la troupe qu'il dirigeait joua en province avec les autres pièces du temps. On cite cinq pièces qu'il jugea trop au-dessous de lui pour les conserver. Boileau a regretté la perte du *Docteur amoureux*. *Les Trois Docteurs rivaux* et *le Maître d'école* n'existent plus que par leur titre; *la Jalousie de Barbouillé* et *le Médecin volant*, dont Jean-Baptiste Rousseau a possédé les manuscrits, sont venus jusqu'à notre époque, et nous les avons sous les yeux.

L'authenticité de ces deux pièces paraît certaine. *La Jalousie de Barbouillé* offre un canevas du troisième acte de *Georges Dandin*. La scène dans laquelle Angélique fait à son mari, placé sur un balcon, la menace de se tuer s'il ne descend lui ouvrir la porte du logis, et ferme à son tour, sitôt qu'elle est entrée à l'aide de ce subterfuge, la susdite porte au nez du jaloux, afin de lui rendre là sermon pour sermon; cette scène si comique se trouve tout entière dans l'ébauche de *la Jalousie de Barbouillé*. On y voit poindre Métaphraste du *Dépit amoureux*, Pancrace du *Mariage forcé*, grands amis d'Aristote; on y trouve aussi le latin équivoque de la comtesse d'Escarbagnas. Le style, nous l'avouerons, bien que d'une allure assez franche, ne faisait pas sentir Molière; cet esprit si net n'a pas dédaigné, en débutant, la plaisanterie ambiguë du calembour, il a voulu faire rire les sots. En voici un exemple curieux :

LE BARBOUILLÉ. — Eh, monsieur le docteur! écoutez-moi, de grâce!

LE DOCTEUR. — *Audi, quæso!* aurait dit Cicéron.

LE BARBOUILLÉ. — Oh, ma foi! si se rompt (Cicéron), si se casse, ou si se brise, je ne m'en mets guère en peine; mais tu m'écouteras, ou je te vais casser ton museau doctoral.

La farce du *Médecin volant* est entachée d'un autre défaut du temps, dont Molière ne s'est jamais complétement corrigé; il s'est souvent complu dans le détail des infirmités physiques et des fonctions de la vie animale : *le Médecin malgré lui, l'Amour médecin, le Malade imaginaire*, contiennent à ce sujet des traits d'un goût peu délicat; c'était l'esprit de l'époque. Le médecin volant est un valet travesti en docteur, qui sert les amours de son maître. Le seul côté plaisant de l'intrigue consiste dans la crédulité outrée d'un père qui prend pour argent comptant le galimatias de ce médecin improvisé, et qui, rencontrant, quelques minutes après cette scène, son docteur en habit ordinaire, se laisse abuser par une histoire de ménechmes. Le piquant de la situation consiste dans l'embarras de ce valet, forcé de jouer le rôle de son prétendu frère en même temps que le sien, et cela presque sous les yeux de sa dupe. Il en est ainsi dans la scène où, voulant persuader à Géronte que des spadassins le cherchent, Scapin se parle à lui-même, et se répond en contrefaisant sa voix. Sganarelle entre et sort, tantôt par une porte, tantôt par une fenêtre, avec beaucoup d'agilité; enfin, placé à la croisée, il va jusqu'à poser sur son coude son chapeau et sa fraise, et à faire semblant d'embrasser son frère le docteur.

La farce est complète, on le voit.

Nous n'insisterons pas davantage sur ces premières productions de Molière. La première pièce que nous trouvons inscrite au répertoire de notre auteur, c'est *l'Etourdi*. Elle fut jouée à Lyon. Molière était alors âgé de trente et un ans; ayant eu peu de succès avec sa troupe à Paris, où il était venu pour se fixer, en 1650, dans le jeu de paume de la Croix-Blanche, au faubourg Saint-Germain, il retourna en province. On retrouve sa troupe, à Lyon, composée de Duparc, dit Gros-René, des deux frères Béjart, de Madeleine Béjart leur sœur, de Lagrange, de Mlle Duparc, de Mlle de Brie et de Molière lui-même, le chef de ces comédiens ambulants,

La comédie de *l'Étourdi*, dans laquelle on rencontre des marchands d'esclaves, des filles qu'on achète et qu'on vend, est en dehors de nos mœurs; la scène se passe à Messine. Mascarille, qui veut procurer à son maître Lélie une jeune esclave que celui-ci souhaite de posséder, invente fourberies sur fourberies pour en venir à ses fins; et Lélie, qui assurément est plus qu'un étourdi, en approuvant les ruses de son valet, les déjoue malgré lui par sa maladresse. Le style de cette comédie en vers est un peu embarrassé; les plaisanteries en sont encore quelquefois risquées, elles elles n'ont pas ce sens profond qui n'a jamais abandonné Molière dans la suite : l'intrigue, du reste, est pleine d'un vrai comique. Dira-t-on que cette pièce offre un tableau de mœurs très-relâchées? Mais lorsque Mascarille prétend que sa subtilité de fourbe lui a *acquis la publique estime*, qui donc le prend au mot? Il est loin de le croire lui-même, et, comme Sganarelle du *Médecin volant*, il a certainement peur qu'on ne finisse par lui appliquer sur les épaules un *cautère royal*. On rit de ses trames rompues à chaque instant, et Molière s'est arrangé de façon qu'on en fût satisfait. On ne voudrait pas qu'il réussît, parce qu'on ne s'intéresse qu'aux entreprises loyales; ce n'est pas là le sourire qui accueillera plus tard l'indiscret Horace lorsqu'il voudra retirer, selon le droit des amants, la jeune Agnès des mains de son jaloux.

Les vieillards de Molière, dupes de leur trop de bonté, mais qui pardonnent toujours à leurs fils en se souvenant qu'ils ont été jeunes eux-mêmes, apparaissent dans la pièce de *l'Etourdi*. Ils pensent qu'il faut que jeunesse se passe; cependant ils ne cessent de gronder leurs enfants, afin que l'âge de la folie ne dure pas trop longtemps. Ces vieillards ne s'élèvent jamais, si ce n'est le père de don Juan, à la noblesse de Géronte du *Menteur;* mais leur bonhomie est si naïve et si honnête, qu'on serait fâché de leur voir plus de sévérité. Ces braves gens délient avec peine les cordons de leur bourse, et menacent sans cesse leurs fils de les déshériter; mais leur cœur de père, facile à toucher, se rend bientôt au vœu des jeunes gens. Comme ces fils de famille sont vifs, galants, bien tournés! qu'ils ont bonne grâce avec leurs nœuds de rubans! Sans doute, ces messieurs se permettent vis-à-vis de leurs pères certaines supercheries condamnables pour tirer d'eux quelque argent; on dirait qu'ils regardent ces escroqueries comme un avancement d'hoirie, et le public est presque tenté de partager leur manière de voir. Ce serait un très-grand mal si Molière n'avait toujours mis en scène des vieillards intéressés, et ne s'était étudié à corriger les hommes de son siècle du défaut de l'avarice.

La comédie de *l'Etourdi* est principalement une comédie d'intrigue, à laquelle le second titre de *Contre-temps*, donné par Molière lui-même, convient mieux que le premier. Lélie, en effet, n'est pas un étourdi, mais un malavisé qui arrive toujours hors de propos, et commet une foule d'inadvertances. Ce sujet est tiré d'une pièce italienne intitulée *l'Inavertito* de Nicolo Barbieri, qui, comme Molière, était à la fois comédien et auteur. Molière a mis également Plaute et Térence à contribution. La comédie latine, avec ses belles esclaves qu'on achète, se trouve là : Molière s'en servira encore plus d'une fois. Les Turcs et les Egyptiens remplaceront les anciens marchands d'esclaves. Les enfants volés, séparés ou vendus constituent le fond de la plupart des pièces latines, et l'on peut reprocher à Molière d'avoir trop usé de ces moyens qu'il emprunte aux vices de l'organisation sociale des anciens. Rien sous une législation où le père avait droit de vie et de mort sur ses enfants, et où l'esclavage existait, n'était plus facile que ces changements d'état.

Molière, bien que fils d'un tapissier, avait été élevé au collége Louis-le-Grand ; il avait eu pour camarade de classes Armand de Bourbon, prince de Conti. Le prince se souvint toujours de son compagnon Poquelin. Comme on sait, c'était le nom de sa famille ; nom qu'il quitta de peur de le *déshonorer* quand il monta sur le théâtre. Molière, outre Armand de Bourbon, avait eu pour condisciples Chapelle, Bernier, Cyrano de Bergerac, Hesnault, et pour précepteur le célèbre Gassendi. Le prince de Conti, envoyé, en 1654, aux états de Languedoc, qu'il devait tenir, engagea Molière à venir charmer son séjour. Molière se rendit à cette invitation et joua avec sa troupe *le Dépit amoureux*, sa seconde grande comédie. Elle fut représentée à Béziers.

Dans *le Dépit amoureux* Molière s'est attaqué pour la première fois aux choses du cœur, et il l'a fait avec une grâce et une vérité extrêmes. L'amour n'a pas eu de secrets pour Molière. C'est un livre dont il a lu toutes les pages. *Le Dépit amoureux* retrace les troubles légers, les querelles, les raccommodements d'une tendresse conforme à la raison et traversée par des craintes jalouses que font naître de fâcheuses confidences. *Le Dépit amoureux* fut représenté à Béziers, en cinq actes ; la Comédie-Française a pris depuis long-temps la liberté de retrancher trois actes de cette pièce, on ne la joue plus qu'en deux. La Comédie-Française s'est privée, de gaîté de cœur, d'une foule de scènes comiques, comme celle où Polidore et Albert, ayant des raisons secrètes de se craindre réciproquement, se demandent un pardon mutuel après un malentendu, sans savoir ce que l'un veut de l'autre. Cette pièce est encore un emprunt fait au théâtre italien; on cite deux comédies, *la Creduta Maschio*, la Fille crue garçon, et *Gli Segni amorosi*, les Dépits amoureux, qui ont fourni des situations à l'auteur français : mais, malgré le romanesque de l'intrigue, on sent que Molière est déjà sur son terrain. Le style du *Dépit amoureux* vaut mieux que le style de *l'Etourdi;* le tissu dramatique est plus serré. Les suppressions de la Comédie-Française ont rendu cette pièce presque inintelligible; la belle scène du dépit n'a plus de motif raisonnable. Ceux qui n'ont pas lu la pièce ne peuvent s'en faire une idée. La fille crue garçon, sujet de la comédie de Molière, a tout à fait disparu.

Avec *le Dépit amoureux* commence la galerie de ces charmantes filles de Molière, aussi sages que belles, honnêtes personnes qui ont tant de sincérité dans le cœur, et dont la pudeur inaltérable n'est pas effleurée par la vivacité des propos de leurs suivantes. Lucile est de ce genre, mais Lucile se sent encore de la mauvaise compagnie où le théâtre avait vécu jusqu'à elle. Lucile donne un soufflet à un valet effronté. Cela n'arrivera pas à ses sœurs cadettes; elles seront mieux élevées. Celles mêmes qui sont un peu trompeuses ne sont point blâmables. Lorsque l'aimable Isabelle de *l'Ecole des Maris*, comme nous le verrons tout à l'heure, s'échappe de chez son tuteur maussade, sévère et jaloux, on n'a pas le courage de la condamner. Quand la jeune Agnès de *l'Ecole des Femmes* préfère le vif et spirituel Horace au ridicule et pédant Arnolphe, commet-elle donc un si grand crime? Il faut la jeunesse à la jeunesse, et l'amour à l'amour; c'est le code de Molière: c'est celui de la nature.

On assure que le prince de Conti, charmé des talents de son ancien condisciple, voulut se l'attacher en qualité de secrétaire. Molière refusa, il comprenait la valeur de son génie; il était fait pour commander, et non pour obéir. Il aimait mieux être le chef d'une troupe de comédiens que l'humble serviteur d'un prince. Cependant il usa du crédit et de la bienveillance de son protecteur. Présenté par lui à Monsieur, puis au roi et à la reine, il parvint à obtenir l'autorisation de donner une représentation à Paris, en dépit des priviléges de l'hôtel de Bourgogne. Sa troupe représenta *Nicomède* et *le Docteur amoureux*, cette pièce regrettée par Boileau. Le roi fut si satisfait des mérites de cette troupe, qu'il lui permit de s'établir sur le théâtre du Petit-Bourbon et de jouer alternativement avec les Italiens. Elle reçut, de plus, le nom de *troupe de Monsieur :* voilà donc Molière au comble de ses vœux.

Le poète, jusqu'ici, n'était pas sorti de l'imitation. Plaute et Térence, le théâtre espagnol et le théâtre italien avaient défrayé son génie naissant. En se voyant placé sur une scène plus vaste, il sentit s'élargir la sphère de son art. Il jeta les yeux autour de lui, disposé à reconnaître la faveur du roi en faisant la guerre aux ridicules et aux vices de son temps. Son regard satirique tomba d'abord sur un célèbre hôtel, l'hôtel de Rambouillet, où le bel esprit avait élu domicile. Quoique Mme de Sévigné elle-même y puisât le sujet de ses lettres, et que le duc de La Rochefoucauld y formulât quelques-unes de ses maximes, Benserade et Mlle de Scudéry l'emportaient souvent sur ces âmes d'élite, et la conversation, montée sur un ton flatteur, n'était pas toujours empreinte de naturel et de précision. Voiture osait écrire à la marquise que Michel-Ange n'aurait pas désavoué les dessins qu'elle faisait en jouant. On disputait sur des riens avec un langage qu'on essayait de rendre le plus relevé possible ; on y avait horreur de ce qui était vulgaire ; parler comme tout le monde était une preuve de manque de délicatesse ; on raffinait à toute heure sur les sentiments et sur les expressions. Le malheureux nom de Catherine, que portait la marquise de Rambouillet, avait été pour quelque chose dans l'origine de ce mauvais goût. Catherine ! quel nom rebelle à la poésie ! Les faiseurs d'anagrammes s'étaient empressés de le changer en celui d'*Arthénice*, que Malherbe, Racan, Ségrais, Fléchier lui-même, avaient eu la faiblesse de consacrer. Il fallait bien que le reste du discours se mît à l'unisson du nom incomparable d'*Arthénice*. De là naquit un jargon précieux qui ne tarda pas à envahir la cour et la ville, et que Molière s'avisa de tourner en ridicule, lui, le nouveau venu, à peine encore établi. Molière eut toujours bon courage ; il ne s'en prit jamais qu'à des adversaires puissants.

Le bon sens de Molière éclate ici tout d'abord. Il s'agit de deux *pecques provinciales* récemment débarquées à Paris, qui changent de nom, comme la marquise de Rambouillet, et veulent tenir chez elles une académie d'esprit. Le côté plaisant de ces galantes assemblées est merveilleusement saisi. Molière raille sans pitié ces folles, qu'il appelle un *ambigu de précieuse et de coquette ;* il n'épargne en même temps ni messieurs du *Recueil des pièces choisies*, ni ses rivaux les comédiens de l'Hôtel de Bourgogne : il se pose, dès ce moment, en contrôleur général des mœurs et des usages. *Les Précieuses ridicules* furent représentées, sur le théâtre du Petit-Bourbon, le 18 novembre 1658. Cette pièce était le commencement de la bonne comédie, ainsi que le cria du parterre un vieillard, homme de sens, dont le nom eût mérité de passer à la postérité. Le dialogue est vif et franc, le comique incisif et redoublé : Molière est désormais maître de son expression ; l'effet de cette pièce fut prodigieux. Nous avons le témoignage de Loret, qui porta, dit-il, *trente sous* à la comédie et rit *pour plus de dix pistoles*.

C'est à partir des *Précieuses ridicules* que notre auteur entre dans cette brillante carrière semée de chefs-d'œuvre, où il arriva, nous ne dirons pas aux bornes de son art, parce que nous croyons l'art infini, mais aux limites que son époque permettait d'atteindre. *Les Précieuses ridicules* s'en prenaient aux ridicules de la société, et plus tard, lorsque Molière était à l'apogée de sa gloire, dans *les Femmes savantes*, il a tracé, grâce aux contrastes comiques, les véritables devoirs de la femme ; il la veut simple, modeste, bienveillante, instruite, mais ayant à l'occasion l'air d'ignorer les choses qu'elle sait, ne fût-ce que pour empêcher la contradiction de faire grimacer sa charmante figure ; il lui reconnaît l'empire de la faiblesse et de la grâce ; il exige, en un mot, qu'elle soit telle que la nature l'a créée, faite pour les douceurs domestiques, et non pas pour aller mêler sa voix aux disputes du monde et briller dans les bureaux d'esprit.

Le succès des *Précieuses ridicules* et l'audace de la critique de l'auteur à l'encontre de messieurs du *Recueil des pièces choisies*, firent naître des ennemis à Molière parmi ses confrères subalternes. Un d'eux, surtout, se déclara contre lui : il s'avisa d'une pièce intitulé *les Véritables précieuses*, pour montrer toute la noirceur de Molière ; mais ne jugeant pas, à ce qu'il paraît, sa pièce suffisante en un si grand dessein, il crut devoir l'accompagner d'une préface. Voici dans quels termes il s'explique : « Depuis que la modestie et l'insolence sont deux contraires, on ne les a jamais vues » mieux unies qu'a fait dans sa préface l'auteur des *Précieuses* » *ridicules*. Car, si nous examinons ses paroles, il semble qu'il » soit assez modeste pour craindre de faire mettre son nom sous » la presse : cependant il cache sous cette fausse vertu tout ce » que l'insolence a de plus effronté ; et c'est sur le théâtre une » satire qui, quoique sous des images grotesques, ne laisse pas » de blesser tous ceux qu'il a voulu accuser. Il fait de plus le » critique, il s'érige en juge, et condamne à la berne les singes, » sans voir qu'il prononce un arrêt contre lui en le prononçant » contre eux, puisqu'il est certain qu'il est *singe* en tout ce qu'il » fait, et que non-seulement il a copié *les Précieuses* de M. l'abbé » de Pure, jouées par les Italiens, mais encore qu'il a imité, » par une singerie dont il est seul capable, *le Médecin volant* et

» plusieurs autres pièces des mêmes Italiens, qu'il n'imite pas » seulement en ce qu'ils ont joué sur leur théâtre, mais encore » en faisant leurs postures, contrefaisant sans cesse sur le sien » et Trivelin et Scaramouche. Mais qu'*attendre* de cet homme » qui tire toute sa gloire des mémoires de Gilles Gurgeo, qu'il a » achetés de sa veuve, et dont il adopte les ouvrages? »

Ce morceau n'est-il pas grotesque, y compris le style? et Molière assurément sera dans son droit lorsqu'il traitera avec un profond mépris les Bavius et les Mévius de son temps. Celui-là qui se demandait ce qu'il fallait *attendre* de *cet homme*, a dû être fort surpris lorsque l'auteur des *Précieuses ridicules* s'est transfiguré en celui du *Misanthrope*, si tant est qu'il ait compris *le Misanthrope* plus que *les Précieuses*. Des *Précieuses* de l'abbé de Pure, il n'en a rien pris; il n'y avait rien à y prendre en effet. Mais il a emprunté à Chappuzeau le déguisement d'un valet en marquis, déguisement qui s'opère pour punir une pédante et une sotte, déguisement qui était depuis long-temps au théâtre avant Molière, et dont on s'est tant de fois servi après lui; les pièces de Marivaux sont pleines de ces sortes de travestissements. Il est presque inutile de faire observer que Molière, en attachant l'épithète de *ridicules* à ses précieuses, se conservait par là une excuse auprès des autres avec lesquelles il ne voulait pas se brouiller plus que de raison. Le mot de *précieuse* n'emportait pas encore un sens défavorable : mesdames de Bouillon, de Longueville, de Rambouillet, étaient des femmes à ménager un peu.

On est étonné de voir Molière, après s'être élevé à la hauteur de la bonne comédie, redescendre aux farces des canevas italiens. Il imita une pièce intitulée *Arlequin cornuto per opinione*. *Sganarelle*, il faut l'avouer, n'est pas digne de succéder aux *Précieuses ridicules*. Cette pièce semble s'être trompée de date; elle eût dû venir après *la Jalousie de Barbouillé*, qui, du reste, en a sans doute fourni la première idée. Le second titre bien connu de cette comédie offense notre délicatesse actuelle; mais le mot si largement employé par Molière était reçu de son temps dans la bonne compagnie. On pensait que, la chose étant si commune, il fallait bien qu'elle eût un nom. Molière regardait même les gens de cette condition comme formant un corps, une classe dans la société. Dans la préface du *Tartufe*, il s'exprime là-dessus avec une plaisante naïveté. On a accusé les railleries continuelles de Molière sur ce sujet de porter atteinte à la morale publique, Jean-Jacques Rousseau en a pris l'occasion de lancer sur lui les foudres de son éloquence; mais, si l'on veut y réfléchir, on comprendra que le but de Molière n'était pas seulement d'exciter ce rire malicieux que manque rarement de produire le malheur d'un voisin. Chaque homme, d'après les lois de la raison, a besoin d'une femme qui joigne sa destinée à la sienne, et avec laquelle il puisse tranquillement passer sa vie; son bonheur dépend du choix qu'il fait. Ce choix est donc regardé, à juste raison, comme une chose très-importante pour les hommes. La comédie de Molière apprend à le faire, ce choix, en montrant le vice des unions mal assorties et en fondant le repos et l'honneur des vieilles années sur la sympathie et la fidélité des jeunes. Voilà pourquoi elle favorise presque toujours la volonté des amants, lorsqu'ils ont la bienséance pour eux.

Si Sganarelle a peur d'un accident fâcheux pour son honneur, c'est que Sganarelle est un sot, qui néglige sa femme, et qui perd son temps en de vaines imaginations. Si Georges Dandin se voit près de tomber aussi dans l'abîme des disgrâces conjugales, c'est qu'il a eu la folie, lui paysan riche, de s'allier à la famille des Sottenville, où le ventre ne faisait pas qu'*anoblir*.

On a eu tort de comparer le Gorgibus de Sganarelle à celui des *Précieuses ridicules*. Le père de Cathos et de Madelon est un homme plein de sens, qui a raison de morigéner deux sottes; le père de Célie a tort de vouloir forcer l'inclination de sa fille pour lui faire épouser un homme qu'elle ne connaît pas, par cela seul qu'il vient de tomber à ce prétendant un grand bien en partage. En vain s'écrie-t-il que

> L'amour est souvent un fruit du mariage;

il vaut mieux que le mariage soit le fruit, et l'amour la fleur.

Gorgibus dit à sa fille :

> De quolibets d'amour votre tête est remplie,
> Et vous parlez de Dieu bien moins que de Clélie;
> Jetez-moi dans le feu tous ces méchants écrits
> Qui gâtent tous les jours tant de jeunes esprits.

Mais il propose de remplacer cette lecture par les *Quatrains* de Pibrac, les doctes *Tablettes* du conseiller Mathieu, et le *Guide des Pécheurs*. On dirait que pour faire une espèce de réparation à mademoiselle de Scudéry, et aux autres auteurs attaqués par lui dans *les Précieuses*, petits auteurs qui faisaient grand bruit, il ait voulu montrer qu'une fille sage pouvait lire leurs ouvrages sans en perdre l'esprit.

Le croirait-on? Molière, se voyant accuser de bas comique, en vint presqu'à vouloir prendre pour modèles les héros de d'Urfé et de mademoiselle de Scudéry, qu'il avait sacrifiés sur la scène : il prétendit s'élever à la comédie héroïque comme Corneille l'avait fait dans *Don Sanche d'Aragon*. Molière avait, pour son propre compte, expérimenté la jalousie, quoiqu'il ne fût pas encore marié : il voulut peindre tous les tourments de cette sombre passion. Il composa l'héroïde de *Don Garcie de Navarre*. Don Garcie de Navarre est un amant qui ne cesse de retomber en des accès de jalousie malgré les serments qu'il fait de se corriger de cette frénésie, et en dépit des preuves que sa maîtresse lui donne de sa fidélité. Cette pièce est froide malgré les emportements de don Garcie Elle n'eut pas de succès ; Molière la retira de son répertoire. Plus tard, il en transporta dans *le Misanthrope* quelques mouvements et quelques beaux vers.

Molière avait une revanche à prendre ; il se la fit éclatante. *L'Ecole des Maris* obtint un grand succès sur le théâtre du Palais-Royal. Ce fut la continuation de la bonne comédie, dont *les Précieuses ridicules* avaient été le coup d'essai. Comme dut être heureux, s'il assistait à cette représentation, le vieillard du parterre qui avait jeté naguère à notre auteur une si encourageante apostrophe ! « Quand Molière n'aurait fait que *l'Ecole des Maris*, dit Voltaire, il passerait encore pour un excellent comique. » Et Voltaire a raison. *L'Ecole des Maris*, dont le titre n'est pas tout à fait exact, puisqu'il s'agit de deux personnages qui ne sont pas encore mariés, offre deux systèmes d'éducation à l'égard des jeunes personnes.

L'excellence des moyens de Molière se révèle dans cette pièce. Pl. de bouffonnerie comme dans *Sganarelle*, plus d'amours romanesques comme dans *Don Garcie de Navarre*. L'auteur s'est attaqué à la réalité des mœurs. Il est plaisant de voir le tuteur d'Isabelle servir de Mercure à sa charmante pupille, et porter les tendres messages qui tourneront contre lui ; cette bonhomie d'un individu ridicule sans le savoir, et travaillant à sa perte, sera pour le poète une grande source de comique. Isabelle, il est vrai, semble un peu légère lorsqu'elle va chercher un refuge dans la maison même de son amant ; mais à qui la faute ? A son geôlier :

Sommes-nous chez les Turcs, pour enfermer les femmes ?

Personne ne plaint la destinée de ce tuteur, fort heureux de n'être pas encore mari ; car la visite que rend Isabelle au jeune Valère n'aurait plus pour sauvegarde l'innocence. La série des frères et des amis raisonneurs, non moins que raisonnables, de Molière, commence avec l'Ariste de *l'Ecole des Maris*. Ce personnage est le type de ces honnêtes bourgeois qui connaissent si bien la pratique de la vie et veulent qu'on s'y accommode du mieux possible, en respectant le goût des autres. Ariste sait se plier même à la mode, cette divinité changeante; il n'affecte pas de porter un costume singulier.

Molière a pris à Térence ses deux frères dont l'un est doux et complaisant, l'autre maussade et méfiant; à la place des deux filles, ce sont deux jeunes gens qu'élèvent les vieillards de Térence. Mais nous devons ajouter que le Micion du poète latin, qui a servi de modèle à l'Ariste du poète français, pousse un peu trop loin la tolérance, il dit à son frère :

*Non est flagitium, mihi crede, adolescentulum,*
*Scortari neque potare; non est neque fores*
*Effrangere* [1].

La morale de ce Micion est un peu relâchée. L'Ariste de Molière permet, lui, à sa pupille Léonor d'aller à la comédie, au bal, toute seule, avec sa suivante, et c'est assurément oser beaucoup. Léonor ne prête pas l'oreille aux discours des galants, mais elle peut s'y habituer. Nous avons remarqué que dans la distribution des rôles faite par Molière pour sa troupe celui de Léonor appartenait à mademoiselle Béjart, qui depuis fut sa femme. Peut-être espérait-il lui inculquer ainsi le sentiment du devoir. Malheureusement le mariage de Molière ne porta pas d'heureux fruits : Ariste eut à se repentir d'avoir épousé Léonor.

De toutes les filles de Molière, Isabelle est la plus hardie. Agnès, qu'on peut regarder comme sa sœur jumelle, est moins aventureuse; Agnès ne fait que répondre aux avances d'Horace, Isabelle provoque celles de Valère. Molière, en empruntant à un conte italien les ressorts ingénieux de sa comédie, car il a su fondre Térence et Boccace, substitua à une femme mariée une fille libre dont on veut contrarier le désir. Après avoir sauvé les mœurs, il lui restait à adoucir ce qui pouvait paraître choquant dans la conduite d'Isabelle; c'est avec un art infini qu'il l'a fait, non-seulement en traçant le portrait d'un tuteur ridicule et maladroit, capable même de violence, mais encore en insistant sur la sincérité de l'amour des deux jeunes gens. Isabelle sort, il est vrai, des limites que lui assigne la pudeur de son sexe, mais elle en demande d'abord pardon au ciel, elle y est contrainte par la réclusion qu'on lui fait subir; et l'on a trop bien vu l'honnête tendresse que Valère lui

[1] Croyez-moi, ce n'est pas un si grand crime à un jeune homme de faire l'amour, d'aller au cabaret, d'enfoncer des portes.

porte pour avoir quelque inquiétude sur sa démarche. On sent qu'elle n'est pas femme à se vêtir de serge, comme le veut son tuteur, et à vivre dans la compagnie des dindons d'une basse-cour, elle a trop de grâce dans la taille et trop de malice dans l'esprit pour cela ; mais ce n'est pas une effrontée, il s'en faut, et la mère de famille la plus sévère ne la désavouerait pas pour sa fille, tout en reconnaissant chez elle un peu trop de penchant à la dissimulation.

Cette pièce fournit plusieurs exemples de certaines libertés que Molière prendra avec ses spectateurs toutes les fois qu'il en aura envie. Il a emprunté au théâtre ancien la place publique; il jalonne de chaque côté les maisons des gens dont il a besoin : lui faut-il un commissaire, un coup de marteau est donné à l'angle d'un mur et le commissaire paraît! un notaire est-il indispensable, le notaire se montre! voulez-vous un frère qui raisonne, vous l'aurez par le même moyen. Pour expliquer des rencontres multipliées dans le même lieu, nous entendrons Horace, de *l'Ecole des Femmes*, dire à Arnolphe :

La place m'est heureuse à vous y rencontrer.

Quand une somme d'argent sera nécessaire à l'action, son personnage aura toujours sur lui la somme voulue. Ce sont des défauts assurément, mais qu'on pardonne à Molière à cause de la naïveté qu'il y met. Le dénoûment de *l'Ecole des Maris*, vanté par beaucoup de critiques, n'est pas exempt de ce sans-façon : cependant le spectateur est si satisfait de voir le tuteur d'Isabelle puni de sa rigueur, qu'il fait bon marché du reste ; il admet aisément le commode voisinage du commissaire, du notaire et du frère.

*L'Ecole des Maris* est la première pièce que Molière ait cru pouvoir imprimer; car le manuscrit des *Précieuses ridicules* lui ayant été dérobé, ce ne fut pas de son gré qu'il se décida à rectifier les erreurs contenues dans une édition faite sans sa participation : il avait retenu ses autres comédies dans son portefeuille. Molière professa toujours cette modestie suprême, ce doute des grands esprits; et, guidé toute sa vie par de tels principes littéraires, il hésitait à livrer à l'impression *l'Ecole des Maris*, ce chef-d'œuvre, et l'auteur avait alors trente-neuf ans, âge qui le rendait parfaitement susceptible d'apprécier la valeur de son génie.

L'intrigue des *Fâcheux*, cette comédie-ballet jouée à Vaux en 1661, est moins compacte et moins travaillée que celle de *l'Ecole des Maris*. Molière, dans l'avertissement mis en tête de la première édition de ses *Fâcheux*, assure que cette comédie a été *conçue, faite, apprise* et *représentée en quinze jours*, et il rejette adroitement les fautes qui peuvent s'y trouver sur le peu de temps qu'on lui accorda pour cette composition, la pièce ayant été commandée par le roi à l'occasion des fêtes que le surintendant Fouquet donna, à la veille de sa disgrâce, dans son château de Vaux, au superbe Louis XIV. Molière, à ce qu'il paraît, n'était pas alors de l'avis d'Alceste, qui prétend que *le temps ne fait rien à l'affaire*. Cet avertissement est curieux encore en ce qu'il annonce l'intention que le poète avait de faire imprimer des remarques sur ses pièces. Quel malheur que nous ayons été privés de ce cours théâtral, qui aurait mieux valu, à coup sûr, que les préceptes d'Aristote et d'Horace! Il faut regretter aussi que l'auteur des chefs-d'œuvre de notre scène comique n'ait pas eu le temps de mieux arranger un sujet aussi bien trouvé que celui des *Fâcheux*, et de composer, ainsi qu'il le disait lui-même, une *comédie en cinq actes bien fournis*. Louis XIV en cette circonstance nous semble le premier fâcheux.

Cette comédie appartient au genre de pièces qu'on appelle à tiroir, c'est-à-dire pièces à scènes détachées qu'un nœud léger a réunies. Il s'agit pour Éraste, tout simplement, de ne pas manquer au rendez-vous que lui a assigné sa maîtresse, et il se trouve assassiné de fâcheux qui le retardent et se cramponnent à lui sans qu'il puisse les éconduire. C'est la même position, sans doute, depuis le commencement jusqu'à la fin, mais les scènes sont variées par la diversité des caractères, et jamais on n'a su mieux retracer les ennuis de l'importunité; aucun trait n'a été omis par le grand peintre, depuis l'homme qui vous prend au collet pour vous débiter ses hémistiches, jusqu'à celui qui vous arrête dans la rue afin de vous emprunter de l'argent à la suite d'un entretien détourné. La force comique de Molière se fait pleinement jour dans cette pièce; elle s'y étale largement. La main qui a tracé les scènes du joueur de piquet et du chasseur de cerf, dont Louis XIV avait, dit-on, désigné l'original à Molière, dans la personne de son grand-veneur, le marquis de Soyecour, cette main-là était initiée à tous les secrets de son art. N'est-ce pas une chose admirable, en effet, que de vouloir forcer un amoureux attendant sa maîtresse à donner son opinion sur les chances du pique ou du carreau? et, lorsque le fâcheux tire des cartes de sa poche pour mieux faire comprendre son explication, peut-on s'empêcher de rire aux éclats? Quel trait que celui du chasseur qui oublie tout à coup et le cerf et les chiens, pour donner la description de son cheval alezan, et torture ainsi le cœur de son auditeur, dont l'impatience se croyait au bout du récit! Ce comique redoublé, d'où est sorti le *pauvre homme* du *Tartuffe*, est un des procédés les plus ingénieux de Molière, et qu'il avait déjà mis en usage dans *les Précieuses ridicules*.

Molière s'est inspiré des peines racontées par le poète latin Horace se voyant arrêté et suivi par un fâcheux dans la voie Sacrée, alors qu'il s'en allait, comme il le dit dans sa neuvième satire,

*Nescio quid meditans nugarum, totus in illis.*

*L'École des Femmes* et *l'École des Maris* ressemblent à deux fruits nés sur une tige commune ; ces deux comédies appartiennent à la même pensée. Le moraliste a voulu montrer que non-seulement c'était un mauvais expédient d'enfermer une femme d'esprit pour garder son cœur, mais que ce système de conservation ne demeurait pas sans danger vis-à-vis d'une ingénue : les verrous enfin se trouvent tirés par l'amour, ce grand maître qui déjoue les projets des jaloux

Et donne de l'esprit à la plus innocente.

Autant Molière s'était moqué des précieuses, qu'il criblera de nouveaux traits dans *les Femmes savantes*, autant il se raille de la sottise comme d'un grand mal ; il est loin de condamner les femmes à l'ignorance absolue. C'est une juste mesure qu'il demande ; c'est une instruction convenable qui sache discerner le bien du mal. Il ne craint pas, pour atteindre son but, de hasarder quelques mots un peu hardis pour les oreilles susceptibles. N'a-t-il pas pour lui l'approbation de Boileau, qui lui écrit à propos même de *l'Ecole des Femmes* que

sa plus burlesque parole
Vaut souvent un docte sermon !

Molière, dans son *Don Garcie de Navarre*, avait déjà tracé une peinture de la jalousie ; mais de la jalousie sérieuse dont les emportements, malgré la cause insuffisante qui les fait naître, n'ont rien de comique ; il ne tarde pas à comprendre le côté ridicule de cette aveugle frénésie ; jaloux lui-même, il eut toujours quelque sympathie pour ce désordre de l'esprit, et, dans le rôle d'Arnolphe, personnage qui ne devait exciter que le rire, il trouva presque le moyen d'attendrir. La pitié vous prend, en vérité, à voir ce malheureux Arnolphe atteint au cœur d'un véritable amour, et se jetant aux pieds d'Agnès en homme désespéré. Il y a dans ce caractère quelques traits de profonde tendresse qui font oublier la singularité plaisante du personnage. Arnolphe, Agnès et le jeune Horace sont d'une vérité saisissante. Arnolphe, cette terreur des maris trompés, qui ne cesse de recueillir toutes les galantes aventures de son temps, comme s'il voulait en faire un ouvrage à la façon de Boccace, est une excellente figure de bourgeois moqueur qui croit avoir la sagesse en partage, et, parce qu'il a pignon sur rue et maison aux champs, s'imagine qu'une fille sans biens sera trop heureuse de l'avoir pour époux. Agnès, dans son ignorance des choses du monde, est pleine de naïveté : mais, pour sotte, elle ne l'est pas. L'esprit lui vient avec l'amour. Sitôt que le regard du jeune Horace a animé cette charmante statue, elle marche, elle court; deux ou trois leçons du galant en font une femme aussi espiègle, aussi rusée qu'une autre. Agnès ressemble à cette fleur exotique qui se développe en un moment, et qu'un jardinier malavisé a mise sous cloche; un beau jour la fleur fait éclater la prison de verre sous les yeux de son gardien.

Horace est un type charmant de jeunesse et de passion. Léger et ouvert, il dit à toute la nature qu'il est amoureux :

L'allégresse du cœur s'augmente à la répandre.

Il s'en va confier à son propre rival ses plus secrets desseins; et le piquant de l'affaire, c'est qu'il lui emprunte des pistoles pour mener à bien son entreprise. Molière n'oublie jamais ces traits-là. Horace est un fils de famille, honnête et bien élevé, mais qui pense que l'on doit se contenter un peu dans la vie, et qu'épouser une belle personne est ce qu'on peut faire de mieux.

Molière a encore imité plusieurs ouvrages pour composer cette comédie. Il a mis à contribution un conteur italien du XVI^e^ siècle, Strapparole, ainsi que La Fontaine, son imitateur. Le conte du *Maître en Droit* a fourni le sujet de la comédie de *l'École des Femmes*. Le docteur pousse à des intrigues amoureuses un de ses écoliers; et l'écolier commence par séduire la femme de son professeur, malgré toutes les précautions que celui-ci prend pour sauver son honneur. Molière a eu recours pareillement à une nouvelle de Scarron; il possédait l'art suprême de fondre ensemble ses emprunts. La comédie de *l'École des Femmes* obtint un si grand succès qu'elle fit éclore beaucoup d'ennemis à Molière. Ses rivaux se montrèrent à visage découvert, et cherchèrent à l'arrêter dans sa marche triomphante. Nous en avons déjà vu un faire le métier d'insulteur. Deux poètes confrères de Molière, Boursault et Montfleury fils, se crurent, à leur tour, chargés de défendre les intérêts opposés.

Molière, qui n'était pas fâché de voir s'engager une lutte de laquelle il était certain de sortir vainqueur, prit occasion de cette levée de boucliers contre *l'Ecole des Femmes*, pour mettre en scène ses adversaires et les traduire au tribunal du public. La *Critique de l'Ecole des Femmes*, manifeste qu'il lança aussitôt contre eux, est un petit chef-d'œuvre de malice. L'auteur nous apprend lui-même que sa comédie de *l'Ecole des Femmes* faisait l'entretien de toutes les maisons de Paris, et que chacun voulait dire son mot sur cette pièce. Il s'empressa de réunir dans un même cadre et précieuses, et marquis ridicules, et jaloux auteurs; et il fit combattre leurs sots discours par la raison d'un honnête homme et par l'esprit de deux femmes sages et bien disantes. C'est là que l'auteur se justifie pleinement du reproche d'obscénité qui lui était adressé, parce qu'il appelle les choses par leur nom et qu'il s'est servi de quelques équivoques comiques, bien autrement grossières chez ses prédécesseurs. Molière se moque impitoyablement de ces prudes, « plus chastes des oreilles que de tout le reste du corps » (ce sont ses expressions), qui jettent les hauts cris aux moindres mots scabreux, ce qui prouve chez elles une intelligence dépravée, au lieu de donner une haute opinion de leur pudeur. Il démontre que les femmes, épouses et mères, ou destinées à l'être, ne doivent pas s'offenser de plaisanteries naturelles sur les choses de la vie; le monde, après tout, n'est ni un cloître ni un couvent. Molière n'écrit pas pour les niais, tels qu'Arnolphe, qui préconisent l'ignorance comme système d'éducation, mais pour les gens sensés, dont son Dorante de la *Critique de l'Ecole des Femmes* est le plus parfait modèle. Jamais apologie plus victorieuse n'a eu lieu.

Cependant Molière ne s'en tint pas là. Cette bataille à peine gagnée, il en voulut une autre; afin d'écraser ses ennemis, qui continuaient à faire du bruit. Ils se livraient même à des attaques d'un autre genre. Un certain duc de La Feuillade, un de ces sots de cour qui prétendaient se reconnaître dans les portraits satiriques de Molière, s'imagina être l'original du marquis de la *Critique de l'Ecole des Femmes*, de ce fameux marquis dont la sagacité ne trouve d'autre argument que *tarte à la crème* pour prouver que la pièce est détestable. Plein de rancune, le duc de La Feuillade rencontre Molière quelque temps après la représentation du spirituel panégyrique composé par l'auteur. Il l'aborde avec les démonstration d'un homme désireux de l'embrasser, selon l'usage des grands seigneurs d'alors; mais, à la place d'une accolade, il serre violemment la tête du poète entre ses deux mains, et ce furieux la frotte contre les boutons de son habit en répétant d'un ton de colère : *Tarte à la crème, Molière, tarte à la crème!* Le comédien, ne pouvant se venger avec l'épée, alla se plaindre au roi, qui lui donna la permission d'immoler cette fois ses adversaires avec toute la liberté d'Aristophane. Molière fit jouer aussitôt *l'Impromptu de Versailles*. Acteurs de l'hôtel de Bourgogne, auteurs envieux, courtisans insipides, il n'oublie personne; il profite largement de l'autorisation du roi. Ce n'était pas un homme à laisser échapper de si bonnes occasions.

*L'Impromptu de Versailles* est une des petites pièces les plus curieuses de Molière, en ce qu'elle nous fait bien connaître et ses rivaux et la troupe qu'il dirigeait; elle nous montre l'auteur dans les coulisses de son théâtre. Molière est chez lui avec ses acteurs, il les appelle par leurs noms; il explique à chacun son rôle; il critique avec finesse les défauts de celui-ci, la façon de jouer de celui-là; tout en donnant des conseils, il n'épargne pas de malicieuses remontrances qui trahissent son génie comique: cependant il est là comme un père au milieu de ses enfants. On reconnaît la meilleure et la plus honnête nature du monde dans le peintre hardi des ridicules de son époque. S'il accable ses ennemis, ne l'ont-ils pas bien mérité? C'est la loi de la guerre : il ne fait que se défendre contre eux. On lui a reproché d'avoir nommé Boursault, son principal adveraire; mais Boursault venait de livrer à la publicité une méchante diatribe intitulée *le Portrait du peintre*. Pourquoi Molière se serait-il abstenu de le nommer? D'où viendrait que l'auteur dramatique n'aurait pas le droit de stigmatiser publiquement ceux qui lui sont hostiles, tandis que ses ennemis auraient le privilége de l'injurier sans réserve dans leurs écrits? La personnalité est toujours une déplorable chose; mais n'est-il pas juste qu'on y réponde par la personnalité? Les gens qui la trouvent mauvaise ne doivent pas se la permettre : d'ailleurs Boursault avait osé donner à un théâtre rival son *Portrait du peintre*. En contrefaisant les comédiens de l'hôtel de Bourgogne, Molière s'était attiré des haines qu'augmentait encore la réussite de ses ouvrages; ces comédiens avaient donc engagé Boursault à écrire contre un concurrent si redoutable. Boursault promit de dauber ce *Singe*, car tel était le sobriquet dont on affublait alors Molière. Il s'agissait de faire une comédie qui rabattît la fortune et l'orgueil de Molière.

Voici un des traits les plus piquants de cette comédie :

Rien de plus innocent se peut-il jamais voir;
Arnolphe vient des champs, et désire savoir
Si, depuis son absence, Agnès s'est bien portée :
« Hors les puces, la nuit qui m'ont inquiétée, »
Répond Agnès! Voyez quelle adresse a l'auteur,
Comme il sait finement réveiller l'auditeur!

De peur que son sommeil ne s'en rendît le maître,
Jamais plus à propos vit-on puces paraître?
D'aucun trait plus galant se peut-on souvenir,
Et ne dormait-on pas s'il n'en eût fait venir?

Boursault s'amenda plus tard. *Le Mercure galant* et *les Fables d'Ésope* font presque oublier les rudes atteintes que Molière lui a portées dans *l'Impromptu de Versailles*. « Le beau sujet à divertir la cour que M. Boursault! s'écrie le grand poète irrité. Je voudrais bien savoir de quelle façon on pourrait l'ajuster pour le rendre plaisant, et si, quand on le bernerait sur un théâtre, il serait assez heureux pour faire rire le monde! Ce lui serait trop d'honneur que d'être joué devant une auguste assemblée. Il ne demanderait pas mieux, et il m'attaque de gaieté de cœur pour se faire connaître, de quelque façon que ce soit. C'est un homme qui n'a rien à perdre; et les comédiens ne me l'ont déchaîné que pour m'engager à une sotte guerre, et me détourner par cet artifice des autres ouvrages que j'ai à faire : et cependant vous êtes assez simples pour donner dans ce panneau. » Ces quelques lignes valent mieux que la comédie tout entière du *Portrait du Peintre*.

Un autre auteur s'était acharné sur Molière, Montfleury fils, qui espérait venger son père, le célèbre acteur et l'auteur d'*Asdrubal*, des railleries de son confrère. Molière, en effet, ne cessait de railler les acteurs de l'hôtel de Bourgogne; il faisait rire le public à leurs dépens. Un écrivain d'alors assure, et cela est aisé à croire, que Molière était comédien *des pieds jusqu'à la tête*. Il se tenait toujours dans une juste mesure, tandis que les autres criaient et gesticulaient à peu près comme on le fait encore sur nos théâtres de boulevard. Molière s'égaie du ton emphatique et des rodomontades de ses rivaux. Montfleury père, par exemple, chargé des grands rôles, semblait avoir le diable au corps; il se démenait si fort qu'il se rompit, dit-on, une veine, en s'abandonnant avec trop de rage aux fureurs d'Oreste. Telle fut, à ce que l'on prétend, la cause de sa mort; ce qui fit dire à l'auteur du *Parnasse réformé* que Montfleury était mort d'*Andromaque*.

Molière, après avoir versé à pleines mains le ridicule sur ses antagonistes, arrive à une réponse plus sérieuse. On en était venu jusqu'à toucher à son caractère. L'esprit s'efface alors pour faire place au cœur. La réplique de Molière est un véritable modèle pour tout homme que sa position expose, sans qu'il puisse s'y soustraire, aux quolibets des sots, mais qui ne laisse pas effleurer impunément son honneur. Dans cette noble fierté on reconnaît l'auteur du *Misanthrope*. Voici ces lignes frappées au coin de la dignité et du bon sens : « Je leur abandonne de bon cœur mes ouvrages, ma figure, mes gestes, mes paroles, mon ton de voix et ma façon de réciter, pour en faire et dire tout ce qu'il leur plaira, s'ils en peuvent tirer quelque avantage. Je ne m'oppose pas à toutes ces choses, et je serai ravi que cela puisse réjouir le monde. Mais, en leur abandonnant tout cela, ils me doivent faire la grâce de ne point toucher à des matières de la nature de celles sur lesquelles on m'a dit qu'ils m'attaquoient dans leurs comédies ; c'est de quoi je prierai civilement cet honnête monsieur qui se mêle d'écrire pour eux, et voilà toute la réponse qu'ils auront de moi. »

Molière plaisantait en assurant que c'était toute la réponse qu'ils auraient de lui, car *la Critique de l'École des Femmes* et *l'Impromptu de Versailles* formaient deux réponses admirables, deux plaidoiries contre lesquelles il leur était impossible de lutter. Cependant ils essayèrent encore de répliquer. Ce fut Montfleury fils qui se chargea, comme nous l'avons dit, de la vengeance commune. A l'imitation de *l'Impromptu de Versailles*, il composa *l'Impromptu de l'hôtel de Condé*. C'est une plate rapsodie. Nous avons entre les mains cette prétendue pièce, dont la scène se passe au Palais ; lieu où se vendaient les comédies et les livres, comme une satire de Boileau nous l'apprend. Un marquis vient pour acheter les pièces de Molière, qu'il appelle un auteur *burlesque;* il rencontre une marquise, cette dame a un procès. On cause du théâtre, on loue quelques comédies de l'hôtel de Bourgogne ; on critique *l'École des Femmes*, et surtout le jeu de Molière. Voici le portrait qu'en trace Alcidor, l'un des personnages :

. . . . . Il vient, le nez au vent,
Les pieds en parenthèse, et le corps en avant ;
Sa perruque, qui suit le côté qu'il avance,
Plus pleine de lauriers qu'un jambon de Mayence ;
Les mains sur les côtés, d'un air peu négligé,
La tête sur le dos comme un mulet chargé,
Les yeux tout égarés, puis, débitant ses rôles,
D'un hoquet éternel séparant ses paroles....

Ce ne sont que turlupinades de cette espèce. Nous y trouvons seulement quatre vers de bonne comédie, sur l'imitation exacte que Molière faisait du jeu des acteurs de l'hôtel de Bourgogne ; ce qui sert à prouver son talent de mime :

S'il contrefait si bien leur ton et leurs détours,
Il devrait, par ma foi, les imiter toujours ;
Ce serait, pour Molière, une assez bonne affaire,
S'il quittait son récit pour les bien contrefaire.

Ceci est de meilleur goût. Montfleury fils ne crut pas avoir assez fait : il ne se contenta pas de chercher à entamer Molière dans son amour-propre d'acteur et d'auteur, il essaya encore de le blesser dans ses susceptibilités de mari. C'était une guerre à mort. Montfleury eut même la lâcheté de l'accuser d'un inceste, Molière était censé avoir épousé sa propre fille. Cette odieuse insinuation ne fut pas écoutée; elle était fausse d'ailleurs : Molière n'avait eu de relation avec la mère de Madeleine Béjart qu'après la naissance d'Armande. Montfleury fils ne se tint pas encore pour battu; il dirigea ses batteries sur un côté plus à découvert : dans la préface d'une de ses pièces, intitulée *l'École des Jaloux*, et dédiée avec impudeur à cette classe de maris qui ont le droit d'être jaloux, Montfleury, par un trait détourné, cherche encore à atteindre l'honneur de Molière. La dédicace de cette comédie est vraiment d'une rare effronterie : « Messieurs, dit-il en débutant, il s'est trouvé des auteurs qui ont dédié des pièces à quelques-uns de vous en particulier, mais je n'en sais pas qui vous en aient dédié en général; c'est pourquoi je vous dédie celle-ci. Peut-être cette entreprise vous surprendra chez un homme qui n'est point de votre corps, et que quelqu'un de vous dira que je devrais laisser ce soin aux *auteurs qui en sont*, » etc. Ceci s'adressait à la jalousie de Molière ; jalousie qui n'était que trop fondée, ainsi que beaucoup de gens pouvaient l'attester. Montfleury fils ajoute que si chacun des membres de l'honorable confrérie à laquelle il dédie sa pièce en achète un exemplaire, il est sûr de sa fortune et de celle de son libraire : peut-on pousser l'impertinence plus loin ?

Montfleury pensait moins juste lorsqu'il prétendait que tout l'agrément des vers de Molière provenait de la manière dont l'auteur les récitait. Ces vers, selon lui, perdaient de leur charme à la lecture; il s'écriait :

> On est désabusé de sa façon d'écrire.

On n'en est pas désabusé : on ne s'en désabusera même pas.

*Le Mariage forcé* était primitivement une comédie-ballet; le roi y dansa. Cette pièce en trois actes, réduite à un seul, n'a plus assez d'ampleur; l'intrigue nous paraît d'une trop grande simplicité, mais le dialogue est vif et spirituel. Le cousin Aristote y trouve son lot, et la philosophie pyrrhonienne est maltraitée par Molière d'une façon très-comique. L'ancien disciple de Gassendi en remontre aux pédants et aux prétendus philosophes. Son Sganarelle, qui demande des avis, et qui se fâche lorsqu'on ne se trouve pas du sien, est un personnage très-amusant et très-vrai; tels sont les demandeurs de conseils en général. On se plaît aussi à le voir, ce futur Georges Dandin, épouser une coquette achevée, malgré les tristes augures qui l'ont désenchanté du mariage; n'est-il pas puni comme un sot qui, âgé de cinquante-deux ans, a fait une demande imprudente, et comme un poltron qui préfère tomber dans le gouffre des infortunes conjugales plutôt que de s'exposer à recevoir un coup d'épée? il aime mieux risquer son honneur que sa vie. Molière s'est, cette fois, inspiré de Rabelais, dont il faisait ses délices, et auquel il a emprunté trop souvent la crudité de son vieux langage. Il a copié, pour ainsi dire, la scène où Panurge interroge, après beaucoup d'autres, le pyrrhonien Trouillogan sur la question du mariage. La célèbre aventure arrivée au comte de Grammont, et qui détermina son mariage avec mademoiselle Hamilton, a pu donner naissance à cette comédie.

*La Princesse d'Elide* est encore une comédie-ballet commandée par Louis XIV; Molière eut si peu de temps pour l'exécuter, que le premier acte de cette pièce est en vers tandis que les autres sont en prose; ce qui la fait ressembler un peu aux comédies de Shakspeare, avec lesquelles, du reste, elle a plus d'un rapport. Empruntée à l'espagnol, elle a gardé une allure de pastorale et de fantaisie qu'on ne trouve pas dans les autres comédies de Molière; nous l'estimons supérieure, et de beaucoup, à *Don Garcie de Navarre*. Un auteur satirique du temps, Marigny, en parlant de cette pièce dans une relation des fêtes de la cour, s'exprime ainsi sur son mélange de prose et de vers : « Il semblait que la comédie n'avait eu le temps que de prendre un de ses brodequins, et qu'elle était venue donner des marques de son obéissance un pied chaussé et l'autre nu. » Cette remarque est fort spirituelle. Louis XIV était alors dans toute la force de sa passion pour La Vallière, ce fut pour elle qu'il commença à agrandir Versailles. Il fuyait la cour de Saint-Germain, afin de se trouver avec elle dans cette solitude. Louis XIV n'avait pas encore osé proclamer ses amours et secouer toute espèce de joug; il cacha quelque temps sa liaison avec la fille d'honneur d'Henriette, femme de son frère : d'autant plus soigneusement qu'il redoutait la jalousie de sa belle-sœur, car le jeune roi, après s'être joué de l'honneur de son ministre Mazarin, n'épargna guère celui de Monsieur. Molière eut le tort, comme tous les poëtes d'alors, de flatter ce penchant de Louis XIV pour la galanterie. Il fait dire au gouverneur du prince Euryale :

Qu'il est bien malaisé que, sans être amoureux,
Un jeune prince soit et grand et généreux !

. . . . . . . . . . . . . . . . .
Oui, cette passion, de toutes la plus belle,
Traîne dans un esprit cent vertus après elle....
. . . . . . . . . . . . . . . . .

C'était ainsi que Molière reconnaissait la protection que le roi lui accordait contre ses ennemis.

La Vallière, que nous avons déjà citée, était faite pour donner une excuse à ces flatteries. Parmi les nombreuses maîtresses de Louis XIV, La Vallière, en vérité, est la seule à laquelle on prenne intérêt; parce que l'amour purifia ses faiblesses. Un tableau que l'on voit dans la galerie actuelle du château de Versailles la représente transformée en Diane, un carquois sur l'épaule et tenant une levrette en laisse; c'est de cette façon que Molière dépeint la princesse d'Élide :

Et qu'un arc à la main, sur l'épaule un carquois,
Comme une autre Diane elle hante les bois.

Ce tableau dont nous venons de parler est un souvenir de ce temps où la gracieuse chasseresse embellissait aux yeux du roi les bois de Satory, de Ville-d'Avray et de Versailles, comme une divinité cachée. A cette époque eurent lieu en son honneur les fêtes superbes empruntées à la riante imagination de l'Arioste, et dans lesquelles le roi apparut, sous les traits de Roger, avec une armure couverte de diamants.

On pouvait, sans être trop courtisan, flatter les amours du roi, lorsque Molière écrivit, pour les fêtes de Versailles, *la Princesse d'Elide;* en tirant sa comédie d'une pièce de Moreto, intitulée *El desden con el desden*, il ne crut pas devoir oublier le *gracioso*, personnage bouffon qui égaie presque toutes les vieilles pièces espagnoles, mais il modifia de beaucoup l'importance de ce singulier confident; il ne fit pas usage de toutes les plaisanteries de son modèle, plaisanteries dont quelques-unes ne manquent pas d'originalité. Ce fut alors que Molière commença *le Tartufe*. Voici ce que rapporte la *Muse historique*, qui donne tous les détails de la fête au milieu de laquelle figura *la Princesse d'Elide*.

« Le soir Sa Majesté fit jouer les premiers actes d'une comédie nommée *Tartufe*, que le sieur Molière avait faite contre les hypocrites; mais, quoiqu'elle eût été trouvée fort divertissante, le roi connut tant de conformité entre ceux qu'une véritable dévotion met dans le chemin du ciel, et ceux qu'une vaine ostentation des bonnes œuvres n'empêche pas d'en commettre de mauvaises, que son extrême délicatesse pour les choses de la religion eut de la peine à souffrir cette ressemblance du vice avec la vertu; et, quoiqu'on ne doutât pas des bonnes intentions de l'auteur, il défendit cette comédie pour le public, jusqu'à ce qu'elle fût entièrement achevée et examinée par des gens capables d'en juger, pour n'en pas laisser abuser à d'autres moins capables d'en faire un juste discernement. »

Voici encore une pièce prise de l'espagnol, et que Molière n'eut pas le temps de mettre en vers; car on regardait alors la prose comme un négligé peu séant pour la comédie. C'est le fameux sujet du convié de Pierre, *il Combidado de Piedra*, que tous les théâtres de l'époque s'empressèrent de traiter en même temps. Molière n'en dédaigna pas la fantasmagorie. La comédie italienne avait suivi d'assez près la comédie espagnole; elle avait été imitée par *de Villiers*, acteur de l'hôtel de Bourgogne. Dans la pièce italienne, on voit don Juan, comme dans l'opéra de ce nom, se battre avec le vieux commandeur, et le tuer, après avoir cherché à séduire sa fille. Don Juan et son valet s'embarquent ensuite pour fuir la vengeance du roi, et, assaillis par une tempête, sont jetés sur une côte voisine; don Juan est secouru par une jeune paysanne, qui deviendra ensuite, sous la plume de Byron, la poétique Haïdée. Don Juan continue le cours de ses séductions, jusqu'à l'heure où, se rendant à l'invitation du commandeur, il entre dans le caveau funèbre où il est englouti. Don Juan, dans la pièce espagnole, demande un confesseur au moment où il sent s'appesantir sur lui la colère du ciel, qu'il a offensé.

Molière a transformé don Juan en hypocrite et en athée, qui meurt dans son endurcissement; nul esprit n'est plus pervers. Il se contient devant son père; mais dès qu'il est seul avec son valet, il s'abandonne en liberté à toutes ses débauches de cœur et d'esprit. Don Juan est brave, mais on n'est pas dupe de son courage : n'est-il pas entouré de gens qui mettent à tout propos l'épée à la main? Il faut bien faire comme les autres. Il sait d'ailleurs que le meilleur moyen de conquérir l'amour des femmes est de déployer cette valeur que leur faiblesse admire. Don Juan oublierait-il ce genre de séduction? On n'est pas dupe davantage de sa générosité; s'il donne un louis d'or à un pauvre, c'est après de lâches épreuves et par ostentation. Don Juan a érigé l'égoïsme en système; il ne reconnait que la volupté! Voyez-le quand dona Elvire, vêtue de deuil, s'en vient, par un dernier effort de tendresse, le prier de changer de vie, de peur d'attirer la foudre sur lui. Don Juan accueille la dame avec bonté : il l'engage à rester après l'avoir délaissée quelques heures auparavant. Pourquoi donc ce changement? l'âme de don Juan s'est-elle attendrie? Non pas, mais les blanches épaules de dona Elvire, encadrée dans un noir costume, ont pour lui des charmes nouveaux : il veut ressaisir ses droits d'amant; il sent se rallumer en lui un désir qu'il croyait éteint.

Dans la pièce italienne, le valet de don Juan se nommait Arlequin, selon l'usage, et il se permettait certaines arlequinades qui ne devaient pas être du goût de tous les spectateurs. Pour consoler la fille d'un pêcheur trompée par son maître, il lui montrait la fameuse liste de toutes celles qui s'étaient trouvées dans le même cas. Cette liste consistait en une longue bande de papier qu'Arlequin jetait ensuite vers le parterre, en la retenant par un bout; puis il disait : « Voyez, messieurs, voyez si vous ne trouvez pas le nom de vos femmes ou de vos maîtresses. » Le public, qui était de fort bonne composition, applaudissait cette sortie. Molière a fait d'Arlequin, qu'il appelle Sganarelle, nom qui lui était favori, un valet dans le goût de celui de Cliton du *Menteur;* et Thomas Corneille, lorsqu'il s'est avisé de mettre *Don Juan* en vers, croyant ressaisir un bien de famille sans doute, a renforcé encore les traits de ressemblance.

Le *Festin de Pierre*, œuvre dans laquelle Molière s'éleva à une hauteur où il n'était pas encore parvenu, accrut la foule des critiques, et il en est une curieuse qui mérite d'être rapportée. Un sieur de Rochemont osa écrire ceci : « Il est vrai qu'il y a quelque chose » de galant dans les ouvrages de Molière, et je serais bien fâché de » lui ravir l'estime qu'il s'est acquise. Il faut tomber d'accord que » s'il réussit mal à la comédie, il a quelque talent pour la farce; et » quoiqu'il n'ait ni les rencontres de Gaultier-Garguille, ni les im» promptus de Turlupin, ni les bravoures du Capitan, ni la naïveté » de Jodelet, ni la panse de Gros-Guillaume, ni la science du Doc» teur, il ne laisse pas de plaire quelquefois et de divertir en son » genre. »

L'*Amour Médecin*, qui succéda de près au *Festin de Pierre*, mais que Molière composa pour la cour, fut joué à Versailles. Cette pièce était commandée : *faite, apprise et représentée* en cinq jours, elle n'en est pas moins d'un comique admirable. Molière, usant encore de la liberté d'Aristophane, s'y amuse aux dépens des médecins du roi. On prétend même que, non content d'avoir contrefait leurs noms à l'aide d'étymologies grecques que Boileau lui avait fournies, il osa, sous des masques, livrer leurs figures à la gaieté publique, afin que ceux qui avaient fait pleurer si souvent fissent rire une fois au moins dans leur vie. Cette comédie de l'*Amour Médecin* est pleine de traits charmants. Rien n'est plus amusant que la scène où les quatre docteurs, réunis pour une consultation, s'entretiennent de leurs mules et parlent de leurs affaires particulières.

e cette pièce est sortie la phrase devenue proverbiale : « *Vous êtes orfèvre, monsieur Josse ;* » phrase qui s'applique aux donneurs de conseils intéressés. Molière n'avait fait que chatouiller l'épiderme des médecins jusqu'à ce moment ; c'est là qu'il déclare une guerre à mort à leurs longues robes doctorales, à leurs rabats, à leur pédantisme hérissé de mots grecs, à l'ignorance de la plupart d'entre eux, à tout ce qui constituait alors ce charlatanisme de leur profession auquel les médecins actuels ont renoncé. Les nôtres savent mieux la vie. Connaissent-ils mieux la mort ?

Molière voulut peindre enfin largement les travers de la haute société, il fit *le Misanthrope*, sa plus belle création. Cette pièce résume toute la philosophie de l'auteur ; elle représente un des types les plus beaux que la poésie ait jamais su ravir à la fragile humanité. Les critiques qui n'ont vu dans Molière que le côté positif se sont étrangement mépris. La broderie leur a caché le fond. L'idée qui se fait jour dans toutes ses pièces est celle-ci : montrer que les plus honnêtes gens du monde ne sont pas exempts de faiblesses et de défauts, et que chacun doit s'appliquer à se perfectionner en se corrigeant. Lorsqu'on part de cette idée, qui est éminemment vraie, le caractère d'Alceste est le plus beau qu'ait conçu Molière. C'est l'arc-boutant qui soutient la voûte. En lui se concentre toute la force de pensée qui a présidé aux autres compositions de l'auteur. Vous voyez en effet le comte Alceste, le plus sage des hommes, se débattre dans les filets où l'a enlacé une coquette ; bien plus, il se met en colère à propos d'un sonnet. L'exagération de ses bonnes qualités vous fait sourire sans que vous l'en estimiez moins ; vous dites seulement : Il est bien difficile d'être parfait, puisque cet homme ne l'est pas.

Rousseau, qui a vu *le Misanthrope* au travers de sa misanthropie personnelle, l'a fort mal jugé. Rousseau prétend que Molière a dégradé, avili son héros, et l'a rendu ridicule. Cela est faux, Alceste n'est pas ridicule un seul instant ; ses faiblesses de cœur et ses emportements ne produisent pas un si déplorable effet. C'est un rire bienveillant qui les accueille, sans que l'on perde le respect dû au personnage. Le second reproche que Rousseau adresse à Alceste est de ne s'en prendre qu'à des ridicules privés et non à des vices publics. Cette vigoureuse haine qu'il avait dans l'âme, il fallait l'exercer, s'est-on écrié souvent, contre le régime d'un gouvernement despotique, contre les abus qui pesaient sur la nation ; il fallait lutter avec un ordre social mauvais, et faire, en l'étreignant fortement, qu'il craquât de toutes parts, si bien que pour le jeter à bas le peuple n'eût plus besoin de donner qu'un coup d'épaule. C'était un beau rôle à jouer, mais il était impossible alors. L'heure de Mirabeau n'était pas venue en 1666. Personne n'avait le regard assez puissant pour faire trembler la Bastille sur le sol. Molière pouvait à peine dire dans *le Tartufe*, en parlant des lettres de cachet :

> Et ce sont de ces coups que l'on pare en fuyant.

Le roi qui florissait alors tenait la France muette, et ne permettait pas qu'on s'immisçât dans son administration. Le mystère du gouvernement demeurait renfermé dans la salle du trône. La condition d'existence de Molière n'était qu'au prix de son silence sur les affaires de l'État.

Que pouvait donc faire le poète, ayant ainsi les mains liées ? Ce qu'il a fait : arriver à la réforme sociale par des détours ; songer à épurer les mœurs avant de chercher à établir les lois. Le XVIIIe siècle viendra poursuivre son œuvre ; la comédie perdra de sa gaieté pour entrer dans une voie philosophique ; la tragédie se fera sentencieuse ; le théâtre secondera l'indépendance des esprits. *Le Misanthrope* étant posé dans la société de Molière, Alceste ne pouvait se blesser que de ce qui remuait cette société ; or, le bel esprit était alors une chose importante. La fureur de rimer gâtait tout le monde, à la cour, à la ville. On ne rencontrait dans les ruelles et aux promenades qu'infatigables lecteurs de sonnets et de madrigaux. Il n'est donc pas étonnant qu'Alceste, ennuyé de cette manie, le prenne à cet égard sur un ton fort haut. Les petites choses ont de l'importance quand on vit dans un petit cercle ; et, forcé par son amour pour Célimène de se trouver sans cesse confondu avec des sots, le noble personnage épanche sa bile sur les misères qui le froissent.

Le coup de génie était de rendre Alceste amoureux d'une coquette ; et nous avons déjà dit que, pour ce qui touche l'amour, Molière nous semblait le poète dont l'analyse est descendue le plus profondément dans les replis du cœur humain. Alceste connaît les défauts de Célimène ;

> Mais la raison n'est pas ce qui règle l'amour.

La grâce de la belle veuve est la plus forte ; il espère (elle n'a que vingt ans), il espère mûrir cette jeunesse étourdie aux leçons d'une tendresse sérieuse. Alceste pense que Célimène, unie à lui, se corrigera de ses travers ; et ce n'est que lorsqu'il la voit incurable, lorsqu'il s'aperçoit qu'elle est près de tomber dans le vice de la galanterie, que, la main crispée sur un cœur trop crédule, il arrache son fol amour et s'enfuit dans la solitude, honteux d'avoir été dupe si long-temps. N'est-ce pas un magnifique effort que celui d'Alceste renonçant à la possession de la femme qu'il désire le plus, pour conserver la noblesse de son âme, la dignité de son caractère? Effort d'autant plus pénible que Célimène l'aime autant qu'une coquette peut aimer. L'homme aux rubans verts lui tient plus au cœur que les autres.

Quel monde que celui du *Misanthrope!* Quelle belle nature que celle d'Alceste! Qui donc, ayant le sentiment de la vertu et de l'honneur, n'est pas tout prêt à s'écrier, comme le duc de Montausier, qu'il voudrait ressembler à cet homme? Il est certain qu'on se retrempe à cette source de franchise et de loyauté, et qu'on en sort la tête plus haute et le cœur plus ferme. Une âme bien située ne commettrait pas une basse action en sortant d'une représentation du *Misanthrope.* Rousseau était donc bien malvenu à attaquer cette comédie; il a eu grand tort d'employer son éloquence à soutenir des paradoxes sur l'immoralité du théâtre. Rendons plutôt justice aux ménagements qu'il fallait que Molière gardât de peur de déplaire à un monarque jaloux de son autorité, et son protecteur déclaré. Croit-on, encore une fois, que Louis XIV se fût laissé dire sans restriction : « Sire, votre cour est corrompue, vénale, et tout infatuée d'elle-même; on n'y a pas la liberté de vivre en homme d'honneur? » Si l'auteur eût tenu ce langage, il aurait été envoyé immédiatement à la forteresse de Pignerol. Chaque chose a son temps; il était indispensable alors d'attacher une indignation comique aux paroles d'un rigide censeur. Alceste sans transports et philosophe réformateur aurait été interrompu dès les premiers vers, Louis XIV, qui ne pardonna pas à Fénelon les conseils voilés de *Télémaque*, ni à Racine un vœu en faveur des protestants, aurait-il souffert qu'un comédien lui donnât des leçons? La chaire de Bossuet possédait à peine ce privilége; Molière, qui savait tout, n'ignorait pas que les bouffons du moyen âge avaient seuls le droit de dire la vérité aux monarques absolus; et, s'il faut plaindre ce grand homme de s'être vu forcé de poser, pour ainsi dire, sur le noble front d'Alceste le bonnet à grelots des anciens fous de cour, il n'en est que plus admirable par la manière dont il l'a fait.

Nous verrons plus tard ce que ce caractère devait devenir en suivant la marche des idées, lorsque Fabre d'Églantine le rencontrera; nous ferons mieux sentir alors la différence des époques

On remarque, dans la charmante scène des portraits, une vingtaine de vers qui semblent un hors-d'œuvre, et qu'on pourrait retrancher sans faire de tort à la pièce; vers charmants du reste. Ce sont les vers que prononce Céliante sur les illusions des amants :

L'amour pour l'ordinaire....

Ces vers sont empruntés à Lucrèce; c'est une traduction exquise, qui date des premières études de Molière, et qu'il a voulu placer là. Molière ne perdait rien. On sent un peu que le morceau est rapporté. Voilà, du reste, le seul emprunt que l'auteur se soit permis dans ce chef-d'œuvre, qui lui appartient ainsi qu'aux mœurs françaises.

Molière joua lui-même le rôle du Misanthrope, et mademoiselle Molière celui de la coquette Célimène. Les deux époux ne se voyaient plus guère qu'au théâtre. Les caprices de mademoiselle Molière pour le comte de Guiche, puis pour M. de Lauzun, puis pour beaucoup d'autres, avaient amené une séparation. Combien le mari jaloux sut rendre avec vérité les emportements amoureux d'Alceste, et qu'il dût souffrir! Les spectateurs, au courant de la mésintelligence conjugale des deux personnages, eurent un intérêt de plus dans la représentation de cette pièce. Mademoiselle Molière représentait à ravir cette Célimène, qui reste jusqu'à la fin ce qu'elle est au commencement, légère et coquette, et qui refuse de quitter les adorations du monde pour suivre Alceste dans la solitude, ou, si vous le voulez, Molière dans la retraite d'Auteuil. Cette femme de vingt ans, si spirituelle dans ses médisances qu'on les lui pardonne, si jolie qu'on oublie ses torts les plus graves, est le type le plus achevé que l'auteur ait créé. Ce rôle a été tissu avec les fibres de son cœur.

*Le Misanthrope* étonna le public habitué aux imbroglios espagnols. Cette pièce si simple et si sévère déconcerta les spectateurs qui faisaient leurs délices des pièces bouffonnes de Scarron. Mais les connaisseurs sentirent tout de suite la beauté de cette haute et noble comédie. Il faut savoir gré à Devisé d'avoir soutenu *le Misanthrope*. Il publia quelques jours après la première représentation une lettre vraiment remarquable, dans laquelle il examinait scène par scène le mérite de la nouvelle comédie de Molière. Seulement Devisé s'est trompé comme son siècle sur l'idée du grand poète : il donne raison à Philinte contre Alceste. « L'ami du Misanthrope, dit-il, est si raisonnable que tout le monde devrait l'imiter. Il n'est ni trop ni trop peu critique, et, ne portant les choses ni dans l'un ni dans l'autre excès, sa conduite doit être approuvée de tout le monde. Pour le Misanthrope, il doit inspirer à tous ses semblables le désir de se corriger. »

*Le Médecin malgré lui*, qui succéda au *Misanthrope*, servit même à maintenir au théâtre ce chef-d'œuvre dans sa nouveauté. Molière se mit à continuer vivement sa guerre contre les médecins. L'ignorance des docteurs de son temps était telle, que le sentiment public le secondait non moins que le bon plaisir du roi. Toutes les fois que le peuple voyait passer Quesnault, il le remerciait d'avoir délivré la France du cardinal Mazarin, dont il était le médecin, et lui pardonnait spirituellement, à cause de ce malade un peu brusquement envoyé dans l'autre monde, tous les honnêtes gens dont on aurait pu lui reprocher la mort. Molière conçut l'idée de changer le mot médecin même en une injure véritable ; et lorsque Sganarelle est accosté par deux personnes qui veulent le forcer à faire partie de la faculté, cette réponse, *Médecin vous-même*, est un des traits comiques les plus incisifs qui soient au théâtre. Un docteur fait à coups de bâton, n'est-ce pas une chose extrêmement plaisante? Cette pièce abonde en détails heureux, en scènes excellentes, et d'une portée plus haute que ne paraît le comporter la bouffonnerie du sujet. La phrase *Nous avons changé tout cela*, à propos du cœur que Sganarelle place à droite dans un de ses amphigouris, est devenue un proverbe comme *Vous êtes orfèvre* de *l'Amour médecin*. C'est une comique scène que celle où la belle Lucinde use trop librement de la liberté de s'exprimer qu'elle fait semblant d'avoir recouvrée, et donne à son père le regret de ne plus voir sa fille muette, lui qui s'est tant inquiété parce qu'il la croyait privée de la parole.

Molière s'est servi du *Médecin volant* de Boursault, et de son propre *Médecin volant* à lui-même, pour composer son *Médecin malgré lui*. Le président Rose, humaniste distingué, joua un tour ingénieux à Molière, à propos de la chanson que Sganarelle adresse à sa bouteille : *Qu'ils sont doux !* Le président Rose mit ces vers en latin et soutint que Molière les avait traduits. Nous citerons en regard du texte ces vers d'une très-bonne latinité et qui ressembleraient à une strophe d'Horace, si Horace avait connu la rime :

| | |
|---|---|
| Qu'ils sont doux, | *Quam dulces,* |
| Bouteille jolie, | *Amphora amœna,* |
| Qu'ils sont doux, | *Quam dulces,* |
| Tes petits glou-glous! | *Sunt tuæ voces!* |
| Mon sort ferait bien des jaloux | *Dum fundis merum in calices,* |
| Si vous étiez toujours remplie : | *Utinam semper esses plena!* |
| Ah! bouteille, ma mie, | *Ah! ah! cara mea lagena,* |
| Pourquoi vous videz-vous? | *Cur vacua jaces?* |

La troupe que dirigeait Molière, et qui prit bientôt le nom de troupe du roi, servait aux plaisirs de la cour, comme nous l'avons vu. Louis XIV commanda des divertissements nouveaux vers la fin de 1666; la mort de sa mère, arrivée au commencement de cette année, avait suspendu jusque-là toutes les fêtes. Molière, pour plaire au roi, composa les deux premiers actes de *Mélicerte* et la *Pastorale comique*. Il faut convenir que cette fois Molière fut abandonné par son génie. Il voulut puiser encore à la source de *Cyrus* et de l'*Astrée*, et s'aventurer sur les traces de d'Urfé; mais le peintre fidèle des mœurs n'était pas à son aise dans ce monde romanesque : il trouva pourtant des vers charmants qu'il mit dans la bouche de Myrtil. Le jeune Baron fit le succès de cette pastorale, et causa même de la jalousie à mademoiselle Molière, qui eut pour lui de mauvais procédés. Plus tard, les sentiments changèrent. Ce fut au tour de Molière à être jaloux. Molière se hâta de mettre dans l'ombre *Mélicerte* et la *Pastorale comique* aussitôt les fêtes de la cour terminées. Il n'était pas homme à se tromper sur la valeur de ces pièces. Il n'acheva jamais *Mélicerte*. Guérin fils, dont le père épousa en secondes noces la femme de Molière, finit cette pastorale héroïque; mais la muse de la comédie, plus rebelle que l'épouse du poëte, ne se laissa pas surprendre : elle resta fidèle à la mémoire du grand homme.

*Le Sicilien* ou *l'Amour peintre* est une des jolies petites comédies de Molière. Cette pièce fut intercalée dans le *Ballet des Muses* de Benserade, et le roi Louis XIV ne dédaigna pas d'y jouer le rôle d'un *Maure de qualité*. Madame Henriette d'Angleterre, mademoiselle de La Vallière, madame de Rochefort, madame de Brancas étaient transformées en *Mauresques de qualité*. Molière représentait don Pèdre, le principal rôle. Don Pèdre, gentilhomme sicilien, l'aïeul de Bartholo, est épris des charmes d'une jeune Grecque qu'il a achetée, et qu'il tient renfermée sous les verrous. Un jeune seigneur français est amoureux aussi de la belle esclave, fille raisonneuse et difficile à garder. Le seigneur Adraste invente mille moyens pour voir l'adorable Isidore, et pour lui parler. Il est aidé par un valet hardi, entreprenant, astucieux, Hali, qui se plaint déjà de la *sotte condition d'être toujours tout entier aux passions d'un maître, de n'être réglé que par ses humeurs, et de se voir réduit à faire* ses *propres affaires de tout les succès qu'il peut prendre*. Ne voilà-t-il pas le caractère ambitieux de Figaro qui commence à percer? Adraste, après avoir perdu son temps à donner des sérénades sous les fenêtres de sa belle, sans avoir pu entrer dans le logis, apprend que don Pèdre veut faire peindre Isidore; le peintre est de ses amis; il se fait envoyer à sa place chez don Pèdre, car il sait peindre; il manie le pinceau *contre la coutume de France, qui ne veut pas qu'un gentilhomme sache rien faire :* Molière n'omet aucun trait de mœurs. Adraste déclare sa tendresse à Isidore, qui ne balance pas entre un vieux et un jeune amant. Il ne s'agit plus que de l'enlever. Comment s'y prendre? Adraste fait semblant de poursuivre une de ses esclaves, Zaïde, qui a osé se dévoiler en public; Zaïde se réfugie dans la maison de don Pèdre, lequel s'entremet dans cette affaire et cherche à l'arranger honnêtement. Adraste, ayant l'air de céder à ses raisons, a rengaîné son épée; on va chercher Zaïde, mais à la place de Zaïde, Isidore, couverte d'un grand voile, s'échappe avec son amant. Don Pèdre, furieux, court chez la justice, afin de la mettre à la poursuite des fugitifs; mais la justice donne un bal. La justice le remet au lendemain. Cette dernière scène, que le Théâtre-Français croit devoir supprimer et qui complète la pièce, est de toute nécessité.

Il y a des mots charmants dans la comédie du *Sicilien*, et des meilleurs de Molière. C'est dans cette pièce que se rencontrent deux soufflets si comiquement échangés dans l'ombre. *Qui va là?* dit don Pèdre en donnant un soufflet à Hali — Ami, répond Hali en rendant le soufflet à don Pèdre; puis, lorsque Hali, déguisé en musicien, prétend divertir don Pèdre par un concert, et lui dit : *Seigneur, je suis virtuose. — Je n'ai rien à donner,* répond don Pèdre. Indépendamment de ces coquetteries de style, *le Sicilien* possède toute la grâce des imbroglios italiens et espagnols, dans lesquels la musique joue un aussi grand rôle que l'amour, et qui montrent de vieux jaloux dupés par de jolies filles et de beaux cavaliers.

Cailhava, à qui l'on doit un excellent travail sur Molière, a fait des remarques très-justes à propos du style de cette comédie, que Molière avait sans doute commencé en vers; il comprenait si bien la supériorité des vers sur la prose! les premières lignes du *Sicilien* ont été arrangées par Cailhava dans un rhythme très-naturel qui rappelle celui d'Amphitryon.

Nous voici arrivés au second chef-d'œuvre de Molière, *le Tartufe*, qui partage avec *le Misanthrope* l'honneur du premier rang dans cette magnifique galerie des caractères laissés par l'auteur à l'admiration des siècles. Il y a au théâtre des noms qui semblent convenir tellement aux personnages, qu'il semble qu'on n'aurait pu s'habituer à tout autre. Que signifiait, par exemple, le nom de *Panulphe*, que Molière avait d'abord eu dessein de donner à son imposteur! *Tartufe!* à la bonne heure! C'est là un nom heureux! un nom béat, tout confit en hypocrisie! Ne pensez pas que nous voyions actuellement ce nom de Tartufe à travers le personnage, et que notre esprit et notre oreille soient séduits par l'habitude! A part une valeur devenue proverbiale, ce nom porte en lui, comme tous les noms bien inspirés qui doivent dater dans le monde, une sorte d'étymologie privilégiée. Dieu nous garde de tomber dans le ridicule des *Femmes Savantes*, et d'appliquer à ce mot le vers de Bélise :

> Il est vrai qu'il dit plus de choses qu'il n'est gros !

Mais nous citerons l'autorité de Molière, une anecdote prouve qu'il a cherché long-temps une expression aussi caractéristique que celle-là; on assure que, se trouvant un jour chez le nonce du pape avec plusieurs ecclésiastiques au visage papelard, on apporta des truffes, et que l'un d'eux s'écria avec un air admirable de goinfrerie dévote : *Tartufoli*, *signor nunzio*, *tartufoli!* Il n'en fallut pas davantage au poète comique. Cette figure morose si subitement déridée, cette gourmandise cafarde, dévoilée à l'improviste, lui donnèrent la mesure d'un masque d'hypocrite! Tartufe était trouvé; peut-être est-ce pour cela que Molière a fait son héros si tendre, non-seulement à la tentation du côté des femmes, mais encore aux sensualités de la bonne chère. Rappelez-vous le repas de ce *pauvre homme*.

> . . . . . . Il mangea deux perdrix,
> Avec une moitié de gigot en hachis.

Si Molière n'a pas mis les truffes dans le repas, c'était pour éviter les personnalités! Les truffes sont dans le mot.

On sait toutes les peines que l'auteur du *Misanthrope* eut à faire jouer son nouveau chef-d'œuvre ; chacun voulait s'y reconnaître. On prétend qu'une aventure pareille à celle qu'il a mise dans sa comédie se passa chez la duchesse de Longueville, entre cette galante princesse et l'abbé de La Roquette. Au reste, tout le clergé cria au scandale, bien que Tartufe ne soit pas un abbé, puisque Orgon veut lui donner sa fille en mariage; mais on n'ignorait pas l'intention première de Molière : lui-même a pris soin, comme il le dit assez naïvement au roi dans un placet, de *déguiser* le personnage sous l'ajustement d'un homme du monde. Les abbés clairvoyants ne se trompaient pas; ils avaient alors les honneurs, la puissance; ils étaient attaqués d'une façon détournée dans leurs intérêts......... Pouvaient-ils pardonner! Il fallait que Molière comptât bien sur le roi, pour lui faire l'aveu contenu dans son placet, confidence que l'on dirait presque faite de pair à compagnon. « J'ai eu beau donner à mon imposteur, dit-il, un petit chapeau, de grands cheveux, un grand collet, une épée et des dentelles sur tout l'habit; mettre en plusieurs endroits des adoucissements, et retrancher avec soin tout ce que j'ai jugé capable de fournir l'ombre d'un prétexte aux célèbres originaux du portrait que je voulais faire : tout cela n'a de rien servi. » On pouvait alors parler ainsi à Louis XIV; il était jeune, amoureux et puissant, sa vie était ouverte et brillante. Mais lorsque l'hypocrisie en personne s'approcha de lui sous les traits de madame de Maintenon, et gouverna ses facultés vieillies; lorsque le sceptre du grand roi se changea en quenouille véritable, il n'eût pas fallu que Molière demandât autorisation pour faire jouer son *Tartufe*.

On ne se lassera jamais d'admirer cette comédie, l'honneur impérissable de la scène française. L'intrigue, savamment combinée, est pleine d'intérêt, depuis l'exposition, si vive et si théâtrale, jusqu'au dénoûment, l'un des plus adroits et des plus heureux du monde. Le seul reproche qu'on puisse faire à ce dénoûment, c'est d'être compliqué d'une certaine cassette dont il n'a été que fort peu question, et qui donne matière à Tartufe d'accuser Orgon près du roi. Cette cassette ne joue pas un rôle assez actif dans les premiers actes, mais aucun autre dénoûment n'était possible ; celui-là avait de plus le mérite d'être un passe-port à la comédie de Molière. Avec quelle adresse Louis XIV s'y trouve flatté! Quel prince, ainsi flatté, n'aurait pas pris la responsabilité d'un ouvrage plus dangereux encore! Comme on se sent noblement ému lorsque l'exempt, ce personnage si peu attendu, répond à Tartufe, qui lui demande le motif pour lequel on veut l'emprisonner :

> Ce n'est pas vous à qui j'en veux rendre raison!

Que de dignité dans cette réponse! Voilà un homme qui tout d'un coup devient un personnage. Cet honnête homme est bien sûr d'être écouté quand il fera son récit. On n'a jamais poussé le naturel des caractères plus loin que dans cette pièce achevée; tous les portraits sont frappants de vérité, depuis madame Pernelle, cette vieille grand'mère, discoureuse intempestive, jusqu'à M. Loyal, ce type des huissiers : Tartufe, ainsi qu'on l'a remarqué, véritable hypocrite, à moins qu'il ne soit emporté par sa convoitise, ne se livre jamais, pas même au public; il ne se permet pas même un *à parte*, lorsqu'il est pris en flagrant délit. Quand au quatrième acte sa concupiscence est découverte par Orgon, il reprend son manteau d'hypocrisie, il ose encore parler de la vengeance du ciel.

Quel charme dans le caractère de Marianne, quelle grâce surtout dans celui d'Elmire! c'est la femme sage sans pruderie, qui sait se défendre et se faire respecter sans simagrées de vertu, sans fermer l'oreille aux propos du monde, parce qu'il peut s'y glisser des choses d'amour. Elmire est la plus honnête femme qui ait été imaginée par un poète. Mariée à un sot, Elmire est néanmoins fidèle à son mari; elle se défend contre les entreprises galantes comme une mère de famille doit le faire, sans scandale et sans bruit. Prise dans la réalité, elle s'idéalise par la pureté de son âme et par le sentiment du devoir porté jusqu'à l'abnégation d'elle-même; ce qui constitue la plus vraie, la plus belle des poésies. Il y a bien des soupirs refoulés dans le sein d'Elmire. Comme elle a dû souffrir de la petitesse d'esprit de son époux et de la mauvaise humeur de sa vieille et bavarde belle-mère, elle qui est si haute d'intelligence et de cœur! Elle a concentré ses affections sur les enfants de son mari, jeunes gens qu'elle aime comme si elle était leur mère. Elle dissimule devant eux les tortures qu'elle éprouve chaque jour : quelquefois elle s'en plaint à son beau-frère, le plus raisonnable et le meilleur des hommes; mais autant qu'elle peut, comme un propice arc-en-ciel, elle apaise les orages de la famille. Dorine, qui n'a pas la même modération que sa maîtresse, se voit forcée de se taire en sa présence, et pour causer à son aise, se rejette sur Orgon, qui la tolère par habitude et parce qu'il n'est pas fâché d'avoir quelqu'un là au besoin pour se mettre en colère et faire du fracas dans la maison afin de prouver qu'il est le maître.

Le *Tartufe* ne ferma pas, comme on le pense, la bouche aux ennemis de Molière; mais croira-t-on bien qu'après *le Misanthrope* et le *Tartufe*, il y eut une plume basse et jalouse qui osa écrire ces vers :

Molière plaît assez, son génie est folâtre;
Il a quelques talents pour le jeu du théâtre,
Et, pour en bien parler, c'est un bouffon plaisant
Qui divertit le monde en le contrefaisant;
Ses grimaces souvent causent quelques surprises;
Toutes ses pièces sont d'agréables sottises.
Il est mauvais poète, et bon comédien;
Il fait rire, et, de vrai, c'est tout ce qu'il fait bien.
Molière à son bonheur doit tous ses avantages;
C'est son bonheur qui fait le prix de ses ouvrages.

Molière appelé *bouffon plaisant* après tant de chefs-d'œuvre empreints de la plus haute philosophie!

*Tartufe* fut suivi d'*Amphitryon.* Nous devons remarquer que les convenances les plus strictes, non pas dans les détails, mais dans le sujet, se trouvent observées dans cette pièce difficile à traiter. *Amphytrion* est le jouet d'une erreur; sa femme n'a pas manqué à la vertu. Il est bien vrai qu'Alcmène n'a été fidèle que de pensée; mais elle obtient aisément pardon du plus rigide spectateur, puisque Jupiter avait pris le visage de son époux. C'est un bel éloge donné aux dames de l'antiquité, qu'un dieu, pour les séduire, ait été obligé de prendre ce moyen. Dans nos sociétés modernes, moins un homme ressemble au mari, plus il a de chances de réussir auprès de la femme; sans cela, à quoi bon changer?

La sainteté du mariage était mieux observée dans l'antiquité que chez les nations actuelles. Les tribunaux de Rome demeurèrent cinq cents ans sans connaître du crime d'adultère; et cependant les plaisanteries éternelles de notre théâtre sur les femmes ont une origine latine. Les maris y souhaitaient souvent la mort de leurs moitiés, et les railleries qui se sont conservées chez nos auteurs comiques et qui blessent souvent notre susceptibilité n'appartiennent pas à nos mœurs. Aussi ne manquent-elles jamais de surprendre les spectateurs auxquels elles sont étrangères. La prééminence de la courtisane sur l'honnête femme dans la société antique, un sentiment exagéré de réserve qui tenait à l'ombre la femme légitime et ne lui donnait aucune action d'amour-propre sur son mari, ont produit ces moqueries indécentes. La femme n'était qu'une entrave aux désirs du mari; la courtisane, au contraire, le séduisait par des qualités brillantes: l'obscurité même où vivait la femme, au lieu de la faire estimer, attirait sur elle une sorte de mépris. Telles sont les bizarreries de l'esprit humain!

L'*Amphitryon* de Plaute, auquel Molière a emprunté presque toute sa comédie, renferme sur les femmes des lignes que les anciens inscrivaient sans doute en lettres d'or sur le seuil de leurs gynécées. On doit se rappeler que Plaute fait agir des personnages grecs; mais il y avait entre les mœurs grecques et les mœurs latines une grande ressemblance. La meilleure preuve en est que les comédies de Plaute et de Térence, souvent traduites littéralement d'Aristophane, de Ménandre et de Dyphile, et de beaucoup d'auteurs dont les ouvrages ne nous sont point parvenus, n'en plaisaient pas moins aux spectateurs romains, qui s'y reconnaissaient. Il n'y avait que les noms de changés.

Voici la manière dont Alcmène se défend dans Plaute:

ALCMÈNE.

« Ce que l'on appelle dot, les biens de la fortune, ne sont rien à mes yeux. Le plus riche apanage d'une femme, c'est la chasteté, la pudeur, l'empire qu'elle a sur ses passions, la crainte des dieux, l'amour envers l'auteur de ses jours; c'est enfin l'union qu'elle conserve dans sa famille. Pour moi, je n'ai cessé de vous être soumise, et je ressens toujours un nouveau plaisir à rendre service aux gens de bien, à leur être utile.

SOSIE.

Ma foi, si cette femme parle avec sincérité, c'est le modèle des femmes. »

Sosie a raison; et l'on ne peut en moins de lignes tracer un sommaire plus exact des devoirs d'une honnête femme.

L'*Amphitryon* français est de beaucoup supérieur au latin par l'exécution, mais, le personnage de Cléanthis excepté, tout Plaute a passé chez Molière. Il existe au dénoûment une différence notable. L'Amphitryon de Plaute est enchanté de l'honneur que lui a fait Jupiter, en daignant rendre sa femme mère d'Hercule; les dieux païens avaient un reste de crédit du temps de Plaute; on ne se moquait pas d'eux ouvertement comme du temps de Pétrone, par exemple; et l'Amphitryon que l'on jouait aux fêtes de Jupiter, témoignait du respect absolu que l'on devait aux volontés des dieux quoi qu'ils pussent ordonner. L'Amphitryon de Molière n'avait pas les mêmes respects à conserver: aussi n'est-il pas plus content qu'il ne faut. Le seigneur Jupiter a beau lui *dorer la pilule* avec grâce, Amphitryon a de la peine à la digérer. On sent sous le masque de Jupiter le roi Louis XIV dans tout son éclat; et l'Amphitryon est devenu un des époux de sa cour galante, obligé de tolérer ce qu'il ne peut empêcher.

*L'Avare* fut également emprunté à Plaute; Molière mit non-seulement le poète latin à contribution, mais encore plusieurs autres auteurs. C'est peut-être celle de ses pièces dans laquelle il a fait entrer le plus d'éléments connus, et pourtant elle possède une véritable originalité. L'*Aululaire* de Plaute est, à n'en point douter, la base sur laquelle Molière a construit son édifice. La marmite pleine d'or du vieil Euclion a donné l'idée de la cassette d'Harpagon. Le nom d'Harpagon lui-même est emprunté à Plaute. La fameuse scène de la cassette enlevée et le quiproquo de l'avare et de l'amant appartiennent encore au poète latin. Molière s'est servi aussi de beaucoup de choses de détail; l'avare qui demande à voir la troisième main de son valet, est un trait d'Euclion. Ce caractère a été merveilleusement développé par l'auteur latin. A part quelques images un peu forcées, Plaute emploie le style le plus incisif et le plus vrai. Euclion est tellement ébloui par son trésor, qu'en sortant de chez lui il recommande à une de ses esclaves, Straphila, de ne laisser entrer personne chez lui, pas même la fortune si elle se présente :

*Si bona fortuna veniat, ne intromiseris.*

Peut-on pousser l'aveuglement de l'avarice plus loin ! L'avare de Plaute a le tort de se corriger à la fin et de faillir à l'unité de caractère; on dirait que le poète, pour faire un compliment à son public, a dénaturé sa comédie, en la traitant comme une fable sans conséquence. Molière s'est bien gardé de tomber dans ce défaut.

Molière, dans cette pièce, a creusé jusqu'au fond les faiblesses du cœur humain. Il a dévoilé, dans cet intérieur de famille, les désordres auxquels les vices des pères entraînent les enfants; et c'est avec peine que l'on voit Rousseau, toujours retranché dans la misanthropie, se refuser à comprendre cette morale. Rousseau s'offense, parce que Valère répond à son père qui lui donne sa malédiction : « Je n'ai que faire de vos dons. » Mais cette insolence du fils est motivée par la conduite du père. Valère ne nous est pas présenté comme un modèle à suivre, mais comme un exemple de la mauvaise éducation que les fils de pères comme Harpagon doivent naturellement recevoir. Une chose curieuse et parfaitement observée dans les comédies de Molière, c'est que les pères et les fils, les valets et les maîtres se querellent avec violence, et que, quelques minutes après, tout le monde reparaît avec la même familiarité qu'auparavant. N'est-ce pas là ce qui se passe dans la vie ordinaire! quelle est la famille où les grands orages ne viennent à gronder et ne se dissipent avec une semblable rapidité?

La prose nous paraît mieux convenir à la comédie de *l'Avare* que n'eussent fait les vers, elle s'adapte plus étroitement à tous les détails de la vie ordinaire; et Molière, qui possédait un tact si sûr, ne craignit pas de lutter avec le goût du public malgré la haute valeur qu'il reconnaissait lui-même aux vers. On prétend que *l'Avare* en souffrit et qu'il n'eut que très-peu de succès dans sa nouveauté.

*L'Avare* fut suivi de *Georges Dandin*, pièce jouée pour la première fois à Versailles dans une fête donnée par Louis XIV.

La pièce de *Georges Dandin* est une des meilleures leçons qu'on ait jamais données à la sottise orgueilleuse des gens qui recherchent une alliance déplacée, et surtout à l'imprudence de ceux qui épousent une fille sans consulter son cœur.

Cette comédie de *Georges Dandin*, la plus attaquable en apparence, et la plus attaquée des comédies de Molière du côté de la morale, trouve sa défense, je dirai même son apologie, dans la leçon parfaite qu'elle donne aux niais pour qui le mariage est une spéculation. Pourquoi respecterait-on des gens qui ont manqué à la sainteté de cette institution? Ils méritent d'être punis, et la comédie qui en fait justice acccomplit une œuvre honnête et juste.

Molière a tiré sa comédie de deux nouvelles de Boccace, qu'il a réunies assez nonchalamment. Son intrigue est toujours comique, mais elle ne s'enchaîne pas avec une rigueur absolue. Il arrive souvent qu'à la fin du second acte les dames prennent leurs chapeaux, les hommes se lèvent, les portes des loges s'ouvrent, et grand est l'étonnement du public peu familiarisé avec Molière, de voir commencer un troisième acte qui, plein de gaieté et de comique, n'est jamais regretté par personne.

Molière, non content d'avoir représenté un homme qu'on fait médecin malgré lui, résolut de prendre le contre-pied de cette donnée comique, et de montrer un homme bien portant livré à des médecins qui veulent le traiter en malade. M. de Pourceaugnac fut cet homme, espèce de polichinelle rattaché par Molière au fil de la comédie. Cette farce est amusante; l'on y rit de bon cœur en voyant ce bon Limousin venir pour se marier à Paris, et puis s'en retourner dans sa ville, bafoué, mystifié, avec une crainte horrible d'être toujours poursuivi par une troupe de garçons apothicaires, armés des instruments de leur profession. Cette pièce n'offre pas une morale aussi bien arrêtée que les autres; on dirait une arabesque inspirée par la fantaisie, et dont l'auteur a orné le fronton et les portiques du temple immortel de la raison.

Il faut placer ici le poëme du *Val-de-Grâce*, ou plutôt la savante épître adressée au célèbre peintre Mignard, qui avait fait le portrait du poëte, et dans laquelle il recommande si noblement son ami à Colbert, ministre si digne de l'entendre.

*Les Amants magnifiques* furent aussi composés pour la cour. Mais nous avons vu que Molière ne réussissait qu'à demi dans ce genre de pastorale que le roi réclamait quelquefois. Il indiqua lui-même à Molière le sujet de cette pièce. Louis XIV, qui ne dédaignait pas de faire asseoir le poëte à sa table, afin d'apprendre à vivre à ses officiers, ne crut pas déroger non plus en devenant son collaborateur. Cette conduite sensée de Louis XIV rachète beaucoup de fautes que l'orgueil lui fit commettre. *Les Amants magnifiques* n'en furent pas meilleurs, il faut bien l'avouer; c'est une pâle production, un peu forcément égayée par un rôle de fou, comme l'est *la Princesse d'Élide*, qui vaut mieux. Il s'agit d'un jeune guerrier de condition obscure qui gagne le cœur d'une grande princesse, et l'on prétend que Molière fit allusion aux amours de Mademoiselle pour Lauzun. C'était, de la part de Molière, un assez mauvais tour joué à son puissant collaborateur, puisqu'après des hésitations Louis XIV s'opposa formellement au mariage de Lauzun, et fit emprisonner le fier et fougueux prétendant. Molière, dans cette pièce, attaque vivement l'astrologie judiciaire, qui était encore en vogue de son temps. On y trouve aussi une imitation agréable de l'ode d'Horace, *Donec gratus eram*.

Dans la comédie de *Georges Dandin*, Molière s'était moqué des imbéciles qui, au lieu de prendre une femme de leur condition, épousaient des demoiselles de qualité dont leur soumission n'obtenait que du mépris. Il voulut, en composant *le Bourgeois Gentilhomme*, donner une leçon aux roturiers qui servaient de jouet et de dupe aux grands seigneurs, lesquels consentaient quelquefois à *s'encanailler* pour rétablir leur fortune endommagée, ou se faisaient un revenu des prodigalités insensées de leurs ridicules imitateurs. Molière eut raison de stigmatiser ceux qui prétendaient sortir de leur rang, non pas par un juste orgueil, mais par une sotte vanité : espèce d'hermaphrodites n'appartenant à aucune classe. En ce temps il y avait la ville et la cour, deux pays voisins, mais de mœurs différentes, et ordinairement à l'état d'hostilité ! De chaque côté, on se faisait une guerre de maraudeurs : les bourgeois s'enrichissaient par le petit commerce aux dépens de leurs illustres et insouciantes pratiques ; les gentilshommes compensaient le déficit ouvert dans leur fortune par les extorsions des marchands, en plumant sans scrupule les oisons de l'espèce de M. Jourdain qui leur tombaient entre les mains.

*Le Bourgeois Gentilhomme*, qu'on a considéré comme une farce, à cause de la réception grotesque du *Mamamouchi*, n'en est pas moins une excellente comédie, égale aux autres chefs-d'œuvre de Molière. On ne trouve nulle part un comique plus abondant. M. Jourdain, entouré de ses divers maîtres intéressés à faire valoir leur art, et mettant sa robe de chambre pour mieux entendre un air, est le personnage le plus amusant du monde. De quelle empreinte profonde le génie de Molière a su caractériser cette Nicole, dont le rire est si franc ; servante qui ne le cède en rien à Martine, non plus qu'à Dorine ! Et quelle admirable figure que celle de madame Jourdain, dont le bon sens emprunte une sagesse éternelle à la femme de Sancho Pança ! Cette comédie, jouée à Chambord devant le roi, n'eut de succès qu'à la seconde représentation, parce que le roi ne s'était pas prononcé dès la première. Tous les courtisans, qui s'étaient raillés de Molière dans l'intervalle, le félicitèrent à qui mieux mieux dans la suite. Ce fut une comédie nouvelle que Louis XIV se donna.

Ce serait une grande absurdité de prendre à la lettre les plaisanteries de Molière, et de prétendre que chacun doit rester invariablement sur le degré de l'échelle sociale où il est né. De même que le plus inconnu de nos soldats porte, suivant une expression vulgaire consacrée par la victoire, un bâton de maréchal dans sa giberne ; de même il n'est pas si mince avocat, si petit financier, si obscur journaliste, qui ne puisse avoir la noble ambition de devenir influent dans les affaires de son pays et de monter au sommet des honneurs. Cela s'est vu, cela peut se voir encore, et nul n'a le droit de s'en plaindre ; c'est la loi de l'intelligence qui est faite pour dominer ce monde, et dont Molière, plus que personne, a hâté le progrès. N'est-il pas lui-même un exemple frappant du pouvoir de l'esprit, lui qui, fils d'un tapissier, vivait dans l'intimité du monarque le plus orgueilleux et le plus absolu de la terre?

L'année 1670 vit éclore la tragédie-ballet de *Psyché*, dont nous avons parlé, et que Molière composa en collaboration de Corneille et de Quinault.

Boileau, qui avait tant de rectitude d'esprit, est pourtant tombé dans une grande erreur à l'égard de Molière en écrivant ces vers si connus :

> Dans le sac ridicule où Scapin s'enveloppe,
> Je ne reconnais plus l'auteur du *Misanthrope*.

Il a eu deux fois tort, et pour le fond et pour la forme. *Les Fourberies de Scapin* ne sont pas une farce grossière, elles contiennent d'excellents traits de comédie ; et la preuve que Molière destinait cette pièce aux gens de goût, c'est qu'il a imité beaucoup de passages du *Phormion* de Térence. Il ne se serait pas donné la peine de faire une étude pareille, et d'offrir en quelque sorte un tableau de la comédie antique, pour complaire uniquement à la foule. S'il ne se rapproche guère dans ce travail du genre du *Misanthrope*, c'est qu'on ne représente pas un satyre comme un Hercule, et qu'il a suivi les lois de son art. Boileau ensuite n'a pas même exprimé sa pensée avec sa netteté habituelle; ce n'est pas Scapin qui s'enveloppe dans le sac : on dirait que le génie des vers a voulu punir Boileau de son injustice en lui refusant la clarté et la précision.

L'admirable bon sens de Molière se mêle à toutes les folies de cette pièce, et les domine hautement. Lorsque Scapin cherche à excuser auprès d'Argante le mariage de son fils et dit qu'il a été poussé par sa destinée, Argante répond : « *Ah ! voici une raison la plus belle du monde. On n'a plus qu'à commettre tous les crimes imaginables, tromper, voler, assassiner, et dire pour excuse qu'on y a été poussé par sa destinée!...»* Que répliquerait de mieux Alceste? Cependant Argante est tant soit peu Cassandre, on lui en fait accroire aisément.

*La Comtesse d'Escarbagnas* n'est point un chef-d'œuvre; mais dans cette comédie telle qu'elle est, incomplète et précipitée, les traits du grand maître se font reconnaître. Si le dessin n'en est pas très-correct, le coloris s'y retrouve. Représentée à Saint-Germain-en-Laye, dans un divertissement royal intitulé : *le Ballet des ballets*, on sent que, livrée à elle-même, cette pièce n'a plus les dimensions convenables. Quoiqu'elle ait été jouée sans intermèdes sur le théâtre du Palais-Royal du temps de Molière, sa fortune n'a jamais été bien grande. La licence des réflexions, occasionnées par une citation latine que les comédiens de nos jours ont sacrifiée, avec raison, aux bienséances publiques, influait beaucoup sur son succès; quoique les oreilles d'alors fussent plus tolérantes que les nôtres, sauf celles de ces dames si précieuses que Molière a ridiculisées encore dans *les Femmes savantes*, ce passage dut paraître scandaleux.

A part ce défaut, que le génie de Molière n'a pas besoin qu'on cherche à dissimuler, les personnages de la comtesse, du conseiller Thibaudier, et de monsieur Harpin, le receveur des tailles, sont parfaitement tracés. *La Comtesse d'Escarbagnas*, moins la verve d'exécution, est le pendant des *Précieuses ridicules*. Ce sont les prétentions du bel air après les prétentions du bel esprit. La comtesse qui prend Martial, l'auteur des épigrammes, pour un faiseur de gants en renom, ne se trompe pas sur le privilége des rangs; elle sait faire apporter au conseiller un pliant, tandis qu'on donne une chaise au vicomte. Mais un caractère qui ne se rencontre pas dans les autres comédies de Molière, c'est celui de M Harpin. Molière, quoiqu'ami du roi, n'en était pas moins l'*ami du peuple*, et il se souvenait parfois d'où il était sorti. Il avait besoin d'exercer sa verve sur ces airs de cour qu'il lui fallait supporter : la fatuité des hommes et la coquetterie des femmes lui étaient à charge, et il secouait le fardeau dès qu'il le pouvait. Le fils du tapissier reparaît plus que jamais dans M. Harpin, et cette vigoureuse sortie contre une coquette titrée devait plaire singulièrement au bon peuple de ce temps-là.

Voici maintenant le troisième des grands chefs-d'œuvre en vers de Molière, *les Femmes savantes*. Parfaite de conduite et de dénoûment, cette pièce l'est aussi de versification; mais elle ne touche pas autant que *le Misanthrope*, *le Tartufe*, *l'Ecole des Femmes*, parce qu'elle n'est point prise dans des idées générales, et qu'elle est marquée en quelque sorte d'un cachet d'individualité. C'est une vengeance de Molière, une satire personnelle du grand homme; et, sans le charme du style, on s'apercevrait d'une certaine langueur dans l'action. Cependant Molière n'a pas stigmatisé seulement un défaut de son temps, il a donné aussi une leçon générale; il est revenu encore sur les devoirs de la femme. Henriette est la création de Molière la plus nettement posée peut-être : Complétement sage au milieu d'un entourage à demi fou, honnête sans pruderie, spirituelle sans licence, ferme sans ostentation, elle offre toutes les séductions de son sexe. Elle a accepté les vœux de Clitandre, quoique Clitandre se soit d'abord adressé à sa sœur Armande; car elle connaît le monde : elle sait que les cœurs faits l'un pour l'autre ne se rencontrent pas du premier coup, mais qu'une fois accrochés, comme les atomes d'Epicure, ils ne se quittent plus. Les amours de Clitandre et d'Henriette respirent une douce poésie de l'âme : ces natures si franches, si fidèles, si sûres d'elles-mêmes, relèvent l'espèce humaine à nos yeux. Elles mettent en quelque sorte la réalité d'accord avec ces idées de convenance, de grâce et d'heureuses proportions qui sont le point de départ de tout esprit bien fait. On peut regarder Henriette comme le modèle d'une fille accomplie. Toutes les qualités qu'un honnête homme souhaite de rencontrer dans la femme qu'il épouse se trouvent réunies en effet chez elle. Ajoutons quelques traits encore à son portrait. Un fond admirable de bon sens l'a empêchée de se gâter au contact de sa sotte et précieuse famille; la raison, poussée jusqu'à l'idéal par le mélange d'une tendresse convenable et réfléchie, l'élève à la poésie, et en fait un type de perfection. Forcée de se marier avec un niais du genre d'Orgon, elle serait aussi noble, aussi chaste qu'Elmire, elle se résignerait à son sort; mais épousant celui qu'elle a choisi entre tous, et qui est si bien fait pour l'apprécier, elle semble destinée à mettre en relief ce qu'il peut y avoir de bonheur sur la terre dans une union assortie par l'amour et par la sympathie. Henriette a de vingt et un à vingt-quatre ans. Sa repartie est trop vive, elle sait trop de choses pour qu'on la considère comme un enfant. La liberté et l'aplomb avec lesquels elle parle du mariage prouve qu'elle n'est ni ignorante ni prude; en outre, la fermeté qu'elle montre atteste une certaine maturité d'esprit qu'une fille qui ne doit surtout qu'à elle seule son éducation ne peut guère posséder qu'après vingt ans.

On sait que la scène de Trissotin et de Vadius a été faite d'après nature, et qu'une pareille dispute avait eu lieu entre Ménage et Cotin. Ménage supporta bien la raillerie, mais Cotin ne s'en releva pas. Cotin avait eu la maladresse de mettre contre lui Despréaux et Molière. Il n'en fallait pas tant. Despréaux l'avait déjà endommagé; Molière l'acheva. Le sonnet à la *princesse Uranie* est un sonnet même de Cotin, imprimé dans ses Œuvres. Trissotin s'appelait, aux premières représentations, *Tricotin;* et de plus, afin qu'on ne s'y trompât pas, Molière avait fait acheter, dit-on, un des habits du poëte-abbé. Molière usait largement du privilége d'Aristophane; mais Cotin n'était pas Socrate, il méritait son sort. Il but cette ciguë et mourut au monde; on n'entendit plus parler de lui. Jamais il ne s'est vu un exemple d'un homme si profondément enterré! Cotin n'osa plus se montrer; et Dangeau, qui le remplaça à l'Académie, évita de parler de lui. Bayle regrette que ce ne soit pas Despréaux qui lui ait succédé.

« C'est un grand impertinent que votre Molière avec ses comédies, et je le trouve bien plaisant d'aller jouer d'honnêtes gens comme les médecins. » Voilà ce que Molière fait dire au malade imaginaire, et le vieil Argan n'a peut-être pas tout à fait tort. Il était difficile de pousser l'impertinence plus loin. Après *le Fagotier* et *M. de Pourceaugnac*, ces deux pièces où dans l'une on force un homme à être médecin, et dans l'autre on veut qu'un bon vivant soit malade, il ne restait plus qu'à peindre les travers d'un malade imaginaire. L'auteur n'y a pas manqué. Il l'a fait avec des traits profonds; il a buriné ce portrait comme celui de l'avare, mais sans avoir derrière lui cette fois de modèle fourni par l'antiquité. Lorsque Argan s'écrie : *M. Purgon m'a dit de me promener le matin dans ma chambre douze allées et douze venues, mais j'ai oublié de lui demander si c'est en long ou en large;* et lorsqu'il demande : *Combien est-ce qu'il faut mettre de grains de sel dans un œuf*, il n'est personne qui ne fasse un retour sur soi-même, et qui ne s'avoue en rougissant avoir été capable de quelque extravagance de la sorte lorsque la maladie est venue l'éprouver. Molière a attaqué vivement la faiblesse la plus inhérente à l'humanité, l'amour exagéré de la vie; et sa dernière pièce fut l'œuvre la plus philosophique de son génie.

Ce n'est pas que nous blâmions certes l'attachement à l'existence, mais tout ce qui tend à établir la prééminence du corps sur l'âme, des besoins naturels sur les facultés de l'esprit, mérite d'être énergiquement combattu. Cependant Molière nous semble avoir cette fois dépassé le but. Dans la grande scène de Béralde et d'Argan, la médecine est attaquée, non plus par des plaisanteries, mais par des raisonnements. Béralde ne demeure pas tout à fait victorieux : la médecine, au fond, est une science beaucoup moins problématique que ne le dit Molière; s'il est louable de ridiculiser l'ignorance de certains médecins, on doit du respect aux connaissances que l'expérience et l'étude ont acquises, et qui permettent d'alléger les souffrances humaines. La médecine, en s'appuyant sur l'anatomie, a fait du reste des progrès immenses, elle est arrivée à un degré de certitude qu'elle n'avait pas du temps de Molière; c'est là ce qu'on peut dire en sa faveur, sans donner trop d'autorité à cet axiome de Descartes : *Si la lumière arrive un jour aux hommes, c'est de la médecine qu'elle viendra.*

Molière mourut à la quatrième représentation du *Malade imaginaire.* On sait que, pris d'une convulsion dans la cérémonie en prononçant le mot *Juro,* il fut ramené, sitôt après la représentation, chez lui, dans la rue Richelieu, et qu'il expira, le 17 février 1673, entre les bras de deux sœurs de charité.

Tel fut Molière, ce grand censeur des vices de son temps, lui qui sut trouver le ridicule de chaque chose, et s'attacha si exactement à la nature qu'aucun peintre n'en a saisi le caractère avec plus de vérité. Molière mort, les éloges ne tarirent pas, ni les épigrammes non plus. Il avait succombé en représentant *le Malade imaginaire;* les petits auteurs, ses rivaux, firent une foule de jeux de mots sur ce qu'ayant voulu jouer la mort, c'était la mort qui l'avait joué. Ses amis le pleurèrent comme homme et comme auteur. Le comédien Brécourt, dans une pièce intitulée *l'Ombre de Molière,* où il met le poète comique aux prises avec tous les personnages dont il s'est moqué, a laissé de notre auteur cet excellent portrait : « Il était dans son particulier ce qu'il paraissait dans la morale de ses pièces : honnête, judicieux, humain, franc, généreux. » De toutes les épitaphes composées en l'honneur de Molière, celle que fit La Fontaine, et qui est trop connue pour être citée ici, a le plus de grâce et de mérite.

L'archevêque Harlay de Champvalon refusa la sépulture à Molière : sans cette inique exclusion, l'archevêque Harlay de Champvalon aurait été à tout jamais ignoré. Pour avoir porté une main injurieuse sur les restes de Molière, il s'est trouvé immortel lui-même. Voilà un bonheur que ne lui aurait pas valu sa sainteté.

Le père Rapin a fait sur le théâtre moderne une réflexion pleine de justesse, qui prouve la supériorité de Molière sur ses devanciers : « Les anciens poètes comiques n'ont que des valets pour plaisants de leur théâtre, dit-il; et les plaisants du théâtre de Moliè sont les marquis et les gens de qualité. Les autres n'ont joué dans l comédie que la vie bourgeoise et commune, et Molière a joué Paris et la cour. »

Les contemporains de Molière l'ont dépeint comme un homme porté à la mélancolie, et les esprits ordinaires s'étonnent de cette disposition chez un poète comique. Lorsqu'on recueille en soi l'humanité, ainsi que le faisait Molière, et qu'on est allé au fond de toute chose, on ne peut pas avoir la face épanouie de Dancourt, par exemple, dont les ouvrages n'ont été qu'un reflet des modes du jour. Dans le buste de marbre que possède la galerie du Théâtre-Français, le sculpteur Houdon a merveilleusement rendu la physionomie de Molière. Ce regard triste et doux, les lignes si pures du visage, cette tête un peu penchée, nous font bien reconnaître l'observateur et l'ami des hommes. C'est bien là ce comédien qui mourut sur son théâtre, parce qu'il voulut être utile à sa troupe jusqu'à ses derniers instants. C'est là cet homme que Boileau appelait le contemplateur.

---

## CHAPITRE NEUVIÈME.

L'ABBÉ DE PURE, MONTFLEURY PÈRE ET FILS, BOURSAULT, DEVISÉ, LA FONTAINE, CHAMPMESLÉ, HAUTEROCHE, ROSIMONT, BRÉCOURT, BARON. — COMÉDIENS ET COMÉDIENNES CÉLÈBRES.

Nous ferons connaître plus particulièrement, dans ce chapitre, les auteurs mal inspirés que nous avons vus se mettre en hostilité avec Molière : ce furent l'abbé de Pure, Montfleury fils, Boursault, triumvirat dont l'imprudence fut cruellement châtiée.

L'abbé de Pure, si maltraité par l'auteur des Satires, méritait bien son sort. La tragédie d'*Ostorius* est d'un ridicule achevé. On y trouve entre autres vers celui-ci :

OSTORIUS.

*(Au roi:)* *(Au prince:)* *(A lui-même:)* *(A sa maîtresse:)*
Je vous hais : Je vous hais. Je me hais : Je vous aime.

Ostorius triomphe de sa haine et de son amour pour rendre heureux deux cœurs bien épris. On se rappelle que Molière fut accusé d'avoir volé à l'abbé de Pure *les Précieuses ridicules*. L'auteur d'*Ostorius* avait-il donc quelque chose à voler?

Montfleury fils, dont nous avons cité les insultes contre Molière, possédait un talent bien autre que celui de l'abbé de Pure ; meilleur écrivain que son père, qui avait composé plusieurs pièces médiocres, entre autres une tragédie, *la Mort d'Adsdrubal*, il a laissé au répertoire de la Comédie-Française *la Femme juge et partie*, qui ne fut donnée, du reste, qu'après *le Tartufe*. On joue encore cette pièce avec quelques modifications ; elle est écrite et composée avec esprit, on y rencontre beaucoup de vers naturels. Bernadille, le héros de la pièce, causant avec Gusman, son serviteur, fait de lui-même un portrait tellement flatté, qu'il s'attire une piquante réponse :

BERNADILLE.

Pour mon visage, il a, sans paraître farouche,
Quelque chose de grand.

GUSMAN.

Oui, monsieur, c'est la bouche.

Montfleury, né sur les planches et auteur de comédies, a prêché dans cette pièce pour son dieu. Il a tracé du théâtre le tableau le plus innocent ; peintre amoureux de son modèle, il en a caché les défauts. Cependant, dans sa propre pièce de *la Femme juge et partie*, il fournit la preuve que la bienséance est quelquefois violée au théâtre.

Bernadille est un mari qui, se croyant trompé par sa femme, l'exporte dans une île déserte ; il pense qu'elle est morte, il est sur le point d'en épouser une autre. Sa femme, sauvée par un certain duc dont elle gagne l'amitié, prend des habits d'homme, obtient du duc, pendant vingt-quatre heures, une place de prévôt ambitionnée par son mari, et se met à le juger. Cette donnée est ingénieuse, et Montfleury a rencontré des détails fort plaisants.

Boursault, dont la première éducation avait été négligée, acquit néanmoins une certaine facilité de versification. Issu d'une des principales familles de Mussy-l'Évêque, il se poussa auprès des grands et se crut assez puissant pour lutter contre le génie de Molière et le mérite de Boileau. Le malheureux s'y brisa ; mais en homme prudent, voyant la lutte impossible, il ne tarda pas à se réconcilier avec ses illustres adversaires. La vie de Boursault est bien celle des poëtes de cette époque, obligés de vivre de bienfaits et tendant toujours la main. Boursault raconte fort agréablement plusieurs circonstances dans lesquelles il s'est trouvé forcé de demander de l'argent à divers personnages. Le passage suivant d'une lettre à la duchesse d'Angoulême, dont il était secrétaire, est très-ingénieusement tourné. Boursault, se trouvant dans une hôtellerie de Melun et n'ayant pas de quoi payer sa dépense, apprit que Fouquet était à Vaux : il lui envoya un sonnet. Fouquet lui fit remettre immédiatement la somme de trente louis; voici comment Boursault raconte le reste de l'aventure : « Je fus si surpris, madame, d'une générosité si grande, que depuis Vaux jusqu'à l'hôtellerie où j'avais laissé ma valise, je regardai pour le moins cent fois le présent qu'on venait de me faire. La peine que j'eus à me figurer que trente louis se donnassent si facilement fit que je crus long-temps qu'il fallait qu'ils ne fussent pas en or; et cette appréhension m'inquiétait si fort, qu'il me tardait que je fusse à *la Corne*, pour voir si l'on ne ferait point de difficulté de me les changer. Je supplie Votre Altesse de ne pas attendre que je l'entretienne de la joie que j'eus de voir que mes pistoles passaient avec autant de facilité que si je les avais reçues pour de bonne marchandise; elle ne fut guère moins grande que le zèle que j'ai pour votre service, et je pense, Madame, que c'est dire assez qu'il est malaisé d'être plus joyeux que je ne le fus quand je vis que mes louis étaient de bon aloi. *J'en regardais un qui me semblait douteux, et que j'avais envie de reporter.* » Ce dernier trait n'est-il pas charmant? Si Fouquet donnait avec grâce, Boursault recevait avec esprit. Le poète et le financier étaient quittes.

*Le Médecin volant* de Boursault, ainsi appelé parce que c'est un faux médecin qui, pour jouer son rôle, saute d'une fenêtre à l'autre, est bien loin de valoir celui de Molière. On ne saurait se faire une idée de l'inconvenance du *Médecin volant* de Boursault; nos aïeux ne se montraient pas extrêmement difficiles dans leur gaieté, Molière lui-même tomba parfois dans la grossièreté.

Les deux meilleures pièces de Boursault, faites toutes les deux après la mort de Molière, sont *le Mercure galant* et *Esope à la cour.* Il avait dirigé sa comédie du *Mercure galant* contre Devisé; mais comme il craignait le mauvais vouloir de celui-ci, il crut devoir s'excuser dans une préface assez curieuse : « Mon dessein, dit-il, en faisant cette pièce de théâtre, n'a été de donner aucune atteinte à un livre que son débit justifie assez, mais seulement de satiriser un nombre de gens de différents caractères qui prétendent être en droit d'occuper dans *le Mercure galant* une place qu'y pourraient légitimement tenir les personnes d'un véritable mérite. Je croirais avoir rendu un service important à son auteur, et même à ceux dont je veux parler, si j'avais fait des portraits assez ressemblants pour épargner à l'un la peine d'écouter des sottises, et à un autre la honte de les dire. Des personnes qui ont autant de probité que d'esprit pourraient rendre témoignage que

» je les ai consultées, moins pour les prier de me donner des lu-» mières sur mon ouvrage que pour savoir s'il y avait apparence » que je pusse faire tort à quelqu'un; et s'il m'était resté quelque » scrupule sur ce sujet, peut-être n'y aurait-il eu aucun espoir de » succès qui m'eût obligé à mettre cette comédie au jour. Je ne » prendrai pas tant de soin de justifier ma pièce que ma conduite. » Je dirai seulement qu'il y a long-temps qu'on n'en a représenté » dont on soit sorti avec plus de satisfaction que de celle-ci, et » qu'on n'a point eu de peine à faire grâce aux défauts qui y sont » en faveur des beautés qu'on y a trouvées. M. Poisson, que je » priai de la mettre sous son nom, pour quelques raisons que j'a-» vais, et qui ont cessé, eut assez de scrupule pour ne vouloir être » que l'économe d'un bien dont je lui avais abandonné la propriété. » Quand il eut assuré le succès de cet ouvrage, il cessa d'en vou-» loir être l'auteur; et le refus qu'il fit d'accepter une réputation » qui ne lui appartenait pas mérite que ma reconnaissance ajoute » ce témoignage à celle qu'il s'est acquise. »

Il y a dans cette pièce, spirituellement écrite du reste, des détails fort libres; les expressions y sont d'une crudité qui blesse nos oreilles plutôt que nos mœurs. Au dix-septième siècle, on appelait les choses par leur nom; nous les voulons gazées, elles ont plus de prix à nos yeux lorsque nous les devinons. Comme les gastronomes blasés qui ont besoin que les mets soient relevés par des sauces piquantes, nous n'admettons les obscénités que présentées d'une façon détournée, imprévue. Il y a plus de libertinage que de pudeur dans cette révolte que nous faisons paraître lorsque l'auteur comique met trop de franchise dans son expression. Il faut convenir néanmoins que Boursault a dépassé toutes les limites des bienséances. Les fâcheux présages que rencontre sur son chemin M. de La Motte, qui craint des disgrâces conjugales s'il se marie avec Claire, et la confidence qu'il fait de ses appréhensions devant sa fiancée, ne sont guère tolérables : non content de s'égayer des catastrophes qui peuvent tomber sur un époux prédestiné, Boursault a cherché encore le comique beaucoup plus bas. Cependant cette comédie, réellement amusante au fond, est conservée au répertoire : elle est aimée des acteurs, elle fournit surtout à la même personne l'occasion de briller dans divers rôles à caractères.

Boursault mit en dialogue le joli roman de *la Princesse de Clèves*, mais la chute de cette pièce fit *tomber*, dit-il, *ses créanciers de leur haut*. *La Princesse de Clèves* n'eut que deux représentations. Sa tragédie de *Marie Stuart* n'eut pas beaucoup plus de succès.

En revanche, la pièce d'*Esope à la cour* réussit complétement.

« Quelques-uns disent qu'on n'a rien vu de si bon depuis Molière, écrivait Boursault à sa femme, et ceux qui veulent me flatter disent qu'il n'a rien fait de meilleur; mais je lui rends justice, et je me la rends aussi : c'est assez dire que je ne me laisse pas aller à la flatterie. » Boursault avait enfin compris la différence qu'il y a entre le génie et le talent. Il rendit le même hommage à La Fontaine en avouant que les fables du Bonhomme étaient bien supérieures aux siennes. De pareils traits recommandent Boursault, et l'on passe le crayon sur quelques cruels hémistiches de Boileau. Le dénoûment d'*Esope à la cour*, emprunté à la fable du Berger et du roi de La Fontaine, est excellent. Ésope ayant enfermé un habit d'esclave dans cette caisse soupçonnée de dérober des millions, offre un haut enseignement. Cette philosophie a été heureusement mise en scène par Boursault.

*Le Mercure galant* et *Ésope à la cour* se jouent encore. Boileau sur ses vieux jours écrivait à Brossette : « De tous les auteurs que j'ai critiqués, M. Boursault est certainement celui qui a le plus de mérite.... » Voilà une réparation meilleure que celle qu'il a faite à Quinault.

Devisé, auteur du *Mercure galant*, et qui fut le constant ami de Thomas Corneille, donna au théâtre beaucoup de pièces, toutes d'une grande médiocrité. Nous ne citerons que *Bacchus et Ariane*, parce qu'il se vante d'avoir su joindre le comique au sérieux : ce qui ne s'était vu, dit-il, que dans *Amphitryon*. Nous voulons seulement constater que des efforts avaient été renouvelés alors pour allier ensemble ces deux éléments opposés.

La Fontaine, que son inimitable génie entraînait vers la fable et vers le conte, s'aventura dans la carrière dramatique; il avait commencé par une imitation de *l'Eunuque* de Térence, écrite en bon style de comédie, mais qui se ressentait de la froideur du sujet. Il s'adjoignit ensuite le comédien Champmeslé et tira avec lui du *Roman Comique* de Scarron *Ragotin*, pièce en cinq actes, moins amusante que l'original. Mais leur comédie du *Florentin* est un petit acte versifié d'une manière spirituelle et vive. Cette pièce semble avoir été inspirée par *l'Ecole des femmes*. Hortense trompe Harpagème comme Agnès trompe Arnolphe. Harpagème a fait faire par un serrurier un piége pour prendre Timante, l'amant d'Hortense; le serrurier, d'accord avec l'amant, enferme le jaloux dans une sorte de cage, Timante enlève Hortense à ses yeux. C'est le chef-d'œuvre de La Fontaine et de Champmeslé.

*La Coupe enchantée*, comédie en un acte et en prose, dans laquelle se trouvent aussi *les Oies de frère Philippe*, est bien loin de valoir *le Florentin*, et surtout ces deux contes charmants que La Fontaine en a faits. Il ne reste qu'une analyse de la pièce intitulée *le Veau perdu*, le manuscrit n'en a pas été conservé. On n'a pu l'imprimer. La Fontaine, qui le croirait? avait commencé une tragédie d'*Achille*, dont il a laissé deux actes. On n'a pas regretté que les trois derniers n'eussent jamais été achevés. Briséis, l'esclave dont parle Homère, joue son rôle dans cette tragédie, mais elle est devenue une princesse qui a perdu ses États.

Champmeslé, mari de la célèbre comédienne de ce nom, était un homme d'esprit. Il avait débuté, comme auteur, par une comédie intitulée *les Griselles*, à l'époque où Molière donnait *la Comtesse d'Escarbagnas*. On a aussi de lui *l'Heure du berger*, pastorale, à l'instar des pastorales de Boyer et de Rotrou. Champmeslé décrit assez bien

> . . . . . . . . cette heure favorable
> Qu'on ne rencontre pas une seconde fois.

Nous devons mentionner plusieurs comédiens-auteurs envieux de la double gloire de Molière, Rosimont, Brécourt, dont les œuvres ne sont pas sans mérite. et Hauteroche, qui compte parmi ses nombreuses pièces *le Deuil*, comédie fort gaie. Un fils, tout de noir habillé, se présente chez le receveur de son père, en lui disant qu'il vient de perdre l'auteur de ses jours, et se fait compter une somme assez ronde due au vieillard; celui-ci ne tarde pas à paraître, on le prend pour un esprit. Sa présence cause de grandes frayeurs. Quelques vers bien frappés reproduisent çà et là les mœurs du temps.

Baron, élève de Molière, le célèbre acteur, composa, ou, selon quelques critiques du temps, s'attribua plusieurs comédies, dont la meilleure est, sans contredit, *l'Homme à bonnes fortunes*. Baron, gâté par les duchesses de son temps, avait étudié la fatuité sur lui-même. Cette comédie de Baron est spirituelle et amusante; non pas que l'esprit y soit en relief; mais il est mêlé dans la contexture de la pièce avec assez de bonheur. Tous les aristarques qui en ont parlé ne nous paraissent pas lui avoir rendu justice. Sauf le troisième acte, qui est totalement insignifiant et dont on n'a que faire, cette pièce renferme des choses excellentes, et l'on sent qu'elle a été composée presque sous les yeux de Molière. La scène des deux femmes qui reconnaissent chacune dans la toilette l'une de l'autre les bijoux qu'elles ont envoyés à leur volage amant, est d'une bonne nature comique; car Moncade reçoit d'une main pour donner de l'autre, et, comme dit son valet Pasquin, *ce qui vient de la flûte retourne au tambour*.

Dans *la Coquette ou la fausse prude*, Baron se distingue aussi par un style naturel, aisé; mais l'intrigue est moins bien conduite que celle de *l'Homme à bonnes fortunes*. Il s'y trouve de jolis détails. Baron dépeint très-bien, par exemple, ces bouderies qui ont lieu entre les amants presque sans sujet, et qui n'en amènent pas moins des orages.

Nous avons remarqué aussi des traits qui prouvent que l'engouement romanesque était bien tombé. Éraste tient des propos langoureux à sa maîtresse; celle-là de s'écrier : « *Encore une fois, brisons là; j'aimerais autant lire* Clélie *que de vous entendre.* »

*L'Andrienne*, que l'on donnait au père de La Rue, jésuite, est une traduction de l'*Andrienne* de Térence. Elle est faite avec goût. *L'Andrienne* française fit naître une mode célèbre; mademoiselle Dancourt pour jouer le rôle de *Glicerie* avait arrangé une sorte de robe qui fit fureur, toutes les dames élégantes en voulurent une pareille; ces robes s'appelaient des *andriennes*. — *Les Adelphes*, qui suivirent *l'Andrienne*, réussirent moins. Ni la littérature, ni la mode ne leur accordèrent protection; Molière dans *l'Ecole des maris* avait épuisé le sujet.

Baron, comme acteur, a été apprécié par mademoiselle Clairon d'une manière très-nette et très-juste : « Baron eut l'avantage d'être élevé par Molière; il avait de l'esprit, une figure imposante, et » passait sa vie avec ce que la France avait de plus illustre. Comme » les autres, il cadençait et déclamait les vers dans ses jeunes an- » nées; mais à force de s'exalter lui-même, de s'égaler autant qu'il » le pouvait aux premiers personnages de l'État, qui l'admettaient » près d'eux, la simple et véritable grandeur lui devint familière : » il la porta dans ses rôles, et c'est à lui qu'on doit les premières » leçons de cette vérité qu'il est toujours si difficile d'atteindre. »

Les recueils d'anecdotes sont remplis des aventures de Baron; ils se plaisent surtout à raconter qu'après sa rentrée au théâtre, à l'âge de soixante-huit ans, Rodrigue un jour se vit forcé de rester aux genoux de Chimène jusqu'à ce que deux valets de théâtre fussent venus le relever.

Si l'on veut avoir le portrait d'Armande Béjart, femme de Molière, il faut le chercher, assure-t-on, dans la scène du *Bourgeois gentilhomme* où Cléonte défend Lucile contre les insinuations malveillantes de Covielle. Après avoir désolé Molière vivant par sa coquetterie, veuve elle profana son nom en épousant un comédien obscur, Guérin d'Estriché.

Mademoiselle Beauval, qui créa le rôle de *Nicole* à Chambord, malgré Louis XIV, et dont la gaîté désarma la sévérité du roi, était d'un caractère assez difficile à vivre, au dire de tous les auteurs du temps. Sa vie était un roman. Elle avait été exposée tout enfant à la porte d'une église de Hollande, et recueillie par une blanchisseuse, qui la céda à l'âge de dix ans à Filandre, directeur d'une troupe de comédiens ambulants; on l'appelait alors mademoiselle Bourguignon. Son mariage avec Beauval est curieux. On voulut s'y opposer, on obtint même de l'archevêque de Lyon un ordre par lequel défense était faite à tous les curés de célébrer ce mariage. Voici comment s'y prirent les amants. Mademoiselle Bourguignon se rendit avec Beauval à la paroisse, un jour de prône; Beauval se cacha sous la chaire du curé; et lorsque le prône fut fini, il se montra, éleva la voix, et déclara qu'il prenait mademoiselle Bourguignon pour sa femme; elle dit de son côté qu'elle prenait Beauval pour époux. Après ce scandale, on les maria; on devinait bien qu'ils se seraient passés d'une plus ample cérémonie. Cependant les mœurs des acteurs s'étaient considérablement améliorées. On était déjà bien loin du temps où Tallemant disait : « *C'étaient presque tous filous, et leurs femmes vivaient dans la plus grande licence du monde; c'étaient des femmes communes.* »

Mademoiselle d'Ennebaud, cette *grosse Aricie* dont parle le fameux sonnet de madame Deshoulières sur *Phèdre*, était fille de Montfleury, et son frère composa pour elle le rôle de Julie dans *la Femme juge et partie*. Mademoiselle Des Œillets a été regardée comme une des meilleures tragédiennes de l'Hôtel de Bourgogne; mais elle fut surpassée par la Champmeslé. Celle-ci, après avoir enlevé le rôle d'Hermione à mademoiselle Des Œillets, qui s'écria, après l'avoir vue jouer : « *Il n'y a plus de Des Œillets*, » exerça un grand empire sur Racine, dont elle devint l'actrice : il composa pour elle les rôles de Bérénice, d'Atalide, de Monime, d'Iphigénie et de Phèdre, et la gloire de la Champmeslé demeure à jamais unie à celle du divin poëte.

---

## CHAPITRE DIXIÈME.

### RACINE.

L'enfance de Racine s'était passée avec Homère, Sophocle, Euripide, dans la solitude de Port-Royal. On sait quelle impression fit sur lui le roman de *Théagène et Chariclée*, qu'il apprit par cœur après en avoir vu brûler par le sacristain, son professeur, deux exemplaires qu'il s'était procurés en secret. Il était aussi versé dans les littératures italienne et espagnole dès l'âge de dix-sept ans. Les premiers vers que Racine a composés sur les beautés champêtres de Port-Royal n'annonçaient pas l'auteur d'*Andromaque ;* cependant ils ont du nombre, de l'harmonie. Racine vint à Paris, où il fit sa logique au collége d'Harcourt. En 1660, le mariage du roi donna essor à une foule d'odes ; Racine fit la sienne : elle était intitulée *la Nymphe de la Seine ;* elle plut à Chapelain, qui obtint alors pour lui une pension de Colbert et cent louis de gratification.

Racine n'était pas riche, il avait même quelques dettes. Après avoir essayé de mettre à la scène son roman chéri de *Théagène et Chariclée* et renoncé ensuite à ce projet, il prit dans Euripide le sujet de *la Thébaïde :* on prétend que ce fut Molière qui, après la lecture de *Théagène et Chariclée*, imposa à Racine la querelle d'Étéocle et Polynice. Racine n'ignorait pas que ce sujet avait été traité par Rotrou, sous le nom d'*Antigone ;* mais ce sujet lui parut susceptible d'une nouvelle étude : Rotrou avait voulu combiner ensemble *les Phéniciennes* d'Euripide et l'*Antigone* de Sophocle, fusion qui s'était mal opérée. Racine emprunta même à Rotrou, selon ce que rapporte La Grange-Chancel, deux récits entiers qui passaient pour inimitables, mais ces récits disparurent à l'impression. *La Thébaïde*, quoique les défauts du temps s'y fassent sentir, révélait un écrivain plus qu'un auteur dramatique. La haine des deux frères est peinte avec énergie. Cette œuvre suffit à Molière pour qu'il encourageât l'auteur.

Dans sa tragédie d'*Alexandre*, Racine se ressouvint trop du grand Cyrus ; il compromit le caractère de son héros en lui faisant débiter des galanteries dignes des marquis du temps. Le meilleur jugement qui ait été porté sur la tragédie d'*Alexandre* est, sans contredit, celui de Saint-Évremond dans une lettre écrite à la femme d'un président ou sénéchal de Saumur. Il s'exprime en ces termes :

« Depuis que j'ai lu le grand Alexandre, la vieillesse de *Corneille* » me donne bien moins d'alarmes ; je n'appréhende plus tant de » voir finir avec lui la tragédie : mais je voudrais qu'avant sa mort » il adoptât l'auteur de cette pièce, pour former avec la tendresse » d'un père son vrai successeur.

» Je voudrais qu'il lui donnât le bon goût de cette antiquité qu'il » possède si avantageusement ; qu'il le fit entrer dans le génie de » ces nations mortes, et connaître sainement le caractère des héros » qui ne sont plus. C'est, à mon avis, la seule chose qui manque

» à un si bel esprit. Il a des pensées fortes et hardies, des expres- » sions qui égalent la force de ses pensées : mais vous me permet- » trez de vous dire après cela qu'il n'a pas connu *Alexandre* ni » *Porus*.

» Peut-être que pour faire *Porus* plus grand, sans donner dans » le fabuleux, il a pris le parti d'abaisser son *Alexandre*. Si ç'a été » son dessein, il ne pouvait pas mieux réussir; car il en fait un » prince si médiocre, que cent autres le pourraient emporter sur » lui comme *Porus*. Ce n'est pas qu'*Ephestion* n'en donne une belle » idée; que *Taxile*, que *Porus* même ne parlent avantageusement » de sa grandeur; mais quand il paraît lui-même, il n'a pas la » force de la soutenir, si ce n'est que par modestie il veuille pa- » raître un simple homme chez les *Indiens*, dans le juste repentir » d'avoir voulu passer pour un dieu chez les *Perses*. A parler sé- » rieusement, je ne connais ici d'*Alexandre* que le seul nom; son » génie, son humeur, ses qualités, ne me paraissent en aucun en- » droit. Je cherche dans un héros impétueux des mouvements ex- » traordinaires qui me passionnent, et je trouve un prince si peu » animé, qu'il me laisse tout le sang-froid où je puisse être. Je » m'imaginais en *Porus* une grandeur d'âme qui nous fût plus » étrangère; le héros des *Indes* devait avoir un caractère différent » de celui des nôtres. Un autre ciel, pour ainsi parler; un autre » soleil, une autre terre y produisent d'autres animaux et d'autres » fruits : les hommes y paraissent tout autres par la différence des » visages, et plus encore, si je l'ose dire, par une diversité de » raison.

» Ceux qui veulent représenter quelque héros des vieux siècles, » doivent entrer dans le génie de la nation dont il a été, dans celui » du temps où il a vécu, et particulièrement dans le sien propre. » Il faut dépeindre un roi de l'*Asie* autrement qu'un *consul romain*: » l'un parlera comme un monarque absolu, qui dispose de ses su- » jets comme de ses esclaves; l'autre, comme un magistrat qui » anime seulement les lois, et fait respecter leur autorité à un » peuple libre. Il faut dépeindre autrement un vieux *Romain* fu- » rieux pour le bien public, et agité d'une liberté farouche, qu'un » flatteur du temps de *Tibère*, qui ne connaissait plus que l'intérêt, » qui s'abandonnait à la servitude. Il faut dépeindre différemment » des personnes de la même condition et du même temps, quand » l'histoire nous en donne de différents caractères. Il serait ridicule » de faire le même portrait de *Caton* et de *César*, de *Catilina* et » de *Cicéron*, de *Brutus* et de *Marc-Antoine*, sous ombre qu'ils » ont vécu dans la république en même temps. Le spectateur, qui

» voit représenter ces anciens sur nos théâtres, suit les mêmes règles » pour en bien juger que le poète pour les bien dépeindre; et » pour y réussir mieux, il éloigne son esprit de tout ce qu'il voit en » usage, tâche à se défaire du goût de son temps, renonce à son » propre naturel, s'il est opposé à celui des personnes qu'on re- » présente; car les morts ne sauraient entrer en ce que nous som- » mes, mais la raison, qui est de tous les temps, nous peut faire » entrer en ce qu'ils ont été.

» Un des grands défauts de notre nation, c'est de ramener tout » à elle, jusqu'à nommer *étrangers* dans leur propre pays ceux » qui n'ont pas bien ou son air ou ses manières. »

Nous avons cité ces considérations de Saint-Évremond parce qu'elles nous ont paru pleines de justesse; on ne saurait mieux dire assurément. On voit que les questions de fidélité historique étaient dès cette époque éloquemment débattues. Saint-Évremond termine sa dissertation par un tableau curieux qui prouve toute l'étendue, toute l'indépendance de son esprit :

« J'aurais souhaité, ajoute-t-il, que le fort de la pièce eût été à » nous représenter ces grands hommes, et que, dans une scène » digne de la magnificence du sujet, on eût fait aller la grandeur » de leurs âmes jusqu'où elle pourrait aller. Si la conversation de » *Sertorius* et de *Pompée* a tellement rempli nos esprits, que ne » devait-on pas espérer de celle de *Porus* et d'*Alexandre* sur un » sujet si peu commun? J'aurais voulu encore que l'auteur nous » eût donné une plus grande idée de cette guerre. En effet, ce » passage de l'*Hydaspe*, si étrange qu'il se laisse à peine concevoir; » une grande armée de l'autre côté avec des chariots terribles, et » des éléphants alors effroyables; des éclairs, des foudres, des tem- » pêtes qui mettaient la confusion partout, quand il fallut passer » un fleuve si large sur de simples peaux; cent choses étonnantes » qui épouvantèrent les Macédoniens, et qui purent faire dire à » Alexandre qu'enfin il avait trouvé un péril digne de lui; tout » cela devrait fort élever l'imagination du poète, et dans la pein- » ture de l'appareil, et dans le récit de la bataille. »

La tragédie d'*Alexandre* eut cette singularité qu'elle fut jouée en même temps sur le théâtre de Molière et sur celui de l'hôtel de Bourgogne. Les frères Parfait prétendent, en se fondant sur des vers du gazetier Robinet, que la première représentation de cette tragédie eut lieu le même jour au théâtre du Palais-Royal et à l'hôtel de Bourgogne; mais les vers de Robinet disent seulement qu'elle fut jouée *à la fois* sur les deux théâtres, sans indiquer que ce fut le même jour. Il est plus probable que Racine, trouvant la pièce mal jouée au théâtre du Palais-Royal, la fit passer à celui de l'hôtel de Bourgogne; et ce fut la cause de sa brouille avec Molière, car Racine enleva alors à sa troupe mademoiselle Duparc.

La distance qui sépare *Andromaque* d'*Alexandre* est immense; en dépit d'une prédiction de Corneille, qui avait conseillé à Racine de renoncer à la tragédie, après la lecture d'*Alexandre*, le jeune auteur se place bien près de son juge sévère par son troisième ouvrage.

Deux grands poëtes, Euripide, Virgile, avaient tracé déjà le caractère de la veuve d'Hector, et la façon dont elle est représentée par chacun marque bien la différence des temps. Euripide a fait d'Andromaque la concubine du fils d'Achille, et, malgré quelques regrets donnés à son mari, elle s'est assez bien habituée à son sort, puisqu'il est résulté de cette liaison un fils qu'elle aime, et pour les jours duquel elle est prête à sacrifier les siens. On dirait d'ailleurs qu'elle regrette plus sa puissance et sa splendeur passées que son vaillant époux. La comparaison de sa servitude présente et de son ancienne domination est le trait le plus profond qui lui déchire le cœur. Enfin, sa jalousie perce contre Hermione, qui lui a enlevé la tendresse de son maître, et dont les emportements font dire au chœur : *La jalousie est la passion des femmes; elles ne peuvent supporter celles qui partagent avec elles le lit de leurs époux.* On pourrait appeler Euripide le poëte des maximes sensées. Ce n'est donc point par la fidélité à Hector que se distingue son Andromaque, mais par la force du sentiment maternel. Elle est sublime lorsque Ménélas la menace de faire périr son fils si elle ne quitte les autels protecteurs de Thétis, que ses mains tiennent embrassés, enfin lorsqu'on la voit se précipiter aux pieds de son oppresseur en lui livrant sa tête; mais, encore une fois, c'est pour son fils qu'elle agit ainsi, pour son fils qui n'est pas celui d'Hector. Euripide a dessiné de très-beaux caractères, et pénétré fort avant dans la connaissance du cœur humain. Il savait qu'on rencontre peu de veuves inconsolables, mais qu'il y a beaucoup de mères courageuses et dévouées, et que le lien qui attache la mère à son enfant est indépendant même de l'attachement qu'elle a pu porter à son mari.

Les mœurs du temps de Virgile avaient perdu depuis long-temps leur simplicité primitive, on exigeait plus de délicatesse de sentiments; les sources de l'idéal s'ouvraient, et les poëtes y trempaient leurs lèvres nourries du miel de Platon. Virgile surtout pressentait les destins futurs de l'humanité, et c'est le plus spiritualiste des poëtes antiques Voyons donc ce qu'il a fait d'Andromaque. Ce n'est pas qu'elle soit en réalité plus irréprochable que celle d'Euripide; elle paraît même plus équivoque encore, puisque des bras de Pyrrhus elle a passé dans les bras d'Hélénus, après le meurtre du fils d'Achille par Oreste; mais en admettant la possession comme la conséquence forcée de sa captivité, quelle âme constante elle a gardée, et comme le souvenir d'Hector est toujours vivant dans son sein! Énée, en abordant les côtes de l'Épire, aperçoit une ville toute semblable à Ilion; voilà la porte Scée; voilà le Scamandre; et dans ce bois sacré, quelle est cette femme désolée qui pleure sur deux tombeaux? C'est Andromaque, c'est la veuve d'Hector qui fait des libations sur la cendre de son époux. Elle pleure sans cesse le héros troyen, repousse les vœux de Pyrrhus, qui lui offre et son trône et sa main, et, plutôt que d'être infidèle à son Hector, au risque même de compromettre l'avenir de son fils, elle se plongera un poignard dans le cœur.

Racine voulut à son tour transporter Andromaque dans la pure région des idéalités; avec lui ce n'est plus une matrone d'Éphèse, c'est un modèle accompli de la foi conjugale. La mission de la poésie a toujours été de détacher l'âme des sens; et plus il y a d'abnégation de la chair au profit de l'idée, plus il y a d'élévation dans le caractère. Par la loi des contrastes, il est presque toujours arrivé que les époques les plus galantes ont produit les ouvrages les plus sévères, comme si les hommes sentaient le besoin de jeter un voile de pudeur sur la licence des mœurs. Le commencement du siècle de Louis XIV ne nous semble pas observateur de la plus stricte morale. Le grand roi qui fit mourir La Vallière de chagrin donnait à sa cour l'exemple de l'infidélité; Ninon de Lenclos tenait le sceptre de la mode et du goût; le bon La Fontaine n'avait pas une vie bien réglée; Racine lui-même est devenu l'amant de mademoiselle Champmeslé. Mille exemples prouveraient que ce siècle était celui des tendres faiblesses, et cependant il fit éclore les types si purs des Andromaque, des Monime, des Bérénice, des Pauline, des Chimène, des Laodice, des Elmire, des Henriette, de tout ce que le génie a pu emprunter de séduisant aux principes de la vertu

L'Andromaque de Racine approche de la perfection plus que les deux autres; mais on la voudrait un peu plus franche dans son allure, et véritablement elle fait la coquette lorsqu'elle dit à Pyrrhus :

> Vous ne l'ignorez pas, Andromaque sans vous
> N'aurait jamais d'un maître embrassé les genoux.

Elle emploie trop de subterfuges pour se tirer de la position difficile où elle est. Corneille aurait donné à cette reine découronnée et suppliante une bien autre majesté. C'est, du reste, la tragédie de l'amour que cette tragédie d'*Andromaque*, tout le cœur y est. Elle fut pour Racine ce que *le Dépit amoureux* fut pour Molière. Effacez les noms de Pyrrhus et d'Andromaque, d'Hermione et d'Oreste · Hermione est une femme que l'on quitte, Hermione aime et déteste à la fois Pyrrhus; Oreste est un de ces amoureux ensorcelés qui, tout dédaignés qu'ils sont, ne peuvent se priver de la présence d'une femme, et qu'une coquette tient en laisse; Andromaque est la veuve qui lutte avec un autre amour dans le cœur contre les espérances d'un homme à qui sa destinée est soumise, d'un maitre qui commande, et auquel il faudra céder; est-ce donc de l'histoire? C'est la vie, la vie de tous les jours; ce sont les irrésolutions, les emportements, les contraintes, les faiblesses, les injustices, les fureurs, en un mot la fatalité de l'amour. Racine semble avoir profité néanmoins des critiques de Saint-Évremond. Pyrrhus a conservé quelque chose de son caractère violent; il est moins Céladon qu'Alexandre, il s'égare moins sur les bords du fleuve du *Tendre*. Racine s'efforçait de rompre en visière avec le roman et de se mettre au-dessus de son temps. Il se rapprochait de Corneille, qu'il devait égaler.

Il y a pourtant beaucoup de différence encore entre le Pyrrhus grec et le Pyrrhus français.

Le Pyrrhus d'Euripide ne se montre pas homme à filer le parfait amour avec Andromaque, et, du côté d'Hermione, il n'a plus également rien à désirer, Hermione lui appartient. Il a vu la jeune Lacédémonienne se mêler aux exercices de la lutte et de la course, avec sa robe courte et flottante; il a souhaité de la posséder, il l'a épousée sur-le-champ. Tel est Pyrrhus. Il fait vivre sous le même toit Hermione et Andromaque, sans s'inquiéter de cette jalousie qui est la « passion des femmes, » comme dit le poète grec. Il sait bien qu'en sa présence chacune restera soumise, et que ses oreilles ne seront pas troublées de plaintes continuelles. Aussi Euripide a-t-il choisi, pour faire éclater l'orage, l'instant où le fils d'A[illegible] allé à Delphes, afin de fléchir Apollon, qu'il a blessé naguère, [illegible] une imprudente prière. Le débat s'engage alors entre Hermione et Andromaque : la première excitée par son père Ménélas, ce roi des mariis trompés, et par son cousin Oreste, dont l'habitude est d'assassiner les gens qui lui déplaisent; la seconde protégée par la sagesse du vieux Pélée, l'époux de la déesse Thétis. Voilà quels sont les personnages de la tragédie grecque, œuvre admirable de vérité, et soutenue par un puissant intérêt.

On peut adresser un reproche général à Racine : c'est d'avoir choisi, à l'exception d'*Athalie*, des sujets qu'il était obligé de dénaturer pour les faire admettre par une cour galante au fond, mais sévère en apparence. Les imitations qu'il a faites des théâtres grec et latin, si adorables qu'elles soient en elles-mêmes, nous choquent comme si on revêtait la Vénus antique d'une robe coquette et galante. Pourquoi son Andromaque n'est-elle pas une veuve quelconque, une veuve imaginaire? C'est fâcheux qu'elle donne un démenti perpétuel à de classiques souvenirs. Ç'aurait été un grand bonheur que le poète ne se fût pas appuyé sur un passé si certain, et que sa puissance créatrice eût peuplé avec amour de quelques êtres immortels de plus le pays enchanté de l'imagination.

Racine a voulu faire pour la tragédie ce que Molière faisait dans le même temps pour la comédie, mais il avait moins d'art; Molière, d'ailleurs, ne s'attaquait pas à des noms consacrés.

Un auteur du temps, Subligny, fit une parodie d'*Andromaque*, intitulée *la Folle querelle*... Subligny prétend avoir compté dans cette tragédie *trois cents* fautes de diction... Ce qui fait le plus d'honneur à la parodie de Subligny, c'est que quelques personnes l'attribuèrent à Molière; en revanche, une telle erreur compromet singulièrement le goût de ces personnes-là. Subligny se rallia dans la suite à Racine, et devint même un de ses plus chauds panégyristes. Il se mêla de défendre *Bérénice*, on verra que Racine n'avait pas besoin de son secours.

Racine avait un esprit naturellement porté à la raillerie. Dans la charmante comédie des *Plaideurs* il a donné cours à cette malice, qui s'exerçait quelquefois sur ses plus intimes amis; mais la bonté du cœur, qui dominait chez lui, réparait bien vite le mal que ses sarcasmes avaient pu faire: il était souvent aussi satirique que Boileau, mais d'une nature plus tendre et plus repentante. On reprocha même à Racine de s'être emporté plusieurs fois jusqu'à l'ingratitude; ce fut ainsi qu'il attaqua le Port-Royal. On cite aussi de lui quelques épigrammes un peu vives. Racine, du reste, expia ces légers torts, et se fit pardonner ces offenses quand l'âge eut rempli son cœur d'une sincère bienveillance et d'une inspiration toute religieuse...

Il ne faut pas se représenter Racine comme ayant toujours été un poète grave et pieux; il avait *hurlé avec les loups*, comme il le dit lui-même dans ses lettres familières à La Fontaine. Il avait fait des vers légers et galants. Dans sa jeunesse, Racine lisait Aristophane non moins que Sophocle et Euripide; de cette lecture naquirent *les Plaideurs*: *les Guêpes* lui donnèrent l'idée de cette jolie pièce. Un procès qu'il avait perdu à propos d'un bénéfice obtenu par lui; car il avait eu l'idée de prendre l'habit ecclésiastique, lui fournit des armes contre les juges. Racine, aux premières représentations de cet ouvrage, eut contre lui le public ; mais, cette fois encore, il eut pour lui Molière, quoiqu'ils fussent brouillés. Il attendit patiemment. La foule se porta bientôt aux *Plaideurs :* cette comédie ayant fort diverti le roi, elle ne tarda pas à être adoptée par les courtisans. M. de Valincourt raconte d'une manière plaisante l'effet produit par cette approbation du roi sur les comédiens eux-mêmes : « Partis de Saint-Germain, dans trois carrosses, à onze heures du » soir, ils allèrent porter cette bonne nouvelle à Racine, qui logeait » à l'hôtel des Ursins. Trois carrosses après minuit, et dans un lieu » où jamais il ne s'en était tant vu ensemble, réveillèrent tout le » voisinage. On se mit aux fenêtres, et, comme on vit que les car» rosses étaient à la porte de Racine, et qu'il s'agissait des *Plai» deurs,* les bourgeois se persuadèrent qu'on venait l'enlever pour » avoir mal parlé des juges. Tout Paris le crut à la Conciergerie, le » lendemain ; et ce qui donna lieu à cette vision ridicule, c'est » qu'effectivement un de MM. les conseillers des requêtes avait » fait grand bruit au palais contre cette comédie !!! »

Cette scène est digne des *Plaideurs.* La plupart des caractères esquissés par Racine étaient, du reste, des portraits. On citait les noms des originaux.

Le vieux Corneille, irrité déjà de voir le public se tourner vers l'astre levant de Racine, se montra très-irrité de la parodie d'un vers du *Cid :*

> Ses rides sur son front gravaient tous ses exploits.

Rien n'est plus amusant que cette comédie des *Plaideurs,* et il est à regretter que Racine n'ait pas donné plus de carrière à ces dispositions comiques de son esprit.

De la lecture d'Aristophane, le poète passa à celle de Tacite, historien dont la satire était plus vigoureuse encore que celle de l'auteur des *Guêpes.* Ce fut sur le règne de Néron qu'il arrêta ses yeux.

On sait comment Néron est arrivé au trône ; sa mère Agrippine le fit adopter, au détriment de Britannicus, par l'imbécile Claude. Rappelons en quelques mots les horribles mœurs de ce temps. Lorsque la mère de Claude rencontrait un idiot, elle avait coutume de dire : « Il est moins stupide encore que mon fils Claude. » Tel était l'enfant destiné à gouverner un jour le peuple romain. Claude n'arriva pas au pouvoir avant l'âge de cinquante ans ; mais l'âge n'avait guère corrigé la nature. Tiré par force de dessous une tapisserie où il s'était caché pendant qu'on assassinait Caligula, il se vit conduire au trône des Césars en croyant marcher au supplice. Les premières années du règne de Claude, par suite d'une réaction nécessaire après les horreurs de Caligula, furent marquées d'une certaine bénignité; mais le naturel ne tarda pas à reparaître. Claude tomba entre les mains de ses affranchis et de ses femmes, qui le poussèrent à des crimes dignes de son prédécesseur. Les imbéciles sont aussi dangereux que les insensés. Claude ne fut pas heureux en femmes, et ce fut Messaline, dont Tacite et Juvénal ont cruellement immortalisé le nom, qui osa, à la face de Rome, lui vivant et régnant, épouser un de ses amants, Silius. Agrippine s'empara de ses volontés; Claude n'y gagna pas, ni Rome non plus. Après l'adoption de son fils, des champignons apprêtés par la fameuse empoisonneuse Locuste aidèrent Claude à passer de la table au tombeau. Sénèque fit, dit-on, l'oraison funèbre que prononça Néron en l'honneur de Claude; ce qui n'empêcha pas Sénèque d'écrire plus tard l'*Apocoloquintose*, ou la métamorphose de Claude en citrouille. Mais lorsque le jeune Néron eut senti le diadème assuré sur son front, fils jusque-là soumis et respectueux, lorsque le manteau impérial fut attaché à ses épaules, l'affreux génie de ses prédécesseurs se révéla en lui; les griffes du tigre frémirent et s'allongèrent impatientes de sang. Malheur à ceux qui traversèrent ses intérêts ou ses caprices! Agrippine en fut la première victime. On le lui avait prédit; mais, poussée par son ambition, elle avait répondu, selon Tacite: *Occidat, dum imperet*: « Qu'il me tue, » pourvu qu'il règne. »

Racine prétend que, de toutes ses pièces, *Britannicus* est celle qu'il a le plus travaillée. Il est certain qu'en lisant Tacite on reconnaît que le poète français avait profondément étudié les mœurs romaines. Aucun trait n'a été perdu, et ce n'est point par des placages historiques que Racine a assemblé les détails fournis par les temps qu'il voulait peindre; mais, usages, expressions, symboles, il a tout fait passer dans le tissu de son œuvre avec un art infini. Ces éléments divers se sont fondus sous sa main pour ne faire qu'un tout homogène. C'est ainsi que procède le génie.

La tragédie de *Britannicus* est donc une étude de caractères tracée d'après le meilleur peintre de l'antiquité par le pinceau moderne le plus correct. Racine a reproduit Tacite avec une admirable fidélité; en relisant ce dernier, nous avons vu jusqu'à quel point l'auteur français s'en était inspiré. Une chose nous a frappé : il y a eu deux Agrippines, la mère et la fille; celle de Tibère et celle de Claude, toutes deux avides du pouvoir. Tibère, irrité contre la première, laisse échapper de son cœur dissimulé un vers grec qui signifie : « Ce qui l'offense, c'est ne pas régner. » Racine n'a pas omis ce mot qui peint cette race ambitieuse des Agrippines ; il l'a transporté à la fille, et Néron dit à sa mère :

> Mais si vous ne régnez pas, vous vous plaignez toujours.

C'est ainsi que le génie creuse un sujet et s'en approprie toutes les beautés. La rage de gouverner s'était transmise en effet avec le sang de l'une à l'autre Agrippine, et la même réprimande pouvait leur être adressée.

Ce n'est pas dans les amours de Junie et de Britannicus que se trouve l'intérêt de cette pièce, quoiqu'ils paraissent en constituer le fond. Ce sont deux jeunes gens aimables et intéressants ; mais le combat du vice et de la vertu qui, sous les traits de Narcisse et de Burrhus, se disputent le cœur de Néron, voilà l'admirable tableau qui arrête principalement les yeux.

La préface que Racine a mise à la tête de *Britannicus* explique le but de son théâtre. Racine se défend contre d'injustes et jalouses attaques, et il s'écrie :

« Que faudrait-il faire pour contenter des juges si difficiles ?... La » chose serait aisée pourvu qu'on voulût trahir le bon sens. Il ne » faudrait que s'écarter du naturel, pour se jeter dans l'extraordi- » naire. Au lieu d'une action simple, chargée de peu de matière, » telle que doit être une action qui se passe sous vos yeux, et qui, » s'avançant par degrés vers sa fin, n'est soutenue que par les in- » térêts, les sentiments et les passions des personnages, il faudrait » remplir cette même action de quantité d'incidents qui ne se pour- » raient passer qu'en un mois ; d'un grand nombre de jeux de » théâtre, d'autant plus surprenants qu'ils seraient moins invraisem- » blables ; d'une infinité de déclarations où l'on ferait dire aux gens » tout le contraire de ce qu'ils devraient dire. Mais que penserait » le petit nombre de gens sages auxquels je m'efforce de plaire ? De » quel front oserais-je me montrer, pour ainsi dire, aux yeux des » grands hommes de l'antiquité, que j'ai choisis pour modèles ? Car, » pour me servir de la pensée d'un ancien, voilà les véritables specta- » teurs que nous devons nous proposer, et nous devons nous de- » mander sans cesse : Que diraient Homère et Virgile s'ils lisaient » ces vers ? Que dirait Sophocle s'il voyait représenter cette scène ?

Ce fut pour complaire, ainsi que nous l'avons rapporté en parlant des dernières pièces de Corneille, à Henriette d'Angleterre, que Racine composa la royale élégie de *Bérénice*. Il en prit le sujet dans cette phrase de Suétone : « *Berenicen statim ab urbe dimisit invitus invitam.* » Ce sont ces mots heureux *invitus invitam* qui charmèrent sans doute Racine. Il voulut, en se réduisant à une grande unité d'action, remplir le théâtre par les seuls mouvements du cœur. Un prince et une princesse qui s'aiment, qui vont s'unir, et que des raisons d'État forcent à se séparer pour toujours, n'est-ce pas là un sujet plein de pathétique et d'une majestueuse simplicité ? Molière avait chassé du théâtre comique les pièces chargées d'incidents, il avait remplacé la multiplicité des événements par le développement des caractères; *le Misanthrope* était venu consacrer ces nobles études. Racine crut pouvoir transporter à son tour, dans la tragédie, cette modestie d'intrigue et cette analyse de sentiments. Il composa *Bérénice*, œuvre qui, malgré la douceur ravissante du style, souleva la critique contre l'auteur plus qu'*Andromaque* ne l'avait fait.

« L'auteur, écrivait l'abbé de Villars, a trouvé à propos, pour » s'éloigner du genre d'écrire de Corneille, de faire une pièce de » théâtre qui, depuis le commencement jusqu'à la fin, n'est qu'un » tissu galant de madrigaux et d'élégies, et cela pour la commo- » dité des dames, de la jeunesse, de la cour, et des faiseurs de re- » cueils de pièces galantes. Il ne faut donc pas s'étonner s'il ne s'est » pas mis en peine de la liaison des scènes, s'il a laissé plusieurs » fois le théâtre vide, et si la plupart des scènes sont peu nécessai- » res. Le moyen d'ajuster tant d'élégies et de madrigaux ensemble » avec la même suite que si l'on eût voulu faire une comédie dans » les règles ? On se soucie bien dans le monde si une scène est né- » cessaire, pourvu qu'elle exprime tendrement, naturellement, » quelques sentiments délicats; qu'importe aux dames qu'un auteur » porte le cothurne ou le brodequin, pourvu qu'elles pleurent et » que, de temps en temps, elles puissent s'écrier : *Cela est joli !!!* »

Il y a quelque chose de vrai dans ce passage de l'abbé de Villars ; quoique le génie de Racine se fût élevé déjà à une prodigieuse hauteur, il ne s'était pas encore débarrassé du madrigal ; il en conserva même des traits jusque dans *Phèdre*. *Esther* et *Athalie* sont les seules pièces épurées par un goût sévère, formé par de longues réflexions. Racine, néanmoins, ne laissa pas le dernier mot à l'abbé de Villars. Il répondit à lui et à d'autres; il écrasa ses adversaires avec une cruelle supériorité.

« Toutes ces critiques, dit-il, sont le partage de quatre ou cinq pe- » tits auteurs infortunés qui n'ont jamais pu par eux-mêmes exciter » la curiosité du public. Ils attendent toujours l'occasion de quelque » ouvrage qui réussisse pour l'attaquer... non par jalousie, car sur » quel fondement seraient-ils jaloux ? mais dans l'espérance qu'on » se donnera la peine de leur répondre, et qu'on les tirera de

» l'obscurité où leurs propres ouvrages les auraient laissés toute » leur vie... »

Ne vous semble-t-il pas voir Scipion montant au Capitole?...

On fit des parodies de *Bérénice* qui contristèrent le cœur sensible du poète : Titus se vit métamorphosé en Arlequin, Bérénice devint Colombine, et le burlesque fut poussé jusqu'à la dernière expression. Colombine, après de comiques reproches, s'écriait en tirant Arlequin par la manche, qui lui restait dans les mains :

> Répondez donc?...
> Hélas! que vous me déchirez!

répondait Arlequin en montrant sa manche au spectateur.

Tout cela n'empêcha pas les larmes de couler, et *Bérénice* obtint l'assentiment de Louis XIV. Le grand roi croyait y lire une page de son histoire, à laquelle Henriette d'Angleterre n'était pas étrangère; cette pièce eut l'approbation des hommes les plus éminents. On rapporte que le grand Condé aimait à répéter, au sujet de cette pièce, ces vers où Titus parle de Bérénice :

> Depuis cinq ans entiers tous les jours je la vois,
> Et crois toujours la voir pour la première fois.

La postérité a été de l'avis du grand Condé !...

Bajazet est-il Turc ou Français? Voilà une question qui, depuis deux siècles, occupe les littérateurs. On pourrait répondre à cette question, sans être paradoxal, que Bajazet n'est ni l'un ni l'autre, et que l'on s'est fait jusqu'ici une guerre sans résultat. Bajazet est un type qui n'appartient à aucun pays; ce n'est pas un homme, c'est un sentiment : l'amour fidèle.

Racine a voulu s'abuser lui-même lorsqu'il a prétendu s'être attaché à *ne rien changer aux mœurs ni aux coutumes de la nation turque*. Le fait est qu'il y a peu songé; et comment aurait-il eu la prétention d'empreindre son sujet de ce que nous appelons de nos jours la couleur locale? Ce n'était que par les *ouï-dire* d'un ambassadeur à Constantinople, M. de Chezy, et par la relation de *l'Empire ottoman*, traduite de l'anglais, qu'il connaissait les Turcs; il l'avoue lui-même. D'ailleurs cela ne rentrait pas dans la nature de son génie; malgré les larges et beaux emprunts qu'il a faits à l'antiquité grecque ou latine, Racine s'inquiétait avant tout du développement des passions et des caractères. Sur ce terrain, il est à l'abri de toute attaque. Rien n'est vrai, rien n'est logique comme sa manière; la tragédie de *Bajazet* en fournit de magnifiques exemples.

Bajazet, qui donne son nom à la pièce, n'y joue pas le principal rôle; ce n'est pas non plus Atalide. Les amours de Bajazet et d'Atalide, amours pleins d'une grâce élégiaque, figureraient mieux dans un chapitre de *la Princesse de Clèves* que dans une tragédie. Cette Atalide, si tendre et si indécise, qui veut que son amant ait des semblants d'amour pour la sultane, et qui lui reproche aussitôt d'obéir à ses commandements, est une figure adorable, mais qui, relevant de la comédie gracieuse, rappelle les bouderies de Marianne et de Valère dans le *Tartuffe;* seulement, l'on trouve les amants de la tragédie trop minutieux et trop quintessenciés, lorsque la terrible Roxane est là qui rugit derrière eux, lionne prête à les dévorer.

Roxane, voilà l'héroïne, voilà l'étonnante création pour laquelle Racine n'avait pas de modèle, et qu'il a animée d'une vigueur qu'on ne saurait trop admirer. Roxane, plus sensuelle que sensible, est bien la fille d'Asie, en proie à l'ardeur des voluptés excitées par la vie du sérail. Roxane, en l'absence d'Amurat, joint l'insolence d'un sultan aux caprices d'une sultane. Elle veut être aimée au premier mot, comme son maître l'était; elle jette à son tour le mouchoir : les rôles sont changés. Renvoyez ces odalisques, ces eunuques, tout ce troupeau stérile! Qu'on leur ouvre les portes long-temps fermées! Qu'on achète sur les marchés de Constantinople de beaux jeunes hommes, et que le harem ait d'autres prisonniers! Voilà Roxane; mais si elle rencontre un obstacle à ses volontés, eh bien! elle fera comme le sultan : n'a-t-elle pas conservé les muets pour faire expirer quiconque ne l'adorera pas? C'est Racine, le tendre Racine, qui a tracé ce portrait, dont les teintes si chaudes annoncent une organisation brûlée par les désirs des sens. Roxane est une œuvre d'audace et de génie, tant il y a de mesure dans le merveilleux langage que le poète emploie pour exprimer chastement cette passion désordonnée : et puis, remarquez-le bien, Roxane n'est pas dépourvue d'une certaine sensibilité; ses larmes tout à l'heure, quand elle apprendra qu'elle est trahie, et qu'elle a veillé jusqu'ici, sans le savoir, aux intérêts de sa rivale, ses larmes abondantes éteindront, en quelque sorte, les flammes trop vives qui se sont montrées par instants. Le quatrième acte de *Bajazet* est une des plus belles pages qui aient été écrites dans l'histoire du cœur humain.

Madame de Sévigné disait, en parlant de la tragédie de *Bajazet*, que c'était une *grande tuerie;* et en effet, excepté Acomat, dont la vie n'est pas trop assurée, et qui est assez inutile d'ailleurs, tous les personnages principaux sont tués ou se tuent. Cette observation de madame de Sévigné est une critique pleine de sens. Mais madame de Sévigné a grand tort lorsqu'elle ajoute : « Racine fait des comé» dies pour la Champmeslé, ce n'est pas pour les siècles à venir. » Si jamais il n'est plus jeune et qu'il cesse d'être amoureux, ce » ne sera plus la même chose. » Racine cessa d'être jeune, il cessa d'être amoureux, et il fit des chefs-d'œuvre; c'est au contraire parce qu'il était jeune et amoureux qu'il donna dans le goût romanesque et galant.

S'il est permis de reprocher des fadeurs à quelques-unes des pièces de Racine, tous ses personnages ne sont pas entachés de ce défaut; il ne les a pas tous revêtus de l'habit français. Jamais figure historique n'a mieux été dessinée que celle de Mithridate.

Ce fut sans doute la pièce de *Nicomède* qui décida Racine à écrire cette tragédie. Mithridate est éclos de la même pensée; Racine a voulu lutter de vigueur avec Corneille et avec Rome, et l'on reste indécis entre les deux chefs-d'œuvre. Si la jeunesse impétueuse de Nicomède, ses amours assurés, ses triomphes prévus exaltent l'âme et la remplissent d'une noble fierté, avec quel intérêt ne suit-on pas les dernières luttes d'un monarque puissant, trahi par la fortune, après quarante ans de succès, et par l'amour qui dédaigne sa vieillesse! Nicomède produit l'enthousiasme; Mithridate l'attendrissement.

Les historiens latins se sont plu à retracer le portrait de ce noble ennemi avec une impartialité qui leur fait honneur. Salluste, entre autres, dans une lettre que le roi de Pont est censé écrire au roi des Parthes lors des victoires de Lucullus, a reproduit sans réserve toute la haine de Mithridate contre les Romains, lesquels, selon ce prince, ne faisaient la guerre à tous les peuples, à tous les rois, que par un désir profond de pouvoir et de richesses : *cupido profunda imperii et divitiarum*. La soif de l'or régnait à cette époque dans Rome; à l'intérieur, à l'extérieur, on ne vivait plus que de rapines et de brigandages, et la vertueuse éloquence de Caton ne pouvait arrêter le débordement de vices qui entraînait à sa ruine la vieille société romaine. Un mot de Jugurtha peint bien cette déplorable décadence. On rapporte que, sortant de Rome, et l'ayant regardée en silence, il s'écria : « Ville vénale! qui périrait » bientôt si elle trouvait un acheteur! » Pouvait-il, en effet, avoir une autre idée d'un peuple dont les généraux, séduits par l'or, lui avaient rendu ses éléphants, vendu ses transfuges et ses prisonniers, et qui passaient des traités de commerce avec lui, trafiquant de la guerre et de la paix?

Le Mithridate de Racine est bien l'homme qui méprise et hait les Romains au delà de toute expression. Ce seul mot, les Romains, prononcé à ses oreilles, lui donne un accès de fièvre chaude; il entre en fureur comme un fou dans l'esprit duquel on vient de réveiller de cruels souvenirs. Il meurt presque content, parce que ses derniers regards ont vu fuir les Romains. Il oublie, dans cette satisfaction, et son amour pour Monime et ses projets de vengeance. C'est l'histoire qui a fourni à Racine cette passion de vieillard dont le cœur du roi est tourmenté. Monime de Milet, la jeune Ionienne, n'accepta pas quinze mille pièces d'or que le prince avait envoyées pour la séduire; elle refusa d'être sa concubine, et Mithridate lui accorda le titre de son épouse, titre funeste qui coûta la vie à cette reine malheureuse. Mithridate avait pris l'habitude, dans ses revers, de faire mourir ses femmes, de peur qu'elles ne tombassent dans les mains du vainqueur. Cette chaste Monime est devenue, sous la plume de Racine, un type de grâce et de beauté. Qu'elle est noble et pure, cette reine dont le cœur laisse échapper ses secrets avec tant de retenue et de timidité, et qui devient si courageuse et si hardie lorsqu'un regard indiscret a surpris dans son sein la tendresse qu'elle s'efforçait d'étouffer! Les discours qu'elle tient à Mithridate, quand il a pénétré un amour qu'elle s'avoue à peine elle-même pour Xipharès, et le refus qu'elle fait de la main du roi de Pont, demeureront toujours comme un modèle achevé de courageuse résistance de la part d'une femme faible et craintive.

On a reproché à Racine le procédé par lequel Mithridate découvre l'amour de la reine, en la poussant à se trahir par de fausses espérances. On a opposé à cette scène celle de l'avare et de son fils. Cela prouve tout simplement que la comédie et le drame peuvent s'accommoder des mêmes situations, et que les passions des personnages en forment toute la différence. On ne saurait trop admirer avec quel art Racine a voulu faire excuser cet artifice d'un grand et puissant roi; il y revient jusqu'à trois fois, à l'aide de préparations infinies. D'abord c'est Pharnace qui établit par ces vers le caractère historique de Mithridate:

> Vous savez sa coutume et sous quelles tendresses
> Sa haine sait cacher ses trompeuses adresses.

Puis c'est Mithridate qui, réduit à tromper les amants afin de savoir leur secret, s'exprime de cette façon supérieure:

> S'il n'est digne de moi, le piége est digne d'eux.

Enfin c'est Xipharès qui dit:

> Il feint, il me caresse et cache son dessein.
> Mais moi qui, dès l'enfance, élevé dans son sein,
> De tous ses mouvements ai trop l'intelligence,
> J'ai lu dans ses regards sa prochaine vengeance.

Tous ces traits épars se rassemblent dans l'imagination du spectateur, à son insu, sans qu'il en ait la conscience au moment où il les surprend, et lui rendent naturelle une action qu'il aurait peut-être blâmée sans cela.

Cette pièce est un véritable chef-d'œuvre, chef-d'œuvre de style, au moins en beaucoup de parties, et surtout dans le rôle entier de Mithridate, dont les vers, où réside l'esprit de l'antiquité, où la justesse des images s'unit à la netteté des expressions, sont assurément des plus beaux de la langue.

L'amour, qui a gâté un si grand nombre de nos pièces, est ce qui fait le plus de tort à la tragédie d'*Iphigénie*, quand on la compare à l'œuvre d'Euripide. Si l'on veut considérer l'inutilité du rôle d'Eriphyle, l'étrangeté d'un Achille romanesque, et la résignation pour ainsi dire chrétienne de cette Iphigénie, qui a de bien plus fortes raisons de se rattacher à l'existence que celle d'Euripide, puisqu'elle quitterait de plus un amant dont elle est adorée, on sentira que le siècle de Louis XIV a trop mêlé sa couleur au tableau d'Euripide et d'Homère, et que les yeux, tout charmés qu'ils sont de l'habileté et de la grâce de l'artiste, se trouvent néanmoins un peu dépaysés.

Les caractères de la pièce grecque sont plus francs et plus vrais, et l'intrigue est plus nette et plus naturelle. Chez Racine, comme chez Euripide, Agamemnon, après avoir déploré les misères attachées aux grandeurs, remet à un vieillard, son confident, une lettre qui, portée à Argos, doit empêcher Clytemnestre et sa fille de venir au camp, où Calchas demande le sacrifice d'Iphigénie. Mais, dans la pièce française, ce messager s'égare, moyen incertain et puéril au fond; tandis que, dans la pièce grecque, Ménélas rencontre cet homme, le force à lui livrer ses secrets, se doutant de quelque contre-ordre de la part d'Agamemnon, dont il connait l'irrésolution et la tendresse pour sa fille. Il s'ensuit une très-belle scène entre les deux frères, dans laquelle Euripide a fait jouer à Ménélas un rôle digne et noble. Racine, trop voisin de Molière, a écarté Ménélas; mais il eût pu faire ravir cette lettre par Ulysse, dont Agamemnon rappelle la cruelle industrie.

La plus grande différence des deux pièces repose sur le caractère d'Achille: Racine l'a fait épris depuis long-temps des charmes d'Iphigénie, dont la main lui est promise; et Achille alors, malgré la beauté du langage dans lequel il s'exprime, rentre dans la catégorie des amoureux bouillants et impétueux, qui peuvent devenir des lions lorsqu'on leur enlève l'objet de leurs affections. Rien ne le distingue des autres princes de tragédie, ni même du commun des mortels. Euripide a mieux conservé le caractère du héros d'Homère : Achille ne connaît pas Iphigénie ; le roi des rois a abusé de son nom lorsqu'il a fait venir Clytemnestre et Iphigénie, sous prétexte d'un mariage avec le fils de Pélée. Aussi, quel est son étonnement lorsque Clytemnestre lui parle comme à un gendre futur ! et quelle est son indignation lorsque le secret du sacrifice d'Iphigénie lui est révélé, et qu'il se trouve mêlé à ces horribles apprêts ! Achille jure à Clytemnestre que sa fille ne mourra pas, qu'il la défendra contre les Grecs et les dieux, et il n'est pas guidé par le désir de posséder Iphigénie, qu'une mère éperdue lui propose pour épouse ; il obéit à un sentiment de loyauté désintéressée, de courage généreux. Quelques critiques ont trouvé mauvais qu'Achille plus tard laisse paisiblement Iphigénie aller à l'autel ; mais c'est Iphigénie qui le veut : pour assurer la faveur des dieux aux Grecs, Iphigénie se dévoue ; et Achille respecte cette noble action, tout prêt pourtant à enlever Iphigénie sur l'autel même de Diane si la volonté manque à la victime pour accomplir ce sacrifice. Tel est Achille, élève de Chiron, dont la prudence égale la valeur.

La différence des mœurs grecques et françaises se montre parfaitement dans les deux *Iphigénie*. Nous disons à regret que cette différence est toute à l'avantage du peuple grec. La nation qui élevait des temples publics à la pudeur se faisait remarquer par la sainteté de ses gynécées ; la morale, en un mot, était en action dans l'antiquité, et de nos jours elle est dans les convenances du langage. Nos héroïnes ne couvrent la plupart du temps les libertés de leurs démarches que par des subtilités d'esprit ; les héroïnes du théâtre grec ne font que ce qu'elles doivent faire, en se soumettant aux rigoureuses lois de leur société. Cela prouve que nos mœurs ont beaucoup plus de laisser-aller que les mœurs grecques, et qu'il faut, pour que l'honnêteté soit conservée aux yeux de nos spectateurs, cette chasteté d'expression et ces combats du cœur qui ont fait la gloire de notre scène, où la psychologie a remplacé la pudeur.

Ce fut là le triomphe de Racine. Aucun poète n'a su revêtir la passion d'une apparence plus idéale, et, il faut en convenir aussi, nous nous prêtons aux prodiges de cet enchanteur avec la meilleure foi du monde. Serait-ce aux Romains qu'on aurait fait croire que Titus et Bérénice, vivant dans le même palais, et dont les appartements se touchent, n'ont jamais recherché les douceurs de la possession ? Seraient-ce les Grecs qui, en voyant Hermione si obstinée, eussent bien voulu se persuader qu'entre elle et un homme comme Pyrrhus il n'y avait qu'une infidélité de cœur ? Les Romains et les Grecs, qui allaient tout de suite au fond des choses, auraient ri de cette nature factice, et le poète leur eût semblé insensé.

Dans la pièce d'Euripide, la première entrevue de Clytemnestre et d'Achille retrace admirablement toute la pureté des mœurs antiques. Clytemnestre, qui croit voir un gendre dans Achille, lui présente la main, qu'il refuse en s'écriant : *O saintes lois de la pudeur !...* Achille est étonné de voir dans le camp une femme d'une si rare beauté, et qui a des manières si engageantes. Cette scène, empreinte d'une naïveté charmante, paraîtrait une niaiserie dans nos temps moins scrupuleux. La Harpe trouve cela extrêmement comique, et il n'y a de comique que la réflexion de La Harpe.

On ne saurait se dissimuler non plus que le dénoûment de l'*Iphigénie* de Racine est tout à fait vicieux. On n'a pris aucun intérêt à Ériphyle, et pourtant on est fâché de la voir sacrifiée. A quoi bon cette victime? Les dieux en avaient-ils besoin, et ne pouvaient-ils pas s'apaiser? A tout moment, dans la mythologie grecque, un dieu change d'avis ou est vaincu par un autre dieu plus fort. Racine, qui a plus copié Homère qu'Euripide, aurait pu se rappeler que lorsque ce héros voit se déchaîner contre lui le Xanthe et le Simoïs, dont les ondes le poursuivent, Vulcain arrive à son secours et le tire d'embarras. Diane, avertie à temps, suffisait, comme dans la pièce d'Euripide, pour sauver Iphigénie consacrée autrefois à ses autels. Qu'on n'objecte plus qu'un public français se serait prêté difficilement à un dénoûment grec. Du moment qu'on admettait l'oracle, on admettait le miracle. Le prodige s'enchaînait naturellement à l'arrêt des dieux.

Euripide substitue à Iphigénie une biche, qui tombe sous le fer de Calchas ; et Racine aurait pu, comme Rotrou, garder ce dénoûment : il a remplacé cette biche par le personnage épisodique d'Ériphyle, qui est sacrifiée, si nous pouvons nous exprimer ainsi, non pas seulement à la fin de la pièce, mais depuis le commencement. Ériphyle, jeune fille du sang d'Hélène, marquée par la fatalité, aime Achille sans en être aimée, déteste Iphigénie, sa rivale préférée, se montre perfide envers elle, bien que comblée de ses bienfaits, et meurt à sa place sans qu'on prenne le moindre intérêt à tout ce qu'elle fait, à tout ce qu'elle dit. Comment se fait-il que Racine se soit abusé au point d'écrire que sans l'*heureux personnage* d'Ériphyle il n'aurait pas composé sa tragédie?

Racine rapporte, d'après Pausanias, que Stésichorus, fameux poète lyrique, a parlé d'une fille d'Hélène et de Thésée, dont Ménélas ignorait la naissance. Mais ce qui a donné à Racine l'idée de sacrifier une autre personne qu'Iphigénie, c'est sans doute cette observation judicieuse de Clytemnestre dans sa prière à son époux. « N'était-il pas plus juste que Ménélas sacrifiât Hermione pour une » mère dont l'intérêt le commande? Quoi! ma vertu et ma fidélité » seront récompensées par la perte de ma fille; tandis que la per- » fide, la coupable Hélène, plus heureuse que moi, ramenée au » sein de sa patrie, élèvera sa fille à Sparte? » Racine, respectant cette Hermione, dont il avait tiré si bon parti dans *Andromaque*, lui a substitué la fille d'Hélène et de Thésée.

Ce qui appartient en entier à Racine et ce qui est magnifique, sublime, c'est la grande scène toute française d'Achille et d'Agamemnon au quatrième acte, et la scène plus française encore, s'il est possible, de la jalousie d'Iphigénie et d'Ériphyle au second acte. Il est impossible d'écrire quelque chose de plus beau, et cette perfection de style, cette bienséance de pensée, que possède Ra-Racine, font qu'on lui pardonne de s'être écarté des mœurs antiques.

*Phèdre* va nous fournir encore des comparaisons avec le théâtre grec, mais beaucoup plus à l'avantage de Racine.

L'Hippolyte d'Euripide est placé entre deux déesses, l'ardente Vénus et la chaste Diane, qui se disputent son cœur orgueilleux. Hippolyte, malgré l'effervescence d'une belle et forte jeunesse, a tourné vers Diane ses paisibles hommages; il dédaigne les autels de Vénus, il n'y brûle aucun encens. Il n'est heureux que lorsque, sur les traces de la divinité chasseresse, il parcourt les forêts et en frappe les habitants de son dard toujours sûr. Insensible aux charmes des femmes, il pousse même si loin ses rigueurs pour ce sexe tant aimé de son père Thésée, qu'il se demande pourquoi les dieux n'ont pas jugé à propos d'en dispenser la terre. « Puissant » Jupiter, dit-il, pourquoi avez-vous permis qu'on vît paraître sous » le soleil un mal aussi dangereux que la femme? Qu'était-il be- » soin de produire par cette voie notre race mortelle? N'eût-il pas » été plus avantageux pour les hommes de porter dans vos sacrés » parvis l'airain, le fer et l'or, pour acheter de vous des enfants à » proportion de leurs offrandes? » Il faut convenir que la haine d'Hippolyte passe toutes les bornes. Aussi Euripide fut-il surnommé *Misogyne*. C'est surtout contre les femmes savantes qu'Hippolyte se déchaîne. « Le comble du malheur, ajoute-t-il, c'est une femme » bel esprit. » Cette traduction est du père Brumoy. Mais le père Brumoy, qui appelle Vénus une *déesse à la mode*, ne nous paraît pas très-heureux dans ses expressions.

L'Hippolyte de Sénèque ne montre pas une galanterie plus raffinée, il trouve aussi que rien n'égale la perversité des femmes; et il se console de la perte de sa mère, parce que, si elle existait encore, il y aurait dans le monde une femme qu'il ne pourrait haïr :

*Detestor omnes, horreo, fugio, execror.*

« Je les déteste toutes, je les abhorre, je les fuis, je les ai en exé» cration, » s'écrie-t-il. On conçoit que le Richard III de Shakspeare, laid et bossu, s'exprime avec une telle amertume, parce qu'il ne fait que rendre aux femmes l'horreur qu'elles ont pour lui ; mais Hippolyte, égal en beauté à Apollon, lui que Diane ne peut voir sans rougir, et qu'elle s'arrête à regarder quelquefois du haut des nues, où elle conduit son nocturne char ; que ce fier mortel tienne un si méprisant langage, n'est-ce pas mériter la colère des dieux ? Hippolyte donc serait plus sage qu'eux ? Les anciens voulaient que ce présomptueux fût puni ; ils jetaient dans le cœur de Phèdre une passion incestueuse et fatale pour venger toutes les victimes qu'avait pu faire la superbe indifférence du fils de Thésée. Ces pièces où les femmes paraissaient si maltraitées tournaient en leur honneur, puisque leur ennemi était abattu au dénoûment. C'était un sacrifice dans le temple de Vénus.

L'Hippolyte de Racine est tout différent : la moralité a changé, ce n'est plus sur lui qu'elle repose ; elle a passé sur la tête de Phèdre. Racine a voulu peindre le danger d'une passion qui finit par se rendre maîtresse de l'âme lorsqu'elle n'a pas été étouffée à temps. Il faut considérer sa Phèdre à travers le reflet de nos mœurs, et son Hippolyte avec des yeux français. Phèdre a beau dire, on sent qu'elle a son libre arbitre ; une divinité n'est pas là derrière elle qui la pousse et dont on voit la main. Hippolyte est un prince aimable, qui a senti palpiter son cœur à la vue d'une femme. Phèdre est devenue le principal personnage ; Hippolyte, le héros de la tragédie grecque et de la tragédie latine, ne se détache plus sur le premier plan. Les amis de l'antiquité ont reproché à Racine d'avoir dénaturé le caractère d'Hippolyte, sans vouloir considérer que le poëte a prétendu faire une tragédie nouvelle, appropriée à d'autres mœurs, en conservant, autant que le sujet le comportait, les poétiques éléments du passé.

Une des plus précieuses facultés de Racine consistait dans un travail d'imagination d'une rare recherche sur les créations des autres. Quelques vers de Virgile lui fournissaient son *Andromaque*. La Phèdre antique, qui se félicite de la rudesse d'Hippolyte à l'égard des femmes, parce qu'au moins elle est sûre de ne pas avoir de rivale, parut trop tranquille à Racine : un malheur manquait à cette infortunée. Ce n'était pas assez de lutter contre la sainte pudeur, la foi de l'hymen, la loi de la nature; il fallait encore que les fureurs jalouses eussent leur lambeau de ce cœur déchiré. Phèdre apprendra qu'Hippolyte n'est pas rebelle pour tout son sexe; et cette femme, qui tout à l'heure n'avait pas la force de supporter sur son front un voile et un bandeau, elle qui tombait défaillante entre les bras de sa suivante, vous la verrez bondir avec la vigueur d'une lionne blessée, et, ressaisissant tout ce qu'il lui reste de vie, s'écrier pleine de rage :

. . . . . . . . . . . . . . . . . . . .
. . . . . Ah! douleur non encore éprouvée!
A quel nouveau tourment je me suis réservée!

C'est là un coup de génie; le caractère de Phèdre se révèle sous une face nouvelle, la femme est complétée, et jamais plus profonde analyse n'est descendue dans les replis de la passion.

C'est donc à l'amour d'Hippolyte pour Aricie qu'on doit ce magnifique développement, amour exprimé avec une rare noblesse. Hippolyte est rempli de dignité et de candeur; Racine a su en faire un héros intéressant et vertueux, dont on prend le parti contre Thésée, trop prompt à le croire coupable, et surtout contre Neptune, dieu qui accomplit si cruellement des vœux inconsidérés. Lorsqu'on s'écarte des souvenirs de la tradition, on ne trouve rien à reprendre dans le caractère d'Hippolyte. Celui de Thésée est moins irréprochable, et l'on murmure de la légèreté avec laquelle il condamne son fils, alors que celui-ci lui a parlé de son amour pour Aricie avec l'accent de la conviction. Lamothe, en cherchant des défauts dans les chefs-d'œuvre de notre scène, a cru découvrir une autre tache au plan de la *Phèdre* de Racine; il s'étonne de ce que l'idée du temple *formidable aux parjures* vienne seulement à Hippolyte pour décider Aricie à l'accompagner dans sa fuite, il voudrait que cette idée lui arrivât dans la scène où Thésée l'accable de mépris. Geoffroy s'est ingénié pour combattre cette critique; il a dit que Thésée n'était pas capable d'entendre raison, et qu'aveuglé par la violente colère il aurait rejeté l'épreuve comme il rejette les autres serments. Cette réponse n'est pas assez concluante; il en existe une meilleure, selon nous, et qui tourne tout à fait au profit de Racine : c'est un merveilleux sentiment que celui qui fait oublier à Hippolyte ce temple sacré quand il s'agit pour lui de l'exil, peut-être de la vie; mais qui le porte à s'en souvenir quand l'amant a besoin de déterminer sa maîtresse à le suivre.

Racine a groupé avec un art exquis, autour de son sujet, tous les ornements antiques dont il a cru pouvoir l'embellir. Sa Phèdre, bien que française au fond, est plus mythologique que celle de Sénèque. Du temps de Sénèque, les dieux s'en allaient à grands pas et les railleries des hommes les poursuivaient dans leur retraite précipitée. La nourrice de Phèdre se permet certaines impiétés dont Racine s'est bien gardé; elle attaque sans façon les divinités les plus renommées, Cupidon et Vénus: elle prétend que la corruption des anciens enfanta cette chimère:

*Vana ista demens animus adscivit sibi,*
*Venerisque numen finxit atque arcus dei.*

Le philosophe Sénèque n'était pas fâché de lancer en passant un trait à l'Olympe fugitif. Racine a conservé plus de mesure. La redoutable Vénus n'est pas niée; mais Phèdre se débat avec celte occulte puissance, comme dans nos mystères religieux le ferait une âme aux prises avec le démon. Ce spectacle devait plaire aux jansénistes. Phèdre a beau respirer l'inceste et l'adultère, elle n'en est pas moins une créature estimable et fort à plaindre. Racine a sauvé toutes les bienséances. La Phèdre d'Euripide, en se donnant la mort, laisse des tablettes par lesquelles elle accuse Hippolyte de violences sur sa personne; elle croit éviter ainsi le déshonneur de ses enfants, après avoir mis le chœur dans la confidence de ses amours: invraisemblance qui ne choquait pas, à ce qu'il paraît, les anciens, tant l'esprit peut s'habituer aux choses de convention. La Phèdre de Sénèque ose dénoncer elle-même Hippolyte, de peur qu'il ne la dénonce; elle appelle en témoignage l'épée que le fils de Thésée a laissée dans ses mains. Ces deux femmes se rendent odieuses. Combien la Phèdre de Racine est plus noble et plus touchante! Ce n'est pas elle, c'est une confidente qui, afin de garantir l'honneur de sa maîtresse, impute à Hippolyte le crime qu'il a repoussé avec indignation. Phèdre, confondue par le retour inattendu de son époux, s'enfuit au fond de son palais pour y cacher sa honte. Ce qu'on aurait droit de reprocher à la Phèdre française, c'est de tenir, à l'arrivée de son époux, un langage équivoque qui atteste trop d'esprit dans un moment où elle doit en avoir si peu.

*Phèdre* reporte naturellement l'esprit au commencement de l'année 1677, et rappelle une grande injustice: on sait qu'une coterie composée de madame la duchesse de Bouillon, du duc de Nevers, de madame Deshoulières, opposa à ce chef-d'œuvre la *Phèdre* de Pradon.

Il reste à ce sujet une lettre peu connue de Valincourt, critique distingué du dix-septième siècle et ami de Racine, dont les opinions épistolaires faisaient autorité comme celles de Balzac et de Saint-

Evremond : « Que pensez-vous, monsieur, du sort qu'eut la *Phèdre* » de Racine aux cinq ou six premières représentations ? vit-on ja- » mais mieux ce que c'est que la prévention et jusqu'où la cabale » est capable de porter les hommes les plus éclairés ? Car il est bien » vrai que durant plusieurs jours Pradon triompha, mais tellement » que la pièce de Racine fut sur le point de tomber, et à Paris et » à la cour. Je vis Racine au désespoir. Cependant, si jamais ou- » vrage parfait fut mis au théâtre, c'est sa *Phèdre* ; et s'il y eut ja- » mais tragédie impertinente et méprisable de tout point, c'est celle » de Pradon. » S'il y eut jamais un sonnet grossier et plat, c'est aussi celui que madame Deshoulières composa à cette occasion. Valincourt aurait dû en même temps la renvoyer à ses moutons. Elle prouva bien, dans sa tragédie de *Genséric*, qu'elle n'entendait rien au théâtre. Le public ne tarda pas, heureusement, à venger Racine, et la *Phèdre* de Pradon tomba bientôt dans la honte et l'abandon. Cette pièce est misérable, en effet : Pradon, outre le tort de vouloir lutter avec le génie de Racine, a cru pouvoir, malgré Euripide, Sénèque et la tradition, supprimer l'amour incestueux de Phèdre, en ne la mariant pas encore à Thésée. N'a-t-elle pas raison alors de préférer le fils au père, Hippolyte jeune et florissant à Thésée vieux et flétri ? Subligny a raison de dire, en parlant de cette *Phèdre*, que l'auteur a violé les lois du théâtre et du bon sens. Ce qu'il y a de plus comique dans la querelle des *deux Phèdre*, c'est que Pradon avait pris son succès au sérieux ; la préface de sa *Phèdre* est curieuse ; il prétend que Racine et Boileau ne sont pas des honnêtes gens, parce qu'ils ont le bonheur de faire les vers mieux que lui.

L'austère Arnauld s'écriait après avoir lu *Phèdre* : « Pourquoi » a-t-il fait son Hippolyte amoureux ? » Nous avons cherché à expliquer ce pourquoi. Nous avons vu les beautés que Racine a tirées de cet amour. Peut-être eût-il mieux valu néanmoins prêter à Phèdre une aveugle jalousie, sans amollir la rudesse d'Hippolyte ; mais c'est un défaut que la réflexion seule fera comprendre. Racine a prouvé que la grâce du style et le charme des vers savent faire excuser quelquefois les atteintes à la vérité des caractères.

Nous allons trouver dans *Esther* un amour que ne dépare aucune fade galanterie. Le poëte va faire parler aussi de plus graves intérêts. Tous les grands esprits portent au fond du cœur l'amour de l'humanité et le sentiment des angoisses du peuple. Racine, bien que courtisan, était plein de ces généreuses pensées, et nul prédicateur, ni Bossuet, ni Massillon, n'a donné de plus hautes leçons aux rois. Nous n'avons pas besoin de citer les magnifiques vers que Racine a composés sur l'abus de la puissance et sur l'esprit de vertige qui s'empare souvent des têtes couronnées ; c'est surtout dans le plan d'*Esther* qu'on trouve une satire profonde de la monarchie absolue : sous les traits d'Assuérus, le despotisme effréné est représenté avec des couleurs d'autant plus odieuses qu'elles sont naturelles ; et l'ambition arrogante, qui ne manque jamais d'être à sa suite, se résume énergiquement dans le personnage d'Aman. Assuérus, en effet, consent au massacre de toute la race juive avec une étrange facilité, sans autre raison que le désir de son premier ministre ; puis imploré par Esther, qu'il aime, il ordonne aussitôt le massacre des ennemis des Juifs, c'est-à-dire de la moitié de ses sujets et de ses serviteurs, à commencer par Aman. Il y aura toujours un certain nombre d'individus mis à mort ; la race en est changée, voilà tout. Ce n'est pas qu'Aman ne mérite son sort ; mais un seul homme ne satisferait pas la vengeance du roi : on a offensé Esther, tout un peuple doit périr pour réparer cette insulte faite à ce qu'il adore. Ainsi raisonne le féroce amour d'Assuérus ; ainsi, dans une sphère subalterne, raisonne également le premier ministre, qui veut, parce qu'il n'est pas salué par le Juif Mardochée, faire sentir son courroux à toute la nation et la noyer dans le sang.

Esther tempère par sa grâce charmante les orgueilleuses et sanguinaires susceptibilités du roi. Racine a créé là un ravissant caractère ; nous disons créé, parce que l'Esther de la Bible ne montre pas, tant s'en faut, la même délicatesse. Elle ne se contente pas de dire à Aman que *son règne est passé* et que Dieu va le juger ; elle demande sa mort et celle des siens avec une cruauté révoltante, ainsi qu'on peut en juger par les versets suivants :

« Le roi dit à la reine : Les Juifs ont tué dans la ville de Suzes » cinq cents hommes et pris les dix fils d'Aman ; quel doit être le » carnage qu'ils ont fait dans toutes les provinces ! que demandez- » vous encore et que voulez-vous que j'ordonne ?

» Celle-ci lui a répondu : S'il plaît au roi que le pouvoir soit » donné aux Juifs de faire demain dans Suzes ce qu'ils ont fait au- » jourd'hui, et que les dix fils d'Aman soient attachés à des instru- » ments de supplices ? Et le roi ordonna qu'il en fût ainsi. »

On voit que cette Esther était une personne d'un naturel assez irascible et peu capable de rogner les griffes du lion que les Juifs appellent Assuérus et les Grecs Artaxercès.

Racine a moins fait une tragédie qu'une traduction dialoguée et mitigée du livre d'Esther, qu'il a suivi pour ainsi dire verset par verset. Ce sont des scènes que Dieu lui-même avait préparées, dit l'auteur, et il a respecté l'ordonnance de son divin collaborateur. Peut-être n'aurait-il pas eu tort de se prêter davantage à notre faiblesse humaine, et de donner à son sujet un peu moins d'uniformité, comme il l'osa ensuite dans *Athalie*, car il faut avouer que la contexture d'*Esther* est peu savante, malgré sa céleste origine, et que trois expositions, en quelque sorte une à chaque acte, rendent l'action bien languissante. Il est vrai que la pièce n'a pas été écrite pour être jouée publiquement, et que l'auteur avait expressément défendu qu'elle le fût : c'était une récréation destinée au couvent de Saint-Cyr, et qui devait servir à dérider le vieux front d'un roi par la vue des charmantes actrices choisies pour la représenter. « Racine trouva, dit La Beaumelle, dans madame de Caylus un » Assuérus admirable, et dans mademoiselle de Glapion un Mar» dochée plein d'âme et de sentiment ; mademoiselle de Veillenne » eut le rôle d'Esther, il convenait à sa figure et à ses grâces ; » mademoiselle d'Abancourt, celui d'Aman ; mademoiselle de Mar» silly, celui de Zarès ; et La Maisonfort, que le roi appelait la gra» cieuse chanoinesse, celui d'Élise. On fit un joli théâtre. Les ha» bits furent magnifiques, et les décorations de bon goût. »

Le Juif Mardochée, personnage de poëme épique, devait être bien singulier sous les traits de mademoiselle de Glapion, malgré l'éloge de La Beaumelle ; il y a quelque chose de Job dans cet homme assis en haillons aux portes du palais d'Assuérus, et dont la tête est couverte de cendre. La terreur que sa vertueuse indigence inspire au riche et inique Aman est un de ces traits de génie que l'on rencontre fréquemment dans la Bible, et que Racine a mis en œuvre avec beaucoup d'art. Ce sauveur des jours du roi, auquel on a promis beaucoup sans rien tenir ; cette espèce de prophète confiant dans les vengeances de Dieu, qui punit tôt ou tard les triomphes des méchants ; ce mendiant qu'on voit en effet passer de la misère à la pompe et aux honneurs par le seul effet de la grandeur de son âme, n'est-ce pas là un type qui appartient aux plus hautes compositions ? Tel même qu'il se montre dans *Esther*, Mardochée est imposant, et les beaux vers qu'il déclame sur la nature de Dieu dureront éternellement.

Esther offre l'image de la femme parfaite, de la femme qui plaît encore plus par sa pudeur que par sa beauté, de celle que le catholicisme a nommée depuis *pleine de grâces*. Racine le fils a fait observer avec raison qu'Esther ne ressemble ni à Monime, ni à Bérénice, ni à Iphigénie, ni à Junie ni à toutes ces tendres femmes que le génie de Racine avait su peindre ; il se mêle à ce sentiment qu'elles font éprouver une certaine volupté terrestre ; leurs amants les entretiennent de leurs charmes; ce ne sont pas les grâces secrètes de leurs discours qu'ils vantent, mais les attraits de leurs personnes; elles n'ont pas, quelque chastes et réservées qu'elles soient, cette auréole idéale qui pare le front d'Esther. Jamais on n'a adoré une femme plus religieusement qu'Assuérus n'adore Esther, lui, ce prince si orgueilleux, si colère et si cruel! Quelle suavité dans les vers qu'il adresse à cette timide femme, lorsqu'elle est éblouie par l'éclat du sceptre d'or!

Cette pièce d'*Esther* est toute empreinte des sentiments de l'auteur. Il arrive toujours une époque dans la vie d'un poëte où, sous le voile de l'allusion, il peint la société qui l'entoure, et trahit ses pensées intimes. La cour d'Assuérus n'est autre que la cour de Louis XIV, et l'on ne s'y trompait pas sur les personnages; chacun reconnaissait les portraits, et plaçait vite le nom au bas. Cette œuvre, où se laissent entrevoir la révocation de l'édit de Nantes et l'influence de madame de Maintenon, et les disgrâces de Louvois, est d'une audace sans pareille. On dirait que Racine a fait entrer dans ce tableau jusqu'à sa femme, et qu'il a mis dans la bouche de Zarès les mots avec lesquels sa compagne adoucissait ses souffrances de courtisan, sans que les conseils de la sagesse vulgaire pussent suffire à guérir l'ombrageuse sensibilité de son âme.

Enfin fut conçu le chef-d'œuvre d'*Athalie*, devant lequel tombent toutes les critiques adressées à Racine sur le défaut de vérité historique. Un prêtre, un songe, un enfant! il ne lui a pas fallu d'autres éléments! Lorsqu'on lit dans la Bible ce qui a rapport à ce sujet, on est étonné de la fécondité d'imagination du poëte français et de la puissance de son génie. L'histoire d'Athalie n'a rien de plus remarquable que beaucoup d'autres histoires contenues dans les annales du peuple hébreu. Sous le souffle puissant de Racine, ce germe a produit une chose magnifique! un cèdre du Liban s'est élevé. On ne peut se lasser d'admirer la manière dont l'auteur s'est inspiré de l'esprit des temps qu'il a voulu peindre; jamais on n'a revêtu d'un caractère plus authentique les personnages évoqués par l'art. Jamais aucune œuvre humaine ne fut marquée d'un pareil cachet de grandeur; ce fut un immense progrès.

Le grand-prêtre Joad de Racine est aussi Juif et plus Juif peut-être que le pontife Joïada de la Bible : en lui se résument tous les principes de ses prédécesseurs et de ses successeurs, ainsi que des rois de leur race; chacun d'eux a prêté un de ses traits, et le plus significatif de sa nature, pour le former. L'élaboration s'est faite insensiblement dans le cerveau du poëte, et le grand-prêtre en est sorti un jour comme un type merveilleux. Une étude approfondie du livre des *Rois* et des *Paralipomènes* ne fait que redoubler l'admiration qu'on éprouve pour l'auteur d'*Athalie*.

La trahison de Joad, reprochée à Racine, c'est-à-dire le meurtre d'Athalie dans le temple, après que cette femme en a franchi en quelque sorte le seuil sur la foi d'un traité; cette trahison qui répugne à nos mœurs, bien que notre diplomatie ne vaille guère mieux, est empruntée à l'histoire de Jéhu. Le Dieu des Juifs était le Dieu des vengeances; il n'épargnait pas ses ennemis, il les traitait avec une rigueur inouïe. Rien ne le désarmait. Le Dieu des Juifs tenait toujours la main étendue sur son peuple pour le châtier, et tous les moyens lui étaient bons pour confondre les impies et pour protéger ses prophètes. Les enfants mêmes ne trouvaient pas grâce à ses yeux; et l'on se rappelle que certains petits Juifs s'étant avisés de se moquer du front chauve d'Élisée, le Seigneur fit paraître deux ours qui dévorèrent sur-le-champ une engeance si irrévérencieuse.

Dans la Bible, Joad ne trompe pas Athalie : elle vient se précipiter elle-même au milieu du temple comme une femme furieuse, et les Lévites l'entraînent et l'immolent. Jéhu, au contraire, abuse les prêtres de Baal, et, sous prétexte de rendre hommage à leur dieu, les rassemble afin de les exterminer en masse. Voici quelques versets qui légitiment parfaitement le Joad de Racine, eu égard, non pas à nos idées philosophiques, car Joad nous est odieux, mais aux traditions juives.

« Appelez à moi tous les prophètes de Baal, tous ses ministres et » tous ses prêtres, qu'il n'en manque pas un seul, car je veux faire » un grand sacrifice à Baal; quiconque ne s'y trouvera pas sera » puni de mort. Or Jéhu tendait un piége aux adorateurs de Baal » pour les exterminer tous.

» Ils entrent donc dans le temple pour offrir leurs victimes et » leurs holocaustes; or Jéhu avait préparé quatre-vingts hommes » hors du temple, et il leur avait dit : S'il échappe un seul homme » de ceux que je vous livrerai entre les mains, votre vie me répon» dra de sa vie.

» Ainsi Jéhu extermina Baal au milieu d'Israël.

» Le Seigneur dit donc à Jéhu : Parce que tu as fidèlement ac» compli ce qui était juste et ce qui était agréable à mes yeux, et » que tu as achevé contre la maison d'Achab tout ce que j'avais » dans le cœur, tes enfants seront assis sur le trône d'Israël jus» qu'à la quatrième génération. »

On voit clairement que le Dieu des Juifs approuvait fort cette façon d'agir, et que le grand-prêtre Joad, en usant de ce procédé vis-à-vis d'Athalie, ne fait que se conformer à la tradition.

On a trouvé étrange que Racine ait placé l'action de sa tragédie entre quatre heures et huit heures du matin. Pour peu qu'on eût consulté les psaumes, on aurait vu que les Juifs allaient d'habitude prier Dieu avant l'aurore, témoin ce verset du psaume XXVIII : « Je » devance l'aurore et je pousse des cris vers vous, » et bien d'autres ; si on avait surtout pris garde que Joad conspire et qu'il veut placer la couronne sur la tête de Joas, on aurait compris que l'heure était extrêmement favorable. Si Athalie se précipite dans le temple, et vient se jeter à la traverse des projets du grand-prêtre, c'est qu'Athalie est poursuivie par un songe et qu'elle ne peut sommeiller. Rien n'est plus logique ni mieux ordonné. Nous ne relèverons pas d'autres critiques de ce genre, car l'érudition de Racine a renfermé dans ce chef-d'œuvre toute la substance des livres hébreux.

Rien dans aucune littérature n'est plus beau que la scène où le grand-prêtre Joad pose la couronne sur le front d'Éliacin. Ce vieillard, agenouillé devant un enfant parce qu'il le croit utile aux desseins de Dieu, offre un tableau imposant et superbe. Joad sait bien pourtant que cet *or pur se changera en vil plomb;* le don de prophétie lui a fait entrevoir que lui-même et sa famille seraient sacrifiés par ce roi ingrat; mais n'importe. Dieu a parlé! Il faut que cet enfant soit replacé sur le trône de ses pères; Joad courbe la tête, il obéit. Joad n'ignore pas que Dieu a donné des rois au peuple juif dans un jour de colère, mais ce n'est pas à lui à briser un anneau de la chaîne imposée par le Seigneur.

Cette pièce, si admirable par la simplicité du style et par la magnificence des pensées, par l'ordonnance régulière du drame et par l'énergie des caractères; cette pièce, contre laquelle aucune attaque n'a prévalu jusqu'ici, n'a pas été dignement appréciée par les contemporains de Racine. Le seul, Boileau, et c'est à nos yeux un des plus grands mérites de cet écrivain judicieux, se montra son défenseur; il soutint l'âme chancelante de son ami. Croirait-on bien qu'on infligeait les sublimes vers d'*Athalie* comme une punition dans quelques sociétés précieuses? on traitait le divin poète enfin de la même manière que ses amis et lui avaient traité Chapelain. Une telle erreur prouve au fond jusqu'à quel point le jugement des contemporains offre peu de certitude; et les grands artistes, qui ont la conscience de leur génie, devraient se consoler, en songeant à cette mémorable injustice, de l'indifférence avec laquelle ils voient souvent accueillir leurs plus beaux ouvrages. Cependant, par une déplorable fatalité, ce sont les artistes médiocres qui se consolent, les grands artistes meurent de chagrin.

*Athalie* ne fut pas jouée avec l'éclat d'*Esther*. On avait effrayé la dévotion de madame de Maintenon. On traitait de scandaleuses ces sortes de représentations, malgré les sujets sacrés. Madame de Caylus a donné des détails sur la première infortune d'*Athalie* qui dut affliger Racine : « *Athalie* fut exécutée, dit-elle, à Saint-» Cyr, devant Louis XIV et devant madame de Maintenon dans une » chambre, sans théâtre, par les demoiselles de Saint-Cyr, vêtues » de ces habits modestes et uniformes qu'elles portent dans la mai-» son. De pareilles représentations étaient bien différentes de celles » d'*Esther*, qui se faisaient avec une grande dépense pour les ha-» bits, les décorations et la musique. »

Racine, et ce fut une grande perte pour le théâtre français, renonça à la poésie au moment où il était arrivé à la perfection. Il aurait eu le temps de produire encore des chefs-d'œuvre. Il ne mourut que plusieurs années après d'un abcès qu'il avait au cœur.

---

## CHAPITRE ONZIÈME.

### DANCOURT, BRUEYS ET PALAPRAT, DUFRESNY, REGNARD.

Florent-Carton Dancourt, ou plutôt d'Ancourt, naquit à Fontainebleau, le 1er novembre 1661. Il descendait d'une famille noble, dont un des membres avait été honoré en Angleterre de l'ordre de la Jarretière. Le jeune Dancourt fit ses études à Paris, au collége des Jésuites, sous le père La Rue, qui, lui trouvant de la vivacité d'esprit, essaya de l'attacher à sa compagnie; mais l'élève ne montra pas des dispositions religieuses : après sa philosophie il étudia le droit, et fut reçu avocat. Il avait alors dix-sept ans. L'amour qu'il conçut ensuite pour une comédienne, nommée Thérèse Lenoir-Thorillière, sœur du dernier comédien de ce nom, le brouilla avec sa famille ; et n'ayant plus de ressources que le théâtre, il prit le parti de s'y réfugier afin d'épouser sa maîtresse. A partir de ce moment Dancourt devint acteur et auteur, et se fit distinguer de la ville et de la cour dans ces deux professions. Il obtint la bienveillance particulière de Louis XIV. On en cite deux traits qui nous paraissent les plus naturels du monde ; mais qui, dans ce temps de royauté divine et de pouvoir absolu, passaient pour des marques d'une faveur insigne. Dancourt avait coutume de lire ses ouvrages au roi, dans le cabinet même de ce haut protecteur; et l'on raconte qu'un jour, s'y étant trouvé mal, le roi prit lui-même la peine d'aller ouvrir une fenêtre pour lui faire prendre l'air. Une autre fois, le comédien avait l'honneur de parler au roi sur les intérêts de sa troupe au moment où Sa Majesté sortait de la messe; comme il marchait à reculons, et qu'un escalier se trouvait derrière lui, le roi eut la bonté de le retenir par le bras en lui disant : Prenez garde, Dancourt; vous allez tomber! Ces deux traits de *grandeur d'âme* de la part de Louis XIV ont fait jusqu'ici l'admiration des biographes de Dancourt.

Nous avons recherché d'abord avec soin, dans les Œuvres de Dancourt, dont l'édition la plus complète était sous nos yeux, quelques souvenirs de Molière. Nous étions curieux de voir comment ce grand homme avait été apprécié par ses successeurs immédiats, par tous ces capitaines d'Alexandre, qui se partagèrent un héritage trop fort pour chacun d'eux. Dancourt, nous en avons acquis la preuve, connaissait bien toute la distance qui existait entre lui et Molière. Il avait compris la difficulté de l'égaler; il ne s'est pas servi du même procédé que lui, de peur de rester au-dessous du modèle. C'est par de larges traits empruntés à la nature que le pinceau de Molière a composé ses grands tableaux; ne demandez à Dancourt que des portraits de fantaisie. Le premier a fait poser devant lui l'humanité entière, et le second les hommes de son siècle, en prenant un calque fidèle et léger des caprices du jour, des ridicules du moment. Les comédies de Dancourt, indépendamment de leur mérite, offrent une peinture de mœurs très-curieuse à observer. Si l'on veut bien connaître le siècle de Louis XIV, et savoir par quelle pente la France de la Fronde est descendue à celle de la régence, il faut, dans les dernières années du dix-septième siècle et dans les premières du siècle suivant, prendre pour guide cet auteur.

Dans le peu d'années qui séparent Molière de Dancourt, les mœurs avaient prodigieusement changé. Le luxe et le faste de la cour ayant ruiné un grand nombre de gentilshommes, le sentiment de la noblesse, qui avait soutenu la dignité de leurs pères, s'effaçait insensiblement pour faire place au désir de la richesse; les financiers prospéraient, leur règne allait commencer; les bourgeois, enflés d'orgueil, sacrifiaient leurs écus à des alliances par lesquelles ils croyaient relever leur naissance; la France était peuplée de Georges Dandins. Les marquis, les chevaliers, plus disposés encore que les filles nobles à exploiter ces vanités roturières, dérogeaient sans difficulté pour payer leurs dettes et faire une certaine figure dans le monde, c'est-à-dire pour jouer au lansquenet et s'habiller galamment. Une foule d'intrigants, se parant d'un titre mensonger, spéculaient sur ces dispositions.

Le jeu faisait l'occupation favorite de cette société dissipée; beaucoup de maisons ouvraient en quelque sorte des académies où tout ce qu'il y avait d'extravagants, d'oisifs et de fripons se faisaient bien venir. Cette manie prit un caractère si violent que la police fut obligée de s'en mêler. Un arrêt défendit le lansquenet, le jeu en vogue. Dancourt, qui s'était mis à l'affût des événements comiques du jour, a peint dans une de ses premières pièces, intitulée *la Désolation des joueuses*, la consternation que firent naître ces règlements, qui troublaient un si grand nombre d'existences subsistant par le jeu.

*Le Chevalier à la mode*, fut composé par Dancourt de concert avec M. Sainctyon, qui, bien que descendant des fameux bouchers de Paris, n'en avait pas moins un esprit plein de grâce et d'enjouement. La meilleure part de la pièce appartient à M. Sainctyon. A la vingt-troisième représentation, Dancourt écrivit sur le registre de la Comédie : « Je ne veux plus de part d'auteur. » Il reconnaissait les droits de M. Sainctyon. Intrigue, caractères, style, tout est parfait dans cette comédie, mais quelles mœurs ! Voici le portrait qu'un des personnages trace du chevalier de Ville-Fontaine [illegible] un peu Dorante. « C'est un caractère d'homme tout p[illegible]. a, comme je vous l'ai dit, cinq ou six commerces avec autant de belles, il leur promet tour à tour de les épouser [illegible] a plus ou moins d'affaires d'argent ; l'une a soin de son équipage, l'autre lui fournit de quoi jouer, celle-ci arrête les parties de son tailleur, celle-là paye les meubles de son appartement [illegible] ses maîtresses sont comme autant de femmes qui lui font un gros revenu. » Le caractère de Mme Patin, la dupe du chevalier, n'est pas moins curieux. Madame Patin est une bourgeoise qui souhaite ardemment de se vêtir de quelques oripeaux de noblesse, afin d'avoir droit au respect de la foule et de prendre le haut du pavé sans qu'on y trouve rien à dire. Il faut voir comme elle est furieuse contre une *gueuse* de marquise (c'est son expression) qui, avec un vieux carrosse traîné par deux chevaux étiques, lui a fait rebrousser chemin, à elle dont le carrosse est doré, dont les chevaux gris-pommelé ont de longues queues, dont le cocher a une barbe retroussée digne du *cocher de la reine de Saba*. Cela lui paraît intolérable; aussi soupire-t-elle après le moment où le chevalier de Ville-Fontaine lui donnera le privilége de faire dévisager les gens de la marquise par le fouet de son cocher. Le caractère de la baronne est un peu exagéré, et la scène de duel entre deux femmes paraîtrait plus bizarre encore qu'elle ne l'est, si l'on ne savait qu'elle repose sur une anecdote du temps. M. Serrefort le raisonneur est tracé de main de maître ; les autres personnages, heureusement mêlés à l'action, rendent cette comédie une des plus amusantes du théâtre que nous nommons du second ordre.

*La Maison de campagne* retrace d'une manière originale les désagréments de demeurer aux environs de Paris, et d'être exposé aux visites continuelles de ses amis. Le pauvre M. Bernard est si fatigué de ces descentes quotidiennes qu'on fait chez lui, qu'il prend le parti, pour éviter cette ruineuse compagnie, d'incruster une vieille épée toute rouillée et entourée de lierre au-dessus de la porte de la maison de campagne, et de griffonner au-dessus de cet emblème, avec un gros charbon : *A l'Épée royale, bon logis à pied et à cheval*..... M. Bernard pense qu'on regardera deux fois avant d'entrer dans une auberge de si belle apparence, où l'on ne peut manquer de payer fort cher

*L'Été des Coquettes* et quelques autres pièces de Dancourt peignent un côté des mœurs du siècle de Louis XIV. On faisait la guerre tous les étés, et, après la campagne, les officiers rentraient à Paris. Le triomphe des gens de robe et de finance avait lieu l'été, mais il fallait céder le pas aux gens d'épée dès que les feuilles des Tuileries commençaient à tomber. Aux brillants officiers appartenaient les promenades des belles journées d'hiver. Il n'était plus permis à un partisan ou à un conseiller de donner le bras à une femme à la mode : elle aurait été déshonorée. Les héros qui revenaient de l'armée faisaient la conquête de tous les cœurs. Il n'en restait pas un aux pauvres citadins jusqu'au printemps nouveau, époque du départ des militaires. Chacun avait sa saison. Les coquettes divisaient leurs amants en galants d'été et galants d'hiver ; mais, malgré cette sage précaution, elles s'ennuyaient mortellement pendant la première saison.

Les femmes étaient si joueuses alors, que Dancourt revient souvent sur ce défaut. Dans *la Femme d'intrigue*, agitant une question renouvelée dernièrement par un spirituel écrivain, à savoir, que l'on a exclu injustement les femmes de l'Académie, Dancourt met à leur admission les restrictions suivantes : « Des femmes à l'Académie ! oh ! oh ! il faudrait donc du moins se garder de leur donner des jetons ; car, au lieu de travailler au Dictionnaire, elles joueraient à l'hombre et à la bassette. »

On trouve dans cette comédie un poète envieux du succès des autres, comme il y en a eu de tout temps ; c'est la médiocrité jalouse que Molière avait déjà dépeinte sous les traits de Lycidas dans sa délicieuse critique de l'*École des Femmes*. Le poète de Dancourt ne veut pas qu'on le siffle. Il destine un placet au roi pour faire réformer cet abus : il se nomme M. de La Protasse ; son costume délabré rappelle celui du poète des satires de Régnier. La plupart des auteurs qui ne vivaient pas dans la familiarité de la cour étaient pauvres et fort mal vêtus ; le génie même de Corneille ne sauva pas de la misère l'auteur de tant de chefs-d'œuvre.

Le caractère de femme d'intrigue, sans être passé de mode, n'a plus autant d'importance que du temps de Dancourt. Les femmes avaient alors une grande influence sur les affaires du gouvernement, comme dans tout État qui repose sur l'arbitraire, et non sur des règles invariables, sur la hiérarchie des droits. On retrouve à chaque instant, chez notre auteur, des preuves de cette puissance secrète des femmes, laquelle fit plus tard la haute et scandaleuse fortune de Mme de Pompadour et de Mme Dubarry. Écoutez parler *Maugrebleu*, ce mauvais sujet de dragon des *Vacances* : « Il n'est, morbleu ! rien de tel pour faire fortune que le canal des femmes ; et combien de grands officiers seraient très-subalternes s'ils n'avaient eu de jolies sœurs et de jolies cousines ! »

Cette autorité des femmes, qui se manifesta sans pudeur dans le courant du dix-huitième siècle, était le fruit des galanteries de Louis XIV. En vain le vieux roi chercha à revenir sur les licences de sa jeunesse en cachant ses dernières amours avec Mme de Maintenon. Son hypocrisie religieuse n'arrêta pas les progrès du vice. Jetez un lambeau de pourpre sur un cadavre, vous n'empêcherez pas la corruption. Il en était ainsi de cette vieille société. La contagion des mœurs répandit dans l'air des émanations si malfaisantes, qu'il fallut la foudre et l'orage de la fin du dix-huitième siècle pour épurer le ciel.

La pièce des *Bourgeoises à la mode*, composée encore avec M. Sainctyon, et la plus importante après celle du *Chevalier*, continue de développer ces caractères peu scrupuleux. Dans cette pièce, on voit deux femmes qui, ne pouvant plus arracher d'argent à leurs époux, choisissent chacune pour caissier le mari l'une de l'autre, et le payent d'espérances trompeuses. Ces deux imbéciles maris, croyant satisfaire les caprices de leurs maîtresses futures, font honneur, sans s'en douter, aux dettes de leurs femmes, qu'ils ne voulaient pas acquitter. Coquettes, galantes, dépensières, glorieuses, telles sont les héroïnes de Dancourt. « Où allez-vous donc, dit Lisette à Angélique qui sort. — Je vais dépenser de l'argent, puisque j'en ai, répond Angélique tout naturellement. — Que fait ordinairement votre chevalier, dit quelqu'un à la marquise de *la Gazette*, petite comédie très-spirituelle? — « Il ne fait rien, monsieur, il vit de mes rentes, » répond la marquise. La marquise est du genre de ces femmes que les enfants de famille, les jolis hommes du temps, appelaient les *dames de la Providence*. Toutes les femmes de Dancourt sont taillées sur le patron de ces bourgeoises ou de ces marquises. A toutes on peut appliquer ces jolies paroles d'Angélique dans *la Folle enchère*: *Les femmes du monde raisonnent-elles? Il n'y a que de l'étoile et du caprice dans tout ce qu'elles font*. On n'est pas plus décidé, et l'on ne s'explique pas plus clairement que ces légères personnes. Sont-elles gênées par un sermonneur incommode ou par un amant qu'il est urgent de mettre de côté, elles s'écrient franchement avec Henriette du *Retour des Officiers*: « Je voudrais qu'il eût quatre pieds d'eau par-dessus la tête. » Il faut voir comme elles conservent long-temps leurs prétentions à la jeunesse; n'allez pas dire à Mme Argante qu'elle est sur le retour et qu'elle a un fils: *coquin de fils de trente-cinq ans*; coquin, justement à cause de son âge. Vieilles ou jeunes, elles ne vivent que d'intrigues, et, dans *la Parisienne*, une petite fille que l'on croit innocente se ménage trois amants. Telles étaient les Parisiennes d'alors, au dire de l'auteur.

Dancourt, dans sa galerie des fripons, ne pouvait pas oublier les charlatans, ces agioteurs de bas étage, qui se fondent un revenu sur la niaiserie publique. Dans *la Loterie*, il a saisi ce caractère avec beaucoup de vigueur. Sbrigani est le type de ces aventuriers qui dupent la foule, et que le théâtre a si souvent représentés depuis.

La comédie intitulée *l'Opérateur Barry* est fort gaie. Il y avait alors beaucoup de médecins ambulants qui excitaient les grandes colères de Fagon, médecin du roi. Quelques-uns de ces empiriques avaient acquis sur le Pont-Neuf une grande réputation dont il était presque jaloux. Barry fut un singulier personnage: il combattit à Rome, avec ses remèdes, une sorte d'épidémie contagieuse, et obtint une médaille du pape sur laquelle on lisait cet exergue: *urbis salvatori*. Mais l'amour des belles Romaines lui parut encore plus précieux que la bénédiction elle-même du pape. Il mena jusqu'à quatre-vingts ans une existence assez voluptueuse. Barry se faisait fort d'être, comme Mithridate, à l'abri du poison; et en effet il avala un jour du poison devant une nombreuse assemblée et, après deux ou trois jours de convulsions, revint à la santé, grâce à ses spécifiques. Cette scène se passa d'une façon assez dramatique. Pendant qu'il était sur son théâtre on lui apporta une lettre et une fiole. On lui proposait de faire une terrible expérience; Barry, pour soutenir l'honneur de son antidote, s'exécuta comme Rodogune; il but malgré les prières de la foule dont il était aimé.

Les robins ne sont pas plus flattés que les charlatans, et le vice de la vénalité des charges de la magistrature, que Beaumarchais attaquera si vigoureusement, est mis à découvert avec beaucoup d'originalité. Le conseiller *des Baliveaux*, du *Retour des Officiers*, fait pressentir *Brid'oison*. La justice avait perdu cette antique vénération que son impartialité lui avait obtenue. Elle prêtait l'oreille aux sollicitations.

Nous avons vu Dancourt aux prises avec les grandes dames insolentes, les bourgeoises vaniteuses, les chevaliers fripons, le jeunes officiers galants et les coquettes légères. Toujours il a trac heureusement les figures qu'il a voulu dessiner. S[illegible] esprit mobile était comme un miroir où la société se reproduisait sous toutes ses faces. Il est un monde qu'il a peint heureusement, et dont nous n'avons pas encore parlé. Personne n'a su prêter aux paysans un langage plus vrai, et n'a mieux caractérisé cette finesse mêlée de bon sens qui perce sous une enveloppe grossière. Il affectionnait particulièrement cette étude, dans laquelle il réussissait si bien; mais les gens de la *cour* ne lui pardonnaient pas de si basses inclinations. La *ville* seule riait de ses naïfs et spirituels tableaux. Dancourt, imitant [illegible]re cette fois Molière, s'est défendu dans le prologue des *Trois C[illegible]ins*, contre les critiques qu'on lui adressait.

Ce sont les jolies pièces *le Moulin de Javelle*, *le Mari retrouvé*, *les Vendanges*, qui avaient attiré à Dancourt ces lourdes railleries dont il se divertissait. Il n'en continua pas moins à animer la scène de ces heureuses et comiques créations de paysans madrés.

*Le Mari retrouvé* est fondé sur le procès d'un certain Lapivardière qui, s'étant mystérieusement éloigné de sa femme afin de vivre avec une autre, apprit que la première était soupçonnée de l'avoir fait périr, et reparut pour la relever de ce crime, mais sans que la justice voulût d'abord reconnaître son identité.

*Le galant Jardinier* est fondé sur le déguisement d'un amant en jardinier, et Destouches, dans *la Fausse Agnès*, paraît avoir emprunté ce ressort à Dancourt; une scène plaisante de bégaiements a peut-être fourni aussi à Beaumarchais l'idée de son Brid'oison. Deux personnages affligés du même embarras de prononciation se rencontrent sans se connaître, et, chacun d'eux se figurant que son interlocuteur se moque de lui, ils finissent par entrer dans une grande colère; jusqu'à ce qu'une certaine Marton, malicieuse fille, ait l'obligeance de leur apprendre qu'ils n'ont de reproche à faire qu'à la nature.

Nous avons remarqué dans *les Fêtes du Cours* une intrigue de bal masqué conduite avec beaucoup de charme et de naturel. Quoiqu'on ait prodigué, depuis quelques années, les scènes de ce genre, celles de Dancourt sont remplies de tant de grâce, qu'elles offriraient à coup sûr un attrait nouveau. Nous trouvons là, du moins, ce qui est rare chez notre auteur, un amant honnête, et qui ne peut être accusé que d'inconséquence du cœur. Cet amant se fait du reste son procès à lui-même dans un monologue charmant.

La petite pièce du *Vert galant* est très-plaisante, et elle enseigne un point délicat dans les mœurs du temps. C'était chez les baigneuses qu'on allait en bonne fortune. Les rendez-vous se donnaient dans leurs disc[illegible]s établissements. M. Tarif, que son voisin, M. Jérôme, surprend chez lui faisant la cour à sa femme, tout pimpant et tr[illegible]d, à l'arrivée du mari, qu'il va chez le baigneur [illegible] p[illegible]er les faveurs d'une autre dame ; mais M. Jérôme, qui sait à quoi s'en tenir, ne le lâche pas ainsi. Au mot de baigneur, il lui vient une idée bizarre. Comme il est teinturier de son état, et qu'il dispose de cuves d'eau de toutes les couleurs, il fait plonger M. Tarif dans une préparation du plus beau vert, et le malheureux en ressort avec trois couches de peinture sur la peau. C'est ainsi qu'on [illegible] épargne les frais du baigneur.

Dancourt eut plusieurs collaborateurs, nous en avons cité un. On prétend que la plupart des vaudevilles de ses comédies sont d'un abbé Théodore Rupiéroux, auteur de quelques tragédies, parmi lesquelles on remarqua dans le temps celle d'*Hypermnestre*. Rupiéroux ne resta pas long-temps abbé ; il fut dépouillé, assure-t-on, au milieu d'un repas, de l'habit ecclésiastique par M. de Barbesieux, qui le nomma commissaire des guerres.

Bien que Dancourt ait sacrifié les robins et les financiers aux officiers et aux gentilshommes, on trouve en cent endroits de ses pièces les preuves de la décadence de la noblesse. L'aristocratie de l'or commençait à poindre ; elle préludait par l'intrigue, qui en est la base.

Dans *les Curieux de Compiègne*, petite comédie faite pour apprendre aux bourgeois à ne pas visiter le camp, et prouver la suprématie de l'armée, on rencontre ce trait excellent : « Le père est un fripon, mais la fille est un bon parti. » Ces sortes de mariages ne sont pas sans exemples.

On prétend qu'il arriva une singulière aventure à l'une des représentations de *l'Opéra de Village*, de Dancourt : elle peint bien, du reste, les mœurs des jeunes seigneurs qui venaient envahir le théâtre au sortir de la table, et la tête échauffée par les vapeurs du vin. Le marquis de Sablé, entrant gris sur la scène, et entendant chanter un couplet dans lequel on dit que les vignes et les prés seront sablés, crut que l'auteur avait voulu l'insulter. Il le chercha dans les coulisses et lui donna un soufflet : Dancourt tira l'épée, mais on se jeta entre eux.

La poésie n'est pas le côté fort de Dancourt, et ses pièces en vers, ainsi que ses poëmes lyriques, ne valent guère la peine d'être lus. N'offrant aucune critique de mœurs, ils sont pour nous sans intérêt. L'auteur y attachait une grande importance; il fondait sur elles l'espérance de sa réputation à venir : cependant il n'a vécu que par les pièces qu'il regardait comme des bagatelles. Beaucoup d'auteurs se trompent ainsi sur la vocation de leur talent, et parviennent à la postérité, presque sans s'en douter, par des chemins de traverse.

Dégoûté du théâtre, vers l'année 1718, il le quitta pour se retirer dans sa terre de Courcelles-le-Roi, en Berri, et là il ne s'occupa plus que du soin de son salut. Il composa alors une traduction des psaumes de David et une tragédie sacrée. Il mourut le 6 décembre 1725, et fut enterré dans un tombeau qu'il avait fait construire lui-même au sein de la chapelle de son château.

Le buste de Dancourt, que l'on voit dans la galerie du Théâtre-Français, quoiqu'il n'ait été exécuté par J. Foucou qu'en 1782, fait présumer sa ressemblance si l'on consulte la phrénologie : ces traits, en les débarrassant d'un peu de lourdeur, et en donnant quelque mobilité à la physionomie, ne démentiraient pas le caractère de Dancourt. Ce front à surface plane ne semble-t-il pas comme une glace où se sont reflétées fidèlement les mœurs du temps dans lequel l'auteur a vécu; et le bas de la figure, empreint d'une certaine sensualité, ne peint-il pas assez bien la voluptueuse insouciance d'un homme qui ne vit point dans la comédie un moyen de réformer ses semblables, mais qui ne se proposa d'autre but que de les amuser?

Parmi les joyeux écrivains de ce temps, il faut citer, à côté de Dancourt, Brueys et Palaprat. La comédie du *Grondeur* est leur chef-d'œuvre, bien que les vicissitudes qu'elle a subies avant sa représentation lui aient peut-être nui beaucoup. La pièce était d'abord en cinq actes. Le grondeur ne paraissait qu'à la fin du deuxième, annoncé et préparé comme Tartuffe; mais le comédien Champmeslé décida souverainement, et « avec la hauteur d'une femme d'agioteur enrichi, » dit Palaprat, que le sujet ne comportait que trois actes. Il fallut en retrancher deux; cela chagrina les auteurs, qui avaient travaillé pendant un an à leur comédie : mais l'arrêt était sans appel. Telle était l'omnipotence des comédiens. Ce ne fut pas tout. La pièce ayant été reçue en trois actes, aux approches du carnaval de 1691, on se mit, pendant un voyage de l'abbé Brueys (car c'était un abbé), à chicaner Palaprat sur son troisième acte, et, comme il était d'humeur facile, il se prêta à tant de suppressions et de changements, que son troisième acte s'évanouit entre ses mains; c'est lui qui l'avoue avec naïveté. Il se trouva obligé de le refaire tout entier dans la loge de Mlle Raisin, qui jouait le rôle de Clarice ; il se croyait au bout de ses mésaventures, mais la destinée lui réservait d'autres tours. Le jour de la première représentation, le théâtre, alors garni de spectateurs sur les côtés, se trouva encombré de jeunes seigneurs qui, ayant puisé la gaieté à une autre source que celle de la comédie, firent mille singeries et se donnèrent en spectacle au public. La pièce en souffrit. Joignez à cela un prologue intitulé *les Sifflets*, qui avait, à ce qu'il paraît, éveillé dans la salle les serpents qu'on cherchait à conjurer. Le *Grondeur* sortit de là si décrié qu'on eut toutes les peines du monde à y faire aller le prince de Conti ; mais ce prince, bon juge en pareille matière, donna, après avoir entendu la la pièce, raison aux auteurs contre la fatalité. Ce fut en vain : la fatalité l'emporta. Il survint aux Italiens un Arlequin qui acheva de tuer la comédie de Brueys et Palaprat.

Les deux auteurs vivaient dans une parfaite amitié qui n'excluait pas la raillerie de leurs relations. On raconte qu'un jour, étant dans une compagnie avec Palaprat, l'abbé Brueys, à qui l'on parla du *Grondeur*, répondit dans son langage gascon ; « Le *Grondûr*, c'est uné bonné pièce. Lé premier ate est écélent : il est tout dé moi. Lé second, cousi, cousi : Palaprat y a travaillé. Pour lé troisième, il né vaut pas lé diable : jé l'avais abandonné à cé barbouillûr. » Brueys, tout en plaisantant, portait un jugement très-sensé sur cette pièce : elle commence mieux qu'elle ne finit, mais on y trouve des traits vraiment plaisants; c'est une joyeuse folie. Les malheurs qu'elle eut dans sa nouveauté ont cessé avec le temps. La gaieté en est un peu folle, il est vrai ; mais il y a du comique au fond. Le caractère du grondeur était difficile à mettre à la scène ; il fallait être plaisant avec un personnage qui l'est peu. Brueys et Palaprat ont résolu ce problème. Le médecin Grichard, grondant jusqu'à un malheureux barbet qui s'est jeté étourdiment entre les pieds de sa mule, et auquel, selon les expressions du valet l'Olive, son visage a sans doute déplu, devient une créature très-réjouissante, malgré son air maussade et bourru.

Le grondeur a beau gronder, personne ne s'en chagrine; on laisse passer l'orage; les brusqueries attirent des reparties vives et piquantes: voilà tout. Sa fille et son fils aîné, au lieu de se désespérer en voyant qu'on veut les marier contre leur gré et leurs amours, cherchent quelque bon stratagème afin de surprendre à leur père un consentement qu'ils ne peuvent obtenir de bonne amitié; car les pères, dans ce temps-là, alors même qu'on les avait trichés au jeu, ne déclaraient pas nulle la partie qu'ils perdaient contre leurs enfants. Ils s'en remettaient à une autre occasion pour prendre leur revanche. Le valet l'Olive, loin de faire des réflexions misanthropiques sur l'injustice de son maître, qui veut le prendre en faute et n'y peut parvenir, dit tout simplement: « *Que diable a-t-il mangé?* » L'Olive n'est que depuis deux jours dans la maison, mais il a déjà compris le caractère de M. Grichard; il est décidé à faire enrager le docteur à force de zèle et de promptitude. Ce sera sa vengeance, il ne se plaint pas. Le caractère si insociable, si insupportable du grondeur n'éveille aucune récrimination violente; il ne jette pas de trouble notable dans la maison exposée à ses bourrasques; la gaieté n'en est pas même bannie; loin de là, les défauts du grondeur sont presque devenus un amusement pour les gens qui vivent près de lui, et qui ont tourné la chose de son meilleur côté. Ils sont habitués aux criailleries du docteur, ils en ont pris leur parti. M. Grichard inspire si peu d'effroi, on se moque si bien de lui à son nez, que son fils cadet, Brillon, petit drôle d'écolier, lui apporte à corriger un thème de sa façon, lequel thème commence ainsi: « Les hommes qui ne rient jamais, et qui grondent toujours, sont semblables à des bêtes féroces. » Brillon reçoit un soufflet, mais il a donné une leçon.

*Le Muet* est une imitation de *l'Eunuque* de Térence; on y trouve, au milieu d'une intrigue extravagante, des détails plaisants.

Le caractère des deux associés mérite d'être connu. Palaprat raconte qu'il ne s'est fait auteur dramatique que pour obtenir ses entrées au théâtre; il porta à Brueys le plan d'une pièce, qu'ils firent ensemble, et qui n'avait pas d'autre but que de leur procurer l'avantage d'assister au spectacle, et de vivre dans la compagnie des acteurs. Il trouva son compagnon parfaitement disposé à adopter ce genre d'existence malgré son habit ecclésiastique, dont il se débarrassa bientôt. Palaprat possédait une intarissable gaieté qui le soutenait soit contre les souffrances de la maladie, soit contre les déceptions du monde.

Palaprat entra au service de M. le grand-prieur de Vendôme, en qualité de secrétaire de ses commandements. Sa gaieté ne l'abandonna pas en cette circonstance; il publia un manifeste très-curieux, et qui vaut une bonne scène de comédie, dans lequel il faisait ses réserves contre lui-même, de peur que la faveur ne lui tournât la tête : en voici les principaux articles.

« Art. 1er. Quand je serai devenu fort riche, si je dis que je descends des comtes de Toulouse *je mentirai*.

» Art. 2. Si je fais de magnifiques descriptions des charges et des terres qui ont été dans ma maison, *autant de faussetés*.

» Art. 3. S'il m'arrive de faire tomber quelquefois négligemment dans la conversation familière, le récit détaillé de la noble dépense que mes parents faisaient dans ma jeunesse pour mon éducation, du gouverneur que j'avais, de mes maîtres soit pour les sciences, soit pour toutes les sortes d'exercices, de mes valets de chambre, de mes laquais, et de la grosse pension qui m'était assignée seulement pour mes menus plaisirs, *pas un mot de vrai*.

» Art. 4. Si je soutiens que j'ai dépensé de notables sommes à servir long-temps sur mes crochets le prince qui m'a fait tout ce que je suis avant d'avoir rien touché de ses bienfaits, *cela sera si faux*, qu'y compris l'argent qu'on avança sur l'espérance de la réussite du *Muet* je possédais peut-être soixante-dix ou quatre-vingts pistoles au plus quand je suivis ce prince à l'armée pour la première fois. »

Palaprat était né à Toulouse, et il ne se trouvait pas dénué d'aïeux... Jacques de Ferrières, rival de Cujas, fut son bisaïeul.

Son associé Brueys, avant d'être abbé, avait été marié; ayant perdu sa femme, il prit le petit collet, qui ne convenait guère à son goût pour le théâtre, comme nous l'avons dit. Mais Brueys s'était fait connaître par des ouvrages de théologie qui avaient attiré l'attention même de Bossuet. Brueys avait critiqué un livre de Bossuet; Brueys était de la religion réformée. Que fit Bossuet? pour se venger de la critique, il convertit l'auteur. Une pension de cinq cents francs que le roi accorda bientôt à Brueys, *en considération des ouvrages faits par lui pour la défense de la religion catholique contre les protestants*, ne laissa pas que de le confirmer dans sa nouvelle foi. Brueys cachait beaucoup d'esprit sous une forme naïve. Il avait de mauvais yeux, et il fit au roi une réponse spirituelle à ce sujet. Le roi lui demandait comment allaient ses yeux. « Sire, répondit Brueys, *mon médecin dit que j'y vois un peu mieux*. » On attribua à Brueys seul la remise à la scène de la vieille comédie de *l'Avocat Patelin*.

Ce fut Pasquier qui, dans ses *Recherches de France* déterra cette farce de maître Pierre Patelin. « *Je la lus et relus avec un tel contentement, dit-il, que j'oppose maintenant cet échantillon à toutes les comédies grecques, latines et italiennes.* » Le bon Pasquier a raison. Que n'a-t-on puisé davantage à cette source originale? Cette farce, d'après Pasquier, remonte vers l'année 1470. Elle était jouée sur les tréteaux forains. Il paraît que ce *Patelin* a existé : c'était un maître fourbe de son temps, un véritable avocat! Les médecins, si vivement attaqués par Molière, ont dû se réjouir singulièrement en voyant un autre type que le leur défrayer l'hilarité publique et devenir proverbial. La profession d'avocat est mise en scène avec toute la franchise comique, toute la liberté de notre ancien théâtre. « Tu as besoin d'un avocat subtil et rusé qui invente quelque fourberie pour te tirer d'affaire, » dit Colette à Agnelet; et Agnelet, à son tour, se confie de la sorte à maître Patelin : « Or, je vous prie, comme vous êtes avocat, de faire en sorte qu'*il ait tort* et que *j'aie raison*, afin qu'il ne m'en coûte rien. » Voilà toute la science de l'avocat, en effet! On n'aurait pas trouvé une meilleure définition de nos jours.

Cette comédie de maître Patelin est vraiment plaisante. Il est curieux de voir ce fripon employer les finesses des précautions oratoires pour dérober quelques aunes d'étoffe à un marchand de drap, son voisin, afin de se faire un habit, le sien étant plus usé que celui d'un poète. Avec quel plaisir ne le retrouve-t-on pas obligé de plaider contre ledit marchand pour un certain berger, égorgeur de moutons! et comme on rit de bon cœur lorsque le marchand-fermier, en reconnaissant la figure de son avocat, perd la tête, et confond, à n'en plus finir, son drap et ses moutons! De là est venue la locution populaire : *Revenez à vos moutons*; et cette scène était digne, en effet, de laisser un impérissable souvenir. Plusieurs traits de génie que Molière eût rencontrés avec bonheur enrichissent cette comédie : telle est la scène du berger Agnelet, auquel Patelin a donné le conseil de ne répondre devant le juge, à toute demande qu'on lui ferait, que par l'onomatopée imitant le cri de ses moutons, *bée, bée,* ainsi qu'un homme rendu stupide par les coups de son maître; quand l'avocat vient réclamer plus tard ses honoraires, Agnelet ne veut pas le payer lui-même en d'autre monnaie que son *bée, bée.* Cette ruse, par laquelle l'avocat trompeur est la dupe de son client, est excellente.

Dufresny, pour justifier auprès des hommes sérieux la comédie, dont le but est de présenter plaisamment des maximes morales, dit avec esprit qu'elle imite la nature, *qui attache presque toujours un goût agréable aux nourritures les plus solides*. Dufresny, naturellement original et gai, assaisonnait heureusement la raison dans quelques-unes de ses jolies pièces. Cependant la vie de Dufresny, comme celle de Regnard, dont il fut l'ami jusqu'à ce que celui-ci lui eût dérobé l'idée du *Joueur*, a été long-temps abandonnée au plaisir et à la dissipation. Dufresny était si prodigue que le roi Louis XIV se vit presque obligé de suspendre les faveurs qu'il lui accordait, en avouant qu'il ne se croyait pas assez riche pour faire la fortune de ce poète. La bourse de Dufresny avait quelque ressemblance en effet avec le célèbre tonneau des Danaïdes, elle était toujours vide quoique incessamment remplie. Dufresny réussissait dans beaucoup d'arts. Il cultivait la musique, le dessin; il allait aussi sur les brisées de Le Nôtre, et le roi le nomma quelque temps contrôleur de ses jardins. Dufresny quitta la cour, après avoir lassé la générosité de Louis XIV; il travaillait pour le théâtre italien: le système des scènes détachées représentées à ce théâtre convenait à son insouciance et à sa mobilité. Une des singularités de Dufresny était d'avoir toujours trois ou quatre logements dans différents quartiers de Paris; il échappait grâce à ce moyen aux importuns, et peut-être à ses créanciers. Dufresny finit par épouser sa blanchisseuse, ne pouvant sans doute la payer autrement. En vieillissant il tourna comme Dancourt à la dévotion, et recommanda à ses héritiers de brûler ses dernières comédies : *les Vapeurs*, *la Joueuse*, *le Superstitieux*, *l'Épreuve*, et c'était à peu-près tout ce qu'il leur léguait. Le trait est assurément d'un poète comique.

La première pièce de Dufresny jouée à la Comédie-Française a pour titre *le Négligent*. L'auteur a eu l'intention de tracer des portraits, mais il y a médiocrement réussi. Un homme qui néglige ses affaires pour s'occuper de curiosités; une vieille folle de cinquante ans qui croit qu'on l'aime, comme Bélise des *Femmes savantes*, et qui soutient que l'esprit est préférable à la fraîcheur du teint; un marquis ridicule; un poète mercenaire : voilà les principaux personnages de cette pièce, laquelle, à vrai dire, n'en est pas une, tant est lâche le nœud qui resserre toutes ces scènes à tiroirs. Il n'y a de remarquable que le prologue, dont un passage contient une juste appréciation de Molière quoiqu'on ait prétendu que Dufresny ne lui trouvait pas d'esprit.

Il tomba dans le cerveau de Dufresny l'idée d'un caractère; celui du joueur, échappé à Molière. Il y avait alors une grande fureur de jeu, et Dancourt s'en était égayé accidentellement dans ses pièces; mais l'ensemble du caractère n'avait pas été développé, quoiqu'il fournît ample matière. Nos pères, nous venons de le dire, avaient le bon esprit de n'offrir dans la comédie que des tableaux agréables aux spectateurs; aussi ont-ils abordé le sujet du *Joueur* avec gaieté. Regnard a su faire rire tout le monde, excepté Dufresny, auquel il déroba jusqu'aux principales scènes de sa comédie, mais en jetant à pleines mains sur ses emprunts le charme des joyeux vers dont la nature, plus que l'art, lui avait donné le secret. Dufresny se fâcha, se brouilla avec Regnard; il voulut de son côté présenter son *Joueur* au public, son *Joueur* n'eut pas la chance pour lui. La pièce de Dufresny a l'air d'être tout simplement le canevas de celle de Regnard. Cependant elle renferme des mots charmants. Le chevalier qui se fâche, en sortant du jeu, contre le valet de pique qui l'a fait perdre, et qui s'écrie : « Injuste valet de pique! que t'ai-je fait pour me persécuter? » est un trait de bonne comédie; et lorsque le chevalier refuse de payer ses dettes avec l'argent du jeu, parce que cet argent est sacré, cela est encore d'un heureux génie. La servante Nérine voulant empêcher sa maîtresse Angélique d'épouser le Joueur, parce qu'un certain Dorante l'a mise dans ses intérêts, trace un portrait comique d'un ménage de joueur.

*La Noce interrompue* ne nous a paru renfermer qu'une plaisanterie digne d'être citée : « Il faut voir le vin, et puis l'on boit, » dit un soldat à demi ivre; puis il ajoute : « La belle pensée! — J'aime aussi les belles pensées, » dit un tabellion en prenant un verre à son tour. C'est un échantillon du style de Dufresny.

Dans *l'Esprit de contradiction*, une de ses plus jolies comédies, Dufresny a mis en scène un paysan; nous avons vu Dancourt se servir de ce comique. Dufresny donna comme lui à ses paysans, aux jardiniers, aux meuniers qu'il mit en scène, un bon sens naturel et une finesse d'esprit qui semblaient contraster avec leur éducation. Ainsi dans *l'Esprit de contradiction* Oronte vient demander conseil à son jardinier sur le mariage de sa fille, et lui dit : « Je conviens que tu as plus d'imagination que moi, et plus de bon sens que les philosophes, qui n'en ont point. » Mais le maître et le jardinier, qui veulent faire épouser à Angélique M. Thibaudeau, ridicule personnage, voient leur projet déjoué par la rusée jeune fille.

*Le Double Veuvage* repose sur une idée très-plaisante : deux époux se croient mutuellement morts, et se réjouissent de leur liberté; mais ils se retrouvent bientôt en présence, et se voient obligés de recommencer à vivre ensemble. On retrouve souvent dans le théâtre du temps l'idée de ces morts supposées : Molière en a fait usage dans *le Dépit amoureux;* Hauteroche s'en est servi dans *le Deuil.* Regnard, Dufresny en ont tiré parti; mais *le Double veuvage* de Dufresny est une des plus ingénieuses combinaisons qu'on ait dues à ce ressort de comédie.

Dans *le Faux bon homme*, Dufresny a eu le tort de vouloir refaire *Tartuffe*. On trouve des traits et des caractères plaisants dans cette comédie. Dufresny peignait admirablement les femmes impérieuses, obstinées, capricieuses, auxquelles il est très-difficile de faire entendre raison. La marquise et la veuve, dans *le Faux bon homme*, sont tracées sur ce modèle. La marquise, dont l'humeur est enjouée et étourdie, ne veut rien donner de son vivant à son fils; « A la vérité, dit-elle, il sera riche si je meurs quelque jour. » N'est-ce pas un mot charmant, et tout à fait de caractère! *Si je meurs quelque jour*, la marquise ne voit là rien de certain. Le personnage du capitaine, franc et loyal marin, qui fait le fourbe pour démasquer un traître, est conçu avec bonheur.

La pièce du *Faux instinct* n'est pas d'un heureux comique : elle roule sur la tromperie d'un certain père nourricier qui fait croire tour à tour à des parents crédules que son propre enfant est le leur, alors que deux petites filles confiées à sa femme sont mortes de la petite vérole; il extorque ainsi quelque argent.

Dans *les Jaloux honteux*, pièce en cinq actes, on ne rencontre pas l'esprit ordinaire de Dufresny; l'intrigue est nulle, et les détails n'ont rien de piquant. Les pièces en cinq actes glaçaient sa verve, il n'était fait que pour les petits tableaux de genre. Il n'a guère mieux réussi dans *la Joueuse;* il avait une revanche à prendre, mais cette comédie peut aller de pair avec *le Chevalier joueur*. Une femme ardente à ses plaisirs, une marquise de bonne humeur, comme Dufresny l'appelle, égaie cette pièce.

Le caractère de la joueuse est dépeint avec vigueur dans la comédie de ce nom. La joueuse pousse sa manie jusqu'à vouloir jouer en trois rafles comptées, avec le professeur de musique qui a donné des leçons à sa fille, l'argent qu'elle lui doit. M. Triolet refuse en répondant qu'il ne sait jouer que du théorbo. On ne saurait, malgré une peinture énergique de ce vice du temps, prendre beaucoup d'intérêt à cette comédie de Dufresny. Une femme possédée de la rage du jeu n'a rien de bien attrayant.

Dufresny prétendait s'élever à la pièce en cinq actes, parce que de son temps une pièce en trois actes n'était regardée que comme une petite pièce. Il a manifesté dans la préface de *la Coquette de village* son dépit contre les *critiqueurs*, telle est l'expression dont il se sert; et sa réponse est assez originale : « Je garde pour une » autre occasion, dit-il, la critique des *critiqueurs*, cela nous mè- » nerait trop loin dans la petite préface d'une petite pièce; *car au*

» *fond une pièce en trois actes n'est qu'une petite pièce*, disent avec » mépris quelques autres qui, pour tout éloge d'une pièce en cinq » actes, m'en demanderaient une de huit. »

Dans *la Coquette de village,* Dufresny a mis encore en scène un paysan rusé et intéressé dont la fille, élevée à son école, ménage à la fois trois amants. Mais la coquetterie réussit mal à Lisette; elle est forcée d'épouser à la fin un paysan comme elle. Cette comédie est en vers. Le style poétique de Dufresny, assez régulier, n'a pas la facilité et l'enjouement de celui de Regnard.

Dans *la Réconciliation normande*, on remarque un joli tableau de la jeunesse; mais c'est la seule chose en vérité que nous trouvions à louer dans cette longue comédie, dont l'intrigue n'a rien de vif ni d'arrêté.

En revanche *le Dédit* est une jolie petite comédie en un acte, pleine de mouvement et de gaieté. Bien que ce soit un comique de convention, et que Frontin y joue un de ces tours qu'il a joués cent fois pour marier son maître Valère, cette pièce est très-agréablement faite. Deux vieilles folles y sont bernées par un valet malin et un peu fripon, comme doit l'être un garçon qui porte le nom de Frontin.

*Le Mariage fait et rompu* est loin de valoir *le Dédit*. *Le Faux sincère,* comédie faite encore d'après *Tartuffe*, est une œuvre des plus médiocres. Les deux meilleures pièces de Dufresny nous paraissent donc être *l'Esprit de contradiction* et *le Dédit*. Le mérite de Dufresny, c'est d'avoir tracé des caractères originaux et mis dans son dialogue du naturel et de la précision. Il n'entendait pas aussi bien la conduite de l'intrigue; on sait qu'il était embarrassé de ses personnages lorsqu'il ne renfermait pas son sujet dans les bornes d'un acte. Quel que soit le talent que les connaisseurs aiment à lui accorder, Dufresny n'a pu arriver à l'éclat, à la vivacité, à la saillie abondante de son heureux rival Regnard.

On dirait que toutes les comédies de Regnard ont été composées à table, dans une heure d'ivresse, alors que le vin de Champagne pétillait et que la musique et les lumières, compagnes des soupers de don Juan, jetaient leurs mélodies et leur éclat autour de l'heureux auteur. Boileau, dont le travail était plus difficile, s'irritait des succès de Regnard, de cet homme qui lui semblait monter au Parnasse un verre à la main et le front couronné de roses, comme un jeune débauché du temps d'Auguste. Il est malheureux que Regnard, dans cet état demi-trouble où le plongeait souvent sa vie de plaisirs, n'ait pas aperçu distinctement les bornes où la gaieté finit et où la licence commence. Beaucoup d'oreilles, sans être taxées de trop de pruderie et de trop de rigorisme, peuvent se scandaliser des libertés que prend l'auteur vis-à-vis de la morale et de la probité. Indépendamment du peu de décence des expressions, les sentiments, la plupart du temps, n'ont rien de très-légitime. Il ne faut pas rechercher, dans les pièces de Regnard, le sens honnête qui préside à celles de Molière. Ses Crispins sont de véritables échappés des galères, brouillés avec toutes les justices plus encore que Scapin; et ses chevaliers, les amoureux auxquels il accorde sa protection, se montrent trop peu scrupuleux.

Parlons d'abord de la vie de Regnard, vie accidentée et poétique s'il en fut.

Jeune et riche, Regnard part pour l'Italie, il fait la cour aux belles Romaines; il joue un jeu d'enfer, la fortune lui sourit; il est heureux dans ces deux passions; il rapporte en France de tendres souvenirs, et, ce qui était plus précis, dix mille écus de gain tous les frais de ses voyages compris. Regnard s'était trouvé si bien dans ce pays qu'il y retourna. A Bologne, il devint amoureux d'une dame provençale qu'il a fait connaître sous le nom d'Elvire dans une charmante nouvelle intitulée *la Provençale;* mais la chance avait tourné contre lui. On ne gagne pas toujours. Regnard s'embarqua sur une frégate anglaise avec cette dame et son mari. Ils furent attaqués par deux vaisseaux barbaresques : dans l'engagement, qui dura quelques heures, le capitaine anglais fut coupé en deux par un boulet; notre poète fut obligé de se rendre après s'être plus vaillamment battu qu'on n'avait droit de l'attendre d'un disciple d'Horace. On le conduisit à Alger avec sa maîtresse, et là il eut la douleur de la voir entrer au harem du prince que, dans sa nouvelle, il nomme Baba-Hassan. S'il faut en croire Regnard, ce prince, le plus galant des Turcs, respecta la vertu de sa belle captive, malgré l'amour violent qu'il conçut pour elle. On peut croire ici que Regnard s'abusa en amant bien épris, car il poussait la délicatesse jusqu'à dire à sa maîtresse : « Non, madame, je serai toute ma vie si fort pénétré de votre fidélité, que je vous verrais sans jalousie dans les bras d'un autre; je croirais, madame, ou que vous l'auriez pris pour moi, ou que je vous aurais prise pour une autre, et je me défierais plus de la fidélité de mes yeux que de la vôtre. » Avec de tels sentiments si recommandables, il n'est pas étonnant que Regnard ait cru à la continence de Baba-Hassan et à la fidélité de sa maîtresse!

Regnard, après deux années d'esclavage à Constantinople, où il fut emmené par son patron, reçut de l'argent de sa famille et se racheta. Il revint en France avec sa maîtresse toujours fidèle, mais peut-être de la fidélité de la fiancée du roi de Garbe; fidélité qui ne répond pas des événements majeurs. Le bruit s'étant répandu que le mari de la belle Provençale venait de mourir, il se disposait à épouser cette jeune dame, sans doute pour l'acquit de sa conscience; mais le mari reparut tout à coup, et Regnard se mit à continuer sa joyeuse vie de garçon et ses courses à travers le monde. Il alla en Suède, il pénétra jusqu'en Laponie, et ne revint sur ses pas, comme il l'a dit dans un madrigal latin, que parce que la terre lui manqua; il s'arrêta *ubi defuit orbis*.

Regnard, dans sa nouvelle de *la Provençale*, s'est donné le nom de Zelmis, et sous ce nom il a dépeint les agréments de sa personne. Regnard a fait comme tous les peintres qui tracent leur portrait; il l'a caressé avec amour. Voici un échantillon de la manière dont il parle de lui : « Zelmis, comme vous le savez, mesdames, est un » cavalier qui plaît d'abord, c'est assez de le voir une fois pour le » remarquer; et sa bonne mine est si avantageuse qu'il ne faut » pas chercher avec soin des endroits dans sa personne pour le » trouver aimable, il faut seulement se défendre de le trop aimer. »

Le poète, las de parcourir le monde, se fixa bientôt à Paris, d'où il ne sortit plus que pour passer la belle saison à sa terre de Grillon; il fit de cette maison de campagne un séjour enchanté. Il a pris occasion une autre fois de parler de lui sous le voile de l'allégorie, et de peindre le train de vie qu'il menait à Grillon. Ce n'est plus Zelmis, c'est Clitandre qu'il se nomme; dans un divertissement ajouté à la comédie des *Folies amoureuses* il retrace ainsi sa voluptueuse existence :

> Selon mes revenus je règle ma dépense,
> Et je ne vivrais pas content
> Si, toujours en argent comptant,
> Je n'en avais au moins deux ans d'avance.
> Les dames, le jeu ni le vin
> Ne m'arrachent point à moi-même,
> Et cependant je bois, je joue et j'aime;
> Faire tout ce qu'on veut, vivre exempt de chagrin,
> Ne se rien refuser, voilà tout mon système.

Ce système est charmant, mais pour le mettre en pratique il faut avoir, comme Regnard, quarante mille écus de revenus. Tous les poètes ne jouissent pas de cet avantage.

Regnard commença par écrire pour la Comédie-Italienne. Il a composé, en collaboration avec Dufresny, *Arlequin à bonnes fortunes*, *les Filles errantes*, *la Coquette* ou *l'Académie des dames*, *le Divorce*, *la Descente de Mezetin aux enfers*, *la Naissance d'Ama-*

*dis*, *les Chinois*, *la Baguette de Vulcain*, *la Foire Saint-Germain*, *les Momies d'Egypte;* tous ces pièces ne méritent guère d'être tirées du profond oubli où elles dorment, sur les quais, dans le Théâtre italien de Gherardi.

Regnard ne tarda pas à aborder le Théâtre-Français, pour lequel il était fait. Guéri de la manie des voyages qui avait agité sa jeunesse, il conserva toutes ses autres passions. Regnard recevait chez lui la société la plus joyeuse et la plus relevée de Paris. Le prince de Conti et le prince de Condé étaient de ses fidèles. Le vin, le jeu, les femmes, tous les défauts qu'il a prodigués à ses héros continuaient d'être les siens. Il est permis de penser que Regnard ne fut point fâché de demeurer garçon; car il s'égaie en toute circonstance sur le sort des époux et sur les accidents du mariage, avec toute la liberté de notre vieille comédie. « A Dieu ne plaise qu'on voie ja » mais aucun vrai mariage de ma façon! je ne fais point de march » à vie, c'est trop périlleux : » ainsi s'écrie un personnage de *la Sérénade*, petite comédie en prose. Regnard fait la guerre au mariage avec plus de licence encore que Molière; mais on doit ajouter, comme correctif à ces atteintes, que la vieille comédie n'a jamais poursuivi de ses sarcasmes que les mariages ridicules.

*La Sérénade* est tout simplement une scène d'Harpagon et de son fils, amoureux de la même personne. Regnard s'est avisé assez maladroitement de refaire cette scène en un acte. Il ne fut pas très-heureux dans ce début. Le style seulement lui appartient, et l'on y reconnaît une touche vraiment comique.

*Le Bal* est une comédie en un acte et en vers, qui n'a pas grand mérite; l'intrigue en est nulle à peu près, et le style n'a rien de très-piquant. Cependant on y trouve quelques-uns de ces traits familiers à Regnard, qui font rire par la vivacité naturelle de la repartie.

Du *Bal* au *Joueur* il y a une distance si prodigieuse, qu'on ne croirait jamais que ces deux comédies sont parties de la même main.

*Le Joueur* est un chef-d'œuvre de bonne gaieté. Rien n'est plus amusant que de voir l'amour de Valère, s'accommodant aux chances du jeu, décroître avec la fortune, augmenter avec les revers. Le jeu est le thermomètre de cet amour, qui monte au degré le plus élevé, et retombe au-dessous de zéro, en raison de la perte ou du gain. Valère est un beau joueur, un joueur déterminé, qui met en gage jusqu'au portrait de sa maîtresse. Regnard a retracé toutes ces intermittences de jeu et d'amour en homme qui avait connu cette double fièvre. Le pouls lui battait encore lorsqu'il a composé sa pièce ; elle est pleine de vérité, c'est la nature prise sur le fait. La gaieté n'abandonne pas un seul moment Regnard dans un sujet qui est devenu depuis si lugubre sous la plume des dramaturges. Le philosophe Sénèque y joue un rôle très-amusant.

On ne s'indigne pas contre Valère; on sent que Valère, au fond, est un homme d'honneur, incapable d'une action basse, d'un trait méchant, et que l'âge viendra corriger sans doute chez lui ce défaut que l'amour n'a pu vaincre. De quel œil différent on regarde Valère et le prétendu marquis, cet intrigant qui cherche à se faufiler dans le cœur d'une vieille folle de comtesse! Lorsque celui-ci, après des fanfaronnades promptement réprimées, ose dire à Valère, auquel il vient de prouver sa poltronnerie : *Je suis de vos amis*, Valère lui répond avec une noble franchise : *Je ne suis pas des vôtres*, et ce seul mot réconcilie Valère avec le spectateur. Mais la plaisanterie de Regnard est trop irrespectueuse bien souvent vis-à-vis de l'autorité paternelle, et c'est un tort.

On peut critiquer dans la comédie du *Joueur* le rôle de la comtesse, qui rappelle celui de Belinde des *Femmes savantes;* à la différence que la comtesse est veuve et qu'elle n'entoure pas ses prétentions d'une métaphysique nuageuse, elle va droit à son but :

> C'est un époux vivant qui console d'un mort,

dit-elle, et dans chaque homme qu'elle voit elle s'imagine rencontrer le consolateur qu'elle cherche. Le faux marquis, qui se trouve être le cousin d'une marchande à la toilette et le fils d'un huissier, est un type très-réjouissant de ces chevaliers d'industrie qui se glissaient dans la belle société d'alors. Molière avait stigmatisé la vanité des marquis; Regnard alla plus loin, il les démarquisa. Il poussa l'insulte jusqu'à leur contester leur titre. Il suffit d'ouvrir les mémoires du temps pour voir en quel discrédit étaient tombés les marquis. Saint-Simon, que le spirituel auteur des *Mémoires de madame de Créqui* appelle un vieux corbeau toujours monté sur sa couronne de duc, et qui en effet était plein de morgue aristocratique, traite ainsi lui-même les victimes ordinaires de Molière, de Dancourt, de Regnard : « Il est vrai, dit-il, » que les titres de comte et de marquis sont tombés dans la pous- » sière par la quantité de gens de rien, et même sans terre, qui » les usurpent, et par là tombés dans le néant. »

Telle était l'oraison funèbre de cette classe infortunée des marquis !

Lorsque Regnard écrivit sa comédie, la passion du jeu dominait toujours; le lansquenet était dans toute sa fureur. Il n'est pas étonnant qu'Angélique pardonne d'abord à Valère, tant qu'elle se croit capable de le corriger. Les exemples de joueurs, car un grand nombre de femmes ne sortaient pas des académies, étaient si fréquents, qu'un homme ne passait pas pour être dérangé quand il donnait dans ce travers. Les pères avaient joué; ils ne trouvaient pas trop mauvais que leurs fils jouassent. Les abbés et les évêques s'en mêlaient eux-mêmes : quelques-uns avaient des jeux de cartes dans leurs bréviaires, et se retiraient dans la solitude moins pour prier Dieu que pour combiner quelques coups importants. Presque tout le monde trichait, même au jeu du roi. Je ne sais plus quel seigneur avait imaginé de mettre à la mode des boutons d'habits extrêmement brillants, espèces de miroirs susceptibles de refléter les couleurs des cartes de ses adversaires; de cette façon il espérait voir leur jeu, et faire sa fortune avant que son secret fût connu. Quand la cour de France ne suffisait plus on passait en Angleterre, où les chevaliers de Grammont abondaient.

Les plaisanteries de Regnard ne sont pas toujours de bon goût, mais elles font rire; elles vous saisissent au collet comme une farce dont on est témoin dans la rue, et qui vous remue comiquement quoi que vous en ayez : il y a toujours de l'imprévu en elles. Ce sont des caricatures en plâtre, creuses en dedans, qui n'ont pas de solidité ni une grande valeur d'art, mais qui réjouissent les passants. Regnard joue souvent beaucoup plus sur les mots que sur les choses; il ressemble aux marquis étourdis de ses pièces, aimables fous auxquels on pardonne leurs extravagances et leurs airs libertins à cause de leur verve et de leur gaieté.

Cependant, est-il tolérable que, dans la pièce du *Distrait*, où Léandre est représenté comme un galant homme qui n'a que le défaut de manquer de présence d'esprit, son valet ose dire, en parlant d'un oncle dont son maître devait hériter, et qui n'a pas voulu mourir :

> Par trois fois de ma main il a pris l'émétique,
> Et je n'en donnais pas une dose modique;
> J'y mettais double charge, afin que par mes soins
> Le pauvre agonisant en languît un peu moins!

Si de pareils vers se trouvaient dans une pièce nouvelle, ils soulèveraient la réprobation du parterre : et le parterre aurait raison. Ce n'est plus de la gaieté, c'est de l'empoisonnement; ce qui n'est pas risible.

Les mœurs débauchées des jeunes gens sur la fin du règne de Louis XIV, mœurs que Regnard connaissait en homme qui les avait pratiquées, sont bien dépeintes dans la comédie du *Distrait*. Les chevaliers à demi ivres, et toujours chantant, sont saisis de main de maître dans la personne d'un jeune fou qui force sa future belle-mère à danser une courante avec lui, au risque de compromettre les intérêts de son amour par cette impertinence. On a parlé quelquefois dans les comédies de la manière dont les jeunes seigneurs se comportaient sur le théâtre, aux côtés duquel s'étendaient alors les banquettes réservées pour eux. Personne n'a mieux signalé que Regnard cet abus. Regnard trace un tableau complet et excessivement gai du train de vie des jeunes gens à la mode. Son chevalier répond aux reproches d'un oncle qui veut le rendre plus raisonnable :

> Mais que fais-je donc tant, monsieur, ne vous déplaise,
> Pour trouver ma conduite à tel excès mauvaise?
> *J'aime, je bois, je joue*, et....

*J'aime, je bois, je joue*, tout est là! ce sont des défauts que ces messieurs avouent avec une naïveté singulière, et que leur gaieté communicative change presque en brillantes qualités. S'ils valent quelque chose, c'est par leur belle humeur, comme ils le disent. Le chevalier du *Distrait* propose tout simplement à sa sœur de se mettre au couvent pour lui laisser son bien; mais on sent que si l'étourderie est sur ses lèvres, il n'en a pas moins un fonds de tendresse dans l'âme pour sa sœur.

Le caractère de Léandre est bien tracé; il n'a pas d'autre défaut que celui d'être distrait. C'est un homme d'esprit, du reste; il sait remettre fort bien à leur place les gens qui se raillent de lui. Il est sincère de cœur; sa langue, qui se trompe de nom, ou sa main infidèle à sa pensée commettent seules des inconséquences et le brouillent avec sa maîtresse. Quelque amusant que soit le rôle de Léandre avec ses éternelles méprises, tant de distractions semblent, à la longue, un peu outrées. Léandre a l'air d'un monomane. Ce sont presque les bévues d'un homme attaqué d'une maladie de cerveau, plutôt que les bizarreries d'un défaut piquant. On est sur le point d'inviter Léandre à aller se faire administrer des douches dans une maison de santé; il est du ressort de la médecine plus que de la comédie. Léandre plaît pourtant, et l'on ne s'étonne pas qu'Isabelle se soit attachée à lui.

*Attendez-moi sous l'Orme* est une petite comédie, en un acte et en prose, qu'on a attribuée à Dufresny, et dont le style fin et piquant rentre tout à fait dans la manière de cet auteur. Il s'agit d'un jeune officier réformé qui fait la cour à la fille d'un riche fermier, et recherche surtout en mariage les écus de la belle Agathe; une certaine Lisette, intéressée à lui nuire, se travestit en veuve, et, grâce à ses manœuvres coquettes et à des souvenirs de bal masqué, elle engage l'imprudent officier dans une aventure qui lui fait un grand tort auprès d'Agathe. Il est bientôt obligé de battre en retraite. Les rendez-vous trompeurs se donnent sous un orme, où une troupe de paysans finit par se moquer de l'officier en lui chantant ce refrain :

> Attendez-moi sous l'orme,
> Vous m'attendrez long-temps !

Il y a dans cette pièce une jolie phrase sur la manière dont se font les rencontres qui servent quelquefois de préludes aux mariages. Pasquin, valet de Dorante, fait ainsi la leçon à son maître : « Il faut que vous vous promeniez sans faire semblant de rien, elle » va venir sans faire semblant de rien. Pour lors vous l'aborderez, » vous, en faisant semblant de rien; elle vous écoutera faisant » semblant de rien. Voilà comme se font les mariages des Tui» leries. »

Il n'est pas étonnant que le nom de Démocrite, ce philosophe qui riait toujours, se soit rencontré sous la plume de l'aimable et joyeux Regnard; mais on est surpris que sa verve comique n'en ait pas tiré un meilleur parti. Son Démocrite est un personnage plus satirique que plaisant, dont l'humeur morose n'égaie nullement la pièce. Heureusement Regnard a placé à côté de Démocrite un valet assez original, qui se moque de son maître alors que son maître se raille des autres. Strabon et sa femme Cléanthis, qu'il retrouve après vingt ans d'absence volontaire, et à laquelle il fait la cour jusqu'à ce qu'il l'ait reconnue, jettent sur cette comédie un peu de cette folie naturelle à Regnard, et qu'on s'attendait à trouver dans le rôle principal. Il semble que Regnard ait voulu payer son tribut au romanesque. On trouve là un certain roi d'Athènes, ressemblant, en vérité, au duc Thésée qui figure dans *le Songe d'une nuit d'été* de Shakspeare; et une fille de roi élevée en paysanne à la campagne, et dont un bracelet révèle la naissance. Les critiques méticuleux ont prouvé sans peine à Regnard qu'Athènes se gouvernait en république depuis sept cents ans à l'époque où vivait Démocrite, et que son roi, par conséquent, n'est pas des plus historiques; mais qu'importe à Regnard? Il prend bien garde à cela! Il traite l'antiquité à la façon de Shakspeare, sans avoir probablement jamais lu l'auteur anglais. Regnard, sorti de son monde habituel, parcourt à son gré le champ de l'imagination. La charmante Chryséis, fleur des champs, qui, transplantée à la cour, s'habitue si vite à la température de ce climat, est dépeinte avec beaucoup de grâce et de finesse; un mélange de naïveté et de coquetterie se trouve ingénieusement marqué dans son portrait.

Ce n'est pas l'intrigue qui donne de la valeur à la pièce de *Démocrite*, les caractères sont préférables; cette intrigue n'a de piquant, en effet, que la reconnaissance de Strabon et de Cléanthis, encore cette reconnaissance est-elle fort exagérée. Agélas, le roi d'Athènes, pourrait servir de type à tous les princes d'Italie et d'Allemagne, qui, au lieu de bergères, épousent actuellement, dans nos comédies, des cantatrices. La plus grande familiarité règne à la cour d'Agélas. Les paysans, comme Thaler, y ont leur franc-parler. Le style de *Démocrite* est vif et sans gêne, comme dans les autres pièces de Regnard. La rime n'est pas toujours respectée, l'hiatus est fréquent; mais ce style a le mouvement, la chaleur, la vie.

*Le Retour imprévu* est une petite comédie charmante. Un père est parti pour faire prospérer des affaires de commerce. Pendant ce temps, son fils mène joyeuse vie, touche l'argent des fermiers, et fait sauter les écus. Il festoie une belle qu'il veut épouser. Un certain marquis, ou soi-disant tel, s'est chargé de le *débourgeoiser*. Entre ses mains, l'éducation de ce fils de famille est allée grand train. Voilà que le bonhomme arrive sur ces entrefaites, pendant même que son fils donne un repas à sa belle dans la maison paternelle. Il faut, pour tirer l'imprudent garçon de ce mauvais pas, toute l'habileté d'un valet rompu aux intrigues, d'un de ces larrons de la vieille comédie, providence des mauvais sujets d'enfants. Voici la manière dont le marquis parle de son élève Clitandre : « Il n'est pas reconnaissable depuis qu'il me hante, ce petit homme; il est vrai que je n'ai pas mon pareil pour débourgeoiser un enfant de famille, le mettre dans le monde, le pousser dans le jeu, lui donner le bon goût pour les habits, les meubles, les équipages. Je le mène un peu roide; mais ces petits messieurs-là ne sont-ils pas trop heureux qu'on leur inspire les manières de la cour, et qu'on leur apprenne à se ruiner en deux ou trois ans? » Le tableau est tracé de main de maître.

Rien n'est plus bouffon ni plus amusant que *les Folies amoureuses*; là, on peut rire de tout son cœur. Cette pièce est bien loin d'avoir une haute portée comique; mais elle produit une bruyante hilarité. Si ce n'est que Crispin avoue avec trop d'audace ses méfaits passés et qu'Éraste accepte un peu légèrement la bourse que la belle Agathe ravit à son tuteur, on ne trouve rien à redire à la moralité de la pièce. C'est une pupille qui s'échappe des griffes d'un vieux jaloux; c'est la lutte naturelle de la jeunesse et de l'amour contre la vieillesse et l'argent! La Rosine de *Figaro* est la fille de l'Agathe des *Folies*.

Regnard emprunta ensuite à Plaute ses *Ménechmes;* le sujet de deux frères parfaitement ressemblants et dont la ressemblance donne lieu à une foule de méprises, convenait mieux au théâtre ancien qu'au nôtre. Les acteurs, en effet, s'y couvraient le visage d'un masque qui prêtait à l'illusion. Plaute a donc pu entrer sans embarras dans le cœur de son intrigue; on n'y trouve rien que de naturel. Il n'en est pas de même sur notre théâtre, où, dès que nous voyons les deux frères sous des traits différents, nous ne pouvons plus nous habituer à la convention de l'auteur. Si Regnard avait évité l'entrevue des frères et fait jouer les deux rôles par le même personnage, peut-être eût-il ajouté quelque chose à l'intérêt de la situation; mais il se serait privé d'une scène charmante.

Regnard ne s'est guère servi, du reste, que de la ressemblance des deux frères; mais en homme habile, qui sait son métier, il a ajouté sur-le-champ à cet effet de la nature une grande dissemblance de caractère. L'un de ses Ménechmes est poli, galant, doucereux comme un officier du temps; l'autre est brutal, loup-garou, mauvais coucheur comme un campagnard. Les méprises n'en sont que plus amusantes. Le premier est dissipé, criblé de dettes; le second est rangé, et même quelque peu avaricieux.

*Les Ménechmes*, bien que le chevalier en agisse un peu légèrement avec son frère, et qu'il ait abusé de la tendresse d'une vieille folle, n'offrent rien qui sorte des licences habituelles de la comédie. Cette pièce n'a jamais donné lieu aux reproches qui ont assailli *le Légataire universel*, dernière comédie de Regnard.

Saint-Simon raconte dans ses Mémoires l'anecdote suivante : « Le duc de La Feuillade passa par Metz pour aller à l'armée d'Allem. gne, et s'y arrêta chez l'évêque, frère de feu son père, qui était tombé en enfance et qui était fort riche. Il jugea à propos de se nantir, et demanda la clef de son cabinet et de ses coffres; et, sur le refus que ses domestiques lui en firent, il les enfonça bravement et prit 30,000 écus en or, beaucoup de pierreries, et laissa l'argent blanc. Le roi, d'ailleurs de longue main fort malcontent des débauches et de la négligence de La Feuillade dans le service, s'expliqua fort durement et fort publiquement sur cet étrange avancement d'hoirie, et fut si près de le casser que Pontchartrain eut toutes les peines du monde à l'empêcher. » Est-il étonnant que Regnard, au milieu de mœurs de ce genre, après avoir eu sous les yeux des exemples d'une telle tolérance, ait imaginé l'intrigue de son *Légataire universel?* Saint-Simon a dit le mot! les fils qui, dans ce temps, dérobaient les cassettes de leurs pères, les neveux qui volaient leurs oncles regardaient cette action comme un avancement d'hoirie. Telle est la façon de penser d'Éraste du *Légataire*, et, dans la crainte que son oncle n'expire avant d'avoir dicté un testament en sa faveur, il fait main-basse, comme le duc de Lafeuillade, sur le coffre-fort; il saisit un portefeuille et s'écrie :

Quarante mille écus que je tiens dans mes mains,
Triste et fatal débris d'un malheureux naufrage,
Seront mis, si je veux, à l'abri de l'orage;
Voilà tous bons billets que j'ai trouvés sur lui.

Plus tard, après avoir fabriqué un faux testament qui lui lègue le reste de la fortune de son oncle au détriment de plusieurs collatéraux, Éraste s'excuse avec cette naïveté.

Hélas! pour mériter la charmante Isabelle,
J'ai peut-être un peu trop fait éclater mon zèle....

Éraste appelle cela du *zèle!* le mot est ingénieux. Cette escroquerie est traitée par Regnard avec une vivacité si amusante, qu'on finit par passer condamnation sur ces mœurs singulières : on ne prend pas au sérieux un jeu d'esprit. C'est un chef-d'œuvre de gaieté, malgré ce qu'il y a de lugubre dans le sujet. Une chose qui choque d'abord dans *le Légataire universel,* comme dans *le Malade imaginaire*, c'est l'aspect d'un vieillard moribond entouré d'héritiers avides qui spéculent sur ses derniers instants. Ce tableau de la misère humaine est fait pour soulever le cœur de dégoût : il y a de honteuses vérités qu'on n'aime pas à voir. Les plaisanteries, d'ailleurs, qui s'exercent sur les infirmités de l'âge, ont ordinairement je ne sais quoi de malsain qui empêche le rire de s'épanouir à l'aise. Eh bien! malgré cela, il y a tant de verve dans la pièce de Regnard, l'intrigue en est conduite avec tant d'adresse, le dialogue en est si vif, qu'on est presque tenté d'accuser encore Rousseau d'exagération, quoiqu'il ait bien plus raison contre *le Légataire* que contre *le Misanthrope*.

Regnard ne se doutait pas, à coup sûr, de l'indignation que son *Légataire universel* exciterait dans l'âme de Rousseau; car il a fait représenter, sous le titre de *la Critique du Légataire*, une petite pièce, ou plutôt quelques scènes de conversation qui ne défendent pas l'inconvenance du sujet. Il cherche à prouver seulement que la pièce est faite dans les règles voulues : dans les règles d'Aristote, soit; mais dans celles de la bienséance, non. Regnard aurait dû y songer davantage; mais le sens moral, la haute philosophie de Molière lui ont manqué : en revanche, l'esprit ne lui fit jamais défaut. La vie de ce poëte, vie de fêtes et de plaisirs, n'était pas propre à lui inspirer les enseignements sévères qui tombèrent de la plume du citoyen de Genève. Regnard mourut, comme il devait mourir, des suites d'une indigestion. Il avait cinquante-quatre ans, il était plein de force et de santé. Le buste de Regnard que possède la Comédie-Française, et qui est de J.-J. Foucou, révèle assez bien le caractère du poëte. Il y a dans l'œil je ne sais quelle audace aventureuse, qui rappelle les voyages de sa jeunesse : les narines ont une certaine expression voluptueuse; vous diriez celles de don Juan lorsqu'il s'écrie : *Odor di femina.*

Regnard s'est nommé lui-même sceptique dangereux! Il a cru plaisanter, mais il a dit vrai. Rien n'est plus funeste en effet que ce manque absolu de moralité! Pourquoi a-t-il prêté la séduction de son joyeux esprit à ces déplorables paradoxes dont la conscience est révoltée? Le bien et le mal existent sur la terre comme le beau et le laid, et toute organisation saine, toute intelligence normale en fait aisément la différence! Il ne suffit pour cela que de consulter ses instincts, d'interroger ses affections naturelles. En vain les lois, les religions, les mœurs ont blessé quelquefois, selon les temps et les lieux, les intérêts de l'humanité; les lois, les religions, les mœurs, choses éphémères, passent et tombent. L'humanité reste la même, avec l'énergique sentiment de la sociabilité qui repose sur le juste et l'honnête; éléments éternels, germes déposés au fond des cœurs et que féconde l'éducation. Tout ce qui s'est opposé à ce développement a été, depuis le commencement du monde, un vice, un crime, soit que la résistance appartînt à une nation, soit qu'elle vînt d'un individu.

Les peuples sauvages ne comptent pas plus devant l'unité de la morale que leurs monuments bizarres devant la régularité de l'art. Nuire à son semblable, à moins de légitime défense, a toujours été une méchante action. S'il est des natures ignorantes ou dépravées qui ne connaissent pas le remords, cela ne prouve rien sinon qu'elles sont défectueuses et malades; s'il est des heures où les honnêtes gens, à force de voir prospérer ceux qui ne le sont pas, s'écrient que la vertu n'est qu'un mot, cela ne prouve rien encore, sinon qu'ils ont été déçus. Un rayon du ciel éclaire, un jour ou l'autre, les âmes indignes et flétries; une main mystérieuse relie les principes épars et incertains que le souffle du monde a dérangés. Il n'est pas permis, même en riant, d'afficher des maximes contraires; elles sont fausses et pernicieuses. Regnard a donc eu tort!

## CHAPITRE DOUZIÈME.

**PRADON, DUCHÉ, M. DE LA CHAPELLE, L'ABBÉ GENEST, LONGEPIERRE, LE SIEUR DE GILBERT, CAMPISTRON, LA GRANGE-CHANCEL, LAFOSSE, MESDEMOISELLES DESJARDINS, BERNARD, BARBIER, MADAME GOMÈS; CRÉBILLON, LAMOTTE-HOUDART.**

La tragédie nous force à remonter de quelques années pour examiner les contemporains et les successeurs de Racine. La tragédie fut moins bien partagée que la comédie, sa sœur; elle n'offre guère qu'une froide imitation des formes consacrées par nos chefs-d'œuvre.

Nous avons en parlant de *Phèdre* dépeint la figure que Pradon faisait dans le monde. Cet auteur, dont le nom est devenu un terme de mépris, un synonyme de mauvais poète, eut le sot orgueil de s'égaler à Racine, à Corneille. Si Pradon s'était tenu dans les bornes de la modestie et si d'imprudents amis ne l'avaient opposé aux beaux génies de son temps, il aurait vécu estimé comme bien d'autres, sans attirer les foudres de la satire sur sa médiocrité. Sa tragédie de *Régulus,* son chef-d'œuvre, est une pièce platement écrite, mais dans laquelle on remarque quelques situations assez touchantes. Pradon prétend avoir voulu, dans son cinquième acte, mettre en scène les beaux vers d'Horace :

*Fertur pudicæ conjugis osculum,*
*Parvosque natos, ut capitis minor,*
*A se removisse, et virilem*
*Torvus humi posuisse vultum* [1].

Mais il n'en a pas tiré tout le parti qu'on en pouvait attendre. *Régulus* réussit néanmoins; Régulus eut, dit l'auteur, un *sort moins cruel à Paris qu'à Carthage.*

Est-il besoin de rapporter une anecdote attribuée à Pradon? On assure que s'étant mis au parterre, à la représentation d'une de ses pièces sifflée par le public; de peur de se faire découvrir, il se mit à siffler comme les autres. Cela prouverait plus d'esprit que

[1] On dit que, se regardant comme rayé du cens, il se déroba aux baisers de sa chaste épouse, repoussa ses petits enfants, et qu'il détourna son mâle visage vers la terre.

Pradon n'en a montré ensuite. La Bruyère a écrit, je ne sais sous quelle influence, que l'auteur de *Pyrame* était un poëte : si La Bruyère avait parlé de Théophile, auteur aussi, comme on l'a vu, d'une tragédie de *Pyrame et Thisbé*, à la bonne heure ; mais de Pradon!... Personne ne fut moins poëte que Pradon...

Ferrier fit un grand nombre de tragédies, *Anne de Bretagne* entre autres, lesquelles peuvent rivaliser avec celles de Pradon. Ferrier eut l'idée de traiter un des premiers des sujets tirés de l'histoire de France ; mais le public n'était pas encore habitué à des noms français. Ferrier l'explique dans la préface d'*Anne de Bretagne*. « On a trouvé, dit-il, que notre histoire était peu propre à nous » fournir des sujets de tragédie, qu'il fallait mener le spectateur » dans un pays éloigné et remplir son oreille par des noms pom- » peux... »

Duché, connu par quelques opéras, obtint la pension accordée à Racine, pour travailler à des pièces tirées de l'Écriture sainte, et destinées à la maison de Saint-Cyr ; mais *Jonathas, Absalon, Debora* ne prouvèrent pas qu'il eût hérité d'autre chose que de la place de son prédécesseur.

M. de La Chapelle fit une *Cléopâtre* qui eut beaucoup de succès ; cette pièce valait mieux que celles de M. l'abbé Abeille et autres auteurs qui essayaient d'alimenter le théâtre depuis que Racine s'était tu. M. de La Chapelle fut tellement enflé de son triomphe qu'il crut avoir droit de compter sur la postérité. Il écrivait au prince de Conti :

> Je puis le croire au moins, Cléopâtre vivra
> Tant qu'au théâtre, émus par d'invincibles charmes,
> Les peuples aimeront à répandre des larmes.

On aime encore à verser des pleurs au théâtre, et qui connaît la *Cléopâtre* de M. de La Chapelle?... Du reste, M. de La Chapelle était un financier; il fut doyen de l'Académie. Cela fait honneur aux financiers de l'époque.

L'abbé Genest composa une *Pénélope* qui n'eut pas une heureuse destinée. Dans la préface, il se repent d'avoir fait Télémaque amoureux ; mais, dit-il, dans ce temps-là on n'osait encore faire paraître au théâtre un jeune héros sans amour.

Un sieur Gilbert a composé une tragédie intitulée *Arie et Pétus*. On y trouve des vers remarquables par la pensée et par l'expression. Nous croyons devoir signaler aux amateurs une scène où le stoïcien Sénèque cherche à confondre l'épicurien Pétrone devant l'empereur Néron.

Campistron, écrivain de même force que Pradon, diffère de lui en ce qu'il eut l'amitié de Racine; mais il en retira peu de fruits. Les pièces de Campistron ont passé pour être conduites avec une certaine régularité. Cette régularité même, sans génie, n'est qu'une cause d'ennui de plus; et Campistron manquait complétement de génie.

Dans sa tragédie d'*Andronic,* il détourna certains événements de l'Histoire des conjurations de Venise, de l'abbé de Saint-Réal, pour les mettre à la scène. Campistron recherchait avec grand soin ces sortes d'allusions historiques. *Andronic* éprouva un jour une disgrâce; les spectateurs ne cessèrent de rire pendant tout le temps de la représentation. On jouait ensuite une comédie de Néricault-Destouches, et un des acteurs en fit ainsi l'annonce : « Messieurs, » je souhaite que la petite pièce que vous allez voir vous fasse » rire autant que vous avez ri à la grande. »

Parmi ses tragédies, *Tiridate* est celle qui a été le plus louée. L'auteur avait cru très-ingénieux de couvrir du nom de *Tiridate* une aventure empruntée aux galanteries de la Bible.

« Ce fut, dit-il, en lisant le second livre des Rois que l'amour » d'Ammon, fils de David, pour sa sœur Thamar m'inspira le des- » sein de faire une tragédie sur ce sujet. Je crus devoir prendre » pour cela quelque nom emprunté, et je choisis celui de Tiridate. » Ce n'est pas qu'on trouve dans aucun historien que ce prince ait » été amoureux de sa sœur; mais plusieurs assurent qu'il mourut » d'une langueur dont la cause ne fut jamais connue : j'ai usé du » privilége qu'Aristote me donne, et j'ai imputé cette langueur à » l'amour. Tout ce que j'ai dit des Parthes, de leur origine, de » leurs mœurs, de l'établissement de leur empire, de leurs vic- » toires contre les successeurs d'Alexandre, est vrai à la lettre, et » Justin le rapporte de la même manière. De toutes mes tragédies, » c'est celle où il y a le plus d'art et de délicatesse dans les senti- » ments. Le succès en fut prodigieux, et l'on n'en a point vu sur » notre théâtre de plus brillant ni de plus constant. »

On voit que la bonne opinion que Campistron avait de lui était pour le moins égale à celle de Pradon.

Tiridate, après avoir osé faire à sa sœur l'aveu de son coupable amour, prend le parti de s'empoisonner. La façon dont il le dit est curieuse. Il s'écrie, en s'adressant à son confident :

Par un *heureux poison* j'ai disposé de moi,
Il agit maintenant.

L'*heureux poison* donne la mesure du style de Campistron.

Attaché à M. de Vendôme, il montra du courage. A Steinkerque il accompagna le héros dans le plus fort de la mêlée; le prince, le voyant à son côté, lui dit : « Que faites-vous ici, Campistron ? » Campistron lui répondit : « Monseigneur, voulez-vous vous en aller ? » Le prince sourit et marcha en avant, et Campistron le suivit. Cette réponse vaut mieux que ses neuf ou dix poèmes dramatiques. Racine n'était pas si rassuré à l'armée. Dans ses lettres à Boileau, il lui confie qu'il a eu peur plus d'une fois. Mais, du reste, c'était un sentiment d'humanité qu'éprouvait particulièrement Racine lorsqu'il voyait tant de braves gens se ruer les uns sur les autres et se donner la mort sans avoir de motifs raisonnables de le faire.

La *Médée* de Longepierre reçut dans le principe un accueil très-froid, bien mérité par sa versification rocailleuse ; et, ce qui est assez étonnant, elle fut reprise trente-quatre ans plus tard avec un grand succès. On pardonne à la faiblesse du style, en faveur de l'ordre et du développement des sentiments. Longepierre s'est étudié beaucoup à pallier l'horreur qu'inspire Médée quand elle prend le parti de massacrer ses enfants, et il a su faire vibrer des cordes sensibles auxquelles ses devanciers n'avaient pas touché. Sa Médée, en effet, laisse entrevoir l'idée que ses enfants seraient en butte aux mépris d'une marâtre, et elle s'affermit par là dans sa cruelle résolution; toute mère passionnée croit avoir des droits jusque sur la vie de son enfant, et Longepierre fait valoir avec bonheur cette exaltation.

Longepierre fit aussi une *Électre;* elle tomba. Dès sa jeunesse il avait manifesté du goût pour les poètes grecs; il était plein d'érudition, mais l'inspiration lui manqua toujours. La muse de la poésie n'avait pas été sa marraine.

La Grange-Chancel, comme Campistron, reçut les conseils de Racine, auquel sa protectrice, madame de Conti, l'avait présenté. Sa première tragédie, *Adherbal,* roi de Numidie, est une véritable tragédie d'écolier. Si Racine n'avait pas été bon courtisan, il ne se serait probablement pas intéressé à ce début de La Grange-Chancel. Le meilleur ouvrage de Lagrange-Chancel fut *Amasis.* Il fit aussi une tragédie d'*Alceste* qui n'eut pas de succès. La Grange-Chancel prétend que Racine avait voulu traiter ce sujet, et qu'avant sa mort il jeta au feu plusieurs fragments d'une tragédie commencée par lui sous ce titre.

Dans la préface d'*Adherbal*, l'auteur parle de quelques pièces contemporaines; il jette une sorte de lumière sur un point assez obscur de notre théâtre, l'époque à laquelle a commencé l'influence de la littérature anglaise. Nous avons vu les développements des imitations espagnoles et italiennes. La Grange-Chancel donne une date à l'invasion du système anglais. Il parle en ces termes de quelques auteurs ses contemporains : « Ils voulaient transporter au » théâtre anglais, si toutefois on peut donner ce nom à des pièces » qui n'ont ni règle ni conduite, la prééminence que nous avons » dans ce genre d'écrire sur toutes les nations de l'Europe. » Voltaire donnera bientôt quelque crédit au théâtre anglais, tout en le méprisant après lui avoir fait des emprunts. Enfin viendra le bon Ducis, qui essaiera de faire connaître Shakspeare; et, à travers ses pâles contrefaçons, on sentira vivre le génie de ce grand poète. Les hardies philippiques de La Grange-Chancel contre le Régent sont ses plus beaux titres littéraires.

L'auteur de *Manlius capitolinus*, Lafosse, aida à propager l'imitation du théâtre anglais sans avoir indiqué la source où il avait pris sa tragédie, mais elle fut bientôt découverte. Lafosse avait appliqué à l'histoire romaine les principales situations de la *Venise sauvée* d'Otway, qui du reste avait composé sa pièce comme La Grange-Chancel, d'après l'ouvrage de l'abbé Saint-Réal, sur les conjurations de Venise. Mais on regrette dans la pièce de Lafosse l'absence de la passion vénitienne dont la gravité romaine n'aurait pu s'accommoder. La tragédie de *Manlius* est restée au théâtre ; elle est écrite avec plus de nerf et de vigueur que celles des Pradon, des Campistron, des La Grange-Chancel et des Péchantré. Les caractères sont bien tracés; le rôle de Manlius, lorsqu'il sera joué par un acteur de mérite, produira toujours un grand effet.

Antoine Lafosse avait commencé sa carrière littéraire, qui le croirait? par un discours en langue italienne, sur cette question : « Quels yeux sont les plus beaux des bleus ou des noirs? » L'auteur concluait en faveur des yeux bleus ou noirs qui voudraient bien le regarder avec amour. Cela est galant. Lafosse était digne de traduire les odes d'Anacréon, ce qu'il fit. C'était un homme du reste d'une vaste érudition.

Deux femmes, mademoiselle Desjardins et mademoiselle Bernard, s'acquirent au théâtre une grande réputation. Mademoiselle Desjardins d'abord, et long-temps même avant l'apparition de mademoiselle Bernard, fit représenter une tragédie de *Torquatus*, dans laquelle on se plut à reconnaître quelque mérite. Mademoiselle Desjardins est plus connue sous le nom de madame de Ville-Dieu. Mademoiselle Desjardins s'était enfuie de bonne heure de chez ses parents, pour mettre fin à une aventure galante. Elle continua de mener une vie peu réservée; il lui arriva même des choses singulières : elle épousa deux hommes déjà mariés. Dans l'intervalle qui séparа les deux mariages, elle tâcha de se faire religieuse; mais on ne voulut pas la garder dans le couvent où elle s'était retirée. Elle a laissé deux autres pièces. Cette femme mourut jeune encore par suite de ses excès. Elle s'était accoutumée à puiser ses inspirations ailleurs que dans la célèbre fontaine des Neuf Sœurs. L'eau-de-vie la tua.

Mademoiselle Bernard eut une conduite beaucoup plus sage; mais son talent ne fut pas de beaucoup supérieur à celui de madame de Ville-Dieu. Sa tragédie de *Brutus* lui fit néanmoins beaucoup d'honneur. Deux nouvelles, *Eléonor* et *le comte d'Amboise*, lui valurent aussi les suffrages les plus flatteurs. Le premier de ses ouvrages dramatiques avait été une *Laodamie*, reine d'Épire. Elle cessa bientôt de travailler pour la scène, parce qu'après avoir abjuré la religion réformée, dans laquelle elle était née, elle crut que le théâtre était contraire à son salut.

Une demoiselle Barbier travailla aussi pour la scène, de concert avec l'abbé Pellegrin : ce bon abbé

Qui dînait de l'autel et soupait du théâtre.

*Arie et Pétus*, *Cornélie*, mère des Gracques, furent le résultat de cette association. Une autre dame, madame Gomès, essaya encore de se faire applaudir au théâtre; elle n'y réussit pas.

La tragédie avait besoin de sortir de cette torpeur. Un auteur plus énergique vint enfin secouer sa léthargie et la retirer demi-morte de la tombe; ce fut Crébillon.

On est habitué à regarder Crébillon comme un poète tout à fait sombre et terrible; cependant il n'a pas porté au delà de toute expression l'atrocité du genre tragique. Corneille a été plus loin dans *Rodogune*; et si on voulait examiner de près Crébillon, on reconnaîtrait qu'il a tempéré, autant qu'il a pu, par des madrigaux, le génie de l'antiquité. Élevé à l'école de Racine, il a mis de l'amour partout : et quel amour! un amour fade et musqué, et d'autant plus insipide qu'il est mêlé à de lugubres conceptions. Crébillon, il en est convenu vingt fois lui-même, adoucissait le sujet que son imagination dramatique lui présentait, et essayait de l'accommoder aux préjugés et aux mœurs de son temps. Il n'y avait rien du novateur chez Crébillon; il s'est servi du procédé de Corneille et de Racine sans y rien changer. On remarque seulement, dans quelques-unes de ses œuvres, une fermeté d'idées et de style qui a marqué ses productions d'un cachet particulier.

L'exposition de la tragédie d'*Idoménée* saisit l'esprit par une sorte de grandeur. Idoménée, ballotté par une tempête affreuse, a fait vœu de sacrifier à Neptune la première personne qu'il rencontrera sur le rivage si ce dieu le laisse enfin aborder dans sa patrie. Neptune l'exauce d'une façon cruelle; c'est son fils qu'il aperçoit en mettant le pied sur le bord. Voilà certes un élément tragique. Pourquoi Crébillon vient-il tout gâter en compliquant cette situation d'une rivalité d'amour entre le père et le fils, rivalité beaucoup trop ingénieuse! Crébillon prenait à tâche de justifier le jugement que les jésuites avaient porté de lui dans son enfance : *Puer ingeniosus.* Il est vrai que les jésuites avaient ajouté : *sed insignis nebulo.* Le *nebulo* ne saurait s'appliquer aux mœurs de Crébillon, qui furent d'une simplicité patriarcale. Mais bien des gens firent rejaillir sur lui l'impression que son genre théâtral produisit sur la société moqueuse et frivole du XVIII^e^ siècle. On le regardait comme un « homme noir, avec qui il ne faisait pas sûr de vivre, » après qu'il eut fait paraître sa tragédie d'*Atrée et Thyeste.*

Quand on compare son *Atrée et Thyeste* avec la pièce que Sénèque a composée sur le même sujet, Crébillon n'est plus qu'un poète à l'eau-rose. Sénèque a poussé l'horreur à son plus haut degré. Il commence par évoquer Tantale, l'aïeul des Atrides. Mégère le conduit au seuil du palais d'Atrée, afin qu'elle y répande la contagion de son funeste exemple. Quelle boisson Mégère veut-elle offrir à cet homme dévoré par une éternelle soif? Le sang de ses petits-fils! Tantale recule d'effroi. « Qu'on me ramène à mes étangs, à » mes eaux fugitives, à ces arbres pleins de fruits que mes lèvres » ne peuvent toucher, » s'écrie le malheureux. A ce tableau, tracé avec une âpre et forte touche, en succèdent d'autres non moins épouvantables. Atrée, après avoir égorgé lui-même ses neveux, non-seulement fait verser leur sang dans la coupe de ses frères qu'il ose présenter à son frère Thyeste comme gage de réconciliation, mais il fait servir encore sur la table leurs membres palpitants; mets impie déguisé avec art. Ce n'est pas assez : Atrée jette aux pieds du nouveau Saturne les têtes de ses enfants. On entend l'infortuné Thyeste s'écrier : « Je vois les têtes de mes fils; je vois » leurs mains coupées, leurs ossements brisés. C'est tout ce que » leur père avide n'a pu dévorer. Le reste s'agite dans mes en» trailles. O ciel! ces victimes que le crime a cachées dans mon » sein luttent pour en sortir, pour se frayer un passage. »

Crébillon s'est bien gardé d'employer ces images saisissantes; il en a atténué l'effet même dans ce vers :

Reconnais-tu ce sang? — Je reconnais mon frère.

Le vers latin est plus expressif encore :

(Atrée.) *Venere : natos ecquid agnoscis tuos?*

(Thyeste.) *Agnosco fratrem.*

Crébillon a laissé aussi de côté beaucoup de maximes sinistres que la corruption de la cour des empereurs inspirait sans doute à la muse hardie de Sénèque. Telle est celle-ci : « Quand personne » n'apprendrait à mes enfants tous les détours de la ruse et du » crime, le trône les leur enseignera. Crains-tu qu'ils ne deviennent pas méchants? Ils sont nés pour l'être. » Mais le plus grand tort de Crébillon c'est d'avoir imaginé un fâcheux amour entre Philistène, l'enfant de Thyeste, qui se croit le fils d'Atrée, et Théodamie, fille aussi de Thyeste.

Crébillon était si *peu noir* qu'il plaisantait volontiers, et qu'il écrivait des préfaces qu'on pourrait attribuer à la plume peu réservée de son fils. En parlant de son Atrée, à qui Thyeste a enlevé autrefois sa femme, Crébillon fait cette réflexion : « Enfin, je n'aurais jamais cru que dans un pays où il y a tant de maris maltraités Atrée eût eu si peu de partisans. » On voit que Crébillon se déridait aisément.

C'est surtout dans son *Électre* que cet auteur s'éloigna de l'antiquité. Trois grands tragiques avaient traité ce sujet chez les Grecs, Sophocle, Euripide, Eschyle. La pièce de Sophocle est un chef-d'œuvre. La reconnaissance d'Oreste et d'Électre a toujours été regardée comme un des plus beaux passages du poète grec. Le caractère de l'inflexible Électre est tracé avec une rare vigueur. On frémit de voir à quel excès de haine elle se porte contre Clytemnestre sa mère; mais la force de ses expressions en impose : on finit presque par partager son ressentiment. Le dénoûment est terrible. Oreste, excité par sa sœur, immole Clytemnestre; et lorsqu'Égisthe paraît et croit trouver le corps d'Oreste, c'est celui de la perfide épouse d'Agamemnon qu'on découvre à sa vue : il comprend alors le sort qui l'attend. Chez Euripide, l'ordre de ces cruels sacrifices est interverti ; c'est Égisthe qui succombe le premier. Les caractères ont aussi moins d'énergie. Oreste et Électre ne sont pas inaccessibles à la pitié. Eschyle, dans *les Coéphores*, a montré Oreste en proie aux Furies après le meurtre de sa mère. Crébillon, voulant rivaliser avec ces maîtres, a prétendu faire une Électre qui fût la sienne, comme il le dit, une Électre française; il a rendu la fille d'Agamemnon amoureuse d'un fils d'Égisthe. Cette intrigue est insupportable non-seulement pour ceux qui ont la connaissance de l'antiquité, mais pour tout lecteur de goût et de sens. Comment tolérer Électre disant :

> Le vertueux Itys à travers ma douleur
> N'en a pas moins trouvé le chemin de mon cœur !

Ce fut dans *Rhadamiste et Zénobie* que Crébillon donna de véritables preuves d'invention et de génie tragique. Il y a bien encore un amour voisin du ridicule, l'amour d'Arsame, frère de Rhadamiste, pour Zénobie; mais la dignité de Zénobie la rend digne des héroïnes de Corneille. Crébillon a cru rehausser la constance de Zénobie en la faisant lutter contre un amour nouveau : il se trompe; toute femme qui lutte avec elle-même est vaincue à demi. Le caractère de Rhadamiste et celui de Pharasmane ont des traits d'une âpreté sublime. Le style, que Voltaire a trop cherché à rabaisser, est empreint d'une grande fermeté. C'est le meilleur ouvrage de Crébillon. Nous n'analyserons pas *Xerxès*, *Sémiramis*, *Pyrrhus*, *Catilina*, *le Triumvirat*, qui n'offrent aucun intérêt d'art, pâles épreuves tirées du moule de Racine. Il est à regretter que nous n'ayons pas eu le *Cromwell* commencé par Crébillon, et qu'il interrompit sur l'ordre de l'autorité; ce qui augmenta l'aversion qu'il avait pour tout esclavage, quoi qu'il ait été censeur. Crébillon vivait fort retiré, au milieu d'une ménagerie de chiens et de chats; et il passait sa vie à créer dans son fauteuil des plans de tragédies ou de romans, auxquels il prenait beaucoup de plaisir, et qu'il oubliait ensuite. On raconte que quelqu'un entrant brusquement chez lui un jour, Crébillon s'écria : « Ne me troublez » pas, je suis dans un moment intéressant; je vais faire pendre un » ministre fripon, et chasser un ministre imbécile. » Ce rêve, assurément, méritait des égards.

Lamotte débuta au théâtre par *la Matrone d'Éphèse*, comédie en un acte et en prose. Il donna ensuite *les Machabées*, qui furent loués outre mesure par *le Mercure de France*; ce journal alla même jusqu'à dire que les trois premiers actes devaient être de Racine. Enfin, la tragédie d'*Inès de Castro* lui valut un grand succès.

L'histoire d'Inès de Castro est un des plus touchants sujets qu'on ait pu mettre à la scène, Lamotte s'en empara. On sait que la belle et tendre Inès paya de sa vie l'honneur d'avoir été aimée par le fils d'un roi. Don Alfonse la fit mourir pendant que l'infant don Pedro était à la chasse. Grande fut la douleur de celui-ci! « Si » quelqu'un, s'écrie un chroniqueur portugais, dit que beaucoup » ont existé qui ont aimé autant et plus que don Pedro, telles que » Ariane et Didon, et autres que nous ne nommons pas, nous ré-

» pondrons que nous ne parlons pas d'unions imaginaires, lesquelles » certains auteurs, bien fournis d'éloquence et fleuris en beaux » discours, ont rapportées selon leur fantaisie. » Lorsque don Pedro monta sur le trône, il se rappela la malheureuse Inès; il fit élever un monument à sa mémoire, et sur la pierre du tombeau il voulut qu'on plaçât l'image de sa bien-aimée avec la couronne sur la tête. Il fit de plus porter le corps d'Inès dans le monastère d'Alcobaça, qui était à une distance de dix-sept lieues. Le convoi, composé d'une suite nombreuse de nobles dames, de damoiselles, de chevaliers, et de gens d'église, passa au milieu de torches enflammées tenues sur la route. Quant aux meurtriers qui avaient guidé son père Alphonse à commettre le crime, il les fit cruellement périr.

Triste et cruelle histoire que celle d'Inès de Castro et du roi don Pedro ! Il n'en est pas de plus mélancolique ni de plus fatale. Elle méritait l'honneur que lui a fait le Camoëns en la chantant. Les auteurs dramatiques n'ont pas manqué de s'en emparer, mais aucun n'a su en tirer parti. Il faudrait un Shakspeare. Quel admirable pendant aux amours de Juliette et de Roméo ! Lamotte, homme d'esprit, mais pauvre versificateur, a glacé par son style un sujet si dramatique.

Le roi Pedro a consacré, assure-t-on, ces vers à la mémoire d'Inès :

« Celui qui vous a tuée, madame, a besoin de la protection puis» sante du sort et des astres, puisqu'il n'a pas craint de nous causer » tant de tristesse et tant de douleur à vous et à moi.

» Et puisque je n'ai pu arriver pour empêcher votre triste fin, je » vous reçois, ma vie, comme maîtresse et comme reine de ces » royaumes et de moi.

» Ces blessures mortelles qu'on vous a faites à cause de moi, elles » n'ont point terminé une seule vie, elles en ont frappé deux :

» La vôtre, qui ne fut point coupable, est déjà achevée; et la » mienne, qui demeure encore, sera pour jamais remplie de l'an» goisse des tristes souvenirs.

» O cruauté affreuse ! injustice énorme ! vit-on jamais dans les » Espagnes une mort si cruelle et si triste !

» On citera comme une merveille la sincérité de mon cœur. Puis» que vous êtes morte de cette manière, je serai la tourterelle qui » est veuve de sa compagne.

» Soyez en repos, madame, puisque je vous reste en ce monde ; » votre mort, si je vis, sera bien vengée, c'est pour cela que je veux » vivre. Si ce n'était pas ainsi, il vaudrait mieux, madame, mourir » tout de suite avec vous.

» Qu'est-ce que j'ai? Où me suis-je ensanglanté, madame? Je » vous ai donné la mort et vous me l'avez donnée. Sang de mon » cœur, cœur qui m'appartenait et que l'on a frappé, qu'est-ce qui » a pu vous déchirer sans raison? A celui-là, je lui arracherai le » sien! »

Don Pedro ne manqua pas à son serment.

La tragédie de Lamotte, malgré la faiblesse du style, eut une immense réussite, due à des situations pathétiques et vraisemblables. On cite un mot spirituel de Voltaire au sujet de cette tragédie : « Il faudra que je mette votre *Œdipe* en prose, » dit un jour Lamotte à Voltaire. — « Faites cela, je mettrai votre *Inès* en vers, » répondit son malin interlocuteur. Lamotte a composé un grand nombre d'opéras et de ballets.

Jusqu'ici il nous a été impossible de nous occuper de la querelle des *anciens* et des *modernes* que Desmarets de Saint-Sorlin, Fontenelle et Perrault avaient engagée dans le siècle précédent. Cette réaction était nécessaire ; il fallait un contrepoids à cette manie d'imitation qui emportait les meilleurs esprits. Perrault ayant affaire à de rudes jouteurs, Racine et Boileau, prit la question de fort haut ; mais Perrault fut battu par Boileau, et cependant Perrault avait bien un peu raison.

Perrault prétend que la sphère des connaissances va toujours en s'élargissant, et que le passé profite à l'avenir ; de même que le vieillard a plus d'expérience que l'enfant. Il en conclut que dans un état normal, c'est-à-dire lorsque des invasions barbares qui arrêtent la civilisation n'étouffent pas nos facultés, nous devons valoir au moins les anciens. S'ils ont eu l'invention dans certains arts ; en y apportant le perfectionnement naturel qui suit la marche des choses, nous les égalons et même nous les surpassons. Cette manière de procéder est pleine de sagacité.

Si Racine et Boileau avaient été placés comme ils devaient l'être parmi les premiers des modernes, si Perrault n'avait eu la sottise de mettre au-dessus d'eux les Chapelain, les Cottin, et autres, il ne se serait pas attiré la méchante affaire qu'on lui fit. Racine et Boileau décochèrent contre lui des épigrammes et des couplets. Boileau surtout fut cruel. On voulut les réconcilier plus tard. On les réconcilia en effet, mais il fallut du temps. Boileau prétendait ne pas s'engager à estimer les œuvres de Perrault. Celui-ci exigeait, au dire de Boileau, une admiration complète. Racine et l'abbé Tallemant ne purent faire entendre raison à Perrault. Boileau raconte cette aventure d'une manière très-plaisante dans une lettre à Antoine Arnauld, qui se mêla de la négociation : « Pour tout ce

» qui regarde l'estime qu'il veut que je fasse de ses écrits, je vous » prie, monsieur, d'examiner ce que je puis faire là-dessus. Voici » une liste des principaux ouvrages qu'on veut que j'admire; je » suis fort trompé si vous en avez jamais lu aucun :

» Le conte de *Peau d'âne* et l'histoire de *la Femme au nez de* » *boudin*, mis en vers par M. Perrault de l'Académie française.

» *La Métamorphose d'Oronte en miroir.*

» *L'Amour Godenot.*

» *Le Labyrinthe de Versailles*, ou les maximes d'amour et de ga- » lanterie tirées des *Fables d'Esope.*

» *Élégie à Iris.*

» *La Procession de Sainte-Geneviève.*

» *Parallèle des Anciens et des Modernes*, où l'on voit la poésie » portée à son plus haut point de perfection dans les opéras de » M. Quinault.

» *Saint-Paulin*, poème héroïque.

» *Réflexions sur Pindare*, où l'on enseigne l'art de ne point en- » tendre ce grand poète.

» Je ris, monsieur, en vous écrivant cette liste, et crois que vous » aurez de la peine à vous empêcher de rire aussi en la lisant. »

Telle était la guerre d'escarmouches que faisait Boileau sans entrer au fond de la question.

Les arguments de Perrault tombèrent dans l'obscurité jusqu'à ce que Lamotte s'avisât de les en retirer. Lamotte se leva comme un nouveau champion des modernes. Il avait fait une traduction de l'*Iliade* qui méritait peu d'estime; et, non content d'avoir estropié Homère, il se mit à l'attaquer. Cela était peu généreux. C'était assez de l'avoir traduit comme il l'avait fait. Lamotte avait de l'esprit; il professait une certaine indépendance d'opinions. Il faut en juger plutôt par ses préfaces et ses discours que par ses œuvres. Il fit la guerre aux unités; il attaqua les confidents, les monologues; il plaida pour la liberté de l'art; et c'est là le contingent le plus remarquable qu'il ait apporté à la littérature. Ses idées furent édifiées plus tard par de meilleurs ouvriers que lui. Lamotte réclama aussi la tragédie en prose, il protesta contre les vers; mais le malheur voulut pour sa doctrine que la manière dont il fit les vers vint gâter sa protestation. On pouvait lui appliquer la fable du *Renard et les Raisins*. Exceptons toutefois ses odes anacréontiques, où l'on rencontre des vers fort ingénieux et fort bien exprimés. Quant à la moralité du théâtre, Lamotte ne lui en reconnaissait pas d'autre que d'intéresser ou d'amuser le spectateur. Il n'était pas en cela dans le système français.

Ce fut madame Dacier qui releva le gant jeté à l'antiquité par Lamotte. Madame Dacier était du pays. Elle eut le tort de s'emporter, et de laisser à Lamotte le beau côté de la politesse et de la modération. Fontenelle a raconté cette querelle dans un style fort précieux : « On vit paraître dans la lice, dit-il, d'un côté le » *savoir*, sous la figure d'une dame illustre; et de l'autre l'*esprit:* » je ne veux pas dire la raison; car je ne prétends pas toucher au » fond de la dispute, mais seulement à la manière dont elle fut » traitée. En vain le *savoir* voulut se contraindre à quelques de- » hors de modération dont notre siècle impose la nécessité; il re- » tomba malgré lui dans son ancien style, en laissant échapper de » la chaleur et de l'emportement. L'*esprit*, au contraire, fut doux, » modeste, même enjoué, toujours respectueux pour le véritable » *savoir*, et plus encore pour celle qui le représentait. »

Une dame, dont nous ignorons le nom, avait mieux jugé la question que madame Dacier ne l'a fait. Long-temps auparavant, elle écrivait à Boursault : « Vous ne trouvez en votre chemin que des » Grecs et des Romains, encore sont-ils tout défigurés depuis que » Corneille et Racine ne les font plus parler. Il semble que les au- » teurs qui ne peuvent faire tenir le même langage à leurs héros » feraient mieux de les choisir dans un pays où on ne les ait pas » tous mis en œuvre; et un grand homme de notre France dont la » vie serait pleine de belles actions, et qu'on ferait parler comme » naturellement les honnêtes gens y parlent, ferait pour le moins » autant de plaisir à voir que des héros dont les noms paraissent » tout usés à force de les entendre répéter. »

Le principal mérite de Lamotte consiste dans son opposition à cet Aristote qui veut dans un poëme dramatique six précieuses qualités : le *sujet*, les *mœurs*, les *sentiments*, la *diction*, la *musique*, la *décoration*, et que tout cela soit enfermé dans un *même lieu*, et dans le *tour d'un soleil;* entraves que nos grands auteurs ont subies. Chose singulière! des hommes d'une portée d'esprit plus juste, mais d'une valeur moins brillante, ont en vain essayé de ramener, à diverses époques, l'esprit de la nation à ses origines.

On a vu du reste Corneille lutter autant qu'il a pu contre les règles sévères qui privent notre théâtre de mouvement et d'action, et l'on trouve à tout instant dans Molière d'excellentes plaisanteries sur Aristote. Ces grands esprits ne se pliaient qu'avec peine aux exigences des petits esprits de leur temps; et, tout en voulant donner plus de régularité au théâtre, ils réclamaient un peu de liberté. Molière, qui n'avait à gouverner que des intérieurs de famille, et qui est resté de son temps avant tout, s'accommoda de certaines entraves que Corneille, aux prises avec les événements de l'histoire, ne pouvait supporter patiemment. Les unités le rendaient le plus malheureux des hommes; il ne cessa de les combattre, quoiqu'il leur cédât quelquefois de peur de s'attirer les critiques des d'Aubignac. Racine, qui fit de la tragédie pour la cour de Louis XIV, et qui excellait dans les tours de force, se trouva moins gêné que ses prédécesseurs, et, son style admirable aidant, se tira très-heureusement d'affaire. Après ces hommes de génie, qui ont été complets selon leur siècle, on ne rencontre plus, jusqu'à Voltaire, que des calques sans vie. Voltaire imita lui-même Corneille et Racine, mais en esprit vaste, original, puissant. Voltaire était trop mêlé à la vie de son époque pour ne pas jeter des idées neuves et brûlantes dans le vieux et froid moule de la tragédie, au risque de le faire éclater. C'est ce qui arriva. L'action, la philosophie débordèrent à la fois sur la scène; et il ne manqua à Voltaire, pour être au théâtre l'égal de Corneille et de Racine, que la force et la netteté de l'expression, qu'il aurait eues si dans son immense activité il n'avait voulu effleurer toutes les connaissances humaines.

---

## CHAPITRE TREIZIÈME.

### JEAN-BAPTISTE ROUSSEAU, LEGRAND, LESAGE, DESTOUCHES, MARIVAUX. D'ALLAINVAL, PIRON, LACHAUSSÉE.

Dancourt et Regnard avaient maintenu la comédie à une certaine hauteur. Elle ne dégénéra pas dans les mains de leurs successeurs; mais ce ne fut pas Jean-Baptiste Rousseau qui la soutint. Cet auteur, qui a acquis une grande réputation dans l'ode, ne réussit pas au théâtre. *Le Café*, *le Flatteur*, *le Capricieux* ne possèdent qu'un mérite d'expression, l'intrigue en est tout à fait nulle. Rousseau entendait mieux l'épigramme, qui fit ses malheurs. On sait que Rousseau fut banni de France sur le soupçon d'avoir diffamé, par des couplets satiriques, une partie de ses confrères, et même de ses amis. Le cœur, qui ne se fait guère sentir dans les odes du poète, n'était pas non plus une des qualités de l'homme : Rousseau commença par renier presque son père, ancien maître cordonnier. On ne tarda pas à le faire rougir de sa conduite : Lamotte, moins glacé que de coutume (la haine l'échauffait en ce moment), adressa à Rousseau une ode dans laquelle se trouve cette strophe cruelle :

> Que j'aime à voir le sage Horace
> Satisfait, content de sa race,
> Quoique du rang des affranchis!
> Mais je ne vois qu'avec colère
> Le fils tremblant au nom du père
> Qui n'a de tache que ce fils.

Dès cette époque la société se révolta contre l'ingratitude de Rousseau. La démocratie pénétrait déjà dans le monde et détrônait une aristocratie dédaigneuse et méprisante. Le moment allait venir où d'Alembert répondrait à une grande dame qui voulait le reconnaître pour son enfant : « Je suis le fils de la marchande de pommes du coin ; c'est elle qui m'a élevé. » La nature, mot dont la littérature du XVIIIe siècle devait abuser, reprenait ses droits.

Legrand, auteur et comédien, a laissé plusieurs comédies amusantes, et son *Roi de Cocagne* est une folie de carnaval fort réjouissante et une parodie très-philosophique de la royauté absolue. Jamais les abus d'un pouvoir sans contrôle, confié à des mains quelquefois incapables, n'ont été ridiculisés avec plus de verve et d'esprit. Il faut voir le roi de Cocagne dans sa démence, et même dans sa raison, qui ne vaut guère mieux, administrer son charmant pays en compagnie de ses ministres Bombance et Ripaille. Vous avez là une monarchie peu tempérée dont l'histoire a offert plus d'un modèle. Une bague magique, empruntée à Rotrou, qui l'avait empruntée à Lope de Vega, jette tour à tour dans la folie les personnes qui la mettent au doigt et donne lieu à des scènes très-plaisantes où le vrai comique se rencontre par moments à côté du burlesque. La scène du paysan que le roi revêt de ses habits et place sur son trône, et qui prend sa royauté au sérieux, est de fort bon aloi.

Legrand, dans une pièce intitulée *les Fourberies de Cartouche*, a osé transporter l'argot des voleurs sur le théâtre français. Son *Galant coureur* semble le scenario des *Jeux de l'amour et du hasard* de Marivaux. Dans sa carrière d'acteur il eut plus d'une fois l'occasion d'éprouver la mauvaise humeur du public lorsqu'on entre en conversation réglée avec lui. C'était assez son habitude ; et parfois pourtant il réussissait, au moyen de quelque plaisanterie, à faire pardonner ce que sa taille courte, son embonpoint et son large visage avaient de peu gracieux, surtout dans l'emploi des rois. Un jour il s'aventura jusqu'à dire : « Messieurs, il vous est plus facile de vous faire à ma figure qu'à moi d'en changer. » On s'y accoutuma en effet.

On cite sur son compte une autre anecdote assez plaisante. Les grands acteurs de la troupe étaient allés jouer à Versailles; le reste, dont il faisait partie, était resté à Paris. On donnait *Mithridate*. Le parterre, en voyant jouer les doublures, et dans son droit parce qu'il n'avait pas été prévenu, se mit à siffler vigoureusement. La recette était considérable; les comédiens craignaient que les spectateurs ne réclamassent leur argent. Legrand dit à ses confrères : « Laissez-moi faire, je m'en vais parler au public. » Il se présenta en effet et tint ce discours : « Messieurs, mademoiselle Dubois, MM. Beaubourg, Ponteuil, Baron ont été obligés d'aller jouer à la cour; nous sommes au désespoir. J'ai entendu vos plaintes, je suis fâché que mes camarades les excitent; mais que direz-vous donc quand vous saurez que moi, moi qui ai l'honneur de vous parler, je dois remplir le rôle de Mithridate! » La recette fut sauvée. Le parterre, désarmé, laissa jouer la pièce. Legrand naquit le jour où Molière mourut; mais ce n'est pas lui qui fut son héritier. Si un auteur a quelques droits à ce titre, c'est Lesage, qui s'est rapproché de lui par un style vif et piquant, par un esprit satirique et profond.

On a reproché de mauvaises mœurs aux pièces de Lesage; mais Lesage a peint celles qu'il avait sous les yeux, et n'a inventé que les ressorts de ses ouvrages. Ce ne sont pas des romans que ses pièces, c'est un miroir où se reflètent les caprices du jour, les ridicules du siècle, les vices éternels du cœur humain. Il est arrivé à la morale non par la déclamation, mais par la représentation du vice dans sa nudité. Lesage avait le rire d'Asmodée sur les lèvres, rire comprimé qui n'éclatait jamais dans ses œuvres. La raillerie est incisive chez lui comme chez Molière; elle n'est pas folle comme chez Dancourt et Regnard. Tout mot porte dans son langage précis. Est-il donc besoin que les personnages d'une pièce soient vertueux pour qu'elle produise un effet utile et moral? Faut-il absolument que le crime soit puni à la fin, et la vertu récompensée? Croit-on que le tableau du vice heureux n'est pas capable de dégoûter les honnêtes gens, et qu'il y ait des bonheurs dans la vie qu'ils seraient tentés d'acheter au prix de leur conscience? Est-ce que la crainte de tomber dans le ridicule et le mépris où l'on voit certaines gens ne suffirait pas à la rigueur pour retenir les natures équivoques?

Lesage débuta à la Comédie-Française par une pièce en cinq actes en prose, intitulée *le Point d'honneur*. Elle n'eut que deux représentations. *Don César Ursin*, autre pièce en cinq actes, ne fut jouée que six fois. Lesage n'était pas heureux. Il ne se découragea pas, et *Crispin rival de son maître* obtint un brillant succès. Cette comédie en un acte est un digne prélude à *Turcaret*. Vivacité d'intrigue, fermeté de style, vérité des caractères, voilà les qualités qui distinguent cette petite pièce, bâtie, comme un si grand nombre d'autres du temps, sur la friponnerie de deux valets, mais qui a su s'élever au-dessus de ce thème banal par une grande franchise comique.

Labranche et Crispin, deux fripons de première volée, se rencontrent, se reconnaissent et s'embrassent. Ils se font part de leurs aventures. Ils ont eu le malheur de se brouiller avec la justice, ils ont juré d'être désormais honnêtes gens; mais, malgré les excellents principes auxquels paraissent revenus les deux maîtres fourbes, il s'offre à leur esprit une entreprise hardie, dont ils peuvent retirer d'assez grands bénéfices. Labranche vient pour dégager M. Oronte, bourgeois de Paris, de la parole qu'il avait donnée au père de Damis, au sujet d'un mariage projeté entre leurs enfants. Ce Damis a épousé secrètement une jeune personne de Chartres. Crispin propose à son illustre ami de faire le personnage de Damis, ils escamoteront la dot et prendront le chemin de Flandres. La proposition est vaillamment acceptée. Labranche n'est pas homme à reculer en dépit des persécutions de la justice, qui agit si mal à son égard. Les habits avaient été commandés par le père de Damis, pour l'union qu'il méditait. Crispin s'en revêt et se présente audacieusement chez Oronte en réclamant la belle fiancée dont le cœur est donné à Valère, et qui d'ailleurs se scandalise un peu des manières étranges de son futur mari. Tous les mensonges de Labranche et de Crispin pour en venir à leur but, le caractère incertain de madame Oronte, l'arrivée du père de Damis, qui, trouvant plus honnête de venir lui-même expliquer à son vieil ami l'aventure de son fils, est parti peu de temps après Labranche, le dialogue surtout, toujours plaisant, produisent une franche hilarité.

Crispin et Labranche sont très-proches parents de ce Frontin dont le règne commence quand celui de Turcaret finit, et qui s'enrichit des dépouilles de tout le monde. La friponnerie était descendue du maître au valet, et les chevaliers tricheurs au jeu, ou qui comptaient pour revenus les rentes de leurs maîtresses, avaient amenés la dépravation des classes inférieures: tant il est vrai que la corruption vient presque toujours du riche, et que le vice est enfanté par le luxe et l'oisiveté! Quand on assiste à la représentation des pièces de Lesage et de Dancourt, on comprend que le monde qu'ils peignent ne pouvait pas durer et la révolution française est expliquée d'avance.

La comédie de *Turcaret* est restée et restera comme une sanglante satire de mœurs et un chef-d'œuvre d'intrigue et de vivacité comique. Cette pièce, donnée pendant le rigoureux hiver de 1709, consola en quelque sorte la misère publique.

Quel vivant portrait que celui de ce Turcaret, cet odieux exacteur des deniers publics, riche des écus du peuple qu'il prodigue à une maîtresse dont il est dupe! Les traitants les plus effrontés rougirent à la représentation de cette pièce; et bien qu'ils ne fussent pas tous aussi niais que Turcaret, ils ne se relevèrent pas du coup. Ce qui les humilia le plus, c'est qu'on les força bientôt à rendre gorge, et ces sangsues dégonflées inspirèrent du dégoût à tout le monde. La considération qui ne s'appuie que sur l'or tombe avec la fortune, et le misérable qui en était revêtu n'offre plus alors qu'une honteuse nudité....

Les Turcarets ont été depuis agioteurs, fournisseurs, munitionnaires, et leur caractère est loin d'avoir disparu. Ils sont éternels, comme Tartufe. De même qu'il y aura toujours des hypocrites de religion, d'honneur, de patriotisme, de même on rencontrera en tout temps de francs scélérats, âmes damnées des gouvernements, qui s'interposeront entre eux et le peuple pour le piller et s'engraisser de ses sueurs! Ce malheureux côté de la nature humaine assure à la pièce de Lesage un éternel à propos. Peut-être même a-t-il puisé chez Molière l'idée de son Turcaret. M. Harpin, receveur des tailles, et amoureux de la comtesse d'Escarbagnas, était un fort bon modèle. Nous aimons mieux penser néanmoins que Lesage a pris un portrait d'après nature. C'est bien assez qu'on ait voulu lui disputer *Gil Blas*, cette autre magnifique comédie humaine, dans laquelle, il est vrai, les règles d'Aristote ne sont pas observées.

Ce sont les désagrements éprouvés par la représentation de *Turcaret* qui nous ont valu *Gil Blas*. Nous n'avons pas le droit de nous plaindre; et cependant quel dommage qu'un homme doué d'un style si vif, si pénétrant, d'une imagination si ingénieuse, n'ait pas continué sa carrière sur le Théâtre-Français! N'est-il pas douloureux de se rappeler que vingt-cinq années de sa vie ont été consacrées au théâtre de la Foire, parce que le despotisme et la sottise de messieurs les comédiens du roi avaient rebuté son génie! Lesage a gardé aussi rancune aux comédiens, et, partout où l'occasion s'en est offerte, il les a traités fort mal.

Mais la comédie si joyeuse s'apprêtait à changer d'humeur avec Destouches. Elle fit avec lui un nouveau pas vers le drame, nouveau genre qui devait s'introduire plus tard. Marivaux et Lachaussée la poussèrent encore davantage dans cette voie, où elle se serait abîmée si quelques auteurs, comme d'Allainval et Piron, n'avaient ranimé son ancienne gaieté.

Boileau, le sévère et judicieux aristarque, répondait au jeune Destouches, qui lui demandait conseil sur des vers écrits dans le goût du sonnet d'Oronte : « Comment souffrir qu'un aussi *galant homme* que vous fasse rimer terre avez colère? » Le mot spirituel de Boileau n'outrepasse guère la mesure. Un galant homme en effet accomplit tous ses devoirs, et l'on a presque le droit de ne pas estimer l'écrivain qui, sous prétexte de vous faire entendre des vers, offense le tympan de vos oreilles par les dissonances d'une prose boiteuse, et vous agace les nerfs de manière à influer désagréablement sur votre santé. Ceux-là qui se vouent avec amour à l'exercice d'un art savent combien les choses mal faites irritent, et jusqu'à quel point elles sont insupportables.

Destouches apprit à rimer à l'école de l'auteur des Satires, et bientôt il n'eut plus à réformer que sa vie privée, qui participa un peu des licences de la cour du Régent. Après la mort de Louis XIV, dont la vieillesse glacée imposa à tout ce qui l'entourait une réserve bien éloignée des goûts de son ardente jeunesse, il y eut comme une explosion de plaisirs, comme un débordement de volupté. Le Régent auquel, pour nous servir du langage du temps, on accordait d'*aimables vices*, se mit à la tête de ce mouvement; les roués fleurirent alors ; la sensualité régna ; mais Destouches, malgré sa liaison avec le cardinal Dubois, ne tarda pas à suivre un train de vie plus décent. Il se maria en Angleterre, où il vécut quelques années attaché à l'ambassade de France, et il y prit une gravité diplomatique qu'on retrouve beaucoup trop dans ses comédies.

*Le Curieux impertinent* est la première et une des bonnes comédies de Destouches. Elle est imitée de Cervantès. Léandre, sur le point d'épouser Julie, veut que son ami Damon éprouve sa fiancée par des semblants d'amour, et même en le déclarant infidèle quoiqu'il ne le soit pas. Damon, qui aime réellement Julie, se prête volontiers à ce stratagème. Il arrive que Léandre, pour prix de sa curiosité, se voit quitté par Julie blessée dans sa dignité ; elle ne veut pas se mettre au pouvoir d'un homme si soupçonneux et si jaloux. L'Olive, valet de Léandre et épris de Nérine, suivante de Julie, tente la même épreuve que son maître et reçoit la même leçon. Cette comédie, bien conduite, renferme des scènes plaisantes et bien écrites : on y trouve des vers d'*honnête homme*. Destouches était alors sous l'influence du précepte de Boileau.

*L'Ingrat* est bien loin de valoir *le Curieux impertinent* : c'est une pièce faite à l'imitation du *Tartufe* moins le génie de Molière, et avec cette différence, que l'ingrat se vante hautement de son vice avec son valet, et se rend odieux lui-même. Damis, l'ingrat, manque deux mariages par suite de son détestable caractère, mais il n'en est nullement affligé. Il n'a pas même assez de cœur pour sentir les pertes qu'il fait. La versification est bonne ; on y remarque quelques traits heureux.

Destouches reconnut plus tard le défaut de son ingrat ; ce caractère est haïssable au point que la plupart des comédiens ne voulaient pas se charger du rôle. « Sans ce défaut, que l'on doit toujours éviter dans le caractère dominant d'une comédie, dit-il, celle de *l'Ingrat* serait peut-être la meilleure de mes pièces et la plus aimée du public, car elle est fortement versifiée, assez bien conduite, et très-intéressante ; surtout au quatrième acte, qui est ce que j'ai jamais imaginé de plus adroit et de plus théâtral. » L'auteur perce un peu trop dans cette réflexion.

*L'Irrésolu* n'a guère d'autre mérite que d'avoir produit un vers devenu proverbial. Le héros, que son père pousse vers le mariage, après avoir long-temps hésité entre Julie et Célimène, s'unit à la première, mais en songeant encore à la seconde :

J'aurais mieux fait, je crois, d'épouser Célimène,

dit-il ; et ce vers résume la comédie. Le caractère de l'irrésolu finit par impatienter, il n'offre aucun intérêt ; ce travers semble viser aux petites maisons. Le style est simple et précis. On est fâché de voir Destouches noyer tant de talent dans une longue intrigue sans effets. Le rôle de Pyrrhe, père raisonnable, est fort bien tracé. Il excuse le défaut de son fils autant qu'il peut, parce que ce n'est pas un défaut méprisable ; quand il est poussé à bout, il va même jusqu'à en faire ressortir le beau côté. Il est satisfait de voir son fils amoureux, et il exprime naïvement sa joie en digne père qu'il est.

J'aimais quand j'étais jeune, il faut que mon fils aime.

. . . . . . . . . . . . . . . . .

*Le Médisant* a le même défaut que *l'Irrésolu* ; ce caractère fatigue. Des vers spirituels, des portraits satiriques bien saisis, ne sauvent pas cette pièce de l'uniformité. Elle ressemble à une épître dialoguée. On y trouve quelques traits de mœurs. Destouches se moque de la finance qui achetait des titres de noblesse. Damon, en parlant du père du marquis de Richesource, personnage ridicule, s'écrie :

Il paya la noblesse une assez bonne somme
Pour dire que le titre en était bien acquis.

Damon, à force de médisance, indispose contre lui tout le monde; on le quitte, on le laisse seul, en lui faisant une morale qui ne change pas sa conduite; il continue à médire. Ce dénoûment rappelle celui du *Joueur*, mais la pièce de Destouches est bien éloignée de rivaliser en gaieté avec celle de Regnard. Le comique en est froid.

*Le Triple mariage*, comédie en un acte et en prose, repose sur une donnée heureuse; mais cette comédie, amusante d'ailleurs, est écrite avec peu de convenance. Un père, fort embarrassé de sa fille et de son fils, se marie en secret; il arrive que la fille et le fils ont agi de leur côté comme le père: chacun ayant les mêmes aveux à se faire, personne n'a droit de se fâcher. Destouches, malgré le sérieux de son esprit, n'a pas toujours observé les bienséances. *Le Triple mariage* passe parfois les bornes d'une plaisanterie décente.

Nous en dirons autant de *l'Obstacle imprévu*, comédie en cinq actes et en prose, dans laquelle une jeune fille en deuil depuis un mois, permet à sa suivante des quolibets véritables sur la personne défunte, en affectant elle-même une gaieté extrême; eh bien! cette personne défunte passe pour être sa mère. L'auteur a cru corriger ce qu'il y a de révoltant dans ces railleries en révélant plus tard le secret d'une autre naissance, mais le sentiment du spectateur n'en a pas moins été froissé. *L'Obstacle imprévu* est un imbroglio mélangé de farces, qui serait insoutenable si l'on n'y retrouvait çà et là quelques traits de mœurs. On y remarque une scène grotesque assez plaisante, dans laquelle les Pasquins et les Crispins de la vieille comédie, aussi fanfarons que peu braves, se voient forcés d'en venir aux mains, et de se battre à l'épée, à vingt-cinq pas de distance, à propos de leur maîtresse. Il faut les voir essuyer sérieusement leurs armes après le combat, en s'écriant d'une voix encore tremblante: Il y a assez de sang répandu comme cela!

Dans *le Philosophe marié*, une des pièces les plus sérieuses de Destouches, le manque de convenance se fait encore sentir. Céliante femme au caractère capricieux et léger, se brouille avec son fiancé, Damon, parce que celui-ci ose lui dire qu'elle n'est pas *novice*. La plaisanterie est un peu forte en effet, mais Destouches ne s'arrête pas là. Céliante veut que Damon lui fasse raison de cet outrage. La conversation s'engage ainsi entre eux:

DAMON.

Quoique vous m'appeliez pour vous faire raison,
Je vous laisse le choix du temps, du lieu, des armes;
Mais, comme vous pourriez m'éblouir de vos charmes,

Pour rendre tout égal, ne conviendrez-vous pas
De choisir une nuit pour vider nos débats?
Vous riez?

CÉLIANTE.

Oui, je ris, quoique fort en colère,
Cette saillie est bonne et ne peut me déplaire.

Non assurément cette saillie n'est point bonne; elle est du plus mauvais goût. Destouches a tracé d'après nature ce caractère de Céliante; on prétend qu'il a mis en scène sa belle-sœur. Voici ce qu'il dit à ce sujet dans une lettre au chevalier B*** : « Ma capri-» cieuse du *Philosophe marié* parut d'abord aux comédiens un » caractère outré; mais comme je l'avais copié soigneusement sur » une personne avec qui je vivais depuis long-temps, la vérité de » cette copie frappa tellement les esprits, qu'enfin elle passa et passe » encore pour vraisemblable, en dépit d'Aristote et de ses traduc-» teurs et commentateurs, qui prétendent que souvent le vraisem-» blable ne se trouve pas dans le vrai, et nous défendent de le re-» présenter sur la scène s'il est sujet à cet inconvénient. »

Le philosophe marié et honteux de l'être, qui n'ose déclarer son mariage à personne de peur d'être berné, après avoir déchaîné ses brocards contre les maris, est un philosophe d'un caractère mesquin, que relèvent en vain quelques nobles scènes. Presque tous les héros des comédies de Destouches ont l'air de monomanes sérieux.

Destouches crut devoir faire la critique de son *Philosophe marié*, ce qui prouve qu'elle avait été faite par d'autres. Dans cette apologie, il trace le portrait d'un envieux; et il définit ainsi le genre de comédie qu'il a entrepris de donner au public :

« Une comédie réussit de nos jours, dit Dorante, sans pensées » brillantes, sans mots hasardés, sans phrases nouvelles, sans mé-» taphysique, sans allégories, sans pointes, sans équivoques. Je » n'y survivrai pas. » Destouches évite, il est vrai, une partie de ces défauts, mais la plupart du temps il n'a que des qualités négatives. Séduit par l'idée de composer des pièces de caractère, il tombe dans le genre ennuyeux.

On trouve dans cette critique un trait de mœurs qui prouve que l'influence littéraire commençait à prévaloir sur celle de la noblesse, et que la philosophie pénétrait en dépit de tous dans les classes privilégiées. Les auteurs prenaient le rang qu'ils devaient obtenir. Destouches défend ici dignement sa profession. Araminte s'écrie :

« Je mets au niveau de ce qu'il y a de plus grand un homme de

» lettres qui s'est acquis une grande réputation; et toute femme de » qualité que je suis, je me tiendrais aussi honorée d'être veuve de » Corneille ou de Racine, que de feu M. le comte de *Génie-court.* » Nous sommes déjà loin du siècle de Louis XIV. L'homme de lettres à la cour du Régent allait de pair avec l'homme de cour.

Destouches crut avoir fait sans doute un affront à la philosophie, il voulut la venger; et dans une comédie du *Philosophe amoureux*, il s'arrangea de façon que la philosophie triomphât de l'amour.

*La Fausse Agnès* ou *le Poète campagnard*, comédie en prose, est très-amusante. La gaieté en est quelquefois un peu forcée, mais elle produit toujours de l'effet. C'est une pièce d'intrigue et de caractère à la fois. M. Desmasures, le poète campagnard, offre une plaisante caricature. Lorsqu'il se trouve une actrice intelligente pour jouer le rôle de la fausse Agnès, cette comédie, comme *les Folies amoureuses*, réussit complétement auprès des spectateurs.

Destouches en revint bien vite au genre grave; il donna au théâtre *le Glorieux*, que tous les critiques ont rangé parmi ses bonnes comédies. Cette pièce est faite encore à l'imitation du *Tartufe;* le glorieux ne paraît qu'au deuxième acte, après avoir été longuement annoncé, mais là se borne aussi la ressemblance. Ce glorieux n'est qu'un fou dont un père sage essaie de corriger l'orgueil par une éclatante leçon. Cette comédie, trop vantée, a de nombreux défauts; elle est romanesque [illegible] mais elle possède un vrai mérite de style et quelques [illegible] euses. Le nom de comte de *Tufière* est resté aux orgueilleux. Le comédien Dufresne, un des hommes les plus vains qui aient existé, a fourni, dit-on, quelques traits à Destouches pour peindre son personnage; ce Dufresne avait l'habitude de dire à ses gens en sortant de chez lui, car il avait des gens comme Baron: « A-t-on [illegible] dans » mes poches? »

Destouches, désespérant d'atteindre à la philosophie comi[illegible] de Molière aussi bien qu'à la grâce enjouée des bons moments de Regnard, essaya de s'en tenir à une gaieté tempérée, qui convenait mieux à la nature de son talent. Il a tâché d'émouvoir le cœur après s'être adressé à l'esprit; il a voulu faire briller une larme sur le sourire de ses spectateurs. *Le Philosophe marié* et *le Glorieux*, résultats de cette combinaison, assignent à leur auteur un rang honorable. Quoique les deux caractères principaux se trouvent entachés de vices essentiels, une versification soignée, des scènes bien conduites les ont maintenus et les maintiendront long-temps dans l'estime des littérateurs. Des sentiments honnêtes ajoutent encore à leur mérite. La comédie de Destouches est morale sans dégénérer en sermon, comme cela arrive chez Lachaussée, ce qui devint la perte de la bonne comédie. On cessa d'amuser à force de vouloir convertir. Fénelon trouvait que les héros d'Homère n'étaient pas d'*honnêtes gens*. La comédie, en voulant se montrer plus difficile qu'Homère, perdit toute vivacité d'esprit. Le jeu des caractères s'effaça.

Parmi les comédies en prose de Destouches, nous rencontrons une pièce imitée de l'anglais et intitulée *le Tambour nocturne*. Outre deux rôles de bonne comédie, celui d'un intendant et celui d'une vieille gouvernante, on y trouve une intrigue ingénieuse et des sentiments très-délicats. La Harpe a maltraité cette pièce, qu'il ne connaissait probablement que par ouï-dire ou dont il ne se souvenait que bien confusément; car l'analyse qu'il en fait est inexacte. Voici ce qu'il en dit : « C'est un homme que sa femme » croit mort, e [illegible] s'amuse pendant cinq actes à lui faire peur en » jouant le rô[illegible] de revenant ou à lui donner, sous l'habit d'un » devin, des conseils dont elle n'a pas besoin. Il s'agit d'éloigner » un fat qu'elle-même méprise souverainement et que le revenant » finit par mettre en fuite en battant du tambour. » Tout cela n'est pas juste. C'est un jeune cousin, un fou de vingt ans, qui s'amuse à ce manége, pour empêcher sa cousine, qu'il aime, d'épouser en secondes noces un marquis impertinent. Le mari qu'on croit mort ne paraît que sous les habits du devin. Il s'agit pour lui non-seulement d'éloigner le marquis, mais encore, nouvel Ulysse, d'éconduire un autre prétendant, qui, abusant d'un peu de ressemblance de famille avec lui, cherche à effrayer la belle veuve, afin de la séduire plus tard.

*Le Dissipateur* nous paraît, quelque maltraitée qu'ait été cette pièce par les critiques, la meilleure de Destouches. *L'Irrésolu*, *le Médisant*, *le Philosophe marié*, *le Glorieux*, n'intéressent pas à cause de l'ingratitude de leur caractère; on ne saurait se prendre de sympathie pour eux, tandis que les prodigalités désordonnées du dissipateur ne causent aucune répugnance. On pardonne sans peine aux défauts d'un homme naturellement généreux. Les détails sont aussi tous pleins de gaîté; le rôle du marquis, ami de Cléon, ce jeune fou ruiné et devenu quelque peu chevalier d'industrie, est brillamment tracé. Celui de Julie, qui s'empare avec adresse de la fortune de son amant, pour la lui rendre plus tard quand il aura mis à l'épreuve ses prétendus amis, est, quoiqu'on ait baptisé Julie du nom d'honnête friponne, fort heureusement trouvé. Peut-être seulement laisse-t-elle trop entrevoir le dénoûment. Des vers bien faits augmentent la valeur de cette comédie, que les comédiens refusèrent, assure-t-on, dans sa nouveauté, et que depuis on a représentée toujours avec succès.

Destouches, dans la préface de *l'Ambitieux*, se livre à des réflexions très-justes sur le manque de vérité locale qui défigure une partie de notre ancien théâtre : « Ne reviendrons-nous, dit-il, » jamais de l'injuste préjugé de ne souffrir au théâtre que les » façons et les airs de notre pays? faudra-t-il que tous les hom- » mes et tous les âges parlent, dans nos spectacles, le même lan- » gage? et comment est-il possible que les Français, amateurs dé- » clarés de la variété, s'obstinent à une uniformité si peu raison- » nable? Ils lisent tous les jours avec avidité les journaux et les » voyages qui leur font connaître d'autres hommes qu'eux, d'autres » climats, d'autres coutumes et d'autres lois que les leurs ; entraînés » par le plaisir que leur fait cette lecture, ils poussent quelquefois la » crédulité trop loin : et lorsqu'on leur représente ces mêmes peu- » ples sur la scène, ils sont tout étonnés de ne leur pas trouver » nos mœurs, nos traits, nos manières! » Une réaction avait lieu dès lors contre la monotonie de sentiment et de langage que les successeurs de Racine, dépourvus de son génie, avaient rendue tout à fait désastreuse.

Destouches plaça en Espagne la scène de son *Ambitieux*, et il mêla à son intrigue une infante déguisée : accident romanesque si fréquent dans les comédies espagnoles. Ce caractère n'est pas sans grâce, et c'est à cause de ce personnage qu'il a écrit les lignes que nous venons de citer. La pièce ne se conforme guère au titre ; le rôle principal n'est pas celui de l'Ambitieux. Il ne dépeint pas d'ailleurs un véritable ambitieux. C'est un favori usant de toutes les ressources habituelles aux courtisans pour maintenir et augmenter son crédit ; mais il n'est pas dévoré de cette soif inextinguible du pouvoir, de cette ardeur de domination qui pousse des esprits superbes et puissants au maniement des affaires de l'État. Au contraire, il y a dans cette comédie un ministre homme de bien, las des honneurs et qui préfère les intérêts de son maître aux siens ; qui empêche même, dans son désintéressement, le souverain de s'allier à sa famille, de peur que ce mariage ne soit honteux pour la couronne. Ce contraste est malheureux. Un caractère de femme indiscrète mêle à l'intrigue un comique subalterne. Destouches a complétement manqué son but.

*L'Enfant gâté* n'a d'autre mérite que celui d'une versification estimable. On y trouve quelques traits sur l'influence de la fortune qui succédait à celle de la noblesse. Quiconque est riche est tout, avait déjà dit le satirique, et cet axiome devenait de plus en plus vrai. La naissance s'éclipsait devant l'astre de la finance.

*L'Amour usé* est une comédie en prose fort agréable, qui n'eut pas le bonheur de réussir dans sa nouveauté. Destouches se plaint d'une cabale, et il paraît vraiment avoir raison. Cette comédie est dialoguée avec vivacité, avec esprit. Isabelle et Lisidor se sont aimés sans avoir pu se marier. Lisidor est arrivé à l'âge de soixante ans; Isabelle compte cinquante printemps, qui par leur réunion constituent un hiver réel. Ces deux vieux amants ont laissé leurs cœurs s'attacher chacun d'un autre côté; mais ils rougissent de leur inconstance et n'osent se l'avouer. Ils ont agi de ruse : sous le nom de son neveu Isabelle a fait venir près d'elle un jeune chevalier qu'elle veut épouser; et sous le nom de sa nièce, Isidore a fait entrer dans sa maison la belle Angélique. Ceux-ci, comme on le pense bien, s'adorent depuis long-temps; et grâce à un certain Damon, personnage repoussé autrefois par Isabelle, et qui se fait un jeu de lui susciter mille contrariétés, le mystère se découvre, et le penchant de la nature est respecté : ce sont les jeunes gens qui se marient. Le caractère de ce Damon est assez original.

*L'Homme singulier* a l'air d'une parodie du *Misanthrope*, La Bruyère a dit : « Un homme raisonnable doit se laisser habiller par son tailleur. » Sanspair n'est pas de cet avis; il porte des modes antiques, il cherche à se singulariser en tout. Il appelle son valet *monsieur* et le force à se couvrir devant lui. Ce caractère a donné à Destouches lieu de débiter quelques principes de morale :

Tout homme que le sort fit naître d'un haut rang
Doit se dire en secret : « Je suis d'un noble sang,
» Un autre est d'un sang vil; à ce que j'imagine,
» Nous remontons pourtant à la même origine. »

Ces principes attiraient les applaudissements du parterre, pour qui ils n'étaient déjà plus une singularité.

Par une suite de contradictions faciles à expliquer du reste chez un auteur dramatique qui recherche avant tout des ressorts romanesques, Destouches composa après *l'Homme singulier* une comédie intitulée *la Force du naturel*, dans laquelle deux enfants changés en nourrice conservent les mœurs de leurs parents, Julie, crue fille du marquis d'Ozonville, a les goûts d'une paysanne; Babet, crue fille de Mathurine, montre les instincts d'une fille noble: Destouches ne semblait-il pas reconnaître ainsi la supériorité du sang? Cette physiologie n'avait rien de philosophique; elle niait pour ainsi dire l'éducation.

*Le Jeune homme à l'épreuve* renferme quelques incidents agréables. Cette comédie est en prose ; elle est écrite d'un style aisé. Un père paye les dettes de son fils ; après lui avoir fait croire à une ruine complète, il obtient des preuves de son bon naturel et lui pardonne. Destouches a peint avec un certain charme la position d'un jeune homme entraîné dans une vie de dissipation par de folles amitiés, sans que le cœur soit corrompu. « J'aime mon » père et je le fais périr, dit Léandre, et pourquoi ? Pour avoir » couru la carrière de mille fous que je méprise, et cherché des » plaisirs que je croyais ravissants, qui n'ont jamais approché » de l'idée que je m'en étais faite, et qui me coûtent mon repos, » ma fortune et ma liberté. » Léandre, en effet, assiégé par des archers, n'ose sortir de chez lui de peur d'aller coucher au For-l'Évêque.

Destouches a donné le plan d'une pièce intitulée *le Vieillard aimable.* Un homme dont il sera question plus tard, Mercier, regrette que Destouches n'ait pas traité ce sujet : « Quoi de plus » moral, dit-il, que d'apprendre aux hommes qu'il est pour eux des » plaisirs dans tous les âges de la vie, s'ils s'appliquent à les faire » naître ; de leur enseigner que la vieillesse, qui paraît épouvan-» table, peut être ornée de fleurs si elle se rend l'amie de la jeu-» nesse au lieu de se montrer l'inflexible censeur de ses prin-» temps ! » Ces réflexions méritaient d'être citées.

Les œuvres posthumes de Destouches ne s'élèvent guère au-dessus de la médiocrité. Cependant on retrouve son talent d'écrivain dans *le Mari confident*, *l'Archi-menteur*, *le Dépôt*, *le Trésor caché.* Destouches, qui passa sept années en Angleterre, traduisit quelques scènes de *la Tempête*, mais on s'étonne qu'il n'ait pas nommé Shakspeare.

Cet auteur nous semble avoir jugé parfaitement son propre théâtre lorsqu'il a dit dans sa correspondance avec un jeune gentilhomme qui voulait devenir auteur : « Toute comédie de carac-» tère doit présenter un caractère ridicule ; mais s'il est odieux et » haïssable, ou trop raisonnable et trop sérieux, il ne peut jamais » atteindre au vrai but de la comédie, qui est de plaire et d'amuser » en instruisant. » Destouches n'a guère peint que des caractères odieux ou haïssables, ou trop raisonnables ou trop sérieux ; lorsqu'il a voulu donner dans le comique, en perdant son centre de gravité il est tombé dans la charge. On n'en doit pas moins reconnaître chez Destouches beaucoup de style et d'esprit, et une grande entente de la scène.

Destouches eut pour concurrent un homme plus ingénieux que

lui, mais dont le style ne put se faire à la haute comédie. Ce fut Marivaux.

Disciple de La Mothe, Marivaux, qui a donné son nom à un genre nouveau, entra dès sa jeunesse dans la querelle des anciens et des modernes; on assure même qu'il osa travestir Homère, comme si ce n'était pas assez de la traduction de son maître. Marivaux avait le grand tort de ne pas aimer Molière, tort qu'on reproche aussi à Dufresny, et il abusa de l'esprit que le ciel lui avait donné. Il se fit un jargon précieux et alambiqué qu'il ne quitta jamais. Il s'étudia à ne pas parler naturellement : il aiguisa des pointes et fit briller des antithèses; mais, au milieu de tout cet artifice, il rencontra d'heureuses idées, il entendit l'art de la scène et créa des situations originales.

Marivaux en voulait au cœur des femmes; il s'amusait à le piquer à coups d'épingles : toutes ses héroïnes sont douées d'une extrême sensibilité, elles ont l'épiderme fort chatouilleux. Vous voyez ces honnêtes personnes on ne peut pas plus tranquilles d'abord; puis l'amour les surprend, les éprouve, les transporte, et cela dans l'espace de quelques minutes. Elles se trouvent jetées dans un tourbillon de contrariétés qui les poussent à des résultats inattendus. Elles parcourent toutes les phases du sentiment, sans trop sortir des convenances sociales. Leur passion ressemble à ces fleurs exotiques qui, placées en serre chaude, atteignent soudainement le plus haut période de leur croissance. Les pièces de Marivaux ont l'air d'une gageure proposée par un homme habile et sûr de son fait.

Marivaux débuta par une comédie en un acte et en vers intitulée *le Père prudent et équitable.* Cette comédie est fort insignifiante; le style en est extrêmement faible. Marivaux comprit que le vers ne lui était pas favorable, il y renonça dans la suite; il fit bien. Il fut plus sage que La Mothe. On trouve encore dans cette comédie un rôle de Crispin.

Qui le croirait? Marivaux a fait sa tragédie. On a joué de lui un *Annibal* après *Nicomède* et *Mithridate;* le jeune Marivaux osa lutter contre les Romains. Il se crut assez fort pour traiter le beau sujet d'Annibal, qui demandait la main d'un homme de génie..... Il échoua complétement. L'*Annibal* de Marivaux n'est qu'un vieux marquis retiré du monde, qui a pris en dégoût les hommes de son temps, qui veut vivre dans la solitude, et dont le cœur se laisse tout à coup enflammer de nouveau parce qu'il a rencontré dans sa solitude une jeune Angélique. Laodice, en effet, ressemble à ces aimables filles qui ont fait plus tard la fortune de Marivaux. Le roi

Prusias, c'est le père noble qui tient du Cassandre et du traître; Flaminius, ambassadeur des Romains, c'est le galant chevalier. Laodice, qui aime ce Flaminius, explique ainsi l'état de son âme à sa suivante Ægine, véritable Lisette :

Je m'oubliai moi-même, et ne m'occupai plus
Qu'à voir et n'oser voir le seul Flaminius.

N'est-ce pas une princesse bien savante dans la métaphysique du cœur ?

*Le Dénoûment imprévu*, une des premières pièces de Marivaux, témoigne aussi de l'esprit philosophique qui envahissait la société, et c'est à peu près là son unique mérite maintenant à nos yeux. Marivaux, à l'imitation de Dufresny et de Dancourt, a mis en scène un paysan judicieux. Il le fait s'exprimer ainsi sur la noblesse :

DORANTE.

Tu ne m'entends pas. Je veux dire qu'il n'y a pas de noblesse dans ma famille.

PIERRE.

Eh bien! boutez-y-en : ça est-il si cher, pour s'en faire faute !

DORANTE.

Ce n'est point cela, il faut être d'un sang noble.

PIERRE.

D'un sang noble? queu guiable d'invention d'avoir fait comme ça du sang de deux façons, pendant qu'il vient du même ruisseau!

*L'Ile de la Raison* ne trouva pas grâce devant le public. Cette comédie avait en effet usurpé son titre, elle repose sur une impossible fiction.

Tout en torturant les femmes, Marivaux professe beaucoup de respect pour elles. Dans *la Surprise de l'Amour*, une belle marquise, qui a perdu un mari adoré, ne se laisse reprendre à l'amour qu'après six mois de veuvage! Six mois! Quelle délicatesse de la part de Marivaux! Comme il a adouci le conte de la matrone d'Éphèse, qui, au bout de cinq jours, oublie un défunt bien cher. Marivaux est de trop bonne compagnie pour mener les choses avec cette brutalité. Afin même de marquer la supériorité des femmes sous le rapport de la constance il met en regard de sa marquise un certain chevalier, lequel, au bout de deux mois, cesse de penser à une maîtresse qu'il avait juré d'aimer toujours.

*La Réunion des Amours* est une fantaisie mythologique assez singulière. L'Amour gaulois, le dieu de la tendresse, et Cupidon, le dieu des désirs, se disputent devant Minerve, qui cherche à les accorder. On trouve dans cette folie, que Marivaux appelle une comédie héroïque, quelques traits de mœurs : « Va, va, mon ami, dit Plutus » à Cupidon, laisse-le venir, ce dieu de la tendresse; quand on le » rétablirait il ne ferait pas grande besogne. On n'est plus dans le » goût de l'amoureux martyre, on ne l'a retenu que dans les chan- » sons. Le métier de cruelle est tombé; ne t'embarrasse pas de » ton rival : je ne veux que de l'or pour le battre, moi. »

Tout le verbiage de Marivaux se déploie dans *les Serments indiscrets*. On ne vit jamais d'héroïne plus causeuse que sa Lucile; mais l'intrigue de cette comédie, que l'auteur prolonge pendant cinq actes, pourrait finir par un seul mot dès le second. Pour donner une idée du style prétentieux de Marivaux, nous citerons ces mots de Frontin qui veut injurier Lisette afin de l'empêcher de l'aimer. « Morbleu! détourne ton visage, *il fait peur à mes injures.* »

*Le Petit-maître corrigé* n'est qu'en trois actes, mais la leçon est beaucoup trop longue encore.

*Le Legs*, voilà une charmante comédie! Quel joli rôle que celui de la comtesse forcée de provoquer les explications du marquis difficultueux et d'avouer enfin son amour elle-même, en voyant qu'elle a affaire à un homme qui n'entend pas les choses à demi-mot! Avec Marivaux, nous le répétons, tout se passe dans le cœur; là s'opèrent ses grandes révolutions. Cette petite pièce du *Legs* est toujours représen[illegible] grand succès. La comédie de *la Princesse d'Élide* est [illegible] de celles de Marivaux. Toutes ses héroïnes, dont le cœur insensible se prend en un jour, et va jusqu'à l'extrême de la passion, sont sorties de là. Marivaux a même essayé, dans *l'Heureux Stratagème*, de donner une imitation de *la Princesse d'Élide*; mais il n'y a pas réussi avec autant de bonh[illegible] autres ouvrages.

*Le Préjugé vaincu*, comédie en un acte, n'a d'autre mérite que d'être le prélude des *Fausses Confidences*... Marivaux s'exerçait la main. L'amour l'emporte ici sur la naissance, comme il l'emportera bientôt sur la fortune. Marivaux, malgré son esprit précieux, n'oublie jamais de donner aux sentiments de la nature l'avantage sur les factices usages de la société.

*La Dispute*, *le Triomphe de Plutus*, *le Triomphe de l'Amour*, sont des bagatelles de pure imagination et d'une médiocre importance. *La Méprise*, *la Mère confidente*, *l'Heureux Stratagème*, quoiqu'empreintes d'une certaine réalité, n'ont pas beaucoup plus de valeur. *L'École des Mères* présente une nouvelle Agnès; Marivaux y a rencontré quelques traits naïfs assez heureux.

*Les Fausses Confidences*, faites pour la célèbre Sylvia, qui avait attiré Marivaux au Théâtre-Italien, offrent un intérêt charmant et rappellent une comédie de Lope de Véga, intitulée *le Chien du Jardinier.* Il s'agit dans la pièce de Lope d'une grande dame qui devient amoureuse de son secrétaire et qui lutte contre cet amour. Elle ne veut pas l'aimer, mais elle ne veut pas non plus qu'il en aime d'autres : comme le Chien du Jardinier, qui garde ce qu'il ne peut manger. Cette comédie est pleine de subtiles conversations d'amour ; elle est faite avec beaucoup de finesse d'esprit, de délicatesse de cœur. Marivaux semble en avoir détourné à son profit les principales situations avec une rare adresse ; il est presque impossible de ne pas les reconnaître dans *les Fausses Confidences.*

Le rôle d'Araminte est délicieux. Araminte n'est pas coquette le moins du monde : elle est simple et bonne, elle a le cœur tendre et facile à surprendre. Un jeune homme se présente chez elle ; il est bien, il a l'air mélancolique ; un valet intrigant assure que ce air de tristesse vient d'un profond et secret amour dont Araminte est l'objet, et voilà Araminte qui s'émeut ; elle plaint de toute son âme cet honnête garçon. Araminte est riche, il est pauvre ; cet obstacle paraît si insurmontable à Araminte, qu'elle ne s'arrête d'abord qu'au sentiment d'une douce compassion. Mais comment se fait-il qu'en moins de deux heures la pitié se trouve changée en amour, et qu'Araminte ait donné son cœur et sa main à l'étranger ? Tel est le sujet des *Fausses Confidences.* Le caractère du valet Dubois est d'un comique excellent. La mère d'Araminte et l'oncle Remy sont des personnages aussi parfaitement tracés. L'intrigue a de la vivacité, elle ne laisse pas le temps de respirer.

*Les Fausses Confidences*, jouées en 1773, au Théâtre-Italien, ne furent mises au répertoire du Théâtre-Français qu'en 1793. Les comédiens jetèrent Marivaux au milieu de la révolution. Mademoiselle Contat joua le rôle d'Araminte avec une supériorité que mademoiselle Mars a seule égalée depuis.

*Les Jeux de l'amour et du hasard* manquent beaucoup plus de vraisemblance que *les Fausses Confidences ;* il faut se prêter de bonne grâce au double déguisement de ces deux amants à qui l'idée vient en même temps de s'éprouver en prenant, l'un, un costume de soubrette, l'autre un habit de valet. Ils se retrouvent ainsi en présence et s'aiment sans le vouloir. La contre-partie des valets travestis en maîtres est heureusement imaginée. Cette pièce est intriguée avec esprit et animée par de plaisants jeux de scène. L'auteur s'y trahit d'une manière ingénieuse et délicate, mais il y a moins de portée dans cette œuvre que dans *les Fausses Confiden-*

*ces*... Elle fut composée pour l'actrice nommée Sylvia. Janetta-Rosa Benorri, connue sous ce nom, était venue avec la troupe italienne en 1716. Elle joua pendant quarante-deux ans les rôles d'amoureuses avec la même vivacité, la même finesse et la même illusion, dit un de ses biographes. Elle excellait surtout dans les pièces de Marivaux.

*La Joie imprévue* offre peu d'intérêt, mais *les Sincères* en ont beaucoup. Cette ingénieuse comédie qui aurait dû rester au répertoire du Théâtre-Français, comme *le Legs* et *l'Epreuve nouvelle*, est faite pour procurer à l'actrice chargée du rôle de la marquise un véritable triomphe. La marquise et Ergaste, qui se prétendent tous deux grands amis de la sincérité, finissent par se brouiller, pour s'être exprimés trop franchement sur le compte l'un de l'autre ! Il y a des portraits très-spirituels dans cette pièce ; tout y est vif, piquant et vrai.

Le style de Marivaux offre un singulier mélange de locutions triviales et recherchées, de sentiments alambiqués et d'observations très-naturelles. Il prétend l'avoir modelé sur les conversations de son temps. Marivaux rencontre parfois la naïveté au milieu de tout son papillotage. *L'Epreuve* en fournit plusieurs témoignages. Madame Argante habite, en qualité de femme de confiance, un château qui appartient à M. Lucidor, fils d'un riche négociant dont il vient d'hériter. Madame Argante est mère d'une fille aussi aimable que bien élevée. Lucidor, en venant prendre possession de son château, se laisse charmer par la jeune Angélique, et, de son côté, Angélique prend de l'amour pour le propriétaire du château. Ce Lucidor qui craint, comme le roi Louis XIV, de ne pas être aimé pour lui-même, soumet le cœur d'Angélique à de dures épreuves : il propose à la pauvre enfant pour mari tantôt son valet de chambre déguisé en grand seigneur, tantôt un M. Blaise, riche fermier des environs. Angélique, de gaie qu'elle était, devient triste, et, de douce, querelleuse et maussade. L'ange s'est fait démon jusqu'au moment où l'épreuve finit. Cette intrigue est semée des plus fines perles de Marivaux. Angélique se trahit à tout instant, et s'impatiente lorsqu'elle s'aperçoit que les autres lisent au fond de son cœur, et découvrent ses sentiments secrets. Elle se croit méprisée de Lucidor, elle a peur qu'il ne voie sa faiblesse; et lorsqu'on lui rappelle qu'elle a pleuré pendant qu'il était malade, elle s'écrie avec vivacité : « M'accuser d'aimer à cause que je pleure, à cause que je donne des marques de bon naturel? Ah! mais je pleure tous les malades que je vois; je pleure pour tout ce qui est en danger de mourir. Si mon oiseau mourait devant moi, je pleurerais. Dira-t-on que j'ai de l'amour pour lui ? » Cela est charmant ! ce rôle d'Angélique est un petit bijou !

Il s'exhale, après tout, des pièces de Marivaux, un parfum de pudeur et de chasteté amoureuse qui ravit le cœur. Nous ne sommes pas étonné qu'un archevêque lui-même, l'archevêque de Sens, n'ait pas hésité à répondre au discours de Marivaux, lors de la réception de cet auteur à l'Académie. Cependant le digne prélat ne laissa pas que d'être embarrassé pour parler de choses de théâtre, et les détours qu'il prit à ce sujet durent singulièrement amuser les beaux esprits du temps. C'était une véritable comédie à la façon de Marivaux ! A entendre l'archevêque, il louait par ouï-dire ; mais ses appréciations justes et brillantes prouvaient à chaque parole qu'il savait par cœur son Marivaux. Il aurait été bien fâché qu'on en doutât. « *Ceux qui ont lu vos ouvrages*, dit-il, *racontent* que vous avez peint sous diverses images la licence immodeste des mœurs, l'infidélité des amis, les ruses des ambitieux, la misère des avares, l'ingratitude des enfants, la bizarre austérité des pères, la trahison des grands, l'inhumanité des riches, le libertinage des pauvres, le faste frivole des gens de fortune ; que tous les états, tous les sexes, tous les âges, toutes les conditions ont trouvé dans vos peintures le tableau fidèle de leurs défauts et la critique de leurs vices ; que, creusant plus avant dans le cœur humain, vous en avez tiré au grand jour les vertus hypocrites et ce fonds d'orgueil et de vanité qui enveloppe, cache les vices de ceux que le monde trompé appelle de grands hommes, et qui souvent ne sont que de vrais monstres. Le célèbre La Bruyère paraît, *dit-on*, ressusciter en vous, et retracer sous votre pinceau ces portraits trop ressemblants qui ont autrefois démasqué tant de personnages et déconcerté leur vanité. » Peut-on faire un éloge plus ingénieux et plus spirituel ?

L'archevêque de Sens n'épargne pas ensuite la critique à Marivaux. C'est avec une finesse extrême que ce juge excellent fait ressortir les défauts de Marivaux. Tous les critiques de profession n'ont rien dit de plus, et bien peu se sont exprimés en aussi bons termes, toujours polis et ménagés comme doit l'être le critique vis-à-vis de gens respectables par leur mérite ou par leurs mœurs. Cependant, si l'on avait voulu sortir de cette réserve, on aurait pu dire à Marivaux qu'il avait peut-être, dans *la Surprise de l'Amour*, tracé un portrait qui ressemble trop souvent, sauf quelques traits un peu trop accusés, à la muse dont il suivait les leçons : « Représentez-vous, dit-il, une femme coquette : son habit est en pretintailles ; au lieu de grâces, je lui vois des mouches ; au lieu de visage, elle a des mines; elle n'agit point, elle gesticule; elle ne regarde point, elle lorgne; elle ne marche pas, elle voltige; elle ne plaît point, elle séduit; elle n'occupe point, elle amuse; on la croit belle, et moi je la tiens ridicule, et c'est à cette impertinente femme que ressemble l'esprit d'à présent. » Il n'est que trop vrai que Marivaux a donné trop souvent dans le mauvais esprit qu'il décrit si bien.

Il ne faut pas croire du reste que Marivaux ait été un homme superficiel et léger; c'était un grave personnage, imbu jusqu'à un certain point de la philosophie du temps. C'est à Marivaux que sont échappées dans *le Spectateur français* ces pages d'un sentiment si profond et si vrai : « Je viens de voir un homme qui attendait » un grand seigneur dans la salle; je l'examinais parce que je lui » trouvais un air de probité mêlé d'une tristesse timide : sa phy- » sionomie et les chagrins que je lui supposais m'intéressaient en sa » faveur. Hélas! disais-je en moi-même, l'honnête homme est » presque toujours triste, presque toujours sans bien, presque tou- » jours humilié; il n'a point d'amis, parce que son amitié n'est » bonne à rien. On dit de lui : C'est un honnête homme; mais ceux » qui le disent le fuient, le dédaignent, le méprisent, rougissent » même de se trouver avec lui, et pourquoi? C'est qu'il n'est qu'es- » timable. »

Marivaux fit jouer un grand nombre de ses pièces au Théâtre-Italien régulièrement établi, et qui, en 1762, obtint la réunion de l'Opéra-Comique à son spectacle. Les acteurs italiens se mirent à jouer des scènes françaises, et abandonnèrent peu à peu leur genre de comédie-impromptu. « Le plan d'une comédie étant bien fait, dit un ancien auteur, c'est-à-dire le fond de chaque scène une fois clairement expliqué par l'auteur, les comédiens représentaient la pièce, et fournissaient d'eux-mêmes tous les détails du dialogue. » Les auteurs aimèrent mieux s'en rapporter à eux-mêmes.

Jetons un coup d'œil sur la situation matérielle de la Comédie-Française. En 1680, Louis XIV avait réuni dans une seule troupe plusieurs troupes de comédiens qui avaient dressé théâtre contre théâtre, et se faisaient une guerre de rivalité. Il défendit à tous autres acteurs français de s'établir dans la ville et dans les faubourgs de Paris sans ordre exprès de sa part. En vertu de cet arrêt du roi, les comédiens furent autorisés à former une société et à passer entre eux des actes d'union; en conséquence, ils firent un contrat de société devant notaires. Louis XIV leur accorda une pension de douze cents livres par an. Ils achetèrent un emplacement afin de construire leur théâtre, réglèrent les sommes dépensées pour le nouvel établissement, et la manière dont les remboursements devaient être faits à un acteur et à une actrice qui se retireraient ou à leurs héritiers, ainsi que les contributions que chaque nouvel acteur ou actrice payerait en entrant. Ils convinrent ensuite de la portion que chacun d'eux devait avoir dans la propriété du fonds de l'hôtel de la Comédie, fixé à la somme de deux cent mille huit cent sept livres seize sous six deniers. Chaque portion demeura susceptible d'être divisée en demi-part ou autre fraction de part. Il y eut vingt-trois parts égales, et la part intégrale fut réduite à huit mille sept cent cinquante livres quinze sous cinq deniers, à cause des charges de la Comédie.

Telle est la base du Théâtre-Français, avec le privilége exclusif de jouer des comédies dans la capitale et d'y représenter des tragédies ; privilége que les membres de ce corps ont défendu en tout temps *unguibus et rostro*, mais qu'ils n'ont pas toujours réussi à conserver.

Après la mort de Molière, la troupe qu'il dirigeait s'était établie dans la rue Mazarine ; mais le collége Mazarin et la Comédie se gênant mutuellement, la troupe, augmentée de celle de l'hôtel de Bourgogne, acheta le *Jeu de Paume de l'Etoile*, dans la rue des Fossés-Saint-Germain, après toutes sortes de vicissitudes que Racine a racontées spirituellement dans une lettre à Boileau.

---

## CHAPITRE QUATORZIÈME.

### VOLTAIRE, MARMONTEL, LEFRANC DE POMPIGNAN, GUYMOND DE LA TOUCHE, LEMIERRE, SAURIN, COLARDEAU, DUBELLOY, LE MARQUIS DE XIMENÈS. *Acteurs et actrices célèbres* (galerie tragique).

Voltaire a débuté par son chef-d'œuvre. *Œdipe* est la meilleure pièce qu'il ait faite. Soutenu par Euripide et par Corneille, il s'est montré digne élève de ces maîtres illustres. On peut reprocher à sa tragédie des fautes de détails : ainsi on a droit de demander comment il se fait que l'ombre de Laïus ait attendu deux ans pour se plaindre, et que sa mort n'ait jamais fait le sujet des entretiens de Jocaste et d'Œdipe. A part ces conventions théâtrales, toujours facilement admises, il est impossible de mettre un homme plus impitoyablement aux prises avec la fatalité. Œdipe se débattant sous la destinée qui le presse offre un tableau qui saisit le cœur et épouvante l'esprit. La conduite de cette pièce témoigne d'un véritable talent dramatique, et la grande scène entre Jocaste et Œdipe est admirablement composée. L'arrivée des deux vieillards, porteurs de si étranges révélations, est ménagée avec art. Le rôle de Philoctète est un des plus brillants qu'il y ait au théâtre; il est malheureux que ce ne soit qu'un épisode, et encore un épisode incomplet. La versification est forte en beaucoup d'endroits. Voltaire, préoccupé déjà d'idées philosophiques, a faussé seulement la couleur générale dans la plupart des imprécations dirigées contre le grand-prêtre; il n'a pas même pris garde que toutes les critiques de religion ne tombaient pas juste, puisque le grand-prêtre se trouve avoir parfaitement raison.

Mais Voltaire, élève de l'abbé de Châteauneuf et le protégé de Ninon, avait puisé dans leur compagnie une hostilité contre l'hypocrisie de dévotion qui était venue assombrir les dernières années de Louis XIV.

On trouve dans cette pièce des preuves que le jeune auteur recherchait déjà l'à-propos, bien plus que les succès durables. Le rôle de Philoctète ne semble avoir été imaginé par lui que parce que, s'étant trouvé lui-même sous le poids de la calomnie, il avait voulu créer, pour exhaler son indignation, un interprète éloquent. Une pièce de vers publiée à la mort de Louis XIV, et dirigée contre ce prince et son successeur, fut mise sur le compte de Voltaire et le fit jeter à la Bastille. Le jeune homme irrité prit de là occasion de se draper en héros; et c'était lui qui parlait ainsi par la bouche de Philoctète, qu'Œdipe accusait du meurtre de Laïus:

. . . . . . . . . . . . . . . . .
Ce n'est pas moi : cela doit vous suffire.
Seigneur, si c'était moi j'en ferais vanité.
En vous parlant ainsi, je dois être écouté.
C'est aux hommes communs, aux âmes ordinaires,
A se justifier par des moyens vulgaires;
Mais un prince, un guerrier tel que vous, tel que moi,
Quand il a dit un mot en est cru sur sa foi.

Cette hauteur d'estime où se tient Philoctète plaisait au hardi et bouillant Voltaire.

On a souvent accusé Voltaire d'injustice envers Corneille. Il est certain que dans ses *Commentaires* il a traité l'*Œdipe* de son prédécesseur comme il avait traité celui de Sophocle, d'une façon perfide. « Le souvenir que j'ai fait autrefois une tragédie d'Œdipe ne » m'a point retenu, » dit-il. Non, certes, ce souvenir ne l'a point *retenu*; il est évident même que ce souvenir l'a poussé à dire le plus de mal qu'il a pu de son vieux rival. Il faut avouer, du reste, que dans aucun endroit de ses *Commentaires* il n'a montré plus d'intelligence du théâtre.

Tous les défauts de la tragédie d'*Œdipe* avaient été sentis par Voltaire ; mais, à son début, il se vit forcé de céder au goût des comédiens. Ce furent eux qui l'invitèrent à mettre des vers d'amour dans la bouche de Philoctète et de Jocaste ; une tragédie sans amour ne leur paraissait pas encore possible ; Crébillon, nous l'avons vu, se conformait à l'usage ; Philoctète aussi reparaissait à la fin de la pièce. Ils exigèrent, après la première représentation, que Philoctète ne reparût pas. Voltaire se prêta à leurs conseils avec beaucoup trop de docilité. La pièce en resta incomplète et affadie par leur faute ; ce ne fut pas la sienne cette fois.

Voltaire écrivit ensuite les tragédies d'*Artémise* et de *Marianne*, qui n'eurent que peu de succès. L'activité qui le dévorait et le besoin de faire parler de lui l'empêchèrent de donner à ces pièces toute la valeur qu'il aurait pu leur communiquer par un travail plus opiniâtre. Il fit jouer aussi la comédie de *l'Indiscret*, qui représente, comme il l'écrivait à madame de Prié,

L'aventure d'un téméraire
Qui, pour s'être vanté de plaire,
Perdit ce qu'il aimait le mieux.

Cette comédie est d'une grande faiblesse.

Voltaire éprouva alors un odieux traitement dont les conséquences eurent sur son génie une influence sérieuse, et valurent à la France un ennemi acharné des inégalités sociales.

Un certain chevalier de Rohan, pour se venger de quelques épigrammes de Voltaire, attira le poète au seuil de l'hôtel de Sully, et le fit bâtonner par les gens de sa livrée. Le duc de Sully, chez lequel Voltaire dînait, voulut rester étranger à la querelle ; Voltaire demanda satisfaction : la Bastille lui répondit. Il ne sortit de prison qu'au bout de six mois, après avoir promis de demeurer loin de Paris. Voltaire n'en fit pas moins un voyage à Paris *incognito* : « Je » cherchais, dit-il dans une lettre adressée à son ami Thiriot, » qu'un seul homme que l'instinct de sa poltronnerie a caché de » moi, comme s'il avait deviné que je fusse à sa piste. Enfin la » crainte d'être découvert m'a fait partir plus précipitamment que » je n'étais venu. Voilà qui est fait, mon cher Thiriot. Il y a grande » apparence que je ne vous reverrai de ma vie. Je suis encore très- » incertain si je me retirerai à Londres. Je sais que c'est un pays » où les arts sont tous honorés et récompensés, où il y a de la dif-

» férence entre les conditions, mais point d'autre entre les hommes » que celle du mérite. C'est un pays où l'on pense librement sans » être retenu par aucune crainte servile. » Voltaire commence à se révéler. L'indignation fera le poëte; l'Angleterre fera le penseur. Voltaire emploiera soixante ans à venger l'affront qu'il a reçu d'un grand seigneur; il fera craquer dans ses étreintes l'ancien ordre social.

Voltaire passa deux ans en Angleterre; il étudia Locke et Newton; il vit jouer Shakspeare; et ses idées, déjà tournées vers l'indépendance en philosophie, en politique et en matière d'art, ne firent que se fortifier et s'agrandir. Il rapporta, de son commerce avec les Anglais, la tragédie de *Brutus*, qu'il dédia à lord Bolingbrocke, dont il était devenu l'ami. *Brutus* est une pièce toute remplie de sentiments républicains. Voltaire, bien convaincu de l'égalité des hommes, commençait contre l'aristocratie la guerre qu'il poursuivit jusqu'à la fin de ses jours avec une adresse digne de sa persévérance. Ne le fait-il pas entendre en vingt endroits de sa correspondance: « Il me faut déguiser à Paris ce que je ne pourrais dire » trop fortement à Londres, » s'écrie-t-il! La tragédie de *Brutus*, gâtée par l'amour comme celle d'*Œdipe*, considérée au point de vue de l'art, n'a pas une grande valeur; cependant elle offre un progrès. Voltaire y présente le spectacle d'un sénat; il fait agir les masses; il remplit la scène, il ne se resserre pas dans le cadre étroit d'un intérieur de palais; il lui faut le mont Tarpéien d'un côté, de l'autre le Capitole, l'autel de Mars, des faisceaux, des licteurs, enfin une pompe inaccoutumée que Racine avait osé mettre seulement dans les chœurs d'*Esther* et d'*Athalie*.

*Eriphyle* ne fut que le prélude de *Sémiramis*. L'ombre d'Amphiaraüs devint plus tard l'ombre de Ninus. C'est la tragédie d'*Hamlet* qui avait appris à Voltaire la puissance de cette fantasmagorie des ombres. Cette pièce n'a pas été imprimée du vivant de l'auteur, Voltaire s'y était opposé; et la raison en était qu'il plaça beaucoup de vers d'*Eriphyle* dans ses autres tragédies. Voltaire corrigeait et refaisait sans cesse; il n'était pas de ceux qui croient être arrivés au mieux tout d'abord, ou qui respectent jusqu'à leurs erreurs, comme s'ils avaient coulé une statue en bronze à laquelle il n'est plus possible de toucher; mais par malheur Voltaire n'était pas fait pour la perfection. Il n'est pas inutile de remarquer ici que dans un grand nombre de ses tragédies il employa à peu près le même procédé. La combinaison d'*Eriphyle* est semblable à celle de *Sémiramis;* il a fait, dans *la Mort de César*, Brutus fils de César. Les tragédies de *Mérope*, de *Zaïre*, de *Mahomet* sont pleines de reconnaissances maternelles, paternelles et fraternelles. Il n'oublia jamais les effets qui lui avaient réussi dans *Œdipe*.

L'influence anglaise produisit encore *Zaïre;* Orosmane est une silhouette de l'Othello de Shakspeare. Pour déguiser son emprunt, Voltaire transporta la scène à Jérusalem, au temps de la chevalerie : « J'ai enfin tâché de peindre ce que j'avais depuis si long- » temps dans la tête, écrit-il à M. de Formont, les mœurs turques » opposées aux mœurs chrétiennes, et de joindre dans un même » tableau ce que notre religion peut avoir de plus imposant, et » même de plus tendre, avec ce que l'amour a de plus touchant et » de plus furieux. » Voltaire ne fut pas beaucoup plus heureux que Racine dans la peinture des mœurs turques. Il peignit mieux la chevalerie française, un souffle de *la Henriade* traversa la tragédie de *Zaïre* et la soutint; l'épisode de Lusignan lui imprima un cachet d'originalité, l'amour l'échauffa d'une vive ardeur.

Cependant le caractère d'Orosmane peut s'appuyer sur un verset du Koran. Que dit le prophète? « Si vous craignez d'être injustes » envers les orphelins, n'épousez parmi les femmes qui vous plai- » sent que deux, trois ou quatre, n'en épousez même qu'une seule » ou une esclave; cette conduite vous aidera plus facilement à être » justes. » Mais il faut prendre Orosmane surtout comme un homme qui aime et qui est jaloux comme tout homme franchement amoureux, et Zaïre nous représente une tendre fille qui ne demande pas mieux que de se donner au vainqueur des chrétiens, et à laquelle, au moment où son bonheur s'apprête, on vient troubler l'esprit sur des choses de religion; voilà ce qui fait, avec l'épisode de Lusignan, le mérite de cette tragédie. Un tel sujet a un charme qui sera de tous les temps, et Voltaire, à son aise, a rencontré des traits de maître. Orosmane, déjà atteint par l'aiguillon de la jalousie, et disant à son confident :

> Corasmin, garde-toi de soupçonner Zaïre....

à l'instant où il la soupçonne le plus, parle en homme véritablement épris; beaucoup d'autres mouvements du cœur bien sentis ont été admirablement saisis par Voltaire. Si cette pièce était écrite dans le style de Racine, ce serait un chef-d'œuvre; telle qu'elle est, après les pièces de Corneille et de Racine, c'est sans contredit une des meilleures pièces de notre ancien théâtre.

Le plan de *Zaïre* est supérieur à tous les plans imaginés par Voltaire, quoique l'intrigue ait donné lieu aussi à quelques critiques. On s'étonne avec assez de raison que Zaïre garde vis-à-vis d'un amant aussi impétueux, aussi passionné qu'Orosmane, le secret qu'elle vient d'apprendre, et qu'elle résiste aux prières et aux supplications du soudan qui tombe à ses genoux. Le vieux Corneille, qui dans *Héraclius* fait dire à Eudoxe par Léontine :

> Vous êtes fille, Eudoxe, et vous avez parlé.

aurait été sans doute singulièrement surpris de cette obstination de Zaïre, lorsque tout engage cette fille persécutée à avouer à Orosmane son changement de situation... Il est certain que le soudan respecterait davantage Nérestan, s'il savait que c'est le frère de Zaïre, et qu'ainsi elle n'exposerait pas les jours de ce frère chéri. Et puis, Voltaire a beau dire, on ne croit pas à la conversion de Zaïre, quelque peine qu'il se soit donnée pour la préparer. Si l'auteur avait entouré son héroïne de toutes les solennités de la religion; s'il avait fait paraître le pontife dont parle Nérestan; si le temple et ses mystères avaient agi sur l'imagination de la néophyte, on concevrait mieux son nouveau zèle. Zaïre est toujours plus amoureuse que chrétienne; elle semble avoir toutes sortes de bonnes raisons pour se jeter dans les bras d'Orosmane et lui confier son embarras. On a reproché ensuite à Orosmane de ne pas chercher à confondre Zaïre lorsqu'il se vante d'avoir en mains les preuves de l'infidélité du cœur de sa maîtresse. Orosmane ici n'a pas tort : il a bien une lettre, mais que signifie une lettre? les femmes ne se justifient-elles pas toujours lorsqu'une lettre seule les accuse? Voyez Célimène avec Alceste; comme elle finit par le convaincre que les mots du billet livré par Arsinoé sont de la dernière innocence! Orosmane veut, comme Orgon qui se cache sous la table, acquérir par ses propres yeux la certitude des perfides desseins qu'on a contre lui; mais, moins patient que le mari d'Elmire, au premier mot équivoque de Zaïre il s'élance sur elle comme un lion furieux, il l'étend à ses pieds. Sa jalousie mal contenue éclate. Voilà comment agit l'emportement de la passion.

*Adélaïde Duguesclin*, qui succéda à *Zaïre* sur le Théâtre-Français, n'eut pas le même bonheur que sa devancière; elle fut sifflée. On trouva mauvais que Vendôme et Nemours ne fussent occupés que d'un intérêt d'amour, et que l'amitié fraternelle pût être méconnue au point que Vendôme veuille faire tomber la tête de Nemours. La multiplicité des combats qui se livrent dans cette tragédie, pendant le court intervalle des actes, choqua sans doute aussi les spectateurs. Le caractère d'Adélaïde, quoique tracé avec force et grandeur, ne trouva pas grâce alors; Voltaire, qui ne luttait pas avec le goût du public, refit plus tard cette tragédie sous le titre du *Duc de Foix*, mais nous retrouverons surtout quelques-uns des traits les plus fiers de son Adélaïde dans l'Aménaïde de *Tancrède*.

*La Mort de César*, composée sans doute en Angleterre, à l'imitation de Shakspeare, fut d'abord publiée. C'était une tragédie sans amour et sans rôle de femme; Voltaire craignait que le public encore galant de l'époque ne s'accoutumât pas à cette sévérité. *La Mort de César*, en mettant une conjuration sous les yeux du public et en remplaçant autant que possible le récit par l'action, fut profitable à l'art. La vue du corps de César couvert d'une robe sanglante; les larmes et les cris d'Antoine, tout ce spectacle nouveau et les maximes républicaines de la pièce la firent tolérer lorsqu'elle fut jouée en 1743. Voltaire, en faisant de Brutus le fils de César, avait jeté d'ailleurs un élément dramatique, commun il est vrai, mais réel, dans cette tragédie, bien inférieure du reste, en ce qui concerne le développement des caractères, au *Jules César* de Shakspeare, qu'il attaqua plus tard, n'ayant pas su l'égaler.

Voltaire pensa que la meilleure manière de confondre les chrétiens de son temps, dont quelques-uns ne semblaient pas mieux demander que de rallumer les bûchers pour y brûler les philosophes, c'était de leur montrer un chrétien véritable, dans toute l'acception du mot. Il traça le caractère de Gusman dans *Alzire*. Il se flatte dans la préface qu'on retrouve dans ses écrits le désir du bonheur des hommes, et l'horreur de l'injustice et de l'oppression; il a raison, c'est par là qu'ils brillent le plus : il n'était pas fâché de se donner en même temps un vernis de religion pour faire passer ses idées philosophiques. *Alzire* a en outre le mérite d'offrir un contraste entre les mœurs de l'Europe et du Nouveau Monde, et de transporter l'esprit et les yeux dans des régions étrangères; l'uniformité classique était rompue, tout cela était un progrès.

*L'Enfant prodigue* attira des critiques très vives à Voltaire; on lui reprocha d'avoir fondé sa pièce sur le pathétique, en dénaturant l'esprit de la comédie; on était encore trop voisin des bons ouvrages comiques pour tolérer ce genre larmoyant et sentimental que Lachaussée venait de découvrir : « Reconnaissance de deux » amants, reconnaissance du père et du fils, pardon obtenu, tout » cela ne semble-t-il pas plus appartenir au tragique qu'au co- » mique? » s'écriait un aristarque du temps. Cette comédie est écrite en vers de cinq pieds. La préface de *l'Enfant prodigue* renferme des réflexions qui ont quelque chose de juste, sur la nature des genres : « Il ne faut donner l'exclusion à aucun, dit Voltaire; » si l'on me demandait quel genre est le meilleur, je répondrais :

» Celui qui est le mieux traité. » Sans admettre à la rigueur que tous les genres soient bons, chacun d'eux a son avantage quand il remplit le but qu'il doit atteindre.

Dans *Zulimé*, Voltaire voulut refaire à la fois Ariane et Bajazet, il échoua dans cette double entreprise. Il se félicitait beaucoup d'avoir rendu Zulimé une héroïne vertueuse et passionnée, de lui avoir donné un « cœur que les passions ont pu égarer, mais » qu'elles n'ont pu corrompre. » La scène se passe en Afrique; c'était un voyage autour du monde que Voltaire avait commencé avec *Zaïre*, il allait bientôt passer en Chine. *Zulimé* fut un écueil contre lequel il brisa son vaisseau; mais il se sauva du naufrage, ayant déjà *Mahomet* à la main. Le génie de la philosophie veillait sur lui.

*Mahomet*, l'une des tragédies les plus importantes de Voltaire et qui résument le mieux sa manière, mérite une attention spéciale. En examinant ce que l'histoire fournissait au poète, nous verrons comment il a plié à ses idées le Koran et les mœurs arabes.

Mahomet, à l'époque où il vint chez une nation ignorante et prompte à s'exalter, trouva beaucoup de résistance. Le Koran est tout rempli d'anathèmes contre les incrédules. Le prophète eut à lutter dans sa propre famille. On rapporte qu'ayant voulu gagner les Koreishites, il les invita à un festin. Après le repas, où l'on prétend qu'il avait compté un peu trop sur la sobriété de ses convives, il leur parla en ces termes : « Nul mortel dans l'Arabie ne peut » vous offrir un don aussi précieux que celui que je vous présente » aujourd'hui. Le Dieu très-haut et très-puissant m'a commandé » de vous appeler à lui; je vous apporte les biens et la félicité » éternelle. Qui d'entre vous veut être mon vizir et partager avec » moi le fardeau de mes fonctions divines? Il sera mon frère, mon » envoyé et mon lieutenant. »

Les Koreishites, peu croyants, se regardèrent, et le sarcasme apparut sur leurs lèvres; mais le fougueux Ali, lieutenant du prophète, ne leur donna pas le temps de blasphémer. Il se leva avec indignation : « C'est moi, dit-il, qui m'honore du titre sublime de » ton vizir. Si quelqu'un a la témérité de s'opposer à tes desseins, » je lui casserai les dents, je lui ouvrirai le ventre, je lui romprai » les jambes. » Le rire expira sur les lèvres des Koreishites; ils devinrent sérieux, puis ils s'extasièrent sur l'éloquence d'Ali. Mahomet leur avait dit des choses divines au-dessus de leur faible portée, mais Ali s'exprimait avec une netteté et un ton persuasif qui ne souffraient pas de controverse. Ali reçut beaucoup de félicitations.

Cependant, lorsque les Koreishites ne furent plus sous le coup des discours d'Ali et qu'ils eurent la liberté de réfléchir, ils recommencèrent à se railler de la mission de Mahomet, et le prophète se vit obligé d'en venir aux arguments de son lieutenant. Il résolut de convaincre par le glaive ceux à qui la parole ne suffisait pas. Mahomet fut-il un illuminé, fut-il un imposteur? se crut-il véritablement en communication avec l'ange Gabriel? ou mit-il en jeu, pour fonder son empire sur les âmes, les superstitions de ses compatriotes? Il ne paraît pas douteux, à l'adresse qui règne dans le Koran et à la profonde sagesse d'un grand nombre de versets, sagesse si bien appropriée aux mœurs arabes, que l'ex-conducteur de chameaux, instruit par ses voyages, n'ait voulu s'établir le législateur de son pays en se mettant, comme Numa, sous une inspiration céleste. Mais, Shakspeare et Caldéron auraient pris sans doute Mahomet, avec tout l'enthousiasme du génie, au fond de la caverne où il se retirait, ils eussent jeté sur son front une sorte de lumière divine.

En ne considérant Mahomet que sous le point de vue humain, en faisant de lui un vulgaire ambitieux, au moins aurait-il fallu conserver cette prudence souveraine qui dirigea toutes ses actions. Sa dissimulation fut profonde et constante, il foula aux pieds toutes les vanités, excepté celle qui le mettait en rapport avec la Divinité: il aurait pu passer pour le premier poète et le premier guerrier de son époque; mais Mahomet assurait que Gabriel lui dictait ses vers, et qu'une milice invisible combattait avec lui pour terrasser ses ennemis. Toutes ses femmes avaient foi en lui, ce qui n'empêcha pas la belle Aïesha de le tromper: aussi Mahomet fit-il descendre du ciel de cruels versets contre les femmes adultères. Il poussa l'hypocrisie jusqu'à l'heure de sa mort: sentant que l'existence l'abandonnait, il appela sa fille Fatime à son chevet; il lui parla encore de l'ange Gabriel. A l'entendre, l'ange de la mort, s'étant présenté à la porte de son appartement, avait été reçu par l'ange Gabriel: l'ange terrible s'était incliné, en demandant humblement s'il lui était loisible d'entrer et d'emporter l'âme du prophète. Gabriel l'avait prié d'attendre et de repasser. Voilà ce que Mahomet racontait à sa fille Fatime au moment de quitter la vie. Il mentait donc ayant déjà les deux pieds dans le tombeau.

Mahomet, on le voit, s'il ne fut pas un fanatique, a été un imposteur, un tartufe d'élite. Voltaire l'a vu ainsi; mais Voltaire a eu le tort de ne pas lui conserver le caractère que la vraisemblance lui attribue, que l'histoire confirme, et qui, bien que Mahomet eût les armes à la main, ne devait pas l'abandonner vis-à-vis même des siens.

Le Mahomet de Voltaire est un effronté charlatan qui se démasque devant ceux dont les regards le devinent, et qui n'est entouré que de honteux compères ou de niais enthousiastes. Cette tragédie est fausse depuis le premier vers jusqu'au dernier; et la scène entre Zopire et Mahomet, la meilleure scène, au dire de Jean-Jacques Rousseau, nous semble impossible : jamais un homme comme Mahomet n'a pu se livrer à son adversaire avec une si rare maladresse; on n'avoue pas si impudemment que l'on est ambitieux. Cette confidence, en dehors du sens commun, n'est dramatique que lorsque Mahomet parle à Zopire des enfants regrettés par le vieillard.

Quant au style, si l'on voulait soumettre les tragédies de Voltaire, et son *Mahomet* en particulier, aux rigoureuses observations grammaticales que Voltaire a faites lui-même avec tant de sagacité du reste sur les pièces de Corneille, bien peu de ses vers resteraient intacts et debout.

La tragédie de *Mahomet* révolte à la fois le cœur et l'esprit. On ne comprend pas le raffinement de cruauté qui pousse Mahomet à faire immoler le père par le fils; on le comprend d'autant moins que, jaloux de Séide et voulant le perdre, c'est un mauvais moyen pour se faire aimer de Palmyre. Il était plus simple, puisque la tendresse de ces deux jeunes gens gênait ses propres désirs, de leur déclarer qu'ils étaient frère et sœur et de leur citer le verset du Koran qui défend l'inceste : « *Il vous est interdit d'épouser vos mères, vos filles, vos sœurs, vos tantes paternelles, maternelles* » (vers. 27, chap. IV). L'horrible histoire inventée par Voltaire avec ses quatre crimes, un meurtre, un parricide, un empoisonnement, un suicide; puis la fantasmagorie de la mort de Séide expirant aux pieds de Mahomet; enfin des reconnaissances vulgaires, dont l'effet est prévu; tout cela est loin de constituer un chef-d'œuvre, comme on l'a écrit trop de fois. Voltaire a, de plus, complétement dénaturé les mœurs arabes et le caractère de Mahomet, qui devait être respecté comme celui du fondateur d'un grand empire et d'un législateur dont le code, encore observé, prêche à toute page indulgence et pardon.

Cependant, cette pièce a eu et obtient encore du succès. Le nom de Séide est resté aux hommes aveuglés par la passion et qu'une intelligence dominatrice conduit où elle veut, au crime ou à la mort. Cela prouve qu'il y a une grande puissance dans l'idée de la tragédie de Voltaire, et qu'elle s'appuie sur une vérité de tous les temps. Chaque siècle, en effet, voit des âmes faibles subir les impérieuses lois d'esprits vastes et fermes, et abdiquer leur propre nature en quelque sorte pour se dévouer aux intérêts des autres, lorsque ces intérêts sont recouverts d'un masque politique ou religieux. Il existera toujours des Séides poussés par des Mahomets, comme il existera des Orgons dupés par des Tartuffes.

La première édition de *Mérope* portait pour épigraphe ce vers latin :

*Hoc legite, austeri; crimen amoris abest.*

Ce courage de Voltaire d'avoir écrit une tragédie sans amour fut beaucoup loué par les jésuites du temps. Il aurait dû l'être aussi par les critiques. La galanterie avait trop dégradé notre théâtre, et l'on vit avec plaisir éclater quelques sentiments naturels et vrais. Voltaire donna beaucoup de force à l'amour maternel. *Mérope* est de toutes ses tragédies la plus intéressante; et cependant elle se vit refusée par les comédiens, ils ne la reçurent qu'après une seconde lecture, faite par l'abbé de Voisenon, auteur de quelques spirituelles bluettes théâtrales : elle est imitée de la *Mérope* italienne de Maffei. Ce sujet avait du reste été traité bien des fois depuis Euripide, dont la pièce ne nous est pas parvenue; nous ne la connaissons que par quelques lignes de Plutarque sur l'effet immense produit par une mère qui, levant le poignard sur son fils, croit qu'elle va frapper l'assassin de cet enfant qu'elle pleure.

*La Prude*, imitée d'une comédie satirique de Wicherley, auteur anglais qui s'était amusé à travestir Molière, fut représentée sur le théâtre d'Anet, pour madame la duchesse du Maine. Voltaire y joua. Il lui prenait une velléité de combattre dans la comédie le genre romanesque auquel il avait dû *l'Enfant prodigue* et auquel il allait bientôt devoir *Nanine*.

Voltaire continua dans *Sémiramis* le genre qu'il avait adopté dans *Mérope*, mais avec moins de succès. *Sémiramis* est une imitation mal déguisée d'*Hamlet* et compliquée des restes d'*Eriphyle*. Voltaire, obligé de convenir qu'il s'est servi de la tragédie d'*Hamlet*, prétend que c'est une pièce grossière et barbare, qui ne serait pas supportée par la plus vile populace de France et d'Italie. C'était traiter un peu lestement une des plus fortes conceptions de l'esprit humain, mais il la jugeait en rival. Sémiramis, courbée sous la colère des dieux, a de la puissance et de l'effet; l'*ombre* ne réussit pas, assure-t-on, à la première représentation : les spectateurs assis sur les banquettes placées sur le théâtre, embarrassèrent l'acteur chargé du rôle de Ninus; il y eut presque une querelle entre cette ombre et deux jeunes seigneurs placés à l'entrée du tombeau. Cette ombre a un grand tort dans la tragédie de Voltaire; elle parle toujours de sa *cendre*, ce qui fait un assez singulier contraste avec cette voix qui parle et ce spectre qui apparait. L'amour de Sémiramis pour son fils Arsace, sentiment qui se trompe de nature, n'est pas d'un goût solide et franc : encore une fois, *Mérope* vaut mieux. La mise en scène de *Sémiramis* possède une sorte d'ampleur. Crébillon avait traité ce sujet, ce fut presque une raison pour Voltaire de le choisir. Il se plut à refaire presque toutes les tragédies de Crébillon, on lui opposait ce rival. « On » comptait Crébillon parmi les grands poètes, pour mortifier Vol- » taire, dit Grimm assez plaisamment : dans sa mauvaise humeur, » Voltaire voulut combattre son concurrent avec ses propres ar- » mes. Il ne réussit guère : son *Oreste*, son *Catilina*, son *Trium-* » *virat* ne valent pas beaucoup mieux que les tragédies de Cré- » billon ; elles sont même écrites avec moins de vigueur. »

*Nanine* est un joli roman tiré de Richardson. Nanine est une Paméla. Voltaire, qui laissait tomber de sa plume facile avec beaucoup de grâce les vers de dix syllabes, a composé sa comédie dans ce genre de style familier; il s'agissait de montrer un baron qui, vainqueur du préjugé, épouse sa servante. Le sujet allait au temps. Voltaire y a mis du naturel, quoiqu'il ait donné dans les surprises comme Lachaussée. Cependant, il eut de la peine à plaire; on regardait alors ces sortes de pièces attendrissantes comme des comédies manquées, au lieu de les considérer tout simplement comme de petits romans dialogués. Le roi de Prusse exprime sa pensée là-dessus d'une manière fort décidée et fort spirituelle : « Comme vous n'avez pu réussir à m'at- » tirer dans la secte de Lachaussée, dit-il, personne n'en viendra » à bout; j'avoue cependant que vous avez fait de *Nanine* tout » ce qu'on pouvait en espérer.... Ce genre ne m'a jamais plu... » Mon zèle pour la bonne comédie va si loin, que j'aimerais mieux » y être joué que de donner mon suffrage à ce monstre bâtard et » flasque que le mauvais goût de ce siècle a mis au monde. » Si quelque Aristophane de Prusse avait pris le grand Frédéric au mot, il aurait probablement été fort mal reçu.

La tragédie de *Rome sauvée* est un pendant de *la Mort de César*; nous ne pouvons même dire de cette tragédie que ce qui est dit du genre de ces pièces, dans l'avertissement dont elle est précédée : « Elles ont l'avantage précieux de donner à l'âme de l'élé- » vation et de la force. En sortant de ces pièces, on se trouve plus » disposé à une action de courage, plus éloigné de ramper devant

» un homme accrédité, ou de plier devant le pouvoir injuste et » absolu. » Elles ont peu de mérite du côté de l'art.

Le drame de *l'Orphelin de la Chine*, que Voltaire a imité, est intitulé en chinois : « Le petit orphelin de la famille de Tchao, qui » se venge d'une manière éclatante. » Voltaire prit le sujet de sa tragédie dans une traduction donnée par le père Prémare, qui avait résidé long-temps à Pékin. Cette traduction était fort incomplète ; nous en devons une plus exacte à M. Stanislas Julien. Les longs monologues des héros ne prouvent pas en faveur de l'art dramatique des Chinois, chacun s'annonce lui-même : « Je m'ap- » pelle Tchao-So, » dit le gendre du roi. Un messager lui apporte trois présents, qui sont : une corde d'arc, du vin empoisonné et un poignard ; on lui laisse la liberté du choix, il prend le parti de se tuer d'un coup de poignard. Tou-an-Kon, le ministre de la guerre, explique ainsi naïvement sa position : « Je suis Tou-an-Kon ; » craignant que la princesse ne mît au monde un fils, qui, une fois » devenu grand, me poursuivrait comme un ennemi acharné, je » l'ai emprisonnée dans son propre palais, elle doit être accouchée » maintenant. » Et plus loin, il dit en parlant de l'enfant : « Atten- » dons qu'il ait atteint l'âge d'un mois, et je le ferai périr sous le » tranchant du glaive ; c'est alors qu'on pourra dire que j'ai dé- » truit la plante en extirpant la racine. » La mère se pend de désespoir : l'enfant se trouve sauvé par un serviteur fidèle ; que dit Tou-an-Kon ? « Je vais contrefaire un ordre du roi et me faire » apporter tous les enfants mâles du royaume de Tsin qui ont » plus d'un mois et moins de six ; je les couperai en trois, les uns » après les autres, et je ne puis manquer d'envelopper dans le mas- » sacre l'orphelin de la maison de Tchao. » Tou-an-Kon agit comme le roi Hérode ; celui qui a sauvé l'orphelin livre son propre fils à la place, Tou-an-Kon, croyant adopter le fils de ce serviteur, élève celui-ci dans sa maison, sous le nom de Tching-Peï. Vingt ans après, Tching-Peï s'écrie en s'adressant à Tou-an-Kon : « Holà, vieux scélérat, je suis l'orphelin de la famille de Tchao ; » il y a vingt ans que tu massacras sans pitié ma maison entière, » qui se composait de trois cents personnes ; je vais te pendre au- » jourd'hui pour venger les injures de ma famille. »

Tel est le drame chinois, composé 607 ans avant l'ère chrétienne, et dont Voltaire a tiré sa tragédie, dans laquelle l'orphelin ne paraît pas. Quelle que soit la simplicité de certains détails chinois, le drame primitif surpasse la pièce française par l'énergie et par la vérité, et d'une telle façon qu'il ne se peut guère établir de comparaison entre elles. Il y a deux scènes, entre autres, une scène de tortures et une scène de révélation, qui sont sublimes; tandis que toute la pièce de Voltaire est ridicule, malgré quelques élans maternels assez bien rendus. Le caractère de Zanti, mari d'Idamé, devient comique comme celui de Georges Dandin. La conversion de Gengiskan, imitée de la clémence d'Auguste, est malheureusement puérile.

A *l'Orphelin de la Chine* se rattache une innovation heureuse pour le théâtre. Mademoiselle Clairon, la célèbre actrice, qui depuis long-temps méditait avec Lekain la réforme du costume, eut le bon goût et le courage de renoncer aux paniers et de paraître vêtue comme l'exigeait son rôle. Ce fut vers cette époque que le théâtre fut aussi délivré des balustrades et de son public privilégié importun. Saint-Foix, dans ses *Essais historiques*, a célébré ainsi cette amélioration : « Tout Paris, dit-il, a vu avec la plus grande » satisfaction, en 1759, le premier de nos théâtres, notre théâtre » par excellence, tel qu'on le désirait depuis si long-temps, » c'est-à-dire, délivré de cette portion brillante et légère du » public qui en faisait l'ornement et l'embarras, de ces gens » de bon ton, de ces magistrats oisifs, de ces petits-maîtres » charmants qui savent tout sans rien apprendre, qui regardent » tout sans rien voir, qui jugent de tout sans rien écouter; de ces » appréciateurs du mérite qu'ils méprisent, de ces protecteurs des » talents qui leur manquent, de ces amateurs de l'art qu'ils ignorent. La frivolité française ne contrastera plus ridiculement avec » la gravité romaine. »

1760. *L'Écossaise*, comédie en prose, fut représentée sous le nom de *Jérôme Carré*, un des ces nombreux personnages imaginaires à qui Voltaire attribuait ses attaques contre ses ennemis, et quelquefois les éloges qu'il faisait de lui-même; car Voltaire était persuadé qu'on n'est jamais mieux recommandé que par soi-même. *L'Écossaise* était principalement dirigée contre Fréron, dont les critiques avaient blessé Voltaire au vif; le poète irrité l'immola sur la scène avec une cruauté aristophanique : sa haine le servit bien.

Cependant Fréron n'y joue, sous le nom de Frélon, qu'un rôle très-subalterne. Le fond de la pièce est le roman d'une fille proscrite qui retrouve son père après avoir supporté l'infortune avec autant de courage que de noblesse. Voltaire outrepassa les droits de la défense personnelle en attaquant sur le théâtre jusqu'aux mœurs de Fréron, son ennemi, auquel en de meilleurs moments il rendait plus de justice, sans cesser de le détester. Fréron avait de l'esprit et du goût, mais il s'attacha au parti de la cour; il voulut opposer une digue au torrent des idées philosophiques : il fut renversé, et couvert de sable et d'écume.

Voltaire retrouva le coloris de *Zaïre* pour peindre de nouveau les poétiques temps de la chevalerie. *Tancrède* parut, et c'est un de ses plus brillants ouvrages. Voltaire sentait le besoin de renouer avec le moyen âge les traditions que la renaissance avait rompues, et de s'adresser à l'esprit national, en mettant sur la scène les galants héros des temps modernes. Il s'essayait aussi à remplacer, par le mouvement tragique et par l'appareil pompeux du théâtre, la perfection de style et l'unité de composition qui lui manquaient.

Le principal défaut de *Tancrède* est de reposer sur une erreur. Dans ces sortes de pièces, on en veut presque toujours à l'auteur des artifices qu'il emploie pour arriver jusqu'au dénoûment. Ce billet destiné à Tancrède, et que vous croyez écrit à Solamir, vous impatiente au dernier point. Vous souhaiteriez une explication entre les deux amants ; et, quelque raison que Tancrède ait de croire Aménaïde infidèle, vous êtes prêt à blâmer sa jalousie. Cependant le troisième acte est magnifique ; il exerce sur l'imagination toute la séduction de nos vieux fabliaux. La noblesse des sentiments de Tancrède, qui se présente pour défendre, les armes à la main, les jours de sa maîtresse, bien qu'il se croie trahi par elle ; le gant qu'il jette aux pieds de son rival, la présence d'Aménaïde chargée de fers, étaient autant d'éléments nouveaux introduits par Voltaire dans la tragédie classique, et le plus grand succès couronna le front du vieillard de soixante-quatre ans qui trouvait encore tant de passion chaleureuse dans son cœur.

Le rôle d'Aménaïde frappait aussi les esprits par la nouveauté ; ce n'était plus une Iphigénie, victime au cœur soumis, qui ose à peine faire parler les intérêts de son amour, et qui tend au fer du bourreau une tête obéissante. Aménaïde est une fille impétueuse et fière qui résiste courageusement aux ordres de son père, et veut s'élancer au milieu des combats pour suivre son amant. Aménaïde nous rappelle les héroïnes de l'Arioste et du Tasse.

Elle répond à Orbassan, qui s'offre à prendre sa défense lorsqu'elle est condamnée à mort :

> Je ne veux (pardonnez à ce triste langage)
> De vous pour mon époux ni pour mon chevalier.

Quand elle apprend que Tancrède la soupçonne d'infidélité, elle s'écrie :

. . . . . . . . . Rien ne peut l'excuser;
Quand l'univers entier m'accuserait d'un crime,
Sur son jugement seul un grand homme appuyé
A l'univers séduit oppose son estime.

Plus loin, elle en vient jusqu'à proférer cette maxime :

L'injustice à la fin produit l'indépendance.

La sainteté de l'amour triomphe de la résignation filiale; car le XVIIIe siècle, qui attaquait toutes les autorités, ne ménageait pas davantage l'autorité paternelle.

On trouve dans cette pièce d'autres traces des idées de l'époque, et le peuple y était exalté aux dépens des grands de manière à flatter la nouvelle puissance qui s'élevait.

FANIE.

A leurs seuls intérêts les grands sont attachés,
Le peuple est plus sensible....

AMÉNAÏDE.

Il est aussi plus juste.

Si cette pièce n'était pas écrite en vers croisés, qui lui ôtent de son énergie, et surtout si elle était écrite avec plus de soin, elle serait au premier rang dans le théâtre de Voltaire. Malgré tous ses défauts, c'est une de celles que nous préférons; parce qu'elle ouvrait une carrière nouvelle que Debelloy a essayé de parcourir.

Nous ne suivrons pas Voltaire dans sa décadence théâtrale, l'on n'a rien à y gagner. Ses dernières pièces ne furent que d'impuissants efforts. Le philosophe de Ferney jouait sur la scène du monde un rôle plus noble et plus grand que ceux qu'il demandait à son imagination épuisée. Il s'était constitué le défenseur des opprimés, le redresseur des torts, le chevalier de l'humanité. Il faisait réhabiliter la mémoire de Calas, protégeait Sirven, donnait asile à la nièce de Corneille, et, plaçant les mains sur la tête du petit-fils de Franklin, formulait en ces termes sa bénédiction : *God and liberty:* « Dieu et la liberté! »

Nous devons mentionner après Voltaire quelques auteurs du XVIIIe siècle qui acceptèrent sa renommée, et qu'il traîna à son char en triomphateur; ou qui s'y opposèrent, et qu'il écrasa dans sa course impétueuse. Marmontel s'offre d'abord à nous; ce fut un adorateur dévoué de Voltaire. Né en 1723, mort en 1790, Marmontel a traversé le XVIIIe siècle presque tout entier. Un siècle ne prend guère sa physionomie que vers son quatrième lustre. Marmontel commença par être abbé; il se fit couronner aux Jeux Floraux. Il entretint de bonne heure des relations avec Voltaire, loueur exagéré de tous les jeunes poëtes à leur début. Le petit collet n'engageait à rien. Marmontel vint à Paris, sur un avis de Voltaire qui lui promettait que le célèbre contrôleur Orry se chargerait de sa fortune; mais lorsque Marmontel arriva, le contrôleur était disgracié! Marmontel mena alors une vie laborieuse, soutenue par les bontés de Voltaire, et embellie par l'espérance des succès. Il vécut principalement de prix académiques. Marmontel a peint avec charme, dans ses Mémoires, cette époque de la jeunesse où l'ambroisie poétique humecte abondamment les soupers de fromage et de pain, et leur donne une saveur céleste; où la fruitière et le boulanger jouent le rôle de divinités protectrices.

Les tragédies de Marmontel, *Denis le tyran*, *Aristomène*, *les Héraclides*, *Égyptus*, *Hercule*, *etc.*, n'ont aucune espèce de valeur. Ses opéras-comiques sont préférables. Voltaire disait, en parlant de Marmontel, que sa poésie y *jetait un beau coton*. Ce mot est heureux. Marmontel n'a pas eu sur la mission du théâtre des notions bien justes. Il est d'avis que toute pièce doit flatter le préjugé national; et, comme à Montesquieu, c'est l'honneur qui lui paraît être le nôtre. De ce côté, il n'y a nul inconvénient; mais Marmontel ajoute: « Les mœurs nationales tiennent à la constitution politique; et, celle-ci fût-elle mauvaise, tout citoyen doit » concourir à en étayer l'édifice, en attendant qu'il soit reconstruit. » Si Tunis ne pouvait subsister que par le pillage, la piraterie devrait être en honneur sur le théâtre de Tunis..... » Ces quelques lignes sont grosses d'absurdités. Marmontel, avec son théâtre de voleurs, et son édifice social qu'il prétend étayer au lieu de le détruire s'il est mauvais, donne la mesure de la pauvreté de son jugement.

Racine, malgré son style merveilleux et son art extrême, avait eu bien de la peine à faire admettre le sacrifice de Titus, qui renonce à Bérénice pour se livrer aux soins de son empire. Lefranc de Pompignan, séduit néanmoins par cet exemple, entreprit de représenter les amours d'Énée et de Didon. Il voulut animer sur la scène le quatrième livre de l'*Énéide*. Mais Énée se trouve chez un peuple aussi galant que le nôtre discrédité depuis long-temps; tandis que Thésée ne l'est pas, ce qui est assez singulier. On se prend de sympathie pour les douleurs d'Ariane; on ne s'intéresse pas aux malheurs de Didon. On permet à Thésée d'être infidèle, perfide, ingrat; on ne veut pas qu'Énée soit vertueux, on ne veut pas qu'il s'arrache des bras de sa maîtresse pour aller fonder un grand royaume. Énée est entaché d'une sorte de ridicule qui retombe sur Didon elle-même, et cela malgré l'admirable style d'un des plus beaux génies de l'antiquité. C'est que la passion ne s'arrange pas des choses ordinaires. Avec elle, un homme qui lui parle raison a toujours tort; elle s'accommode mieux de l'inconstance, elle est là dans son élément. Lefranc de Pompignan fut donc mal inspiré. Sa tragédie, quoique assez bien conduite, produit beaucoup moins d'effet qu'*Ariane*. Énée est froid et monotone. Cette œuvre manque de virtualité; on ne sent qu'une imitation de Racine. Ce sujet n'était pas nouveau au théâtre du reste; Jodelle, Guillaume de Lagrange, Hardy, Scudéry, Bois-Robert l'avaient traité avant Lefranc de Pompignan.

Lorsque Le Franc de Pompignan fut admis à l'Académie, il eut la maladresse d'attaquer les philosophes dans son discours de réception. Grimm prétend qu'il sollicitait la place de sous-gouverneur des enfants de France, et que c'est pour plaire à la cour qu'il se mêla de dresser un acte d'accusation contre Diderot et d'Alembert. Voltaire ne laissa pas passer le discours de Le Franc sans le couvrir de ridicule; il publia, sous un nom supposé, des commentaires plaisants sur ce morceau d'éloquence: il fit les *quand*; l'abbé Morellet fit les *si* et les *pourquoi*. Voltaire s'amusa des *odes sacrées* de l'auteur. Le Franc s'acheva en présentant un mémoire apologétique au roi. Grimm, qui ne le perdait pas de vue, et qui constata toutes ses mésaventures, disait plaisamment de lui quand il publia la traduction des tragédies d'Eschyle : « Ce » pauvre M. de Pompignan inventerait aujourd'hui l'Évangile et » l'Alcoran, qu'il ne se relèverait pas de l'état d'humiliation dans » lequel il s'abreuve de larmes depuis dix ans. » Le Franc de Pompignan était instruit, il savait l'hébreu, le grec, le latin; mais il n'était pas fait pour plaire en son temps, c'était un ennemi de toute nouveauté.

La tragédie de Guimond de La Touche, *Iphigénie en Tauride*, vaut beaucoup mieux que celle de *Didon;* mais elle a tous les défauts de l'école sentencieuse. On y rencontre une foule de lieux communs du reste assez bien exprimés. Iphigénie y parle comme si elle était reçue dans l'intimité des encyclopédistes. On a retenu ce vers :

> C'est être criminel que d'être misérable.

Lemierre, auteur d'*Hypermnestre,* eut la dureté du style de Crébillon sans en avoir l'énergie. Après avoir vu tomber sa *Veuve de Malabar*, comme la plupart de ses autres ouvrages, il eut le bonheur de la voir se relever. Il plut à Lemierre d'apprendre aux veuves françaises à ne pas se brûler sur la tombe de leurs époux. Les veuves françaises n'avaient pas besoin de cette leçon; mais, flattées sans doute qu'on les crût capables de cette héroïque action, elles finirent par prendre goût à la tragédie de Lemierre.

Grimm a très-bien jugé Lemierre : « Les personnages de Le- » mierre ont un défaut bien insupportable au théâtre, dit-il à propos » d'*Idoménée*, celui d'être raisonneur. » Grimm s'élève aussi contre ces lambeaux de philosophie mal placée que les auteurs du XVIIIe siècle cousaient au tissu de leurs pièces, malgré le précepte d'Horace. « C'est notre maître à tous, ajoute-t-il, M. de Voltaire, qui a » fait dire à Jocaste.

» Les prêtres ne sont pas ce qu'un vain peuple pense :
» Notre crédulité fait toute leur science.

» et voilà la source et l'époque de cette impiété qui s'est établie » si indiscrètement sur nos théâtres. Mais notre maître à tous a eu » tort, et ce n'est pas dans ses torts qu'il faut l'imiter. Il faut sentir » que le mérite essentiel de tout tableau consiste dans l'unité de » couleur, *color unus*. »

Ces réflexions prouvent que l'esprit de Grimm était pénétré du vrai sentiment de l'art.

La moins mauvaise des pièces de Lemierre est son *Guillaume Tell*.

On cite un mot très-spirituel de Molé à Lemierre, qui était allé chez l'acteur pour faire quelques changements au rôle que celui-ci devait jouer dans *la Veuve de Malabar*. Lemierre lui demande une plume. « Que ne prenez-vous celle de Racine? » répondit Molé. En effet Lemierre en aurait eu grand besoin.

Le *Spartacus* de Saurin a de l'énergie et de la grandeur, mais cette tragédie est réduite à un rôle. Il aurait mieux valu pour Saurin imiter le *Coriolan* de Shakspeare, que de s'attirer les éloges de Voltaire en composant une pièce intitulée *l'Anglomane;* d'autant mieux que Voltaire, ami perfide, disait en parlant de *Spartacus* : « Il y a quelques vers *duriuscules*. » Duriuscules est charmant.

Saurin emprunta à Thompson le sujet de *Blanche et Guiscard;* Thompson l'avait emprunté lui-même à une des aventures racontées dans la *Vie de Gil Blas de Santillane*. Saurin a manqué là un superbe sujet. Il emprunta ensuite à Lillo le sombre *Beverley*. On vit se changer en drame la plaisante comédie de Regnard. Cette pièce est en vers libres. On rapporte qu'un capitoul de Toulouse, choqué de cette expression, *vers libres*, ne voulait pas la laisser jouer, sous prétexte qu'il devait défendre les obscénités. Telle était la littérature des capitouls.

*Les Mœurs à la mode*, comédie de Saurin, eurent également du succès.

Colardeau fit représenter une tragédie d'*Astarbé*, tirée du *Télémaque*; elle tomba malgré les vers pleins de sentences philosophiques qui étaient assez du goût du public. Il fut un peu plus heureux avec le poëte anglais Rowe. Il lui prit le sujet de *la Belle Pénitente*. *Caliste* réussit. On y trouve des parties bien écrites. Cette pièce avait déjà été mise au théâtre vingt ans auparavant. L'épître d'*Héloïse à Abeilard*, traduite de Pope, est le meilleur ouvrage de Colardeau.

De Belloy eut un grand succès à la cour; la pièce du *Siége de Calais* fut jouée devant la famille royale. Le roi en agréa la dédicace et accorda à l'auteur une gratification de mille écus. Le mérite de De Belloy c'est d'avoir abordé, comme Voltaire, le genre national. La tragédie de *Gaston et Bayard* eut douze représentations; *Gabrielle de Vergy* en eut vingt-deux; mais l'auteur ne put en jouir, il n'était plus.

Depuis l'épouvantable festin des Atrides, il ne s'était passé sous le soleil rien qui, à l'égal du repas préparé par le seigneur d'Autrey, pût faire reculer d'horreur l'astre qui nous éclaire, si l'habitude de voir les crimes des mortels ne l'avait sans doute invariablement fixé dans le ciel avant Galilée. On sait que le jaloux Fayel eut le courage de faire manger à sa femme le cœur de Coucy, de ce noble chevalier qu'elle adorait, et qui, mourant en Terre-Sainte, avait ordonné qu'on envoyât à sa belle un si triste et si fidèle présent. Cette tradition est une des plus terribles et des plus touchantes du moyen âge. De Belloy ne pouvait donc l'oublier dans le théâtre national qu'il s'était proposé d'élever à la plus grande gloire de la France. On découvre tout d'abord des trésors dans une pareille histoire; mais, pour que la scène en fût enrichie, il aurait fallu que cette chronique tombât dans les mains d'un poëte; la froide imagination de De Belloy n'en a tiré que des effets communs et révoltants.

Cependant le caractère de Gabrielle est bien conçu; et s'il avait été mieux exécuté, il aurait pris sa place au-dessus des héroïnes de Voltaire, à côté de celles de Corneille et de Racine; par malheur le style, qui donne la vie et la couleur, De Belloy ne le possédait pas. Ce caractère était fait pour trancher poétiquement avec les femmes de notre théâtre; Gabrielle a quelque chose de Juliette et d'Ophélia.

C'est la même grâce, qui vient de l'extrême jeunesse, et la même naïveté de sentiments.

Il lui manque un printemps pour compter quatre lustres,

comme l'auteur a soin de nous l'apprendre ; en un mot elle a dix-neuf ans. Une douce mélancolie est répandue sur son beau front. Châtelaine rêveuse, elle évoque sans cesse l'image de celui que sa tendresse avait choisi, et dont un père l'a séparée en la livrant à un autre époux ; elle se complait dans ses regrets, espérant qu'ils la tueront bientôt, et qu'elle se verra délivrée ainsi de la chaîne qu'on lui a imposée. Elle voudrait aimer son époux, mais elle ne le peut ; elle a tout fait, tout tenté pour cela ; le souvenir de Coucy revient toujours se placer entre son cœur et Fayel, sans qu'elle réussisse à l'éloigner. Cette jeune femme, si plaintive et si faible dans son isolement, que deviendra-t-elle donc lorsque Coucy, depuis long-temps absent, se représentera lui-même à ses yeux tout couvert des palmes de victoire enlevées aux champs de Palestine ? Ne devinez-vous pas qu'emportée par son premier mouvement, elle oubliera son époux et la terre entière, et qu'elle s'écriera, en s'élançant dans les bras du héros qu'elle aime :....

..... Le voilà, mon vainqueur,
L'honneur des chevaliers, l'idole de la France !

Mais le sentiment du devoir, la sévère pudeur, les convenances françaises reprennent le dessus ; elle veut subir avec résignation la loi de son mariage ; on sent qu'un tel effort ne lui serait pas possible, et qu'elle s'abandonnerait inévitablement à sa passion pour Coucy, si elle n'était destinée à mourir d'un spasme violent du cœur en recevant les preuves de la mort de son amant, horribles preuves que lui envoie la vengeance de Fayel. Nous en voulons à de Belloy d'avoir défiguré ce caractère par son mauvais langage, et surtout par la maladresse de ses combinaisons dramatiques. Toute la poésie du sujet s'en va sous le prosaïsme des vers, et l'absurdité des deux derniers actes détruit l'originalité et l'énergie des premiers.

On connaît la réponse d'un grand seigneur homme d'esprit, à qui l'on reprochait de n'être pas bon Français parce qu'il n'admirait pas *le Siége de Calais* : « Je voudrais que tous les vers de la pièce fussent aussi français que moi, » disait-il. L'incorrection, l'impropriété des termes, la banalité des hémistiches, l'absence de goût, déparent en effet les ouvrages de cet auteur, mais il eut avec

Voltaire le grand mérite de délivrer quelque temps la scène des Grecs et des Romains.

Le marquis de Ximenès fit représenter au Théâtre-Français deux tragédies, *Epicharis* et *Amalazonte*. Nous le citons parce qu'il nous offre l'occasion de montrer quelle haine portaient à la critique les auteurs d'alors. Fréron s'étant légèrement moqué de lui, il crut devoir écrire à M. de Sartines : « Depuis que j'ai eu le » bonheur de vous connaître, j'ai toujours éprouvé vos bontés et je » ne les ai jamais employées pour moi. L'occasion se présente de » les réclamer pour moi-même, et j'espère que vous ne confondrez » pas mes justes plaintes avec celles que votre place vous oblige » d'entendre tous les jours. L'honneur est la seule règle que je doive » respecter, et c'est lui seul qui me force à me plaindre à vous de » l'impudence punissable de ce misérable Fréron, dont je me croi» rais assez vengé par le mépris, si les personnes avec lesquelles » mon état m'accoutume à vivre portaient de cet odieux fripier » d'écrits le même jugement que moi. Je vous fais passer les per» sonnalités que cet insolent ex-jésuite se permet contre moi, qui » n'ai rien écrit que sous votre protection et sans aucune espérance » que celle de rendre justice aux talents qui ont mérité cette année » au Théâtre-Français les applaudissements du public. Vous juge» rez, monsieur, s'il est convenable de laisser avilir les lettres jus» qu'au point de permettre qu'on insulte impunément un *homme* » *comme moi*, pour avoir écrit des pages qui sont le résultat » du jugement public.

» Si vous ne réprimez pas de pareilles licences, c'est vouloir » interdire aux gens qui pensent la liberté d'écrire, ou exiger que » tout homme qui écrira renonce aux principes de l'honneur, qui » n'endure point d'affronts.

» Voilà cependant, monsieur, les conséquences funestes qu'en» traîne la protection dont jouit, à je ne sais quel titre, l'auteur dé» testé de *l'Année littéraire*. Quand je vous demande justice contre » lui, je vous supplie de croire qu'il m'en coûte beaucoup, et que » si je me respectais moins je n'aurais pas besoin d'appui pour me » satisfaire.

» Ce serait donc, monsieur, me déclarer très-indigne de cette au» torité dont j'ai reçu tant de preuves de votre part, que de sus» pendre le châtiment qu'a mérité le sieur Fréron en osant m'in» sulter. Quant au genre de châtiment, soyez-en l'unique arbitre; » le plus léger me suffira, pourvu qu'il sache bien que c'est moi » qui le sollicite; non pas pour moi, qu'il ne peut blesser, mais

» pour mon honneur, qui m'impose la loi de paraître sensible à » des honneurs justement mérités. »

Vit-on jamais plus d'insolence! C'était contre de tels amours-propres que Fréron guerroyait; et l'on doit lui savoir gré de son courage. Tout le XVIII$^{e}$ siècle est plein de contrastes : c'était le marquis de Ximenès, l'ami des philosophes, qui respectait si peu les droits de la critique; que Voltaire du reste, son maître et son chef, ne ménageait pas plus que lui; et Fréron, le champion de la cour, en dehors du mouvement social, montrait souvent plus d'indépendance qu'eux. Toute cette colère du marquis de Ximenès provenait d'un discours de rentrée que cet habitué des coulisses de la Comédie-Française avait écrit sans se faire nommer, et que Fréron avait jugé digne en effet d'un rigoureux anonyme. Un usage, qui aurait dû être conservé, existait à la Comédie-Française; il s'y faisait des discours de clôture et de rentrée où l'on rendait compte au public des travaux du théâtre.

Voyons quels ont été les principaux acteurs depuis Baron : remontons jusqu'à Quinault-Dufresne, successeur de Beaubourg.

Quinault-Dufresne, dont nous avons déjà mentionné la vanité, a été jugé assez sévèrement par mademoiselle Clairon. « Dufresne, » dit-elle, plus éblouissant que profond; noble, mais jamais terrible, mais sans ordre, sans principes, sans aucun de ces » grands traits qui caractérisent le génie, n'a pu devoir ses succès » qu'aux suprêmes beautés de toute sa personne et de son organe; » et l'on ne peut disconvenir que le public de ce temps-là n'exigeait pas ce qu'on exige aujourd'hui. » Ce fut Dufresne que les comédiens français députèrent aux membres de l'Académie française afin de leur offrir les entrées du théâtre; démarche des plus honorables pour les comédiens. Quinault-Dufresne créa, entre autres rôles importants, celui d'Œdipe. Un jour le parterre lui cria : « Plus haut; » Dufresne répondit : « Et vous plus bas. » Mais il expia cruellement sa réponse : on le força à faire des excuses pénibles pour un homme aussi orgueilleux que lui. On cite de lui beaucoup de traits d'insolence. « Allons, qu'on paie ces malheureux, » disait-il à ses valets quand il descendait de chaise, et que les porteurs, comme ceux des *Précieuses ridicules*, réclamaient leur salaire.

Bientôt parut Le Kain, dont le nom est resté éclatant. Voici ce que Voltaire disait de lui en le comparant à ses devanciers : « Baron était plein de noblesse; Beaubourg était un énergumène; » Dufresne n'avait qu'une belle voix et un beau visage; Le Kain » seul a été véritablement tragique. » Voltaire est un peu suspect de prévention pour Le Kain son élève, et lui sacrifie trop légèrement ses prédécesseurs. Il avait fait venir Le Kain chez lui pour jouer à son théâtre particulier; il obtint pour lui un ordre de début au Théâtre-Français. Le Kain, petit et laid, déplut aux loges, mais reçut bon accueil du parterre. Il joua Orosmane à la cour, fit pleurer Louis XV, et fut admis. Le rôle d'Orosmane était son triomphe; il l'avait long-temps médité. Le Kain ne cessa de se perfectionner; il savait, à force d'âme et d'art, faire oublier de grands défauts, entre autres une voix désagréable. Ce fut au point que Frédéric, écrivant à Voltaire, vantait le bel organe de Le Kain. Nous avons dit qu'il eut, avec mademoiselle Clairon, le bon goût d'opérer une réforme importante dans le costume; il dépouilla les Grecs et les Romains de l'habit français et de la perruque Louis XIV.

Bellecour et Grandval, qu'on avait voulu opposer à Le Kain, se retirèrent de la tragédie pour s'en tenir au haut comique. Bellecour y réussit. Il avait des manières distinguées, un ton de bonne compagnie, un extérieur qui l'emportait de beaucoup sur celui de Le Kain. Bellecour donna au théâtre une comédie en un acte et en prose, intitulée *les Fausses Apparences*, et il fit remettre au répertoire, avec quelques modifications, plusieurs pièces négligées. C'était alors la grande vogue des retouches. Grandval se fit remarquer dans les petits-maîtres de bonne compagnie.

Brisard était un comédien plein de noblesse; sa figure était digne; il convenait aux rôles de pères et de rois. Ses cheveux avaient blanchi de bonne heure, par suite d'une terrible frayeur. Brisard avait vu, en traversant le Rhône dans une barque, cette barque se briser, et avait été contraint de se suspendre à un anneau de fer aux arches d'un pont. Brisard tenait beaucoup à l'exactitude des costumes, et une fois en scène il était tout entier à son rôle, si bien qu'un jour le public l'ayant averti que son casque avait pris feu, il l'ôta sans précipitation, et le remit à son confident sans discontinuer son rôle. Le confident se brûla héroïquement les doigts. Saint-Prix, comme Brisard, joua les rois avec succès. Saint-Prix, dont la taille était colossale et la figure énergique, rendait vigoureusement les rôles du vieil Horace, de Mithridate, d'Agamemnon.

Mademoiselle Lecouvreur possédait l'art suprême des grands acteurs, l'art de se pénétrer soi-même des passions que l'on doit exprimer; elle vivait de la vie des personnages qu'elle représentait. Jamais actrice ne fit répandre plus de larmes sur les infortunes imaginaires des héroïnes de théâtre. Elle produisait une complète illusion; elle arrachait le public comme elle-même au monde présent; on se prêtait à toutes les imaginations du poète. Quand elle jouait Bérénice, Élisabeth, Laodice, Jocaste, Pauline, Athalie, Zénobie, Roxane, Atalide, Iphigénie, Hermione, Ériphyle, Émilie, Électre, Cornélie, il n'y avait pas un spectateur français dans la salle; on était tour à tour du pays que l'auteur avait choisi; il semblait que l'assemblée fût composée de gens prêts à prendre une part à l'action, comme le chœur des tragédies antiques. Voilà le prestige des vrais talents dramatiques. Mademoiselle Lecouvreur, comme cela était d'usage autrefois, jouait aussi les rôles comiques; mais elle n'y réussissait pas aussi bien. On prétend, et ce sont les auteurs tombés qui ont probablement formulé ce reproche, que mademoiselle Lecouvreur contribuait à la chute des pièces nouvelles, dès que le public montrait des dispositions hostiles, et que, pour lui faire sa cour, elle se tournait contre les auteurs, augmentant par la perfidie de son jeu la malignité des assistants. Cependant, lorsqu'on relit les pièces dans lesquelles mademoiselle Lecouvreur a créé des rôles nouveaux, il est aisé de s'apercevoir que les pièces n'avaient besoin pour tomber que de leur propre pesanteur. Un faiseur d'acrostiches et d'anagrammes du temps avait trouvé dans le nom de mademoiselle Lecouvreur le mot suivant : *Couleuvre!* Où diable l'esprit va-t-il se nicher!

Mademoiselle Lecouvreur, dans son commerce avec les hommes distingués de son temps, et par sa constante étude des chefs-d'œuvre de notre langue, s'était formé et orné l'esprit. On a d'elle un recueil de lettres très-bien pensées et écrites avec goût. Morte à quarante ans, elle laissa derrière elle de vifs regrets. On sait que l'Église refusa de l'enterrer; et que Voltaire, qui revenait d'Angleterre, où il avait vu rendre à Anne Olfield les honneurs de Westminster, s'indigna, et dans la préface de *Zaïre* adressa à ce sujet des vers à M. Falkener, négociant de Londres. Le beau corps de cette reine adorée avait été inhumé de nuit, au coin de la rue de Bourgogne, par deux portefaix.

Le ciel, qui protégeait le Théâtre-Français, fit surgir, cet astre à peine éteint, le génie de mademoiselle Dumesnil. Celle-là fut aussi une de ces actrices inspirées au foyer ardent; actrices si rares en toute époque, qui, par leur énergie et leur chaleur, remuent profondément les âmes. Elle possédait ces qualités naturelles auxquelles l'art ne saurait jamais atteindre. Mademoiselle Dumesnil produisait tant d'effet sur le parterre, qu'un jour, lorsqu'elle jouait *Cléopâtre*, elle le fit reculer de terreur. Le parterre était alors debout. Une autre fois, on assure qu'un vieil officier, assis sur le théâtre, lui donna un grand coup de poing dans le dos en s'écriant :

« Va-t'en, chienne, à tous les diables. » Elle était douée au plus haut degré de l'entente tragique; elle avait une figure expressive et imposante, sans être belle; mais le véritable public, comme le disait Dorat :

Veut de l'illusion et non pas des attraits.

Nous emprunterons à Marmontel les portraits de mademoiselle Gaussin et de mademoiselle Clairon. « Mademoiselle Gaussin » était en possession de l'emploi des princesses; elle y excellait » dans tous les rôles tendres et qui ne demandaient que l'expression » naïve de l'amour et de la douleur. Belle, et du caractère de » beauté le plus touchant, avec un son de voix qui allait au cœur, » et un regard qui dans les larmes avait un charme inexprimable, » son naturel, lorsqu'il était placé, ne laissait rien à désirer; et ce » vers, adressé à Zaïre par Orosmane,

L'art n'est pas fait pour toi, tu n'en as pas besoin,

» avait été inspiré par elle. Mais, dans les rôles de fierté, de force » et de passion tragique, tous ses moyens étaient trop faibles. » Jamais la jalousie du talent n'avait inspiré plus de haine qu'à la » belle Gaussin pour la jeune Clairon. Celle-ci n'avait pas le même » charme dans la figure; mais en elle les traits, la voix, le regard, » l'action, et surtout la fierté, l'énergie du caractère, tout s'accor- » dait pour exprimer les passions violentes et les sentiments élevés. » Depuis qu'elle s'était saisie des rôles de Camille, de Didon, » d'Ariane, de Roxane, d'Hermione, d'Alzire, il avait fallu les lui » céder. Son jeu n'était pas encore réglé et modéré comme il l'a » été dans la suite; mais il avait déjà toute la sève et la vigueur » d'un grand talent. »

L'attachement bien connu de Marmontel pour mademoiselle Clairon se révèle ici; il lui sacrifie sa belle rivale. Mademoiselle Clairon n'en a pas moins été une des grandes actrices du Théâtre-Français; elle a laissé des mémoires excellents à consulter : ils contiennent des études bien faites sur les divers rôles qu'elle a joués. Mademoiselle Clairon, après avoir renoncé au théâtre à la suite de la déplorable affaire du comédien Dubois, dont nous parlerons plus tard, reçut chez elle une brillante société, donna des fêtes littéraires où l'on couronna un jour le buste de Voltaire; elle finit par se retirer en Allemagne, chez le margrave d'Anspach, et fut en quelque sorte son premier ministre. Après la mort du prince elle revint à Paris, et publia ses mémoires.

Madame Vestris et mademoiselle Sauval l'aînée brillèrent dans l'emploi des reines, mais sans arriver à la réputation de mesdemoiselles Clairon et Dumesnil.

---

## CHAPITRE QUINZIÈME.

### LACHAUSSÉE, PIRON, FUSELIER, FAGAN, D'ALLAINVAL, DE BOISSY, GRESSET, LANOUE, PALISSOT, DORAT, COLLÉ, BARTHE, POINSINET, CHAMPFORT, IMBERT, SAINT-FOIX, FAVART, LE MARQUIS DE BIÈVRE.

*Comédiens et comédiennes célèbres.*

Nous allons voir la comédie se rembrunir avec Lachaussée et tourner au sentiment, en dépit des efforts de quelques vigoureux esprits sur lesquels Destouches et Marivaux n'avaient pas exercé une romanesque influence. Les œuvres de Lachaussée ont été la vraie transition de la comédie au drame. Écrites en vers, elles tiennent le milieu entre l'ancien et le nouveau genre. Leur ambition est de ressembler à l'*Andrienne* de Térence. Ce sont des aventures attendrissantes auxquelles se mêle une légère dose de comique. Ce mélange excita de vives attaques. Lachaussée fut considéré par bien des gens comme un corrupteur du goût, comme un ennemi de la gaieté française. Avec Lachaussée, la comédie sérieuse et subtile devenait larmoyante, ou plutôt elle changeait de nom. Parmi les aristarques qui ont raisonné avec le plus de justesse sur cette question, il faut vraiment citer Fréron, que la haine de Voltaire a trop ravalé.

Fréron s'exprime ainsi : « Quand les anciens n'auraient pas du » tout connu l'espèce de comédie dont il est ici question, ce ne se» rait pas un motif pour la condamner. Nous avons bien des genres » ignorés des Grecs et des Romains qui parmi nous ont un heureux » cours et qui même ont l'approbation des gens éclairés. Il s'agit » donc d'examiner si le mélange de traits comiques et touchants » est exactement puisé dans la nature... Je dis plus, le genre lar» moyant, puisqu'on l'appelle ainsi, me paraît plus naturel, plus » conforme à nos mœurs que la tragédie. Les passions de celle-ci » sont des passions violentes portées jusqu'à l'excès; les nôtres » sont réprimées par l'éducation et par l'usage du monde. Les vices

» qu'elle peint sont des crimes; les nôtres sont des faiblesses. Ses » héros sont des rois, et nous sommes des particuliers. Enfin les » tableaux qu'elle offre à nos yeux n'ont aucune ressemblance avec » ce qui nous touche et nous occupe dans le cours ordinaire de la » vie. »

Ces lignes ne sont-elles pas très-judicieuses? Ne peignent-elles pas très-bien le genre adopté par Lachaussée? Il est moins logique en effet de se demander si Lachaussée a assombri la comédie, que s'il a réussi à intéresser dans un autre genre. La comédie avait ses droits à part et bien établis par Molière. Elle pouvait souffrir qu'on rendît hommage à une autre divinité.

*La Fausse Antipathie,* qui ouvre le théâtre de Lachaussée, repose sur une donnée invraisemblable: deux époux, mariés à regret, et qui se sont séparés après leur mariage, sans même s'être regardés, ont vécu depuis éloignés l'un de l'autre. Ils ne se connaissent pas; ils se rencontrent et viennent à s'aimer. On se prête difficilement à cette invention. *La Fausse Antipathie* est faible de versification. Elle n'annonçait que bien vaguement le mérite dont Lachaussée fit preuve dans *le Préjugé à la mode,* son chef-d'œuvre.

Durval, n'osant revenir à Constance après de nombreuses infidélités, et parce que, dans la société corrompue au milieu de laquelle il vit, c'est de mauvais goût d'aimer sa femme, offre un caractère plus heureusement saisi que celui du *Philosophe marié.* On comprend cette fausse honte qui l'empêche de faire les premiers pas : cela arrive aux amants après les plus légères brouilles. Qu'est-ce donc lorsqu'on a les torts de Durval à se reprocher! Sa jalousie est naturelle aussi. Le beau-père de Durval, vieillard aux mœurs faciles, et deux marquis qui ressemblent un peu à ceux du *Misanthrope,* égayent le sérieux du sujet. Le caractère de Constance est plein de noblesse. La pièce est conduite avec beaucoup d'art. Des incidents bien imaginés complètent l'ensemble. Durval, qui envoie des cadeaux anonymes à sa femme, fait naître d'heureux quiproquos.

C'est mademoiselle Quinault-Dufresne, charmante actrice, qui donna, dit-on, à Lachaussée le sujet de cette pièce, dont le ton ne s'éloigne pas trop de celui de la comédie, et dont la versification est des plus estimables.

*L'Ecole des Amis* est loin de posséder l'avantage d'un plan bien fait, mais on peut y louer en général le dialogue; les mœurs commençaient à se rectifier. Il n'était plus de bon goût de ne pas payer ses dettes; et Monrose, le héros de la pièce, s'explique là-dessus avec une noble fierté.

Les pièces de Lachaussée sont pleines de sentiments de probité, exprimés toujours avec bonheur. *Mélanide* est un noir roman en vers, et la prose aurait eu plus d'effet. Cette pièce a été vantée comme le plus bel ouvrage de Lachaussée, mais elle est selon nous de beaucoup inférieure au *Préjugé à la mode*, quoique plus théâtrale. Mélanide, délaissée depuis dix-sept ans par un homme qui l'avait séduite et qui la croit morte, le retrouve épris d'une autre femme; cette femme est aussi aimée du fils de Mélanide, et ce fils est ainsi le rival de son propre père. Cette complication amène plusieurs scènes touchantes, mais communes au fond, et gâtées par leur origine. Le style est également moins pur que celui du *Préjugé à la mode;* on rencontre, par exemple, çà et là de ces vers que l'on a cru découvrir de nos jours, et dont Lachaussée avait déjà cherché à établir l'usage. Le fils de Mélanide s'écrie :

Je me rends la justice *affreuse* qui m'est due.

Cette coupe de vers sera toujours étrangère à la nature de la prosodie française.

*Mélanide* est une de ces pièces auxquelles on avait donné le nom de *tragédies bourgeoises*, titre dont un nouvelliste du temps, collègue de Fréron, l'abbé Desfontaines, n'était pas pleinement satisfait. Il proposait cette autre définition : « Pourquoi n'employons-» nous pas, disait-il, pour ces sortes de pièces qui ne sont ni tra-» giques, ni comiques, et qui sont néanmoins théâtrales, un mot » qui est dans notre langue, et que nous avons emprunté des an-» ciens? C'est le mot drame. » Ainsi voilà le mot prononcé. Le drame va croître en peu de temps, et prendre son rang à côté de la tragédie et de la comédie. Il sera consacré aux fautes et aux faiblesses du commun des hommes; le mélodrame sera réservé à leurs crimes.

La question de la liberté des théâtres continuait à être fortement agitée; dans la préface de sa comédie *Amour pour amour*, Lachaussée y fait allusion :

Croyez que le plaisir n'est jamais ridicule;
Son nom le définit. Dès qu'il est, c'est assez.
Les règles n'y sont rien : il est au-dessus d'elles.
Quant à nous, ne soyons jamais embarrassés
Que de le présenter sous des formes nouvelles.

Malheureusement Lachaussée, dont les raisons sont fort bonnes, ne sacrifia pas assez au plaisir.

Cette comédie, *Amour pour amour*, est une féerie dans le genre des jolies pièces de Saint-Foix. C'est la fable de *Zémire et Azor*. Azor est un génie métamorphosé en homme par une fée dont il a dédaigné la tendresse ; il ne doit reprendre sa nature de génie que s'il obtient d'une mortelle un aveu d'amour sans s'être déclaré le premier. Cette fantaisie est ornée de beaucoup de vers galants tournés avec grâce. Le sentiment en est pastoral. On peut en juger par cette scène. Zémire endormie se réveille; elle aperçoit des présents apportés pendant son sommeil; d'un côté des diamants, de l'autre un bouquet. Azor n'est pas riche. Elle devine que le bouquet vient d'Azor, c'est le bouquet qu'elle prend. L'auteur a eu soin de mettre pour épigraphe à sa comédie les vers de Clément Marot :

> Si qu'un bouquet donné d'amour profonde,
> C'était donner toute la terre ronde.

La morale du bon vieux temps avait bien changé dès cette époque. Aussi Lachaussée a-t-il cru devoir faire un conte de fée...

*L'Ecole des Mères*, malgré l'arrêt de Geoffroy, est fort au-dessous du *Préjugé à la mode*; cette comédie est gâtée par des moyens romanesques : un père qui a fait venir sa fille chez lui, tandis que sa mère la croit au couvent, et qui la fait élever sous le nom de sa nièce sans qu'elle soit reconnue, ne saurait être raisonnablement admis. La pièce est monotone et froide, sauf quelques détails comiques. Lors de son arrivée, M. Argant, qui, revenant d'acheter de très-bonnes métairies au lieu d'un marquisat qu'il avait promis à sa femme pour son fils, trouve sa maison bouleversée pendant son absence, va se heurter contre un suisse qui lui refuse passage, et rencontre un maître-d'hôtel dont il n'a que faire; M. Argant, peu satisfait même du dîner qu'on lui a servi, s'écrie :

> Il faut être sorcier pour savoir ce qu'on mange.

Enfin tout rentre dans l'ordre, quoique M. Argant, comme le bon Chrysale, ne soit pas trop le maître chez lui; sa femme ouvre les yeux sur la conduite libertine et dépensière de son fils qui joue au marquis; elle marie, sa fille à celui qu'elle aime au lieu de la renvoyer au couvent.

*La Gouvernante* n'est pas moins étrange que *l'École des Mères*. Même intrigue invraisemblable et entortillée. Il s'agit d'une restitution. Un président, par un arrêt injuste qui lui a été surpris, a ruiné une noble famille. Il répare ce tort involontaire en rendant de ses propres deniers la somme qu'il a fait perdre. Il se trouve récompensé de sa probité par le mariage de son fils, amoureux de la jeune personne à laquelle profite la restitution. Cette jeune personne a été élevée par une dame qui se fait passer pour sa gouvernante, et qui est sa mère. Ces événements, comme on le voit, n'ont rien de naturel; les caractères valent mieux que le plan. Le style a par moments de l'élévation et du trait.

*L'Amour castillan* est un charmant imbroglio dans le genre espagnol. La belle Aurore se déguise en homme pour se faire le compagnon de Gusman et savoir si elle est aimée de lui. Elle surprend ses secrets, et le force à rompre avec une autre maîtresse. Après beaucoup de tours de passe-passe, elle l'amène enfin où elle veut, à ses pieds. Il y a des parties bien traitées dans cette comédie; on y trouve des vers fort ingénieux.

Lachaussée ne pleurait pas toujours; c'était un homme riche et du monde; il en avait, quand il voulait, l'esprit galant et léger. Piron, à cause de *Mélanide* et de *la Gouvernante*, l'appelait :

Révérend père La Chaussée,
Prédicateur du saint vallon.

Mais le révérend père Lachaussée jetait quelquefois le froc aux orties. Piron fit une autre épigramme plus fine, et qui résumait mieux la question des deux genres, la voici :

Connaissez-vous sur l'Hélicon
L'une et l'autre Thalie?
L'une est chaussée, et l'autre non;
Mais c'est la plus jolie.
L'une a le rire de Vénus;
L'autre est froide et pincée.
Salut à la belle aux pieds nus.
Nargue de La Chaussée!

Les autres pièces de Lachaussée, y compris celle de *Paméla*, tirée du roman de Richardson, n'ont pas eu de succès et n'en méritaient guère. On en trouve une d'un genre singulier qui était destinée au Théâtre-Italien; elle s'appelle *les Tyrinthiens*. Lachaussée a trouvé moyen de mettre sa propre apologie dans la bouche d'Aristophane.

Nous citerons seulement pour mémoire les pièces de J.-J. Rousseau. L'illustre philosophe leur rendit du reste une parfaite justice. Au sortir de la représentation de *l'Amant de lui-même*, il entra dans un café voisin de la Comédie et s'écria : « La pièce nouvelle » est tombée; elle mérite sa chute; elle m'a ennuyé. Elle est de » Rousseau de Genève, et c'est moi qui suis ce Rousseau. » Les deux Rousseau ne furent pas heureux au théâtre; mais l'un par son esprit, l'autre par son génie, ont acquis autrement l'immortalité.

La comédie avait besoin, pour ne pas rompre sa tradition, d'un interprète véritable; elle le trouva dans Piron.

Un grand seigneur, dans l'appartement duquel Piron était près d'entrer, reconduisait une personne titrée :

— Passez, monsieur, dit le maître du logis à la personne qui s'arrêtait par politesse; passez, c'est un poète.

— Puisque mes qualités sont connues, repartit fièrement Piron, je prends mon rang! et il passa le premier.

Toute *la Métromanie* est là!

Piron a voulu venger ses confrères de la dédaigneuse protection des grands seigneurs, et des insultes auxquelles le théâtre les avait livrés jusqu'alors. Tout poète mis en scène était d'ordinaire un personnage ridicule : voyez le Licydas de Molière, et M. de La Protase de Dancourt. Les auteurs, pour le plaisir d'humilier des rivaux qu'ils personnifiaient cruellement, avilissaient eux-mêmes leur profession.

Piron, dont la fierté s'est indignée du peu d'égards qu'on témoignait aux poètes dans un siècle où régnaient l'orgueil et la cupidité, était l'homme le plus propre à prendre en main leur querelle. Il avait en quelque sorte devancé son époque et enseigné qu'un auteur doit savoir se suffire et demander au public seul le salaire légitime de ses travaux. Il n'était point pensionné par les grands comme une foule de rimeurs subalternes; préférant la pauvreté à la flatterie, il recherchait la solitude, et composait pour vivre des opéras-comiques. Les Muses lui tenaient lieu de tout, selon son langage; il trouvait dans leur commerce assidu l'oubli des misères de la vie, elles le consolaient des calomnies qu'une heure mal employée de sa jeunesse avait suscitées contre lui; car Piron, dont une ode malheureusement célèbre a flétri la mémoire, expia, par soixante années de mœurs irréprochables, la débauche d'esprit qui le priva de l'Académie. On n'a jamais vu un exemple plus frappant de la fâcheuse influence que peut exercer sur la vie entière un moment de folle ivresse. Je ne sais combien d'épigrammes infâmes, de contes immondes furent mis ensuite sur le compte de Piron; son nom a été entaché pour jamais. Rien ne lavera la souillure, au point que son apologie aura toujours l'air d'une réhabilitation.

Cependant Piron a fait un chef-d'œuvre; nous dirons plus, il en a presque fait deux, car c'est une très-belle chose que la préface de *la Métromanie*, éloquente biographie de l'auteur tracée par lui-même avec une plume toute trempée de l'amertume qui remplissait son cœur. Il est impossible de se mieux produire et de s'accuser plus dignement de fautes commises dans l'effervescence de passions long-temps contenues par la sévérité de parents religieux. Ces braves gens avaient inculqué à Piron les généreux et purs sentiments qu'on retrouve dans la bouche de son Damis; mais en même temps ils s'étaient étudiés à le mettre en garde contre les séductions de la poésie. Vain effort! Quelle peinture éternellement vraie des emportements de la vocation! Lorsqu'arrive le moment du choix d'un état, on met sous les yeux de Piron les avantages de la finance, de la médecine, du barreau, des armes; il ne se sent pas fait pour s'engraisser des sueurs des malheureux, comme les traitants; l'usure lui fait mal au cœur; la médecine est une science trop conjecturale : elle lui répugne; il a trop d'amour pour son prochain. Le barreau ne lui sourit point; sa conscience, qu'il écoute, lui défend d'entrer dans une arène où les bornes du faux et du vrai ne sont pas assez distinctes, où le pour et le contre ont toujours un défenseur, où l'on injurie un homme qu'on aurait comblé d'éloges s'il s'était présenté avant son adversaire. Quant aux armes, il est beau de répandre son sang pour la patrie, mais n'abuse-t-on pas singulièrement de ce dévouement? Qu'importe à la patrie les guerres que le caprice des rois enfante, et combien de fois, grand Dieu! les armes du soldat ne sont-elles pas tournées contre d'autres enfants de la patrie! Qui ne veut pas être médecin, refuse de devenir soldat, dans la crainte d'être exposé à tuer ses frères!

Quel état reste donc? Il en est un indépendant et glorieux où l'on ne reçoit de loi que de soi-même; rien de convenu, d'arrêté d'avance ne l'entrave en effet; il ne relève que de l'équité naturelle! Rechercher en soi et chez les autres les éléments divins mêlés à nos terrestres destinées, essayer de résoudre le problème de la vie, telle est la mission du poète, la plus haute qu'un homme puisse se proposer.

Piron, comme tous les grands esprits, ne s'effraya jamais de l'indigence!... il la supporta sans se plaindre; il la savait inhérente à l'amour exclusif de l'art! Il ne livra sa plume aux faciles succès des théâtres secondaires qu'autant qu'il fallut assurer sa subsistance et celle de sa femme. Un bon vers aux yeux de Piron valait mieux qu'une pièce d'or. L'or se rouille avec le temps, et non le vers. L'élévation de son âme le maintenait au-dessus de ce qu'on pourrait nommer la frénésie du gain. Les comédiens, qui par une vieille habitude manquent rarement, ne fût-ce que pour se raffermir dans leur importance, d'engager l'auteur d'une pièce nouvelle à faire des corrections, tourmentaient une fois Piron pour qu'il fît droit à leurs observations. Ils lui citaient à ce sujet l'exemple d'un des auteurs les plus célèbres du jour qui refondait quelquefois des actes entiers ; « Parbleu, messieurs, je le crois bien, » répondait le poète avec un noble orgueil, il travaille en marqueterie, et moi je jette en bronze. »

Piron a animé son héros Damis de tout le feu de son génie, de toute la sensibilité de son cœur. Il s'est peint lui-même dans son métromane, et il ne s'en cache pas: On ne doit pas s'étonner alors qu'il en ait fait un des êtres les plus aimables, les plus séduisants du théâtre. Cependant Piron, qui ne voulait pas, comme il l'a écrit lui-même, se guinder sur les échasses d'une morale revêche, et faire de son poète un pédant grave et rengorgé, ainsi que l'aurait fait Destouches ; Piron n'a pas manqué de lui laisser quelques légers travers d'esprit, afin d'égayer le spectateur, en se conformant aux lois de la vieille comédie, observées par Molière lui-même dans le plus beau caractère de la scène française, celui du Misanthrope ! Mais par combien de qualités Damis rachète ces défauts ! que de raison et de chaleur, que de courage et de générosité ! Comme il est supérieur à tous ceux dont il est entouré, et qu'on aime à voir la philosophie de la pensée l'emporter sur la pratique de la vie, admirablement représentée par l'oncle de Damis, et le mérite enfin paraître plus estimable que l'argent !

*La Métromanie* a été conçue dans le même système que *le Misanthrope*, pièce que Piron savait par cœur comme tous les vrais littérateurs. Le chef-d'œuvre de Molière et celui de Piron, à part l'intervalle qui les sépare, et que l'auteur de *la Métromanie* était le premier à reconnaître, se déroulent dans le même ordre d'idées. Par un adroit détour, la bienveillance du public est surprise, et le préjugé qu'on a l'air de flatter est vaincu ! On vient pour rire du Misanthrope, on retourne chez soi plein d'estime pour lui ; on compte s'égayer sur le travers du Métromane, on voudrait le rencontrer ensuite pour lui serrer la main ! Bien plus, qui ne souhaiterait d'être Alceste ou Damis ? quelle souplesse de l'art ! quelle habileté il a fallu pour arriver ainsi à son but, en ne froissant pas l'opinion générale ! Piron, dont le sujet n'embrasse pas comme celui de Molière toute l'humanité, a composé un tableau de genre que le grand maître aurait sans doute signé dans un jour de caprice. Cependant pourquoi ce Francaleu, qui avait cinquante ans quand l'ardeur de rimer le tourmenta, n'a-t-il pas servi de bouc émissaire à Piron ? Si l'auteur de *la Métromanie* l'avait chargé de tous les ridicules des mauvais poëtes, afin d'en épargner quelques-uns à Damis, très-raisonnable et très-digne garçon d'ailleurs, la pièce eût certainement gagné en intérêt. Ce jeune homme, qui se défend avec tant de raison contre les préjugés étroits de son oncle, et l'*esprit de bourgeoisie*, de tout temps hostile aux vers, on est vraiment fâché de le voir épris d'une *Iris* en l'air avec laquelle il correspond par l'entremise du *Mercure*. On lui passe volontiers, et mieux que cela, on aime ses distractions, ses nonchalances, ses dédains de la fortune; on lui pardonne jusqu'à ses dettes, parce qu'on sent qu'il est homme à s'acquitter un jour; mais cette Sapho de Basse-Bretagne, objet de ses poétiques hommages, et qui n'est autre que Francaleu, jette un peu trop de défaveur sur lui.

Piron, dont les tragédies furent malheureuses, et dont nous ne citerons qu'en passant *Gustave Wasa*, obtint plus de succès dans les opéras-comiques, il y a dépensé beaucoup d'esprit; mais la gaieté de nos pères n'était pas toujours très-décemment voilée, et pas un des opéras-comiques de Piron ne trouverait grâce aujourd'hui. Le plus joli, intitulé *la Rose*, contient des équivoques intolérables, et certainement ce n'est pas de ses opéras que Piron aurait pu dire, comme son Damis : « La mère en prescrira la lecture à sa fille. »

Piron, d'opéra-comique en opéra-comique, devint complétement aveugle, et, sans avoir même été académicien, comme son épitaphe nous l'apprend, mourut à l'âge de quatre-vingt-trois ans. Sa vie ne fut qu'un long tissu de souffrances!

Fuselier, auteur qui aurait pu acquérir une réputation, travailla comme Lesage exprès pour le théâtre de la foire. Fuselier avait un souverain mépris pour le public. Il disait, quand on lui reprochait de travailler trop vite : « Ce sera toujours assez bon pour ce maraud de public. » On verra Champfort parodier ce mot plus tard.

Fagan défendit avec fureur les pratiques de la vieille comédie. La meilleure des pièces de Fagan a pour titre *les Originaux*. Fagan a composé sa comédie dans un dessein fort louable. Une mère veut corriger son fils, qui est emporté, intempérant, peu instruit, indiscret, orgueilleux, volage, moqueur, médisant; et elle fait passer sous ses yeux des gens qui possèdent ces défauts à un degré très-éminent. C'est à tort que l'auteur a nommé des *originaux* ces individus : l'originalité n'emporte pas le vice; l'originalité est presque toujours l'abus d'une qualité, et là on ne voit que des personnages vicieux, à prendre le mot dans toute sa rigueur.

Il a plu au comédien Dugazon de *retoucher* cette comédie; il a commencé par bouleverser la pièce, en changeant la disposition des scènes, très-bien coordonnées entre elles; il en a retranché une, et il s'est permis d'y ajouter deux autres scènes condamnables de toutes façons. La première est celle d'un maître italien qui donne à son élève, au lieu de lui enseigner la langue de Pétrarque et du Dante, une leçon culinaire sur la manière de faire cuire le macaroni. Ce caractère outré est d'un bas comique. La seconde scène révolte par son inconvenance : c'est un maître de danse qui a perdu sa femme depuis huit jours, et qui, en donnant sa leçon à un jeune marquis, en présence de sa mère, à laquelle il raconte ses chagrins, fait une double scène grotesquement mélangée de regrets donnés à la défunte et des expressions consacrées à la danse. Le *chassez-croisez*, la *queue-du-chat*, interrompent à chaque instant ses larmes et ses sanglots.

Il est trop vrai que les nécessités de la vie viennent souvent prendre au collet un homme abîmé de douleur, et qu'elles le jettent, au sortir d'un chevet où râle l'agonie, dans un monde de fêtes ou de plaisirs. Les souffrances du cœur n'ont pas toujours la consolation de la solitude. Les comédiens le savent mieux que personne. Il se peut faire qu'un maître de danse soit en quelque sorte forcé de danser sur le tombeau de sa femme; mais alors il faut le plaindre.

Fagan, que Dugazon a mystifié de la sorte, n'en sort pas moins encore assez avantageusement de l'épreuve de la scène. Un rôle de sénéchal ignorant, fort bien tracé, et qui a peut-être fourni le modèle du Brid'oison de Beaumarchais, s'élève au ton de la bonne comédie. Ce personnage, qui ne veut pas aller en Angleterre par eau, est très-amusant. La vénalité des charges de l'ancienne magistrature est attaquée au vif par le portrait de ce franc imbécile, assez largement dessiné. C'est dans cette pièce qu'on trouve cette définition piquante de Télémaque : Télémaque est *un malheureux qui cherche son père par terre et par mer.*

*L'École des bourgeois*, de d'Allainval, a de l'esprit, de l'intrigue, des caractères, du style; elle possède tout ce qui fait une bonne pièce, et l'on a peine à s'expliquer le médiocre succès qu'elle obtint lors de sa première représentation. Il y a des gens, on est forcé d'en convenir, dont l'existence est poursuivie par je ne sais quelle fatalité; d'Allainval fut de ce nombre. Avec un talent de premier ordre, il vécut toujours dans la misère; et lorsqu'il fit jouer, aux Italiens, la pièce de *l'Embarras des richesses*, le pauvre hère ignorait cet embarras; il n'avait pas un sou. D'Allainval coucha plusieurs fois à la belle étoile; bienheureux lorsqu'il rencontrait sur son chemin des chaises à porteurs qu'on laissait dans ce temps-là au coin des rues; il s'y blottissait alors comme un chien égaré, et attendait le jour, en caressant la chimère de son déjeuner du lendemain. Cependant cette pauvreté ne lui enlevait ni son insouciance ni sa gaieté; il la supportait bravement, ainsi qu'en fait foi l'épigraphe imprimée en tête de la comédie de *l'Embarras des richesses :*

> *Ibi divitiæ, ubi pax et hilaritudo; ubi*
> *Divitiæ, si non adest pax et hilaritudo,*
> *Ibi paupertas.*

(Les richesses sont là où se trouvent la paix et la satisfaction du cœur; mais là où manquent la paix et la satisfaction du cœur, c'est la pauvreté au sein des richesses.)

D'Allainval se consolait ainsi.

La bourgeoisie et la noblesse cherchaient à rivaliser de luxe et d'éclat; mais la bourgeoisie, vaincue par les airs de cour et par les priviléges des grands seigneurs, rongeait son frein avec dépit. Elle sacrifiait tout à l'empire du nom; elle achetait au prix de ses plus beaux écus d'or les armoiries de quelque noble maison ruinée. Un esprit de vanité s'était emparé d'elle : ses plus charmantes filles, enrichies par le commerce, passaient dans les bras de jeunes et oisifs libertins, qui les accablaient de mépris d'abord, et perdaient ensuite la fortune de leur femme au lansquenet, comme ils avaient perdu la leur. C'était un jeu pour les seigneurs de la régence que de faire des mariages de ce genre; en le prenant sur un ton d'insolence et de fatuité, on ne croyait pas déroger. On s'exécutait soi-même : on nommait cela *s'encanailler*. C'est une époque de vertige, s'il en fut. L'homme qui se ruinait le plus vite était le plus estimé et le plus recherché. On se hâtait de vivre et de se mettre en dépenses, comme si l'on pressentait que la fin de ce monde d'injustice et d'orgueil approchait à grands pas. La noblesse jouissait de son reste.

Voyez le marquis de Moncade, c'est le type des jeunes seigneurs d'alors. D'Allainval a vraiment tracé ce portrait de main de maître. Après avoir emprunté cent mille francs à madame Abraham, veuve d'un banquier quelque peu juif comme son nom, et s'être assuré que Benjamine, la fille de cette dame, aurait un jour deux cent mille livres de rente, il se résout, le noble marquis, à s'encanailler. Il fait l'honneur à madame Abraham de se proposer pour son gendre. Madame Abraham est ravie, Benjamine aussi; l'ingrate oublie son cousin Damis, jeune conseiller qu'elle devait épouser: M. Mathieu, l'oncle, s'oppose bien au mariage, qu'il trouve ridicule; mais M. Mathieu est d'une pâte facile à pétrir. Deux mots du marquis de Moncade l'attirent dans ses intérêts; Moncade l'appelle son cher oncle!... Le cher oncle d'un marquis!... comment résister? Moncade, en un mot, aurait remporté d'assaut les deux cent mille livres de rente de madame Abraham, sans la maladresse de son coureur, qui remet aux mains de Benjamine une lettre destinée à un duc, et dans laquelle il se moque de sa nouvelle famille avec un mépris intolérable. Madame Abraham ouvre les yeux et resserre les cordons de sa bourse.

L'impertinence de Moncade est merveilleuse dans la maison de madame Abraham, pendant qu'il fait sa cour à Benjamine, ou plutôt pendant qu'il se laisse faire la cour par cette folle enfant.

Les conseils que le marquis donne à sa future épouse sont les plus incroyables du monde; ils peignent bien tout le dévergondage des mœurs de cette époque! Le marquis fait comprendre à Benjamine qu'elle doit renoncer à ces termes d'affection auxquels elle se croit obligée, qu'il est malséant qu'une femme *s'ensevelisse* dans son mari, et que se montrer réciproquement de l'amour n'est qu'une petitesse, qu'un travers bourgeois!

— Se prendre sans s'aimer! dit Benjamine étonnée, le moyen de pouvoir vivre ensemble!

— On y vit le mieux du monde, répond le marquis, on n'y est ni jaloux ni inconstant. Un mari, par exemple, rencontre-t-il l'amant de sa femme: « Ah! mon cher comte, où diable te fourres-» tu donc? Je viens de chez toi; il y a un siècle que je te cherche. » Va au logis, va, on t'y attend, madame est de mauvaise hu-» meur. Il n'y a que toi, fripon, qui saches la remettre en joie!... » Un autre: « Comment se porte ma femme, chevalier? Où l'as-tu » laissée? Comment êtes-vous ensemble? Le mieux du monde?... » Je m'en réjouis. Elle est aimable au moins, et le diable m'emporte, » si je n'étais pas son mari, je crois que je l'aimerais. D'où vient » que tu n'es pas avec elle? Ah! ah! vous êtes brouillés, je gage? » Mais je vais lui envoyer demander à souper pour ce soir; tu y » viendras, et je veux vous raccommoder. »

Toutes ces gentillesses, toutes ces belles manières, enchantent madame Abraham et sa fille, tant elles sont entêtées de la qualité, jusqu'au moment où elles découvrent l'odieuse moquerie du marquis. Pour se venger, la famille assemblée le fait signer au contrat de mariage de Damis et de Benjamine, alors qu'il croit signer le sien; mais de tels coups ne sont pas faits pour atteindre Moncade. Il sort victorieux de cette mystification en remerciant madame

Abraham d'avoir pris plus de soin de son honneur que lui-même. Il berne encore ces imbéciles bourgeois.

Cette pièce d'Allainval offre une peinture achevée. Tout ressort d'un caprice innocent de jeune bourgeoise et de l'impertinence d'un grand seigneur. Jamais meilleure leçon n'avait été donnée, mais personne n'en profita. Il n'est malheureusement que trop vrai que le théâtre corrige rarement les défauts des hommes, quoiqu'il ne doive pas oublier ce but.

Un des plus féconds auteurs de ce temps fut de Boissy. La comédie du *Français à Londres* eut beaucoup de succès. Le caractère d'un petit-maître français s'y trouve dépeint avec assez de bonheur ; l'Angleterre avait alors le privilége du bon sens.

La Harpe prétend qu'il y a *de l'intérêt*, *des caractères*, *des situations*, *des peintures de mœurs et des détails comiques* dans la pièce des *Dehors trompeurs*. Geoffroi assure qu'on y trouve *des contrastes bien saisis*, *une intrigue conduite avec art et un dénoûment ingénieusement filé*. M. Auger dit que le grand mérite de cet ouvrage est *la facilité élégante et spirituelle du style*, *la douceur abondante de la versification*. Malgré ces autorités, il est difficile de trouver tant de belles choses dans cette comédie. De Boissy a vraiment défiguré le caractère de l'homme du monde en faisant de son baron un être impoli envers son beau-père futur, et, qui pis est, envers celle qu'il prétend épouser. L'homme du monde est adroit : il sait parler ou se taire à propos ; il a le coup d'œil sûr ; il démêle habilement les intrigues qui se trament autour de lui ; on le trompe malaisément, parce qu'il est toujours sur ses gardes ; il ne promet guère ce qu'il ne peut tenir, sachant bien que l'attente déçue est regardée comme une injure. Mais il vous accable de vagues protestations d'amitié. Il possède l'art d'obtenir les secrets des autres sans livrer les siens, et sa politesse est extrême envers toutes les personnes dont il a besoin et qu'il lui importe d'épargner. Il sera peut-être un tyran domestique avec sa femme et ses enfants ; mais, certes, il sera charmant avec celle dont il recherche la fortune et la main.

De Boissy a fait la contre-épreuve de ce tableau ; mais, ce qu'il y a de plus curieux dans son œuvre, c'est le style incorrect et précieux.

De Boissy fit plusieurs grandes comédies en cinq actes et en vers, *l'Impatient*, *l'Impertinent malgré lui*, *la Confidente d'elle-même*, *l'Homme indépendant*, *l'Embarras du choix*, *le Médecin par occasion*, *le Duc de Surrey*, pièce héroïque ; mais il a mieux réussi dans ses pièces légères, espèces d'à-propos dans lesquels il peignait les ridicules du jour. Il avait une grande facilité, de l'esprit, une certaine vivacité d'imagination; mais il écrivait assez mal; il n'en fut pas moins reçu à l'Académie française. Les dernières années de sa vie furent employées à la rédaction du *Mercure de France*, dont madame de Pompadour lui avait obtenu le privilége.

On trouve le nom de Shakspeare dans une des pièces de Boissy; la littérature anglaise se répandait de plus en plus. Dans une comédie intitulée *la Frivolité*, un personnage s'écrie en parlant d'un marquis porté aux choses nouvelles :

> Son transport, l'autre jour, était l'anglomanie;
> Au-dessus de Corneille il mettait Shakespear.

*Le Méchant*, de Gresset, moins plaisant que *la Métromanie*, prend place néanmoins parmi les bonnes comédies, grâce au mérite de la versification; mais on sent dans cette œuvre toute la corruption des mœurs du temps : la pièce ne repose pas sur une forte action. Le caractère principal est aussi froid que la plupart des caractères tracés par Destouches; le style est spirituel, mais ajoutons qu'il est d'une rare impertinence. Cette effronterie de langage, empruntée aux mœurs du jour, passait alors pour être de bonne compagnie. Une telle licence ne s'est pas renouvelée depuis. Dorat, malgré les airs de fatuité qu'il affichait dans ses poésies légères, et les autres petits-maîtres du théâtre, n'osèrent pas aller si loin. Gresset renonça de bonne heure à la comédie. Il se convertit; il publia même une lettre contre le théâtre, mais cette conversion ne produisit pas un heureux effet. On ne pardonna pas à Vert-Vert les propos libertins qu'il avait tenus dans sa jeunesse avec un peu trop de complaisance. Les mœurs de Gresset furent honnêtes et douces en elles-mêmes, et ne participèrent point aux désordres qu'il a dépeints.

C'était une entreprise audacieuse d'attaquer au théâtre le caractère de la coquette, après l'admirable création de Célimène.

Le comédien Lanoue, qui n'avait pas de génie, et qui voyait que la métaphysique de sentiment commençait à dominer, s'imagina un jour qu'il y aurait quelque originalité à rendre la coquette sensible; et il en essaya la conversion, sans s'inquiéter de la difficulté de faire adopter ce paradoxe dans un pays où l'on sait si bien ce qu'est la coquetterie. Les surprises de sentiment inventées par Marivaux enchantaient la société du dix-huitième siècle, où l'on discourait beaucoup sur le cœur. Lanoue ne songea pas que les coquettes pouvaient être punies et jamais corrigées;

il étudia les penchants de son époque, et, s'il ne réussit pas à lui faire agréer son tableau, c'est moins au défaut principal de sa pièce qu'il dut s'en prendre qu'à son inhabileté d'exécution. Marivaux, malgré l'affectation de son style et la subtilité de ses idées, avait sur son rival l'avantage de la verve et de l'esprit.

La pièce de Lanoue, à nos yeux, manque de comique, d'intérêt, de vérité et de bon goût. Le dénoûment est prévu depuis l'exposition. Il aurait fallu une entente parfaite des choses du cœur et une convenance extrême de langage pour une œuvre pareille; et cette double science de la finesse de la pensée et de la grâce du style, Lanoue ne la possédait pas.

La comédie des *Philosophes* fit du bruit, parce que c'était une satire contre Diderot, Helvétius et Jean-Jacques Rousseau; on y faisait marcher ce dernier à quatre pattes. Cette pièce, calquée sur *les Femmes savantes*, n'aurait pas réussi sans personnalités. Palissot s'était gardé de toucher à Voltaire, il espérait le ranger de son côté; mais Voltaire n'abandonna pas la cause de la philosophie, il aurait fait peut-être bon marché de ses confrères. La cour, agissant contre les philosophes, dont l'autorité nouvelle l'inquiétait, avait autorisé avec joie la comédie de Palissot. On fit à ce sujet l'épigramme suivante, qui n'épargnait personne; elle est tout à fait dans le goût de celles de Voltaire :

Un petit Grec, singe d'Aristophane,
Veut l'imiter dans ses emportements.
Le roquet mord, et de sa dent profane
Va déchirant et sages et savants.
Enfin, le nain compose et fait un drame,
Fruit avorté du cerveau de Callot.
De zélateurs tout un peuple falot
Crie au miracle, et puis l'auteur s'enflamme.
La cour, dit-on, protége le marmot.
D'où vient cela? Je démêle la trame;
C'est que l'auteur à coup sûr est un sot.

Palissot n'était pas un sot, mais il avait voulu enrayer les idées de son siècle, il vit qu'il s'y briserait; nous le retrouverons bien changé plus tard. La comédie des *Philosophes* a touché quelques côtés assez justes des mœurs du dix-huitième siècle, et le style ne manque ni d'aisance ni d'esprit.

*Les Courtisanes* de Palissot firent encore événement : l'aréopage du Théâtre-Français lui avait répondu qu'on jouerait sa pièce lorsqu'il y aurait mis une action, de l'intérêt, du goût, une intrigue, de la décence. Palissot, furieux et bien en cour depuis ses *Philo-*

*sophes*, en appela au roi, à l'archevêque de Paris. Il intitula sa pièce *l'Ecole des mœurs*. Il fit une épître, intitulée *Remercîments des demoiselles du monde aux demoiselles de la Comédie-Française, à l'occasion des Courtisanes*. La querelle s'envenima de plus en plus; ce ne fut que sept ans après tout cet éclat qu'il força enfin la Comédie à jouer sa pièce: elle eut du succès, on en distingua le style. On admira surtout mademoiselle Contat, qui préluda en quelque sorte par le rôle de Rosalie à sa brillante réputation.

Dorat, dont nous parlions tout à l'heure, composa des odes, des héroïdes, des fables, des contes, des romans, des tragédies, des comédies, des poëmes; ce fut un auteur universel, mais l'abus du bel esprit a gâté toutes ces choses. Dorat fut regardé comme un « papillon du Parnasse, » comme une espèce de ver-luisant qui se perd bientôt dans l'obscurité. La muse coquette de cet auteur a perdu tous ses charmes pour nous, ils ont passé avec le temps. Dorat a débuté par une tragédie de *Zulica*; il mit ensuite à la scène *Théagène et Chariclée*, ce sujet si cher à la jeunesse de Racine; un même soir vit naître et mourir cette tragédie. Son *Régulus* lui attira une lettre fort éloquente de Diderot. *La Feinte par amour*, comédie, est peut-être le meilleur de ses ouvrages dramatiques. Dorat brilla plus dans les coulisses que sur la scène; il fut l'heureux et malheureux amant de mesdemoiselles Beaumesnil, Dubois, Saunier. Dorat eut une querelle très-vive avec Linguet. Linguet écrivait à Dorat: « Suivant nos mœurs, vous manquez à l'honneur, » pour lequel vous dites poétiquement que ce sera *votre dernier* » *soupir*; à la manière dont vous vous y prenez, vous en retarderez » long-temps le moment. » Dorat répondait: « Un petit ex-avocat, » chassé, conspué et couvert du mépris public, ne doit point parler » d'honneur... » C'est ainsi que les gens de lettres se disputaient entre eux dans ce temps.

Dorat mourut comme il avait vécu; deux heures avant d'expirer, il fit faire sa toilette, on le coiffa, on le poudra, et dans cet état il crut pouvoir rendre *le dernier soupir* sans déroger à ses habitudes. Ce fut sa philosophie.

La pièce de *Dupuis et Desronais*, de Collé, écrite en vers libres, est empreinte d'un intérêt de bon goût; l'aventure qui fait le sujet de la pièce est tirée d'un roman intitulé *les Illustres Français*. Un père veut garder sa fille pour lui et ne pas partager sa tendresse avec un gendre, et, dans cette intention, il traverse autant qu'il peut les amours de deux aimables jeunes gens. Le charme de cette comédie est dans le développement des caractères. *Le Roi et le Meunier*, pièce anglaise, servit à Collé pour composer sa *Partie de chasse d'Henri IV*. Sédaine avait déjà fait sur ce sujet un opéra, *le Roi et le Fermier*. Un roi qui s'égare à la chasse et qui, accueilli avec bonté dans une humble cabane, montre sa reconnaissance en réparant le mal qu'a fait à de pauvres et honnêtes gens un de ses courtisans en séduisant leur fille, tel est le fond de cet ouvrage. Collé, à la place d'un roi quelconque, substitua Henri IV; on ne voulut pas d'abord laisser paraître Henri IV sur la scène. Cependant la comédie arrêtée eût les honneurs de la représentation chez M. le duc d'Orléans, dont Collé était lecteur. Le duc d'Orléans remplissait lui-même le rôle d'Henri IV, son aïeul. Elle fut enfin représentée avec avantage par les comédiens français.

Barthe débuta par une singulière comédie dans le genre de celles de Saint-Foix, le spirituel et ingénieux auteur de *l'Oracle*; elle est intitulée *l'Amateur*... Un jeune homme, grand amateur des arts, ne veut pas entendre parler de mariage; il n'adore que des statues, comme Pygmalion. Un de ses amis, qui prétend en faire son gendre, fait exécuter en marbre la figure de sa fille, et fait cadeau à l'enthousiaste de ce buste en jurant que c'est un antique de grand prix. Notre amateur ne tarde pas à en devenir amoureux, et il est fort satisfait d'apprendre enfin que le modèle de la statue existe. Cette idée, assez étrange, est traitée encore avec peu de naturel. *Les Fausses Infidélités* eurent beaucoup de succès; cette comédie est écrite avec légèreté. Deux jeunes femmes, pour guérir leurs amants de la jalousie, font semblant d'aimer un certain Mondor; les amants lui rendent la pareille, et de leur côté ont l'air de changer, jusqu'à ce qu'une explication remette le calme dans les esprits. Cette partie carrée forme un petit croquis agréablement composé. *La Mère jalouse*, qui avait des prétentions à la comédie de caractère, échoua. Quinault, dans *la Mère coquette*, avait pris la fleur du sujet. Barthe mourut plus catholiquement que Dorat, son maître, mais avec autant d'ostentation. On a cité de lui un bon mot. Un de ses amis lui vint apporter, comme il était sur son lit de mort, un billet pour entendre l'*Iphigénie en Tauride* de Piccini... « Eh! mon ami, dit-il, on va me porter à l'église, je ne puis aller à l'Opéra. » Jacques Autreau et Moncrif se firent remarquer, l'un par la grâce, l'autre par l'originalité de l'esprit. Une pièce de madame de Graffigny, *Cénie*, obtint un prodigieux succès de larmes. *Heureusement*, jolie comédie de Rochon de Chabannes, mérite d'être citée.

*Le Cercle* est une esquisse assez jolie des ridicules qui avaient cours dans certains salons au dix-huitième siècle. On trouvait encore des poëtes qui venaient essayer de lire leurs vers et subir des humiliations de toutes sortes; des médecins charlatans qui fondaient leur fortune sur les caprices de leurs belles malades; des abbés pimpants qui roucoulaient la romance; des colonels qui brodaient au tambour, et travaillaient aux jarretières de Lise ou de Chloé; des femmes coquettes et légères qui passaient le temps à médire et à jouer aux cartes : il se mêlait à cette société quelques hommes de bon sens, dont les uns, espèces de misanthropes retirés dans leurs terres, ne faisaient que de courtes apparitions dans ce monde, et dont les autres prenaient le parti de se plier aux usages reçus tout en les désapprouvant. Telle est la société que Poinsinet a dépeinte; et s'il n'y a pas été admis comme on le prétend, et qu'il ait *écouté aux portes*, il faut avouer qu'il avait de bonnes oreilles.

*Le Cercle* est loin d'avoir la valeur de *la Critique de l'Ecole des Femmes*, mais on y remarque des traits heureux. Cette Araminte, qui apprend avec une impassibilité si grande la nouvelle de la mort d'un de ses intimes amis, et jette les hauts cris lorsqu'on vient lui dire que son serin est envolé, nous semble une heureuse figure de femme égoïste et étourdie; et la scène où trois dames se mettent à jouer une partie de cartes pour ne pas perdre le temps pendant que le poète lira sa tragédie, est d'un bon comique. Lorsque le poète furieux remet son manuscrit dans sa poche et sort, toute la compagnie est scandalisée. Il y a alors une charmante réponse de Lisidor, l'honnête homme de la pièce, à propos du scandale que soulève cette disparition.

ARAMINTE.

Comment, est-ce que vous approuvez sa conduite?

LISIDOR.

Oh! point du tout, madame : je suis chez vous, je pense qu'il a tort.

Ce Lisidor est on ne peut pas mieux élevé.

Poinsinet fut en quelque sorte le plastron du dix-huitième siècle; il servit de but à toute sorte de mauvaises plaisanteries, jusqu'au moment où, jeune encore, il s'alla noyer dans le Guadalquivir. Voici une anecdote assez curieuse que l'on a rapportée :

L'opéra du *Sorcier*, fait avec Philidor, valut aux auteurs l'honneur d'être redemandés. Un spectateur, criant plus haut que les autres, faisait un tel tapage que la sentinelle crut devoir le prier de modérer son enthousiasme. Il n'en tint pas compte et cria de plus belle : *L'auteur! l'auteur!* La sentinelle l'arrêta comme cabaleur, en voyant qu'il ne voulait pas se taire. Il avait beau protester que ce n'était pas pour faire du bruit qu'il se démenait ainsi; il allait être conduit en prison, quand il dit qu'on lui laissât voir monsieur Philidor, et qu'il irait après en prison. — C'est donc l'auteur de la musique que vous demandez? dit la sentinelle. — Certainement, répondit l'autre. — Ah! c'est bien différent, reprit le soldat : je vois bien que vous êtes de bonne foi, et que vous ne vous moquez pas de nous.

*Le Marchand de Smyrne*, de Champfort, est une petite comédie fort gaie, bien que fort prétentieuse. Champfort était un homme de beaucoup d'esprit, mais d'un esprit un peu paradoxal. C'est à lui qu'on attribue ce mot : « Combien faut-il de sots pour faire un public? » Champfort oubliait, en parlant ainsi, qu'il y a chez les hommes assemblés, fussent-ils des sots, un sentiment très-juste des beautés ou des défauts d'une pièce de théâtre. Il se dégage de la masse une sorte d'électricité intellectuelle toujours pleine de sens.

*Le Jaloux sans amour*, d'Imbert, tombé aux premières représentations, se releva plusieurs années après, grâce à des corrections de l'auteur. Cette pièce est insignifiante.

Imbert, auteur du *Jugement de Pâris*, poëme érotique, avait une certaine finesse de style et d'esprit.

Imbert avait fait une *Marie de Brabant*, laquelle se vit arrêtée par la censure de M. Suard. Imbert écrivit alors une lettre pleine de dignité, où se révèlent les vrais principes de la liberté de l'art. « J'ai fait un ouvrage, disait-il, je m'en déclare l'auteur; c'est aux tribunaux à en juger : mais si j'ai su respecter les lois, les mœurs et la religion, je demande, comme citoyen, que le théâtre ouvert aux écrivains de la nation ne me soit pas fermé. La gloire attachée aux ouvrages d'esprit, le produit légitime qui en résulte, sont une propriété sacrée comme les autres. La défense de jouer une pièce est une accusation portée contre moi. Tout châtiment suppose un crime. Je réclame le droit qu'ont tous les accusés d'être punis ou justifiés. »

*Les Trois Sultanes*, de Favart, peignent les mœurs ottomanes à peu près comme *Bajazet* et *Zaïre*, quoiqu'elles affichent des prétentions à une plus grande exactitude. Favart met en scène le kislar-aga, le kilargi-bargi, et se donne beaucoup de peine pour dessiner l'intérieur des appartements turcs; mais le fond de la pièce est tout à fait en dehors des usages et des mœurs du pays. Il s'agit des bouleversements du harem par une jolie Française *au nez retroussé*.

Ah! qui jamais aurait pu dire
Que ce petit nez retroussé
Changerait les lois d'un empire!

Le style des *Trois Sultanes* est élégant et spirituel. Favart trouva moyen de mettre dans cette pièce les idées d'égalité qui tourmentaient la société entière de son temps.

ROXANE.

Vous êtes grand, seigneur, et moi je suis jolie :
On peut aller de pair.

SOLIMAN.

Oui, dans votre patrie.

Par malheur pour Favart, le maréchal de Saxe ne suivit que trop ces maximes. On prétend que ce héros les fit partager sans peine à madame Favart. Le rôle de Roxelane est fort brillant.

Saint-Foix, auteur de charmantes miniatures, aurait pu, comme Boucher, être appelé le peintre des Grâces. C'est un genre singulier, d'une féerie ingénieuse et délicate. On sait que Saint-Foix était dans la vie privée d'une humeur presque aussi querelleuse que celle de Cyrano de Bergerac. Aussi disait-on, en parlant de lui et du caractère de ses pièces : « C'est une abeille qui a déposé son miel dans le crâne d'un lion.

Le marquis de Bièvre, auteur du *Séducteur*, avait parfois des aventures qui montraient à quel prix il obtenait lui-même le titre de séducteur. On trouve dans *la Police dévoilée*, de Manuel, une lettre curieuse adressée par le marquis à M. de Sartines, lieutenant de police, dont il implorait les secours dans une circonstance singulière. Nous citerons le passage où il y est question d'une reine de théâtre. « La belle Raucourt, qui commence par où les autres finissent, à dix-sept ans et neuf mois, a arraché à mon ivresse ou à ma stupidité un contrat qu'elle a fixé à deux mille écus ; car il faut lui rendre cette justice, elle m'a sauvé l'embarras de cette affaire, elle a choisi elle-même le notaire, elle a pris son heure, réglé les articles, et je n'ai eu que la peine de signer. S'il n'est pas indigne de votre ministère d'amortir un peu le coup que je reçois, je me prêterai aux accommodements que vous voudrez prescrire... »

La lettre du marquis est spirituelle et privée de ces calembours qui l'ont rendu célèbre. Il se plaint de ce qu'au bout de cinq mois et demi la belle Raucourt a rompu les conditions du contrat, il demande à être aussi dégagé des siennes.

Le théâtre, dans la seconde moitié du dix-huitième siècle, était devenu une espèce de Forum; toutes les questions qu'élaborait cette époque, et d'où la révolution devait jaillir, s'agitaient dans les pièces même les plus légères; la philosophie dénaturait la tragédie pour y prêcher ses maximes; et la comédie, plus libre dans son allure, reflet des mœurs du jour, faisait triompher partout le mérite sur la naissance, les sentiments naturels sur les dons de la fortune. Le drame, déjà en vigueur, portait les derniers coups au vieil ordre social.

Jetons maintenant un coup d'œil sur les principaux portraits de la galerie comique, que nous n'avons pas encore examinés.

Remontons d'abord au comédien Lagrange, dont Molière faisait un si grand cas que, dans *l'Impromptu de Versailles*, après avoir repris toute la troupe, il s'adresse ainsi à Lagrange : « Pour vous je n'ai rien à vous dire. » Lagrange jouait les amoureux.

Lathorillière se distingua dans la haute livrée; il créa Hector dans *le Joueur*, Carlin dans *le Distrait*, Strabon dans *Démocrite* et beaucoup d'autres rôles, où il se montra digne d'avoir reçu les conseils de Molière.

Armand, qui succéda à Lathorillière, ancien camarade de Molière, brilla dans l'emploi de la grande livrée. Il était fort aimé du public; il jouait à ravir les Pasquins et les Crispins, tous les rôles de valets fripons et adroits. Armand dansait et chantait fort agréablement; la Comédie-Française exigeait autrefois ces qualités. Armand était spirituel; il joua un excellent tour à un bossu dont la critique le poursuivait sur le théâtre. Ce bossu se plaçait ordinairement dans une loge d'avant-scène. Armand loue un jour la loge, qui était de huit places, et dispose de sept billets en faveur de sept bossus de sa connaissance. Cette réunion, à laquelle l'autre ne s'attendait pas, causa une grande hilarité au parterre. Armand fut vengé; son ennemi n'osa plus se remontrer.

Auger succéda à Armand; il était leste et bien fait, mordant; mais il tombait quelquefois dans la charge, et souvent estropiait les vers. En jouant *les Plaideurs* il lui arriva de dire :

> . . . . . . . . . . . . et si, dans la province,
> Il se donnait en tout vingt coups de nerf de bœuf,
> Mon père pour sa part en remboursait *dix-huit*.

La Rochelle joua avec succès les valets et les grimes. Dans *les Deux Frères* il jouait le rôle de M. Raffle, et se faisait applaudir à son entrée par le jeu de sa physionomie avant d'avoir prononcé un mot.

Les Poisson formèrent une véritable dynastie qui fit honneur au théâtre pendant un siècle. L'aïeul, Raymond Poisson, auteur de plusieurs comédies, créa, comme nous l'avons dit, les Crispins: il inventa une sorte de bredouillement que son fils Paul crut devoir imiter. Le fils de Paul Poisson se fit acteur à son tour, et, comme son aïeul, composa des pièces de théâtre. Son *Impromptu de campagne* se joue encore. François-Arnoult Poisson, père de Philippe, se sentit aussi la vocation d'acteur. Il prit le théâtre malgré son père, qui lui avait fait commencer l'état militaire; mais le sang des Poisson coulait dans les veines de François Arnoult, rien n'y fit; il débuta, après avoir désarmé la sévérité de son père, en jouant devant lui le rôle de Sosie; il débuta et obtint un succès éclatant. Il avait reçu en partage les talents réunis de son père et de son aïeul, y compris leur bredouillement.

Montménil (André Lesage), brouillé avec son père parce qu'il avait pris la profession de comédien, se réconcilia avec lui lorsque des amis communs eurent amené l'auteur de *Turcaret* à une représentation de cette comédie dans laquelle son fils jouait le rôle de Turcaret. C'était un acteur tout rempli de naturel.

Préville s'empara peu de temps après du théâtre; Préville, après s'être sauvé tout jeune de la maison paternelle, se vit forcé de se faire apprenti maçon; mais il reconnut bien vite que ce n'était pas là son métier. Il devint clerc de notaire, et cette occupation ne lui convenait pas plus que l'autre; il se mit à jouer la comédie. Il courut la province, et donna un peu dans la charge; mais à Rouen un petit bossu, quelque cousin peut-être du bossu d'Armand, ramena dans la route de la bonne comédie le jeune acteur qui s'égarait. Après la mort du dernier Poisson il vint prendre sa place et fit sentir la différence qu'il y a du comique au bouffon. Préville était plein de grâce et de naturel, et jamais comédien n'a été mieux doué de la nature pour plaire. Son talent flexible se prêta à beaucoup de créations en dehors de son emploi. On prétend qu'un factionnaire voyant Préville se préparer dans la coulisse au rôle de Larissole dans *le Mercure galant*, et le prenant pour un homme réellement ivre, ne voulait pas le laisser entrer sur le théâtre. Il possédait le grand art de s'identifier avec ses rôles.

Mademoiselle Dangeville, fille d'une actrice du même nom, avait paru sur le théâtre dès l'âge de huit ans. Elle continua de se former jusqu'à l'époque où elle se fit une réputation prodigieuse dans les soubrettes. Elle était belle, vive et gaie; elle aborda avec succès les grandes coquettes; elle joua aussi quelques rôles tragiques. Saint-Foix l'a louée avec beaucoup de délicatesse et d'esprit dans une lettre écrite à un peintre qui voulait prendre pour sujet la retraite de mademoiselle Dangeville : « Je souhaite, disait-il, » que vous puissiez saisir cette âme fine, naturelle, délicate et

» sensible, qui rit, qui parle, qui voltige et badine sans cesse, dans » ses yeux, sur sa bouche et dans tous ses traits. » Il faisait bon d'avoir Saint-Foix pour ami. Il traça de mademoiselle Clairon un tout autre portrait. Mademoiselle Dangeville chantait et dansait à ravir. On ajoutait à beaucoup de pièces alors un vaudeville final et on y intercalait un ballet.

Mademoiselle Joly déploya un rare talent dans les servantes de Molière, et mademoiselle de Vienne obtint une brillante place dans les soubrettes de Marivaux.

Mademoiselle Contat commença sa brillante réputation par le rôle de Suzanne du *Mariage de Figaro;* elle avait débuté avec peu de succès dans la tragédie; elle montra dans la pièce de Beaumarchais une vivacité, une grâce, une fine intelligence, qui annoncèrent une éminente actrice de plus. Elle aborda les grandes coquettes avec une supériorité étonnante; elle passait, avec une vérité extrême et une rapidité sans exemple, de la hauteur à la simplicité, de la bonté à l'ironie; elle touchait toutes les cordes de l'âme humaine comme un artiste habile manie harmonieusement l'instrument qui lui est soumis. Elle réussissait surtout dans l'expression de la coquetterie; elle déployait une ampleur qui n'a pas été retrouvée depuis si l'on s'en rapporte aux vieux amateurs du théâtre.

Bouret remplissait supérieurement les rôles d'ivrognes, les rôles d'Alains, de Nicaise et les Crispins, au dire de ses contemporains. On cite de lui une repartie très-piquante : mademoiselle de Luzy lui disait un jour malignement, « qu'il jouait fort bien les bêtes. — Oui mademoiselle, répondit l'acteur; et votre suffrage est bien flatteur pour moi; vous devez vous y connaître, M. votre père en faisait. »

Le comédien Dubois est moins célèbre par son talent que par le scandale de sa dispute avec son chirurgien qu'il ne voulait pas payer. Un grand trouble s'éleva à ce sujet dans la Comédie-Française, Dubois fut renvoyé de la compagnie; mais, soutenu par la beauté de sa fille, qui avait beaucoup d'empire sur M. de Fronsac, il obtint un ordre de réintégration. Les comédiens ayant refusé de jouer avec lui se virent conduits au Fort-l'Évêque, et mademoiselle Clairon, offensée, prit sa retraite. Dubois ne jouait guère que les confidents de la tragédie et les troisièmes rôles de la comédie; encore s'en acquittait-il fort mal, si l'on en croit Lekain.

Grandmesnil, dans l'emploi des financiers et des *manteaux*, fit valoir toutes les excellentes traditions du théâtre.

Molé brilla particulièrement dans l'emploi des petits-maîtres. Il avait, ainsi que Lekain, commencé par jouer dans une société d'amateurs ; il débuta dans la tragédie, il n'y obtint qu'un médiocre succès, et alla se former pendant quelques années en province. Il fut reçu à son retour pour les troisièmes rôles tragiques et comiques; mais il ne tarda pas à s'emparer des premiers, joués d'abord par Grandval et ensuite par Bellecourt. Il plut tellement, que durant une maladie qu'il fit toute la bonne compagnie envoya chez lui querir des bulletins de sa maladie, comme s'il s'était agi d'un prince. Son médecin lui ayant ordonné de boire du meilleur vin possible, deux mille bouteilles d'excellents vins de toute espèce lui furent apportées en un jour. Molé eut le tort de jouer les petits-maîtres ailleurs qu'au théâtre et surtout avec les auteurs; il écoutait leurs pièces pendant qu'on lui mettait des papillotes. C'est à Molé qu'est arrivée l'histoire du rouleau de papier blanc, dont M. Casimir Delavigne a tiré parti dans sa comédie des *Comédiens*.

Monvel, doué d'une âme de feu, pourvu d'une diction nette, pure et sentie; Monvel, noble, simple, aisé, touchant, quoique frêle de sa personne, faisait oublier à force de chaleur la faiblesse de ses moyens physiques.

Saint-Phal joua les rôles de Molé et de Monvel, mais sans atteindre à leur réputation..

Fleury succéda véritablement à Molé. Ce fut le plus parfait des petits-maîtres; mais il joua long-temps dans la tragédie avant de s'acquérir une brillante renommée dans la comédie. Son aisance, sa grâce, ses manières distinguées, un parfum d'élégance qui s'exhalait de tous ses mouvements, une impertinence de qualité, le rendaient adorable dans les rôles de Moncade de *l'Homme à bonnes fortunes* et de *l'École des Bourgeois*, ainsi que dans les personnages de marquis. Il ne réussissait pas moins dans le haut comique; le Misanthrope était rempli par lui avec une grande supériorité. Il possédait l'art de faire illusion ; il obtint un grand succès dans *les Deux Pages* par la manière dont il représenta le grand Frédéric. Il arriva à une ressemblance si exacte, assure-t-on, que le prince Henri de Prusse, qui assistait à la première représentation, crut revoir son véritable frère et qu'il versa des larmes. Il envoya le lendemain à l'acteur une tabatière ornée du portrait du grand Frédéric.

Dazincourt se fit une brillante réputation dans les valets; on apprécia la finesse de son jeu, exempt de charge. Jamais Dazincourt ne passait les bornes d'une gaieté naturelle et franche; il avait en horreur les grimaces, qui n'ont de prise que sur un public grossier... Son plus beau triomphe fut la création du rôle de Figaro, que Préville était déjà trop vieux pour établir. Marie-Antoinette prit de lui des leçons de déclamation, elle voulait apprendre à jouer les soubrettes.

La manie de jouer la comédie était répandue dans la société d'alors. Toute femme à la mode voulut avoir la comédie à domicile : on représentait des proverbes, des scènes dramatiques où l'esprit du temps se faisait sentir. Les plus nobles gentilshommes se plaisaient à rivaliser avec les comédiens. Ce goût avait gagné même la cour. Marie-Antoinette ouvrit à Trianon un théâtre où l'on représenta *le Roi et le Fermier*, de Sédaine; elle remplissait elle-même le rôle de Jenny, le comte d'Artois faisait le rôle d'un garde. Innocents plaisirs qui devaient avoir un si terrible dénoûment! Une espèce de vertige semblait pousser la cour à sa ruine, *la Folle Journée* elle-même eut les honneurs du jeu royal.

Dessessarts devint célèbre, après Bonneval, dans l'emploi qu'on appelle celui des *manteaux*. Il affectionnait les financiers; il ne dédaignait pas les grimes. Dessessarts possédait une sorte de bonhomie brusque et gaie, pleine de vivacité; il se sentait surtout à l'aise dans les rôles de Molière. Comme il était très-gros, quand il jouait Orgon, on était obligé de placer sur le théâtre une table faite exprès pour lui. On connaît sa querelle avec Dugazon, qui l'avait présenté en grand deuil chez le ministre, en demandant pour lui la survivance de l'éléphant : Dessessarts l'appela en duel. Une fois sur le terrain, Dugazon traça avec du blanc d'Espagne un cercle sur l'abdomen de Dessessarts, en jurant que tout ce qui serait hors du rond ne compterait pas. Dessessarts ne put s'empêcher de rire, l'affaire s'arrangea.

Dugazon fut un des acteurs les plus gais de la Comédie-Française : il débuta dans les valets à côté de Préville et se fit distinguer. Il eut toujours pour cet acteur une grande vénération; mais dans son jeu, peut-être pour différer un peu d'un modèle qu'il désespérait d'atteindre, il se rapprocha du genre de Poisson. On lui reprochait de ne pas assez régler sa verve comique et d'outrer quelquefois. Cependant, lorsque Dugazon voulait être parfait, il l'était.

Dugazon était homme d'esprit, mille anecdotes ont été publiées sur son compte. Il s'était fait *mystificateur* en chef à une époque où la manie des mystifications s'était déclarée dans la société. Nous venons de rapporter son affaire avec Dessessarts.

## CHAPITRE SEIZIÈME.

### DIDEROT, SÉDAINE, BEAUMARCHAIS, MERCIER, LA HARPE, DUCIS.

*Influence anglaise.*

Notre vieux théâtre est purement monarchique, il n'y est question que de princes et de rois; tout s'y passe avec une étiquette solennelle et l'on y sent régner l'ordre d'une cour absolue. On y voit clairement que le peuple, méprisé par le gouvernement sous lequel les poëtes écrivaient, ne jouait pas le principal rôle dans l'État. De là le défaut d'action, de là ces savantes analyses du cœur qui remplacent le tableau bruyant et animé de la vie publique. Au lieu de peindre les diverses conditions de la vie humaine, au lieu de retracer les mœurs d'une époque et de faire entrer ainsi l'histoire dans le drame, Corneille et Racine ont choisi plutôt le cœur de l'homme, et bien souvent une passion donnée dans le cœur de l'homme, pour sujets de leurs admirables développements; on conçoit alors ce qu'il a fallu de génie pour creuser ainsi un sentiment, fouiller une idée jusqu'en ses dernières ramifications, donner enfin un corps à des abstractions métaphysiques. Mais ces grands poëtes s'adressaient à une société tranquille, où les lignes de démarcation entre les diverses classes étaient encore respectées; leur œuvre n'était soumise qu'à des jugements isolés; ils n'avaient point à dérouler aux yeux des masses des peintures nationales, car leurs spectateurs n'étaient pas des citoyens, mais des hommes. Aussi Corneille et Racine ont-ils eu principalement le mérite d'une philosophie poétiquement formulée.

Nous avons, dès le commencement de cet ouvrage, posé en principe que l'art dramatique, comme tous les arts possibles, n'a pas de véritables bornes connues, et que le génie possède l'éternelle liberté de reculer celles qui existent. Les anciens assignaient les Colonnes d'Hercule pour limites à l'univers, et cependant des mondes existaient au delà. Il en est de même de l'intelligence humaine: nul n'a la puissance de lui imposer des lois, nul n'a le droit de s'écrier vis-à-vis de cet océan infini: « Tu n'iras pas plus loin, » car il serait submergé bientôt par le flot des découvertes. Il parut donc à certains esprits, et avec raison, souverainement ridicule de prétendre forcer les auteurs à jeter leurs productions dans le moule de leurs devanciers. Il faut que chacun suive sa nature, que chacun s'épanouisse dans la température de son époque, comme une fleur dans sa saison. On serait heureux si on retrouvait dans les ruines d'Herculanum une comédie de Térence, mais on prendrait très-peu d'intérêt à quelque pastiche de ce poète représenté au Théâtre-Français. Toute œuvre de l'esprit ne doit-elle pas exhaler le parfum de son temps? parfum qui l'embaume encore long-temps après que la société où elle est éclose a disparu.

On a vu quelques hommes, à différentes époques, protester contre l'asservissement de la pensée et vouloir la dégager des entraves de l'imitation. Fontenelle, Perrault, Lamothe s'étaient levés contre les règles, mais leurs œuvres sans valeur ne donnèrent aucune autorité à leurs paroles. De plus puissants antagonistes allaient recommencer la guerre contre les anciens, ou plutôt contre l'esclavage auquel on prétendait soumettre l'esprit français. Diderot doit être mis en tête de ceux qui prêchèrent avec le plus d'éloquence la nécessité d'une réforme, afin d'accommoder le théâtre aux mœurs de la nation. Il voulut y mêler l'élément populaire, que d'autres novateurs s'apprêtaient à faire entrer aussi dans le gouvernement de l'État.

Diderot était tout à fait propre à cette œuvre; il est en effet des hommes qu'une fièvre de cœur agite dès qu'ils saisissent la plume, et dont la tête prompte à s'exalter laisse s'échapper les idées qui la remplissent, comme le Vésuve ses laves. Ces imaginations ardentes, qui répandent le feu dont elles sont dévorées, embrasent les esprits de leur temps. La passion qui déborde dans les ouvrages de ces sortes de prophètes est une preuve de leur conviction, et leur puissance s'en accroît. Diderot fut un de ces hommes; aucun écrivain n'eut plus d'influence que lui sur ses contemporains, non pas par l'importance de ses productions, mais par l'à-propos de ses chaleureuses pages jetées au vent de la publicité comme les feuilles des sibylles, et puis par ses conversations et par ses correspondances. Il fut en quelque sorte l'âme de l'Encyclopédie, et c'est sur lui que retombent toutes les injures adressées à la philosophie du dix-huitième siècle par les ennemis de la révolution française.

Diderot, qui parcourut tous les champs de la pensée, et chercha à y faire germer la réforme sociale qui devait se développer quelques années plus tard, ne pouvait pas laisser le théâtre de côté. Pour mieux propager les doctrines dont il s'était presque fait l'apôtre, il jugea utile de tourner à leur profit autant qu'il le pourrait l'empire que possède sur les âmes la représentation de la vie humaine. Voltaire avait déjà mêlé à la tragédie des sentences et des maximes qui attaquaient les préjugés et les abus existants; mais la tragédie, prise dans un ordre d'idées étrangères à la foule, n'agissait pas sur elle, et les intentions révolutionnaires de l'auteur d'*Œdipe* se trouvaient perdues pour le plus grand nombre. Diderot songea donc à la peinture des actions ordinaires des hommes, et non à celle de hautes et royales infortunes : il ne voulut pas qu'on prît ses héros dans les souvenirs de Rome ou d'Athènes; mais il pensa qu'on devait les emprunter à la société moderne, afin que le peuple, reconnaissant ces personnages, s'intéressât à eux et reçût plus aisément de la bouche des sages et des vertueux une leçon de morale.

Le drame, comme on le voit, a été dès sa naissance éminemment révolutionnaire et par cela même moral. Il s'adresse effectivement au peuple, et sa destination est manquée toutes les fois qu'il s'écarte d'un généreux enseignement. S'il est permis à la poésie, dont la forme exige toujours un public d'élite, de réaliser quelquefois à la scène ou ailleurs de brillantes fantaisies qui, faites dans un but d'art, tendent seulement à charmer l'imagination des artistes, et auxquelles on pardonne des licences sans portée ; il n'en peut jamais être ainsi du drame, qui opère sur des intelligences moins élevées, sur des esprits naïfs et faciles à entraîner dans le mal par des tableaux dangereux. Voilà ce que Diderot a écrit dans sa poétique.

Diderot, prêchant toujours d'exemple, se mit à l'œuvre, et, après s'être essayé dans *le Fils naturel*, composa *le Père de famille;* il dirigea la pièce contre la richesse et la naissance, et c'est une guerre que tous les auteurs du dix-huitième siècle ont faite, Marivaux lui-même.

Il prétendit prouver la supériorité de la passion, les prérogatives de l'amour, et il se hasarda jusqu'à faire reconnaître ces droits sacrés par les pères de famille : en un mot, pour m'exprimer dans les termes du temps, c'était le triomphe de la nature sur la société.

Voyez comme d'Orbesson est chancelant dans son autorité paternelle, et avec quelle noble résignation il comprend qu'un temps arrive où le père n'a plus droit que de donner des conseils à ses enfants ! Il modère tendrement la fougue amoureuse de Saint-Albin, mais ne le repousse point de ses bras, quoique son fils ne l'ait pas consulté sur le choix d'une épouse. Écoutez-le surtout lorsqu'il veut surprendre dans le cœur de sa fille le secret d'un amour qu'elle n'ose avouer ! « Comment, dit-il, blâmerais-je en vous un sentiment

» que je fis naître dans le cœur de votre mère? » N'est-ce pas là un père bien raisonnable, qui n'a rien oublié de sa jeunesse et qui remplit dignement ses devoirs?

Pour contraste à ce père, qu'il proposait pour modèle, Diderot créa le rôle du commandeur, beau-frère de d'Orbesson, vieillard entêté de sa fortune et de son rang, et qui représentait la partie arriérée de la société. L'idée du progrès et l'idée de la résistance furent donc mises en lutte d'un bout à l'autre de la pièce, et voilà ce qui lui assura un succès durable. Elle peint parfaitement les mœurs de la fin du dix-huitième siècle; et dans les deux éléments qui la composent la force comique se trouve unie à l'intérêt.

Il s'en faut de beaucoup néanmoins que cette pièce soit un chef-d'œuvre. L'emphase, l'invraisemblance, un mauvais dénoûment, et même pis que cela, ses deux derniers actes entièrement inutiles, la déparent singulièrement; mais la noblesse de d'Orbesson, l'effervescence de Saint-Albin, la causticité du commandeur la soutiennent et en font un des meilleurs drames que nous ayons.

Dans une des lettres spirituelles et naïves écrites par l'auteur du *Père de Famille* à mademoiselle Voland, on lit ce compte-rendu de la première représentation de son drame : « L'ouvrage est si » rapide, si violent, si fort, qu'il est impossible de le tuer... » On n'a pas mémoire d'un succès pareil... Il n'y a qu'une voix : » C'est un bel ouvrage... j'en ai moi-même été surpris... » Si le bon Diderot par cette dernière phrase ne corrigeait les éloges qu'il se donnait lui-même, quoiqu'ils soient renfermés dans une lettre confidentielle, on pourrait l'accuser de peu de modestie. Mais il avait raison de se féliciter; un grand coup était porté, une révolution s'opérait.

Un autre homme seconda puissamment Diderot à la scène : ce fut Sédaine, qui, de son ancien état de maçon, avait conservé l'art de construire une pièce. Il en bâtit une très-intéressante sur les angoisses d'un père de famille qui voit son fils exposé à un duel sans pouvoir empêcher cette rencontre... Le rôle de Vanderk est, comme celui du *Père de Famille* de Diderot, un résultat de la philosophie du dix-huitième siècle. Diderot et Sédaine ont attaqué le préjugé de la noblesse dans ce qu'il avait de plus vital, l'orgueil. Tous les deux donnent à leurs gentilshommes des principes d'égalité. Celui-là permet à son fils d'épouser une fille vertueuse sans fortune et sans nom; celui-ci n'est pas éloigné d'en faire autant, et prêche par-dessus tout cela au sien le respect du commerce et la loi sociale de l'utilité.

Tout bon gentilhomme qu'est M. Vanderk père, on trouve dans

sa bouche une intention railleuse à l'endroit de la noblesse; on sent, ce qui était vrai du reste, qu'elle avait enfin perdu une partie de son crédit dans la classe même des privilégiés. Voici ce que M. Vanderk dit à son fils en lui rendant compte de l'obligation où il s'était trouvé d'embrasser le commerce :

« J'ai déjà remis dans votre famille tous les biens que la néces-
» sité de servir le prince avait fait sortir des mains de vos ancê-
» tres: ils seront à vous, ces biens; et si vous pensez que j'ai fait
» par le commerce une tache à leur nom, c'est à vous de l'effacer;
» mais dans un siècle aussi éclairé que le nôtre, ce qui peut pro-
» curer la noblesse n'est pas capable de l'ôter. »

Cette dernière phrase ne renferme-t-elle pas un certain mépris pour la noblesse d'argent, qui a fini par tuer la noblesse de sang? N'est-ce pas fort bien dit de la part de ce gentilhomme philosophe?

Si l'on descend dans les détails de cette pièce, il y a beaucoup de critiques à faire: le dialogue en est peu littéraire, beaucoup de gens prétendent qu'il n'en est que plus naturel, en ce que ce langage ressemble à une conversation; mais parce qu'on parle mal, ce n'est pas une raison pour qu'on écrive mal. Cette pièce est plutôt parlée qu'écrite, et l'on pourrait dire de celle de Diderot qu'elle est déclamée. Toutes deux ne sont pas d'un bon style dramatique et toutes deux pèchent par le dénoûment. Diderot, en employant une reconnaissance vulgaire, s'est conformé aux vieilles traditions, et Sédaine a fondé sa péripétie sur une erreur inexcusable.

Le rôle de Victorine est fort délicatement touché. Cette jeune fille qui aime avec naïveté, sans connaître la force ni même le nom du sentiment qu'elle éprouve; cette enfant dont la passion se révèle dans un cri du cœur, est pleine de charmes. Il y a une grâce touchante dans ces premières émotions de l'âme, dans cette tendresse qu'on appelle amitié, et qui se trouve un matin le plus vif et le plus profond amour.

Sédaine, tout en attaquant le préjugé du duel, n'a pas osé soustraire son héros à cette fatale influence; le fils de Vanderk s'échappe de chez son père pour s'exposer aux chances d'une affaire d'honneur, et les spectateurs sont pour lui. Un duel ne prouve rien, on sait cela : on sait qu'un lâche poussé à bout peut traverser d'un coup d'épée la poitrine d'un homme de cœur, et que le premie fripon venu peut loger une balle dans le flanc d'un citoyen honnêt et généreux, on voit de ces funestes exemples tous les jours! De gens éclos dans l'ombre des intrigues et que le hasard semble pro téger ; des enfants perdus de la société, qui vivent à ses dépens et dont elle rougit ; des charlatans misérables pour lesquels le duel est une dernière ressource, une dernière spéculation, comme pour les chevaliers d'industrie accusés d'avoir triché au jeu, voilà presque toujours la classe indigne que le mauvais génie des armes favorise : et notre grand Corneille le savait bien, lui qui s'écriait dans *le Cid* :

> Souvent de cet abus le succès déplorable
> Opprime l'innocent et soutient le coupable.

Cependant, après avoir vengé son père et donné de hautes preuves de son courage, quoique sa vie soit importante pour son pays, le Cid s'engage dans un second combat singulier contre un adversaire subalterne ; et tous ceux qui, comme le Cid, sentent battre dans leur cœur la vieille fibre héroïque, ne peuvent, malgré l'incertitude de cette jurisprudence armée, s'empêcher de demander à leurs bras impatients justice de leurs ennemis, de ceux-là même qu'ils méprisent le plus.

Nulle part le préjugé du duel ne s'est enraciné plus fortement qu'en France, il s'est mis sous l'abri de l'honneur national et s'est entrelacé à lui comme le lierre à l'ormeau ; vous le voyez, ainsi soutenu, résister victorieusement aux attaques des moralistes et des philosophes ; les édits rigoureux de quelques-uns de nos rois n'ont pu l'arracher de notre sol, et la lettre dans laquelle Julie d'Étanges en démontre à Saint-Preux toute la stérilité, ce chef-d'œuvre de logique et d'éloquence ne garde aucun empire sur les âmes offensées. Chevaleresque héritage de nos aïeux, unique coutume qui nous rattache au moyen âge, le duel s'est conservé dans nos mœurs ; une secrète espérance presque toujours trompée nous le fait regarder encore comme le *jugement de Dieu ;* et sitôt que parle en nous, même confusément, cette voix de notre antique honneur, la raison vaincue s'enfuit.

Cependant, par cela même que, s'appuyant sur des idées généreuses et sur une antique origine, le duel a pour lui les sympathies nationales, il faut prendre garde de l'exalter ; il faut prémunir les jeunes esprits surtout contre les séductions de cette espèce de gloire qui s'attache à ce qu'on appelle dans le monde *une affaire, une rencontre.* On doit respecter les hommes honorables et sérieux qui se dévouent par générosité de cœur, mais il faut arrêter la main des étourdis prêts à saisir une arme fatale, stigmatiser les spadassins qui se font un piédestal du corps de leurs adversaires ; ainsi donc, plaider toujours contre ces luttes aux chances incertaines et non en présenter un tableau engageant. C'est ce qu'a fait Sédaine avec succès.

*La Gageure imprévue* est une comédie fort agréable, empruntée à une nouvelle de Scarron, dont Molière plus heureux avait su tirer *l'Ecole des Femmes*. Sédaine a peint à merveille le désœuvrement d'une femme aimable qui, pour égayer la solitude de la campagne, en vient jusqu'à faire monter chez elle un voyageur qui passe sur la grand'route. Le caractère du mari, à qui son goût pour la serrurerie fait oublier sa jalousie, est original. La gageure qui donne son nom à la pièce a bien quelque chose de puéril, mais les caractères sont comiques et les détails amusants. Cette pièce réussit toujours.

Mais déjà avait paru un homme des plus vifs, des plus hardis, des plus spirituels de France; il n'est guère besoin de nommer Beaumarchais. Il changea la face du théâtre, il y porta le mouvement, la fantaisie, la satire. Il commença par soutenir le drame, c'était une innovation. Ce fut un des génies les plus remuants de son époque, il n'hésita pas à se mettre à la tête du mouvement littéraire qui, en même temps que le mouvement politique, emportait les esprits. Il fit, comme Diderot, sa préface en tête de son *Eugénie*. Cette pièce de Beaumarchais n'est pas une bonne pièce assurément, mais elle n'est pas non plus une œuvre tout à fait médiocre.

Par malheur, des incidents trop romanesques, des rencontres invraisemblables contreviennent dans cette œuvre à la première loi du drame, au naturel; un style trop apprêté ajoute encore à ce défaut. Beaumarchais a beau assurer dans sa préface qu'il a écrit sa pièce simplement, il n'en est rien. Le style simple était impossible à Beaumarchais; sa phrase est toujours étudiée, elle aime les contrastes et les antithèses.

Grimm, qui ne manquait pas de sagacité dans son jugement sur les choses passées, n'en a pas donné de preuves à l'égard de Beaumarchais; il n'a pas été bon prophète quoiqu'il eût des prétentions à l'être. Il a fort maltraité à son début un homme d'un esprit plus original et plus hardi que le sien. Voici de quelle façon Grimm s'exprime sur Beaumarchais après la représentation d'*Eugénie* : « Ce M. de Beaumarchais, écrit Grimm, est, à ce qu'on dit, un » homme de près de quarante ans, riche propriétaire d'une petite » charge à la cour, qui a fait jusqu'à présent le petit-maître et à » qui *il a pris fantaisie mal à propos de faire l'auteur*. Je n'ai pas » l'honneur de le connaître, mais on m'a assuré qu'il était d'une » suffisance et d'une fatuité insigne. J'ai quelquefois vu la con-

» fiance et une certaine vanité naïve et enfantine s'allier avec le » talent, mais jamais je n'ai vu un fat en avoir ; et si M. de Beau- » marchais est un fat, il ne sera pas le premier qui fasse excep- » tion. » Et plus loin Grimm ajoute : « Il y a au quatrième acte » une scène que j'ai sautée dans l'analyse, mais qui me revient ici » et qui est pour moi une démonstration que cet homme ne fera » jamais rien, même de médiocre. » Ainsi de suite... Ne voilà-t-il pas Beaumarchais bien jugé !.. De telles erreurs devraient être éternellement présentes à la mémoire des critiques, pour les inviter à la modération, afin de ne pas jouer eux-mêmes plus tard de mauvais personnages.

Grimm traita avec le même dédain *les Deux Amis*, joués au Théâtre-Français trois ans plus tard. Le jour de la première représentation, un plaisant avait ajouté au titre *les deux Amis : « par un homme qui n'en a aucun. »* En effet, Beaumarchais s'était mis sur les bras une foule d'adversaires. Mais Grimm eut le bon esprit de se rétracter avant la représentation du *Barbier de Séville.*

*Le Barbier de Séville* allait être joué, en 1774, lorsqu'une aventure arrivée entre Beaumarchais et M. le duc de Chaulnes en fit différer la représentation. Beaumarchais, aimable et galant, introduit auprès de la maîtresse du duc, avait donné de la jalousie à ce seigneur. Une scène violente eut lieu entre eux, à la suite de laquelle on défendit *le Barbier de Séville.* Beaumarchais, qui ne faisait rien comme les autres, déposa sa pièce au greffe, afin que tout le monde pût aller la lire. « Il faut, disait-il, qu'elle soit jouée ou jugée. » Grimm avait lu ; il jugea donc avant le parterre et il dit : « Cette pièce est non-seulement pleine de gaieté et de » verve, mais le rôle de la petite fille est d'une candeur et d'un in- » térêt charmants. Il y a des nuances de délicatesse et d'honnêteté » dans le rôle du comte et dans celui de Rosine qui sont vraiment » précieuses, et que notre parterre est bien loin de sentir et d'ap- » précier. » A la bonne heure !!! voilà une noble réparation. Le bruit que venaient de faire les fameux *Mémoires* de Beaumarchais avait changé les dispositions de Grimm. Beaumarchais, accusé d'avoir abusé d'un blanc seing, et ensuite d'avoir voulu suborner un de ses juges, s'était défendu, comme on le sait, avec autant de hardiesse que d'esprit. Ses *Mémoires* avaient fait fureur.

*Le Sicilien ou l'Amour peintre* a fourni peut-être à Beaumarchais l'idée du *Barbier de Séville.* La source n'est pas de ces sources inconnues que cherchent les auteurs, afin d'usurper une réputation d'originalité. Beaumarchais n'y est pas allé à la dérobée. Comme ces habiles fripons qui font leur coup en plein jour, et ne se sauvent qu'à force d'adresse et de subtilité, l'ingénieux Beaumarchais a tout simplement pillé Molière. Au *Sicilien*, qui lui fournissait tous les caractères de sa pièce, il joint une scène du second acte du *Malade imaginaire*, scène dans laquelle Cléante donne une leçon de chant à Angélique devant son père, et soupire des paroles extrêmement tendres en tenant à la main un papier sur lequel *il n'y a que de la musique écrite*. Avec ces deux éléments, l'intrigue du *Barbier de Séville* a été composée. Combien n'a-t-il pas fallu d'esprit à Beaumarchais pour faire oublier des emprunts à Molière !

*Le Mariage de Figaro* ne parvint à être joué qu'après beaucoup de défenses et de traverses. Il avait été repoussé pendant deux ans. Beaumarchais employa deux ou trois fois plus de temps et de ressources d'esprit pour faire jouer sa comédie qu'il ne lui en avait fallu pour la composer.

Beaumarchais fit *cinquante-neuf fois* le voyage du Marais à la police, sans pouvoir arracher une autorisation pour qu'on laissât jouer sa *Folle Journée*. Le roi lui-même s'en mêlait ; mais c'étaient surtout les censeurs qui montraient, dans cette affaire, une résistance infinie : un d'eux prétendait qu'*un ambassadeur ignorant et un juge prévaricateur ne sont pas faits pour être exposés à la risée publique;* que *le premier doit être rappelé par son maître, et le second par les lois, ou au moins par un remords*. Cette dernière partie de l'arrêt, *au moins par un remords*, est une des plus bouffonnes trouvailles qu'aucune censure du monde ait jamais pu rencontrer. Que de peine on se donnait pour guérir les vices et les abus du système social ! Comme toutes ces difficultés opposées à la liberté de la pensée donnaient raison aux attaques de Figaro !

Beaumarchais était fait pour cette vie d'activité et d'intrigue. Le public, tenu au courant de toute l'affaire, se porta avec une affluence considérable aux célèbres *Noces*. Le succès fut prodigieux. Tout y parut nouveau ; ce masque espagnol, derrière lequel se cachait une raillerie si incisive des grands, des ministres, des gens de la police ; cette vivacité d'allure, cette fertilité de moyens, l'aimable caractère de Chérubin, dont la création est originale et presque poétique ; l'amour rêveur de la comtesse, la subtilité et l'audace de Figaro, la coquetterie intéressée et pourtant loyale de Suzanne, la galanterie inconstante et l'orgueil jaloux du comte, tout cela plut extrêmement.

Mais ce qui fit surtout la fortune de Beaumarchais, c'est la création de Figaro ; création toute politique, si nous pouvons nous exprimer ainsi. Figaro est un impitoyable frondeur. Figaro commence à transporter sur la scène la satire du gouvernement. Ce n'est plus la peinture générale des vices et des défauts de l'espèce humaine, c'est le tableau des abus et des torts de la société, et de la société française flagellée dans la personne du noble comte Almaviva. Il y a là de l'Aristophane. Beaumarchais, qui s'était mêlé aux hommes et aux choses du dix-huitième siècle, a su revêtir ses personnages du caractère de son époque, hostile aux puissants; et, par ce côté, il a été profondément original. Figaro n'est plus un simple valet; le rôle des Crispin, des Frontin, des Labranche est fini. Figaro traite en quelque sorte de pair à compagnon avec le brillant comte Almaviva. Il est barbier; il est indépendant, il a son état dans le monde. S'il sert les amours du noble comte, c'est qu'il aime l'intrigue et les profits qu'elle rapporte ; et d'ailleurs il se plaît à obliger une jolie fille que veut retenir un vieux tuteur. Figaro, enfant de la nature, ne veut pas d'esclavage pour les autres. Il ouvre volontiers la cage aux oiseaux ; n'a-t-il pas été opprimé ? Il connaît la prison. Il est ami de toutes les libertés, il veut celle de la pensée comme celle de la personne. Frondeur par excellence, il frappe de tous les côtés ; il n'épargne pas les *Basiles*, les calomniateurs à gages, les juges ignorants et prévaricateurs, les avocats bavards et insolents, les courtisans avides, les grands seigneurs orgueilleux, qui ne se sont donné que la peine de naître pour être plus que lui ; il défend sa fiancée contre la séduction avec un noble courage ; il l'arrache des griffes de son maître, et quel maître ! Figaro lutte avec la puissance de l'esprit. Figaro, c'est le peuple bien appris de ses droits, qui se fait reconnaître par l'adresse et la ruse, en attendant qu'il domine et impose sa volonté. Voilà ce qu'on trouve dans *le Barbier de Séville* et dans *la Folle Journée*, au milieu d'intrigues amusantes et d'un genre nouveau sur la scène française ; car Figaro, jeune et aventureux piéton, dans son léger bagage en sautoir, à côté de sa guitare, emportait et sauvait la comédie. L'esprit français se retrempa aux sources de la vraie gaieté.

On a demandé quelle était la moralité du *Mariage de Figaro*, et si l'on peut le soutenir de ce côté. Les critiques ont presque tous passé comdamnation sur ce point. Ils ont admis beaucoup trop facilement le scandale de cette comédie. Elle était utile d'abord comme un coup porté à l'ancien régime; elle aidait au mouvement des esprits. N'eût-elle eu que cette influence, il faudrait encore féliciter l'auteur de l'avoir conçue. Mais, tout en regrettant qu'il ait abusé un peu trop dans les détails de la liberté ordinaire au théâtre, sans qu'il soit, après tout, allé plus loin que Lesage et

Dancourt, ne peut-on pas dire, au simple point de vue de l'art, que cette comédie est une forte leçon donnée aux maris trop tôt ennuyés de l'être, et qui, comme le comte Almaviva, ayant une femme jeune et jolie, la négligent pour ourdir des intrigues dans leur propre maison ! Si la comtesse est distraite lorsque le comte v[illegible]t à elle, et si l'on sent que le beau page d'amour, le jeune [illegible]rubin, a laissé dans son cœur un souvenir trop tendre, c'est la [illegible]aute du comte, son infidèle époux.

Le ruban [illegible] la comtesse a caché sur son cœur, dans *le Mariage d*[illegible]est le nœud qui rattache cette pièce à *la Mère coupab*[illegible]

[illegible]hais revint au drame; Figaro lui-même, le joyeux Figaro, se convertit, comme le faisaient les Labranche, les Crispin, qui devenaient de bons et honnêtes domestiques. *La Mère coupable* fut une erreur de Beaumarchais, mais l'erreur d'un homme d'un grand talent; le quatrième acte et le dénoûment produisent beaucoup d'effet.

Il vint au drame un secours puissant : ce fut celui de Mercier, qui réclama, avec la même autorité que Diderot, l'intervention du peuple sur la scène. La tragédie tout orgueilleuse de ses princes et de ses rois, la comédie toute bouffie de ses marquis et de ses barons, lui semblèrent avoir fait leur temps. Il n'y trouvait aucun enseignement moral, aucune vérité historique.

« On a composé presque toutes les tragédies françaises, dit-il, » dans le même esprit qu'on les a jouées : Pyrrhus, peint comme » un soupirant, portait un chapeau à plumes qu'il ôtait avec grâce; » Monime avait des gants et un panier; le farouche Hippolyte était » poudré à blanc : il n'y a pas plus de quinze ans qu'on s'est sou- » venu du costume, jusqu'alors ouvertement violé; et c'est la force » du génie, plutôt qu'une volonté constante et décidée, qui a créé » ces traits de caractère qu'on admire dans les personnages des » grands maîtres. »

Mercier proposa le drame, résultant de la tragédie et de la comédie, ayant le pathétique de l'une et les peintures naïves de l'autre et qui, destiné à peindre les hommes en général, et non une [illegible]ertaine classe privilégiée avant tout, est forcé de prendre l'em[illegible]reinte de la réalité. Mercier attaquait avec d'excellentes raisons l[illegible] successeurs de nos grands maîtres, qui, dépourvus de génie, ont complétement défiguré l'art, en n'offrant qu'un calque maladroit et sans couleur d'un système vicieux. Il s'en prend aux maîtres eux-mêmes; il se demande pourquoi nous emprunterions tous nos sujets à l'antiquité, lorsque les Grecs, qu'on devrait imiter par leur bon côté, nous ont montré l'exemple du contraire, en ne peignant que les mœurs de leur nation. Il s'indigne contre cette bassesse des poètes courtisans, qui ne flatte que la splendeur et la puissance. Il va même, dans son énergie, jusqu'à s'écrier : « S'il nous faut des » rois sur le théâtre, je serais d'avis qu'on y mît Charles Ier. »

Mercier est moins heureux lorsqu'il critique notre comédie ; il ne rend pas justice au *Misanthrope ;* il ne veut pas comprendre que Molière a fait tout ce qu'il lui était permis de faire de son temps, et qu'Alceste avait le droit de se moquer des ridicules du jour, mais non des abus protégés par un gouvernemen[t a]bsolu. Il ose aussi appeler *indécente parade* la jolie comédie des *Plaideurs*. Notre comédie, malgré les imitations d'Aristophane, de Plaute et de Térence, est beaucoup plus un fruit de notre sol que la tragédie ; elle est prise dans les entrailles du pays. Nos poètes comiques, comme nous l'avons indiqué par des citations, ont suivi le mouvement général des esprits ; ils ont poussé au progrès de la raison humaine ; ils ont payé leur tribut à la philosophie, autant que l'époque où ils vivaient et les lois de leur art le leur ont permis.

Mercier n'a-t-il pas perdu le sens quand il s'écrie, en parlant » de Molière : « C'est lui qui, en ridiculisant quelquefois la vertu, » a peut-être répandu dans la nation ce ton frivole et dérisoire qui » sert à la faire haïr et distinguer chez les autres peuples ; c'est » lui qui a enseigné à la jeunesse à se moquer de ses parents, à » braver leurs représentations, à dédaigner les vieillards, à turlu- » piner leurs infirmités ; c'est lui qui a osé mettre l'adultère sur » la scène et rendre tout le parterre complice de la perfidie ; c'est » lui qui, en peignant des intrigants subtils, a contribué à en for- » mer d'après ses ingénieuses leçons ; c'est lui qui a porté en plein » théâtre des vices qui rient sur la scène, tandis qu'auparavant ils » n'osaient sortir de l'antre où ils se cachaient. »

Il faut un esprit bien morose pour prendre ainsi les choses de travers ; nous croyons, en analysant les œuvres de Molière, avoir répondu à toutes ces objections. Mercier, avouant du reste qu'il ne va pas à la comédie pour rire, neutralise sa critique ; il ne tarde pas à prouver même combien sa nature se prête peu à l'expression comique lorsqu'il ajoute, à propos du *Malade imaginaire*, que cette pièce est propre à nous éclairer à la fois sur les *médecins*, les *médicaments* et les *femmes*... Voilà une plaisanterie plus indécente que les *Plaideurs*, et que ni Racine ni Molière ne se seraient permise ! Ils avaient trop de goût. Mieux vaut Arnolphe s'écriant dans son dépit contre la jeune Agnès :

Dans le monde on fait tout pour ces animaux-là !...

Accordons à Mercier qu'il est bon de faire tomber la muraille par laquelle, comme celle qui sépare la Chine de la Tartarie, les genres étaient divisés; permettons à l'auteur dramatique d'embrasser du même coup la nature et la société. Acceptons le drame, sans proscrire la tragédie, ni la comédie. Que toutes les formes puissent être employées ! Ne bornons pas nos plaisirs.

Le théâtre de Mercier n'est pas à la hauteur de sa critique; il lui ferait tort si la pratique et la théorie n'étaient deux choses parfaitement indépendantes l'une de l'autre. Cependant il y a de l'intérêt dans sa *Brouette du Vinaigrier*. Ce brave homme, dont le tonneau est la cassette, et qui fait le bonheur de son fils avec l'or que sa pieuse avarice a ramassé, offre un caractère original. L'emphase a nui aux drames de Mercier.

La *Mélanie* de La Harpe rentre dans la catégorie de ces pièces qui faisaient pressentir un nouvel ordre social : composée à l'époque dont nous nous occupons, elle ne fut jouée qu'en 1791 ; mais elle avait été lue chez les ministres mêmes, qui en défendaient la représentation parce qu'elle attaquait des institutions religieuses. Voltaire écrivait à l'auteur : « L'Europe attend votre *Mélanie*. »

La littérature de la fin du dix-huitième siècle, tout occupée à détruire des abus, ne devait pas oublier ces sacrifices humains que les pères de famille exécutaient souvent dans leurs maisons au profit de leur vanité. Afin de laisser au fils aîné la plus belle part de l'héritage, on condamnait des jeunes filles au célibat et à une éternelle réclusion. Elles s'en allaient, comme la fille de Jephté, pleurant sur leur virginité, se dessécher, pauvres plantes sans soleil, au fond d'un cloître obscur et froid. *La Religieuse*, de Diderot, a dépeint éloquemment, trop éloquemment même, toutes les misères, toutes les déplorables anomalies d'une pareille condition. La Harpe fit beaucoup de bruit alors avec sa *Mélanie*. Plus tard tout ce fracas s'évanouit devant le silence du véritable public. La pièce, imprimée et jouée, n'a jamais eu qu'un succès philosophique dû seulement pendant la révolution aux abus qu'elle retraçait, et dont on sentait la joie d'être délivré. Geoffroi ose trouver une certaine ressemblance entre la pâle scène de M. Faublas et de l'amant de sa fille, et la magnifique scène d'Achille et d'Agamemnon. Est-ce qu'il y a le moindre rapport entre le roi des hommes, obéissant à un arrêt d'où dépend le sort de toute l'armée grecque, et un gentillâtre parisien que rien ne force à mettre sa fille au couvent ! Est-ce qu'on peut comparer l'impétueux Achille, à qui Iphigénie est promise, et qui réclame impérieusement sa main, à l'amant incertain et bavard de Mélanie ?

Cependant *Mélanie* est la meilleure pièce de La Harpe ; et ses autres ouvrages dramatiques, *Warwick, Coriolan, Philoctète, Virginie*, méritent à peine une mention. La Harpe, qui s'est montré souvent judicieux dans son *Cours de Littérature*, et très-bon appréciateur du talent des autres, n'avait pas reçu le don créateur. Le feu sacré lui manquait.

Le théâtre, poussé par le souffle réformateur, tomba alors dans un grand défaut. Il s'éloigna beaucoup trop de son but, en développant un système arrêté dans l'esprit de l'auteur pour faire triompher un axiome quelconque, au lieu de dégager l'idée d'une action accomplie et qui est sa véritable loi. Un drame ne saurait être, un drame ne sera jamais un sermon, un traité, une thèse de docteur. Agir ainsi, c'est faire l'inverse de ce qu'il faut faire. Qu'on ne dise pas que nous détruisons par là toute moralité ; ce serait n'avoir guère réfléchi sur les œuvres de l'art. Tout fait vicieux porte son blâme et son châtiment, que l'on doit mettre en relief par le jeu des caractères. Cléopâtre, portant à ses lèvres le poison qu'elle a fait préparer pour Rodogune, et s'immolant afin de jouir au moins de la mort de sa rivale, ne découvre-t-elle pas un abîme de haine, d'ambition et d'orgueil, dont plusieurs tableaux composés à cet effet n'auraient pu représenter l'étendue ? On se jette en arrière plein d'effroi en voyant tout à coup s'ouvrir cette profondeur.

Nous sommes arrivés à l'époque où le théâtre anglais exerça surtout une grande influence sur le nôtre, et ce serait ne faire qu'un travail incomplet sur notre litérature si nous ne marquions avec soin la différence des temps et des mœurs.

Le théâtre anglais possède une valeur réellement originale : grâce à Shakspeare, il est éclos sur un sol plus libre, plus remué et plus fécond que le nôtre. La vieille Angleterre, travaillée par la réforme, agitée par ses guerres intestines, avait une personnalité plus forte; et en même temps que son caractère national était devenu plus tranché, le citoyen avait grandi, il se détachait mieux sur le fond du tableau.

Aussi voyez de quelle énergie Shakspeare a empreint la figure de ses personnages ! comme ils vivent bien par eux-mêmes ! comme ils sont pénétrés du rôle qu'ils remplissent dans ce monde, depuis le fossoyeur d'Hamlet jusqu'au roi Richard III ! Tous ces traits fortement accusés témoignent de la nature vigoureuse des hommes contemporains de Shakspeare. Ce ne sont pas des courtisans dont les sentiments sont réglés sur ceux du maître, comme leur montre sur l'horloge du château : ce sont des seigneurs indépendants et révoltés, des chefs de troupe, des hommes du peuple, chacun avec les passions de sa condition; c'est la vie humaine enfin sous toutes ses faces, avec toutes ses vicissitudes. En possession de tels éléments, Shakspeare se sentait libre; les unités devenaient pour lui des règles aussi inutiles qu'elles étaient incommodes.

C'est l'originalité qui constitue la valeur du théâtre anglais et du théâtre espagnol; ils sont nés des mœurs de leur époque. Le nôtre a été le résultat de l'imitation, il n'a pas eu de spontanéité; mais, s'enrichissant de toutes les expériences du passé, soutenu d'une logique supérieure, il a remplacé par la hauteur de la raison, par la signification des types, les grâces de l'imagination ou l'intérêt national. Il ne nous semble pas qu'on ait jamais parfaitement défini la différence qui sépare les grands maîtres de notre scène des chefs des littératures étrangères modernes, ni qu'on se soit clairement rendu compte de leurs différences et de leurs écoles.

La première s'attache à l'idéal, la seconde au réel. La première ne veut que des beautés choisies, la seconde recherche des beautés naturelles. Shakspeare, par exemple, est un fleuve immense où vient se réfléchir le paysage qui l'entoure, et qu'agitent tous les vents qui passent; Racine est un creuset profond où l'alliage se dégage de l'or, où l'âme humaine se dépouille de ce qu'elle a de trop terrestre. Disons mieux, notre théâtre agit comme la sculpture: il n'opère que sur un bloc de marbre; il veut que ce qu'il crée soit plus parfait même que les choses de ce monde. Nous avons v i que Voltaire, un des premiers en France, rendit hommage au génie de Shakspeare, mais que le poète irritable ne tarda pas à l'accabler d'injures lorsqu'il s'aperçut que la traduction de Letourneur popularisait les belles créations du poète anglais, dont il craignait la rivalité. En dépit de ses attaques, la gloire de Shakspeare continua à rayonner et à éblouir les yeux du vieillard de Ferney. *L'Année littéraire*, dirigée par Fréron, accueillit cet hôte sublime repoussé par Voltaire; elle le fêta souvent, et l'on trouve même dans les jugements portés sur les diverses œuvres de Shakspeare, à mesure qu'elles sortaient de la plume de Letourneur, beaucoup de raison, d'intelligence et de goût. Nous citerons par exemple les lignes suivantes, dont la justesse nous a frappé :

« Les ouvrages inspirés par le génie, quelques défauts qui les » défigurent, ont toujours un grand avantage sur les productions » froides et polies de l'esprit. Ils offrent des idées neuves et origi» nales, des choses hardies et sublimes; on y rencontre partout les » traits d'une imagination libre et vigoureuse qui crée, qui invente » et s'élance au delà des bornes prescrites. Des beautés de ce

» genre rachètent bien des absurdités et sont beaucoup plus utiles » au progrès de l'art que les écrits médiocres qui n'ont d'autre mé- » rite qu'une forme régulière, un tour élégant et délicieux. Une » seule scène de Shakspeare éclaire plus un artiste que cette foule » de tragédies où toutes les règles sont observées scrupuleusement, » hors la plus essentielle, qui est d'intéresser et de plaire. »

Ce n'est pas ainsi que l'exprimait La Harpe, disciple de Voltaire, qui disait seulement que Shakspeare *n'était pas sans lecture et sans connaissance, bien que grossier.* Geoffroi a suivi, en cette circonstance, les errements de La Harpe et de Voltaire, lui qui se montrait partout ailleurs leur constant adversaire. Un critique ingénieux et éloquent, M. Villemain, versé dans l'étude des littératures comparées, a vengé heureusement Shakspeare de ces injures, et après lui il ne reste rien à dire.

Dans sa colère, Voltaire traita Letourneur lui-même de *misérable* et de *faquin,* et Shakspeare de *gilles* et d'*histrion.* « Ce qu'il y » a d'affreux, disait-il, c'est que le monstre (Letourneur) a un parti » en France, et, pour comble de calamité et d'horreur, c'est moi » qui autrefois parlai le premier de ce Shakspeare; c'est moi qui le » premier montrai aux Français quelques perles que j'avais trou- » vées dans son énorme fumier. » L'une de ces perles était *Zaïre,* et l'on peut dire, pour suivre la métaphore de Voltaire, que s'il a pris quelques perles il a laissé beaucoup de diamants.

Ducis remplaça Voltaire à l'Académie, mais non au théâtre; il n'est rien au monde, on est bien forcé de l'avouer, de plus pitoyable que ces prétendues imitations de Shakspeare, véritables guet-apens dans lesquels le poète anglais est assassiné avec une rare bonhomie. Indépendamment du sujet, toujours horriblement mutilé, des idées appauvries et des sentences énervées, les vers de Ducis ne peuvent être écoutés de sang-froid par quiconque possède la langue française de la façon la plus superficielle. Le cœur saigne à voir comment *Hamlet*, *Roméo et Juliette* ont été traités. Prenons *Othello* pour exemple de ces mutilations. Ducis a cru pouvoir donner au noir Africain un teint légèrement doré par le soleil, de peur d'effrayer les dames. Mais ce n'est rien; il a fait subir aussi une transformation au caractère d'Iago, toujours de peur d'effrayer les dames. Ce monstre, ce démon, ce serpent qui s'enlace autour d'Othello, le pique au cœur et répand sur la blessure le poison de la jalousie, lui a paru devoir être adouci; Ducis craignait extrêmement de causer trop d'émotions à son spectateur. Au lieu de reproduire les sombres traits de ce franc scélérat, intéressé, d'ailleurs, à se venger du More, dont son honneur conjugal a reçu un affront,

Ducis a montré sous le nom de Pesare une espèce de confident hypocrite; Ducis n'a pas pris garde que c'était rendre encore ce personnage plus odieux pour les gens qui perceraient le masque d'une fausse amitié. Le bravo lieutenant Cassio, si dévoué à Othello, si respectueux envers Desdemona, instrument sans le savoir de la haine d'Iago, est devenu, de son côté, un certain fils de doge dont le niais amour poursuit la femme d'Othello d'insolentes déclarations. Je ne parle pas du mouchoir métamorphosé en billet, comme Voltaire l'avait déjà fait dans *Zaïre*, billet inadmissible ici, et par la promesse qu'il contient, et par la manière dont il est signé, donné, rendu, renvoyé, confié, avant de venir dans les mains d'Othello. Je ne parle pas de l'oreiller dont se sert le More pour étouffer, d'une main convulsive, la faible et plaintive Desdemona, et auquel l'auteur français a substitué le classique poignard de Melpomène. Le plus plaisant de l'histoire, c'est que Ducis, regrettant d'avoir trop effrayé les dames par son terrible coup de poignard, a imaginé ensuite un plus heureux dénoûment où les deux époux s'embrassent et se préparent à couler des jours aussi doux, aussi longs que ceux de Philémon et Baucis.

Passons au style, arrêtons-nous aux premiers vers. Pesare, en racontant une nouvelle victoire d'Othello, s'exprime en ces termes, je n'ose pas dire en ces vers :

> Des rebelles entraient, et pour les *repousser*,
> A leurs flots menaçants il court seul *s'opposer*.
> La *foudre* est moins rapide; il s'élance, il s'écrie :
> Amis, secondez-moi; défendons la patrie.
> Citoyens et soldats, tous dans un même instant
> Semblent n'être qu'un homme et qu'un seul combattant.
> *A ces traits, à ce teint,* dont sous un ciel sauvage
> Le soleil africain colora son visage,
> *A ses exploits,* surtout, *nous volons* sur ses pas,
> Fiers de suivre un héros vainqueur dans les combats.
> Le chef des révoltés, *dont la perte s'avance,*
> Craint le sort du combat, *l'arrête* avec prudence....

Outre les prétendues rimes des deux premières lignes, quelle logique dans les images! Voyez dans la suite de la comparaison, la foudre qui s'oppose aux flots; et puis Othello peut-il dire : *Défendons la patrie?* Othello n'est pas Vénitien; il est seulement au service de la République. Le père de Desdémone saura bien lui reprocher d'être un étranger. *Voler aux traits, au teint, aux exploits* de quelqu'un!!! Un chef *dont la perte s'avance* et *qui arrête un sort!!!* Il serait fastidieux de commenter ainsi toute la pièce de

Ducis; mais il n'y a pas dix vers (et encore une fois sont-ce des vers?) qui puissent résister à l'analyse. Partout l'impropriété des termes, le mauvais emploi des figures, la banalité des métaphores, la faiblesse des rimes.

La *flamme* et le *flambeau*, et les autres expressions de ce genre qui remplissent le style de Ducis, et en général le style du dix-huitième siècle, ces images en plein désaccord avec nos mœurs, toutes ces façons de parler inexactes et vicieuses empruntées à la mythologie, et dont Fontenelle s'était moqué avec raison, nous rappellent l'observation d'un bourgeois endimanché qui visitait un jour, avec sa digne épouse, la galerie des tableaux de Versailles. Cet honnête couple s'était arrêté devant le joli portrait de la femme de Boucher; ils admiraient la svelte et élégante créature que son mari, surnommé dans son temps « le peintre des grâces, » a reproduite avec tant de complaisance et de mignardise; le peintre galant a cru devoir mettre autour de sa femme des Amours, des torches, un autel; les braves gens dont nous venons de parler prenaient l'autel pour un poêle, les torches pour les débris d'une falourde, et les Amours pour de petits garçons. Ils croyaient que le peintre, dans la crainte que sa femme n'eût froid, avait jugé à propos de faire allumer du feu par les enfants. C'est la meilleure critique qu'on puisse faire de ce style, adorable chez les anciens, mais qui devrait avoir péri depuis dix-huit cents ans.

Ducis a un autre défaut, et celui-là lui vient du XVIII^e siècle, c'est d'abuser de la *nature*. Ce mot, dont la signification est très-vague, revient sans cesse dans son style.

La nature a fait les frais de la verve philosophique des pâles imitateurs de Voltaire. Parmi les nombreux paradoxes qui ont eu l'honneur de passer en proverbe et de devenir la sagesse des nations, il en est un qui nous a toujours paru singulièrement contestable, le voici : « Les anciens étaient plus près de la nature que » nous! » Le dix-huitième siècle a répété cela à satiété. Plus près de la nature! et pourquoi? et comment? Qu'est-ce que la nature, d'abord? Entend-on par là toute la partie extérieure du monde, et veut-on parler de l'influence immédiate de l'ordre qui y règne sur les idées de l'homme? Mais cette nature n'a pas changé; elle est toujours sous nos yeux; nous la retrouvons aux portes de nos cités; nous sommes aussi près d'elle que les anciens en ont été, aussi près que nos neveux en seront. Est-ce de la voix de la conscience qu'il s'agit? Croit-on qu'elle se fît mieux entendre autrefois? Trois mille ans n'ont pas altéré le moins du monde ce céleste écho placé au fond de notre âme. Il tient aux honnêtes gens de ce temps-ci le langage qu'il tenait à Socrate et à Caton. Si nous comptons de moins grands citoyens peut-être, nous n'avons pas, en revanche, des milliers d'esclaves comme l'antiquité. Les droits de l'humanité sont mieux déterminés. Ce n'est pas à dire que l'humanité jouisse complétement de ses droits, mais elle les connaît; on ne les conteste plus, on ne fait que les lui dérober. C'est assurément un grand pas de fait dans la voie de la civilisation.

Dieu nous garde de reprocher aux poëtes dramatiques de la fin du XVIIIe siècle d'avoir propagé, par leurs maximes, les idées de liberté, prêté aide au mouvement révolutionnaire, prêché l'égalité, comme Ducis l'a fait, par exemple, dans sa tirade du *soldat parvenu!* mais nous nous plaignons de ce que les auteurs de cette époque n'ont pas consacré ces beautés nouvelles, ces saintes inspirations, par une forme plus heureuse et plus nette. La démocratie est loin de proscrire l'art; elle veut qu'il se trempe à sa source féconde, mais qu'il s'épanouisse au-dessus d'elle comme une fleur sur la rive.

Les meilleures pièces de Ducis sont son *Œdipe chez Admète* et son *Abufar;* cette dernière pièce lui appartient en totalité. Geoffroi a été fort injuste à l'égard de cette tragédie de Ducis. Jamais sa haine contre la philosophie du XVIIIe siècle ne s'était mieux révélée. Il reprocha amèrement à cette pièce d'avoir des hémistiches chargés de ces noms : *mœurs, vertus, humanité,* et de respirer l'inceste à chaque vers. Geoffroi, qui n'a jamais regardé le théâtre comme une école de mœurs, aurait pu se montrer moins sévère si sa plume n'avait poursuivi, avant tout, la résistance de Ducis au gouvernement impérial. Cette tragédie ne respire en rien l'inceste, puisque Salema n'est point la sœur de Farhan, et que le spectateur le moins intelligent a deviné cela dès le commencement. Fussent-ils frère et sœur, depuis quand est-il défendu de mettre des passions coupables sur la scène, lorsque ces passions sont combattues par le devoir, par la religion, par la raison? Faudrait-il reprocher à Racine sa *Phèdre?* Faudrait-il accuser M. de Chateaubriand d'immoralité, parce qu'il a mêlé à son *Génie du Christianisme* l'admirable épisode de *René?*

L'immoralité n'est jamais dans la passion qui se combat, se déteste, et ne cède qu'avec honte et douleur à ses emportements; l'immoralité est dans le paradoxe et dans l'effronterie du vice qui s'approuve et se défend; les docteurs en guerre ouverte avec la société, et qui, après avoir étouffé le remords dans leur cœur, se croient tout permis pour satisfaire leurs désirs; ces subtils esprits qu'aucun frein ne retient quand il s'agit de conquérir les jouissances de la vie; les femmes qui, privées du sentiment de la pudeur, s'abandonnent sans effort à des penchants déréglés, tous ces caractères sont d'un pernicieux exemple au théâtre, et produisent l'imitation; mais la lutte du bien et du mal est toujours favorable, en ce qu'elle force les hommes à faire un retour sur eux-mêmes et à se rendre compte des instincts de leur conscience.

Ducis, qui fut un parfait honnête homme, n'aurait certes pas voulu inspirer des sentiments vicieux. Ducis vécut comme vécurent Corneille et Racine; et s'il est bien loin de leur génie, il eut du moins comme eux cette probité du cœur, qui ne voudrait pas qu'une bonne pièce fût une mauvaise action.

*Abufar* n'est donc pas une mauvaise action; mais ce n'est pas non plus précisément une bonne pièce, malgré d'excellentes parties. On voudrait que le style de cette tragédie eût des contours plus arrêtés, qu'une méprise peu vraisemblable ne fût pas l'incident principal; et l'on voudrait encore que l'imagination de l'auteur, plus poétique et plus riche, eût, avec l'éclat qui nous éblouit dans la *Bible*, représenté la vie arabe, si étrangère à nos mœurs. Malgré ces défauts, des scènes bien faites et des vers heureusement trouvés, la passion surtout fortement accusée, soutiendront toujours la pièce de Ducis quand il se rencontrera un Farhan et une Salema convenables à ces rôles.

C'est, à n'en point douter, l'influence de Shakspeare qui nous a valu *Abufar*. La passion africaine d'Othello, que Ducis se repentait probablement d'avoir si considérablement attiédie dans son imitation, l'a séduit.

On trouve un mélange d'énergie et de bonté dans les pièces de Ducis qui lui assignent une place à part dans notre littérature dramatique; et on lui pardonne presque d'avoir défiguré Shakspeare, tant il y a mis de bonhomie. Il a du moins aidé à faire connaître en France ce génie prodigieux, et de la copie on est remonté bien vite à l'original.

Ducis fit faire un pas de plus à l'action théâtrale par l'infusion du sang shakspearien dans les veines de la tragédie expirante.

# CHAPITRE DIX-SEPTIÈME.

## Théâtre révolutionnaire.

MARIE-JOSEPH CHÉNIER, FABRE D'ÉGLANTINE, MONVEL. TROUBLES ET MIGRATIONS DE LA COMÉDIE-FRANÇAISE; LAYA, PIÈCES RÉPUBLICAINES; OLYMPE DE GOUGES, PIÈCES IMPRIMÉES; COLLOT-D'HERBOIS, SYLVAIN MARÉCHAL; PIÈCES ROYALISTES, TÉROIGNE DE MERICOURT, FRANÇOIS DE NEUFCHATEAU, SCIPION-L'AFRICAIN; MISANTHROPIE ET REPENTIR, DEMOUSTIER, MADEMOISELLE CANDEILLE, PAYAN.

Le théâtre aida puissamment la révolution; on ne s'y rendait, pendant toute la seconde partie du XVIIIe siècle, que pour applaudir la satire des abus de l'ancien régime; on saisissait partout des allusions aux choses du moment, lors même qu'on représentait des pièces faites cinquante ans auparavant; c'est ainsi que la reprise de *l'Ambitieux* ou *l'Indiscret* de Destouches obtint un grand succès vers le milieu de l'année 1789, parce qu'il se trouve dans cette comédie un ministre honnête homme : on y découvrit une sorte d'application au retour de M. Necker; Destouches, en créant un ministre de fantaisie, ne se doutait pas que sa pièce deviendrait une pièce de circonstance.

La tragédie se réchauffa, avec Marie-Joseph Chénier, au foyer des idées révolutionnaires; elle éleva la voix, avec Fabre d'Églantine et Laya; elle s'essaya au vers de Juvénal. Mais nous entrons pourtant dans une période où l'art ne fut regardé que comme un accessoire, où le but était de propager, tant bien que mal, un certain ordre d'idées. Marie-Joseph Chénier se distingua parmi les poètes révolutionnaires. Nourri, comme son frère André, à l'école de l'antiquité, il posséda le goût littéraire, et même la netteté du style, à un plus haut degré que la majeure partie des auteurs du XVIIIe siècle. Chénier puisa la plupart de ses sujets dans la source ouverte par la révolution. Un jeune et ardent journaliste du temps, Loustalot, écrivait, en rendant compte d'une exposition de tableaux : « Les allégories de l'amour, le portrait des » courtisans, les flatteries des esclaves, nous intéressent fort peu ; » désormais Brutus prononçant la mort de ses fils, ou Décius mou- » rant pour la patrie, voilà ce qui pourra nous plaire et nous sé- » duire. » Le théâtre devait naturellement suivre cet élan.

La tragédie de *Charles IX* était faite pour obtenir un grand succès à l'époque où elle fut jouée. C'était à l'aurore de la révolution : le spectacle d'un roi égorgeant ses sujets convenait à tous les esprits lassés de la monarchie et qui se disposaient à prendre une terrible revanche. Le fanatisme de la religion était aussi vigoureusement attaqué, et les libres penseurs ne pouvaient manquer d'applaudir. Le caractère de Charles IX, faible et irrésolu, entraîné dans le crime par ses conseillers, est habilement tracé. Cette tragédie, à laquelle il manque d'être plus fortement écrite, est intéressante, quoique un peu refroidie par de[illegible] [illegible]rs qu[illegible] remplacent l'action. Chénier, tout en donnant l'esso[illegible] pensée, avait jeté sa tragédie dans le moule classique ; il n'a pas [illegible] prendre assez de liberté. Quel tableau ne pouvait-il pas tirer du massacre de la Saint-Barthélemy !

Chénier donna bientôt après son *Henri [illegible]I*. Il s'[illegible]it de rendre odieux un roi en montrant les excès [illegible]u pouvoi[illegible] absolu. Tout le théâtre de cette époque repose sur c[illegible]e donnée. Chénier n'était pas homme à se priver de ces ressources, pour lesquelles la sympathie du public était toute prête. D'ailleurs Chénier y allait de cœur et d'âme. Henri VIII lui parut donc de bonne prise. Ce Ba[illegible] Bleue de la royauté, qui faisait couper la tête à ses femmes av[illegible] tant de facilité, offrait un type dans lequel Chénier n'était pas fâché d'incarner le principe monarchique. Il lui plut de mettre le roi aux prises avec Anne de Boulen, et de le fai[illegible] accabler d'invectives par quelques honnêtes seigneurs de sa cour. Chénier, sans avoir précisément rencontré une tragédie, a trouvé [illegible] scènes fortes et d'un puissant effet. Lorsque Norris, dont Henri VIII croit que l'on a acheté la conscience, au lieu d'inculper la reine, [illegible] la déclarer innocente et faire éclater son indignation contre le royal accusateur, le public est noblement touché ; et dans la scène d'Anne de Boulen et de sa fille Élisabeth, lorsque la mère quitte son enfant pour se rendre à l'échafaud, les yeux les plus endurcis ont toujours peine à retenir des larmes, ce qui prouve, indépendamment d'*Athalie*, que les enfants bien placés ne nuisent jamais à une pièce. On a fait à propos d'Henri VIII une observation assez piquante. Ce roi, qui avait pris pour gardien de la fidélité conjugale l'échafaud, s'est vu constamment trompé dans ses nombreuses amours. C'est peut-être l'échafaud qui lui valut cela : il y a tant d'attraits dans le péril !

Chénier, se livrant de plus en plus à l'impulsion du moment, fit représenter une tragédie de *Caïus Gracchus*, pleine de tirades appropriées aux circonstances. Sa tragédie avait besoin d'une telle vogue, car son peu de mérite n'aurait pu la soutenir. Ce fut un tort de Chénier de prêcher en quelque sorte la *loi agraire*, de transformer en forum le Théâtre-Français, mais l'ardeur révolutionnaire l'emportait. La tragédie était une arme dans ses mains. Il voulait la victoire complète d'abord, quitte à régler plus tard la part des vainqueurs. Chénier était loin de penser qu'il devait perdre son frère dans la bataille ; son frère, cygne échappé des bords de l'Eurotas. La haine que l'on portait au fanatisme religieux faisait rechercher au fond des cloîtres et des couvents toutes les souffrances ignorées. Chénier voulut aussi, lui, s'élever contre de tels abus, afin que leur retour fût impossible. Il fit son *Fénelon*. Une jeune fille, sur le point de prononcer ses vœux, pénètre dans un cachot où elle retrouve sa mère enfermée depuis quinze ans ; pleine de terreur elle s'échappe, et vient se jeter aux pieds de Fénelon, dont la bonté tolérante la sauve des horreurs du cloître. Ce moyen un peu romanesque a été noblement traité par Chénier. Il composa ensuite son *Timoléon*, mais on assure que Robespierre lui-même s'opposa à la représentation de cette pièce. Chénier, traité de contre-révolutionnaire à son tour, se vit obligé de garder le silence et d'attendre. Il n'attendit pas long-temps. Robespierre tomba ; *Timoléon* fut joué. Timoléon se résout à faire assassiner son frère pour assurer la liberté de son pays. Comment Chénier ne recula-t-il pas devant un pareil sujet? Cette pièce servit de prétexte au reproche qu'on lui adressa d'avoir agi, vis-à-vis de son frère, *comme un autre Timoléon*. Il se lava de cette accusation, dans son épître *à la Calomnie*, par de beaux vers. Il eût mieux fait de brûler son *Timoléon*.

Ce ne fut que plus tard et sous l'empire que Marie-Joseph Chénier burina profondément les traits de Tibère; cette tragédie et celle de *Philippe II* n'ont été publiées qu'après la mort de l'auteur. *Tibère* est le chef-d'œuvre de Chénier.

Chénier, dans son *Tableau de la littérature*, a rendu justice à ses confrères avec une rare bienveillance, qui ne devrait jamais abandonner la critique. Nous citerons ses réflexions pleines de justesse :
« Les tragédies les plus remarquables de ces vingt dernières années
» se distinguent par une action simple, souvent réduite aux seuls
» personnages qui lui sont nécessaires, dégagée de cette foule de
» confidents aussi fastidieux qu'inutiles, de ces épisodes qui ne font

» que retarder la marche des événements et distraire l'attention des » spectateurs; de ces fadeurs érotiques si anciennes sur notre » théâtre, introduites, par la tyrannie de l'usage, au milieu de » quelques chefs-d'œuvre, prodiguées par les prétendus élèves de » Racine, fréquentes dans les sombres tragédies de Crébillon, signa- » lées par Voltaire, et désormais bannies de la scène comme indi- » gnes de la gravité du cothurne. Le caractère philosophique im- » primé par ce grand homme à la tragédie s'est également con- » servé dans le choix de quelques sujets et dans la manière de les » traiter. » Ce fut certainement en effet un progrès.

Il s'est passé cent vingt ans entre le *Misanthrope* de Molière et le *Philinte* de Fabre d'Églantine. Les personnes curieuses d'étudier les mœurs au théâtre peuvent choisir ces deux pièces comme deux monuments du plus grand intérêt. Nous nous garderons assurément de comparer la rude et imparfaite composition de Fabre au chef-d'œuvre d'élégance et de goût que Molière semble avoir laissé pour désespérer ses successeurs; mais nous essaierons de faire comprendre la transformation qui s'était opérée.

Tout en rendant justice à la magnifique nature d'Alceste, nous avons fait remarquer qu'il n'est guidé que par des sentiments personnels, et que, poussant à l'extrême sa qualité de misanthrope, il devient un être pour ainsi dire insociable. En effet, il a bien une haine vigoureuse contre les méchants, mais il ne fait rien en faveur des bons. Sa vertu n'agit pas pour l'avantage de l'humanité, sa colère ne s'exerce que sur des hypocrisies de salon, des condescendances de cour, des coquetteries et des vanités de femmes; c'est l'honnête homme à l'époque où le duc de Larochefoucault a écrit ses *Maximes;* il y a un peu d'égoïsme dans cette misanthropie; froissé par les misères qui se passent sous ses yeux, blessé dans ses affections, il ne veut pas rester dans le monde afin d'apprendre à vivre aux hommes de son temps, afin de trouver une femme moins coquette qui puisse le consoler de ses disgrâces amoureuses; mais, furieux, il part

Pour chercher sur la terre un endroit écarté
Où d'être homme d'honneur on ait la liberté.

Croyez-vous, s'il se retire dans ses terres, qu'il abolira d'abord les corvées onéreuses dont ses paysans sont accablés, lui si riche et qui ne regrette pas les 20,000 francs par lesquels il achète un peu cher le droit de pester à son aise contre l'arrêt qui le condamne? Croyez-vous qu'il établira à l'instant une école primaire; que, d'accord avec le bailli, il fondera une institution de rosières?

Mon Dieu, non; il commencera par chasser le cerf, par lire Montaigne ou Sénèque, et persévérera bien long-temps dans ses malédictions contre le genre humain. Il est grand seigneur avant tout; le plus probe, le plus excellent des grands seigneurs; mais il n'est frappé que des abus qui le touchent, et non point de ceux qui pèsent sur la foule; il jouit même de beaucoup de priviléges injustes dont son âme si droite n'est aucunement choquée, habituée qu'elle est à ces abus; et la pensée ne lui vient pas que son souffle pourrait abîmer un matin cette société de courtisans, de flatteurs, de juges corrompus, ce monde brillant mais faux qui le gêne et l'indigne à chaque pas.

Mais prenez Alceste cent vingt ans plus tard, ses nobles qualités se feront alors jour. Après avoir mené quelque temps la vie de son siècle, la vie de grand seigneur que nous avons dépeinte, il sentira s'adoucir cette *effroyable haine* qu'il avait vouée au genre humain, et à laquelle nous ne lui avons jamais fait l'injure de croire; l'esprit de Mirabeau s'emparera de lui; au lieu d'écrire à ses amis des lettres éloquentes sur la perversité des hommes, il tâchera d'être utile à ses semblables, en détournant les obstacles qui s'opposent au bien-être du plus grand nombre, et en démasquant, dans l'intérêt de la société, les traîtres, les lâches et les fripons qu'il trouvera sur sa route. Son honnête misanthropie l'aurait mené là à cinquante ans seulement de différence. Molière ne nous aurait pas inspiré tant de respect pour lui, si cet homme devait, en se retirant à jamais du monde, se montrer aussi égoïste que Philinte.

Il nous paraît donc bien démontré qu'on a accusé Fabre d'Églantine à tort d'avoir mal saisi les caractères du Philinte et de l'Alceste de Molière : il aurait été plus qu'absurde à lui de vouloir refaire un chef-d'œuvre; c'était déjà bien assez audacieux que de chercher à en continuer un, et d'essayer de marcher sur les traces du génie. La Harpe et Geoffroy, dont les arrêts injustes étaient sollicités par leur haine contre la philosophie du XVIII<sup>e</sup> siècle et la révolution française, tout en reconnaissant une puissance d'esprit singulière chez Fabre, ont accablé son œuvre de mépris. Ces deux littérateurs ont pris à tâche de faire tomber le *Philinte de Molière* dans un discrédit qu'il ne mérite pas.

Cependant l'exposition de cette pièce est, il faut l'avouer, une des plus mauvaises du théâtre. Ce Philinte, qui ne sait quelle maison il habite depuis six jours, et qui le demande à sa femme afin que le public l'apprenne, se montre d'une niaiserie révoltante; son nom, changé en celui du comte de Valence, exprès pour faire le nœud de l'intrigue; cette signature ignorée de lui qu'un fripon d'intendant a extorquée et a mise au bas d'un billet de 200,000 écus ; ce secret qui attend pour se révéler l'instant voulu par l'auteur, et qui, après avoir soutenu péniblement la curiosité des trois premiers actes, détruit totalement l'intérêt des deux derniers ; cette manière bizarre dont Alceste se fait rendre le billet faussement fabriqué contre Philinte, tout cela manque de vraisemblance et de réalité. On trouve plus d'un exemple de ces façons d'agir dans le répertoire du Théâtre-Français ; mais dans le monde les choses se passent autrement. Ce qui fait pardonner à cette pièce les fautes que nous lui reprochons, c'est l'effet que l'auteur en a tiré dans la scène du troisième acte, où l'optimiste Philinte, pris au piége d'un fripon, passe de son indifférence habituelle à une extrême fureur, et prouve admirablement qu'il n'est guidé que par son intérêt personnel.

Molière avait prévu cela en mettant dans la bouche d'Alceste ces vers :

> Mais ce flegme, monsieur, qui raisonnez si bien,
> Ce flegme pourra-t-il ne s'échauffer de rien ?
> Et s'il faut par hasard qu'un ami vous trahisse,
> *Que pour avoir vos biens on dresse un artifice*,
> Ou qu'on tâche à semer de méchants bruits de vous,
> *Verrez-vous tout cela sans vous mettre en courroux?*

On ne peut nier une chose, c'est que jamais pièce de théâtre n'a mieux rempli son but que le *Philinte de Molière*. Fabre a voulu représenter l'égoïste, lui donner une forte leçon et le ramener, si cela est possible, à la bienfaisance et à la pitié pour tous. Je défie qu'on trouve des traits d'égoïsme mieux caractérisés, une leçon plus forte, et de plus nobles sentiments que ceux qu'Alceste laisse en adieu à son indigne ami. Il est malheureux que le style de cet ouvrage ne réponde pas toujours à la pensée, et que la verve âpre et vigoureuse de l'auteur soit gâtée quelquefois par la déclamation. Cependant on trouve des morceaux que ne désavoueraient pas nos meilleurs écrivains.

*L'Intrigue épistolaire* est loin d'avoir le mérite du *Philinte*, elle est triviale et d'un bas comique. Nous ne parlerons pas du *Précepteur* et des autres pièces de Fabre, enlevé si fatalement aux lettres. La vie de Fabre, jetée au milieu des troubles de 93, s'y engloutit. Il eut l'honneur de commencer avec le spirituel Camille Desmoulins la réaction contre l'échafaud : ils luttèrent jusqu'à la mort contre Hébert et son ignoble journal, *le Père Duchesne*, qui ne respectait ni la langue ni les sentiments français.

Il nous revient à la mémoire une lettre douloureuse de Camille, dans laquelle il parle à sa femme d'un nouveau compagnon d'infortune qu'on a plongé dans la même prison que lui. « J'ai découvert, dit-il, une fente dans mon appartement, j'ai appliqué mon oreille, j'ai distingué des gémissements, j'ai hasardé quelques paroles. J'ai entendu la voix d'un malade qui souffrait. Il m'a demandé mon nom : je le lui ai fait connaître. — O mon Dieu! s'est-il écrié à ce nom, en retombant sur son lit d'où il s'était levé; et j'ai reconnu distinctement la voix de Fabre d'Églantine. — Oui, je suis Fabre, m'a-t-il dit. »

Tout le caractère énergique de l'auteur de *Philinte* se révèle pour nous dans ces mots : *Oui, je suis Fabre.*

Les drames faisaient fureur dans l'année 1790. Les plus sombres et les plus longs semblaient les meilleurs. *Le comte de Comminges* était dépassé depuis long-temps. On ne s'intéressait plus aux infortunes de *la Famille Calas.* Monvel, pour satisfaire le goût du public, donna *les Victimes cloîtrées*, pièce dans laquelle l'horreur est portée à son plus haut degré. Elle eut un prodigieux succès. Le théâtre, séparé en deux au quatrième acte, et présentant deux cachots à la vue du spectateur, ajouta à l'effet. La reconnaissance des deux victimes produisit un vif enthousiasme. Ce drame, indépendamment des passions qu'il soulevait, de l'esprit de parti auquel il répondait, possède un puissant intérêt.

De grands troubles agitèrent à cette époque la Comédie-Française. La tragédie de *Charles IX* avait mis en lumière le talent de Talma, acteur si célèbre depuis; jusqu'alors retenu dans l'obscurité par la rigueur des règlements, Talma n'avait pas eu l'occasion de donner la mesure de ses moyens. Il s'empressa d'accepter le rôle de Charles IX, au refus de Saint-Phal, son chef d'emploi. La tragédie de *Charles IX*, mal reçue par le parti royaliste, fit des ennemis à Chénier et à Talma. Ils crurent même devoir avertir le public qu'ils porteraient sur eux des pistolets pour se défendre contre les *spadassins*. La Comédie-Française était alors séparée en deux camps. Par *spadassins*, Chénier et Talma entendaient les comédiens qui, soutenus des gentilshommes de la chambre, regardaient *Charles IX* comme une pièce incendiaire et s'opposaient à ses représentations. On proposa l'exclusion de Talma. L'ostracisme fut prononcé : alors le public s'en mêla. Une troupe de conjurés se donna rendez-vous à la Comédie-Française et demanda Talma à grands cris, cela dura deux soirs. Le second soir, Fleury parut et dit :

« Messieurs, ma société, persuadée que M. Talma a trahi ses intérêts et compromis la tranquillité publique, a déclaré à l'una-

» nimité qu'elle n'aurait plus aucun rapport avec lui jusqu'à ce que » l'autorité en ait décidé. » Fleury se retira au milieu des huées. La Comédie-Française, appelée devant la municipalité, se vit condamnée à jouer avec Talma, mais elle résista ; Dugazon seul s'était rangé du côté de Talma. La municipalité, offensée de la résistance de la Comédie et voulant éviter les scènes tumultueuses qui avaient lieu au parterre, ordonna la clôture du théâtre. Il ne fut rouvert que lorsque les comédiens eurent rapporté leur arrêté.

Chénier, Mirabeau, Palissot prirent part à la querelle et la rendirent éclatante, l'orage gronda toujours depuis. Quelques acteurs avaient pris le parti de Talma ; ils émigrèrent de la Comédie-Française et passèrent au théâtre du Palais-Royal, ancien théâtre de Molière, qui devint le Théâtre-Français de la rue Richelieu : c'est le théâtre actuel. L'autre partie de la troupe resta au Faubourg Saint-Germain, dans la salle de l'Odéon, qu'on appelait la nouvelle salle et qui avait été consacrée par le succès du *Mariage de Figaro*.

Une polémique ardente recommença bientôt entre les comédiens d'outre-Seine et Palissot, qui s'était rallié à la philosophie : il accusa les comédiens de cabales contre les acteurs du nouveau théâtre : l'attaque fut vive, la riposte ne le fut pas moins. Palissot se vit cruellement traité. « M. Palissot, dirent les comédiens, *est un im-* » *posteur ;* s'il croit, en sa qualité d'homme de lettres, avoir le droit » de nous outrager, de nous avilir, de se jouer de notre réputation » et de notre état, il se trompe étrangement. Que ceci serve à l'en » dissuader. En soutenant ainsi la dignité de l'homme et les droits » du citoyen vis-à-vis de M. Palissot qui nous provoque, nous » ne croyons point le blesser, mais au contraire servir les gens de » lettres qu'il déshonore et dont il est assez singulier que M. Pa- » lissot, sur ses vieux jours, ait la prétention d'être le défenseur » après en avoir été toute la vie le fléau. »

Chénier s'empressa de ramasser le gant jeté à Palissot, il défendit son ami et surtout son œuvre avec l'éloquence d'un auteur indigné : « Oui, c'est vous, écrivit-il aux comédiens de l'autre camp, » qui avez troublé la représentation de *Henri VIII*, de concert » avec des aristocrates et des courtisanes; oui, les acteurs, les » actrices de votre théâtre, les laquais et les amants de ces demoi- » selles, leurs créanciers même, vos ouvreuses de loges, vos gar- » çons de théâtre, s'étaient rendus soigneusement à cette repré- » sentation et ce n'était point par esprit de curiosité... C'est vous » qui êtes des *imposteurs*... Avant de supposer qu'on veuille ou » qu'on puisse vous déshonorer, songez que vous avez parmi vous » des courtisanes dévergondées, des hommes perdus de dettes,

» quelques-uns flétris par des banqueroutes particulières; songez-y, » vous dis-je, et ne provoquez plus la franchise austère d'un écri- » vain qui n'a jamais attaqué personne, mais qui sait se défendre » et qui vous accablera toujours sous le poids de la raison et d'une » conduite irréprochable. »

On voit à quel point l'animosité était portée des deux côtés.

La tragédie de *Virginie*, reprise en 1792, a donné lieu à une lettre de La Harpe, qu'il a dû regretter lorsqu'il s'est déclaré l'ennemi de la révolution : « Si je me suis déterminé, disait-il, à » donner cette tragédie préférablement à d'autres absolument nou- » velles, c'est que j'ai cru du devoir de tout écrivain, dans le mo- » ment où nous sommes, de s'attacher de préférence aux ouvrages » où l'on peut, sans sortir de son sujet, trouver de quoi nourrir » l'esprit de liberté et le sentiment du patriotisme, et j'avoue que » ce mérite m'est encore plus cher que tous les autres. »

C'était encore La Harpe qui présenta à l'Assemblée nationale une pétition au nom de tous les auteurs dramatiques, pour provoquer le décret par lequel l'Assemblée consacra la liberté des théâtres et fixa les droits des auteurs.

Le comédien Dugazon fit représenter une comédie en trois actes et en vers, intitulée *l'Emigrante ou le Père Jacobin,* dans laquelle il joua le rôle du père Jacobin. On applaudit Dugazon comme acteur. Le théâtre fut alors envahi par les pièces de circonstance. *Othello* en interrompit un moment le cours. Cette tragédie de Shakspeare, toute défigurée que nous l'avons vue par Ducis, consacra la réputation de Talma. Nous rencontrons dans l'année 1793 un des actes les plus courageux qu'ait jamais tenté un écrivain. Laya, dans son *Ami des Lois*, osa attaquer au théâtre le parti extrême de la Convention. On voulut même reconnaître dans ses personnages Robespierre et Marat. La Commune, irritée et prenant le parti [illegible] de la Convention, défendit les représentations de *l'Ami des Lois*. Le parterre réclama la pièce à grands cris. Santerre, revêtu de son uniforme, essaya d'en imposer au parterre en tumulte; il fut obligé de faire retraite au milieu des huées, et un plaisant fit courir ces vers :

> Ci-gît le général Santerre
> Qui n'eut de Mars que la bière.

On sait que Santerre était brasseur. Laya en référa immédiatement à la Convention elle-même, qui était assemblée pour le procès de Louis XVI. La Convention agit noblement, elle ordonna que la pièce serait jouée, parce que la Commune n'était pas dans son droit en violant la liberté des théâtres. Le public, qui avait attendu l'arrêt, ne sortit du théâtre qu'à une heure du matin.

La comédie de Laya peut s'appeler héroïque à cause des dangers que courait l'auteur. La Commune ne voulut pas céder, elle proscrivit de nouveau la pièce ; les comédiens se virent dans l'impossibilité de la jouer; le parterre la fit lire sur la scène, on couvrit cette lecture d'applaudissements : voilà quels orages souleva *l'Ami des Lois*, dont le plus grand mérite était le courage de l'auteur.

Laya faillit bientôt payer de sa vie cette œuvre d'opposition ; il erra comme tant d'autres pour dérober sa tête à l'échafaud, supportant avec une grande vigueur d'âme les dangers de la proscription. Danton avait été lié avec Laya ; lorsque Danton connut le décret qui envoyait son ancien ami en jugement, il se présenta chez madame Laya : « Citoyenne, lui dit-il, si ton mari n'a pas d'asile, » qu'il en accepte un chez moi, on ne viendra pas l'y chercher. » Ces paroles font honneur à Danton, mais peu de temps après Danton n'avait pas d'autre asile que la tombe.

Le Théâtre-Français éprouva alors une série de vicissitudes curieuses à connaître ; elles se lient à l'histoire politique et littéraire du temps. On ne saurait peindre le désordre qui envahissait chaque soir le parterre ; on entonnait pendant les entr'actes, quelquefois pendant la représentation, des refrains patriotiques. Les œuvres dites républicaines commencèrent à affluer. On en représenta de pitoyables ; une pièce d'Olympe de Gouges, singulière femme dont nous allons esquisser la physionomie, donna lieu à un incident comique. Cette pièce, intitulée *le Général Dumouriez à Bruxelles*, avait été sifflée, on demandait néanmoins l'auteur ; lorsque mademoiselle Candeille se présenta pour le nommer, ladite Olympe de Gouges se montra aux loges et cria au parterre : « Citoyens, vous demandez » l'auteur, le voici, c'est moi Olympe de Gouges ( notez qu'elle était » vieille et laide ); si vous n'avez pas trouvé la pièce bonne, c'est » que les acteurs l'ont horriblement jouée. »

Des plaisants entourèrent Olympe de Gouges, elle s'attendait à des félicitations de leur part ; mais ils prétendirent l'obliger à une restitution sous prétexte qu'on leur avait volé leur argent. Le lendemain, au lieu de laisser achever le même spectacle, le public monta sur le théâtre et y dansa *la Carmagnole*.

Olympe de Gouges est une des créatures les plus étranges que le désir de la renommée et la manie de publicité aient pu produire. Douée d'une imagination effervescente et se mêlant de toutes les questions qui agitaient la fin du siècle dernier, elle ressemble à une pythonisse assise sur le trépied de la révolution. Ce ne fut pas par la modestie que brilla Olympe de Gouges, nous allons donner des preuves frappantes de la bonne opinion qu'elle avait d'elle-même, quoiqu'elle avouât volontiers ne savoir ni lire ni écrire. « On ne m'a rien appris, dit-elle; élevée dans un pays où l'on » parle mal français, je n'en connais pas les principes, je ne sais » rien : je fais trophée de mon ignorance, je dicte avec mon âme, » jamais avec mon esprit. Le cachet naturel du génie est dans toutes » mes productions. » Telle est sa façon de s'exprimer sur son compte, elle n'y manque jamais.

Après être parvenue à faire jouer à la Comédie-Française, grâce à Molé et à M. Suard, un drame sentimental, intitulé *l'Esclavage des Noirs*, elle fit imprimer *le Mariage inattendu de Chérubin*, avec une préface où elle continue son apologie dans ces termes peu mesurés : « Je suis femme et auteur, j'en ai toute l'activité; mais, » dès que l'explosion est faite, je reste dans un calme profond : » tel est l'effet qu'éprouvent toutes les personnes vives et sensibles... » L'activité de dix secrétaires ne suffirait pas à la fécondité de mon » imagination; j'ai trente pièces au moins. Je conviens qu'il y en a » beaucoup plus de mauvaises que de bonnes, mais je dois convenir » aussi que j'en ai dix qui ne sont pas dépourvues du sens commun. »

Dans son *Mariage de Chérubin*, mariage tout à fait *inattendu*, la petite Fanchette devient fille d'un duc et d'une duchesse de Médoc. Cette pièce est parfaitement ridicule d'un bout à l'autre.

Madame de Gouges ne put faire recevoir également ni *Lucinde et Cardénio*, sujet tiré de Cervantes, ni *Molière chez Ninon*, dont le *Journal encyclopédique* fait le plus grand éloge. A l'en croire, cette pièce est un petit chef-d'œuvre que la Comédie-Française a eu le plus grand tort de refuser. Elle fit jouer au Théâtre-Italien *Mirabeau aux Champs-Elysées*. Ce drame épisodique eut peu de succès. « Je ne mis que quatre heures à composer cette pièce, » dit-elle. On ne s'en aperçoit que trop. *Le Couvent ou les Vœux forcés*, comédie en trois actes, ne put se faire représenter qu'en deux actes, et le directeur du théâtre de la rue de Bondy, le prétendu collaborateur de madame de Gouges, réclama ses droits d'auteur pour avoir retranché un acte. C'était assurément un homme d'esprit.

Indignée de tous les obstacles qu'elle rencontrait dans la carrière dramatique, elle tourna ses idées du côté du roman. Elle fit le *Prince philosophe*. « Le roman le plus sage, le plus fou et le plus » moral, s'écrie-t-elle ; je n'ai mis que cinq jours pour le concevoir » et le produire. » Ce roman était fait en l'honneur de son sexe, dont elle demanda plus tard la complète émancipation.

Une anecdote révélera encore mieux le caractère d'Olympe de Gouges. Elle était allée se promener à la campagne avec son fils, elle ne trouvait plus de voiture pour revenir. Un monsieur lui offrit deux places dans la sienne, et la conversation qui s'établit tomba sur madame de Gouges.

— Je la connais beaucoup, dit le monsieur; ses ouvrages ne sont pas d'elle, on les lui fait.

— En êtes-vous bien sûr?

— Certainement, je lui en ai fait un! Vous voyez devant vous un de ses fortunés adorateurs.

La voyageuse dit à son compagnon en descendant de voiture: « Monsieur, je suis cette Olympe de Gouges que vous n'avez jamais » connue et que vous n'êtes pas fait pour connaître; on trouve » communément des hommes de votre espèce, mais apprenez qu'il » faut des siècles pour produire des femmes de ma trempe. »

Non contente de cette fière réponse, elle fit le lendemain publier dans les journaux un défi à cet impertinent. Olympe de Gouges portait de singuliers défis à tous ceux qui l'attaquaient ou dont elle ne partageait pas les opinions. C'est ainsi qu'elle voulait bien se précipiter la tête la première dans la Seine, avec Robespierre, pour délivrer son pays de ce *ténébreux et profond politique;* mais Robespierre ne consentit pas à ce bizarre duel. Olympe de Gouges, en essayant d'établir l'égalité des femmes, avait écrit cette phrase énergique: « La femme a le droit de monter à l'échafaud; elle » doit avoir également celui de monter à la tribune. » Elle eut le malheur de jouir du premier de ces droits: elle monta sur l'échafaud.

Parmi les pièces imprimées ou jouées du temps de la révolution, nous en trouvons une intitulée *les Quatre Préjugés du Ministre, ou la France perdue,* tragédie velche en six actes et en prose; elle est bien nommée, rien n'est plus velche en effet. Voici ses arguments: au premier acte, *la perte du commerce et de l'honneur;* au second, *la perte des lois et de la magistrature;* au troisième, *la perte de la religion et du clergé;* au quatrième, *la perte de la noblesse et de la gloire;* au cinquième, *l'esprit corrompu par l'influence des étrangers;* au sixième, *la perte de la monarchie et de sa puissance.* Que de pertes, sans compter celle de la pièce qui n'a jamais pu être représentée!

Le sentiment de l'art était tellement bouleversé que l'auteur d'une héroï-tragi-comédie, *la Cour plénière*, jouée par une société d'amateurs dans un château aux environs de Versailles, se félicite de ce qu'on ait sifflé les acteurs qui représentaient messeigneurs de Sens et de Lamoignon, en croyant siffler les originaux. Ces pièces étaient imprimées chez la veuve *Liberté*, à l'enseigne de la Révolution.

Au nombre des auteurs qui ont écrit pendant cette période, il faut citer Collot-d'Herbois, auteur de plus terribles drames dans sa vie politique que dans sa vie littéraire; rien n'est plus innocent que les pièces du sombre conventionnel. *Lucie ou les parents imprudents; l'Amant loup-garou*, imité des *Joyeuses Commères de Windsor; le Paysan magistrat*, imité de Calderon, *l'Inconnu*, *le Procès de Socrate*, *la Famille patriote*, *Adrienne ou le secret de famille*, *les Portefeuilles*, *la Journée de Louis XII*, forment un répertoire tout à fait vertueux. Collot ne tarda pas à figurer lui-même sur la scène. Fouvielle aîné de Toulouse, dans une tragédie en cinq actes et en vers intitulée *Collot dans Lyon*, peignit après le 9 thermidor les massacres ordonnés par le sanglant proconsul.

Mais la plus curieuse des pièces révolutionnaires, celle qui peint le mieux le désordre de cette époque, c'est *le Jugement des Rois*, prophétie en un acte et en prose de M. Sylvain Maréchal. Dans un argument qui précède son œuvre, l'auteur explique ainsi sa pensée : « Citoyens, rappelez-vous donc comment au temps passé, » sur tous les théâtres, on avilissait, on ridiculisait, on dégradait » indignement les classes les plus respectables du peuple souverain, » pour faire rire les rois et leurs valets de cour. J'ai pensé qu'il » était bien temps de leur rendre la pareille et de nous amuser à » notre tour. Assez de fois ces messieurs ont eu les rieurs de leur » côté, j'ai pensé que c'était le moment de les livrer à la risée pu» blique : voilà le motif des endroits un peu chargés du *Jugement » dernier des Rois !* »

Ce Sylvain Maréchal jugea à propos de mettre en scène tous les rois de l'Europe, y compris le pape et la tzarine, et de les faire déporter dans une île déserte par des *Sans-Culottes* de toutes les nations. Rien n'est plus burlesque que cette conception. Les rois chargés de fers se querellent entre eux; l'impératrice et le pape finissent par se battre, l'une avec son sceptre et l'autre avec sa crosse : le pape jette sa tiare à la tête de Catherine et renverse sa couronne, ils se frappent à grands coups de chaînes. Les *Sans-Culottes*, après les avoir affamés, prennent plaisir à leur jeter des biscuits. Mais les rois ne jouissent pas long-temps de cette faveur, un volcan voisin commence son éruption ! La lave assiége les rois et les engloutit dans les entrailles de la terre.

On ne doit pas s'étonner que les pièces de Molière fussent proscrites alors. Loubon s'écriait à Cambrai : « Le théâtre, au lieu d'être un foyer brûlant de patriotisme et l'école des vertus, paraît plongé dans l'*obscénité* et l'*insignifiance* des pièces de l'ancien régime. Au moment où tout doit embraser les citoyens pour l'amour de la liberté, on les appelle à la représentation des *Fourberies de Scapin*. Cela n'arrivera plus. » Par bonheur, contre le souhait de Loubon, cela est encore arrivé ! Molière a recouvré ses droits.

Un grand nombre de pièces furent faites dans un système d'opposition à la Terreur, et, nous devons le dire, elles sont empreintes au moins d'un sentiment de l'art; comme *l'Ami des lois*, elles ont au moins une forme littéraire. Ainsi *la Mort de Louis XVI*, *le Martyre de Marie-Antoinette-Elisabeth de France*, *Charlotte Corday*, offrent des réminiscences classiques de quelque valeur.

On rencontre, parmi ces dernieres pièces qui n'ont pu voir le jour de la scène, une rare et curieuse satire, intitulée *Théroigne et Populus...* Il est question de Théroigne de Méricourt, cette aventurière amazone qui joua son rôle dans les émeutes de la révolution. Née dans une famille d'honnêtes laboureurs, séduite par le fils de son seigneur, Théroigne, trahie bientôt, passa en Angleterre, où l'on prétend qu'elle devint la maîtresse du prince de Galles, car elle était belle : elle avait une taille élégante, un œil de feu, une figure expressive. Revenue à Paris, elle entra en relation avec Mirabeau et Chenier ; elle mena un grand train et rouvrit en quelque sorte à Paris la maison qu'Aspasie occupait dans Athènes. Elle se lassa de cette vie de courtisane. Au premier appel de la liberté elle s'élance sur la place publique : « Vous l'eussiez vue, dit un de ses biographes, M. Lairtullier, versé dans les moindres détails de l'histoire révolutionnaire ; vous l'eussiez vue vêtue d'une robe de drap bleu, le chapeau à la Henri IV sur l'oreille, un long sabre à son côté, deux pistolets à la ceinture, une cravache à la main, avec une pomme à cassolette d'or remplie de sels et d'aromates en cas de défaillance, et pour *neutraliser l'odeur du peuple.* » Telle était Théroigne, l'héroïne des Invalides et de la Bastille, à laquelle on décerna un sabre d'honneur. Elle était de tous les clubs, elle prenait la parole aux Cordeliers, aux Jacobins, à la Société fraternelle, et Camille Desmoulins la comparait à la reine de Saba. Aux 5 et 6 octobre elle conduisit à Versailles, avec Maillard, ce troupeau de femmes qui alla demander du pain sous le balcon du roi.

Théroigne devint naturellement le point de mire des pamphlets royalistes; le sarcasme prit mille formes pour l'atteindre. Il y avait un député de Beauce en Bresse, appelé Populus; on fit un grand nombre de jeux de mots sur la prétendue union de Théroigne et de Populus. Le drame dont nous parlons prit naissance de ces facéties ; l'auteur commence par se moquer dans sa préface avec assez d'esprit de la littérature désordonnée de l'époque. « On verra » en lisant ma pièce, dit-il ironiquement ( car elle sera lue même » par les aristocrates ), que j'ai eu le courage national de m'affran- » chir de l'aristocratie des règles ; si j'ai parfois resté soumis à » celle des rimes, c'est que je ne puis être seul une assemblée » auguste pour détruire à la fois tous les pouvoirs, et j'attends que » monseigneur Robespierre, qui a si glorieusement foulé aux pieds » l'aristocratie de la reconnaissance, ait dicté un décret sur les » pièces de théâtre, pour en faire en vers blancs sans hémistiches, » commençant par la catastrophe et conforme en tout point au » système que ce membre honorable et si bien organisé ne peut » manquer d'adopter. »

Dans ce drame railleur, Mirabeau faisant part de ses plans à Populus et prétendant partager la France à ses adhérents, s'explique ainsi en jouant sur le nom de ses collègues ou sur les caractères qu'on leur attribuait.

> Je délègue à l'*Asnon* l'empire des prairies;
> *Barnave* aura de droit celui des boucheries;
> *Muguet* aura les fleurs : au nasillant *Buzot*
> Tous les veilleurs du coin porteront un impôt.
> Le trop heureux *Bailly* palpera les épices;
> Les lapins de *Clapier* combleront les délices.
> *Coltinet* des moutons réglera les destins;
> *Bouillotte* aura les jeux, et *Grégoire* les vins;
> *Martinet* régnera sur la gent enfantine;
> *Fricot* présidera toujours à la cuisine.
> L'enrichi *Nourrissart*, le précieux *Roulhac*
> Régneront au pays de l'heureux Pourceaugnac.
> *Bazoche* aura le pas sur les clercs de notaire.
> . . . . . . . . . . . . . . . . . .
> . . . . . . . . . . . . . . . . . .
> Et *Nicodême* aura le royaume des cieux.
> *Brocheton* sur les eaux étendra son empire;
> Les curés pourront tous bien boire et bien écrire;
> Et l'enchanteur *Merlin*, par des charmes nouveaux,
> Fascinera les yeux sur ses doctes travaux.
> Tous les deux, étonnés du nœud qui les rassemble,
> Les rois *Bracq* et *Perdrix* doivent régner ensemble.
> Sous lui, le roi *Target* aura tous les ballons;
> *Lameth* doit aux couvents guider les escadrons.
> . . . . . . . . . . . . . . . . . .
> . . . . . . . . . . . . . . . . . .
> Au vertueux *bandit* je donne les forêts;
> Et quand, suivant le cours de mes vastes projets,

J'irai dicter des lois dans une autre contrée,
Il représentera ma personne sacrée.
*Chassebœuf* de Poissy sera le commandant;
*Chapelier* des castors sera le président.
*Lapoule* aura les grains, *Colombe* la volée;
*Labeste* aura l'esprit de toute l'assemblée.

Qu'on nous pardonne cette citation; quoique expurgée elle peint assez la licence du temps, elle témoigne de cette malice française qui ne dédaigne pas de se traduire par de méchants calembours, et dont la permanence de l'échafaud même sur la place de la Révolution n'a jamais pu arrêter l'essor.

Théroigne de Méricourt, fouettée publiquement par des femmes, éprouva une telle honte qu'elle en perdit la raison : elle survécut à ce malheur jusqu'en 1817; elle est morte à la Salpêtrière dans un cabanon.

Une des idées les plus originales du théâtre révolutionnaire est d'avoir tantôt ramené quelques-uns des compagnons de Lapeyrouse, étonnés du changement qui s'est fait depuis leur départ, et tantôt mis les marquis de l'ancien régime aux prises avec leurs fermiers, leurs tailleurs, leurs créanciers qu'ils n'avaient plus le droit de jeter par les fenêtres. Il y avait là une veine de bon comique à exploiter, elle n'a pas été assez approfondie.

Une pièce de François de Neufchâteau, qui fut depuis ministre, *Paméla*, tirée du roman de Richardson, fit tomber sur le Théâtre de la Nation la foudre qui grondait depuis long-temps; on prétendit qu'elle renfermait des principes aristocratiques; tous les comédiens furent arrêtés chez eux par ordre de la Commune, on les jeta en prison; la Convention, influencée alors par la Montagne, confirma la mesure. Molé et Dessessarts échappèrent à la proscription. Dessessarts était à Baréges: en apprenant l'arrestation de ses camarades il éprouva une suffocation qui l'étouffa. Le Théâtre de la Nation se trouvant interdit, il ne resta plus pendant quelque temps que le Théâtre de la République qui fut obligé de se conformer au vœu des clubs; on exigea des choses ridicules, on substitua les noms de citoyens partout où il y avait les noms de baron, de prince, de seigneur, sans prendre garde à la mesure du vers. Quelques-uns des captifs obtinrent leur liberté à condition qu'ils feraient partie du Théâtre de la rue Richelieu, protégé par la Municipalité : ils se décidèrent à accepter cette clause de rigueur. Le 9 thermidor seul sauva la vie au reste de la Comédie. Le 29 thermidor, ces artistes revinrent au faubourg Saint-Germain. Ils allèrent bientôt à Feydeau, où ils furent encore persécutés. Une partie d'entre eux passa au Théâtre-Louvois, puis retourna à l'ancienne salle appelée depuis Odéon. Le Théâtre de la République long-temps victorieux ferma à son tour, ses principaux membres furent engagés à Feydeau. La réunion générale s'opéra enfin : peu de temps avant cette réunion, un capitaine de vétérans, nommé Sauvigny, fit représenter, sous le titre de *Scipion l'Africain* un essai dans le genre de Shakspeare. Cet essai ne réussit pas. Madame Molé fut plus heureuse en arrangeant pour la scène le fameux drame de Kotzebue, *Misanthropie et repentir*, qui obtint et obtient encore un succès de larmes. L'influence allemande se faisait alors sentir.

Ce drame de Kotzebue, qui a eu le privilége de faire pleurer le monde entier, n'en est pas meilleur pour cela, mais il repose sur une situation intéressante. Les femmes ont toujours vu avec plaisir l'histoire de cette coupable Eulalie, dont le repentir vertueux touche le cœur de son mari. Rien n'est moins moral au fond que le drame de Kotzebue. On y prouve en effet qu'une femme peut se laisser séduire par le premier venu, se laisser enlever, et abandonner son mari et ses enfants parce qu'on lui offre des diamants, des cachemires ; puis, quand elle est délaissée à son tour par son séducteur, retrouver les bras de son mari tout ouverts pour la recevoir.

Des ouvrages d'un genre tout à fait pacifique furent joués au milieu de ces agitations. Parmi les auteurs qui se montrèrent le plus étrangers au ton du jour, il faut citer Demoustier, Vigier, Lauyon et quelques auteurs que nous citerons dans le chapitre suivant.

Continuateur exagéré de de Boissy et de Dorat, Demoustier rapporta au théâtre l'afféterie qu'il a montrée dans les *Lettres à Émilie*. Son *Conciliateur ou l'Homme aimable*, qui parut dans un temps de discordes, fut assez heureux pour obtenir les suffrages du public, mais ce fut une surprise du goût. Il donna aussi *les Femmes*, comédie qui n'est qu'un long madrigal. Demoustier poussa au delà de toute mesure le jargon du bel esprit.

*La belle Fermière*, de mademoiselle Candeille, charmante actrice du théâtre de la rue Richelieu, fut accueillie par un succès qui s'est long-temps continué et qui n'en a pas moins été toujours peu mérité. Mademoiselle Candeille eut moins de bonheur avec sa *Bayadère*, dont la chute fut complète. Mademoiselle Candeille fit un véritable mariage de comédie ; elle était à Bruxelles, un jeune homme tombe amoureux de mademoiselle Lange, son amie ; le père, furieux que son fils veuille épouser une actrice, arrive pour s'opposer au mariage ; il voit mademoiselle Candeille, il est désarmé, il tombe à ses pieds : deux mariages se font le même jour.

Mais au milieu de tous ces désordres et de tous ces contrastes, la République, on doit le dire avec orgueil, accorda une noble protection au Théâtre-Français. Lorsqu'elle luttait d'une main avec les rois coalisés et de l'autre déchirait ses propres entrailles, à cette époque de trouble et de terreur, on trouvait le temps de songer à l'organisation du théâtre. L'influence du Théâtre-Français était sentie par les administrateurs d'alors, et, quelques jours avant que sa tête ne roulât sous la hache fatale, Payan faisant appel aux auteurs, s'écriait avec enthousiasme : « Vous qui aimez les arts, » qui dans le recueillement du cabinet méditez tout ce qui peut » être utile aux hommes, écrivains patriotes, déployez vos plans, » calculez avec nous la force morale des spectacles. Il s'agit de » combiner leur influence sociale avec les principes du gouverne- » ment; il s'agit d'élever une école publique où le goût et la vertu » soient également respectés. La commission interroge le génie, » sollicite les talents, s'enrichit de leurs veilles et désigne à leurs » travaux le but politique vers lequel ils doivent marcher. *Elle est » comptable aux lettres, à la nation, à elle-même,* du poète dont » elle n'aura pas monté la lyre, de l'historien à qui elle n'aura pas » donné un burin et des crayons, du génie enfin dont elle n'aura » pas secondé et dirigé les élans. »

Voilà un langage digne d'une grande nation! Voilà le véritable code théâtral qui lui convient. Et les hommes qui pensaient et écrivaient ainsi avaient un pied sur les marches de l'échafaud!

La société de la Comédie-Française ne tarda pas à se constituer sur des bases solides. Un arrêté consulaire du 6 frimaire an XI la plaça *sous la surveillance et direction principale du préfet du palais.*

Un arrêté pris par lui le 28 nivôse an XI décida que « l'exploi- » tation du Théâtre-Français continuerait d'être confiée à des so- » ciétaires, et voulut qu'un acte d'association fût fait et signé de » chacun d'eux. »

Il fut réalisé devant Me Hua et son collègue, notaires à Paris, le 27 germinal an XII (17 avril 1804). A part quelques modifications survenues en 1816 et 1834, cet acte continué jusqu'à nos jours a reçu les adhésions successives des comédiens qui ont été admis au Théâtre-Français, et forme le contrat de ceux qui l'exploitent actuellement.

Le décret impérial du 1er novembre 1807 et celui du 15 octobre 1812 (daté de Moscou) l'ont successivement confirmé. Le dernier surtout, reproduisant toutes les parties de l'acte de société, y a ajouté les dispositions propres à réglementer tous les détails de la gestion.

Sous l'empire de ces actes la société s'est toujours administrée elle-même, au moyen d'un comité de six membres choisis dans son sein ; seulement leur choix et leur révocation sont demeurés en dernier lieu attribués au gouvernement, qui a voulu rester investi de tous les pouvoirs nécessaires pour maintenir le théâtre dans des voies convenables, et sous le rapport littéraire et sous le rapport financier.

---

## CHAPITRE DIX-HUITIÈME.

**NÉPOMUCÈNE LEMERCIER, ARNAULT, LEGOUVÉ, LUCE DE LANCIVAL, RAYNOUARD, BAOUR-LORMIAN, JOUY, VIENNET, BRIFFAULT, AIGNAN, DELRIEU, ARNAULT FILS, LIADIÈRES, ANCELOT, LEBRUN, SOUMET, CASIMIR DELAVIGNE, TRAGÉDIE MODERNE.**

***Tragédiens et tragédiennes célèbres.***

Nous rencontrons maintenant des hommes dont quelques-uns ont traversé la période révolutionnaire avec Chénier, et auxquels il a été donné de continuer leurs travaux jusqu'à nos jours.

Népomucène Lemercier s'offre d'abord; c'est l'auteur le plus original de cette nouvelle série.

Grimm ne montra pas plus de sagacité pour lui que pour Beaumarchais. Il le jugea fort mal à ses débuts ; *Méléagre, le Lovelace, le Lévite d'Éphraïm*, sont de faibles compositions, il est vrai ; mais, dès l'âge de vingt-cinq ans, Népomucène Lemercier avait fait représenter *Agamemnon*, cette belle imitation de l'antiquité. C'était un démenti de plus donné aux prophéties de Grimm.

Lemercier mit à profit Eschyle, Sénèque, Alfiéri, dans cette œuvre d'Agamemnon, l'une des meilleures que l'on doive au procédé classique, et la seule même qui, avec les tragédies de Voltaire et de Crébillon, ait le droit d'être citée comme étant tout à fait hors de ligne. Egisthe s'y déclare par un beau vers empreint de la fatalité antique :

Il est temps qu'un forfait révèle qui je suis.

On remarque aussi le caractère de la prophétesse Cassandre.

Lemercier s'élança ensuite avec ardeur dans la route ouverte par Beaumarchais. Il fit *Pinto*, pièce singulière, pleine de verve et d'esprit, dans laquelle une grave conspiration est présentée sous un aspect comique. Les critiques du temps, qui n'étaient pas à la hauteur de cette conception, l'accablèrent de leurs dédains. Voici comment l'un d'eux s'exprimait : « Le citoyen Lemercier a fait » deux poèmes qui, loin d'accroître sa réputation, l'ont presque » totalement détruite. *L'Arléquinade de Pinto* lui a donné le coup » de grâce ; aujourd'hui il fait le mort. » M. Lemercier était bien vivant. Il ne tarda pas à le prouver.

*La Démence de Charles VI*, *Christophe Colomb*, *Frédégonde et Brunehaut*, se font remarquer parmi ses productions dramatiques.

La tragédie de *Frédégonde et Brunehaut* résume les qualités et les défauts de Lemercier. Son penchant à la nouveauté lui a fait choisir cette époque de notre histoire et transporter sur la scène les vieilles basiliques, refuge sacré contre la colère des rois mérovingiens ; mais il ne s'en est pas moins renfermé dans toute la rigueur des règles, et l'on ne voit pas dans sa pièce ces terribles Francs *parés de la dépouille des ours, des veaux marins, des arochs, des sangliers*, que MM. de Chateaubriand et Augustin Thierry ont fait revivre, avec ces *chariots attelés de grands bœufs* retrouvés par le crayon de M. Decamps. Tout se passe, à l'exception de deux ou trois scènes, en longues conversations, en mortels récits, sous la lampe d'un vestibule de l'église Saint-Martin de Rouen. Ce n'est pas que les caractères de cette tragédie soient mal tracés : Frédégonde est emportée et violente, orgueilleuse comme une parvenue, sans scrupule et sans remords comme si elle était sortie d'un sang royal. Brunehaut est astucieuse et cruelle ; elle se fie à sa beauté pour séduire un prince faible ; elle lutte d'énergie avec sa fougueuse ennemie. Mérovée a l'air triste et rêveur d'un jeune homme qui sacrifie son ambition à son amour et qui connaît toute l'étendue de son sacrifice. Chilpéric lui-même, quoique se rapprochant un peu trop du Cassandre par ses fureurs, qui ne sont suivies d'aucun résultat, offre l'image d'un vieillard soumis à la domination d'une jeune femme impétueuse et altière. Eh bien ! malgré ces mérites, la lenteur des développements, et principalement le style obscur, abstrait, inexact, entortillé de Lemercier, rendent cette tragédie des plus pénibles à entendre et à voir. Les parties vigoureuses se trouvent elles-mêmes frappées pour ainsi dire de nullité.

*Les Martyrs de Souli*, qui n'ont pas été joués, renferment, comme tous les ouvrages de Lemercier, de grandes beautés à côté de défauts saillants.

Lemercier, doué d'un esprit vif et investigateur, s'étudiait à chercher des effets qui ne rappelassent pas ceux des maîtres célèbres, mais il y retombait malgré lui. Il prétendait toujours unir la familiarité de la comédie à la grandeur des événements, parce qu'il l'avait fait avec bonheur dans *Pinto*. Il cherchait le naturel; il le trouvait rarement. Sa *Panhypocrisiade*, espèce de comédie humaine, est une œuvre étrange, mais d'un mérite incontestable.

La vie de Lemercier ne fut qu'une longue protestation de la pensée contre la force brutale des événements ou le despotisme des hommes, d'un homme surtout, de celui qui étreignit d'une main de fer les libertés françaises pour les enchaîner aux pieds de la gloire et qu'il appelait spirituellement son ami le premier consul. L'existence modeste, indépendante, austère de Lemercier s'est trouvée en lutte avec la plus éclatante fortune que le monde ait jamais vue. Napoléon, qui voulait asseoir son despotisme, redoutait les libres penseurs; aussi, durant son règne, attaqua-t-on par son ordre Voltaire, qu'il regardait comme un ennemi et un ennemi qu'il ne pouvait vaincre. Il se vengea sur les disciples.

Ce fut le 19 mai 1791 que M. A. Arnault fit jouer, à vingt-et-un ans, au théâtre de la Nation, sa tragédie de *Marius à Minturnes*. Cette tragédie, en trois actes et sans femmes, comme *la Mort de César*, eut un grand succès. Le parterre demanda l'auteur, qui se vit doucement obligé de paraître dans une loge. Ce fut le premier pas de M. Arnault, *Lucrèce* fut le second; mais l'auteur eut la malheureuse idée de rendre Lucrèce éprise de Sextus. *Les Vénitiens*, qu'il composa ensuite à Venise même, n'eurent de remarquable que le dénoûment, qui sortait du moule ordinaire. Le héros de la tragédie est étranglé derrière un rideau, par ordre des inquisiteurs; ils font lever le rideau lorsque l'héroïne vient demander la grâce de son amant, ils lui montrent leur victime : il y a là un effet puissant. Ce qui aurait dû attirer des éloges à M. Arnault fut, au contraire, ce que les critiques du temps blâmèrent le plus. Le style de cette tragédie est fort défectueux. M. Arnault fut appelé à des honneurs sous l'empire; puis il subit l'exil sous la restauration. Cette infortune lui a inspiré quelques jolis vers sur le néant des choses de la vie; il s'est demandé :

> Où va la feuille de rose,
> Où va la feuille de laurier.

*Germanicus*, joué au commencement de cet exil, produisit au Théâtre-Français une agitation qui rappelle celle des temps révolutionnaires. Lorsque le nom de l'auteur proscrit fut prononcé, il y eut quelques sifflets ; les amis de l'auteur s'en prirent à des gardes royaux. Des duels suivirent cette représentation. Un jeune fils de M. Arnault insulta un journaliste, M. Martainville, qui, après avoir fait condamner son agresseur à quinze jours de prison, se battit avec lui et fut blessé au genou. *Germanicus* fut défendu. Cette tragédie fut reprise en 1817, lorsque les passions furent calmées. Elle fut jugée alors littérairement. L'auteur n'y gagna pas.

Légouvé a obtenu ses plus beaux succès en 1792 et 1794. *La Mort d'Abel*, *Épicharis et Néron* furent jouées pendant la révolution. *La Mort d'Abel*, tirée de Gessner, ne déplut pas à un parterre plus pastoral que les événements qui se passaient alors ne le feraient soupçonner, si l'on ne savait que l'influence allemande et suisse avait déterminé des goûts très champêtres dans la nation française.

La tragédie *Epicharis et Néron* a été admirablement indiquée dans une page de Mercier : « Cet imbécile de Péchantré, en » faisant *la Mort de Néron* n'a pas seulement senti la catastrophe, » dit-il. Je voudrais voir l'empereur seul, livré aux tableaux ef- » frayants que ses crimes lui retraceraient, ne sachant ni vivre ni » mourir. Sa douleur serait celle d'un impie, son repentir celui » d'un lâche, son effroi celui d'une femmelette ; il prendrait le fer » d'une main tremblante, et, l'essayant vingt fois, il n'oserait s'en » frapper ; il pleurerait ; il porterait de tous côtés des regards » suppliants ; il implorerait le bras du plus vil esclave ; le sang » coulerait enfin. Je voudrais le voir alors luttant contre la mort, » tombant sur la terre, la grattant de ses mains, poussant des cris » aigus en s'approchant du terme qui ramène tout à l'égalité.... »

Tel est le tableau que Legouvé a mis à la scène dans son cinquième acte. Les terreurs qui assiégent Néron lorsqu'il comprend que sa chute est prochaine, et qu'il se voit forcé de se donner la mort, charmaient la multitude ; elle se réjouissait de voir les angoisses du tyran.

*La Mort d'Henri IV*, du même auteur, venue dans un temps plus calme, fut traitée plus sévèrement. On reprocha à Legouvé d'avoir dénaturé le caractère du roi Henri, dont il a fait un trop monotone personnage. Il est plus ressemblant dans *la Partie de chasse* de Collé. La popularité de Legouvé est due au *Mérite des femmes*. Ce poème, qui ne brille pas par l'invention, est mieux écrit que ses tragédies. On y sent une âme honnête et douce, peu faite pour les terreurs de la tragédie ; cependant le goût de Legouvé le portait vers le théâtre. Comme Voltaire, il aimait à réciter les vers tragiques, à se pénétrer d'un rôle, à le faire comprendre aux autres, et ce fut à lui que Mlle Duchesnois dut en partie son éducation dramatique.

La plupart des auteurs tragiques qui se sont fait connaître sous l'empire ont été l'objet de vives moqueries, en général plus spirituelles que justes. On ne leur a pas tenu compte de la difficulté de leur position. On n'a vu que les défauts du genre qu'ils ont continué, sans vouloir apprécier les beautés qu'ils ont pû rencontrer, dans un système étroit. La tragédie d'alors, destituée, par un pouvoir ombrageux, de l'esprit philosophique de Voltaire, de la verve républicaine de Chénier, revint naturellement au point où Crébillon l'avait laissée ; ce fut une imitation toute classique, où pouvait à peine se faire jour la personnalité de l'auteur. Il ne demeura qu'une forme sous laquelle on ne sentait guère palpiter la vie. La main de fer de Napoléon comprima la liberté littéraire comme la liberté politique, parce que toutes les libertés se tiennent. S'il admirait la pièce d'*Hector*, de Luce de Lancival, c'est qu'elle lui semblait une pièce de *quartier-général*. Le Cirque Olympique, avec son fracas de batailles, son odeur de poudre et ses chevaux qui piaffent, est le théâtre qui convenait le mieux aux intentions de Napoléon. Ce fut seulement sur le rocher de Sainte-Hélène qu'il eut le temps de rendre justice à la gloire de la pensée, et de regretter de n'avoir pas fait pour le théâtre tout ce qu'il aurait pu faire.

Nous allons tâcher de démêler, à travers ces sortes de pastiches rétrogrades, l'esprit novateur qui s'infiltra et pénétra peu à peu, en dépit de la censure impériale, dans les ouvrages de cette époque. L'apparition de Shakspeare, évoqué par Ducis, la secousse politique qui venait d'engloutir un ancien ordre social, et renouveler les mœurs, les grands aspects de la nature, ouverts par Bernardin de Saint-Pierre et par M. de Châteaubriand, ces deux enchanteurs, les belles pages romantiques de madame de Staël, agitèrent sourdement la génération. L'empire ne résista qu'à demi à cette indépendance croissante. Les écrivains même qui ont le plus manqué de hardiesse, à cette époque, méritent du moins notre éloge, pour avoir débarrassé le théâtre de quelques entraves ; nous devons le dire, car la mission que nous nous sommes imposée est de rendre hommage à toutes les qualités, sans dénigrement pour les défauts. Ne suffit-il pas de les faire remarquer ? Quiconque a voué sa vie aux choses de l'art, lors même qu'il s'est trompé dans l'exécution, n'a-t-il pas droit au respect ?

Quoique Luce de Lancival ait débuté, en 1793, par un *Mutius Scévola*, qu'il ait donné encore, sous la république, *Fernandez*

*Périandre*, il appartient à l'empire par sa réputation. Il la dut à son *Hector*. Nommé professeur de belles-lettres au Lycée impérial, il crut devoir payer sa dette à la patrie par cette tragédie d'*Hector*. L'empereur se déclara satisfait, et fit accepter sans peine à l'auteur une pension de 6000 fr., enjolivée de la croix de la Légion-d'Honneur. M. Villemain, l'un des élèves de Luce de Lancival, et son meilleur ouvrage, assure que cette pièce d'*Hector* « est vraiment homérique et puisée tout entière dans l'Iliade. » Homérique, oui, en ce qu'elle est puisée dans l'Iliade; mais voilà tout. Les pieux souvenirs de M. Villemain ont dicté son bienveillant arrêt; il eût été plus juste de dire qu'on reconnaît dans cette œuvre un esprit familiarisé avec les beautés d'Homère. Luce a traduit çà et là avec bonheur quelques morceaux de l'Iliade; sa versification est celle d'un professeur distingué : mais tout cela ne constitue pas une tragédie homérique.

Hector, dans cette pièce, dit, en parlant d'Achille :

Tous ceux qu'il a vaincus l'ont fait invulnérable.

C'est peut-être ce vers qui valut à Luce de Lancival sa pension de 6000 fr.

Luce de Lancival souffrait malaisément la critique; il composa, sous le titre de *Folliculus*, un poëme satirique des plus sanglants contre son principal détracteur. Si l'on s'en rapporte à Luce de Lancival, *Folliculus* était un écrivain vénal, dont il n'avait pas voulu acheter l'éloge. Ce poëme est resté inédit, mais Luce de Lancival aimait à le lire dans les salons médisants (et il lisait fort bien); quelques fragments en ont été connus. Le poëte trace, avec une plume trempée dans le fiel le plus amer qui soit jamais entré au cœur d'un auteur blessé, les portraits de monsieur Folliculus et de madame Follicula, sa digne épouse. Luce de Lancival prétend que les acteurs comme les auteurs ne cessaient de porter leurs dons sur l'autel de ces divinités redoutables, espèce d'Euménide, dont il s'agissait de se concilier la faveur : il fallait les dons les plus brillants pour conjurer la sévérité de *Folliculus* :

Un vase de vermeil, une bague de prix,
Du vin surtout : voilà ses cadeaux favoris.
On assure (je crois que sur ce fait probable
Pour le vrai la chronique a pris le vraisemblable)
Qu'au jour où nos amis viennent du vieux Nestor
Nous souhaiter les ans et bien d'autres encor,
Au jour où les filleuls aiment tant leurs marraines,
Jour de munificence où, sous le nom d'étrennes,

Chacun de son voisin attend quelques tributs,
Et d'une honnête aumône accroît ses revenus;
Il revend au rabais, ou plutôt à l'enchère,
Le superflu des vins et de la bonne chère
Dont l'accable le zèle ou l'effroi des acteurs,
Et que Follicula, pour qui les directeurs
De schalls et de chapeaux renouvellent l'emplette,
Se fait pendant deux mois marchande à la toilette.

Le dernier trait est vif et plaisant, mais par malheur pour Luce de Lancival Folliculus avait raison dans la plupart de ses remarques.

La condamnation des Templiers fut une des grandes injustices du commencement du quatorzième siècle. Cet ordre n'eut d'autre tort que de s'égaler aux papes et aux rois, voilà l'unique motif de sa destruction. On prit pour prétexte un relâchement de mœurs et de religion, mais les Templiers, de ce côté, valaient encore mieux que leurs accusateurs. S'ils ne gardaient pas strictement le vœu de chasteté, leurs ennemis le gardaient-ils mieux? Lorsqu'on lit leur procès, on est étonné des niaises calomnies avec lesquelles on a trouvé moyen de les assassiner. On les livra, contre toute loyauté, au tribunal de l'inquisition, et de tous temps les cours extraordinaires ont été des instruments de tyrannie; entre un juge exceptionnel et le bourreau, il n'y a que la différence de la voix à la main.

Les statuts de l'ordre des Templiers reposaient sur la base des vertus chrétiennes et militaires, et saint Bernard, qui avait examiné de près la conduite de ces chevaliers, s'écrie, en parlant d'eux: « Ils vivent sans avoir rien en propre, pas même leur volonté; ils sont pour l'ordinaire vêtus simplement et couverts de » poussière; ils ont le visage brûlé des ardeurs du soleil, le regard » fixe et sévère. A l'approche du combat, ils s'arment de foi au » dedans et de fer au dehors; leurs armes sont leur unique parure; ils s'en servent avec courage dans les plus grands périls, » sans craindre ni le nombre ni la force des barbares. Toute leur » confiance est dans le Dieu des armées, et, en combattant pour » sa cause, ils cherchent une victoire complète ou une mort sainte » et honorable. O l'heureux genre de vie! »

Tel fut l'*heureux* genre de vie qui suscita contre eux la colère de Philippe-le-Bel et de Clément V. La torture fit avouer aux Templiers les crimes imaginaires qu'on leur reprochait; mais de nobles rétractations suivirent la plupart de ces douloureuses concessions, et rétablirent l'honneur de ces braves chevaliers. Ils moururent en gens de cœur, comme ils avaient vécu. C'est une des plus belles pages de la chevalerie. Lorsqu'on eut refusé aux condamnés jusqu'aux secours de l'église, sous prétexte de leur hérésie, ils composèrent un hymne religieux qui attestait leur innocence, et ils le chantèrent en montant les degrés du bûcher. Quand le chant cessa, la voix du dernier templier venait d'être étouffée par les flammes.

M. Raynouard a composé sur ce sujet une tragédie qui a eu beaucoup de succès; elle a le mérite de rendre justice au caractère des Templiers, et d'offrir un noble tableau de leur courage et de leur infortune. Une scène surtout est pleine d'intérêt dramatique, celle où le chevalier Laigneville, à qui la torture a arraché des aveux, se rétracte en présence du grand-maître. Quelques vers de la tragédie de M. Raynouard ont fait fortune, et l'on a cité celui-ci :

La torture interroge, et la douleur répond.

C'est, en effet, un des meilleurs de la pièce. Cette tragédie, où la fidélité historique est bien conservée, ressortit vigoureusement au milieu des pâles imitations qui l'avaient précédée, et dont nous ne croyons pas même devoir entretenir le lecteur. Elle est d'une date antérieure à la pièce d'*Hector*. Elle obtint un éclatant succès, que les *Etats de Blois*, du même auteur, ne virent pas se renouveler. Citons encore une tragédie de *Caton d'Utique*; mais n'oublions pas surtout un titre important de M. Raynouard à l'estime des érudits : nous voulons parler d'un ouvrage intitulé : *Choix de poésies originales des Troubadours*. Ce sont des recherches excellentes qui jettent une grande clarté sur une époque long-temps restée obscure.

M. Baour-Lormian, que Toulouse envoya à Paris, poète sonore et harmonieux, dont les ouvrages eurent du retentissement, donna deux tragédies, *Omasis, ou Joseph vendu par ses frères*, et *Mahomet II*. La tragédie de *Joseph* a des parties touchantes; mais le caractère de Joseph tranformé en amoureux fit beaucoup de tort au succès. Mlle Mars, dans *Omasis*, jouait le rôle de Benjamin. Son *Mahomet* est inférieur à la pièce de Lanoue sur le même sujet. Cette tragédie n'a pas laissé de profondes traces. Les imitations du Tasse et d'Ossian, faites par M. Baour, renferment des vers très-brillants. On sait que M. Baour-Lormian et Lebrun le Pindarique occupèrent quelque temps le public de leurs mordantes épigrammes.

M. de Jouy, après avoir noblement servi son pays et sur mer et sur terre, par les armes, et reçu d'honorables blessures, quitta l'épée pour prendre la plume; il avait alors trente ans.

Il parcourut depuis cette époque une carrière littéraire marquée par de beaux succès. Tippo-Saeb, espèce de Mithridate indien, qui combattit les Anglais avec tout l'acharnement que le roi de Pont mit contre les Romains, parut à M. de Jouy un type nouveau. L'auteur s'était, dans ses voyages, familiarisé avec la nature de l'Inde; il essaya d'en transporter la poésie dans son ouvrage. On doit savoir gré à M. de Jouy de cette intention. Il secouait ainsi l'autorité des vieilles règles; il ne courbait pas la tête sous le niveau. Il composa une tragédie de *Bélisaire;* mais la censure, dont le défaut, en général, n'est pas d'être aveugle, comme le héros de M. de Jouy, car elle voit souvent même des choses qui n'existent pas, s'opposa à la représentation de cette pièce. Elle craignit qu'on ne fît des allusions au sort de Bonaparte, aigle empoisonné et privé du soleil de la France. Talma ne put jouer le rôle de *Bélisaire*, qui avait été écrit pour lui, mais il vengea M. de Jouy de ces persécutions, en créant, avec une rare perfection, le rôle de *Sylla* dans la pièce de ce nom. L'idée de cette tragédie se trouvait indiquée par Montesquieu, dans le dialogue d'Eucrate et de Sylla. Sylla cherche à se justifier de ses crimes par des sophismes. Il prétend que Rome avilie doit passer par le despotisme avant de mériter qu'on lui rende la liberté : la tragédie de M. de Jouy, Talma et Montesquieu aidant, eut un grand nombre de représentations. On en attribua quelques-unes à la perruque de Talma ; c'était encore Napoléon qu'on voyait derrière le héros de M. de Jouy. *Julien dans les Gaules* visait également aux allusions bonapartistes, et cette préoccupation des circonstances du moment a nui aux ouvrages que M. de Jouy a fait représenter sur la scène française; mais l'auteur a subi l'impulsion philosophique de son temps : il a été novateur en beaucoup de points. Il est bien difficile de secouer néanmoins l'empire de l'habitude, de renoncer aux idées dans lesquelles on a été élevé. Le spirituel ermite de la Chaussée-d'Antin n'a pas toujours fermé sa porte aux préjugés.

M. Viennet est sorti, comme M. de Jouy, du service militaire, pour entrer dans la république des lettres, dont il n'a pas eu trop à se louer. Un poème sur Philippe-Auguste l'a fait entrer à l'Académie. M. Viennet, qui s'abritait fièrement sous le drapeau du passé, a été long-temps le point de mire d'une école contraire naturellement agressive. M. Viennet s'est jeté de plus dans le labyrinthe du monde politique ; il a soulevé imprudemment plus d'une ronce sous ses pas. Son habit de pair de France a été déchiré comme son habit d'académicien. M. Viennet est auteur de deux tragédies, *Clovis* et *Arbogaste*, jouées à un long intervalle, et de plusieurs autres tragédies reçues : il a vu réussir dernièrement une comédie en trois actes, intitulée *les Serments*. Des fables et des épîtres spirituelles ont popularisé son talent.

M. Briffaut a donné au Théâtre-Français un *Ninus II*, œuvre distinguée, le plus beau titre de l'auteur, homme d'ailleurs d'un goût sûr et d'un esprit fin.

MM. Aignan, Delrieu, Carion de Nisas, Liadières, Royou, Hippolyte Bis, d'Avrigny, Mély-Jeannin, d'Arlincourt, Firmin Didot, Léon Thiessé méritent d'être cités avec honneur. M. Draparnaud essaya de faire de la tragédie un moyen de propagande pour les doctrines monarchiques. Ce fut un malencontreux défenseur.

Nous avons fait remarquer que MM. Arnault, de Jouy, disciples de Voltaire, avaient reconnu eux-mêmes que la vieille tragédie, dénuée d'action, et soutenue par le seul effort du génie, demandait de la vie, du mouvement, des tableaux, des effets. M. Lucien Arnault, fils de A. Arnault, après avoir emprunté le nom de son père pour faire jouer une tragédie de *Pertinax*, a lui-même donné au théâtre un *Régulus*. On voulut voir dans cette pièce beaucoup d'allusions à l'empereur exilé sur le rocher de Sainte-Hélène. Le style du fils est plus correct que celui du père. M. Lucien Arnault a refait, sous le nom de *Pierre de Portugal*, l'histoire d'Inès de Castro. Cette tragédie a plus de couleur que celle de Lamothe. Il a su se servir de quelques incidents historiques. Inès, couronnée, après sa mort, par son époux, et revêtue de tous les insignes de la royauté, offre un tableau touchant. M. Lucien Arnault, comme son père, n'a pas été étranger au mouvement dramatique qui s'opérait en France ; tous deux ne se sont pas immobilisés dans les règles. La vie est chez eux. *La Mort de Tibère*, du même auteur, est une œuvre de talent.

Une série nouvelle de poètes allait, par une transition naturelle, conduire les esprits à la révolution littéraire qui se préparait depuis long-temps, et du sein de laquelle devaient s'élever quelques hommes d'un génie original et puissant.

M. Ancelot sembla résolu tout d'abord à nous délivrer des Grecs et des Romains; il s'en prit à l'histoire de France. Dans *Louis IX* et *le Maire du palais*, il donna des preuves d'entente dramatique et d'indépendance d'esprit. *Fiesque* poussa encore plus loin les idées de M. Ancelot. Schiller échauffa son imagination. M. Ancelot dès ses premiers ouvrages entrevoyait un système nouveau, qui ne serait ni celui des Allemands, ni celui des Anglais, mais qui n'exclurait pas les beautés de leur théâtre. *Olga*, *Elisabeth d'Angleterre*, et une récente tragédie pleine d'intérêt, *Maria Padilla*, lui ont marqué un rang supérieur parmi les auteurs dramatiques. Un changement de dynastie ayant enlevé à M. Ancelot une place et une pension qu'il tenait de la restauration, il secoua alors les grelots du vaudeville; il remplit nos théâtres d'une foule de pièces pailletées et poudrées qui eurent une vogue constante. M. Ancelot explique lui-même cette époque de sa vie, avec beaucoup de verve, dans ses *Familières*, une de ses plus spirituelles productions : il s'y plaint d'avoir été forcé d'évoquer les fautes du temps passé, les vices parfumés de la régence. On aurait droit de reprocher à l'auteur d'y avoir pris trop de plaisir; mais il ne fut pas le seul.

L'influence allemande, qui n'avait valu à notre théâtre que des drames et des mélodrames, prit sous la restauration un essor plus élevé. Des auteurs de talent se préoccupèrent de Gœthe et de Schiller, que madame de Staël avait fait connaître en France, par ses admirables écrits. M. Lebrun suivit cette voie; il emprunta à Schiller le sujet de sa *Marie Stuart*.

Jamais sujet n'a présenté plus de chances d'intérêt à un auteur dramatique. Aussi Schiller en a-t-il tiré un de ses chefs-d'œuvre; il y a de la grandeur et une noble poésie dans sa *Marie Stuart*. Sauf quelques teintes trop accusées dans la passion du jeune Mortimer, dont Chastelard a été sans doute le modèle, il y a peu de chose à reprendre en ce magnifique tableau. J'aime surtout à y considérer le vénérable Talbot, qui ressemble à ces vieillards homériques assis aux portes Scées et admirant la beauté d'Hélène. Schiller a su mettre dignement en présence les deux reines orgueilleuses, dont les sentiments, un instant comprimés, se révèlent avec une violence qui n'appartient qu'aux femmes. L'insulte est vive et profonde, et d'autant plus acérée qu'elle a lieu devant un homme dont les deux rivales se disputent le cœur. Mais ce que Schiller a peint de la manière la plus charmante, c'est la mélancolie de Marie Stuart, avec ses élans d'espérance et de liberté. Lorsque la prison de Marie s'ouvre, et qu'on permet à la pauvre captive de s'élancer dans un vaste parc borné par la mer, sur laquelle voguent des nacelles de pêcheurs, elle s'écrie dans son enthousiasme, en ouvrant les bras comme pour embrasser la nature : « Là-bas, un pêcheur aborde avec sa nacelle! ce frêle esquif suffirait pour me sauver; il me conduirait rapidement vers une ville amie. Il nourrit à peine son indigent possesseur; si cet homme voulait m'emmener dans sa barque libératrice, je le comblerais de richesses. Jamais sa pêche n'aurait été si heureuse; il aurait trouvé la fortune dans ses lacs. » Cela n'est-il pas touchant?

M. Lebrun a imité la *Marie Stuart* de Schiller, et il l'a fait en 1820, à une époque où l'école qu'on a appelée romantique n'avait pas encore élargi le cadre étroit de notre ancienne tragédie. M. Lebrun, tout en faisant preuve d'un esprit progressif, s'est renfermé dans des limites bien rigoureuses : il n'a peut-être pas fait passer à un assez haut degré dans sa pièce le sentiment exalté qui domine celle de Schiller. Il a retenu ses facultés lyriques, qu'il a su déployer dans son poëme sur les malheurs de la Grèce moderne. En un mot, il a été trop réservé, mais il devait l'être alors : plus d'audace ne lui aurait pas réussi?

Marie entre bien en scène : sa nourrice lui apprend qu'on vient de saisir ses lettres, ses bijoux, tous les débris de sa royale splendeur. Marie répond avec noblesse :

Anna, console-toi :
Ce qu'on veut me ravir ne tenait pas à moi ;
À de vains ornements je renonce sans peine.
Je n'ai pas reçu d'eux ma qualité de reine,
Titre saint que le ciel nous peut seul accorder,
L'homme peut nous abattre, et non nous dégrader.

M. Lebrun avait trop le sentiment de la bienséance, pour tomber dans le même défaut que Schiller, à propos de Mortimer, personnage qu'il a conservé, et dont la conspiration juvénile sert de prétexte à Elisabeth pour exercer ses vengeances jalouses. Schiller, en jetant des assassins sur les pas de la reine, a donné plus d'ampleur à son sujet. Quoi qu'il en soit, cette tragédie est attachante ; elle s'est fixée au répertoire du Théâtre-Français.

*Le Cid d'Andalousie* témoigna du désir que M. Lebrun avait de naturaliser au Théâtre-Français une poésie plus pittoresque que celle à laquelle on était accoutumé ; cet essai ne fut pas accueilli avec autant de faveur que *Marie Stuart*.

M. Soumet, véritable poëte, après quelques tragédies antiques, *Saül*, *Clytemnestre*, *Cléopâtre*, dont le style ouvrait des horizons nouveaux, imita à son tour Schiller. Il donna *Jeanne d'Arc* à l'Odéon. Cette tragédie, où l'honneur national est vivement empreint, eut un succès éclatant. On y applaudit surtout avec passion ce vers :

L'air de la servitude est mortel aux Français.

M. Soumet possède une grande magnificence d'expression. Son style a de l'harmonie et de l'éclat.

De bonne heure il s'est senti tourmenté du besoin de l'innovation. Il a prétendu, avec raison, rajeunir par la forme les sujets mêmes que le génie a consacrés. Dans *Une fête de Néron*, tragédie faite en collaboration avec M. Belmontet, poète distingué, les deux auteurs n'ont pas craint d'esquisser, après Racine, le portrait d'Agrippine, et, ce que Racine n'avait pas osé faire, ils ont mis en regard celui de la courtisane Poppée, maîtresse des volontés de Néron. M. Soumet a fait ensuite *le Gladiateur*, il a pensé que les catacombes, les églises des chrétiens primitifs, les temples romains aux colossales divinités, le cirque avec sa vaste arène ne méritaient pas le dédain où les règles d'Aristote les avaient laissés; il a essayé de reconstituer l'édifice entier, mais déjà sapé dans ses fondements, de l'univers romain. Il a voulu descendre dans la vie intérieure du peuple-roi, nous conduire en quelque sorte dans les ruines obscures d'un Herculanum, au flambeau de son poétique génie; il s'est plu à nous montrer les jeunes et voluptueux Romains couchés sur des lits de bronze, le front couronné de roses, s'enivrant de falerne et buvant aux dieux inconnus, las qu'ils étaient des dieux connus. A l'ode d'Horace, à l'élégie de Tibulle, il a prétendu opposer le chant du prêtre chrétien, la prière de la vierge : puis, et c'était là son intention réelle, nous invitant à assister au repas libre des esclaves, et faisant entendre derrière eux, dans les profondeurs du cirque, la voix rugissante des léopards, des tigres, des lions, et celle du peuple romain, non moins féroce; il s'est appliqué, poète philosophe, à mettre à nu le vice des sociétés antiques, le honteux esclavage et ce droit de vie et de mort que les pères s'arrogeaient même sur leurs enfants.

M. Soumet a fait plus encore, il a dernièrement doté son pays d'un poème épique, *la Divine Épopée*.

M. Guiraud, poète d'un talent élevé, rencontra, sur les traces de *Polyeucte*, le beau sujet des *Machabées*. Il l'a traité avec grandeur. Cette tragédie fut jouée à l'Odéon.

Un jeune auteur, repoussé par les comédiens du Théâtre-Français, s'était adressé déjà à l'Odéon, que Picard venait de rouvrir; c'était M. Casimir Delavigne, dont toute la France répétait déjà les *Messéniennes*. Le poète, en lançant à l'étranger ses dithyrambes vengeurs, avait fait battre le cœur de la nation. *Les Vêpres siciliennes* attirèrent tout Paris. La spirituelle pièce des *Comédiens*, que l'auteur avait composée pour se moquer du comité dont il avait à se plaindre, réussit également. *Le Paria*, tragédie philosophique à la façon d'*Alzire*, donna lieu au poète de déployer de belles qualités de style. *L'École des vieillards*, qui le réconcilia avec le Théâtre-Français, consacra sa réputation au théâtre. Cette comédie, où brille particulièrement le mérite de M. Casimir Delavigne, est une des œuvres les plus remarquables de notre temps. Au retour d'un voyage à Venise, M. Casimir Delavigne donna, au théâtre de la Porte-Saint-Martin, *Marino Faliero*.

Arrêtons-nous un instant sur ce beau sujet. Byron avait tracé avec une admirable pureté le caractère d'Angiolina, la femme du doge insulté. Le Doge, Angiolina, Israël, types d'honneur, de vertu, de courage, qui touchent à l'idéal sans cesser d'être vrais, soutiennent, par le seul développement de leurs caractères, l'intérêt de son *Marino Faliero*, œuvre de maître d'ailleurs, où l'on trouve une haute intelligence dramatique et un art parfait de dialogue; deux qualités qu'on a voulu nier à Byron et qu'il possède à un éminent degré. *Les Deux Foscari*, *Sardanapale* et *le Doge de Venise* prouvent assez que si leur auteur avait voulu plier son irritable nature aux exigences du théâtre, ou si son cosmopolitisme ne l'en avait pas empêché, il aurait obtenu d'immenses succès sur la scène. Byron est plus vrai, plus profond, plus poète même dans ses drames que dans ses poèmes; et si la mort ne l'avait pas enlevé dans la force de son génie, il eût été le rival de Shakspeare. Son Angiolina, sans fortune, unie à un vieillard par la volonté d'un père mourant, et dont le respect et la reconnaissance n'ont point de bornes pour le noble et généreux ami qui lui a donné un rang, une fortune dans le monde; cette épouse offensée par l'odieuse calomnie d'un jeune sénateur débauché, et qui trouve qu'un mois d'emprisonnement suffit pour punir le coupable, parce qu'elle ne pense pas que le soupçon puisse l'atteindre; cet ange consolateur, que le vieux doge honore comme il en est honoré, n'a aucun trait de ressemblance avec toutes les autres héroïnes de drames, et nous semble une conception aussi belle, aussi pure que celle de Desdemona. M. Casimir Delavigne a eu, selon nous, le tort de transformer l'Angiolina de Byron en épouse adultère; mais il a rencontré des situations touchantes, il a fait verser des pleurs.

*La Princesse Aurélie*, épître satirique plutôt que comédie, éprouva un destin fâcheux. Le grand succès de *Louis XI* ne tarda pas à consoler le poète. C'est le caractère le plus vrai qu'ait tracé M. Casimir Delavigne. Le portrait de ce vieux roi plein de ruses et de jalousie, est d'une vérité saisissante; il plaît comme une excellente médaille historique. *Les Enfants d'Edouard*, empruntés à Shakspeare, ajoutèrent un sombre tableau aux productions de l'auteur. *Don Juan d'Autriche*, vive comédie en prose, succéda à ce terrible drame, et vint prouver de nouveau toute la souplesse du talent de M. Casimir Delavigne. *Une famille au temps de Luther* fit rentrer

M. Casimir Delavigne dans le drame; mais on regretta de ne pas rencontrer dans cet intérieur le principal personnage, cet homme puissant, qui ramena l'Église aux principes de la démocratie, et foula sous ses pieds la triple couronne papale; ce simple moine brûlant sur la place publique de Wittemberg les décrétales lancées contre lui par la cour de Rome, et refusant avec courage de rétracter ses doctrines à la diète de Worms, devant l'empereur Charles-Quint lui-même; enfin l'apôtre de la raison, à la bouche éloquente, au visage maigri par les veilles et les études, au cœur palpitant pour les souffrances du peuple opprimé, Luther, l'intelligent et courageux Luther.

*La Popularité* augmenta l'estime qu'on faisait du talent de M. Delavigne. De nobles vers excitèrent de vives sympathies, mais une froide intrigue nuisit à l'effet général; l'auteur développa ensuite le Cid du *Romancero* et de *Guilhem de Castro*, dans sa *Fille du Cid*, tout en renfermant son personnage dans la prison des unités. Il a recueilli toutes les traditions éparses sur le héros de Valence, pour les faire entrer dans sa tragédie; cette fusion était difficile à obtenir. Le drame romantique n'existe que par l'intérêt de l'action : si le poète n'a pas de mouvement dans son intrigue, s'il ne s'appuie pas sur des combinaisons fortes et originales, on ne lui permettra pas cette sorte de placage qu'on appelle vulgairement la couleur locale. Le Cid de Corneille est plus Espagnol que celui de M. Casimir Delavigne, et cependant Corneille n'a pas raconté de ballade ni mis en œuvre tous les petits faits de tradition. Il s'est contenté, pour ainsi dire, d'aspirer à pleins poumons l'atmosphère espagnole répandue autour de lui, et d'animer ensuite son héros d'un souffle puissant.

Si nous avons bien compris la pensée de M. Casimir Delavigne, et nous cherchons avant tout à descendre dans la pensée des auteurs, le Cid de Guilhem de Castro lui est apparu avec une barbe vénérable; bon, parce qu'il est toujours fort, constant appui des autres, et se reposant dans sa vieillesse comme un lion généreux. Le Cid est un peu plus chrétien qu'à vingt ans, mais, en adoucissant la violence du guerrier, la religion n'a jamais diminué son ardeur; il préfère toujours le casque au capuchon : sa lèvre retrouve parfois, quand il parle des moines, le ton de son époque, assez libre à leur égard; il les raille même volontiers, mais il laisse chacun faire à sa guise son chemin ici-bas. C'est Dieu qui juge les hommes, et non lui. Le Cid est encore sensible aux souvenirs d'amour de sa belle jeunesse; Chimène n'est plus, mais la mémoire de cette femme adorée vit dans le cœur du noble époux. Lorsqu'il regarde sa fille Elvire, si fière et si digne de sa mère, il reporte son âme aux jours enchantés de sa passion ; il regrette jusqu'aux désespoirs amoureux, et une douce larme, goutte de rosée qui vient du cœur, se suspend à ses longues moustaches, qui ont fait tant de fois reculer les Maures épouvantés. Tel est le Cid dans l'intérieur de sa famille, aussi respecté que le vieil Horace dans la sienne, mais moins rigoureux que lui. Notre vieux théâtre possède plusieurs pièces sur le mariage et sur la mort du Cid.

Ce drame a servi à prouver la souplesse du talent de M. Casimir Delavigne, et son désir d'opérer une fusion entre les deux genres qui ont partagé la littérature moderne. MM. Pichald, d'Épagny, Frédéric Soulié, Fontan, Halévy, Cordelier de La Noue, Charles Lafont, Audrand, Latour, Bertrand, Mary Lafon, ont, comme M. Casimir Delavigne dans le drame en vers, cherché à accommoder les exigences modernes et les systèmes anciens; ils ont tous donné des preuves de talent, et quelques-uns d'entre eux, par des productions plus appropriées au goût de notre époque, et dont nous parlerons, ont acquis la renommée. *Lucrèce*, belle étude antique, où la fermeté cornélienne s'est montrée unie à la grâce d'André Chénier, vient de signaler le début d'un jeune poète plein d'avenir, M. Ponsard.

Nous placerons ici les portraits des célèbres interprètes qui ont prêté aux auteurs dont les noms figurent dans ce chapitre, un solide et brillant appui.

Occupons-nous d'abord de Talma. Nous avons vu son triomphe dans *Charles IX*, ses luttes avec la Comédie-Française; enfin Talma, reconnu, chéri du public, n'eut plus qu'à se perfectionner dans son art. Talma avait une figure expressive et mobile, un œil naturellement voilé, mais qui brillait comme l'éclair quand grondait l'orage des passions; une voix sèche mais qu'il avait l'art de rendre éclatante au besoin, et dont il sut adoucir par un rare travail les notes trop dures; son geste était noble, simple et naturel, quoique profondément étudié; il se drapait avec un art parfait, et, dans ses attitudes, il rappelait assez les statues de l'antiquité; moins sensible qu'énergique, il frappait l'intelligence plus qu'il ne touchait le cœur; tel était Talma. Madame de Staël a dit de ce grand acteur : « Talma peut être cité comme un modèle de hardiesse et de mesure, » de naturel et de dignité; il possède tous les secrets des arts divers. » Et madame de Staël explique sa pensée en ajoutant que les charmes de la musique, de la peinture, de la sculpture, de la poésie animaient son organe, son visage, ses attitudes, ses expressions, et s'unissaient pour réveiller, par une magie complète, toutes les illusions. Il avait compris que le hasard ne donne pas le génie, et qu'on arrive seulement à la supériorité dans une science et dans un art en y pensant toujours. Talma continua la réforme du costume théâtral commencée par Lekain. Il débarrassa la scène de la poudre, des hanches, des chapeaux à plumes, en consultant les antiquaires, les savants, et surtout le peintre David, son ami. Talma avait gagné l'amitié de Napoléon, qui le reçut souvent dans l'intimité; mais cette faveur ne consola pas Talma des attaques de Geoffroy. Peut-être las de cette guerre, il aurait préféré quelquefois la bienveillance du journaliste à celle de l'empereur.

Lafon se fit estimer à côté de Talma. Pierre Victor réussit comme acteur et comme auteur; on a de lui une tragédie, *les Scandinaves.* Joanny, doué d'une intelligence élevée, a su conquérir une brillante réputation. Il avait été l'élève et l'ami de Talma. Joanny, dans les rôles de Coriolan, de Cinna, de Vendôme, obtint de beaux succès, que ne déparait pas une certaine brusquerie qui lui était familière, et qui provenait d'une vie errante et militaire. Parmi les ouvrages nouveaux il en est trois qui ont fourni de brillants rôles à Joanny: *Henri III et sa cour*, *Hernani*, et *Chatterton;* mais on aimait surtout à voir le poétique vieillard dans le personnage d'Auguste.

Ce fut aussi d'après les conseils de Talma que Ligier fit des études sérieuses et approfondies de la littérature dramatique; il apprit alors le répertoire tragique du Théâtre-Français. Ligier est doué d'un organe énergique et pénétrant, qui traverse l'épiderme et va tenailler profondément les fibres du public. Nulle voix ne fait plus que la sienne courir le frisson dans une assemblée dominée par la terreur d'une situation dramatique; Ligier, qui possède des facultés puissantes, a recueilli l'héritage de Talma. Beauvallet, acteur vigoureux et hardi; Geffroi, intelligent et mesuré; Guyon, que recommandent un bel extérieur et des études consciencieuses, se font remarquer dans le personnel tragique actuel du Théâtre-Français. Firmin, que nous retrouverons dans la comédie, a montré dans les deux genres un talent supérieur.

Madame Talma, sous le nom de madame Petit-Vanhove, s'était fait par elle-même une réputation brillante, dont le nom de Talma n'a pu effacer le souvenir. Les qualités qu'on loua en elle étaient la candeur, l'ingénuité, un organe touchant et flexible, une sensibilité exquise: elle créa avec un succès inouï le rôle de madame Michelin dans *la Jeunesse de Richelieu.* Elle y montra la douleur la plus pathétique, la plus déchirante. Il faut mentionner aussi le rôle du jeune sourd-muet dans *l'Abbé de l'Epée*, ce drame intéressant, mais beaucoup trop emphatique, de M. Bouilly, rôle difficile dont elle s'acquitta admirablement.

Mademoiselle Desgarcins avait une voix touchante : elle est devenue célèbre par ses amours et par ses malheurs; elle prit la tragédie au sérieux, et se frappa d'un coup de poignard en se voyant abandonnée par un infidèle. Elle représenta avec un grand succès Hédelmone et Salema dans *le Maure de Venise* et dans *Abufar*. Retirée ensuite à la campagne, elle fut attaquée par des brigands et renfermée dans une cave pendant qu'on pillait sa maison. Elle ne se remit jamais bien de la commotion qu'elle éprouva dans cette fatale circonstance.

Mademoiselle Raucourt, noble et majestueuse, mais sans chaleur; Mademoiselle Duchesnois, pleine de sensibilité, mais dénuée des dons de la beauté, brillèrent dans l'emploi des Dumesnil, des Clairon, des Sainval. Une élève de mademoiselle Raucourt, aussi belle que sa maîtresse, apparut bientôt sur la scène française; ce fut mademoiselle Georges Weymer.

Mademoiselle Georges Weymer débuta au Théâtre-Français par le rôle de Clytemnestre d'*Iphigénie en Aulide*. Elle avait seize ans; elle brillait de toute la splendeur d'une magnifique beauté. Elle fut saluée avec transport. Outre que les beaux yeux de la jeune actrice avaient désarmé sans doute la sévérité du public, on avait pu reconnaître en elle beaucoup d'ardeur et d'impétuosité, ainsi qu'un organe étendu, sonore et ferme, et un air imposant, enfin tout ce qui convient aux reines tragiques: elle s'était révélée du premier pas. *Incessu patuit dea.*

Geoffroy, nourri de la littérature classique, crut voir Melpomène en personne descendre du fronton de son temple sur les planches du théâtre, et en eut un éblouissement. On lui reprocha cette adoration. Geoffroy répondit « qu'il se laissait charmer comme un autre par la beauté; » il fit ressortir d'ailleurs avec soin le talent de mademoiselle Georges. A son second début, elle joua le rôle d'Aménaïde de *Tancrède*. Ce rôle convenait mieux à ses seize années. Mademoiselle Georges avait à lutter contre les admirateurs de mademoiselle Duchesnois. La guerre fut violente et dans les journaux et dans la salle du Théâtre-Français, où l'on se battit.

Les années ont passé sur la tête de mademoiselle Georges, mais elles ont respecté sa beauté. Le portrait de mademoiselle Georges à seize ans, esquissé par Geoffroy, a été de nouveau tracé, à trente-six ans de distance, par une plume pittoresque, à laquelle les secrets de la peinture et de la sculpture sont très-familiers : « Mademoiselle Georges ressemble à s'y méprendre à une médaille de » Syracuse ou à une Isis des bas-reliefs éginétiques. L'arc de ses » sourcils, tracé avec une pureté et une finesse incomparables,

» s'étend sur deux yeux noirs pleins de flammes et d'éclairs tragi- » ques; le nez, mince et droit, coupé d'une narine oblique et pas- » sionnément dilatée, s'unit avec son front par une ligne d'une » simplicité magnifique; la bouche est puissante, arquée à ses coins, » superbement dédaigneuse, comme celle de Némésis vengeresse » qui attend l'heure de démuseler son lion aux ongles d'airain. » Cette bouche a pourtant de charmants sourires épanouis avec » une grâce tout impériale, et l'on ne dirait pas, quand elle veut » exprimer les passions tendres, qu'elle vient de lancer l'impréca- » tion antique ou l'anathème moderne. Le menton, plein de force et » de résolution, se relève fermement, et termine par un contour » majestueux ce profil, qui est plutôt d'une déesse que d'une femme. » Comme toutes les belles femmes du cycle païen, mademoi- » selle Georges a le front plein, large, renflé aux tempes, mais peu » élevé, assez semblable à celui de la Vénus de Milo, un front vo- » lontaire, voluptueux et puissant. Une singularité remarquable du » cou de mademoiselle Georges, c'est qu'au lieu de s'arrondir inté- » rieurement du côté de la nuque, il forme un contour renflé et sou- » tenu qui lie les épaules au fond de la tête sans aucune sinuosité, » diagnostic de tempérament athlétique développé au plus haut » point chez l'Hercule Farnèse. L'attache des bras a quelque chose » de formidable pour la vigueur des muscles et la violence du con- » tour. Un de leurs bracelets ferait une ceinture pour une femme » de taille moyenne. Mais ils sont très-blancs, très-purs, terminés » par un poignet d'une délicatesse enfantine, et des mains mignonnes » frappées de fossettes, de vraies mains royales, faites pour porter » le sceptre et pétrir le manche du poignard d'Eschyle et d'Eu- » ripide. » Ainsi s'exprime M. Théophile Gaultier.

Mademoiselle Georges est la seizième grande actrice qui s'est illustrée dans l'emploi des reines de la tragédie; voici leurs noms: la Beauchâteau, mademoiselle des Œillets, madame Duparc, la Champmeslé, madame Raisin, mademoiselle Desmares, mademoiselle Duclos, mademoiselle Lecouvreur, mademoiselle Beaubourg, mademoiselle Dumesnil, mademoiselle Clairon, madame Vestris, mademoiselle Sainval l'aînée, mademoiselle Raucourt, mademoiselle Duchesnois. Le drame moderne a fourni à mademoiselle Georges de belles créations.

Madame Paradol tint avec honneur l'emploi des reines; mademoiselle Bourgouin, mademoiselle Volnais, mademoiselle Maillard, se distinguèrent dans les grandes princesses; mais le Théâtre-Français, duquel mademoiselle Georges s'était séparée, manqua bientôt d'actrice en renom, jusqu'à la venue de mademoiselle Rachel. Nous avons assisté à la révélation de ce talent supérieur; nous avons vu mademoiselle Rachel, à ses premiers pas sur la scène, commander l'attention par l'éclat perçant de son regard, par la stridente expression de sa voix, par la simple énergie de ses gestes. Sa bouche, si bien coupée pour rendre l'ironie, déconcertait presque la critique, elle imprimait une sorte de respect; son inexpérience même semblait être un effet de l'art, tant son costume était sûr et son aplomb certain. Elle a grandi vite, au milieu des acclamations de la foule; et quoique le foyer ardent qui dévorait l'âme de mademoiselle Duchesnois et l'ampleur physique qu'on admire en mademoiselle Georges lui aient manqué, elle s'est placée au rang de ces grandes actrices par la vigueur de son jeu et par la netteté de son débit.

---

## CHAPITRE DIX-NEUVIÈME.

### COLLIN D'HARLEVILLE, ANDRIEUX, ALEXANDRE DUVAL, PICARD, EMMANUEL DUPATY, SCRIBE; COMÉDIE MODERNE.

*Comédiens et comédiennes célèbres.*

Retournons à la comédie, que nous avons laissée en proie à la tourmente révolutionnaire. Deux auteurs, d'un aimable esprit, traversèrent cette période orageuse sans empreindre leurs ouvrages de la couleur de l'époque : ce furent Collin d'Harleville et Andrieux. Quelle différence du bon Collin à Fabre!

Collin d'Harleville eut une nature d'esprit bien opposée à celle de son jaloux rival. Il était modeste et craintif. Ses comédies ont de la grâce et de la bonhomie; rien de vif ni de piquant en elles, mais elles plaisent. On dirait de ces femmes qui, sans être remarquables par leur beauté et sans posséder de grandes qualités d'esprit, charment et attachent par leur douceur. Elles n'ont pas de larmes dans les yeux, mais leur gracieux sourire est presque mélancolique. Collin d'Harleville est un fils de La Chaussée, un fils un peu plus gai que son père, voilà tout. A côté de la verve de Beaumarchais et de la vigueur de Fabre, la gaieté tempérée du bon Collin d'Harleville semble celle d'un homme attaqué d'une affection pulmonaire.

Collin d'Harleville possédait une imagination facile, un style naturel. Dans le voyage que nous faisons à travers les divers sentiers de la comédie, Collin d'Harleville nous offre, tout près de la grande route, un toit hospitalier, un gîte agréable, mais on ne saurait y demeurer long-temps.

*L'Inconstant*, *l'Optimiste*, *les Châteaux en Espagne*, pièces qui reposent toutes sur d'heureux et légers défauts, donnent la meilleure opinion des mœurs pacifiques de l'auteur. *M. de Crac* ajoute un portrait de plus à cette galerie de visionnaires. *Le Vieux célibataire*, le meilleur ouvrage de Collin, fut joué au milieu de la tourmente révolutionnaire. Cette dernière pièce, bien conduite et d'un style insinuant, fut parfaitement reçue. Les désagréments du célibat y sont dépeints avec vérité. Collin d'Harleville a rassemblé avec bonheur toutes les intrigues qui entourent l'existence d'un vieux garçon. Molé et madame Contat jouèrent d'original les rôles de Dubriage et de madame Éverard; Fleury et La Rochelle contribuèrent à former un ensemble excellent, qu'il a été rarement donné à un auteur de rencontrer.

Andrieux, son compagnon et son ami, eut à peu près le même genre de talent; il badina avec plus de malice et de gaieté, mais il ne fut pas doué d'un charme aussi pénétrant. Il débuta par une comédie en vers de dix syllabes, dans le goût de celle de Voltaire, *Anaximandre*; cette comédie avait été inspirée par une romance de François de Neufchâteau, dont voici le refrain :

> L'esprit et les talents font bien;
> Mais sans les grâces ce n'est rien.

Andrieux a commencé par sacrifier aux Grâces; il fut fidèle à ce culte toute sa vie.

*Les Etourdis*, charmante comédie, donnèrent des promesses qu'Andrieux ne réalisa pas. Les situations piquantes de cette comédie, firent regarder Andrieux comme un héritier de Regnard. Picard, qui fut l'ami d'Andrieux, a porté, sur *les Etourdis*, un jugement qui mérite d'être rapporté : « Ce fut mon ami Andrieux, dit-il, » qui le premier imagina de mettre en scène deux jeunes amis : l'un, » bien intéressant, bien amoureux; l'autre, bien spirituel, fertile en » expédients pour le compte de son ami. Cela n'est-il pas plutôt » dans les mœurs qu'un valet ayant de l'esprit pour son maître? Le » valet n'en a pas moins un rôle, mais il est à sa place; il n'est » que l'instrument de l'intrigue, c'est un des deux amis qui a tout » l'honneur de la conception. Combien de fois n'a-t-on pas emprunté cette heureuse idée à l'auteur des *Etourdis*! »

*Le Souper d'Auteuil* n'a guère d'autre mérite que de mettre en scène Molière et ses illustres amis. Les recueils d'anecdotes prétendent qu'après un souper où les cerveaux s'étaient échauffés par de fréquentes libations, on se mit à philosopher sur les misères de la vie. La société fut d'avis que le meilleur parti à prendre serait de s'aller noyer sur l'heure; tout le monde se leva de table; on se proposa de courir vers la rivière; mais Molière fit cette réflexion salutaire que, pour un acte de cette importance, il valait mieux attendre au lendemain. Andrieux a mêlé à cette intrigue une réconciliation de Molière et de mademoiselle Béjart. *Le Manteau* est un petit acte assez ingénieux; il s'agit d'une leçon donnée à la jalousie d'un mari. Le style d'Andrieux est spirituel, mais sans force et sans couleur. Andrieux, dont notre génération, a pu apprécier les qualités personnelles, était un homme d'un esprit facile et léger. Il n'aborda qu'avec désavantage la tragédie; *Junius Brutus* n'obtint qu'un succès d'estime, la pire espèce des succès.

Collin d'Harleville et Andrieux ont fait briller dans leurs œuvres les derniers reflets de la comédie du XVIII^e^ siècle.

Le public des théâtres avait changé. Ce n'était plus une cour élégante et polie, habituée aux formes de l'art, et qui entendait parfaitement la plaisanterie, riche, insouciante et voulant être égayée; c'était la bourgeoisie, que l'esprit de réforme agitait, et, au-dessous, le peuple, qui commençait à s'émanciper; le peuple, qui juge avec le cœur et ne peut supporter le tableau du vice triomphant; le peuple, allant droit au fond des choses, trouvant mauvais que Turcaret, par exemple, engraissé de ses sueurs, n'obtienne pas d'autre châtiment que celui d'être dupé par sa maîtresse!

Les écrits philosophiques qui avaient rendu sérieux l'esprit de la nation vers la fin du dix-huitième siècle, la lutte incessante contre les abus de l'ancien ordre social; la refonte générale des mœurs, avaient changé, comme on l'a vu, la nature des œuvres de théâtre, cette fidèle expression des usages et des habitudes de chaque époque. La comédie, dans le bouleversement, en dépit de ces aimables retardataires, avait presque changé sa fameuse devise : *Castigat ridendo mores*, en celle-ci : *Castigat lugendo mores*. C'était au moyen d'une intrigue intéressante et en s'adressant plus au cœur qu'à l'esprit des assistants, que les auteurs produisaient le plus d'effet.

Alexandre Duval trouva l'art dramatique monté sur ce ton, et il le continua au même diapason; mais en y mêlant parfois les notes d'une bonne et franche gaieté, qu'on ne retrouve, ni chez ses prédécesseurs, ni chez ses successeurs. Picard, son collaborateur, posséda seul avec lui cette verve comique. Alexandre Duval était né à Rennes, en 1767. Après avoir fait ses premières études au collége de cette ville, il se décida à suivre la carrière de la marine. Il servit, en qualité de volontaire d'honneur, sous M. de Grasse; la paix étant survenue, il entra dans le corps du génie des ponts et chaussées. Mais Paris était le point de mire de son ambition. Il se fit nommer secrétaire de la députation des états. Les trouble de la Bretagne, en 1788, amenèrent le rappel des députés. Alexandre Duval se vit encore forcé de changer d'état, et revint à Paris étudier l'architecture. Il obtint une place dans les bâtiments des domaines du roi. La révolution ne l'y laissa pas long-temps. Alexandre Duval, presque las de lutter avec la destinée, attiré par un secret instinct vers le théâtre, entra à la Comédie-Française en 1791, croyant y trouver un peu de repos et de sécurité; mais, dès que les armées coalisées s'avancèrent contre la république, le noble comédien se rappela qu'il était du pays de la Tour d'Auvergne. Il s'élança sur la frontière, à la défense du pays, et versa son sang dans les premières guerres de la révolution. Deux ans après, en 1793, il rentra comme acteur au théâtre; et bientôt, l'état de sa santé ne lui permettant pas les fatigues de ce laborieux exercice, il changea encore de métier, et se consacra exclusivement à la profession d'auteur, qui lui promettait des succès et quelques loisirs.

Après avoir été, comme on l'a vu tout à l'heure, marin, militaire, ingénieur, architecte; après avoir observé les diverses classes de la société, il entreprit de les peindre : mais, ne voulant pas trop renoncer à sa joyeuse humeur, il essaya une alliance entre le comique et l'intérêt. Il y réussit souvent avec bonheur. Il mêla le rire et les larmes. Les comédies de ce genre ressemblent, si l'on veut nous permettre une vieille comparaison, à ces belles matinées d'avril où le ciel étincelle à la fois de gouttes de rosée et de rayons de soleil.

Dans la préface de ses Œuvres complètes, Alexandre Duval s'exprime ainsi sur lui-même : « Je ne me suis jamais dit : Je veux » faire une comédie, un drame; mais je me laissais dominer par la » première pensée que faisait naître en moi le hasard des entre- » tiens, des rencontres et des voyages. » En travaillant de cette façon, on est sûr de ne pas sortir de la nature. Aussi le premier mérite d'Alexandre Duval est-il la vérité des sentiments. Une autre qualité se reconnaît dans les ouvrages de cet auteur : un parfum d'honneur, de probité, d'indépendance, s'en exhale; tous les bons sentiments y sont mis en relief, on y attaque sans réserve et sans trêve ce qui est vil et lâche. Aucun poète comique, aucun moraliste même, n'a stigmatisé plus profondément les vices et les ridicules des courtisans; aucun n'a traité avec plus de mépris les coureurs d'antichambres ministériels, les solliciteurs de cordons, les traîneurs de sabre fanfarons, les chevaliers d'industrie, les lovelaces modernes, les héritiers avides. Le frontispice de son théâtre aurait droit de prendre pour muses la Famille et la Patrie, qui l'ont constamment inspiré. C'est une école en effet des vertus et des devoirs qu'enseignent ces deux divinités, dont l'une doit présider à la vie privée, l'autre à la vie publique. Ces nobles idées éparses dans les comédies d'Alexandre Duval, il ne cessa de les mettre en pratique toute sa vie, avec une loyauté toute bretonne; car la Bretagne, cette terre privilégiée. qui s'honore de M. de Châteaubriand et de M. de La Mennais, était aussi sa patrie.

L'opinion que nous avons émise sur le genre adopté par Alexandre Duval se trouve en quelque sorte confirmée par lui; on peut lire, en tête du *Complot de famille,* ces lignes significatives: « Je » trouvais très-piquant de lier, pour ainsi dire, les comédies du » genre de Marivaux à celles de nos jours, par une comédie dans » laquelle j'opposais la légèreté de nos jeunes seigneurs aux ma» nières simples et graves de la philosophie, qui exerçait déjà son » influence sur les hautes classes de la société. » C'est là le secret du théâtre d'Alexandre Duval. Voyons en effet la pensée de quelques-unes de ses pièces. Dans *le Tyran domestique* il y a une conversion. *La Fille d'honneur* est une leçon de morale; *Édouard en Écosse*, une leçon d'humanité; *la Jeunesse d'Henri V*, une instruction gouvernementale, pour ainsi dire *ad usum Delphini;* enfin, dans sa dernière pièce, *le Testament,* un défunt apprend à vivre à d'avides héritiers.

Alexandre Duval avait pris l'*intérêt* pour base de ses comédies. Mais possédant la vivacité des détails, il a su broder plaisamment ce canevas un peu sombre; car il était doué de l'instinct qui fait les véritables poëtes comiques.

La première pièce qui ait marqué dans sa carrière est la jolie comédie des *Héritiers*, que l'on joue encore et que l'on jouera longtemps. Jusque-là, l'auteur avait travaillé en collaboration avec Picard; ils avaient tracé ensemble, entre autres légères esquisses, *la Vraie bravoure* et *les Suspects*, qui témoignent de leur double talent d'observation. L'idée des *Suspects* est très-ingénieuse : à force d'entendre parler de suspects, d'innocents villageois s'imaginent que c'est une dignité; ils créent des suspects, comme si c'étaient des magistrats.

Le sujet des *Héritiers* avait été fourni à Duval par une phrase de Labruyère : « Ah ! combien de testateurs, s'écrie le moraliste, » se repentiraient de leur économie pendant leur vie, s'ils pou- » vaient voir après leur mort la figure de leurs héritiers ! » Il n'en fallut pas davantage à l'auteur pour inventer sa comédie. Qu'on dise encore que les moralistes ne servent à rien. Cette phrase de Labruyère poursuivit tellement Duval, que quarante ans plus tard elle se laissait entrevoir encore derrière *le Testament*.

*La Jeunesse de Richelieu* suivit bientôt *les Héritiers*. Ce drame intéressant mérite notre attention.

Le duc de Richelieu, ce héros de Voltaire, dont la vie est semée de conquêtes, de guerres et d'amours, résume presque un siècle entier. Voici en quels termes madame de Maintenon rendait compte au père de la brillante entrée du fils dans le monde : « Je suis ravie, » mon cher duc, d'avoir à vous dire que M. de Fronsac réussit très- » bien. Jamais jeune homme n'est entré plus agréablement dans le » monde ; il plaît au roi et à toute la cour ; il fait bien tout ce qu'il » fait ; il danse très-bien, il est à cheval à merveille ; il est poli ; il » n'est point timide ; il n'est point hardi ; il est respectueux ; il » raille ; il est de très-bonne conversation ; enfin rien ne lui manque » et je ne lui ai pas encore vu donner un blâme. Je sens en cette » occasion ce que je suis pour vous ; car mon plaisir est extrême de » l'entendre louer, et de pouvoir vous rendre de tels témoignages. » Vous les croirez sincères, monsieur, car vous savez que je ne » suis pas flatteuse. Madame la duchesse de Bourgogne a une » grande attention pour M. votre fils. Je l'envoyai prier hier de me » venir voir, et je fus éprise de tout ce que je vis. C'est véritable- » ment un prodige. Jouissez de ce bonheur, mon cher duc, et » croyez que personne ne vous en désire autant que moi. » Le duc de Richelieu ne se complut pas dans ce bonheur que lui peignait la jolie lettre de madame de Maintenon ; car, effrayé des désirs ambitieux de son fils, et craignant de le voir se perdre, il jugea à propos de l'enfermer à la Bastille. La lettre de madame de Maintenon est curieuse, en ce qu'elle montre tout ce qui constituait un cavalier parfait à la cour de Louis XIV : *il danse très-bien, il est à cheval à merveille*. Richelieu devint en ce genre un homme accompli, tous les mémoires du temps l'attestent ; et, si on joint à ces brillantes qualités le courage militaire, mérite qu'on n'a jamais refusé à la noblesse française, il n'est pas étonnant que ses contemporains aient eu pour lui tant d'estime. Il est plus étonnant qu'on l'ait vu académicien, quoiqu'il n'ait jamais pu réussir à mettre l'orthographe, avec laquelle il s'était brouillé dès sa naissance.

Alexandre Duval a écrit son drame de *la Jeunesse de Richelieu* en 1796 : il ne faut pas oublier cette date. Aussi est-ce une vengeance contre toutes les misérables séductions exercées par les grands seigneurs de l'ancien régime sur les bourgeoises et les pauvres filles du peuple, plus que le portrait de Richelieu. Son héros se glisse sous l'habit d'un valet de chambre dans l'humble maison du tapissier Michelin, séduit la femme de cet honnête homme et s'amuse à le tuer à coups d'épingle. Il se joue de la réputation, de la tendresse de sa victime, à laquelle il oppose une rivale. Il ose reparaître ensuite chez elle, uniquement pour la voir expirer. Est-ce bien là l'arrière-petit-fils de don Juan ? Non, ce n'est pas là Richelieu. Mais ce défaut, que nous trouvons au drame d'Alexandre Duval, en le jugeant au point de vue de l'art, se trouve corrigé par l'intérêt; et l'on sent que le tableau des désordres d'une classe privilégiée, à laquelle l'impunité assurait le succès de ses vices, a été composé par un homme de bien. Ne fallait-il pas en finir avec les excès du passé, arracher à la dépravation le masque flatteur dont elle s'était couverte, et la montrer dans toute son horreur? Alexandre Duval a réussi de ce côté. Monvel, le célèbre acteur et l'auteur des *Victimes cloîtrées*, a passé long-temps pour avoir coopéré à ce drame; mais Monvel, haut seigneur du théâtre, avait cru pouvoir imposer son nom au poëte : il avait pris à la lettre la plaisanterie du comte Almaviva lorsqu'il siége sur son tribunal.

Alexandre Duval se tourna alors vers l'Opéra-Comique, et nous y rencontrons son *Prisonnier*, qui eut une si brillante réussite, et qu'Elleviou, compatriote de l'auteur, représentait avec tant de charme. Mais il ne négligea pas la comédie : l'opéra-comique fut un délassement pour lui. *Maison à vendre* lui valut un nouveau succès. Un grain d'amertume se mêla aux éloges que savourait Duval : ses opéras-comiques lui attirèrent le surnom d'*aimable* auteur, et il fut obligé de lutter avec des pièces en cinq actes contre cette trop flatteuse épithète, bien faite pour le désespérer. Entre quelques jolis ouvrages mêlés de chant, il donna plusieurs comédies, parmi lesquelles on remarque *les Projets de mariage*, petit imbroglio resté au théâtre et toujours amusant. *Une aventure de Saint-Foix* ou *le Coup d'épée*, anecdote arrangée avec esprit, précéda *Edouard en Ecosse*, drame historique en trois actes et en prose, l'un des meilleurs d'Alexandre Duval.

Il y a un grand et noble intérêt dans cet ouvrage. La cause du malheur s'y trouve généreusement plaidée. L'hospitalité sainte y déploie comme un arc-en-ciel sur l'orage des partis. L'humanité, en un mot, supérieure aux passions politiques, revendique ses droits trop souvent méconnus pendant les crises terribles des révolutions.

Cette haute philosophie n'empêcha pas Duval d'être persécuté par le premier consul, qui préludait alors à ses impériales destinées. Bonaparte vit dans l'exil de Charles-Édouard celui des Bourbons. Le retour des émigrés et une sorte de réaction qui se faisait en leur faveur effrayaient Bonaparte, et une œuvre conçue dans une intention tout à fait littéraire parut un acte d'opposition à son pouvoir ombrageux. La pièce fut défendue. Comme dans ce temps-là on envoyait M. Dupaty, son spirituel ami, sur les pontons de Brest pour s'être moqué de quelques travers de la société nouvelle dans un petit opéra-comique, *l'Antichambre* (*Picaros et Diego*), Alexandre Duval crut devoir s'absenter, et fit un voyage en Russie. Il laissa passer la mauvaise humeur du premier consul, dont la main de fer devait étouffer bientôt les libertés publiques. Chose singulière! à la seconde représentation, Fouché fit défendre à l'auteur de laisser prononcer les belles expressions d'Édouard : *Je ne bois à la mort de personne...* Est-ce que Napoléon Bonaparte, qui devait y assister, voyait par avance se lever une ombre sanglante du fond des fossés de Vincennes?

Duval avait emporté son *Édouard* avec lui, et les deux proscrits obtinrent le plus bienveillant accueil à la cour de Saint-Pétersbourg. Le despotisme, mitigé par la durée de son existence, se montra plus accommodant et plus humain que l'active ambition du premier consul. L'auteur revint en France comblé d'éloges et de présents. On voulut le faire rentrer en grâce auprès de Napoléon : il était alors question de l'expédition d'Angleterre; et comme la nation acceptait assez froidement ce gigantesque projet, on chercha à réchauffer l'esprit public par le moyen du théâtre. M. Amaury Duval, chef du bureau des beaux-arts, savant et digne frère d'Alexandre et son conseiller ordinaire, lui proposa de traiter le sujet de *Guillaume-le-Conquérant*. Alexandre Duval s'y prêta d'assez mauvaise grâce. Il prit enfin dix de ses jours et dix de ses nuits pour faire sa pièce de circonstance; mais le pauvre Breton est un maladroit flatteur. Son *Guillaume* eut le sort de son *Edouard*. Il fut défendu à la seconde représentation, parce qu'en se bornant à animer le belliqueux esprit des Français il ne contenait pas d'allusions directes au brillant avenir que se proposait le chef de l'État.

Nous mentionnerons *Shakspeare amoureux*, parce que Talma avait cru devoir prêter l'appui de son talent à cette jolie bagatelle. Elle prouve d'ailleurs toute l'estime qu'Alexandre Duval faisait, malgré ses penchants classiques, du grand poète dont le génie sera la gloire éternelle de l'Angleterre.

*Le Tyran domestique*, comédie en cinq actes et en vers, mit un terme aux persécutions souffertes par l'auteur. Celui-ci n'eut pas néanmoins à se louer du public à la première représentation, et les journalistes du temps, Geoffroy en tête, ne le ménagèrent pas. La pièce se maintint malgré toutes ces bourrasques. Ce n'est pas qu'elle soit irréprochable. N'y a-t-il pas lieu d'y reprendre un de ces moyens de convention qui ne satisfont jamais pleinement les amis d'une exacte vraisemblance, c'est-à-dire l'apparition d'un frère que la sœur ne reconnaît pas d'abord, et qui, sous un nom supposé, mène toute l'intrigue ? N'aurait-on pas droit de reprocher au *Tyran domestique* d'être moins tyran que maussade et bourru à l'excès ? L'auteur n'oublie-t-il pas quelquefois que son héros doit se corriger au dénoûment ? Est-il possible que les personnes qui l'entourent lui conservent une inaltérable affection ? Il est une autre observation qu'on ne peut s'empêcher de faire sur presque toutes les comédies en vers d'Alexandre Duval : on ne trouve pas toujours assez sévère la versification de l'auteur du *Tyran domestique*. Mais ces défauts n'empêchent pas cette pièce de posséder un immense intérêt qui relève d'une haute morale. Pourquoi Duval songeait-il si peu au style ; il l'avoue lui-même. Voici quel était son système là-dessus : « Tel est mon aveuglement en cette partie de l'art qu'on » appelle le style, dit-il dans sa préface de *la Jeunesse de Henri V*, » que je la crois souvent une sorte d'erreur qui nuit plus dans les » poèmes destinés au théâtre que les incorrections et certaines » fautes de versification. » Nous ne partageons pas les opinions de Duval à ce sujet ; et nous préférons ses pièces en prose, où son esprit, débarrassé d'entraves, se trouvait à l'aise et suivait son inspiration.

*La Jeunesse d'Henri V*, comédie en prose dont nous avons déjà parlé, brille par la vérité du dialogue et par le plaisant des situations. Il est curieux de voir l'héritier présomptif de la couronne d'Angleterre aux prises avec un digne aubergiste, qui le regarde comme un fripon, et obligé de laisser sa montre en gage pour sortir d'une position équivoque. La figure du brave Kopp est une des plus originales qu'ait tracées Alexandre Duval, et la jeune Betty sera toujours un modèle de grâce et d'ingénuité. Geoffroy, trop rarement juste à l'égard de Duval, appelait cette pièce l'*éternelle Jeunesse d'Henri V*. Et en effet, reçue avec d'unanimes applaudissements par le public, elle a toujours joui depuis de la même faveur. Cette comédie a été imitée d'une pièce attribuée à Mercier et intitulée *Charles II, roi d'Angleterre, en certain lieu...* Duval a emprunté la situation de la bourse volée ; mais le drame de Mercier, qui offre le tableau d'une maison de prostitution, n'aurait jamais pu être supporté sur la scène française. La matrone s'y trouve au milieu de ses élèves, et le langage est digne des personnages. Duval a su recouvrir ce fond obscène d'un vernis de bonnes mœurs. La pièce de Mercier porte encore cette rubrique : « Comédie très-morale en cinq actes très-courts, dédiée aux jeunes » princes et qui sera représentée, dit-on, pour la récréation des » états-généraux, par un disciple de Pythagore ( Venise, 179 ).

Duval fit encore réussir *la Manie des grandeurs*, comédie de mœurs, satire frappante d'un des plus grands défauts de la société moderne. Mais un de ses beaux titres à la gloire fut la réussite de *la Fille d'honneur*. Ce sujet est un des plus délicats qui aient jamais été maniés au théâtre. Que Richelieu séduise madame Michelin, c'est bien : Richelieu travaille pour ses propres intérêts. Mais montrer un homme qui entoure une jeune fille de séductions pour s'en faire payer le déshonneur, voilà ce qui répugne à la conscience et ce qu'on n'accepte qu'avec un sentiment de mépris et d'horreur. Duval eut l'art, en enveloppant la jeune Emma d'une robe d'innocence et de pudeur, de sauver ces difficultés. Il donna une preuve nouvelle de cette vérité : que rien n'est impossible au talent, et qu'il n'est point, comme le dit Boileau,

. . . . . . . . . . de monstre odieux
Qui par l'art embelli ne puisse plaire aux yeux.

Enfin, nous avons été témoins naguère des derniers triomphes d'Alexandre Duval dans *le Testament*. L'auteur des *Héritiers* a ajouté un codicille en trois actes à cette comédie ; et quoique Molière dans *le Malade imaginaire*, Regnard dans *le Légataire universel*, Picard dans *les Collatéraux* eussent peint cet avide intérêt qui détruit l'esprit de famille et fait ouvrir les armoires du défunt quelquefois avant que la tombe soit fermée ; quoique les scènes qui mettent une joie méprisable à côté de la mort, et montrent le cœur humain sous un jour odieux, nous fussent déjà familières, il a espéré être neuf encore après les autres comme après lui-même, et il a créé en effet une scène d'une grande originalité, qui est le fond même de sa pièce. Un certain testateur a ordonné qu'on n'ouvrît son testament que devant les parents assemblés ; et là, de la voix qu'il aurait prise lui-même, il mystifie après sa mort tous ceux dont il avait deviné le caractère et dont le vil cynisme méritait une sévère réprimande.

Telles furent les principales productions dramatiques d'Alexandre Duval. La plupart de ses autres pièces importantes lui furent enlevées par les diverses censures qui se succédèrent, et qui toutes, quoique partant d'opinions opposées, arrivèrent au même résultat en insultant presque toujours, suivant l'usage des censures, le gouvernement qu'elles prétendaient servir. Ce pouvoir ténébreux, inquisition véritable, entrava la carrière de Duval. Il fut privé souvent du bénéfice de ses travaux. Triste condition du poète comique, auquel on demande la fustigation des mœurs en coupant en secret la lanière de son fouet. On trouva toujours Duval fidèle à la devise de son pays : *Potiùs mori quàm fœdari.*

Nous avons parlé tout à l'heure d'Emmanuel Dupaty, le constant ami d'Alexandre Duval; *le Portrait de Préville*, *l'Avis aux maris* signalèrent sa présence au Théâtre-Français. Un poème d'un ordre plus élevé, intitulé *les Délateurs,* satire vigoureuse, lui a valu les honneurs de l'Académie; et l'on attend de lui une tragédie d'un grand style et d'un haut intérêt, dont quelques lectures particulières ont déjà fait apprécier les beautés.

Le théâtre de Picard n'est ni trop raisonneur ni trop sentimental, il est gai... Picard s'est livré à la peinture des ridicules de son temps, il l'a fait avec beaucoup de verve comique. Il était doué d'un véritable esprit d'observation. Il s'est abstenu de reproduire le passé, et c'est un grand mérite. Nous ne lui reprocherons pas, ainsi que d'autres critiques, de n'avoir appelé au tribunal de sa muse satirique que des ridicules bourgeois; n'était-il pas temps de démarquiser la comédie? En peignant des travers subalternes, Picard a eu l'avantage d'offrir des tableaux originaux. *La Petite Ville, les Marionnettes*, *les Voisins*, *M. Musard* placent Picard parmi les auteurs comiques amusants, il est plus voisin de Molière que ses prédécesseurs. Le style est le côté défectueux de Picard. Ses vers surtout sont d'une faiblesse désespérante; il en convient lui-même avec la même facilité qu'il s'accorde des louanges sur d'autres parties : « En général j'aime mieux ma prose que mes vers, » dit-il. Il a raison, sa prose a le mérite d'une conversation, sinon distinguée, du moins spirituelle. Les méprises, les quiproquos, voilà le fond ordinaire des comédies de Picard.

Picard a mis en tête de chacune de ses comédies des avertissements curieux par leur naïveté! On ne fait pas vraiment son éloge avec plus de bonhomie. Voici par exemple ce qu'il dit de ses *Ricochets :* « Quand mes amis veulent choisir entre mes petites pièces, ils balancent entre *les Voisins, M. Musard* et *les Ricochets.* Moi, je suis pour *les Ricochets.* Qu'on me pardonne cette franchise d'amour-propre, je ne trouve presque rien à reprendre dans *les Ricochets.* L'idée de la pièce est ingénieuse et vraie, et la pièce elle-même me paraît bien exécutée. C'est un

» tableau en miniature de toute la société envisagée sous un point » de vue assez piquant. Les rôles du jockey, de sa petite maîtresse, » du colonel et de sa capricieuse amante ont de la grâce, de l'in- » génuité et quelquefois de la passion. Ceux de M. Dorsay et de » son valet de chambre ont du comique et de la vérité ! » Nous ne pourrions rien dire de plus.

A Picard succède naturellement M. Scribe, l'auteur de ce temps qui a le mieux possédé l'heureux don de plaire, d'attirer la foule et de piquer la curiosité. M. Scribe est trop fécond pour que nous puissions le suivre pièce par pièce, nous ne voulons donner ici qu'un aperçu de sa manière, il n'est pas temps encore d'analyser ses comédies; nous écrivons pour des lecteurs à qui elles sont connues, et nous serons entendus à demi-mot : nous devons user de cette méthode vis-à-vis des écrivains de notre époque, puisque le public est à même de voir chaque soir représenter leurs œuvres; aussi avons-nous cru devoir expliquer dans notre avant-propos les raisons qui nous ont engagé à agir ainsi.

Si l'on a suivi avec quelque attention la marche du talent de M. Scribe, on a dû s'apercevoir qu'après d'habiles et heureuses épreuves l'auteur expérimenté en est venu à se faire un jeu des difficultés les plus périlleuses, à rechercher pour ainsi dire les impossibilités, en prenant le contrepied des idées dramatiques reçues, à aborder là où les autres échoueraient, où personne même, excepté lui, n'oserait s'aventurer. En cela consiste son originalité, et qu'on nous permette de signaler en peu de mots la différence qui, la plupart du temps, existe entre M. Scribe et ses devanciers. Nos auteurs comiques ont regardé les choses au point de vue général de l'humanité ; ils ont toujours fait triompher la jeunesse et l'amour, et placé le bonheur dans l'épanouissement des sentiments naturels que prétendaient comprimer les froids calculs de la vie : M. Scribe, trouvant cette mine féconde épuisée par des hommes de génie, a souven pris pour muse la société telle qu'elle est, la société s'arrangeant de son mieux pour vivre à son aise, sans courir après des chimères, désenchantée avant d'avoir vécu, et dont la plupart du temps même l'égoïsme et la cupidité se décorent des beaux noms de sagesse et d'économie. Le positif, le bien-être matériel l'ont fréquemment emporté sur les sympathies du cœur, sur les rêves de l'imagination. M. Scribe, se sentant maître de toutes les subtilités de son art, et poussé à la lutte par les suggestions de l'esprit, s'est plu parfois à déclarer la guerre aux instincts primitifs, qui, dans un monde peu romanesque et peu sentimental, ne traînent après eux que des fautes et des malheurs. Là est l'excuse de l'auteur. Il aime de plus les contrastes, les grands effets produits par de petites causes, les destinées des États soumises aux caprices des cours, les oppositions entre le devoir des reines et le cœur des femmes ; enfin il se plaît souvent à faire naître une tempête dans un verre d'eau. M. Scribe a plus d'habileté, d'intrigue et de subtilité que Picard, mais souvent il a moins de gaieté.

Quelques auteurs ont suivi plus directement les traces de Picard. M. Merville, dans ses *Deux Anglais*, a rencontré un franc comique, capable de guérir le spleen le plus enraciné. MM. Wafflard et Fulgence, dans *le Voyage à Dieppe* et *le Célibataire et l'Homme marié*, ont tout à fait continué le genre de Picard. Dernièrement MM. Alphonse Royer et Gustave Vaez, dans *le Voyage à Pontoise* et *le Bourgeois grand seigneur*, ont renouvelé encore sa manière avec succès. M. Mazères, qui a composé quelques charmantes comédies avec Picard lui-même, *le Jeune Mari*, *les Trois Quartiers*, *l'Enfant trouvé*, a composé aussi avec M. Empis *la Mère et la Fille*, pièce où se déploie un bon esprit de comédie à côté d'un drame attachant. Le rôle de Verdier, mari trompé par sa femme, et qui, après avoir divorcé, cherche partout des compagnons d'infortune, est très-plaisant, et forme un contraste piquant avec le caractère digne et sévère de son ami Duresnel, également trahi dans ses affections conjugales. La comédie avec MM. Empis, Romand, se rapproche beaucoup trop du drame. MM. Goubaux et Legouvé ont marché dans cette route ; mais dans *Louise de Lignerolles* ils ont rencontré un caractère de mari original et nouveau. M. Rosier, homme d'esprit, qui sait mêler à la critique de mœurs des détails véritablement comiques, a obtenu un succès durable avec son *Procès criminel*. MM. Arnould, Lokroy, Fournier, Charles Lafont, Frédéric Soulié, Duveyrier, Melesville ont montré, tout en alimentant les scènes secondaires, qu'il ne tenait qu'à eux de s'inscrire au répertoire du Théâtre-Français. M. Henri de La Touche, écrivain d'un rare mérite, a prouvé dans *la Reine d'Espagne* d'éminentes qualités auxquelles a nui un sujet trop scabreux. Une dame d'un esprit distingué, madame Ancelot, a pris une belle place au Théâtre-Français; *Marie et Isabelle*, dont le dévouement forme le fond, mettent en jeu des sentiments élevés et délicats. *Le Château de ma nièce* est une jolie bagatelle dans le genre de Marivaux. Nous eussions dû mentionner plutôt un charmant badinage de madame de Bawr, *la Suite d'un bal masqué*, qu'une grande actrice affectionnait et qu'on voit toujours avec plaisir. Citons encore *l'École des jeunes filles*, drame de madame Mélanie Waldor.

La comédie en vers a compté quelques succès aussi ; nous ne

rappellerons que pour mémoire : *le Tartuffe de mœurs* de Chéron, faible copie d'un excellent original ; *l'École de médisance* de Sheridan. Mais *les Deux Gendres*, de M. Étienne, qui ont fait tant de bruit et soulevé tant de querelles littéraires, méritent attention.

Tous les grands critiques du temps, Hoffmann, Geoffroy descendirent dans la lice et rompirent une lance en faveur de M. Étienne contre les méchantes langues qui l'accusaient d'avoir pillé sa comédie dans un manuscrit de la Bibliothèque impériale intitulé *Conaxa* ou *les Gendres dupés*, comédie en trois actes et en vers ; manuscrit qui est sans date précise, mais qu'on fait remonter vers 1710. M. Etienne niait avoir eu connaissance du manuscrit, mais on lui en opposait une dizaine de vers, insignifiants du reste, qui se trouvaient textuellement reproduits dans sa pièce. Il se trouvait, par une fâcheuse coïncidence, que M. Étienne avait eu en main une variante de ce manuscrit, dans lequel il avait pris son sujet et quelques vers sans importance. Tout Paris s'insurgea contre l'auteur des *Deux Gendres*, et l'accusa de plagiat. Un M. Lebrun-Tossa, qui avait communiqué à M. Étienne le fameux manuscrit, se mêla de l'affaire, et ces débats amusèrent les désœuvrés de l'époque. Ce M. Lebrun-Tossa le prit sur un ton de fatuité très-comique, et ne parla de son adversaire qu'en le traitant insolemment de *jeune homme* à plusieurs reprises. A quoi Hoffmann répondit très-spirituellement pour M. Étienne : « *Jeune homme*, en effet, car il a été dupe ; *jeune homme*, car il a cru à la bonne foi des hommes ! Qu'importe que M. Étienne ait pris le sujet de la comédie des *Deux Gendres* dans le manuscrit d'un jésuite de Rennes ou de Bordeaux, comme on a essayé de le prouver, ou bien qu'il ait voulu refaire *les Fils ingrats* de Piron, exilés depuis long-temps du répertoire ? M. Étienne a composé une comédie de mœurs intéressante, écrite avec esprit et goût. Il faut le féliciter sincèrement d'avoir tiré une comédie honnête et bien faite d'un manuscrit ignoré et toujours destiné à l'être, sans le succès de M. Étienne. »

Il y a des plagiats qu'on ne peut souffrir ; celui, par exemple, qui déroberait une scène à Corneille, à Racine, à Molière, à Shakspeare, à Schiller, à tous les grands génies que nous savons par cœur et dont la main a mis sur tout ce qu'elle a touché un cachet de perfection ; celui-là, en se taillant un manteau dans un si beau drap, nous paraîtrait un roi de mascarades et nous le poursuivrions de nos sifflets : mais extraire dans son creuset un peu d'or d'une mauvaise monnaie, c'est un bienfait rendu à la société ; et lorsque la pièce, en perdant son alliage, a triplé sa valeur, on s'inquiète peu que l'effigie soit changée. Il est donc permis, dira-t-on, dans la littérature, de voler les pauvres; mais il faut épargner les riches. Cela est très-vrai, les pauvres ne comptent pas, ils sont regardés comme non avenus. Il y a long-temps qu'on a dit qu'il fallait tuer les gens qu'on dépouillait; tout au rebours du vers de Crébillon, on n'hérite que des gens qu'on assassine, c'est la loi, loi faite au dépens de quelques-uns, pour l'avantage du plus grand nombre, comme toutes les lois.

Citons encore *Brueys et Palaprat*, de M. Étienne, joli lever de rideau; *la jeune Femme colère*, esquisse spirituelle. Il est à regretter que l'auteur se soit éloigné du théâtre pour suivre la carrière politique.

Messieurs Roger, Creusé de Lesser, Planard, Ribouté, d'Épagny, Casimir Bonjour, Delaville, Samson, ont soutenu avec honneur la comédie en vers. *Luxe et indigence* de M. d'Épagny, *la Belle-Mère et le Gendre* de M. Samson, et dernièrement son *Veuvage*, ont pris rang parmi les bons ouvrages que conserve un style élégant et soigné. Quelques gens d'esprit, MM. Muret, Arvers, Lesguillon, Camille Doucet, ont fait concevoir d'heureuses espérances. Donnons un regret à un de leurs confrères trop tôt ravi aux lettres, M. Camille Bernay, auteur d'une comédie intitulée *le Ménestrel*.

Il a été souvent écrit que rien ne reste de l'acteur. Combien de comparaisons n'a-t-on pas faites de son art avec celui du poète, celui du peintre ou du musicien; comparaisons tout à l'avantage de ces derniers! L'art du comédien est éphémère, a-t-on dit; il passe avec celui qui l'exerce, et l'on s'apitoie sur le sort des grands acteurs. Cependant on conserve d'eux un souvenir, une tradition qui ne s'effacent pas. Baron, Lekain, Talma, Molé, Préville, Fleury ont bien leur gloire aussi; gloire durable et plus sûre même que celle des poètes, des peintres et des musiciens, car elle ne peut plus être contestée. L'admiration de leur temps passe avec leur nom à la postérité, tandis que chaque siècle remet en controverse les célébrités qui s'appuient sur des œuvres différemment appréciées, selon les mœurs et les goûts. N'a-t-on pas osé ébranler sur son piédestal la statue de Racine, le divin poète? Qui pense à détrôner Baron? qui nie la Champmeslé? Les comédiens, les premiers à se plaindre de l'ingratitude de leur art, ont donc parfaitement tort. Ce sont des rois, embaumés pour des siècles, comme les anciens rois de l'Égypte, par les mains de leurs fidèles sujets.

Nous avons laissé la comédie dans un état brillant. Des talents nouveaux vinrent s'ajouter aux autres, et, sans avoir autant d'éclat, n'en jetèrent pas moins un vif rayonnement.

Damas sut remplir dans la tragédie et dans la comédie un emploi très-étendu; il joua à la fois les jeunes premiers tragiques et les hauts comiques. Damas possédait une grande chaleur d'âme qui fixait l'attention. Michot excella dans les *paysans* de Dufresny et de Dancourt. Dans quelques rôles de caractère, comme le capitaine Copp de *la Jeunesse d'Henri V*, Burke des *Deux Frères*, Michot était fort goûté. Baptiste cadet n'avait pas de rival dans l'emploi des *niais*. *Thomas Diafoirus*, *M. de Pourceaugnac* n'ont jamais eu de meilleurs interprètes. Baptiste aîné remplissait les grands rôles comiques : *le Glorieux*, *l'Homme du jour*, *Soliman* lui valaient de nombreux applaudissements. Armand, acteur plein d'élégance et d'un physique avantageux, s'illustra particulièrement dans les rôles de Marivaux. Michelot déploya une rare intelligence, une connaissance parfaite du théâtre; il porta le calcul dans les études dramatiques, et, retiré de la scène, Michelot est resté un digne professeur de l'art qu'il a cultivé avec succès. Devigny a réussi dans l'emploi des *financiers*, mais surtout dans la comédie de genre; il convenait aux pièces de Picard, dont il avait long-temps suivi la fortune. Menjaud, acteur distingué, a joué les marquis et les étourdis de Regnard, de Destouches, avec beaucoup de grâce; il a pris sa retraite trop tôt.

Monrose, héritier des Auger, des Préville, des La Rochelle, des Dugazon, avait pris place au premier rang parmi nos comiques. On reconnut tout de suite chez lui du sens, de l'intelligence, du mordant, de la souplesse, une heureuse physionomie. Monrose convenait merveilleusement à l'emploi des Mascarille, des Crispin, des Frontin, des Scapin, de ces garçons lestes, adroits, effrontés, dévorés de la soif de l'intrigue et de l'argent, qui sont fort plaisants, mais qui ne sont pas le legs le plus vénérable de l'ancien répertoire. Une sombre mélancolie, peu en rapport avec ses rôles, a enlevé Monrose avant le temps à la scène française. Monrose heureusement laisse un fils, Louis Monrose, bien fait pour continuer la tradition.

Samson, rival de Monrose, homme de sens et de goût, auteur de deux comédies spirituelles dont nous avons parlé, comédien dont le jeu est habile et fin; Firmin, rempli de chaleur et de dignité, artiste excellent; Périer, animé d'une verve originale, et qui réussit également dans la haute comédie et dans la comédie de genre; Provost, ayant du naturel et de la bonhomie, bien placé dans les *financiers* et dans les *manteaux;* Régnier, acteur intelligent et soigneux, soutiennent parfaitement l'honneur de notre vieille comédie. Regrettons de ne pas rencontrer au Théâtre Français Fréderic Lemaître et Bocage, acteurs qui ont su captiver l'attention de la foule.

Voici le moment de rappeler un des talents les plus purs qui aient brillé sur notre scène ; le lecteur nous permettra de nous arrêter quelque temps à ces souvenirs.

En 1791, une petite fille toute charmante, espiègle et naïve à la fois, jouait à Versailles de petits rôles conformes à son âge, entre autres celui du *Plaisir* dans un divertissement intitulé *les Etrennes*. C'était mademoiselle Mars, fille de Monvel et d'une actrice célèbre par sa beauté. L'enfant avait reçu pour héritage la grâce et le talent. Mademoiselle Mars débuta à la Comédie-Française en 1798 : elle y plut, selon un journaliste du temps, par son maintien décent, par sa jolie figure ; mais une certaine langueur, jointe à une grande timidité, paralysait en quelque sorte ses moyens. La santé de mademoiselle Mars était chancelante ; on entendait à peine sa voix, qu'elle a conservée depuis si pure et si douce, sans altération, et les critiques d'alors semblaient vouloir, à cause de la faiblesse de sa complexion, lui *interdire les premiers emplois*. La jeune actrice ne tarda pas à faire mentir ces fâcheuses prédictions.

Il n'était pas facile alors d'arriver à la renommée. D'abord la Comédie-Française, au plus haut point de sa splendeur, possédait sept ou huit talents de premier ordre qui accaparaient toute la vogue : et puis la publicité des journaux ne se prêtait pas avec autant de complaisance que de nos jours aux ambitions personnelles, on n'improvisait pas de triomphes ; les acteurs n'avaient pas acquis l'importance que les feuilletons leur ont donnée. Mademoiselle Mars arracha une à une toutes les feuilles de laurier qui composèrent sa couronne. Elle se borna long-temps aux jeunes amoureuses et aux ingénuités. Lucile des *Dehors trompeurs*, la petite brune du *Chevalier à la mode*, Angélique de l'*Epreuve*, Betty de *la Jeunesse d'Henri V*, et surtout Victorine du *Philosophe sans le savoir*, furent les rôles d'affection de mademoiselle Mars et ceux auxquels elle dut les sympathies du public. On ne vit jamais plus de vérité d'expression. Au charme de sa personne, à la douceur naturelle de son organe se joignaient déjà toutes les ressources d'un art consommé, qui ajoutait une poétique élégance, une distinction idéale aux caractères qu'elle était chargée de représenter et dont elle faisait des types ravissants.

L'époque arriva où mademoiselle Mars eut le droit d'aspirer aux grandes coquettes, et les anciens admirateurs de mademoiselle Contat jetèrent des cris d'alarme. A les entendre, mademoiselle Mars allait se perdre ; et, dans son intérêt, ils lui conseillaient de ne pas prendre l'éventail, sceptre qui ne lui convenait pas : selon eux, elle ne pourrait jamais se débarrasser de ses grâces naïves, elle ne donnerait jamais assez d'ampleur à ses gestes ; ses coudes étaient trop accoutumés à s'appuyer sur ses hanches; sa démarche était trop modeste; elle n'était point faite aux tirades; les longs couplets embarrasseraient sa diction. Mademoiselle Mars, en dépit de ces prophètes de malheur, se montra dès l'abord dans *le Misanthrope*: elle remplit le rôle de Célimène avec ce suprême bon ton qu'elle avait deviné, non pas ce bon ton passager, affaire de mode, que chaque génération affiche et qui n'est guère qu'un mauvais ton, mais avec cette grâce ineffable, ce sentiment exquis de la politesse et des convenances, qui existe au fond de tous les cœurs bien faits, que les intelligences élevées comprennent d'elles-mêmes et qui est le véritable bon ton, éternel comme tout ce qui est vrai. C'est une grande erreur de croire qu'il s'agit d'entrer dans un certain monde plus ou moins haut placé dans la hiérarchie sociale pour y acquérir le bon ton. Ce sont des manières, des afféteries, des défauts, des singularités, qu'on en rapporte la plupart du temps. Le bon ton est l'accord du sentiment et du goût; on le doit à l'étude de soi-même plus qu'à l'étude des autres. Personne ne l'a possédé à un plus haut degré que mademoiselle Mars. Dans *le Tartufe*, lorsqu'elle prit le rôle d'Elmire, mademoiselle Mars communiqua à ce personnage une sérénité d'honnête femme qui jeta comme un voile de décence sur une scène peu gazée par Molière, dont le génie a quelquefois poussé jusqu'à la licence la franchise comique. Mademoiselle Mars, entre ces premiers rôles et ceux qu'elle avait joués précédemment, trouva pour intermédiaires les femmes sentimentales ou coquettes de Marivaux : elle fit d'Araminte des *Fausses Confidences*, de Sylvie des *Jeux de l'Amour et du Hasard*, des créatures accomplies, parfaites. Elle assouplit ce qu'il y avait d'un peu précieux dans leur langage, et exprima à merveille les séductions, loyales parce qu'elles ont un but légitime, auxquelles s'abandonnent ces héroïnes de roman.

Mademoiselle Mars arriva ainsi, entre Molière et Marivaux, jusqu'à l'époque où se fit sentir au théâtre un besoin de mouvement et de passion auquel ne répondait pas toujours la limpidité de l'ancien répertoire. Elle avait montré dans *Edouard en Ecosse* ce que le drame pouvait attendre d'elle; aussi n'hésita-t-elle pas à mettre au service des idées nouvelles sa sensibilité profonde et son esprit actif, ardent comme celui de Talma, toujours poussé en avant; elle exposa sans crainte son bras aux dures étreintes du duc de Guise; elle se montra prête à accepter la vie errante du bandit *Hernani*. C'est pour elle que M. Dumas avait conçu le rôle d'Adèle d'Hervey dans *Antony*; elle osa dans *Angelo*, elle, la grande dame, au maintien décent, prendre les allures décidées de la courtisane Thisbé, et jamais le goût ne l'abandonna dans ces créations étrangères à ses habitudes. Elle atteignit au pathétique; elle fut sublime, elle fit verser autant de pleurs que les tragédiennes de profession. On se rappelle sa lutte avec madame Dorval, cette actrice passionnée. Telle fut mademoiselle Mars, marchant avec son temps, toujours admirablement servie par son intelligence dramatique, toujours pleine de tact, toujours à la hauteur des grands poëtes quel que fût leur système.

A côté de mademoiselle Mars, mademoiselle Leverd a brillé dans les grandes coquettes; elle a fait apprécier long-temps un jeu spirituel et animé : dans *Madame Patin*, dans *Madame Evrard*, mademoiselle Leverd obtenait aussi de grands succès; pourvue de beaucoup de finesse et d'expression, mademoiselle Leverd tenait un répertoire très-étendu. Mademoiselle Dupuis, actrice correcte, jouait avec intelligence les personnes raisonnables; elle y portait un grand sens : le rôle d'*Elmire* était un des triomphes de mademoiselle Dupuis; belle et modeste, elle savait plaire en doublant sans prétention mademoiselle Mars et mademoiselle Leverd. Mademoiselle Dupont, bonne et excellente servante de Molière, a donné trente années de loyaux services à la Comédie-Française, qui s'en est privée encore trop tôt. Un grand nombre d'acteurs et d'actrices ont demeuré dans la société après l'expiration de trente années. Mademoiselle Demerson, pleine de gaieté, de finesse, se distingua dans les soubrettes. Mademoiselle Brocard, élève de Fleury, plut par sa grâce et par sa beauté, dans les amoureuses de la comédie.

Mademoiselle Anaïs, fine, spirituelle et jolie, douée d'un organe agréable et qui sait être touchant, *Victorine* charmante et piquant *Chérubin;* mademoiselle Plessy, belle et intelligente personne, qui s'essaie avec bonheur au rôle des grandes coquettes; mademoiselle Mante, actrice expérimentée, qui a remplacé mademoiselle Leverd et mademoiselle Dupuis; madame Demousseaux, duègne excellente; mademoiselle Brohan, soubrette vive, éveillée, ayant le sentiment juste de son emploi, prêtent actuellement à la Comédie-Française le secours de leurs talents.

## CHAPITRE VINGTIÈME.

### VICTOR HUGO, ALFRED DE VIGNY, ALEXANDRE DUMAS, DRAME MODERNE, GEORGES SAND, MM. EUGÈNE SUE, FÉLIX PYAT, LÉON GOZLAN, DE BALZAC, FRÉDÉRIC SOULIÉ.

Le ridicule en France s'attache vite aux mots; en moins de dix ans ils s'usent; à force d'être mis dans la circulation, leur empreinte s'efface; ils n'ont plus cours. C'est ainsi que nous osons à peine nous servir de ce mot, *romantique,* qui a fait tant de bruit : et cependant, il y a dans ce mot une idée juste, une idée progressive, il n'a pas fait son temps; peu de personnes l'ont compris dans sa véritable acception. Pour beaucoup de gens il ne représente encore que de jeunes enthousiastes avec de longs cheveux sur les épaules et des bouquets de barbe au menton, ou bien des excentricités littéraires en désaccord avec le sens commun; mais tous ceux qui ont réfléchi sur les choses d'art savent bien qu'il ne faut pas prendre le masque pour le visage, et font la part des grotesques travestissements que toute innovation entraîne avec elle. Qu'est-ce donc que l'école romantique, dont l'existence ne peut plus être contestée? Nous prions le lecteur de prendre ce mot dans l'acception où la critique sérieuse le prend; romantique signifie tout simplement ce qui est opposé à l'esprit de convention, ce qui naît de la fantaisie des poëtes. La littérature grecque dans ce sens a été romantique; la littérature romaine a été classique, au contraire, parce qu'elle ne fut qu'une constante imitation. Les Espagnols, les Anglais, les Allemands ont été romantiques; nous ne saurions trop le répéter. leur littérature est sortie de leur sol, tandis que la littérature française s'est imprégnée à son début du goût de l'antiquité. On a vu se développer ce besoin de nouveauté et d'indépendance qui, comprimé par des chefs-d'œuvre, s'est emparé néanmoins, à diverses époques, avec tant de vivacité, de quelques hardis esprits, las des règles dont nos grands maîtres se sont plaints eux-mêmes tout en les subissant. En vingt endroits de leurs préfaces et de leurs examens, on trouve, ainsi que nous l'avons fait remarquer, des protestations contre la tyrannie d'Aristote; car ce pauvre Aristote, parfaitement innocent de la plupart des rigueurs que les pédants ont inventées, est le bouc émissaire chargé de toutes les malédictions.

Placé à ce point de vue, et c'est le seul d'où l'on puisse dominer la question, on n'est exposé à aucune injustice, ni envers le passé ni envers le présent; on suit les diverses directions de l'art avec l'intérêt qu'elles méritent; on accorde son estime à tout ce qui est beau, original et vrai, sans s'astreindre à des comparaisons forcées; on ne reconnaît pour règles de son jugement que la morale et la raison, ces deux grandes lois de l'humanité ! C'est d'après ces principes que, dépouillé de toutes passions et ne pensant pas que la critique ait ici-bas la mission d'Erostrate, nous avons applaudi et nous applaudirons toujours aux efforts novateurs, bien que nous soyons rempli de respect et d'admiration pour les sublimes génies qui ont illustré notre scène. Si donc nous nous sommes bien fait comprendre dans le cours de cet ouvrage, la France a senti la nécessité d'avoir un théâtre national, comme celui qu'ont eu l'Espagne, l'Angleterre, l'Allemagne, avec cette différence que notre esprit exact demande un certain ordre, une certaine régularité dans la conception. Nous ne saurions, en effet, nous contenter des tableaux historiques de Shakspeare, qui se suivent sans s'enchaîner, ni des fantaisies de Calderon et de Lope de Vega, ni des imaginations surnaturelles de Goëthe : tout en imprimant au drame l'action qui manque aux tragédies classiques; tout en le faisant sortir de nos mœurs, et non des mœurs grecques ou romaines; tout en le mettant en harmonie avec nos habitudes, au lieu de lui conserver sa forme surannée, il est absolument nécessaire que l'on se garde de blesser la logique de notre esprit. Nos tragédies, et nous admirons autant, encore une fois, que personne le développement des passions et des caractères qui en font le mérite, sont empreintes, malgré cela, de froideur, parce que le mouvement ne se joint pas d'ordinaire à cette analyse pschycologique. Voilà le mal auquel il importe de remédier.

Il arrive, dans les littératures comme dans le monde social, des révolutions qui changent l'aspect des choses et dénotent, jusque dans leurs écarts, le besoin de progrès qui tourmente l'esprit humain. Nous nous agitons en tout sens pour varier la forme de la pensée, circonscrite dans des bornes trop étroites; et cette forme même, périssable comme tout ce qui appartient à la terre, survit quelquefois aux idées enveloppées par elle; elle garde un long empire sur les imaginations; elle passe à l'état de préjugé. C'est ainsi que l'époque dite Renaissance a exercé, sur les littératures modernes, et particulièrement sur la littérature française, une influence dont nous commençons à peine à nous débarrasser. Chose étrange ! après dix-huit siècles, les dieux du paganisme recevaient encore l'encens de nos poètes, même les plus chrétiens, et les formules d'une poésie morte exprimaient nos désirs et nos regrets, nos haines et nos amours. Montesquieu, dans cette tête où se mouvait l'*Esprit des lois*, logeait le *Temple de Gnide;* Voltaire, qui a résumé pendant le dix-huitième siècle toute la sagacité française, aiguisait les flèches de Cupidon et déployait la ceinture de Vénus. Si Anacréon, le vieillard couronné de roses, était ressuscité au milieu des beaux esprits de Paris, il aurait pu se croire encore en Grèce, rêvant de l'Olympe au pied du Parnasse. Au plus fort de la république, de cette grande lutte des idées indépendantes contre les autorités vieillies, on jouait *Vénus pèlerine* et autres pièces mythologiques. Il n'y a pas long-temps que l'Opéra maintenait dans son répertoire *les Filets de Vulcain, Mars et Vénus.*

La raison en ce monde ressemble bien souvent aux Prières d'Homère : elle est boiteuse; elle vient, mais à pas lents. L'empire de la tradition sur le cerveau humain est plus durable qu'on ne serait tenté de le croire d'abord à en juger par le nombre des révolutions morales qui ont agité ce monde. Bien long-temps après que les idées ont perdu leur autorité, les mots survivent, les images subsistent encore, et le langage se trouve hérissé de contre-sens auxquels l'habitude rend les oreilles insensibles, mais qui n'en sont pas moins d'étranges anomalies pour tout esprit exact. On a relevé dernièrement l'expression de *cendres*, appliquée aux restes mortels de Napoléon, dans un état de société où l'on ne brûle plus les morts. On pourrait, à toute page, rencontrer chez les écrivains de l'ancienne école de pareilles discordances. La poésie dramatique elle-même, qui demande tant de vérité, était pleine de ces incohérences que le bon sens désavoue, comme l'a fait ressortir dernièrement dans un excellent travail un écrivain judicieux, M. le baron Taylor, qui a puissamment aidé l'essor des nouvelles idées.

C'est seulement vers les premières années de la restauration que les poètes ont trouvé souverainement ridicule de mettre leurs vers sous le patronage de divinités fabuleuses; ils ont commencé à s'apercevoir que, s'ils s'exprimaient dans l'idiome commun, ils seraient entendus de tout le monde, réveilleraient de plus vives sympathies et s'acquerraient plus de lecteurs. En même temps que cette lumière descendait dans leur esprit, ils se sont appliqués à des études philologiques; afin de s'assurer exactement de la propriété des mots, et de communiquer à leur pensée une expression énergique et précise. Par une réaction même contre la forme usée dont ils sentaient l'absurdité, ils ont adopté d'abord un catholicisme d'emprunt et se sont montrés plus religieux qu'ils ne l'étaient au fond, et même plus monarchiques. Les vieilles cathédrales et les vieux châteaux, ressuscités par le goût du moyen âge, ont donné aux poètes nouveaux une couleur de royalisme et de dévotion, qui s'est effacée bientôt.

Telles sont les idées qui tourmentaient M. Victor Hugo, lorsqu'il fit représenter *Hernani;* il livra une bataille au parti stationnaire et la gagna, mais on lui disputa le terrain pied à pied. M. Victor Hugo appela à son aide tout ce qui était jeune, ardent, impétueux comme lui; tout ce qui foulait aux pieds avec plaisir les formes convenues, les préjugés et les abus; tout ce qui réclamait la liberté de l'art.. On vit alors accourir, des ateliers, des conservatoires, des bibliothèques, des différents cours, toute cette race vigoureuse et barbue, originale et cavalière, cette armée quelquefois un peu trop arrogante, qu'on a tant reprochée à M. Victor Hugo, comme s'il la faisait sortir d'un pandæmonium.

*Hernani* est une œuvre où bouillonnent des sentiments lyriques et élevés. Cette pièce, qui repose par malheur sur une donnée fantastique, ressemble un peu plus à une ballade qu'à un drame. Cette religion du serment qui force Hernani à s'empoisonner au moment de son bonheur paraît bizarre. Quoi qu'il en soit, quand on veut bien considérer son œuvre sous le jour romanesque où elle a été composée, on trouve un charme singulier à tous ces caractères qui sortent de moules convenus et s'épanouissent dans leur nature idéale. C'est un monde différent de celui que nous connaissons, monde d'imagination que M. Victor Hugo a emprunté aux romanceros, de même que Shakspeare a dérobé aux chroniques italiennes la touchante histoire des deux amants de Verone.

La Dona Sol du poète, tendre, douce et dévouée, comme les Desdemona, les Juliette, est empreinte d'un charme irrésistible; elle réveille les premiers songes du cœur. C'est la poétique fleur que toute jeunesse a respirée; c'est le type idéal de l'amour. Ce rôle, le mieux soutenu, traverse la pièce de M. Victor Hugo comme une blanche guirlande mêlée à de sombres draperies. Hernani et don Ruy de Sylva, la passion à vingt ans et la passion à soixante, résument merveilleusement tous les désirs et les regrets, toutes les joies et les tristesses, toutes les colères et les frénésies de ces deux âges opposés. Charles-Quint est bien le jeune homme qui renonce à la vie galante et aventureuse pour entrer dans la sphère des ambitions, l'empereur qui met à la place de son cœur un froid écusson, et ne peut plus avoir pour maîtresse que l'Allemagne, la Flandre et l'Espagne.

La pièce de *Marion de Lorme* a été écrite avant celle d'*Hernani*, et l'on s'en aperçoit. Elle a moins d'unité. L'auteur s'essayait au théâtre, et, sous l'influence de cette espèce de restauration du seizième siècle qui s'est emparée de l'année 1829, il a imité le genre espagnol, en vogue à cette époque, c'est-à-dire qu'il a voulu remplacer l'intérêt continu par la variété des caractères et par la fantaisie des détails. *Marion de Lorme* ainsi considérée est une œuvre pleine de poésie et de fraîcheur. Car il y a un grand charme dans le chaste et naïf amour de Didier pour cette Marion la courtisane, dont il ignore la vie dégradée. Didier est le proscrit de la société civile, comme Hernani est le proscrit de la société politique. Il est le type de ces bâtards, enfants funestes et maudits, sur lesquels pèse la fatalité de leur naissance. Il est triste, et cela n'est pas étonnant; il n'a que neuf cents francs de rente pour exister, et Didier semble décidé à vivre comme un grand seigneur : c'est-à-dire à ne rien faire. On serait triste à moins. Cependant Didier est fier : en présence de cette noblesse qui a des parents et des biens au soleil, il relève son front mélancolique et répond, à qui lui demande un nom de gentilhomme, *Didier de rien*. Le sentiment populaire vit fortement au fond du cœur de Didier. Vous l'entendez s'écrier plus tard :

Peuple et marquis pourront se colleter ensemble.
Marquis, si nous mêlions notre sang.....

Didier, avant tout, est un honnête homme, et l'on s'intéresse à lui parce que l'on pressent la douleur de cette âme candide, aussitôt que le mépris viendra remplacer l'amour. Didier se trouve dans la position de ces excellents religieux du moyen âge qui croyaient adorer une sainte, et s'apercevaient tout à coup que le diable s'était joué d'eux en revêtant la forme d'une madone.

*Le Roi s'amuse* fut défendu le lendemain de sa première représentation. Cette pièce a été considérée comme injurieuse à la mémoire de François Ier, parce que l'auteur conduit ce prince, en quelque sorte, dans une de ces maisons borgnes où Mercier a conduit Charles II. Mais on sait comment est mort François Ier : il fréquentait plus d'un lieu suspect, et l'auteur n'a fait que suivre l'histoire. Il a payé d'ailleurs un juste tribut aux qualités guerrières de ce roi, en mettant, dans la bouche de Triboulet, ces vers :

L'homme de Marignan, lui qui toute une nuit
Poussa des bataillons l'un sur l'autre à grand bruit;
Et qui, quand le jour vint, les mains de sang trempées,
N'avait plus qu'un tronçon de trois grandes épées..

Certes, le prince qui s'est écrié : *Tout est perdu fors l'honneur*, et qui mérite, pour cette parole, d'être respecté, n'a pas à se plaindre de M. Victor Hugo.

*Ruy-Blas*, œuvre pleine de poésie, drame énergique autant qu'original, a amené la foule sur une scène secondaire. Ce laquais amoureux d'une reine offre un spectacle intéressant par sa mélancolie profonde et par son respect sans borne qui touchent le cœur de sa souveraine. Il est sublime lorsque sa vengeance, long-temps amassée, éclate sur la tête d'un maître perfide et injurieux qui l'a fait servir à d'odieux desseins. Le personnage grotesque de don César de Bazan est mêlé avec bonheur à ce tragique et sévère sujet.

*Angelo*, qui appartient au Théâtre-Français, *Marie Tudor* et *Lucrèce Borgia*, qui lui appartiendront, sont des caractères éclatants dont la forme est ciselée avec art. La trilogie des *Burgraves* a ajouté un fleuron de plus à la couronne du poète. Les burgraves étaient des chevaliers du Rhin constamment en lutte avec le Saint-Siége ou avec l'Empire, et qui menaient, sur les bords de leur fleuve, une vie de géants. M. Victor Hugo a ren[illegible] dans les proportions théâtrales la vie de ces chevaliers. C'est un monde à part, pris dans les plus hautes régions de la poésie. Il y a dans cette œuvre toute une hiérarchie de grands vieillards plus imposants encore que Ruy de Gomez et le père de Diane; et trois générations s'abritent à l'ombre d'un aïeul de cent ans, vieux chêne ayant une forêt pour rejetons. M. Victor Hugo a imaginé une dégénérescence dans les mœurs de ses héros; les enfants ne valent pas les pères, et les vieillards ont besoin parfois de sortir de leur demeure solitaire et d'apparaître au milieu des orgies pour gourmander leur postérité et rétablir l'honneur de leur famille.

Qu'il nous soit permis de dire un mot, dans ce rapide aperçu, des autres ouvrages de l'auteur, ainsi que nous l'avons fait pour quelques-uns de ses prédécesseurs. Le recueil des poésies lyriques de M. Victor Hugo nous frappe par la variété de la forme non moins que par la nouveauté et la fécondité des idées. D'abord quelques odes où viennent se réfléchir les premières impressions politiques de l'auteur, impressions qui devaient se modifier en suivant naturellement la marche de son temps; puis le bruit sonore des vieilles armures sur les débris des manoirs féodaux, et le tintement des beffrois : magique invocation du temps passé; puis la Grèce qui se réveille, les Klephtes, ces aigles des montagnes, descendant dans les champs de Salamine et de Marathon; les matelots d'Hydra et de Parga, ces dauphins des mers, arborant l'incendie pour pavillon à la place du croissant sur les vaisseaux turcs; les têtes coupées qui discourent entre elles à l'heure de minuit et appellent la vengeance sur la tête du sultan! Mais le voyage en Orient a lassé l'esprit du rêveur. Après cette pérégrination, il a besoin de repos; il a rouvert les yeux, regardé autour de lui, et la poésie de la famille lui a souri : l'épouse chaste et belle, les enfants espiègles et naïfs, le petit nombre des amis fidèles, qui va toujours en décroissant; l'arbre qui protége la maison au seuil hospitalier; les premières lettres d'amour retrouvées au fond d'un vieux tiroir, le soleil qui se couche, la jeune fille qui prie à côté de sa mère, toutes ces douces choses de la vie domestique demandaient un coup d'œil au maître à son retour. Quelques notes stridentes se mêlent à ses premiers accents : les rhéteurs aux lèvres flétries, les marchands du temple, les jeunes débauchés, les flatteurs des peuples et des trônes, les égoïstes excitent encore son indignation; mais peu à peu il reporte sa rêverie sur les penseurs, sur les philosophes, sur les poëtes, sur cette race d'hommes persévérants dans le bien, qui se communiquent de siècle en siècle, par une invisible chaîne, l'électricité de la vertu et continuent les progrès de l'humanité.

Si nous essayons de résumer maintenant le système dramatique de M. Victor Hugo, nous dirons qu'il s'est complu jusqu'ici à faire sortir le bien du mal, le jour de la nuit; à faire éclore une fleur brillante et parfumée sur un vil et odieux fumier. Ainsi de Lucrèce Borgia, ainsi de Triboulet, ainsi de Quasimodo; toujours un sentiment noble, pur, poétique, encadré dans une infamie, dans une infirmité. Le génie des antithèses a suggéré à M. Victor Hugo ce contraste bizarre admirablement développé par l'habile écrivain. Nul ne revêt ses pensées d'une forme plus énergique et plus originale que M. Victor Hugo : l'image chez lui est toujours sous le mot, et il pousse cette exactitude à un tel point qu'il jette quelquefois l'esprit dans l'étonnement. Habitué que l'on est à la phraséologie vague et banale de la plupart de nos poëtes, on est surpris d'abord de tant de précision et de netteté; mais on s'y accoutume, et l'on finit par admirer souvent les choses mêmes qu'on avait été sur le point de blâmer.

Il appartenait à notre temps, où la versification s'est singulièrement améliorée et où les études comparatives ont pris un essor heureux, de réparer les torts que notre pays avait vis-à-vis de Shakspeare. Un écrivain d'un grand mérite, M. de Vigny, a offert dans *le More de Venise* et dans *le Marchand de Venise* deux modèles de traduction. Son *Othello* a été joué au Théâtre-Français. On se rappelle l'impression produite sur tous les esprits d'élite par cette admirable poésie de Shakspeare, rendue avec tant de charme et de précision. M. de Vigny, dans *la Maréchale d'Ancre*, a fait preuve encore d'un beau talent; il a mis Concini de moitié dans le crime de Ravaillac. La borne de la rue de la Féronnerie, sur laquelle l'assassin posa le pied pour entrer dans le carrosse du roi, joue un grand rôle dans la pièce de M. de Vigny. On l'entrevoit dans l'ombre, et c'est sur cette borne que Concini, frappé à son tour par les émissaires du fils d'Henri IV, vient mourir et expier le meurtre qu'il a fait commettre. Cette idée, plus philosophique qu'historique, était favorable au drame, et l'auteur l'a mise en relief avec vigueur. M. de Vigny a personnifié le peuple dans un personnage, homme de sens et de probité, qui commence à se fatiguer des querelles des grands, où le peuple ne gagne jamais que des coups. Il exprime son sentiment sur les hommes et les choses avec une énergie naturelle qui n'est pas dépourvue de poésie, véritable langage populaire : « M'est avis qu'une nation est toute pareille à un » tonneau de vin : en haut est la mousse, comme qui dirait la cour; » en bas est la lie, comme qui dirait la populace paresseuse, igno» rante et mendiante. Mais entre la lie et la mousse est le bon vin, » le vin généreux, comme qui dirait le peuple ou les honnêtes gens.» M. de Vigny, comme tous les poètes, affectionne l'image; et son style, même dans la bouche de ses plus simples personnages, se distingue la plupart du temps par l'originalité de l'expression et par la vérité de la pensée.

Tallemant des Réaux, qui n'était pas poète le moins du monde, mais qu'on peut appeler la plus mauvaise langue de son temps, trace un portrait peu flatteur de la maréchale d'Ancre : « C'était » une petite personne fort maigre et fort brune, dit-il, mais de » taille assez agréable, et qui, quoiqu'elle eût tous les traits du » visage beaux, était laide à cause de sa grande maigreur. Comme » elle était malsaine, elle s'imagina être ensorcelée; et, de peur de » fascinations, elle allait toujours voilée : elle en vint jusqu'à se » faire exorciser. On se servit de cela contre elle dans son procès.» Oui, et c'est un scandale de notre histoire, on vit un parlement donner l'exemple des assassinats juridiques, en condamnant au bûcher, comme sorcière, une femme dont l'adresse avait fait la fortune, et cela dans un temps où le parlement ne croyait plus aux sortilèges. Quel acte de lâcheté! Le parlement obéit au roi de la même façon que le baron de Vitry, qui assassina Concini sur le pont du Louvre.

Cette odieuse époque, toute pleine de haines féroces, où l'on ne pouvait faire un pas sans être assailli et sans mettre l'épée et le poignard à la main, où la *vendetta* était passée dans les mœurs françaises elles-mêmes, offrait un tableau que M. de Vigny a composé avec beaucoup d'art. La scène du duel de Borgia et de Concini, au cinquième acte, est une admirable peinture de cette fureur sanglante qui dominait la société d'alors. Il y a une vigueur d'animosité tout à fait effrayante. A la vérité historique des caractères plutôt qu'à celle des faits, le poète a joint les élements dramatiques puisés au plus profond du cœur humain.... La pensée de l'adultère puni par l'idée du talion, a revêtu, sous sa plume habile, une forme énergique; il a tiré un immense parti du simple proverbe : « Ne fais pas à autrui ce que tu ne voudras pas qu'on » te fît. » Le *Chatterton* de M. de Vigny, cette douleur morale si bien étudiée, a trouvé toutes les âmes prêtes à admirer de longs développements de pensée et de style. La création de Kitty-Bell est une des plus charmantes du théâtre moderne.

Parmi les esprits ardents et féconds qui ont donné le plus de mouvement au théâtre actuel et l'on fait sortir de ce cercle qu'on appelle la convention, et dans lequel il tournait invariablement, on doit citer, en même temps que les deux poètes précédents, M. Alexandre Dumas. Il a eu surtout l'incontestable mérite de répondre au besoin d'émotion et de curiosité qui tourmente la génération nouvelle, et de présenter au spectateur des personnages animés et vivants au lieu des mannequins trop souvent offerts sur la scène. M. Alexandre Dumas, doué de cette faculté puissante de communiquer l'existence aux êtres de sa pensée, de répandre au-dehors je ne sais quelle passion qui bouillonne en lui, s'est fait un beau nom dans la littérature romantique.

*Henri III* a témoigné particulièrement de cette verve intérieure, de cette énergie d'impression nécessaire pour captiver la foule qui aime à se sentir en présence d'un foyer plein de lumière et de chaleur. Le frisson électrique court au travers de ce drame, et le tressaillement nerveux qu'il produit est certainement, quoi qu'en puisse dire une critique dédaigneuse, un des résultats que doit se proposer l'art. La duchesse de Guise est une de ces tendres femmes qui, dans l'espace de deux heures, passent par tous les degrés de l'amour, et se mettent vers la fin de la pièce à tutoyer leurs adorateurs, comme s'il régnait déjà entre eux une longue intimité. La duchesse de Guise est une Araminte élevée à la hauteur tragique; elle est emportée comme dans un tourbillon sans avoir le temps de se reconnaître, son amour va plus vite que sa raison. Comment résister aussi à Saint-Mégrin, ce bouillant jeune homme! Saint-Mégrin se précipite au milieu des panthères et des lions pour ressaisir un bouquet tombé du sein de sa belle! Les panthères et les lions respectent un si beau dévouement. Saint-Mégrin fait des vers comme Ronsard, il se bat comme Crillon, il est noble de sa personne autant que de sa naissance, enfin il aime trop pour n'être pas aimé.

*Stokholm à Fontainebleau*, *Charles VII*, *Caligula* ont prouvé de hautes aptitudes littéraires; et *Antony*, *Richard d'Arlington*, *Angèle*, *Kean*, de grandes ressources dramatiques chez l'auteur. *Caligula* réclame, par son sujet et par ses intentions, un examen détaillé.

M. Alexandre Dumas, en prenant pour sujet de sa pièce la conjuration de Chéréa contre Caligula, a voulu placer en opposition le polythéisme à son déclin et le christianisme à son aurore; il a retracé avec beaucoup de netteté, dans un prologue spirituel, le tableau de la démoralisation romaine. Le dégoût de la vie, qui avait assoupi un si grand nombre d'âmes, se trouve heureusement exprimé. Ce qu'on doit louer dans M. Alexandre Dumas, c'est l'intention de nous faire connaître l'intérieur des mœurs romaines. Il a ouvert la route aux investigations de M. Soumet. Nous devons lui appliquer les remarques que nous avons faites à propos du *Gladiateur*.

Tant que dura la république, l'Italie offrit au monde l'exemple des vertus: l'épée de Cincinnatus pendait à côté du soc de la charrue, et les Scipions sacrifiaient sur l'autel de la Pudeur. Mais lorsque les conquêtes eurent étendu la domination des Romains, et que le pouvoir se fut réuni dans les mains des Césars, la ville éternelle, sanctuaire de la liberté et des mœurs, se changea en un repaire de vices. Les richesses de l'Asie énervèrent ces fiers courages, les guerres lointaines les rendirent indifférents aux intérêts de leur pays; l'amour de l'or et des voluptés se glissa comme un serpent dans toutes les âmes; les principes mal compris de la secte d'Épicure dépravèrent les intelligences; le luxe, la mollesse envahirent les vainqueurs au point que Juvénal s'écriait dans ses vers satiriques :

*Luxuria incubuit victumque ulciscitur orbem.*

Plus de croyance dans les dieux: leur règne s'en allait avec celui des mœurs. Les beaux esprits riaient à table de Jupiter en se passant des coupes d'or où la neige était mêlée au noir falerne; les figues de Syrie, les olives de Piscenium, les huîtres du lac Lurcin, les gâteaux dorés avec le miel de l'Hybla faisaient les seules délices des jeunes gens et des vieillards, qui, le front couronné des roses de Pœstum, la chevelure parfumée d'amomum, ayant pour échansons leurs jeunes et belles maîtresses, passaient leurs journées couchés sur des lits voluptueux : leurs nerfs avaient acquis tant de faiblesse dans cette vie de plaisirs, qu'un rayon de soleil pénétrant à travers leurs barques, quand ils se promenaient sur le Tibre, jetait en syncope ces maîtres du monde.

Dans une société si pervertie, est-il étonnant qu'on ait vu naître des Tibère, des Caïus, des Claude, des Néron? Quelle résistance avaient les mauvais instincts de ces hommes? Ils s'enivraient du pouvoir absolu; leurs vertiges, leurs folies ne trouvaient pas d'obstacles. Ils ne rencontraient autour d'eux que la bassesse des courtisans. Les citoyens avaient perdu toute force et toute vertu. Ces vils Ardélions, ces ignobles délateurs qui se pressaient sur les pas des Césars, étaient même un jeu pour leurs maîtres, qui prenaient plaisir à voir leur empire. Caligula ordonnait la mort d'un homme qui avait adressé le vœu à Jupiter de se sacrifier pour sauver le prince d'une maladie; il se raillait du peuple en lui proposant pour consul son cheval, et un autre empereur rassemblait le sénat autour d'un énorme turbot pour délibérer à quelle sauce on l'apprêterait. Tous ces faits ont profité à l'auteur de *Caligula*.

M. Alexandre Dumas, dont les voyages ont développé le talent dans ce qu'il avait de jovial et de causeur, a été naturellement porté, dans ces derniers temps, vers la comédie : personne au théâtre n'a plus de bonne humeur et d'esprit que lui. *Mademoiselle de Belle-Isle* en est la preuve. C'est une galante histoire qui tient de la comédie et du drame, et que l'auteur a exposée sur la scène française avec une hardiesse voisine de la licence. Il a fallu autant d'habileté que de tact pour faire qu'un tableau très-peu gazé des mœurs de la régence fût si heureusement accepté. Le *Mariage sous Louis XV* semble une gageure dans laquelle l'auteur aurait mis, contre une donnée presque impossible, son expérience et son talent pour enjeu. C'était beaucoup; il a failli gagner. Il a prétendu composer, d'après quelques romans et quelques comédies du XVIII^e siècle, une vue d'intérieur d'un ton un peu vif pour nos yeux, plus chastes que ceux de nos pères. Crébillon fils, Lachaussée et Marivaux ont fourni le fond et les détails de ce tableau. Lachaussée, dans *le Préjugé à la mode*, s'est avisé de montrer un mari qui n'ose aimer sa femme de peur de paraître ridicule, et son héros, d'Urval, en s'entourant de précautions, en hésitant à venir tomber aux pieds de celle dont son inconstance a brisé le cœur, n'est guère admissible; on ne peut prendre part aux tourments qu'il se crée dans la crainte de se voir raillé par deux jeunes fous. M. Alexandre Dumas, en faisant voir un grand seigneur qui épouse une jeune et belle personne, sans paraître aucunement soucieux d'être aimé d'elle, n'a pas été beaucoup plus heureux dans sa rencontre que Lachaussée dans la sienne, et tous les deux se sont plu à peindre des mœurs qui ont pu exister dans un certain monde dissipé, mais qui n'ont jamais constitué qu'un état passager de la société. Le bon sens et la morale ne s'abdiquent pas si facilement, en France surtout. On y rit, plus qu'en aucun pays, des maris trompés, parce qu'on les regarde comme des maladroits qui se sont laissé dérober leur trésor ; mais il en est du mariage comme de l'Académie, on en médit lorsqu'on n'y est pas, on en reconnait l'utilité en y entrant.

Le caractère de Lorenzino a dû tenter M. Alexandre Dumas. Devenu habitant de Florence, et retrouvant à chaque pas les traces des Médicis, il ne pouvait manquer de faire revivre sur la scène quelques pages de leur vie pleine de catastrophes. Quoique le sujet de *Lorenzino* eût déjà été traité avec succès, et surtout dans une brillante fantaisie de M. Alfred de Musset, M. Alexandre Dumas s'en est emparé comme d'un bien qui lui revenait de droit, tout en usant de la liberté accordée aux poètes d'altérer un peu la vérité de l'histoire. Ainsi M. Dumas a fait tout d'abord de Philippe Strozzi un fier républicain, et de sa fille Louisa une jeune fille naïve et crédule, éprise de Lorenzino, son cousin, qui se sert d'elle pour entraîner le duc Alexandre dans un horrible guet-a-pens. Il a mêlé à ces personnages un moine, disciple de Savonarole, et un ancien bouffon du duc, que les malheurs des temps ont réduit à l'état de spadassin. Ce drame est empreint de la verve dramatique naturelle à M. Alexandre Dumas ; les caractères sont en général bien soutenus. Lorenzino, qui ne connaissait pas le rire, mais seulement le sourire, dit un historien, cet homme impassible comme la statue du Commandeur, qui s'asseyait au banquet du duc Alexandre pour l'engloutir un jour ou l'autre, a été énergiquement retracé par l'auteur. Quelques autres parties seulement du dialogue et de l'action n'ont pas paru traitées avec le même soin.

Une femme jeune, ardente, belle, aventureuse, pleine d'esprit, d'audace et d'aspirations vers la liberté, arrivant des plaines du Berry, se jeta tout à coup dans la littérature ; elle prit le nom de George Sand. Ses premiers ouvrages furent des cris de désespoir et de désenchantement contre le mariage et l'amour ; Indiana et Valentine lancèrent aux quatre vents du ciel leurs désolations. Puis une amère ironie plissa les lèvres de l'auteur, de stridentes paroles s'en échappèrent ; le dégoût des cœurs blasés s'était glissé dans le sein de la jeune femme : après avoir nié l'amour, elle nia le plaisir ; la nature lui parut rachitique et dégradée même dans ses plus belles créations. Elle était sur le bord d'un abîme où, sous le nom de Lélia, un mauvais génie l'entraînait, lorsqu'elle se retourna brusquement et revint à la philosophie de la résignation, à la bonté du cœur. Une heureuse réaction s'opéra chez l'auteur, et ses pensées acquirent une gravité et une portée qui manquaient à quelques uns de ses premiers ouvrages. Ce ne furent plus les accès d'une colère juste peut-être dans son instinct, mais irréfléchie dans son explosion contre l'ordre social. Ce furent des indignations généreuses, des aspirations saintes, des glorifications du dévouement, du travail, de l'honneur, aux dépens de la paresse, de l'envie, de l'égoïsme. George Sand voulut entrer pleinement dans la classe des écrivains moralistes. Cette femme, douée d'une si grande puissance sur ses lecteurs, se plut à conjurer l'orage des passions qu'elle avait soulevées.

C'était donc un événement d'importance que l'apparition d'un drame venant d'une plume si célèbre. Aussi l'attention publique fut-elle vivement préoccupée de cette tentative ; on se demandait si la main capricieuse qui promenait librement ses héros dans le monde du roman saurait les renfermer dans les étroites proportions de la scène, et si le style magnifique et flottant de la rêverie s'ajusterait, sans faux plis, sur les flancs énergiques de la réalité. *Cosima* ne répondit pas à l'attente du public, mais les littérateurs y découvrirent de réelles beautés.

Des romanciers possédant une réputation de talent et d'esprit ont abordé la scène avec des chances diverses, mais presque toujours honorables pour eux : MM. Eugène Sue, Félix Pyat, Léon Gozlan ont réussi à la scène. Un seul, M. de Balzac, a fâcheusement échoué ; deux pièces de lui, *Vautrin* et *les Ressources de Quinola*, ont froissé les honnêtes gens et les gens de goût. L'auteur des *Mémoires du Diable*, romancier aussi fécond et beaucoup plus vrai que M. de Balzac, M. Frédéric Soulié, qui a touché avec succès à tous les genres de la littérature, s'est fait une réputation populaire : *Roméo et Juliette, Clotilde, le Proscrit*, *Diane de Chivry* l'ont rangé parmi nos meilleurs auteurs dramatiques.

La précipitation a trop souvent nui aux ouvrages de ce temps. Les auteurs qui travaillent pour la postérité ne doivent pas, au lieu du Pégase antique, prendre pour monture, afin d'aller plus vite, le cheval de la célèbre ballade de *Lenore*, car ce cheval ne porte que des spectres et des morts.

## CHAPITRE VINGT ET UNIÈME.

### CONCLUSION.

Bien des gens s'en vont criant que la comédie est morte, et qu'il n'est pas donné à notre siècle de la ressusciter. A les entendre, les caractères de notre époque sont effacés; l'égalité des hommes entre eux a aboli, disent-ils, toute originalité individuelle; les effets comiques ne peuvent plus avoir rien de saillant, à cause de l'uniformité des mœurs et des costumes; les grands types ont été consacrés par la main du génie : on ne cesse de répéter ces raisons et beaucoup d'autres pour faire croire à l'impossibilité de la comédie. Avec un peu de réflexion ou même de bonne foi, on s'épargnerait ces plaintes et ces regrets; mais on aime en général à louer le passé aux dépens du présent. La comédie se transforme et ne meurt pas; la comédie est la satire des vices et des ridicules de chaque époque. Serait-ce à dire que nous n'avons ni vices ni ridicules? Nous ne sommes pas encore parfaits; pourquoi donc nos mœurs ne se prêteraient-elles pas aux effets comiques? Les ambitions des hommes sont à peu près les mêmes dans tous les temps, et elles se produisent sous une forme toujours plaisante : il s'agit de la bien voir et de la bien rendre.

Quelle doit être la comédie de notre temps?

M. de Talleyrand, d'après la réputation qu'on lui a faite, pourrait être regardé comme le modèle de cette comédie. Elle consiste en grande partie dans l'hypocrisie des mots, déguisement à travers lequel les gens d'esprit aperçoivent la pensée. Il n'y a que les sots de trompés; la vie semble plus commode et plus douce avec ces formes aimables qui paraissent prouver le cas qu'on fait de vous et la peur qu'on a de vous déplaire. Ce n'est pas du mensonge, mais de la politesse : on aime à se bercer au bruit de cette musique louangeuse; on se passe avec grâce et discrétion l'encensoir, et les Philintes ont prévalu sur les Alcestes dans la société actuelle. Tout étant dissimulation, on ne peut donc accuser fortement les traits. L'art de la comédie consiste peut-être à présent dans l'opposition de la pensée et des discours, de la vie réelle et de l'opinion qu'on veut que les autres aient de soi; dans cette suite de faussetés qui forment le fond de la plupart des existences du jour. Du choc des intérêts divers et des amours-propres blessés, faites jaillir la vérité : vous aurez la comédie de l'époque.

On raconte que le divin Platon envoya un exemplaire d'Aristophane à Denys-le-Tyran, en l'engageant à lire ce poète avec attention s'il voulait connaître à fond l'état de la république d'Athènes. Tel doit être le caractère de la comédie. On lui demande de tracer des portraits auxquels il ne manque que le nom, et qui n'en aient pas besoin par cela même que ce sont des portraits dont la ressemblance fait le mérite. Chacun les reconnaît en les voyant. La comédie est donc faite pour marquer les mœurs, saisir les vices et les ridicules, porter l'empreinte du siècle qui la produit. C'est plus que de l'histoire : l'histoire ne nous présente, en quelque sorte, que des momies ; la comédie, à quelque intervalle que ce soit, nous montre les hommes avec leur véritable physionomie, elle nous rend contemporains des personnages qu'elle offre à notre curiosité. Le poète comique, en un mot, est un peintre, et ni Aristophane, ni Plaute, ni Molière n'ont méconnu leur art ; ils ressuscitent pour nous leur temps. Sans Aristophane, connaîtrions-nous cette société athénienne qui poussait le génie de l'indépendance jusqu'à laisser mettre en scène ses dieux, et, bien plus, ses magistrats, dont les traits étaient représentés par des masques, de peur que quelque spectateur peu clairvoyant ne s'y trompât? Sans Plaute, saurions-nous ce qu'étaient les esclaves dans la civilisation antique ? Et si Molière n'avait pas joué les marquis, aurions-nous une idée exacte de la cour de Louis XIV ? Ces réflexions sont tellement simples, que tout le monde les a faites sans doute, et nous ne les reproduirions pas si la manie du paradoxe ne venait à tout instant obscurcir les plus claires notions.

Le théâtre est généralement envisagé sous deux aspects très-opposés. Quelques-uns n'y voient qu'un véritable amusement, ils demandent à ses combinaisons la surprise joyeuse qu'on éprouve en regardant se former les capricieuses mosaïques d'un kaléidoscope ; ce sont les amis de l'art pour l'art, indifférents à toute idée morale, et qui recherchent un exercice de l'esprit dans les sinuosités d'une intrigue, ou un délassement voluptueux dans la pompe d'un spectacle propre à flatter les sens. Ces esprits sceptiques, persuadés que la simple planète de la terre n'est pas assez grosse dans l'espace pour être spécialement distinguée des yeux de Dieu, ne vont pas au delà des satisfactions du moment. Ce monde est un tableau qui se déroule devant eux, et qu'ils aiment à voir se refléter dans le miroir du théâtre, sans donner plus d'importance à l'image qu'à la réalité. Ils ont pour maxime que le théâtre n'a jamais corrigé personne, et que c'est un plaisir bien plûtôt qu'une leçon. Quelques poëtes eux-mêmes se sont laissé prendre à ce système, et des critiques n'ont pas dédaigné de favoriser cette débauche d'imagination : aussi il existe beaucoup de pièces récréatives toutes semblables aux nuages qui passent et qui, après s'être imprégnés de la forme des lieux, se dissolvent dans les airs.

D'autres natures, ayant le sens moral avant tout, rapportant tout à l'humanité et comprenant sa grandeur, bien pénétrées de son unité et de la solidarité des générations, continuent une œuvre de progrès qui s'accomplit de siècle en siècle, et augmentent les trésors du passé, afin de grossir la fortune de l'avenir. Ceux-là, pour qui la vie a un but et dont l'âme aspire à l'idéal, ne se contentent pas de jouissances éphémères et matérielles. Dépourvus d'égoïsme, ils rêvent une incessante amélioration de l'espèce; et tout ce qui ne tend pas à la perfection leur paraît non-seulement indigne d'attention, mais encore une sorte de sacrilége. Le théâtre est pour eux un religieux enseignement; ils le considèrent comme la meilleure école de mœurs, et veulent que toute pièce amène un résultat avantageux pour la société, ou que du moins elle entretienne les cœurs dans les bonnes idées acquises jusque-là. Le théâtre, à leur sens, est donc une tribune philosophique d'où les poëtes divins appellent les hommes à une fraternelle communion. C'est sous ce dernier point de vue que le théâtre est apparu en France aux grands hommes qui ont illustré notre scène. Il est bien entendu que ce système se prête quelquefois aux brillantes arabesques de la pensée, aux caprices innocents de la fantaisie. Mais ce qui distingue en général notre théâtre de la plupart des autres théâtres, anciens et modernes, c'est que les pièces de ceux-ci semblent faire naître par instinct et au hasard ces émotions qui relient les hommes entre eux; tandis que le sens moral entre dans le tissu des nôtres, y respire et leur donne la chaleur et la vie : cela vient de cet instinct constant de perfectibilité qui a placé la France au premier rang des nations.

Cependant l'excès de la vertu, dans les pièces de théâtre, devient on ne peut pas plus fastidieux; l'ennui accompagne ordinairement ces prédications faites pour la chaire, et mettez quelques grains d'ennui dans la plus belle morale du monde, cela suffit pour la gâter et pour lui ôter tout son parfum. La comédie ne doit donc pas être une femme penchée sur une urne lacrymatoire, et qui semble écrire une épitaphe. La comédie est une moqueuse de bon goût, qui se mêle au monde, qui le sait à fond, qui n'élève jamais la voix trop haut, de peur de blesser les convenances sociales, qui se raille agréablement des ridicules et des vices, qui emploie la médisance comme un remède propre à guérir des défauts dont elle est témoin. Elle consent à prêter d'imposantes paroles au père du Menteur ainsi qu'au père de don Juan, elle met dans la bouche d'Alceste de chaleureuses répliques ; mais vous ne la voyez jamais autoriser les pleurs et les cheveux épars qui s'accordent si peu avec son sourire habituel. La critique ne saurait tolérer cette disposition trop sentimentale qui a souvent usurpé le nom de comédie : au lieu d'honnêtes gens, pleins d'esprit et de raison, devisant avec modération des faiblesses humaines, on nous fait voir des discoureurs de vertu montés sur des échasses. Elle ne saurait admettre non plus qu'on pousse le pittoresque jusqu'à jeter sur la scène des êtres qui prétendent avoir le droit d'être en guerre avec la société, qui pratiquent le vol par profession, et s'étayent de misérables paradoxes pour tâcher de légitimer le vice et le crime dont ils vivent. Elle doit se tenir entre ces deux écueils.

Qu'on ne nous montre plus, avec leurs haillons, des échappés de nos bagnes, dont l'aspect seul fait frissonner le cœur et dont l'ignoble argot épouvante les oreilles. Qu'on ne suspende plus sur la tête du spectateur, en quelque sorte, le hideux couteau avec lequel ils égorgent leurs victimes, comme une autre épée de Damoclès. N'a-t-on pas vu devant nos cours d'assises des esprits pervers chercher une excuse dans les odieux principes dont font parade ces êtres fangeux; et dans les rangs infimes d'une société mal assurée comme la nôtre, ces principes ne produisent-ils pas d'absurdes théories qui viennent de temps à autre arrêter le progrès des mœurs et des idées? Les Frontins, les Mascarilles, les Crispins, les Scapins de notre ancienne comédie, gens d'une moralité plus que suspecte, et, la plupart du temps, brouillés avec la justice, sont des personnages de convention, ayant encore quelque chose du Dave antique, et dont les allures n'ont rien d'effrayant ni de dangereux. Toute leur industrie consiste à se faire payer de toutes mains les services qu'ils peuvent rendre et qu'ils ne rendent pas toujours, ou bien à faire passer de la poche d'un père avare dans celle d'un fils prodigue une bourse qui mènera à bonne fin les amours de leur jeune maître. On les connaît, on sait ce qu'ils valent ; personne ne s'y fie, excepté les Gérontes, vieillards destinés à être dupés : et encore ceux-ci ne se livrent-ils qu'après beaucoup de résistance, ce qui force les valets fripons à déployer infiniment d'adresse. Cette lutte est un jeu d'esprit qui plaît. On voit derrière ces messieurs à la langue dorée deux personnes auxquelles on s'est intéressé et qui ont pour elles la jeunesse et l'a-

32.

mour. Les vieillards ont tort. Mais nous ne saurions trop nous élever contre l'absence des principes sociaux et de sens moral qui déprave quelques-unes de nos pièces modernes; elles sont un sarcasme contre la probité et la raison, une amère raillerie jetée à la conscience humaine, en un mot une protestation du mal contre le bien. Le besoin d'originalité, sans doute, la difficulté d'être nouveau après l'épuisement des grands sujets empruntés par des hommes de génie à l'honnêteté publique et privée, ont fait prendre le contrepied de toutes les vérités reçues, et donné naissance à ces monstruosités paradoxales dont nous accusons l'esprit et non le cœur de quelques-uns des auteurs de notre époque. Il n'en est pas moins urgent de repousser ce système qui a envahi la scène, et qui y produit l'apologie indirecte de roueries effrontées et de honteuses mystifications.

Nous voici arrivé au terme de ce travail. Nous pouvons dire de ce livre ce que Montaigne disait de ses Essais: « Ceci est un livre de bonne foi. » Nous avons recherché la vérité avec le calme qui nous semble convenir à l'historien. Loin de nous la pensée d'avoir méprisé une direction quelconque de l'intelligence. Tout effort d'esprit, quel qu'il soit, lorsque les bienséances sociales sont respectées, n'est-il pas digne d'estime? Ce qu'on trouvera plus ou moins visiblement formulé dans chacune de ces pages, c'est le sentiment de la liberté comme base de l'existence des arts. Nous avons dégagé des œuvres les plus légères ce noble élément, que n'ont pu étouffer tous les despotismes, et qui nous a été transmis à travers mille obstacles. Nous croyons donc cet ouvrage imbu du véritable esprit national, puisqu'il plaide les droits de notre origine. Nous devions éclairer cette critique générale du reflet des littératures étrangères, et nous l'avons fait en rendant justice à ce qu'elles ont eu d'original et de spontané. Enfin, puissions-nous avoir condensé mille rayons épars comme dans un foyer ardent où l'on voie briller le génie moderne et surtout le génie français!

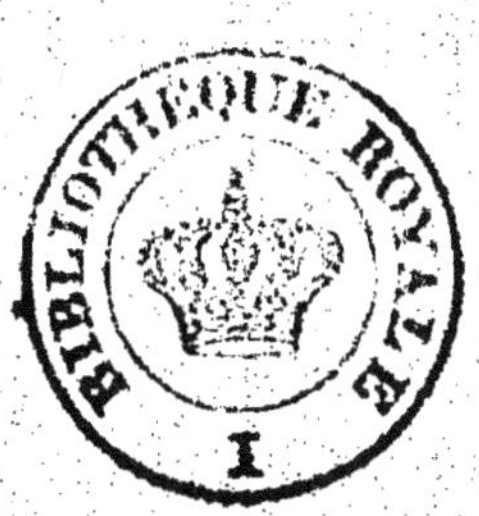

# TABLE CHRONOLOGIQUE

DES

# PRINCIPAUX OUVRAGES DRAMATIQUES

QUI ONT ÉTÉ REPRÉSENTÉS EN FRANCE

DEPUIS L'AN 1200 JUSQU'EN 1842 *.

---

1200. Heregia dels Preyres, hérésie des prêtres, par *Anselme Faydit.*
1360. Gestes de Jehanne, reine de Naples, par *Parasols.*
1380. Le Mystère de la Passion, en quatre journées, par plusieurs auteurs *anonymes.*
1395. L'Histoire de Griseldis, mystère, par un *anonyme.*
1400. Le Mystère de la Résurrection, par un *anonyme.*
1404. Le Mystère de la Conception, par un *anonyme.*
1406. Les Mystères du Vieil Testament, par un *anonyme.*
1434. Le Jeu de la vie de Sainte Catherine, mystère, par un *anonyme.*
1437. La Vengeance de Nostre Seigneur Jésus-Christ, mystère en quatre journées, par un *anonyme.*
— Le Jeu et Mystère de la saincte Hostie, par un *anonyme.*
1452. Le Mystère des actes des Apôtres en neuf livres, par *Simon* et *Arnould Gréban,* corrigé depuis par *Pierre Curet.*
1459. L'istoire de la Destruction de Troyes-la-Grant, en quatre journées, par *Jacques Milet.*
1468. Le Trespassement de Nostre-Dame, mystère, par un *anonyme,* non imprimé.
1470. Le Mystère du Roi advenir, en trois journées, par *Jean du Prier,* non imprimé.
1474. Le Mystère de l'Incarnation et Nativité de Nostre Seigneur Jésus-Crist, en deux journées, par un *anonyme.*
— Les Vigiles des Morts, par personnages, moralité, par *Jehan Molinet.*
— La Farce de Pathelin, par un *anonyme.*
1475. Le Mystère du Bien-Advisé et Mal-Advisé, moralité, par un *anonyme.*
— Le Mystère de la Résurrection de Nostre Seigneur Jésus-Crist, de son Ascension et de la Pentecouste, en trois journées, par *Jehan Michel.*
— Histoire du Rond et du Carré, farce de *Jehan Molinet.*
1478. La Patience de Job selon l'histoire de la Bible, mystère, par un *anonyme.*

* Cette table est empruntée aux frères Parfaict depuis 1380 jusqu'à 1721. Nous avons continué leur travail jusqu'à nos jours.

1480. Mystère de la France, par un *anonyme*, non imprimé.
— L'Homme pécheur, par personnages, moralité, par un *anonyme*.
— Mystère de Saincte Barbe, en cinq journées, par un *anonyme*, non imprimé.
— Mystère de Sainct Denis, en trois journées, par un *anonyme*, non imprimé.
1492. Moralité de l'Homme, produit par nature au monde, qui demande le chemin du paradis, et il y va par neuf journées, par un *anonyme*.
1498. Le Monde, sotise à huit personnages, par un *anonyme*.
1500. Moralité nouvelle du mauvais Riche et du Ladre, par un *anonyme*.
— Farce des Fils sans père, et de Colin changé au moulin, par un *anonyme*, non imprimé.
— Le Mystère de Sainct Dominique, par un *anonyme*.
— La Diablerie, moralité, par *Éloi d'Armental*.
1502. Le Mystère des Blasphémateurs, moralité, par un *anonyme*.
1503. Le Nouveau-Monde, sottise, par un *anonyme*.
1505. Le Mystère du Chevalier qui donna sa femme au diable, par un *anonyme*.
— *Mundus, Caro, Demonia*, moralité, par un *anonyme*.
— Les Savetiers, farce, par un *anonyme*.
1507. La Condamnation du Banquet, moralité, par *Nicole de La Chesnaye*.
1508. L'Homme juste et l'Homme mondain, avec le jugement de l'âme dévote et l'exécution de sa sentence, moralité en deux parties, par *Simon Bougoin*.
1511. Le Jeu du Prince des sotzs et Mère sotte, la Sotie, par *Pierre Gringore*.
— L'Homme obstiné, moralité, du *même*.
— Dire et Faire, farce, du *même*.
1514. La Farce de Tounaueau du Treu, par un *anonyme*.
1518. Le Mystère de l'Assumption de la glorieuse Vierge Marie, par un *anonyme*.
— Le Mystère de Saincte Marguerite, par un *anonyme*.
— Le Mystère de l'Édification et Dédicace de l'église de Nostre-Dame du Puy, par *Claude d'Oléson*.
— Le Triumphe des Normands, traictant de l'Immaculée Conception, par *Guillaume Tasserie*.
1519. Le Mystère de l'Orgueil et Présomption de l'empereur Jovinian, par un *anonyme*.
1520. Le Mystère de monseigneur Sainct Pierre et Sainct Paul, par un *anonyme*.
— Le Testament de Pathelin, farce, par un *anonyme*.
1527. Le Mystère de Sainct Christofle, en quatre journées, par *Chevalet*.
— Moralité très-excellente à l'honneur de la glorieuse Assumption de Nostre-Dame, par *Jean Parmentier*.
1530. La Vie et le Mystère de Sainct Andry, par un *anonyme*.
— Le Mystère et beau Miracle de Sainct Nicolas, par un *anonyme*.
1531. Le Mystère de Saincte Barbe, en deux journées, par un *anonyme*.
1533. La Vie et Mystère de monseigneur Sainct Jehan-Baptiste, par un *anonyme*.
— L'Enfant Prodigue, moralité, par un *anonyme*.

1535. La Cornette, farce, par *Jehan d'Abundance*, non imprimée.
1536. Moralité d'une pauvre Villageoise, laquelle aima mieux avoir la tête coupée que d'être violée, par un *anonyme*.
1538. Le Couvert d'Humanité, moralité, par *Jehan d'Abundance*.
— Le Monde qui tourne le dos à chacun, moralité, par le *même*.
— Plusieurs, qui n'a point de conscience, moralité, par le *même*.
1539. Le Mystère de la Nativité de Nostre Seigneur Jésus-Christ, par *Barthélemy Aneau*.
1540. Moralité de l'Enfant de perdition, par un *anonyme*.
— Histoire de l'Enfant ingrat, moralité, par un *anonyme*.
1541. Lion marchant, satire, par *Barthélemy Aneau*.
— Le joyeux Mystère des trois Rois, par *Jehan d'Abundance*, non imprimé.
— Mystère sur *Quod secundùm legem debet mori*, par *Jehan d'Abundance*.
— Mystère de l'Apocalypse, en deux parties, par *Louis Chocquet*.
1544. Comédie des deux Filles et des deux Mariées, par *Marguerite de Valois*, reine de Navarre.
— Trop, Prou, Peu, Moins, farce, par la *même*.
1545. La Comédie de la Nativité de Jésus-Christ, par *Marguerite de Valois*, reine de Navarre.
— La Comédie de l'Adoration des trois Rois à Jésus-Christ, par la *même*.
— La Comédie des Innocents, par la *même*.
— La Comédie du Désert, par la *même*.
1552. Cléopâtre captive, tragédie de *Jodelle*.
— Eugène *ou* la Rencontre, comédie du *même*.
— Didon se sacrifiant, tragédie du *même*.
1553. Médée, tragédie de *La Péruse*.
1556. Agamemnon, tragédie de *Toutain*.
1558. Les Femmes sallées, farce *anonyme*, en un acte et en vers.
— La Trésorière, comédie de *Grévin* (5 février).
1559. Sophonisba, tragédie en prose de *Mellin de Saint-Gelais*.
1560. La Mort de César, tragédie de *Grévin* (16 février).
— Les Esbahis, comédie de *Grévin* (16 février).
— La Soltane, tragédie de *Bounyn*.
1561. Agamemnon, tragédie de *Le Duchat*.
— Tragédie à huit personnages traictant de l'Amour d'un serviteur envers sa maîtresse, par *Bretog*.
1562. Les Corrivaux, comédie en prose de *Jean de La Taille*.
— Daire, tragédie de *Jacques de La Taille*.
— Alexandre, tragédie du *même*.
1563. Achille, tragédie de *Filleul* (21 décembre).
— Philanire, tragédie françoise de *Rouillet*.
1564. La Reconnue, comédie de *Belleau*.
1566. Lucrèce, tragédie de *Filleul* (29 septembre).
— Les Ombres, pastorale de *Filleul* (29 septembre).
1567. Le Brave *ou* Taillebras, comédie de *Baïf* (28 janvier).
— Jephté *ou* le Vœu, tragédie de *Florent Chrétien*.
1568. Saül le Furieux, tragédie de *Jean de La Taille*.
— Porcie, tragédie de *Garnier*.

1571. Panthée, tragédie de *Guersens*.
— La Famine *ou* les Gabaonites, tragédie de *Jean de La Taille*.
1573. Les Morts vivants, farce *anonyme*, non imprimée.
— Hippolyte, tragédie de *Garnier*.
1574. Cornélie, tragédie de *Garnier*.
— Adonis, tragédie françoise de *Le Breton*.
1575. Le Muet insensé, comédie de *Le Loyer*.
1576. Lucelle, comédie de *Le Jars*.
— Didon, tragédie de *La Grange*.
1578. Les délicieuses Amours de Marc-Antoine et de Cléopâtre, de *Belliard*.
— Marc-Antoine, tragédie de *Garnier*.
— Le Laquais, comédie en prose de *La Rivey*.
— La Veuve, comédie en prose du *même*.
— Les Esprits, comédie en prose du *même*.
— Le Morfondu, comédie en prose du *même*.
— Le Jaloux, comédie en prose du *même*.
— Les Écoliers, comédie en prose du *même*.
1580. Holopherne, tragédie sacrée d'*Adrien d'Amboise*.
— Antigone, tragédie de *Garnier*.
— Les Contents, comédie en prose d'*Odet de Tournebu*.
— Clytemnestre *ou* l'Adultère, tragédie de *Matthieu*.
— Histoire tragique de la Pucelle de Douremy, autrement d'Orléans, du *P. Fronton du Luc, jésuite*.
1581. Le jeune Cyrus, tragédie de *N. de Montreux*.
— La Joyeuse, comédie de *N. de Montreux*.
1582. Bradamante, tragi-comédie de *Garnier*.
— Régulus, tragédie de *Beaubrueil*.
— Méléagre, tragédie de *Boussy*.
1583. Sédécie *ou* les Juives, tragédie de *Garnier*.
— Tragédie de l'Histoire tragique d'Ester, de *Matthieu*.
— Sophonisbe, tragédie de *Mermet*.
1584. Thyeste, tragédie de *Brisset*.
— Baptiste, tragédie du *même*.
— Athlète, pastourelle, *ou* Fable bocagère, de *N. de Montreux*.
1586. Acoubar *ou* la Loyauté trahie, tragédie de *du Hamel*.
1587. Vasthi, tragédie de *Matthieu*.
— Aman, tragédie du *même*.
1589. Hercule Furieux, tragédie de *Brisset*.
— Agamemnon, tragédie du *même*.
— Octavie, tragédie du *même*.
1592. La Diéromène *ou* le Repentir d'amour, pastorale de *Brisset*.
1593. La Fable de Diane, pastourelle de *N. Montreux*.
1594. Isabelle, tragédie de *N. Montreux*.
— Cléopâtre, tragédie du *même*.
— La Franciade, tragédie de *Godard*.
— Les Déguisés, comédie en cinq actes et en vers de huit syllabes, du *même*.

1596. La Machabée, tragédie du Martyre des Sept-Frères et de Solomone leur mère, de *Virey du Gravier*.
— Dioclétian, tragédie de *Laudun Daigaliers*.
— Horace, tragédie du *même*.
— Radégonde, duchesse de Bourgogne, tragédie de *du Souhait*.
— Beauté et Amour, pastorale du *même*.
— Sophonisbe *ou* la Carthaginoise, *ou* la Liberté, tragédie de *Monchrestien*.
— Farce joyeuse et profitable à un chacun, contenant la ruse, méchanceté et obstination d'aucune femme, par un *anonyme*.
— L'Arimène, pastorale de *N. Montreux*.
1597. Cammate, tragédie de *Hays*.
— Polixène, tragédie de *Behourt*.
— Hypsicratée *ou* la Magnanimité, tragédie du *même*.
— Thobie, tragi-comédie de *J. Ouyn*.
1598. Clorinde ou le Sort des Amants, pastorale de *Poullet*.
— Ésaü *ou* le Chasseur, en forme de tragédie, de *Behourt*.
— Pyrrhe, tragédie de *Heudon*.
1599. Clorinde, tragédie de *de Veins*.
— Octavie, femme de l'empereur Néron, tragédie, *anonyme*.
— Les Lacènes *ou* la Constance, tragédie de *Monchrestien*.
— Saint-Clouaud, tragédie de *Heudon*.
1600. Ulysse, tragédie de *Champrepus*.
— Tragédie de la divine et heureuse Victoire des Machabées sur le roi Antiochus, de *Virey du Gravier*.
— Sichem ravisseur, tragédie de *du Hamel*.
— L'Adamantine *ou* le Désespoir, tragédie de *Le Saulx d'Espanney*.
— Priam, roi de Troie, tragédie de *Bertrand*.
— Les Amours de Dalcméon et de Flore, tragédie de *Bellone*.
— David *ou* l'Adultère, tragédie de *Monchrestien*.
1601. Les chastes et loyales Amours de Théagène et Chariclée, en huit journées ou poèmes consécutifs, de *Hardy*.
— Sophonisbe, tragédie de *N. Montreux*.
— Achab, tragédie de *Roland Marcé*.
1602. La Chasteté repentie, pastorelle de *La Valletrye*.
— Aman ou la Vanité, tragédie de *Monchrestien*.
1603. Didon se sacrifiant, tragédie de *Hardy*.
— Hector, tragédie de *Monchrestien*.
— Bergerie, en cinq actes et en prose, du *même*.
1604. Scédase *ou* l'Hospitalité violée, tragédie de *Hardy*.
— Panthée, tragédie du *même*.
— Lucelle, tragi-comédie en vers de *du Hamel*.
— Méléagre, tragédie de *Hardy*.
1605. La Rodomontade, tragédie de *Bauter*, connu sous le nom de *Méliglosse*.
— La Mort de Roger, tragédie du *même*.
— L'Écossoise ou le Désastre, tragédie de *Monchrestien*.
— Procris ou la Jalousie infortunée, tragi-comédie de *Hardy*.

1606. Alceste *ou* la Fidélité, tragédie de *Hardy*.
— Dina *ou* le Ravissement, tragédie sacrée de *Nancel*.
— Josué *ou* le Sac de Jéricho, tragédie sacrée du *même*.
— Débora *ou* la Délivrance, tragédie sacrée du *même*.
— Ariane ravie, tragédie de *Hardy*.
— Alphée *ou* la Justice d'Amour, pastorale du *même*.
1607. La Mort d'Achille, tragédie de *Hardy*.
— Coriolan, tragédie de *Hardy*.
— Polyxène, tragédie de *Billard de Courgenay*.
— Gaston de Foix, tragédie du *même*.
— Mérovée, tragédie du *même*.
1608. Amon et Thamar, tragédie de *Chrestien des Croix*.
— Alboin *ou* la Vengeance, tragédie du *même*.
— Panthée *ou* l'Amour conjugal, tragédie de *Guérin de La Porouvière*.
— Panthée, tragédie de *Billard de Courgenay*.
— Saül, tragédie du *même*.
1609. L'Éthiopique *ou* les chastes Amours de Théagène et Chariclée, tragi-comédie de *Genclay de La Gillebertière*.
— Cornélie, tragi-comédie de *Hardy*.
— Arsacome *ou* l'Amitié des Scythes, tragi-comédie du *même*.
— Alboin, tragédie de *Billard de Courgenay*.
— Genèvre, tragi-comédie du *même*.
1610. Henri-le-Grand, tragédie de *Billard de Courgenay*.
— Théocris, pastorale de *Trotterel d'Aves*.
— Mariamne, tragédie de *Hardy*.
— Alcée *ou* l'Infidélité, pastorale du *même*.
— Phalante, tragédie d'un *anonyme*.
— Paradoxe *ou* Prologue du Galimathias, de *des Lauriers* dit *Bruscambille*.
— Prologue en faveur du Crachat, du *même*.
— Prologue pour les Écoliers de Toulouse, du *même*.
— Prologue contre les Censeurs, du *même*.
— Compliment de rentrée après Pâques, du *même*.
— Prologue en faveur de la Comédie, de *des Lauriers* dit *Bruscambille*.
— Prologue pour une Pastorale, du *même*.
— Prologue de l'Impatience, du *même*.
1611. Le Ravissement de Proserpine par Pluton, tragédie de *Hardy*.
— La Fidèle, comédie en prose de *La Rivey*.
— La Constance, comédie en prose du *même*.
— Les Tromperies, comédie en prose du *même*.
— Tragédie de Jeanne d'Arc *dite* la Pucelle d'Orléans, d'un *anonyme*.
1612. Les Corrivaux, comédie facécieuse de *Trotterel d'Aves*.
— La Force du Sang, tragi-comédie de *Hardy*.
— La Gigantomachie *ou* le Combat des Dieux avec les Géants, poëme dramatique de *Hardy*.
— L'Embition Romain, tragédie de *Bernier de La Brousse*.
1613. Baptiste ou la Calomnie, tragédie de *Brinon*.

1613. Les Amantes *ou* la grande Pastorelle enrichie d'intermèdes, de *Chrétien des Croix.*
— Félismène, tragi-comédie de *Hardy.*
— Dorise, tragi-comédie du *même.*
1614. L'Éphésienne, tragi-comédie de *Brignon.*
— Œdipe, tragédie de *N. de Sainte-Marthe.*
— Corine *ou* le Silence, pastorale de *Hardy.*
— Édipe, tragédie de *J. Prevost.*
— Turne, tragédie du *même.*
— Hercule, tragédie du *même.*
— Clotilde, tragédie du *même.*
1615. Timoclée *ou* la juste Vengeance, tragédie de *Hardy.*
— Elmire *ou* l'heureuse Bigamie, tragi-comédie de *Hardy.*
— La belle Égyptienne, tragi-comédie du *même.*
— Sainte Agnès, tragédie de *Trotterel d'Aves.*
1616. Lucresse *ou* l'Adultère puni, tragédie de *Hardy.*
— La Comédie des Proverbes, pièce comique en prose en trois actes, avec un prologue, d'*Adrien de Montluc, comte de Cramail.*
1617. La Perséenne *ou* la Délivrance d'Andromède, tragédie de *Boission de Gallardon.*
— La Fatale *ou* la Conquête du Sanglier de Calydon, tragédie du *même.*
— Les Urnes vivantes *ou* les Amours de Phélidon et de Polibelle, tragi-pastorale du *même.*
— Farce plaisante et récréative de Gros-Guillaume, Florentine, Horace, Turlupin, d'un *anonyme.*
— La Perfidie d'Aman, mignon et favori d'Assuérus, tragédie en trois actes d'un *anonyme.*
— Pirame et Thisbé, tragédie de *Théophile.*
1618. Alcméon, tragédie de *Hardy.*
— L'Amour Victorieux *ou* Vangé, pastorale du *même.*
— Cyrus triomphant *ou* la Fureur d'Astyage, roi de Mède, tragédie de *Mainfray.*
— L'Amour Médecin, comédie de *P. de Sainte-Marthe.*
— Le Martyre de Saint Vincent, tragédie sacrée de *Boission de Gallardon.*
— Le Martyre de Sainte Catherine, tragédie sacrée du *même.*
— Les Bergeries *ou* Artéuice, pastorale de *Racan.*
1619. La Mort de Daire, tragédie de *Hardy.*
— Gillette, comédie facétieuse en vers de huit syllabes de *Trotterel d'Aves.*
— Farce de Tabarin.
— Prologue du Mensonge, de *Gaultier-Garguille.*
1620. Iris, pastorale de *H.-D. de Coignée de Bouron.*
— La Rhodienne *ou* la Cruauté de Soliman, tragédie de *Mainfray.*
— Les Ramoneurs, comédie en cinq actes et en prose d'un *anonyme.*
— Chriséide et Arimand, tragi-comédie de *Mayret.*
1621. La Mort d'Alexandre, tragédie de *Hardy.*
— Aristoclée *ou* le Mariage infortuné, tragi-comédie du *même.*
— Frégonde *ou* le chaste Amour, tragi-comédie du *même.*
— La Silvie, tragi-comédie-pastorale de *Mayret.*

1622. Gésipe *ou* les deux Amis, tragi-comédie de *Hardy*.
— Le Trébuchement de Phaéton, tragédie d'un *anonyme*.
— La Mort de Roger, tragédie d'un *anonyme*.
— La Mort de Bradamante, tragédie d'un *anonyme*.
1623. Phraarte *ou* le Triomphe des vrais Amants, tragi-comédie de *Hardy*.
— Le Triomphe d'Amour, pastorale du *même*.
— Andromède délivrée, intermède en trois actes d'un *anonyme*.
— Athamas foudroyé par Jupiter, intermède en trois actes d'un *anonyme*.
— La Folie de Silène, pastorale d'un *anonyme*.
1624. Pasithée, tragi-comédie de *Trotterel d'Aves*.
— L'Amaranthe, pastorale de *Gombaud*.
1625. La Silvanire *ou* la Morte vive, tragi-comédie-pastorale de *Mayret*.
1626. Rhodes subjuguée par Amé IV, duc de Savoie, sur Otoman, premier empereur des Turcs, tragédie de *Borée*.
— Béral victorieux sur les Genevois, tragédie du *même*.
— Achille victorieux, tragédie du *même*.
— Tomyre victorieuse, tragédie du *même*.
— La Justice d'Amour, pastorale du *même*.
1627. Les Galanteries du duc d'Ossone, comédie de *Mayret*.
1628. Agimée *ou* l'Amour extravagant, tragi-comédie de *S.... B.*
— La Climène, tragi-comédie-pastorale de *C. S. de La Croix*.
— L'Hypocondriaque *ou* le Mort amoureux, tragi-comédie de *Rotrou*.
— La Virginie, tragi-comédie de *Mayret*.
— L'Innocence découverte, tragi-comédie d'*Auvray*.
— La Bague de l'Oubli, comédie de *Rotrou*.
1629. Les Folies de Cardénio, tragi-comédie de *Pichou*.
— Célinde, poëme héroïque en cinq actes et en prose de *Baro*.
— Lydamon et Lydias *ou* la Ressemblance, tragi-comédie de *Scudéry*.
— Les Aventures de Rosiléon, tragi-comédie-pastorale de *Pichou*, non imprimée.
— La Fillis de Scire, pastorale en cinq actes, avec un prologue, de *du Cros*.
— L'Esprit-Fort, comédie de *Claveret*.
— La Sophonisbe, tragédie de *Mayret*.
— Mélite *ou* les fausses Lettres, comédie de *Corneille*.
1630. Philinte *ou* l'Amour contraire, pastorale de *La Morelle*.
— Tragi-Comédie-Pastorale, où les Amours d'Astrée et de Céladon sont mêlées à celles de Diane de Silvandre, avec les inconstances d'Hilas, en cinq actes et en vers, de *Rayssiguier*.
— Cléonice *ou* l'Amant téméraire, tragi-comédie-pastorale de *P. B.*
— L'Infidèle Confidente, tragi-comédie de *Pichou*.
— Le Marc-Antoine *ou* la Cléopâtre, tragédie de *Mayret*.
— Cléagénor et Doristée, tragi-comédie de *Rotrou*.
— Argénis et Poliarque *ou* Théocrine, première journée, tragi-comédie de *du Ryer*.
— L'Amphitrite, poëme de nouvelle invention en cinq actes de *Monléon*.
— La Bélinde, tragi-comédie de *Rampale*.
— La Madonte, tragi-comédie d'*Auvray*.

1630. L'Inconstance d'Hylas, pastorale de *Maréchal.*
— Les Aventures amoureuses d'Omphale, tragi-comédie de *Granchamp.*
— La Filis de Scire, comédie-pastorale de *Pichou.*
— Le Grand et dernier Soliman *ou* la Mort de Mustapha, tragédie de *Mayret.*
— La Diane, comédie de *Rotrou.*
1631. L'Argenis, tragi-comédie, dernière journée, de *du Ryer.*
— Les Travaux d'Ulysse, tragi-comédie de *Durval.*
— L'Indienne amoureuse *ou* l'heureux Naufrage, tragi-comédie de *du Rocher.*
— L'Aminte du Tasse, tragi-comédie-pastorale de *Rayssiguier.*
— La Clorise, pastorale de *Baro.*
— La Dorinde, tragi-comédie d'*Auvray.*
— Les Occasions perdues, tragi-comédie de *Rotrou.*
— Le Trompeur puni *ou* l'Histoire septentrionale, tragi-comédie de *Scudéry.*
— L'Heureuse Constance, tragi-comédie de *Rotrou.*
1632. La Dorimène, tragi-comédie de *Le Comte.*
— Les Ménechmes, comédie de *Rotrou.*
— Les Passions égarées *ou* le Roman du temps, tragi-comédie de *Richemont de Banchereau.*
— Les Aventures de Policandre et de Basalie, tragédie de *Vieuget.*
— Le Ravissement de Florise *ou* l'Heureux Événement des Oracles, tragi-comédie de *Corneille.*
— Lisandre et Caliste, tragi-comédie de *du Ryer.*
— Hercule mourant, tragédie de *Rotrou.*
— Clitandre, tragédie de *Corneille.*
— Le Vassal généreux, tragi-comédie de *Scudéry.*
1633. Les Amours infortunées de Léandre et d'Héron, tragi-comédie de *La Selve.*
— La Fidèle Tromperie, tragi-comédie de *Gougenot.*
— La Sœur valeureuse *ou* l'Aveugle amante, tragi-comédie de *Maréchal.*
— La Célimène, comédie de *Rotrou.*
— Pyrandre et Lisimène *ou* l'Heureuse Tromperie, tragi-comédie de *l'abbé de Boisrobert.*
— La Comédie des Comédiens, tragi-comédie de *Gougenot.*
— Le Thyeste, tragédie de *Monléon.*
— La Bourgeoise *ou* la Promenade de Saint-Cloud, tragi-comédie de *Rayssiguier.*
— L'Heureux Naufrage, tragi-comédie de *Rotrou.*
— La Veuve ou le Traître trahi, comédie de *Corneille.*
— La Mélize ou les Princes reconnus, pastorale comique de *du Rocher.*
1634. La Céliane, tragi-comédie de *Rotrou.*
— L'Impuissance, tragi-comédie-pastorale de *Véronneau.*
— La Galerie du Palais *ou* l'Amie rivale, comédie de *Corneille.*
— La Belle Alphrède, comédie de *Rotrou.*
— Alcimédon, tragi-comédie de *du Ryer.*
— La Pèlerine amoureuse, tragi-comédie de *Rotrou.*

1634. La Comédie des Comédiens, poëme de nouvelle invention de *Scudéry*.
— La Suivante, comédie de *Corneille*.
1635. Hippolyte, tragédie de *La Pinelière*.
— Orante, tragi-comédie de *Scudéry*.
— La Place Royale *ou* l'Amoureux extravagant, comédie de *Corneille*.
— Agarite, tragi-comédie de *Durval*.
— Le Fils supposé, comédie de *Scudéry*.
— Le Roland Furieux, tragi-comédie de *Mayret*.
— Les Vendanges de Surène, comédie de *du Ryer*.
— Le Jaloux sans sujet, tragi-comédie de *Beys*.
— Agésilan de Colchos, tragi-comédie de *Rotrou*.
— Les Thuileries, tragi-comédie de *Rayssiguier*.
— Le Prince déguisé, tragi-comédie de *Scudéry*.
— La Cléopâtre, tragédie de *Benserade*.
— L'Innocente Infidélité, tragi-comédie de *Rotrou*.
— L'Hôpital des Fous, tragi-comédie de *Beys*.
— Cléomédon, tragi-comédie de *du Ryer*.
— Médée, tragédie de *Corneille*.
— La Mort de Mithridate, tragédie de *La Calprenède*.
1636. Iphis et Jante, comédie de *Benserade*.
— Clorinde, comédie de *Rotrou*.
— Le Torrismon du Tasse, tragédie de *d'Alibray*.
— Le Railleur *ou* la Satyre du Temps, comédie de *Maréchal*.
— Aspasie, comédie de *Desmarests*.
— L'Illusion comique, comédie de *Corneille*.
— L'Athénais, tragi-comédie de *Mayret*.
— La Mariane, tragédie de *Tristan*.
— La Mort de César, tragédie de *Scudéry*.
— Amélie, tragi-comédie de *Rotrou*.
— Bradamante, tragi-comédie de *La Calprenède*.
— Didon, tragédie de *Scudéry*.
— Les Sosies, comédie de *Rotrou*.
— La Mort d'Achille et la Dispute de ses armes, tragédie de *Benserade*.
— L'Amant libéral, tragi-comédie de *Bouscal* et de *Beys*.
— L'Amant libéral, tragi-comédie de *Scudéry*.
— Les deux Pucelles, tragi-comédie de *Rotrou*.
— Céline *ou* les Frères rivaux, tragi-comédie de *Beys*.
— Le Cid, tragédie de *Corneille*.
1637. Laure persécutée, tragi-comédie de *Rotrou*.
— La Mort de Brute et de Porcie *ou* la Vengeance de la Mort de César, tragédie de *Guérin de Bouscal*.
— Jeanne d'Angleterre, tragédie de *La Calprenède*.
— L'Illustre Corsaire, tragi-comédie de *Mayret*.
— Eurymédon *ou* l'Illustre Pirate, tragi-comédie de *Desfontaines*.
— Panthée, tragédie de *Tristan*.
— Le Véritable Capitan Matamore *ou* le Fanfaron, comédie de *Maréchal*.
— Les Trahisons d'Arbiran, tragi-comédie de *d'Ouville*.

1637. Le Clarionte *ou* le Sacrifice sanglant, tragi-comédie de *La Calprenède*.

— Le Soliman, tragi-comédie de *d'Alibray*.

— Orphise *ou* la Beauté persécutée, tragi-comédie de *Desfontaines*.

— Lucrèce, tragédie de *du Ryer*.

— La Suite et le Mariage du Cid, tragi-comédie de *Chevreau*.

— L'Avocat dupé, comédie du *même*.

— La vraie Suite du Cid, tragi-comédie de *Desfontaines*.

— La Sidonie, tragi-comédie de *Mayret*.

— Gustaphe *ou* l'Heureuse Ambition, tragi-comédie de *Benserade*.

— La Lucrèce Romaine, tragédie de *Chevreau*.

— Alison, comédie de *Discret*.

— Les Visionnaires, comédie de *Desmarests*.

1638. Le Docteur amoureux, comédie de *Le Vert*.

— Panthée, tragédie de *Durval*.

— Antigone, tragédie de *Rotrou*.

— Coriolan, tragédie de *Chevreau*.

— Hermogène, tragi-comédie de *Desfontaines*.

— L'Aminte, pastorale d'un *anonyme*.

— Les Rivaux amis, tragi-comédie de l'*abbé de Boisrobert*.

— Les Noces de Vaugirard *ou* les Naïvetés champêtres, pastorale de *L.-C. D.*

— L'Aveugle de Smyrne, tragi-comédie des *cinq auteurs*.

— Les Captifs *ou* les Esclaves, comédie de *Rotrou*.

— Le véritable Coriolan, tragédie de *Chapoton*.

— Les deux Amis *ou* Gésippe et Tite, tragi-comédie de *Chevreau*.

— Clarigène, tragi-comédie de *du Ryer*.

— La Mort de Pompée, tragédie de *Chaulmer*.

— Lizidot *ou* la Cour bergère, tragi-comédie de *Maréchal*.

— Le Galimathias, tragi-comédie par *Roziers Beaulieu*.

— Hercule furieux, tragédie de *Nouvellon*.

— L'Amour tyrannique, tragi-comédie de *Scudéry*.

— Don Quichotte de la Manche, première partie, comédie de *Guérin de Bouscal*.

— Le Comte d'Essex, tragédie de *La Calprenède*.

1639. Horace, tragédie de *Corneille*.

— Le Ravissement de Proserpine, tragédie de *Claveret*.

— La Quixaire, tragi-comédie de *Gillet de La Tessonnerie*.

— La Mort des Enfants d'Hérode *ou* la Suite de Mariane, tragédie de *La Calprenède*.

— Érigone, tragi-comédie en prose de *Desmarests*.

— Saint Eustache, tragédie de *Baro*.

— Don Quichotte de la Manche, seconde partie, comédie de *Guérin de Bouscal*.

— Alcionée, tragédie de *du Ryer*.

— Crisante, tragédie de *Rotrou*.

— Scipion, tragi-comédie de *Desmarests*.

— Le Mausolée, tragi-comédie de *Maréchal*.

— Roxane, tragédie de *Desmarests*.

1639. La Chute de Phaéton, tragédie de *Tristan l'Hermite de Vozelle*.
— Le Jugement de Pâris et le Ravissement d'Hélène, tragi-comédie de *Sallebray*.
— Marie Stuart, reine d'Écosse, tragédie de *Regnault*.
— Mirame, tragi-comédie de *Desmarests*.
— Saül, tragédie sainte de *du Ryer*.
— Policrite et la mort du grand Promédon *ou* l'Exil de Nérée, tragi-comédie de *Gillet de La Tessonnerie*.
— Édouard, tragédie de *La Calprenède*.
— L'Innocent malheureux *ou* la Mort de Crispe, tragédie de *Grenaille*.
— Cléomène, tragédie de *Guérin de Bouscal*.
— L'Inceste supposé, tragi-comédie de *La Caze*.
— Cinna *ou* la Clémence d'Auguste, tragédie de *Corneille*.
1640. Eudoxe, tragi-comédie de *Scudéry*.
— La Clarimonde, tragi-comédie de *Baro*.
— L'Innocent exilé, tragi-comédie de *Chevreau*, sous le nom de *Provais*.
— Les deux Alcandres, tragi-comédie de l'*abbé de Boisrobert*.
— Le Mariage d'Orphée et d'Euridice *ou* la grande Journée des Machines, tragédie de *Chapoton*.
— La Troade, tragédie de *Sallebray*.
— Iphigénie, tragédie de *Rotrou*.
— Palène, tragi-comédie de l'*abbé de Boisrobert*.
— Mélègre, tragédie de *Benserade*.
— Marguerite de France, tragi-comédie de *Gilbert*.
— Polyeucte martyr, tragédie chrétienne de *Corneille*.
1641. Parthenie, tragi-comédie de *Baro*.
— Le Grand Timoléon de Corinthe, tragi-comédie de *Saint-Germain*.
— L'Injustice punie, tragédie de *du Teil*.
— Le Gouvernement de Sanche-Pansa, comédie de *Guérin de Bouscal*.
— Andromire, tragi-comédie de *Scudéry*.
— Clarice, comédie de *Rotrou*.
— Phalante, tragédie de *La Calprenède*.
— Bélisaire, tragi-comédie de *Desfontaines*.
— Le Fils désavoué *ou* le Jugement de Théodoric, roi d'Italie, de *Guérin de Bouscal*.
— Thomas Morus *ou* le Triomphe de la Foi et de la Constance, tragédie en prose de *Pujet de La Serre*.
— Les véritables Frères rivaux, tragi-comédie de *Chevreau*.
— L'Esprit Follet, comédie de *d'Ouville*.
— Blanche de Bourbon, reine d'Espagne, tragi-comédie de *Regnault*.
— Le Couronnement de Darie, tragi-comédie de l'*abbé de Boisrobert*.
— La Mort de Pompée, tragédie de *Corneille*.
1642. Le Triomphe des Cinq Passions, tragi-comédie de *Gillet de La Tessonnerie*.
— Alcidiane *ou* les quatre Rivaux, tragi-comédie de *Desfontaines*.
— Le Martyre de saint Eustache, tragédie du *même*.
— Francion, comédie de *Gillet de La Tessonnerie*
— Aristotime, tragédie de *Le Vert*.

1642. Alinde, tragédie de *La Mesnardière*.
— Ibrahim *ou* l'Illustre bassa, tragi-comédie de *Scudéry*.
— Cyminde *ou* les deux Victimes, tragi-comédie de *Colletet*.
— La Belle Egyptienne, tragi-comédie de *Sallebray*.
— La Vraie Didon *ou* Didon la Chaste, tragédie de l'*abbé de Boisrobert*.
— L'Amante ennemie, comédie de *Sallebray*.
— Les Galantes Vertueuses, tragi-comédie de *Desfontaines*.
— La Mort d'Agis, tragédie de *Guérin de Bouscal*.
— Le Sac de Carthage, tragédie en prose de *Puget de La Serre*.
— Les Fausses Vérités *ou* Croire ce qu'on ne voit pas et ne pas croire ce qu'on voit, comédie de *d'Ouville*.
— Philoclée et Téléphonte, tragi-comédie de *Gilbert*.
— Arminius *ou* les Frères ennemis, tragi-comédie de *Scudéry*.
— Le Menteur, comédie de *Corneille*.
1643. Herménigilde, tragédie en prose de *La Calprenède*.
— La Climène *ou* le Triomphe de la Vertu, tragi-comédie en prose de *Puget de La Serre*.
— Esther, tragédie de *du Ryer*.
— Le Martyre de Sainte Catherine, tragédie en prose de *Puget de La Serre*.
— Roxelane, tragi-comédie de *Desmarests*.
— La Belle Esclave, tragi-comédie de *L'Estoile*.
— L'Absent chez soi, comédie de *d'Ouville*.
— Le Bélisaire, tragédie de *Rotrou*.
— Axiane, tragi-comédie en prose de *Scudéry*.
— Europe, comédie héroïque de *Desmarests*.
— La Suite du Menteur, comédie de *Corneille*.
1644. La Folie du Sage, tragi-comédie de *Tristan*.
— Le Jugement équitable de Charles-le-Hardi, dernier duc de Bourgogne, tragédie de *Maréchal*.
— Thésée *ou* le Prince reconnu, tragi-comédie en prose de *Puget de La Serre*.
— La Stratonice *ou* le Malade d'amour, tragi-comédie de *Brosse*.
— Perside *ou* la Suite d'Ibrahim Bassa, tragédie de *Desfontaines*.
— L'Illustre Olympie *ou* le Saint Alexis, tragédie du *même*.
— Rodogune, tragédie de *Gilbert*.
— Sainte Catherine, tragédie de *Saint Germain*.
— La Mort de Sénèque, tragédie de *Tristan*.
— Rodogune, princesse des Parthes, tragédie de *Corneille*.
1645. Oroondate *ou* les Amants discrets, tragi-comédie de *Guérin de Bouscal*.
— La Virginie Romaine, tragédie de *Le Clerc*.
— Les Innocents coupables, comédie de *Brosse*.
— Célie *ou* le Vice-Roi de Naples, comédie de *Rotrou*.
— Jodelet *ou* le Maître Valet, comédie de *Scarron*.
— L'art de régner *ou* le sage Gouverneur, tragi-comédie de *Gillet de La Tessonnerie*.
— L'Illustre Comédien *ou* le Martyre de Saint Genest, tragédie de *Desfontaines*.

1645. Artaxerxe, tragédie de *Magnon.*
— La Dame Suivante, comédie de *d'Ouville.*
— La Mort de Crispe *ou* les Malheurs domestiques du grand Constantin, tragédie de *Tristan.*
— Bérénice, tragi-comédie en prose de *du Ryer.*
— Papyre *ou* le Dictateur Romain, tragédie de *Maréchal.*
— Zénobie, reine des Palmyréniens, tragédie en prose de l'*abbé d'Aubignac.*
— La Sœur, comédie de *Rotrou.*
— Théodore vierge et martyre, tragédie chrétienne de *Corneille.*
— Le Curieux impertinent *ou* le Jaloux, comédie posthume d'un *frère de Brosse.*
— Aimer sans savoir qui, comédie de *d'Ouville.*
— Les Morts vivants, comédie du *même.*
1646. Sigismond, duc de Varsau, tragi-comédie de *Gillet de La Tessonnerie.*
— Jodelet Astrologue, comédie de *d'Ouville.*
— Persélide *ou* la Constance d'amour, tragédie d'un *anonyme.*
— La Sœur généreuse, tragi-comédie de l'*abbé Boyer.*
— Les Songes des Hommes éveillés, comédie de *Brosse.*
— La Porcie Romaine, tragédie de l'*abbé Boyer.*
— Josaphat, tragi-comédie de *Magnon.*
— Le véritable Saint Genest, tragédie de *Rotrou.*
— Les Boutades du Capitan Matamore, comédie en un acte et en vers de huit syllabes sur la seule rime en *ment*, de *Scarron.*
— Scévole, tragédie de *du Ryer.*
— Aricidie *ou* le Mariage de Tite, tragi-comédie de *Le Vert.*
— Séjanus, tragédie de *Magnon.*
— La Coiffeuse à la Mode, comédie de *d'Ouville.*
— Les trois Dorothées *ou* Jodelet souffleté, comédie de *Scarron.*
— Le Turne de Virgile, tragédie de *Brosse.*
— Hippolyte *ou* le Garçon insensible, tragédie de *Gilbert.*
— L'Inconnue, comédie de l'*abbé de Boisrobert.*
— Les Danaïdes, tragédie de *Gombaud.*
1647. Héraclius, empereur d'Orient, tragédie de *Corneille.*
— Thémistocle, tragédie de *du Ryer.*
— Le Déniaisé, comédie de *Gillet de La Tessonnerie.*
— La Mort d'Asdrubal, tragédie de *Montfleury.*
— Bellissante *ou* la Fidélité reconnue, tragi-comédie de *Desfontaines.*
— La Mort de Roxane, tragédie de *J.-M. S.*
— Sémiramis, tragédie de *Gilbert.*
— La véritable Sémiramis, tragédie de *Desfontaines.*
— D. Bernard de Cabrère, tragi-comédie de *Rotrou.*
— L'Intrigue des Filous, comédie de *L'Estoile.*
— Porus *ou* la Générosité d'Alexandre, tragédie de *Boyer.*
— Le Prince rétabli, tragi-comédie de *Guérin de Bouscal.*
— Le Grand Tamerlan *ou* la Mort de Bajazet, tragédie de *Magnon.*
— La Mort des Enfants de Brute, tragédie d'un *anonyme.*

1647. Aristodème, tragédie de l'*abbé Boyer*.
— Venceslas, tragédie de *Rotrou*.
— Les Engagements du Hasard, comédie de *Corneille de l'Isle*.
1648. Le Mariage d'Oroondate et de Statira *ou* la Conclusion de Cassandre, tragi-comédie de *Magnon*.
— Tyridate, tragédie de l'*abbé Boyer*.
— Le Prince fugitif, poëme dramatique de *Baro*.
— La Mort de Valentinian et d'Isidore, tragédie de *Gillet de La Tessonnerie*.
— Ulysse dans l'île de Circé *ou* Euriloche foudroyé, tragi-comédie de l'*abbé Boyer*.
— Le Feint Astrologue, comédie de *Corneille de l'Isle*.
— Cosroès, tragédie de *Rotrou*.
1649. Cariste *ou* les Charmes de la Beauté, poëme dramatique de *Baro*.
— Rosemonde, tragédie du *même*.
— L'Aveugle clairvoyant, comédie de *Brosse*.
— L'Héritier ridicule *ou* la Dame intéressée, comédie de *Scarron*.
— La Florimonde, comédie de *Rotrou*.
— La Jalouse d'elle-même, comédie de *Boisrobert*.
— Nitocris, reine d'Arménie, tragédie de *du Ryer*.
— L'Amante vindicative, poëme dramatique de *Baro*.
1650. Zénobie, reine d'Arménie, tragédie de *Montauban*.
— Adolphe *ou* le Bigame généreux, tragi-comédie de *Le Bigre*.
— Les Soupçons sur les Apparences, héroïco-comédie de *d'Ouville*.
— Dynamis, reine de Carie, tragi-comédie de *du Ryer*.
— Don Lope de Cardone, tragi-comédie de *Rotrou*.
— Amarillis, pastorale de *du Ryer*.
— Don Bertrand de Cigarral, comédie de *Corneille de l'Isle*.
— Andromède, tragédie de *Corneille*.
1651. Les Charmes de Félicie, pastorale de *Montauban*.
— Don Sanche d'Aragon, comédie héroïque de *Corneille*.
— L'Amour à la mode, comédie de *Corneille de l'Isle*.
— La Folle Gageure *ou* les Divertissements de la comtesse de Pembroc, comédie de l'*abbé de Boisrobert*.
1652. Séleucus, tragédie héroïque de *Montauban*.
— Amarillis, pastorale de *Rotrou*, corrigée et augmentée par *Tristan*.
— Lubin *ou* le Sot vengé, comédie en vers de huit syllabes de *Poisson*.
— Soliman *ou* l'Esclave généreuse, tragédie de *Jacquelin*.
— Les Illustres Fous, comédie de *Beys*.
— Les trois Orontes, comédie de l'*abbé de Boisrobert*.
— Nicomède, tragédie de *Corneille*.
— Don Japhet d'Arménie, comédie de *Scarron*.
1653. La Mort d'Agrippine, veuve de Germanicus, tragédie de *Cyrano de Bergerac*.
— Le Berger extravagant, comédie de *Corneille de l'Isle*.
— Le Comte de Hollande, tragi-comédie de *Montauban*.
— Indégonde, tragédie du *même*.
— Le Charme de la Voix, comédie de *Corneille de l'Isle*.

1653. Cassandre, comtesse de Barcelonne, tragi-comédie de l'*abbé de Boisrobert* (31 octobre).
— Pertharite, roi des Lombards, tragédie de *Corneille.*
— Les Rivales, comédie de *Quinault.*
1654. Le Pédant joué, comédie en prose de *Cyrano de Bergerac.*
— La Généreuse Ingratitude, tragi-comédie-pastorale de *Quinault.*
— L'Eunuque, comédie de *La Fontaine.*
— La Belle Plaideuse, comédie de l'*abbé de Boisrobert.*
— Le Parasite, comédie de *Tristan.*
— Les Illustres Ennemis, comédie de *Corneille de l'Isle.*
— Les Généreux Ennemis, comédie de l'*abbé de Boisrobert.*
— L'Écolier de Salamanque *ou* les Généreux Ennemis, comédie de *Scarron.*
— L'Amant indiscret *ou* le Maître étourdi, comédie de *Quinault.*
— Jeanne de Naples, tragédie de *Magnon.*
1655. Les Apparences trompeuses, comédie de l'*abbé de Boisrobert.*
— Anaxandre, tragi-comédie de *du Ryer.*
— L'Amant ridicule, comédie en un acte et en vers de l'*abbé de Boisrobert.*
— Le Gardien de soi-même, comédie de *Scarron.*
— Le Geôlier de soi-même *ou* Jodelet prince, comédie de *Corneille de l'Isle.*
— La Comédie sans Comédie, de *Quinault.*
1656. Damon et Pythias *ou* le Triomphe de l'Amitié, tragi-comédie de *Chappuzeau.*
— Les Coups d'Amour et de Fortune *ou* l'Heureux Infortuné, tragi-comédie de l'*abbé de Boisrobert.*
— Les Coups de l'Amour et de la Fortune, tragi-comédie de *Quinault.*
— Osman, tragédie posthume de *Tristan.*
— La Belle invisible *ou* la Constance éprouvée, comédie de l'*abbé de Boisrobert.*
— La Mort de Cyrus, tragédie de *Quinault.*
— Le Marquis ridicule *ou* la Comtesse faite à la hâte, comédie de *Scarron.*
— Timocrate, tragédie de *Corneille de l'Isle.*
1657. Le Campagnard, comédie de *Gillet de La Tessonnerie.*
— Théodore, reine de Hongrie, tragi-comédie de l'*abbé de Boisrobert.*
— Le Mariage de Cambyse, tragi-comédie de *Quinault.*
— Bérénice, tragédie de *Corneille de l'Isle.*
— Chresphonte *ou* le Retour des Héraclides dans le Péloponnèse, tragi-comédie de *Gilbert.*
— Les Amours de Diane et d'Endimion, tragédie du *même.*
— Amalasonte, tragédie de *Quinault.*
1658. Astianax, tragédie *anonyme* non imprimée.
— Le Feint Alcibiade, tragi-comédie de *Quinault.*
— Les Sœurs jalouses *ou* l'Écharpe et le Bracelet, comédie de *Lambert.*
— Le Docteur amoureux, comédie en prose et en un acte, non imprimée, de *Molière* (24 octobre).

1658. L'Étourdi *ou* les Contre-temps, comédie du *même* (3 novembre).
— Le Dépit Amoureux, comédie du *même* (en décembre).
— La Mort de l'empereur Commode, tragédie de *Corneille de l'Isle.*
1659. OEdipe, tragédie de *Corneille* (24 janvier).
— Le Festin de Pierre *ou* le Fils criminel, tragi-comédie de *de Villiers.*
— Clotilde, tragédie de *Boyer* (en avril).
— Le Fantôme Amoureux, tragi-comédie de *Quinault.*
— Bellissaire, tragi-comédie de *La Calprenède*, non imprimée (en juillet).
— Arie et Pétus *ou* les Amours de Néron, tragédie de *Gilbert* (22 septembre).
— Ostorius, tragédie de l'*abbé de Pure.*
— Fédéric, tragi-comédie de l'*abbé Boyer* (14 novembre).
— Les Précieuses ridicules, comédie en un acte et en prose de *Molière* (18 novembre).
— Zénobie, reine de Palmyre, tragédie de *Magnon* (10 décembre).
— Darius, tragédie de *Corneille de l'Isle.*
1660. Stratonice, tragi-comédie de *Quinault* (2 janvier).
— La Mort de Démétrius *ou* le Rétablissement d'Alexandre, roi d'Épire, tragédie de l'*abbé Boyer* (20 février).
— Le Mariage de rien, comédie en un acte et en vers de huit syllabes de *Montfleury.*
— L'Apothicaire dévalisé, comédie de *de Villiers.*
— Sganarelle *ou* le Cocu imaginaire, comédie en un acte et en vers de *Molière* (28 mai).
— Le Galant doublé, comédie de *Corneille de l'Isle.*
— La Magie sans Magie, comédie de *Lambert.*
— La feinte Mort de Jodelet, comédie de *Brécourt.*
— Le Cartel de Guillot *ou* le Combat ridicule, comédie en un acte et en vers de huit syllabes de *Chevalier.*
— Les Amours de Lysis et d'Hespérie, pastorale allégorique de *M. Quinault*, non imprimée (26 novembre).
— Tigrane, tragédie de l'*abbé Boyer*, non imprimée (31 décembre).
1661. Troupe de Mademoiselle établie à Paris rue des Quatre-Vents, faubourg Saint-Germain.
— Le Festin de Pierre *ou* le Fils criminel, tragi-comédie de *Dorimon.*
— L'Amant de sa Femme, comédie en vers et en un acte du *même.*
— L'Inconstance punie, comédie en vers et en un acte du *même.*
— Camma, tragédie de *Corneille de l'Isle* (28 janvier).
— Érixène, tragédie d'un *auteur anonyme* sur le plan de l'*abbé d'Aubignac*, non imprimée.
— Don Garcie de Navarre *ou* le Prince jaloux, comédie héroïque de *Molière* (4 février).
— Les Bêtes raisonnables, comédie en vers et en un acte de *Montfleury.*
— Agrippa, roi d'Albe, *ou* le Faux Tibérinus, tragi-comédie de *Quinault.*
— La Femme industrieuse, comédie en vers et en un acte de *Dorimon.*
— La Comédie de la Comédie, en vers et en un acte, du *même.*
— Les Amours de Trapolin, comédie en vers et en un acte du *même.*
— La Toison d'Or, tragédie de *Corneille* (15 février).

1661. L'École des Maris, comédie en vers et en trois actes de *Molière* (4 juin).
— La Rosélie *ou* le don Guillot, comédie de *Dorimon*.
— L'École des Cocus *ou* la Précaution inutile, comédie en vers et en un acte du *même*.
— Les Fâcheux, comédie-ballet en trois actes et en vers de *Molière* (4 novembre).
— L'Académie des Femmes, comédie en trois actes et en vers de *Chappuzeau*.
— La Désolation des Filous sur la défense de porter les armes, *ou* les Malades qui se portent bien, comédie en un acte et en vers de huit syllabes de *Chevalier*.
— Le Médecin volant, comédie en un acte et en vers de *Boursault*.
— Pyrrhus, roi d'Épire, tragédie de *Corneille de l'Isle*.

1662. Policrite, tragi-comédie de l'*abbé Boyer* (10 janvier).
— Le Riche mécontent *ou* le Noble imaginaire, comédie de *Chappuzeau*.
— Maximian, tragédie de *Corneille de l'Isle* (au commencement de février).
— Sertorius, tragédie de *Corneille* (25 février).
— Les Ramoneurs, comédie en un acte et en vers de *de Villiers*.
— Le Mort vivant, comédie en trois actes et en vers de *Boursault*.
— Les Galants ridicules *ou* les Amours de Guillot et de Ragotin, comédie en un acte et en vers de huit syllabes de *Chevalier*.
— Les Barbons amoureux et rivaux de leurs Fils, comédie en trois actes et en vers du *même*.
— Manlius Torquatus, tragédie de *mademoiselle des Jardins*.
— Colin-Maillard, comedie facétieuse en un acte et en vers de huit syllabes de *Chappuzeau*.
— Le Baron de la Crasse, comédie en vers et en un acte dans laquelle est insérée une petite comédie en vers de huit syllabes intitulée le Zigzag, de *Poisson*.
— Théagène, tragédie de *Gilbert*, non imprimée (14 juillet).
— La Disgrâce des Domestiques, comédie en un acte et en vers de huit syllabes de *Chevalier*.
— Champagne le Coiffeur, comédie en un acte et en vers de huit syllabes de *Boucher*.
— Oropaste *ou* le Faux Tonaxare, tragédie de l'*abbé Boyer*.
— L'Intrigue des Carrosses à cinq sous, comédie en trois actes et en vers de *Chevalier*.
— L'École des Femmes, comédie de *Molière* (26 décembre).
— Persée et Démétrius, tragédie de *Corneille de l'Isle* (à la fin de décembre).

1663. Sophonisbe, tragédie de *Corneille* (18 janvier).
— Nitétis, tragédie de *mademoiselle des Jardins* (27 avril).
— Le Mari sans Femme, comédie de *Montfleury*.
— Les Amours d'Ovide, pastorale héroïque en cinq actes, avec un prologue, de *Gilbert* (1er juin).
— La Critique de l'École des Femmes, comédie en un acte et en prose de *Molière* (1er juin).

1663. Zélinde *ou* la véritable Critique de l'École des Femmes et la Critique de la Critique, comédie en prose et en un acte de *de Visé*.

— Le Portrait du Peintre *ou* la Contre-Critique de l'École des Femmes, comédie en un acte et en vers de *Boursault*.

— L'Impromptu de Versailles, comédie en prose et en un acte de *Molière* (4 novembre).

— L'Impromptu de l'Hôtel de Condé, comédie en un acte et en vers de *Montfleury*.

— Réponse à l'Impromptu de Versailles *ou* la Vengeance des Marquis, comédie en un acte en prose de *de Villiers*.

— La Dame d'Intrigue *ou* le Riche Vilain, comédie en vers et en trois actes de *Chappuzeau*.

— Trasibule, tragi-comédie de *Montfleury*.

— Les Cadenas *ou* le Jaloux endormi, comédie en un acte et en vers de *Boursault*.

1664. La Bradamante ridicule, comédie d'un auteur *anonyme*, non imprimée.

— Les Amours de Calotin, comédie en trois actes et en vers de *Chevalier*.

— Les Amours d'Angélique et de Médor, tragi-comédie de *Gilbert*.

— Le Mariage forcé, comédie-ballet en trois actes de *Molière* (15 février).

— Les Amours déguisés, ballet dansé par le roi au Palais-Royal (le 13 février).

— La Princesse d'Élide, comédie-ballet en cinq actes précédée d'un prologue (le premier acte et la première scène du second sont en vers, le reste en prose), de *Molière* (9 novembre).

— Troupe de Monseigneur le Dauphin établie sur le théâtre du Palais-Royal par la veuve Raisin (au commencement de juin).

— Le Fou raisonnable, comédie en un acte et en vers de *Poisson*.

— La Thébaïde *ou* les Frères ennemis, tragédie de *Racine* (20 juin).

— L'École des Jaloux *ou* le Cocu volontaire, comédie en trois actes et en vers de *Montfleury*.

— La Joueuse dupée *ou* l'Intrigue des Académies, comédie en un acte et en vers de *J. D. L. F.*

— Les Frères Gémeaux *ou* les Menteurs qui ne mentent point, comédie de *Boursault*.

— Othon, tragédie de *Corneille* (5 novembre).

— Astrate, roi de Tyr, tragédie de *Quinault* (15 décembre).

1665. Les Coteaux *ou* les Marquis friants, comédie en vers et en un acte de *de Villiers* (au commencement de janvier).

— Don Juan *ou* le Festin de Pierre, comédie en cinq actes et en prose de *Molière* (15 février).

— Le Favori, tragi-comédie de *mademoiselle des Jardins* (en juin).

— L'Après-Souper des Auberges, comédie en un acte et en vers de *Poisson*.

— Le Pédagogue amoureux, comédie de *Chevalier*.

— L'Amour Médecin, comédie-ballet en trois actes en prose, avec un prologue, de *Molière* (22 septembre).

— La Mère coquette *ou* les Amants brouillés, comédie de *Quinault* (15 ou 18 octobre).

1665. La Mère coquette *ou* les Amants brouillés, comédie en vers et en trois actes de *de Visé* (24 octobre).
— Les Yeux de Philis changés en astres, pastorale de *Boursault*.
— Alexandre, tragédie de *Racine* (12 ou 15 décembre).
1666. Les Amours de Jupiter et de Sémélé, tragédie, précédée d'un prologue, de l'*abbé Boyer* (au commencement de janvier).
— Arsace, roi des Parthes, tragédie de *de Prade*.
— Agésilas, tragédie de *Corneille* (à la fin d'avril).
— Antiochus, tragi-comédie de *Corneille de l'Isle* (mardi 25 mai).
— Le Misanthrope, comédie de *Molière* (vendredi 4 juin).
— Les Intrigues amoureuses, comédie de *Gilbert*.
— La Noce de village, comédie en un acte de *Brécourt*.
— Les Aventures de nuit, comédie en trois actes de *Chevalier*.
— Le Médecin malgré lui, comédie en trois actes et en prose de *Molière* (6 août).
— L'École des Filles, comédie de *Montfleury*.
— Le Jaloux invisible, comédie en trois actes de *Brécourt* (20 août).
— Le Ballet des Muses, de *M. de Benserade* (2 décembre).
— Mélicerte, pastorale héroïque en deux actes de *Molière* (2 décembre).
— Les Poëtes, comédie en un acte d'un auteur *anonyme* (2 décembre).
1667. Le Sicilien *ou* l'Amour peintre, comédie-ballet en un acte de *Molière* (au commencement de janvier à Saint-Germain, et Paris le 10 juin).
— Attila, roi des Huns, tragédie de *Corneille* (en février).
— La Veuve à la mode, comédie en un acte de *de Visé* (dimanche 9 mai).
— Léandre et Héro, tragédie de *Gilbert*, non imprimée (15 août).
— L'Infante Salicoque ou le Héros des romans, comédie de *Brécourt*, non imprimée (15 août).
— Délie, pastorale de *de Visé* (vers le 25 octobre).
— L'Embarras de Godard ou l'Accouchée, comédie en un acte du *même* (en novembre).
— Andromaque, tragédie de *Racine* (vers le 10 novembre).
— Cléopâtre, tragédie de *La Thorillère*, non imprimée (8 décembre).
1668. Amphitryon, comédie en trois actes, en vers, avec un prologue, de *Molière* (au commencement de janvier).
— Laodice, reine de Cappadoce, tragédie de *Corneille de l'Isle* (au commencement de février).
— La Folle Querelle ou la Critique d'Andromaque, comédie en trois actes de *Subligny* (18 mai).
— Le Poëte basque, comédie en un acte de *Poisson* (au commencement de juin).
— L'Amant qui ne flatte point, comédie d'*Hauteroche* (en juillet).
— George Dandin *ou* le Mari confondu, comédie en trois actes et en prose de *Molière* (en juillet à Versailles, et le 9 novembre à Paris).
— L'Avare, comédie en prose de *Molière* (9 septembre).
— Les Faux Moscovites, comédie en un acte de *Poisson* (en octobre).
— Le Duel fantasque *ou* les Valets rivaux, comédie en un acte et en vers de huit syllabes de *Rosimont*.
— Le Courtisan parfait, tragi-comédie de *Gilbert*.

1668. Le Soldat poltron, comédie en un acte et en vers de huit syllabes d'un auteur *anonyme*.
— Pausanias, tragédie de *Quinault* (16 novembre).
— Les Plaideurs, comédie en trois actes de *Racine* (en novembre).
— Le Baron d'Albikrac, comédie de *Corneille de l'Isle* (en décembre).
1669. Les Maux sans remèdes, comédie d'un auteur *anonyme*, non imprimée (11 janvier).
— Le Jeune Marius, tragédie de l'*abbé Boyer* (à la fin de janvier).
— Le Tartuffe *ou* l'Imposteur, comédie de *Molière* (5 février).
— La Fête de Vénus, comédie-pastorale-héroïque, avec un prologue, de l'*abbé Boyer* (vers le 15 février).
— La Femme juge et partie, comédie de *Montfleury* (2 mars).
— Le Souper mal apprêté, comédie en un acte de *M. Hauteroche* (12 ou 15 juillet).
— Le Procès de la Femme juge et partie comédie en un acte de *Montfleury*.
La Critique du Tartufe, comédie en un acte d'un auteur *anonyme*.
— Monsieur de Pourceaugnac, comédie en trois actes et en prose de *Molière* (15 novembre).
— Le Nouveau Festin de Pierre *ou* l'Athée foudroyé, tragi-comédie de *Rosimont* (en novembre).
— La Mort d'Annibal, tragédie de *Corneille de l'Isle* (en novembre).
— Britannicus, tragédie de *Racine* (15 décembre).
1670. Polycrate, comédie-héroïque de *Boyer* (19 janvier).
— Les Amours de Vénus et d'Adonis, tragédie précédée d'un prologue, en vers libres, de *de Visé* (2 mars).
— L'Avocat sans étude, comédie en un acte et en vers de *Rosimont*.
— Le Gentilhomme de Beauce, comédie en cinq actes et en vers de *Montfleury* (au commencement d'août).
— Le Désespoir extravagant, comédie d'un auteur *anonyme*, non imprimée (en août).
— Le Gentilhomme Guespin, comédie en un acte et en vers de *de Visé*.
— Les Trompeurs trompés *ou* les Femmes vertueuses, comédie en un acte et en vers de *Rosimont*.
— Les Intrigues de la Loterie, comédie en trois actes et en vers de *de Visé*.
— La Dupe amoureuse, comédie en un acte et en vers de *Rosimont*.
— Les Amants magnifiques, comédie-ballet en cinq actes, en prose, de *Molière* (à Saint-Germain-en-Laye en février 1670, et à Paris le 15 octobre 1688).
— Les Femmes coquettes, comédie en cinq actes et en vers de *Poisson*.
— La Comtesse d'Orgueil, comédie en vers, en cinq actes, de *Corneille de l'Isle*.
— Bellérophon, tragédie de *Quinault*.
— Le Bourgeois gentilhomme, comédie-ballet en cinq actes, en prose, de *Molière* (à Chambord le mardi 14 octobre, et à Paris le 29 novembre suivant).
— Bérénice, tragédie de *Racine* (21 novembre).
— Tite et Bérénice, comédie héroïque de *Corneille* (28 novembre).

1671. Psyché, tragi-comédie-ballet en vers libres, précédée d'un prologue, de *Corneille l'aîné*, *Molière* et *Quinault* (en janvier sur le théâtre des Tuileries, et sur celui du Palais-Royal le 24 juillet).

— Les Amours du Soleil, tragédie en cinq actes et en vers, ornée de récits en musique et de machines, avec un prologue en vers libres, de *de Visé* (en janvier).

— Les Fourberies de Scapin, comédie en trois actes et en prose de *Molière* (24 mai).

— Les Grisettes, comédie en trois actes et en vers de *Champmeslé*.

— Les Grisettes *ou* Crispin chevalier, comédie en un acte et en vers de *Champmeslé*.

— Les Quiproquos *ou* le Valet étourdi, comédie en trois actes et en vers de *Rosimont*.

— Le Mariage sans Mariage, comédie en cinq actes et en vers de *Marcel*.

— La Comtesse d'Escarbagnas, comédie en un acte, en prose, de *Molière* (à Saint-Germain en décembre 1671, et à Paris le 8 juillet 1672).

1672. Bajazet, tragédie de *Racine* (le 4 ou 5 de janvier).

— Le Mariage de Bacchus et d'Ariane, comédie héroïque en trois actes et en vers libres, avec des machines et un prologue aussi en vers libres, de *de Visé* (7 janvier).

— Ariane, tragédie de *Corneille de l'Isle* (vendredi 4 mars).

— Les Femmes savantes, comédie en cinq actes et en vers de *Molière* (11 mars).

— Lisimène *ou* la Jeune Bergère, pastorale en cinq actes et en vers libres de *Boyer*.

— L'Heure du Berger, pastorale en cinq actes et en vers de *Champmeslé*.

— La Fille capitaine, comédie en cinq actes et en vers de *Montfleury*.

— Le Fils supposé, tragédie de *Boyer*.

— La Hollande malade, comédie en un acte et en vers de *Poisson*.

— Les Apparences trompeuses *ou* les Maris infidèles, comédie en trois actes en vers de *Hauteroche*.

— Pulchérie, comédie héroïque de *Corneille* (en novembre).

— Theodat, tragédie de *Corneille de l'Isle* (en novembre).

— Le Deuil, comédie en un acte et en vers de *Hauteroche*.

1673. Mithridate, tragédie de *Racine* (en janvier).

— L'Ami de tout le monde, comédie d'un auteur *anonyme*, non imprimée (24 janvier).

— L'Ambigu-comique *ou* les Amours de Didon et d'Énée, tragédie en trois actes, mêlée de trois intermèdes comiques, chacun en un acte, en vers, de *Montfleury*.

— Le Malade imaginaire, comédie-ballet en trois actes, en prose, avec un prologue en vers lyriques, de *Molière* (vendredi 10 février).

— Démarate, tragédie de *Boyer*, non imprimée.

— Le Comédien poète, comédie en cinq actes, en vers, de *Corneille de l'Isle* et de *Montfleury* (10 novembre).

— Argélie, reine de Thessalie, tragédie de l'*abbé Abeille*.

— La Mort d'Achille, tragédie de *Corneille de l'Isle* (29 décembre).

1674. Pirame et Thisbé, tragédie de *Pradon*.
— Trigaudin *ou* Martin Braillard, comédie en cinq actes et en vers, de *Montfleury* (26 janvier).
— Iphigénie, tragédie de *Racine* (en février).
— Crispin musicien, comédie en cinq actes, en vers, de *Hauteroche* (en juillet).
— L'Ombre de Molière, comédie en prose en un acte, précédée d'un prologue, de *Brécourt*.
— Panurge, comédie non imprimée de *Montauban* (3 août).
— Crispin médecin, comédie en trois actes et en prose de *Hauteroche*.
— Suréna, général des Parthes, tragédie de *Corneille*.
— Dom César d'Avalos, comédie en cinq actes et en vers de *Corneille de l'Isle* (21 décembre).

1675. Circé, tragédie ornée de machines, de changements de théâtre et de musique, précédée d'un prologue, de *Corneille de l'Isle* (17 mars).
— Iphigénie, tragédie de *Le Clerc* et de *Coras* (24 mai).
— L'Inconnu, comédie en cinq actes en vers, précédée d'un prologue en vers libres, mêlée d'ornements et de musique, de *Corneille de l'Isle* (17 novembre).
— Tamerlan ou la Mort de Bajazet, tragédie de *Pradon*.

1676. Coriolan, tragédie de l'*abbé Abeille* (vendredi 24 février).
— Le Volontaire, comédie en un acte et en vers de *Rosimont* (vendredi 6 mars).
— Le Triomphe des Dames, comédie en prose en cinq actes, non imprimée, ornée de divertissements, de *Corneille de l'Isle* (vendredi 7 août).

1677. Phèdre et Hippolyte, tragédie de *Racine* (premier janvier).
— Phèdre et Hippolyte, tragédie de *Pradon* (3 janvier),
— Le Festin de Pierre, comédie de *Molière* mise en vers par *Corneille de l'Isle* (12 février).
— Crispin gentilhomme, comédie en cinq actes et en vers de *Montfleury*.
— Electre, tragédie de *Pradon* non imprimée (17 décembre).

1678. Le Comte d'Essex, tragédie de *Corneille de l'Isle* (au commencement de janvier).
— La Dame médecin, comédie en cinq actes et en vers de *Montfleury* (14 janvier).
— Les Nobles de Province, comédie en cinq actes et en vers de *Hauteroche* (en janvier).
— Lyncée, tragédie de l'*abbé Abeille* (25 janvier).
— Le Comte d'Essex, tragédie de l'*abbé Boyer* (25 février).
— Les Nouvellistes, comédie en trois actes de *Hauteroche* (à la fin de février), non imprimée.
— Le Feint Lourdaud, petite comédie d'un auteur *anonyme* (13 mai), non imprimée.
— Anne de Bretagne, tragédie de *Ferrier* (à la fin de novembre).
— Le Cavalier par amour, comédie en cinq actes d'un auteur *anonyme* (2 décembre), non imprimée.
— La Princesse de Clèves, tragédie de *Boursault* (20 décembre), non imprimée.

1679. La Troade, tragédie de *Pradon* (17 janvier).
— Le Gentilhomme meunier, comédie en un acte par un auteur *anonyme* (9 mai), non imprimée.
— Crispin précepteur, comédie en un acte et en vers de *La Tuillerie*.
— Germanicus, tragédie de *Boursault*.
— La Devineresse ou Madame Jobin, comédie en cinq actes et en prose de *de Visé* et *Corneille de l'Isle* (19 novembre).
— Statira, tragédie de *Pradon* (à la fin de décembre).
1680 Genséric, tragédie de *madame Deshoulières* (en janvier).
— Adraste, tragédie de *Ferrier* (en février).
— Agamemnon, tragédie d'*Assézan* (12 mars).
— La Bassette, petite comédie de *Hauteroche* (en mai), non imprimée.
— La Bassette, comédie en cinq actes de deux auteurs *anonymes* (31 mai), non imprimée.
— Les Carrosses d'Orléans, comédie en un acte et en prose de *La Chapelle* (9 août),
Réunion de la troupe de l'hôtel de Bourgogne avec celle de la rue Mazarine (25 août).
— Soliman, tragédie de *l'abbé Abeille*, sous le nom de *La Tuillerie* (11 octobre).
— Les Fous divertissants, comédie en trois actes et en vers, avec trois divertissements, de *Poisson* (14 novembre).
1681. Zaïde, tragédie de *La Chappelle* (26 janvier).
— La Comète, comédie en un acte et en prose de *de Visé* (29 janvier).
— La Pierre philosophale, comédie en cinq actes et en prose, mêlée de spectacles, de *Corneille de l'Isle* et de *de Visé* (23 février), non imprimée
— Le Laquais fille, comédie d'un auteur *anonyme* (30 avril), non imprimée.
— Crispin bel-esprit, comédie en un acte et en vers de *La Tuillerie* (11 juillet).
— Endymion, tragédie d'un auteur *anonyme* (22 juillet), non imprimée.
— Oreste, tragédie de *Le Clerc* et *Boyer* (10 octobre), non imprimée.
— Hercule, tragédie de *l'abbé Abeille*, sous le nom de *La Tuillerie* (7 novembre).
— Cléopâtre, tragédie de *La Chappelle* (12 décembre).
1682. Tarquin, tragédie de *Pradon* (9 janvier), non imprimée.
— Zélonide, princesse de Sparte, tragédie de *l'abbé Genest* (4 février).
— Le Parisien, comédie en vers en cinq actes de *Champmeslé* (7 février).
— Les Bouts-rimés, comédie en un acte et en prose de *Saint-Glas* (25 mai).
— La Rue Saint-Denis, comédie en un acte et en prose de *Champmeslé* (17 juin).
— Andromède, tragédie de *Corneille*, remise au théâtre (19 juillet).
— Le Bourgeois gentilhomme, représenté le samedi 8 août, gratis, en réjouissance de la naissance de M. le duc de Bourgogne.
— Artaxerce, tragédie de *l'abbé Boyer* (22 novembre).
— La Rapinière ou l'Intéressé, comédie en cinq actes et en vers de *Robbe* (4 décembre.
— Théléphonte, tragédie de *La Chappelle* (26 décembre).

1683. Les Joueurs, comédie en cinq actes par un auteur *anonyme* (5 février), non imprimée.
— Virginie, tragédie de *Campistron* (12 février).
— Le Mercure galant ou la Comédie sans titre, comédie en cinq actes et en vers de *Boursault* (5 mars).
— Nitocris, tragédie d'un auteur *anonyme* (10 mars), non imprimée.
— Le Rendez-vous, petite comédie d'un auteur *anonyme* (7 mai), non imprimée.
— La Cassette, comédie en cinq actes d'un auteur *anonyme* (19 juin), non imprimée.
— La Toison d'Or, tragédie de *Corneille*, remise au théâtre avec un nouveau prologue de la composition de *La Chappelle* (9 juillet).

**Discontinuation du spectacle causée par la mort de la reine.**

— Le Divorce, comédie en cinq actes d'un auteur *anonyme* (6 septembre), non imprimée.
— Marie Stuart, tragédie de *Boursault* (7 décembre).
1684. Le Docteur extravagant, comédie en cinq actes de *Beauregard* (14 janvier), non imprimée.
— Pénélope, tragédie de l'*abbé Genest* (22 janvier).
— Arminius, tragédie de *Campistron* (19 février).
— La Dame invisible ou l'Esprit follet, comédie en cinq actes et en vers de *Hauteroche* (22 février).
— Ragotin, comédie en cinq actes et en vers de *La Fontaine* (21 avril).
— Les Fragments de Molière, comédie en deux actes et en prose de *Champmeslé* (6 mai).
— La Mère ridicule, comédie en un acte d'un auteur *anonyme* (8 mai), non imprimée.
— La Mort d'Alexandre, tragédie d'un auteur *anonyme* (26 mai), non imprimée.
— Le Cocher supposé, comédie en un acte et en prose de *Hauteroche* (9 juin).
— L'Amante amant, comédie en cinq actes et en prose de *Campistron* (2 août).
— Timon, comédie en un acte et en prose de *Brécourt* (13 août).
— Ajax, tragédie de *La Chappelle* (27 décembre), non imprimée.
1685. Andronic, tragédie de *Campistron* (8 février).
— L'Usurier, comédie en cinq actes d'un auteur *anonyme* (13 février), non imprimée.
— Le Rendez-vous des Tuileries ou le Coquet trompé, comédie en trois actes et en prose, avec un prologue de *Baron* (3 mars).
— Le Notaire obligeant, comédie en trois actes et en prose de *Dancourt* (8 juin).
— Les Enlèvements, comédie en un acte et en prose de *Baron* (6 juillet).
— Le Florentin, comédie en un acte et en vers de *La Fontaine* (23 juillet).
— Angélique et Médor, comédie en un acte et en prose de *Dancourt* (premier août).
— Les Amours de Vénus et d'Adonis, de *de Visé*, remise au théâtre (3 septembre).

1685. L'Héroïne, comédie en un acte d'un auteur *anonyme* (10 septembre), non imprimée.

— L'Opérateur, comédie en un acte d'un auteur *anonyme* (24 octobre), non imprimée.

— Le Mariage de Bacchus et d'Ariane, de *de Visé*, remise au théâtre (11 novembre).

— Aristobule, tragédie d'un auteur *anonyme* (30 novembre), non imprimée.

— Les Façons du Temps, comédie en cinq actes et en prose de *Saintyon* (13 décembre).

— Alcibiade, tragédie de *Campistron* (28 décembre).

1686. Le Baron des Fondrières, comédie en cinq actes, non imprimée, de *Corneille de l'Isle* (lundi 14 janvier).

— L'Homme à bonne fortune, comédie en cinq actes et en prose de *Baron* (jeudi 30 janvier).

— Antigone, tragédie de d'*Assezan* (14 mars).

— Merlin Dragon, comédie en prose, en un acte, de *Desmarres* (vendredi 26 avril).

— Le Brutal de sang froid, comédie en un acte, non imprimée, d'un auteur *anonyme* (vendredi 3 mai).

— Le Niais de Sologne, comédie en un acte, non imprimé, de *Raisin l'aîné* (lundi 3 juin).

— Renaud et Armide, comédie en prose et en un acte de *Dancourt* (mercredi 31 juillet).

— Les Nouvellistes, comédie en un acte, non imprimée, d'un auteur *anonyme* (vendredi 16 octobre).

Les ambassadeurs de Siam vont à la comédie française en septembre et en novembre.

— L'Homme de guerre, comédie en cinq actes, non imprimée, d'un auteur *anonyme* (vendredi 6 décembre).

— Phraate, tragédie non imprimée de *Campistron* (jeudi 26 décembre).

— La Coquette et la Fausse Prude, comédie en cinq actes et en prose de *Baron* (samedi 28 décembre).

1687. Géta, tragédie de *Péchantrés* (mercredi 29 janvier).

Réjouissances des comédiens, au sujet de la convalescence du roi (jeudi 30 janvier).

— Le Rival de son Maître, comédie en cinq actes, non imprimée, d'un auteur *anonyme* (vendredi 25 avril).

— Le Badaud, comédie en un acte, non imprimée, d'un auteur *anonyme* (samedi 10 mai).

— Le Petit-Homme de Foire, comédie en un acte, non imprimée, de *Raisin l'aîné* (mardi 20 mai).

— Merlin Peintre, comédie en un acte, non imprimée, de *La Tuillerie* (dimanche 20 juillet).

— La Désolation des Joueuses, comédie en prose, en un acte, de *Dancourt* (23 août).

— Le Chevalier à la mode, comédie en prose, en cinq actes, de *Sainctyon* et *Dancourt* (vendredi 24 octobre).

1687. Le Voleur *ou* Titapapouf, comédie en prose, non imprimée, de *mademoiselle Lonchamps* (mardi 4 novembre).
— Varron, tragédie non imprimée de *Dupuy* (vendredi 14 novembre).
— Le Jaloux, comédie en cinq actes, en vers, de *Baron* (mercredi 17 décembre).

1688. Régulus, tragédie de *Pradon* (le dimanche 4 janvier).
— Le Faux Gascon, comédie en un acte, non imprimée, de *Raisin l'aîné* (vendredi 28 mai).
— La Coupe enchantée, comédie en prose, en un acte, de *La Fontaine* (vendredi 16 juillet).
— L'Épreuve dangereuse, comédie en cinq actes, non imprimée, d'un auteur *anonyme* (le mercredi 4 août).
— La Maison de campagne, comédie en prose, en un acte, de *Dancourt* (vendredi 27 août).
— Les Amants magnifiques, comédie en prose, en cinq actes, de *Molière* (vendredi 15 octobre).
— Annibal, tragédie non imprimée de *Riuperons* (le lundi 5 novembre).
— Coriolan, tragédie non imprimée, d'un auteur *anonyme* (vendredi 26 novembre).
— Phocion, tragédie de *Campistron* (jeudi 16 décembre).

1689. La Dame à la mode *ou* la Coquette, comédie en cinq actes, non imprimée, de *Dancourt* (lundi 3 janvier).
— Laodamie, tragédie de *mademoiselle Bernard* (vendredi 11 février).

Établissement du théâtre des Comédiens-Français, rue des Fossés-Saint-Germain-des-Prés, qui fut ouvert pour la première fois le lundi 18 avril 1689.

— Les Fontanges maltraitées *ou* les Vapeurs, comédie en un acte, non imprimée, de *Baron* (mercredi 11 mai).
— Démétrius, tragédie non imprimée d'*Aubry* (vendredi 10 juin).
— La Répétition, comédie en prose, en un acte, non imprimée, de *Baron* (dimanche 10 juillet).
— Le Veau perdu, comédie en un acte, en prose, non imprimée, de *La Fontaine* (lundi 22 août).
— Le Concert ridicule, comédie en prose, en un acte, de *Palaprat* et de *l'abbé Brueys* (mercredi 14 septembre).
— Le Débauché, comédie en cinq actes, non imprimée, de *Baron* (mardi 8 décembre).

1690. Adrien, tragédie chrétienne, tirée de l'histoire de l'Église, de *Campistron* (mercredi 11 janvier).
— Les Fables d'Ésope, comédie en vers en cinq actes, de *Boursault* (mardi 18 janvier).

Interruption des spectacles, causée par la mort de madame la Dauphine.

— Agathocle, tragédie non imprimé d'*Aubry* (mercredi 10 mai).
— La Folle Enchère, comédie en prose, en un acte, de *Dancourt* (mardi 30 mai).
— Le Ballet extravagant, comédie en prose, en un acte, de *Palaprat* (mercredi 21 juin).

1690. L'Été des Coquettes, comédie en prose, en un acte, de *Dancourt* (mercredi 12 juillet).
— Les Bourgeoises de qualité, comédie en cinq actes, en vers, de *Hauteroche* (mercredi 26 juillet).
— Merlin déserteur, comédie en un acte, non imprimée, de *Dancourt* (mardi 8 août).
— Le Cadet de Gascogne, comédie en cinq actes, non imprimée, d'un auteur *anonyme* (lundi 21 août).
— Le Secret révélé, comédie en prose, en un acte, de *l'abbé Brueys* et de *Palaprat* (mercredi 13 septembre).
— Merlin Gascon, comédie en un acte, non imprimée, de *Raisin l'aîné* (samedi 7 octobre).
— Valérien, tragédie non imprimée, de *Riuperous* (mercredi 22 novembre).
— Brutus, tragédie de *mademoiselle Bernard* (lundi 18 décembre).
— Le Carnaval de Venise, comédie-héroïque, en cinq actes, non imprimée, de *Dancourt* (vendredi 29 décembre).

1691. Le Grondeur, comédie en prose, en trois actes, précédée d'un prologue en vers libres, intitulé les Sifflets, de *l'abbé Brueys* et de *Palaprat* (3 février).
— Tiridate, tragédie de *Campistron* (lundi 12 février).
— La Parisienne, comédie en prose, en un acte, de *Dancourt* (mercredi 13 juin).
— Le Muet, comédie en prose, en cinq actes, de *l'abbé Brueys* et de *Palaprat* (vendredi 22 juin).
— La Chasse ridicule, comédie en un acte, non imprimée, d'un auteur *anonyme* (mercredi 25 juillet).
— Le Bon Soldat, comédie en vers, en un acte, de *Poisson*, accommodée au théâtre par *Dancourt* (mercredi 10 octobre).
— Phaëton, comédie en vers libres, en cinq actes, de *Boursault* (vendredi 28 décembre).

1692. La Femme d'intrigues, comédie en prose, en cinq actes, de *Dancourt* (mercredi 30 janvier).
— Le Négligent, comédie en prose, en trois actes, avec un prologue aussi en prose, de *Du Fresny* (mercredi 27 février).
— La Gazette de Hollande, comédie en prose, en un acte, de *Dancourt* (mercredi 14 mai).
— L'Opéra de Village, comédie en prose, en un acte, de *Dancourt* (vendredi 20 juin).
— L'Impromptu de Garnison, comédie en prose, en un acte, d'un auteur *anonyme*, retouchée et mise au théâtre par *Dancourt* (samedi 26 juillet).
— Les Bourgeoises à la mode, comédie en prose, en cinq actes, de *Saintyon* et de *Dancourt* (samedi 15 novembre).
— Jugurtha, tragédie non imprimée de *Péchantrés* (mercredi 14 décembre).

1693. Les Saturnales ou la Prude du Temps, comédie en vers, en cinq actes, de *Palaprat* (7 janvier).
— Aëtius, tragédie non imprimée de *Campistron* (mercredi 28 janvier).

1693. Le Fourbe, comédie en trois actes, en prose, non imprimée, d'un auteur *anonyme* (samedi 14 février).

— La Baguette, comédie en prose, en un acte, non imprimée, de *Dancourt* (samedi 4 avril).

— Je vous prends sans vert, comédie en vers, en un acte, de *Champmeslé* (vendredi premier mai).

— Le Sot toujours sot *ou* le Marquis paysan, comédie en prose, en un acte, non imprimée, de l'*abbé Brueys* (vendredi 3 juillet).

— Zénobie, tragédie non imprimée d'un auteur *anonyme* (mercredi 18 novembre).

— L'Important, comédie en prose, en cinq actes, de l'*abbé Brueys* (mercredi 16 décembre).

1694. Adherbal, tragédie de *La Grange Chancel* (vendredi 8 janvier).

— Sancho Pança, comédie en prose, en trois actes, non imprimée, de *Du Fresny* (mercredi 27 janvier).

— Médée, tragédie de *Longepierre* (samedi 13 février).

— Le Dédit, comédie en cinq actes, non imprimée, d'un auteur *anonyme* (jeudi 18 février).

— Hercule et Omphale, comédie en vers, en cinq actes, non imprimée, de *Palaprat* (vendredi 7 mai).

— Attendez-moi sous l'Orme, comédie en prose, en un acte, de *Du Fresny* (mercredi 19 mai).

— L'Entêté, comédie en un acte, non imprimée, d'un auteur *anonyme* (3 juin).

— La Sérénade, comédie en prose, en un acte, de *Regnard* (samedi 3 juillet).

— Le Café, comédie en prose, en un acte, de *Rousseau* (lundi 2 août).

— Les Mots à la Mode, comédie en vers, en un acte, de *Boursault* (jeudi 19 août).

— Les Vendanges, comédie en prose, en un acte, de *Dancourt* (jeudi 30 septembre).

— Le Jeune Homme, comédie en un acte, non imprimée, d'un auteur *anonyme* (jeudi 14 octobre).

— Les Mœurs du Temps, comédie non imprimée, d'un auteur *anonyme* (lundi 29 novembre).

— Le Triomphe de l'Hiver, comédie non imprimée, d'un auteur *anonyme* (lundi 29 novembre).

— Germanicus, tragédie non imprimée de *Pradon* (mercredi 22 décembre).

1695. Les Héraclides, tragédie non imprimée de *de Brie* (samedi 9 février).

— Les Dames vengées, comédie en prose, en cinq actes, de *de Visé* (mardi 22 février).

— Judith, tragédie de l'*abbé Boyer* (vendredi 4 mars).

— Le Jaloux masqué, comédie en trois actes, non imprimée, d'un auteur *anonyme* (samedi 16 avril).

— Le Génois, comédie en un acte, non imprimée, d'un auteur *anonyme* (lundi 6 juin).

— Le Tuteur, comédie en prose, en un acte, de *Dancourt* (mercredi 13 juillet).

1695. La Foire de Bezons, comédie en prose, en un acte, de *Dancourt* (samedi 13 août).

— Les Vendanges de Surène, comédie en prose, en un acte, de *Dancourt* (samedi 15 octobre).

— Bradamante, tragédie de *Corneille de l'Isle* (mercredi 18 novembre).

— Sésostris, tragédie de *Longepierre* (mercredi 28 décembre).

1696. L'Aventurier, comédie en cinq actes et en prose, non imprimée, de *de Visé* (lundi 2 janvier).

— La Foire Saint-Germain, comédie en prose, en un acte, avec un divertissement de *Dancourt* (jeudi 19 janvier).

— Polyxène, tragédie de *La Fosse* (vendredi 3 février).

— Agrippa *ou* la Mort d'Auguste, tragédie, non imprimée, de *Riupérous* (lundi 19 mars).

— Le Vieillard couru *ou* les Différents Caractères des Femmes, comédie en cinq actes et en prose, non imprimée, de *de Visé*, (samedi 24 mars).

— Le Maréchal médecin *ou* les Houssarts *ou* le Médecin de Mante, comédie en un acte, en prose, non imprimée, d'un auteur *anonyme* (samedi 12 mai).

— Le Bal, comédie en un acte, en vers, avec un divertissement de *Regnard* (jeudi 14 juin).

— Le Moulin de Javelle, comédie en prose, en un acte, avec divertissement de *Michault*, accommodée au théâtre, par *Dancourt* (samedi 7 juillet).

— Les Sœurs Rivales, comédie en un acte, non imprimée, d'un auteur *anonyme* (jeudi 26 juillet).

— Les Eaux de Bourbon, comédie en prose, en un acte, avec un divertissement de *Dancourt* (jeudi 4 octobre).

— Les Vacances, comédie en prose, en un acte, avec un divertissement de *Dancourt* (mercredi 31 octobre).

— Le Flateur, comédie en prose et en cinq actes, de *Rousseau* (samedi 24 novembre).

— Polymnestor, tragédie, non imprimée, de l'*abbé Genest* (mercredi 12 décembre).

— Le Joueur, comédie en vers et en cinq actes, de *Regnard* (mercredi 19 décembre).

1697. Scipion l'Africain, tragédie de *Pradon* (vendredi 22 février).

— Le Chevalier joueur, comédie en prose, en cinq actes, avec un prologue de *Du Fresny* (mercredi 27 février).

— La Fille médecin, comédie en un acte, en prose, non imprimée, d'un auteur *anonyme* (samedi 9 mars).

— Le Lourdaud, comédie en un acte, non imprimée, de *de Brie* (mercredi 8 mai).

— Le Bourget, comédie en un acte et en prose, avec un divertissement, non imprimée, d'un auteur *anonyme* (jeudi 23 mai).

— Les Empiriques, comédie en trois actes, en prose, de l'*abbé Brueys* (mardi 4 juin).

— La Loterie, comédie en un acte, en prose, de *Dancourt* (mardi 10 juillet).

— L'Enfant gâté, comédie en un acte, non imprimée, d'un auteur *anonyme* (vendredi 23 août).

1697. Le Charivari, comédie en un acte et en prose, avec un divertissement de *Dancourt* (jeudi 19 septembre).

— Le Retour des Officiers, comédie en un acte et en prose, avec un divertissement de *Dancourt* (samedi 19 octobre).

— Le Distrait, comédie en cinq actes et en vers, de *Regnard* (lundi 2 décembre).

— Oreste et Pylade, tragédie de *Chancel de la Grange* (mercredi 11 décembre).

1698. Réjouissance pour la Paix, conclue à Riswick et publiée à Paris (8 janvier).

— Manlius Capitolinus, tragédie de *La Fosse* (samedi 18 janvier).

— Le Marquis de l'Industrie, comédie en cinq actes, non imprimée, d'un auteur *anonyme* (samedi 25 janvier).

— Les Curieux de compagnie, comédie en un acte, en prose, avec un divertissement de *Dancourt* (samedi 4 octobre).

— Le Mari retrouvé, comédie en un acte et en prose, avec un divertissement de *Dancourt* (mercredi 29 octobre).

1699. La Mort d'Othon, tragédie non imprimée, de *Belin* (lundi 5 janvier).

— Myrtil et Mélicerte, pastorale héroïque, en vers libres et en trois actes, avec trois intermèdes, précédée d'un prologue aussi en vers libres, de *Guérin* fils (samedi 10 janvier).

— Méléagre, tragédie de *Chancel de la Grange* (mercredi 28 janvier).

— Gabinie, tragédie chrétienne de l'*abbé Brueys* (samedi 14 mars).

— La Veuve, comédie en prose et en un acte, non imprimée, de *Champmeslé* (jeudi 30 juillet).

— La Noce interrompue, comédie en prose et en un acte, de *Du Fresny* (mercredi 19 août).

— La Marquise imaginaire, comédie en un acte, non imprimée, d'un auteur *anonyme* (mercredi 23 septembre).

— L'Entêtement ridicule, comédie en un acte, non imprimée, d'un auteur *anonyme* (jeudi 15 octobre).

— Les Fées, comédie en prose et en trois actes, avec trois intermèdes, précédée d'un prologue en vers libres, avec un divertissement de *Dancourt* (jeudi 29 octobre).

— Ariarathe, tragédie non imprimée, de *Saint-Gilles* (vendredi 30 octobre).

— Athénaïs, tragédie de *Chancel de la Grange* (vendredi 20 novembre).

— La Malade sans maladie, comédie en prose et en cinq actes, de *Du Fresny* (vendredi 27 novembre).

— La Famille à la mode, comédie en vers libres et en cinq actes de *Dancourt* (vendredi 18 décembre). *Voyez ci-dessous* les Enfants de Paris, 1704.

1700. Thésée, tragédie de *La Fosse* (mardi 5 janvier).

— Démocrite, comédie en vers et en cinq actes de *Regnard* (mardi 12 janvier).

— Le Retour imprévu, comédie en prose et en un acte de *Regnard* (jeudi 11 février).

— La Fête de village, comédie en prose, en trois actes, avec un divertissement de *Dancourt* (mardi 13 juillet).

1700. L'Esprit de contradiction, comédie en prose et en un acte de *Du Fresny* (vendredi 29 août).

— Le Gros Lot de Marseille, comédie en un acte, non imprimée, d'un auteur *anonyme* (jeudi 23 septembre).

— Les Trois Cousines, comédie en trois actes, en prose, avec trois divertissements, précédée d'un prologue aussi en prose, de *Dancourt* (dimanche 17 octobre).

— Le Capricieux, comédie en vers et en cinq actes de *Rousseau* (vendredi 17 décembre).

1701. Vononez, tragédie non imprimée, de *Belin* (vendredi 7 janvier).

Interruption des spectacles à l'occasion du Jubilé universel, depuis le samedi 14 mai jusqu'au dimanche 29 du même mois.

— Les Trois Gascons, comédie en prose, en un acte, avec un divertissement de *Boindin* (samedi 4 juin).

Interruption à l'occasion de la mort de Monsieur frère unique du roi, depuis le 9 juin jusqu'au 29 du même mois.

— Le Petit-Maître de campagne *ou* le Vicomte de Génicourt, comédie en prose, en un acte, d'un auteur *anonyme* (mardi 26 juillet).

— Colin Maillard, comédie en prose, en un acte, avec un divertissemen de *Dancourt* (vendredi 28 octobre).

— Amasis, tragédie de *Chancel de la Grange* (mardi 13 décembre).

— Ésope à la cour, comédie en vers, en cinq actes, de *Boursault* (vendredi 16 décembre).

1702. Le Point d'Honneur, comédie en prose, en cinq actes, de *Lesage* vendredi 3 février).

— Montézume, tragédie non imprimée, de *Ferrier* (mardi 14 février).

— Le Double Veuvage, comédie en prose, en trois actes, avec un prologue aussi en prose et des divertissements de *Du Fresny* (mercredi 8 mars)

— Aric et Pétus, tragédie de *mademoiselle Barbier* et de *l'abbé Pellegrin* (samedi 3 juin).

— Le Bal d'Auteuil, comédie en prose et en un acte, avec un divertissement de *Boindin* (mardi 22 août).

— La Matrone d'Éphèse, comédie en prose et en un acte, de *La Motte* (samedi 23 septembre).

— L'Opérateur Barry, comédie en prose et en un acte, avec un divertissement de *Dancourt* (mercredi 11 octobre).

1703. Cornélie, mère des Gracques, tragédie de *mademoiselle Barbier* et de *l'abbé Pellegrin* (vendredi 5 janvier).

— La Mort de Néron, tragédie de *Péchantrés* (mercredi 21 février).

— Le Faux Honnête Homme, comédie en prose et en trois actes de *Du Fresny* (samedi 24 février).

— Le Bailly marquis, comédie en prose, en un acte, avec un divertissement d'un auteur *anonyme* (samedi 24 février).

— Psyché, tragédie-ballet de *Molière*, remise au théâtre (vendredi premier juin).

— L'Inconnu, comédie de *Corneille de l'Isle*, remise au théâtre avec un nouveau prologue et de nouveaux divertissements, de *Dancourt* (mardi 21 août).

1703. Frontin gouverneur du château de Vertigillinguen, comédie en un acte, non imprimée, d'un auteur *anonyme* (jeudi 11 octobre).
— L'Andrienne, comédie en vers et en cinq actes de *Baron* (vendredi 16 novembre).
— Corésus et Callirhoé, tragédie de *La Fosse* (vendredi 7 décembre).
— Alceste, tragédie de *Chancel de la Grange* (mercredi 19 décembre).
1704. Les Folies Amoureuses, comédie en vers et en trois actes, précédée d'un prologue en vers libres et suivie d'un divertissement intitulé : le Mariage de la Folie, aussi en vers libres, de *Regnard* (mardi 15 janvier).
— Hypermnestre, tragédie de *Riupeirous* (mardi 1er avril).
— Le Port de Mer, comédie en prose et en un acte, avec un divertissement de *Boindin* (jeudi 29 mai).
— Le Bourgeois gentilhomme, avec tous ses agréments, remis au théâtre et donné gratis pour l'heureuse naissance de M. le duc de Bretagne (vendredi 27 juin).
— Le Médecin de village, comédie en un acte, non imprimée, d'un auteur *anonyme* (mercredi 24 septembre).
— Les Enfants de Paris, comédie en vers libres et en cinq actes de *Dancourt* (vendredi 3 octobre). C'est la même que la Famille à la Mode, comédie qui avait paru le vendredi 16 décembre 1699.
— La Mort d'Alcide, tragédie non imprimée, de *Dancourt* (vendredi 17 octobre).
— Le Galant Jardinier, comédie en prose, en un acte, avec un divertissement de *Dancourt* (mercredi 22 octobre).
— Kosroës, tragédie de *Rotrou*, corrigée et mise au théâtre par d'*Ussé de Valantiné* (jeudi 20 novembre).
1705. Les Adelphes, comédie en vers et en cinq actes de *Baron* (samedi 3 janvier).
— Mustapha et Zéangir, tragédie de *Belin* (mardi 20 janvier).
— Saül, tragédie tirée de l'Écriture sainte, de l'*abbé Nadal* (vendredi 27 février).
— La Psyché de village, comédie en prose, en quatre actes, avec un prologue et des intermèdes, non imprimée, de *Guérin* le fils (vendredi 29 mai).
— La Provençale, comédie en un acte, non imprimée, d'un auteur *anonyme* (samedi 17 octobre).
— Polydore, tragédie de l'*abbé Pellegrin*, sous le nom de son frère (vendredi 6 novembre).
— Les Ménechmes *ou* les Jumeaux, comédie en vers, en cinq actes, avec un prologue en vers libres, de *Regnard* (vendredi 4 décembre).
— Idoménée, tragédie de *Crébillon* (mardi 29 décembre).
1706. Cyrus, tragédie de *Danchet* (mardi 23 février).
— L'Avocat Patelin, comédie en prose, en trois actes, de l'*abbé Brueys* (vendredi 4 juin).
— Tomyris, tragédie de l'*abbé Pellegrin*, sous le nom de *mademoiselle Barbier* (mardi 23 novembre).
— La Mort d'Ulysse, tragédie de l'*abbé Pellegrin*, sous le nom du *chevalier Pellegrin* (mardi 29 décembre).

1707. Atrée et Thyeste, tragédie de *Crébillon* (lundi 14 mars).
— D. César Ursin, comédie en prose, en cinq actes, de *Lesage* (mardi 15 mars).
— Crispin rival de son maître, comédie en prose, en un acte, de *Lesage* (mardi 15 mars).
— La Femme, fille et veuve, comédie en vers, en un acte, de *Le Grand* (jeudi 26 mai).
— Danaé *ou* Jupiter Crispin, comédie en vers libres, en un acte, précédée d'un prologue aussi en vers libres, de *La Font* (lundi 4 juillet).
— Le Faux Instinct, comédie en trois actes, en prose, de *Du Fresny* (mardi 2 août).
— Le Diable boiteux, comédie en prosé, en un acte, avec un divertissement, précédée d'un prologue aussi en prose, de *Dancourt* (samedi 8 octobre).
— Le Second Chapitre du Diable boiteux, comédie en prose, en deux actes, avec un divertissement, précédée d'un prologue aussi en prose, de *Dancourt* (jeudi 20 octobre).
— La Trahison punie, comédie en vers, en cinq actes, de *Dancourt* (lundi 28 novembre).
— Les Tyndarides, tragédie de *Danchet* (jeudi 16 décembre).
1708. Le Légataire universel, comédie en cinq actes et en vers de *Regnard* (lundi 9 janvier).
— La Critique du Légataire universel. comédie en un acte et en prose de *Regnard* (jeudi 19 février).
— Le Jaloux honteux, comédie en cinq actes et en prose de *Du Fresny* (mardi 6 mars)
— Madame Artus, comédie en cinq actes et en vers de *Dancourt* (mardi 8 mai).
— L'Amour diable, comédie en un acte et en vers, avec un divertissement de *Le Grand* (samedi 30 juin).
— Electre, tragédie de *Crébillon* (vendredi 14 décembre).
1709. Turcaret, comédie en prose, en cinq actes, de *Lesage* (jeudi 14 février).
— Hérode, tragédie de l'*abbé Nadal* (vendredi 15 février).
— La Famille extravagante, comédie en un acte et en vers, avec un divertissement, de *Le Grand* (vendredi 7 juin).
— L'Amant masqué, comédie en un acte, en prose, avec un divertissement, non imprimée, de *Du Fresny* (jeudi 8 août).
— La Foire Saint-Laurent, comédie en un acte et en vers, avec un divertissement, de *Le Grand* (mardi 10 septembre).
— La Joueuse, comédie en cinq actes et en prose, avec un divertissement, de *Du Fresny* (mardi 22 octobre).
— La Mort de César, tragédie de l'*abbé Pellegrin* et de *mademoiselle Barbier* (mardi 26 novembre).
— Le Jaloux désabusé, comédie en cinq actes et en vers de *Campistron* (vendredi 13 décembre).
1710. Le Naufrage *ou* la Pompe funèbre de Crispin, comédie en un acte, en vers, avec un divertissement, de *La Font* (samedi 14 juin).
— La Comédie des Comédiens *ou* l'Amour charlatan, comédie en trois actes et en prose, avec trois divertissements, de *Dancourt* (mardi 5 août).

— Les Agioteurs, comédie en trois actes et en prose de *Dancourt* (vendredi 26 septembre).

— Le Curieux impertinent, comédie en cinq actes et en vers de *Destouches* (lundi 17 novembre).

— Joseph, tragédie tirée de l'Écriture sainte, de *l'abbé Genest* (vendredi 19 décembre).

1711. Rhadamiste et Zénobie, tragédie de *Crébillon* (vendredi 23 janvier).

Interruption des spectacles depuis le mercredi 15 avril jusqu'au lundi 12 mai suivant, inclusivement, à cause de la mort de monseigneur le Dauphin.

— Les Amants ridicules, comédie en un acte et en vers, non imprimée, de *Le Grand* (lundi 7 juin).

— L'Épreuve réciproque, comédie en un acte et en prose, de *Le Grand* et *Alain* (mardi 6 octobre).

— Céphale et Procris, comédie en trois actes et en vers libres, avec trois intermèdes et un prologue de *Dancourt* (mardi 27 octobre).

1712. L'Ingrat, comédie en cinq actes et en vers de *Néricault Destouches* (jeudi 28 janvier).

Interruption des spectacles depuis le samedi 13 février jusqu'à la clôture du théâtre, à cause de la mort de madame la Dauphine, de celle de monseigneur le Dauphin et du jeune Dauphin.

— Absalon, tragédie tirée de l'Écriture sainte, de *Duché de Vancy* (jeudi 7 avril).

— La Métamorphose amoureuse, comédie en un acte et en prose de *Le Grand* (samedi 6 juillet).

— La Fille valet, comédie en trois actes et en vers non imprimée, d'*Abeille* (lundi 5 septembre).

— L'Amour vengé, comédie en un acte et en vers de *La Font* (vendredi 14 octobre).

— Sancho Pança gouverneur, comédie en cinq actes et en vers, avec un divertissement, de *Dancourt* (mardi 15 novembre).

1713. L'Irrésolu, comédie en cinq actes et en vers de *Néricault Destouches* (lundi 15 janvier).

— Cornélie vestale, tragédie de *Fuselier* (vendredi 27 janvier).

— Ino et Mélicerte, tragédie de *Chancel de la Grange* (vendredi 10 mars).

— La Fille supposée, comédie en trois actes et en vers non imprimée, de *Chancel de la Grange* (jeudi 11 mai).

— L'Impromptu de Surène, comédie en un acte, en prose, avec un divertissement et un prologue en vers lyriques, de *Dancourt* (mercredi 24 mai).

— Les Trois Frères rivaux, comédie en un acte et en vers de *La Font* (vendredi 4 août).

— L'Usurier gentilhomme, comédie en un acte et en prose, avec un divertissement, de *Le Grand* (lundi 11 septembre).

1714. Xerxès, tragédie de *Crébillon* (mardi 7 février).

— Jonathas, tragédie de *Duché de Vancy* (lundi 26 février).

— Habis, tragédie de *madame de Gomez* (mardi 17 avril).

Interruption des spectacles depuis le jeudi 4 mai, jusqu'au mercredi 17 du même mois inclusivement, à cause de la mort de monseigneur le duc de Berry.

1714. Les Rivaux d'eux-mêmes, comédie en un acte, d'un auteur *anonyme*, non imprimée (lundi 27 août).

— Les Fêtes Nocturnes du Cours, comédie en prose et en un acte, avec un divertissement et un prologue en vers lyriques et en musique, de *Dancourt* (mercredi 5 septembre).

— Les Captifs, comédie en vers libres, en trois actes, avec des divertissements et un prologue aussi en vers libres, non imprimée, de *M. Roy* (vendredi 28 septembre).

— Le Vert Galant, comédie en un acte, en prose, avec un divertissement, de *Dancourt* (mercredi 24 octobre).

— Mahomet Second, tragédie de *Châteaubrun* (mardi 13 novembre).

1715. Caton d'Utique, tragédie de *Deschamps* (vendredi 25 janvier).

— Le Médisant, comédie en cinq actes et en vers de *Néricault Destouches* (mardi 23 février).

— La Coquette de village *ou* le Lot supposé, comédie en trois actes et en vers de *Du Fresny* (lundi 27 mai).

— La Fausse Veuve *ou* le Jaloux sans jalousie, comédie en prose et en un acte, non imprimée, de *Néricault Destouches* (samedi 20 juillet).

Interruption des spectacles depuis le jeudi 29 août jusqu'au lundi 30 septembre inclusivement, à cause de la maladie et de la mort du roi Louis XIV.

— Le Cadet de Gascogne, comédie en un acte, non imprimée, d'un auteur *anonyme* (vendredi 11 octobre).

— Marius, tragédie de *De Caux* (vendredi 15 novembre).

1716. Sémiramis, tragédie de *madame de Gomez* (samedi 7 février).

— Athalie, tragédie de Racine, jouée sur le Théâtre-Français (le jeudi 3 mars).

— La Guinguette de la Finance, comédie en prose et en un acte, avec un divertissement et un prologue, non imprimée, de *Dancourt* (mardi 19 mai).

— Le Triple Mariage, comédie en un acte, avec un divertissement, de *Néricault Destouches* (mardi 7 juillet).

— L'Aveugle clairvoyant, comédie en un acte et en vers de *Le Grand* (vendredi 18 septembre).

Bals publics donnés sur le théâtre de la Comédie-Française, le dimanche 27 décembre, etc.

— Sophonisbe, tragédie de *Chancel de la Grange*, non imprimée (mardi 10 novembre).

— Le Bourgeois gentilhomme, comédie-ballet en prose et en cinq actes de *Molière*, représentée par l'Académie royale de musique, et les comédiens du roi, sur le théâtre du Palais-Royal le mercredi 30 décembre.

1717. Sémiramis, tragédie de *Crébillon* (samedi 10 avril).

— Le Prix de l'Arquebuse, comédie en un acte et en prose, avec un divertissement, de *Dancourt* (vendredi 1er octobre).

— Obstacle imprévu *ou* l'Obstacle sans obstacle, comédie en cinq actes et en prose de *Néricault Destouches* (lundi 18 octobre).

— Antiochus et Cléopâtre, tragédie de *Deschamps* (vendredi 29 octobre).

— Cléarque, tyran d'Héraclée, tragédie de *madame de Gomez* (dimanche 28 novembre).

1717. La Métempsycose des Amours *ou* les Dieux Comédiens, comédie en trois actes, en vers libres, avec trois divertissements et un prologue aussi en vers libres, et suivie d'un divertissement, de *Dancourt* (lundi 17 décembre).

1718. Artaxare, tragédie de l'*abbé Pellegrin* (mardi 3 mai).

— Iphigénie, avec quelque chose d'extraordinaire (vendredi 9 septembre).

— L'École des Amants, comédie en trois actes et en vers de *Jolly* (mardi 18 octobre).

— OEdipe, tragédie de *Voltaire* (vendredi 18 novembre).

— Le Roi de Cocagne, comédie en vers libres, en trois actes, avec trois intermèdes et un prologue aussi en vers libres, de *Le Grand* (samedi 31 décembre).

1719. Electre, tragédie de *Longepierre* (mercredi 22 février).

— La Réconciliation Normande, comédie en cinq actes et en vers de *Du Fresny* (mardi 7 mars).

— Le Dédit, comédie en un acte et en vers de *Du Fresny* (vendredi 12 mai).

— Le Faucon, comédie en un acte et en vers, de l'*abbé Pellegrin* et de la *demoiselle Barbier* (vendredi 7 septembre).

— Momus fabuliste *ou* les Noces de Vulcain, comédie en un acte et en prose, avec un divertissement, de *Fuselier* (mardi 26 septembre).

— Les Héraclides, tragédie de *Danchet* (vendredi 29 décembre).

1720. Plutus, comédie en vers et en trois actes de *Le Grand* (jeudi 7 février).

— Artémire, tragédie de *Voltaire*, non imprimée (jeudi 15 février).

— L'Inconnu, comédie en cinq actes et en vers de *Thomas Corneille*; premier ballet dansé par Sa Majesté, dans son palais des Tuileries, le samedi 24 février.

— La Comtesse de Follenville, comédie en un acte et en prose, non imprimée, de l'*abbé Carcavi* (vendredi 11 octobre).

— Le Père intéressé *ou* les Vrais Amis, comédie en cinq actes et en vers de l'*abbé Pellegrin*, sous le nom du chevalier *Pellegrin*, non imprimée (mardi 29 novembre).

— Annibal, tragédie de *Marivaux* (lundi 16 décembre).

— Les Folies de Cardénio, pièce héroï-comique, en trois actes et en prose, avec un prologue et des divertissements, de *Coypel*; deuxième ballet dansé par le roi dans son château des Tuileries (le lundi 30 décembre).

1721. Le Mariage fait et rompu, comédie en trois actes et en vers de *Du Fresny* (vendredi 14 février).

— Les Machabées, tragédie de *La Motte* (jeudi 6 mars).

— Esther, tragédie de *Racine*, jouée sur le Théâtre-Français (jeudi 8 mai)

— Pandore, comédie en un acte et en vers, avec un divertissement, non imprimée, de *Saint-Foix* (vendredi 13 juin).

Réjouissances pour le rétablissement de la santé du roi (vendredi 8 août).

— La Rivale d'elle-même, comédie en un acte et en prose de *Boissy* (vendredi 19 septembre).

— Cartouche, comédie en trois actes et en prose de *Le Grand* (mardi 21 octobre).

1721. Egisthe, tragédie de *Séguineau* et *Pralard*, non imprimée (mardi 18 novembre).

— La Vengeance de l'Amour, comédie en cinq actes et en vers, non imprimée, de *Jolly* (jeudi 14 décembre).

1722. Romulus, tragédie de *La Motte* (8 janvier).

— Le Nouveau Monde, comédie en trois actes en vers de *l'abbé Pellegrin* (11 septembre).

1723. Inez de Castro, tragédie de *La Motte* (6 avril).

— Hérode et Mariamne, tragédie de *Voltaire* (10 avril).

1724. Le Dénouement imprévu, comédie en un acte en prose de *Marivaux* (2 décembre).

— L'Isle de la Raison, comédie en trois actes en prose, avec prologue, du *même*.

1725. Le Babillard, comédie de *Boissy* (16 juin).

— L'Indiscret, comédie de *Voltaire* (18 août).

1726. La Chasse du Cerf, comédie-ballet en trois actes et un prologue en prose de *Le Grand*.

1727. Le Philosophe marié, comédie en cinq actes et en vers de *Destouches* (15 février).

— L'Envieux *ou* la Critique du Philosophe marié, comédie en un acte et en prose du *même*.

— Le Français à Londres, comédie en cinq actes de *Boissy* (3 juillet).

— La Deuxième Surprise de l'Amour, comédie en trois actes en prose de *Marivaux* (21 décembre).

1728. Les Fils ingrats *ou* l'École des Pères, comédie en cinq actes et en vers de *Piron* (21 octobre).

1729. L'Impertinent malgré lui, comédie en cinq actes et en vers (14 mai).

— Les Philosophes amoureux, comédie en cinq actes en vers de *Destouches* (26 novembre).

1730. Brutus, tragédie de *Voltaire* (11 décembre).

— Les Jeux de l'Amour et du Hasard, comédie en trois actes en prose de *Marivaux*, jouée au Théâtre-Italien.

1731. L'École des Amants, comédie en trois actes et en vers de *François Jolly* (18 octobre 1718).

— La Réunion des Amours, comédie héroïque en un acte en prose de *Marivaux* (5 novembre).

— Le Chevalier Bayard, comédie héroïque en cinq actes en vers de *Jacques Autreau* (25 novembre).

1732. Le Glorieux, comédie en cinq actes et en vers de *Destouches* (18 janvier).

— Les Serments indiscrets, comédie en cinq actes en prose de *Marivaux* (8 juin).

— Le Procès des Sens, comédie en un acte en vers de *Louis Fuselier* (16 juin).

— Les Abdérites, comédie en un acte et en vers, avec prologue, de *Moncrif* (représentée au Palais-Bourbon, 26 juillet).

— Zaïre, tragédie de *Voltaire* (13 août).

— Le Complaisant, comédie en cinq actes en prose de *Pont de Veyle* (29 décembre).

1733. Gustave Wasa, tragédie de *Piron* (7 janvier).
— La Fausse Antipathie, comédie en trois actes en vers, avec prologue, de *La Chaussée* (2 octobre).
— L'Impromptu de campagne, comédie en un acte et en vers de *Philippe Poisson* (21 décembre).
1734. La Critique de la Fausse Antipathie, comédie en un acte en vers libres de *La Chaussée* (11 mars).
— Didon, tragédie en cinq actes de *Lefranc de Pompignan* (21 juin).
— Le Petit-Maître corrigé, comédie en trois actes en prose de *Marivaux*.
— La Pupille, comédie en un acte en prose de *Fagan* (5 juillet).
1735. Le Préjugé à la mode, comédie en cinq actes en vers de *La Chaussée* (3 février).
— La Magie de l'Amour, comédie pastorale en un acte en vers de *Jacques Autreau* (9 mai).
1736. Alzire, tragédie de *Voltaire* (27 janvier).
— L'Enfant Prodigue, comédie de *Voltaire* (10 octobre).
— Le Legs, comédie en un acte en prose de *Marivaux*.
— Les Fausses Confidences, comédie en trois actes de *Marivaux*, jouée au Théâtre-Italien.
1737. L'École des Amis, comédie en cinq actes en vers de *La Chaussée* (25 février).
— L'Ambitieux et l'Indiscrète, comédie en cinq actes en vers de *Destouches* (14 juin).
— Les Caractères de Thalie, comédie en prose de *Fagan*, en trois actes, précédée d'un prologue et suivie d'un divertissement en vers : le premier acte est l'Inquiet; le deuxième, l'Étourderie; le troisième, les Originaux (18 juillet).
1738. La Métromanie, comédie en cinq actes en vers d'*Alexis Piron* (10 janvier).
— Le Pouvoir de la Sympathie, comédie en trois actes et en vers de *Boissy* (5 juillet).
— Le Consentement forcé, comédie en un acte en prose de *Guyot de Merville* (13 août).
1739. Mahomet Second, tragédie de *Lanoue* (23 février).
1740. Édouard III, tragédie de *Gresset* (22 janvier).
— Les Dehors trompeurs *ou* l'Homme du jour (19 février).
— L'Oracle, comédie en un acte en prose de *Saint-Foix* (22 mars).
1741. Mélanide, comédie en cinq actes en vers de *La Chaussée* (12 mai).
— La Belle Orgueilleuse *ou* l'Enfant gâté, comédie en un acte en vers de *Destouches* (17 août).
— L'Amour usé, comédie en cinq actes en prose du *même*.
1742. Amour pour Amour, comédie en trois actes en vers libres, avec divertissement (16 février).
— Le Fanatisme *ou* Mahomet, tragédie de *Voltaire* (9 août).
1743. Mérope, tragédie de *Voltaire* (20 février).
1744. Fernand Cortès, tragédie d'*Alexis Piron* (6 janvier).
— L'Embarras du Choix, comédie en cinq actes en vers de *Boissy* (9 mars).
— L'École des Mères, comédie en cinq actes en vers de *La Chaussée* (27 avril).

1744. Les Grâces, comédie en un acte en prose de *Saint-Foix* (23 juillet).
— La Dispute, comédie en un acte en prose (19 octobre).
1745. Sidney, comédie en trois actes en vers de *Gresset* (3 mai).
1746. La Coquette fixée, comédie en trois actes en vers de *Voisenon* (Théâtre-Italien, 10 mars).
— Le Préjugé vaincu, comédie en un acte en prose de *Marivaux* (6 août).
— Julie *ou* l'Heureuse Épreuve, de *Saint-Foix*, comédie en un acte en prose (20 octobre).
1747. La Gouvernante, comédie en cinq actes en vers (18 janvier).
— Le Méchant, comédie en cinq actes en vers de *Gresset* (15 avril).
1748. Nanine *ou* le Préjugé vaincu, comédie de *Voltaire* (17 juillet).
— Denys le Tyran, tragédie de *Marmontel* (5 février).
— Sémiramis, tragédie de *Voltaire* (29 août).
1749. Aristomène, tragédie de *Marmontel* (30 avril).
1750. Oreste, tragédie de *Voltaire* (12 janvier).
— La Force du Naturel, comédie en cinq actes en prose de *Destouches* (11 février).
— Cléopâtre, tragédie de *Marmontel* (20 mai).
— La Double Extravagance, comédie en trois actes en vers de *Bret* (27 juillet).
— La Colonie, comédie en trois actes en prose, avec prologue, de *Saint-Foix* (25 octobre).
1751. Cénie, pièce dramatique en cinq actes en prose de *madame de Graffigny* (25 juin).
1752. Rome sauvée *ou* Catilina, tragédie de *Voltaire* (24 février).
— Les Héraclides, tragédie de *Marmontel* (24 mai).
— Amélie *ou* le Duc de Foix, tragédie de *Voltaire* (17 août).
— Narcisse *ou* l'Amant de lui-même, comédie en un acte en prose de *Jean-Jacques Rousseau* (18 octobre).
1753. Épicharis *ou* la Mort de Néron, tragédie du *marquis de Ximenès* (2 janvier).
— Le Dissipateur, comédie en cinq actes et en vers de *Destouches* (21 mars; cette pièce avait été représentée en province en 1737).
1754. Amalazonte, tragédie du *marquis de Ximenès* (30 mai).
1755. La Mort de Lescombat, tragédie *anonyme* en trois actes en vers, imprimée à La Haye.
— L'Engouement, la Mode, comédies non représentées de *madame de Staal*.
1756. Le Tremblement de terre de Lisbonne, tragédie non représentée du *perruquier André*.
1757. La Coquette corrigée, comédie en cinq actes en vers de *Lanoue* (23 février).
— Iphigénie en Tauride, tragédie de *Guymond de La Touche* (4 juin).
1758. La Femme qui a raison, de *Voltaire*, représentée sur le théâtre de Carouge, près de Genève.
— Astarbé, tragédie de *Colardeau* (27 février).
— Hypermnestre, tragédie de *Lemierre* (31 août).

1759. La Fausse Agnès *ou* le Poëte campagnard, comédie en trois actes en prose de *Destouches* (10 mars).

1760. Les Philosophes, comédie en trois actes en vers de *Palissot* (20 juin).

— Spartacus, tragédie de *Saurin* (20 février).

— Le Café *ou* l'Écossaise, comédie de *Voltaire* (20 juillet).

— Tancrède, tragédie de *Voltaire* (3 septembre).

— Les Mœurs du Temps, comédie en un acte en prose de *Saurin* (22 octobre).

— Caliste, tragédie de *Colardeau* (12 novembre).

— Le Père de Famille, comédie en cinq actes en prose de *Diderot*, pièce imprimée en 1758.

1761. Clytemnestre, tragédie non représentée du *comte de Lauraguais*.

1762. Le Tambour Nocturne, comédie en cinq actes en prose, traduite de l'Anglais (18 octobre, représentée après la mort de l'auteur).

— Heureusement, comédie en un acte en vers de *Rochon de Chabannes* (2 novembre).

1763. Dupuis et Desronais, comédie en vers en trois actes de *Collé* (17 janvier).

— Blanche et Guiscard, tragédie de *Saurin* (26 septembre).

— Le Comte de Warwick, tragédie de *La Harpe* (7 novembre).

1764. L'Amateur, comédie en un acte en vers libres de *Barthe* (mars).

— Olympie, tragédie de *Voltaire* (17 mars).

— Timoléon, tragédie de *La Harpe* (1er août).

1765. Le Siége de Calais, tragédie de *de Belloy* (13 février).

— Le Tuteur dupé, comédie en cinq actes en prose de *Cailhava*.

— Le Philosophe sans le savoir, comédie en cinq actes en prose de *Sedaine* (2 décembre).

1766. Gustave Wasa, tragédie de *La Harpe* (3 mars).

— La Partie de Chasse d'Henri IV, comédie en trois actes en prose (4 février).

— Guillaume Tell, tragédie de *Lemierre* (17 décembre).

1767. Eugénie, drame en cinq actes en prose de *Beaumarchais* (25 juin).

1768. Beverley, tragédie bourgeoise imitée de l'anglais, en vers libres, de *Saurin* (7 mai).

— La Gageure imprévue, comédie en un acte en prose de *Sedaine* (27 mai).

1769. Hamlet, tragédie en cinq actes de *Ducis*.

1770. Le Marchand de Smyrne, comédie en un acte en prose de *Champfort* (26 janvier).

1771. Le Bourru bienfaisant, comédie en trois actes de *Goldoni* (4 novembre).

1772. Le Faux Ami, drame en trois actes de *Mercier*.

1774. Les Amants généreux, comédie en cinq actes en prose de *Rochon de Chabannes* (13 octobre).

— Le Juge, drame en trois actes en prose de *Mercier*.

1775. Le Barbier de Séville, comédie en quatre actes en prose de *Beaumarchais* (23 janvier).

— La Brouette du Vinaigrier, drame en trois actes en prose de *Mercier*.

1777. Le Fils naturel, de *Diderot*, imprimé en 1757.
— L'Amant bourru, comédie en trois actes en vers de *Monvel* (14 août).
1778. Irène, tragédie de *Voltaire*.
— Œdipe chez Admète, tragédie de *Ducis*.
— L'Impatient, comédie en un acte en prose de *M. Lantier* (3 septembre).
1779. Les Deux Frères, comédie en quatre actes en prose, traduite de *Kotzebuë* et arrangée pour la scène française par *Patrat* (29 juillet).
1781. Jenneval ou le Barnevelt français, drame en cinq actes en prose de *Mercier* (Théâtre-Italien).
1782. Le Déserteur, drame en cinq actes en prose de *Mercier* (juin).
— Tom Jones à Londres, comédie en cinq actes en vers de *Desforges* (Théâtre-Italien, 22 octobre).
— Anaximandre *ou* le Sacrifice aux Grâces, comédie en un acte en vers de dix syllabes d'*Andrieux* (20 décembre).
— L'Indigent, drame en quatre actes en prose de *Mercier* (Théâtre-Italien).
1783. Le Roi Léar, tragédie de *Ducis*.
1784. Le Mariage de Figaro, comédie en cinq actes en prose de *Beaumarchais* (27 avril).
— Macbeth, tragédie de *Ducis*.
1785. La Femme jalouse, comédie en cinq actes en vers de *Desforges* (Théâtre-Italien, 15 février).
1786. Virginie, tragédie de *La Harpe* (11 juillet).
— Le Mariage secret, comédie en trois actes en vers de *Desfaucherets* (10 mars).
— Guerre ouverte ou Ruse contre Ruse, comédie en trois actes de *Dumaniant* (Théâtre du Palais-Royal, 4 octobre).
1787. La Nuit aux Aventures, comédie en trois actes en prose de *Dumaniant* (Théâtre du Palais-Royal, 7 février).
— L'École des Pères, comédie en cinq actes en vers de *M. Pieyre* (1er juin).
— Tom Jones et Fellamar, suite de Tom Jones à Londres, comédie en cinq actes en vers de *Desforges* (Théâtre-Italien, 17 avril).
— Les Étourdis *ou* le Mort supposé, comédie en trois actes en vers d'*Andrieux* (4 décembre).
1788. Méléagre, tragédie de *Lemercier*.
— L'Entrevue, comédie en un acte en vers de *Vigié* (6 décembre).
1789. Les Deux Pages, comédie en deux actes en prose de *Dezède* (27 mars).
— Le Pessimiste *ou* l'Homme mécontent de tout, comédie en un acte et en vers de *Pigault-Lebrun* (21 mars).
— Charles IX *ou* la Saint-Barthélemy, tragédie de *Marie-Joseph Chénier* (4 novembre).
1790. L'Honnête Criminel, drame en cinq actes en vers de *Fenouillot de Falbaire* (4 janvier).
— Les Présomptueux, comédie en cinq actes en vers de *Fabre d'Églantine* (20 février).
— L'Amour et la Raison, comédie en un acte en prose de *Pigault-Lebrun* (30 octobre).

1791. Henri VIII, tragédie en cinq actes en vers de *Marie-Joseph Chénier* (27 avril).

— Marius à Minturnes, tragédie en trois actes de *M. Arnault père* (19 mai).

— Mélanie, drame en trois actes en vers de *La Harpe*, imprimé en 1770.

— Jean Calas *ou* l'École des Juges, drame en cinq actes en vers de *Chénier* (6 juillet).

1792. Lovelace, comédie de *Lemercier*.

— Othello, tragédie de *Ducis* (26 novembre).

— Robert, chef de Brigands, drame en cinq actes en prose, imité de l'allemand, par *M. Lamartellière* (Théâtre du Marais).

— La Belle Fermière, comédie en trois actes en prose de *mademoiselle Candeille* (27 décembre).

1793. L'Ami des Lois, comédie en cinq actes en vers de *Laya* (2 janvier).

— Le Conteur *ou* les deux Postes, comédie en trois actes en prose de *Picard* (4 février).

— Fénelon, tragédie en cinq actes en vers de *Marie-Joseph Chénier* (9 février).

— La Mort d'Abel, tragédie en trois actes de *Legouvé* (6 mars).

— Le Jaloux malgré lui, comédie en un acte en vers de *Delrieu* (3 avril)

— Le Cousin de tout le monde, comédie en un acte en prose de *Picard* (Théâtre des Variétés, 22 juillet).

1794. Épicharis et Néron, tragédie en cinq actes de *Legouvé* (5 février).

1795. Le Lévite d'Éphraïm, tragédie de *Lemercier*.

— Le Tartufe révolutionnaire, comédie du *même*.

— Abufar *ou* la Famille arabe, tragédie en quatre actes de *Ducis* (12 avril).

— Paméla *ou* la Vertu récompensée, comédie en cinq actes en vers de *François de Neufchâteau* (1er août).

1796. La Jeunesse du duc de Richelieu *ou* le Lovelace français, drame en cinq actes en prose d'*Alexandre Duval*.

— Oscar, tragédie de *M. Arnault père* (Théâtre de la République, 2 juin).

— Les Héritiers, comédie en un acte en prose d'*Alexandre Duval* (Théâtre de la République, 29 novembre).

1797. Agamemnon, tragédie de *Lemercier* (Théâtre de la République, 24 avril).

— La Prude, comédie du *même*.

— La mère coupable, drame en cinq actes en prose de *Beaumarchais* (5 mai).

— Médiocre et Rampant, comédie en cinq actes en vers de *Picard* (19 juillet).

— L'Original, comédie en un acte en vers d'*Hoffman*.

1798. Falkland *ou* la Conscience, drame en cinq actes en prose de *Laya* (25 mai).

— Les Projets de Mariage, comédie en un acte en prose d'*Alexandre Duval* (Théâtre Feydeau, 5 août).

— Blanche et Moncassin, tragédie de *M. Arnault père* (16 octobre).

— Les Rivaux d'eux-mêmes, comédie en un acte en prose de *Pigault-Lebrun* (9 août, au théâtre de la Cité-Variétés).

1799. Les Voisins, comédie en un acte en prose de *Picard* (Théâtre de la Cité, 9 juillet).

— Étéocle, tragédie en cinq actes de *Legouvé* (19 octobre).

— Ophis, tragédie de *Lemercier*.

— Les Tuteurs vengés, comédie en trois actes en vers d'*Alexandre Duval* (7 décembre).

— L'Abbé de l'Épée, drame en cinq actes en prose de *Bouilly* (14 décembre).

— Le Collatéral *ou* la Diligence à Joigny, comédie en cinq actes en prose de *Picard* (Théâtre Feydeau, 6 novembre).

— Misanthropie et Repentir, drame en cinq actes de *Kotzebue*, arrangé pour la scène française par *madame Molé*.

1800. Pinto *ou* la Journée d'une Conspiration, comédie historique en cinq actes et en prose de *Lemercier* (22 mars).

— Caroline *ou* le Tableau, comédie en un acte de *M. Roger* (4 octobre).

1801. La Petite Ville, comédie en quatre actes en prose de *Picard* (Théâtre Louvois, 18 mai).

— Le Confident par hasard, comédie en un acte en vers de *M. Faur* (6 août).

— Défiance et Malice, comédie en un acte en vers de *M. Dieu-la-Foy* (4 septembre).

1802. Les Provinciaux à Paris, comédie en quatre actes en prose de *Picard* (Théâtre Louvois, 11 janvier).

— Édouard en Écosse *ou* la Nuit d'un Proscrit, drame historique en trois actes en prose d'*Alexandre Duval* (9 juin).

— Le Portrait de Michel Cervantes, comédie en trois actes en prose de *M. Dieu-la-Foy* (Théâtre Louvois, 8 septembre).

1803. Le Séducteur amoureux, comédie en trois actes en vers de *M. Longchamps* (24 janvier).

— La Prison militaire *ou* les trois Prisonniers, comédie en cinq actes de *M. Dupaty* (Théâtre Louvois, 18 juillet).

— M. Musard *ou* Comme le temps passe, comédie en un acte en prose de *Picard* (Théâtre Louvois, 23 novembre).

— Le Roman d'une heure, comédie en un acte en prose d'*Hoffman*.

1804. Shakespeare amoureux, comédie en un acte en prose d'*Alexandre Duval* (Théâtre de la République, 2 janvier).

— Les Tracasseries, comédie en quatre actes en prose de *Picard* (Théâtre Louvois, 25 juin).

— Molière avec ses amis, comédie en un acte en vers d'*Andrieux* (5 juillet).

— La Jeune Femme colère, comédie en un acte en prose de *M. Étienne* (Théâtre Louvois, 20 octobre).

— Le Susceptible, comédie en un acte en prose de *Picard* (Théâtre Louvois, 27 décembre).

1805. Le Tyran domestique, comédie en cinq actes en vers d'*Alexandre Duval* (16 février).

— Le Menuisier de Livonie, comédie en trois actes d'*Alexandre Duval* (Théâtre Louvois, 9 mai).

— Le Tartufe de mœurs, comédie en cinq actes en vers de *Chéron* (4 avril).

1805. Madame de Sévigné, comédie en trois actes en prose de *Bouilly* (6 juin).
— Les Filles à marier, comédie en trois actes en prose de *Picard* (Théâtre Louvois, 11 décembre).
1806. L'Avocat, comédie en trois actes en vers de *M. Roger* (12 mars).
— Les Marionnettes *ou* le Jeu de la Fortune, comédie en cinq actes en prose de *Picard* (Odéon, 14 mai).
— La Jeunesse d'Henri V, comédie en trois actes en prose d'*Alexandre Duval* (9 juin).
— Omasis *ou* Joseph en Égypte, tragédie de *Baour-Lormian* (14 septembre).
— La Manie de briller, comédie en trois actes en prose de *Picard* (Odéon, 23 septembre).
— M. Beaufils, comédie en un acte en prose de *M. de Jouy* (Odéon, 14 octobre).
1807. Les Ricochets, comédie en un acte en prose de *Picard* (Odéon, 15 janvier).
— Brueys et Palaprat, comédie en un acte en vers de *M. Étienne* (28 novembre).
— Le Mariage de M. Beaufils, comédie en un acte en prose de *M. de Jouy*.
1808. Plaute *ou* la Comédie latine, comédie de *Lemercier* (20 février).
— L'Assemblée de Famille, comédie en cinq actes en vers de *M. Riboutté* (26 février).
— La Tapisserie, comédie-folie en un acte en prose d'*Alexandre Duval* (1er mars).
— Artaxerce, tragédie de *Delrieu* (30 avril).
— Le Vieil Amateur, prologue en vers pour l'ouverture de l'Odéon, d'*Alexandre Duval* (15 juin).
— Baudoin empereur, tragédie de *Lemercier*.
1809. Hector, tragédie de *Luce de Lancival* (1er février).
— Christophe Colomb, comédie historique en vers de *Lemercier* (17 mars).
— Le Secret du Ménage, comédie en trois actes en vers de *Creusé de Lesser* (25 mai).
— Les Oisifs, comédie en un acte en prose de *Picard* (Odéon, 30 octobre).
— Le Faux Stanislas, comédie en trois actes en prose d'*Alexandre Duval* (Odéon, 28 novembre).
1810. Brunehaut *ou* les Successeurs de Clovis, tragédie de *M. Aignan* (24 février).
— Le Retour d'un Croisé, comédie en un acte en prose d'*Alexandre Duval* (Odéon, 27 février).
— Les deux Gendres, comédie en cinq actes en vers de *M. Étienne* (11 août).
1811. Mahomet II, tragédie de *Baour-Lormian* (9 mars).
— Le Faux Paysan, comédie en trois actes en vers libres de *M. Planard* (10 décembre).
1812. Célestine et Faldoni *ou* les Amants de Lyon, drame historique en trois actes en prose de *M. Hapdé* (16 juin, Odéon).
— Le ci-devant Jeune Homme, comédie en un acte en prose de *MM. Merle et Brazier*.

1813. Tippo-Saeb, tragédie de *M. de Jouy* (27 janvier).
— La Suite d'un Bal masqué, comédie en un acte en prose de *madame Bawr* (9 avril).
— Ninus, tragédie de *M. Brifaut* (19 avril).
— La Mère supposée, comédie en trois actes en vers de *M. Planard* (22 septembre).

1814. L'Hôtel Garni ou la Leçon singulière, comédie en un acte en vers de *MM. Désaugiers* et *Gentil* (23 mai).
— Une Journée à Versailles, comédie en trois actes en prose de *Georges Duval* (Odéon, 20 décembre).

1816. Charlemagne, tragédie en cinq actes de *Lemercier* (27 juin).
— Les deux Philibert, comédie en trois actes en prose de *Picard* (Odéon, 10 août).
— Le Médisant, comédie en trois actes en vers de *M. Gosse* (23 septembre).

1817. Germanicus, tragédie de *M. Arnault père* (22 mars).
— Le capitaine Belronde, comédie en trois actes en prose de *Picard* (4 mars).
— Vauglas *ou* les Anciens Amis, comédie en cinq actes en prose du *même* (Odéon, 28 août).
— La Manie des Grandeurs, comédie en cinq actes en vers d'*Alexandre Duval* (21 octobre).
— L'Homme gris, comédie en trois actes en prose de *MM. d'Aubigny* et *Poujol* (Odéon, 23 septembre).
— L'Esprit de Parti, comédie en trois actes et en vers de *MM. Bert et O. Leroy* (22 novembre).

1818. La Jeune Veuve, comédie en un acte de *Delrieu* (21 mai).
— La Famille Glinet, comédie en cinq actes en vers de *M. Merville* (Théâtre Favart, 18 juillet).
— Le Chevalier d'Industrie, comédie en cinq actes en vers d'*Alexandre Duval* (4 août).
— Un Tour de Faveur, comédie en un acte en vers de *MM. Henri de Latouche* et *Émile Deschamps* (Second Théâtre-Français, 23 novembre).
— La Fille d'Honneur, comédie en cinq actes et en vers d'*Alexandre Duval* (30 décembre).

1819. Jeanne d'Arc à Rouen, tragédie en cinq actes de *d'Avrigny* (4 mai).
— Saint Louis, tragédie de *Lemercier*.
— L'Irrésolu, comédie en un acte en vers de *M. Onésime Leroy* (15 juillet).
— Les Vêpres Siciliennes, tragédie de *M. Casimir Delavigne* (Odéon, 23 octobre).
— Louis IX, tragédie de *M. Ancelot* (5 novembre).
— Un Moment d'imprudence, comédie en trois actes en prose de *Wafflard* et *Fulgence* (Second Théâtre-Français, 1er décembre).
— Le Marquis de Pomenars, comédie en un acte en prose de *madame Sophie Gay* (18 décembre).

1820. Marie Stuart, tragédie de *Pierre Lebrun* (6 mars).
— Conradin et Frédéric, tragédie de *M. Liadières* (Second-Théâtre-Français, 12 avril).

1820. Démétrius, tragédie de *Delrieu* (18 mai).
— Le Folliculaire, comédie en cinq actes en vers de *M. Delaville de Mirmont* (6 juin).
— Clovis, tragédie en cinq actes de *M. Viennet* (19 octobre).
— La Démence de Charles VI, tragédie de *Lemercier*, non représentée.

1821. Le Mari et l'Amant, comédie en un acte en prose de *M. Vial* (13 février).
— Le Voyage à Dieppe, comédie en trois actes en prose de *Waflard* et *Fulgence* (Second-Théâtre-Français, 1^er^ mars).
— Frédégonde et Brunehaut, tragédie de *Lemercier* (Second-Théâtre-Français, 27 mars).
— Oreste, tragédie de *M. Mély-Janin* (16 juin).
— La Mère rivale, comédie en trois actes en vers de *M. Casimir Bonjour* (4 juillet).
— Jean-sans-Peur, tragédie de *M. Liadières* (15 septembre).
— Louis IX en Égypte, tragédie de *Lemercier* (Second-Théâtre-Français).
— Les deux Candidats *ou* une Veille d'Élection, comédie en trois actes en prose de *M. Onésime Leroy* (Second-Théâtre-Français, 15 octobre).
— Les Plaideurs sans procès, comédie en trois actes en vers de *M. Étienne* (29 octobre).
— Sylla, tragédie de *M. de Jouy* (27 décembre).
— Le Paria, tragédie de *M. Casimir Delavigne* (1er décembre).

1822. Attila, tragédie de *M. Hippolyte Bis* (26 avril).
— Régulus, tragédie en trois actes de *M. Lucien Arnault* (5 juin).
— Les Machabées, tragédie de *M. Alexandre Guiraud* (14 juin).
— Clytemnestre, tragédie de *M. Alexandre Soumet* (7 novembre, Premier-Théâtre-Français).
— Saül, tragédie du *même* (9 novembre, Second-Théâtre-Français).
— Le Célibataire et l'Homme marié, comédie en trois actes en prose de *Waflard et Fulgence* (Second-Théâtre-Français, 10 décembre).
— Valérie, comédie en trois actes en prose de *MM. Scribe* et *Mélesville* (21 décembre).

1823. L'Éducation *ou* les deux Cousines, comédie en cinq actes en vers de *M. Casimir Bonjour* (10 mai).
— Guillaume et Marianne, drame en un acte en prose de *M. Bayard* (Second-Théâtre-Français, 25 novembre).
— L'École des Vieillards, comédie en cinq actes et en vers de *M. Casimir Delavigne* (6 décembre).
— Ébroin, tragédie de *M. Ancelot*.
— Pierre de Portugal, tragédie de *Lucien Arnault*.
— La Reine de Portugal, tragédie de *M. Firmin Didot*.

1824. Jane Shore, tragédie de *M. Liadières* (2 avril).
— Fiesque, tragédie de *M. Ancelot* (Odéon, 5 novembre).

1825. Jeanne d'Arc, tragédie de *M. Soumet*.
— L'Indiscret, comédie en cinq actes en vers de *M. Théaulon*.
— La Clémence de David, tragédie de circonstance de *M. Draparnaud*.
— Le Roman, comédie en cinq actes en vers de *M. Delaville*.
— Léonidas, tragédie de *Pichaldt*.

1825. Camille, tragédie de *Lemercier*.

— La Princesse des Ursins, comédie en cinq actes et en prose d'*Alex. Duval*.

1826. La Belle-Mère et le Gendre, comédie en cinq actes en vers de *M. Samson* (Odéon, 20 avril).

— La Démence de Charles VI, tragédie de *M. Delaville*.

— Rienzi, tribun de Rome, tragédie de *M. Drouineau*.

— L'Agiotage, comédie en cinq actes et en prose de *MM. Picard* et *Empis*.

— L'Argent *ou* les Mœurs du Jour, comédie en cinq actes et en vers de *M. Casimir Bonjour*.

— Le Jeune Mari, comédie en trois actes et en prose de *M. Mazères*.

1827. Louis XI, drame en cinq actes en prose de *M. Mély-Janin*.

— Julien dans les Gaules, tragédie de *M. de Jouy*.

— Les trois Quartiers, comédie en trois actes et en prose de *MM. Picard* et *Mazères*.

— L'Homme du Monde, comédie en cinq actes en prose de *MM. Ancelot* et *Saintine*.

— Le Mariage d'Argent, comédie en cinq actes en prose de *M. Scribe*.

1828. Olga *ou* l'Orpheline Moscovite, tragédie de *M. Ancelot* (15 septembre).

— La Mort de Tibère, tragédie de *M. Lucien Arnault*.

— La Princesse Aurélie, en cinq actes en vers de *M. Casimir Delavigne*.

— Le Château de Woodstock, comédie en trois actes en prose d'*Alexandre Duval* (Second-Théâtre-Français).

— Perkins Warbec, drame historique en cinq actes et en vers de *M. Fontan* (Second-Théâtre-Français).

1829. Henri III et sa Cour, drame historique en cinq actes en prose, de *M. Alexandre Dumas* (11 février).

— Marino Faliero, de *M. Casimir Delavigne* (Porte-Saint-Martin, 30 mai).

— Le Czar Démétrius, tragédie en cinq actes en vers de *M. Léon Halevy* (1er août).

1830. Hernani, drame en cinq actes en vers de *M. Victor Hugo*.

— Stockholm, Fontainebleau et Rome, trilogie dramatique sur la vie de Christine, en cinq actes, de *M. Alexandre Dumas* (Odéon, 30 mars).

1831. Antony, drame en cinq actes en prose du *même* (Porte-Saint-Martin, 3 mai).

— Richard d'Arlington, drame en trois actes en prose, avec prologue, de *MM. Alexandre Dumas* et *Dinaux* (Porte-Saint-Martin, 10 décembre).

— L'Homme au Masque de Fer, drame en cinq actes en prose de *MM. Arnould* et *Fournier*.

— Marion de Lorme, drame en cinq actes en vers de *M. Victor Hugo* (août).

1832. Louis XI, tragédie de *M. Casimir Delavigne* (11 février).

— Le Roi s'amuse, drame en cinq actes en vers de *M. Victor Hugo* (22 novembre).

1833. Les Enfants d'Édouard, tragédie en trois actes de *M. Casimir Delavigne* (18 mai).
— Bertrand et Raton *ou* l'Art de conspirer, comédie en cinq actes en prose de *M. Eugène Scribe* (14 novembre).
— Lucrèce Borgia, drame en trois actes en prose de *M. Victor Hugo.*
— Marie Tudor, drame en trois journées en prose du *même.*

1834. La Famille Moronval, drame en cinq actes en prose de *M. Charles Lafont* (6 octobre).

1835. La Passion secrète, comédie en prose de *M. Scribe* (13 mars).
— L'Ambitieux, comédie en cinq actes en prose du *même* (27 septembre).
— Angelo, drame en trois journées en prose de *M. Victor Hugo.*

1836. François Jaffier, drame en cinq actes en prose de *M. Charles Lafont* (27 octobre).

1837. Le Chef-d'OEuvre inconnu, drame en un acte en prose de *M. Charles Lafont* (17 juin).
— La Camaraderie, comédie en cinq actes en prose de *M. Scribe.*
— Caligula, tragédie de *M. Alexandre Dumas*, précédée d'un prologue (26 décembre).

1838. Ruy-Blas, drame en cinq actes en vers de *M. Victor Hugo* (Théâtre de la Renaissance).
— Mademoiselle de Belle-Isle, comédie en cinq actes en prose de *M. Alexandre Dumas.*
— La Popularité, comédie en cinq actes en vers de *M. Casimir Delavigne.*
— Les Serments, comédie en trois actes en vers de *M. Viennet.*
— L'Alchimiste, drame en cinq actes en vers de *M. Alexandre Dumas* (Théâtre de la Renaissance).
— Diane de Chivry, drame en cinq actes en prose de *M. Frédéric Soulié.*
— Le Bourgeois de Gand *ou* le Secrétaire du duc d'Albe, drame en cinq actes en prose de *M. Hippolyte Romand.*

1839. Leo Burkart, drame en cinq actes de *M. Gérard* (16 avril, Porte-Saint-Martin).
— La Jeunesse de Goëthe, comédie en un acte en vers de *madame Louise Colet-Revoil* (Théâtre de la Renaissance, 20 juin).

1840. Cosima, drame en prose de *George Sand.*
— La Calomnie, comédie en cinq actes en prose de *M. Scribe.*
— Les Souvenirs de la Marquise de V..., comédie en un acte en prose de *M. Fournier.*
— Le Verre d'Eau, comédie en cinq actes en prose de *M. Scribe.*
— La Fille du Cid, tragédie en trois actes de *M. Casimir Delavigne* (Théâtre de la Renaissance).

1841. Zacharie, drame en cinq actes en prose de *M. Rosier* (Théâtre de la Renaissance).
— L'École des Jeunes Filles, drame en cinq actes en prose de *madame Mélanie Waldor* (Théâtre de la Renaissance).
— Le Conseiller-Rapporteur, comédie en trois actes en prose de *M. Casimir Delavigne.*
— Le Gladiateur, tragédie de *M. Soumet.*
— Le Chêne du Roi, comédie en trois actes en vers du *même.*

1841. Un mariage sous Louis XV, comédie en cinq actes en prose de *M. Alexandre Dumas.*
— Vallia, tragédie de *M. Latour.*
— Arbogaste, tragédie de *M. Viennet.*
— Une Chaîne, comédie en cinq actes en prose de *M. Scribe.*
— Mathieu Luc, drame en cinq actes en vers de *M. Cordelier de Lanoue* (Second-Théâtre-Français).
— Un Jeune Homme, comédie en trois actes en vers de *M. Camille Doucet.*
— Les Enfants Blancs, drame en trois actes de *M. Mallefille* (Second-Théâtre-Français).
— Ivan de Russie, drame en trois actes en vers de *M. Ch. Lafont* (Second-Théâtre-Français).

1842. Le Maréchal de Montluc, drame en trois actes en vers de *M. Mary Lafon* (Second-Théâtre-Français).
— Le Baron de Lafleur, comédie en trois actes en vers de *M. Camille Doucet* (Second-Théâtre-Français).
— Monsieur de Montgaillard, comédie en un acte de *M. Rosier.*
— Lorenzino, drame en cinq actes en prose de *M. Alexandre Dumas.*
— Oscar ou le Mari qui trompe sa femme, comédie en trois actes de *MM. Scribe* et *Duveyrier.*
— Le dernier Marquis, drame en cinq actes en prose de *M. Hippolyte Romand.*
— Le Fils de Cromwell, comédie en cinq actes en prose de *M. Scribe.*
— Cédric, drame en cinq actes en prose de *M. Félix Pyat* (Second-Théâtre-Français).
— La double Épreuve, comédie en un acte en vers de *M. Hippolyte Lucas* (Second-Théâtre-Français).
— Les Philanthropes, comédie en trois actes en vers de *MM. Théodore Muret et de Courcy* (Second-Théâtre-Français).
— Le Veuvage, comédie en deux actes en prose de *madame Achille Comte* (Second-Théâtre-Français).
— Les Ressources de Quinola, comédie en cinq actes en prose de *M. de Balzac* (Second-Théâtre-Français).
— Le Tribun de Palerme, drame en cinq actes en prose de *M. Latour* (Second-Théâtre-Français).
— Le Voyage à Pontoise, comédie en trois actes en prose de *MM. Gustave Vaez* et *Alphonse Royer* (Second-Théâtre-Français).
— Falstaff, pièce en trois actes en vers, imitée de *Shakspeare*, de *MM. Meurice* et *Vaquerie* (Second-Théâtre-Français).
— Le Bourgeois grand Seigneur, comédie en trois actes en prose de *MM. Gustave Vaez* et *Alphonse Royer.*
— Une Aventure Suédoise, drame en un acte en vers de *M. Hippolyte Lucas* (Second-Théâtre-Français, 12 novembre).
— La Main droite et la Main gauche, drame en cinq actes en prose de *M. Léon Gozlan* (Second-Théâtre-Français, 21 décembre).

# TABLE

# DES MATIÈRES.

---

www.ingramcontent.com/pod-product-compliance
Lightning Source LLC
LaVergne TN
LVHW020555110826
845149LV00002B/272

*9782013510134*